Reviews

Het *Handboek voor reizen te paard* is voorbestemd om de bijbel te worden voor Long Riders.

Alleen CuChullaine O'Reilly kon deze taak volbrengen. Ik ken geen andere persoon met zoveel energie, toewijding en kennis om zo'n ongelooflijke inspanning te leveren.Het was een eer, een voorrecht en een verrassing om als een van de eersten dit prachtige werk te mogen lezen. Ik heb het met veel plezier gedaan.

Benjamin Reynal, Long Rider uit Argentinië. Reed in Zuid-Amerika en is de auteur van Cuando La Distancia Revela.

Ik kan niet genoeg zeggen over dit prachtige boek.

Het *Handboek voor reizen te paard* door CuChullaine O'Reilly is zonder twijfel een van de beste paardensport boeken die ooit zijn geschreven. Tussen deze omslagen zit een verbazingwekkend uitgebreide schat aan essentiële informatie over reizen met paarden. Het beschrijft alle omstandigheden die een ruiter ergens op aarde zou kunnen tegenkomen. Dit is een boek voor alle leeftijden.

Doug Preston, Long Rider uit Amerika, lid van de Royal Geographical Society, reed over de Despoblado-woestijn en is auteur van Cities of Gold

Dit handboek is de heilige graal voor Long Riders.

Een geweldig boek en het behandelt ALLES. CuChullaine O'Reilly mag trots zijn op zijn bijdrage. Niet alleen aan de paardenwereld en de wereld van Long Riding, maar ook aan de geschiedenis en literatuur. En aan zijn bijdrage aan het behoud van de eeuwenoude praktijk van langzame reizen te paard in deze moderne tijd van technologie en snelle beweging.

Kimberley Delavere, Long Rider uit Australië. Reed sole de Bicentennial National Trail.

Het onvermoeibare werk van CuChullaine O'Reilly bij het maken van het *Handboek voor reizen te paard* is een geschenk van onschatbare waarde voor iedereen die de magie van de tak van paardensport wil ervaren.

In een tijdperk van jet-reizen, smartphones en satelliettechnologie wordt vaak beweerd dat de wereld kleiner, homogener en minder divers wordt. Stap in het zadel, richt je paard naar de horizon, laat wegen, hekken en de 9-tot-5-mentaliteit achter je en je zult ervaren dat de wereld nog steeds zo groot, betoverend en bovenal verrassend is zoals ze altijd is geweest..

Tim Cope, Long Rider uit Australië, lid van de Royal Geographical Society. Reed vanuit Mongolië naar Hongarije en is auteur is van 'On the Trail of Genghis Khan.'

Een nieuwe klassieker.

CuChullaine O'Reilly, oprichter van het internationale Long Riders' Guild, heeft honderden adviezen en tips van Long Riders samengebracht in een handboek met informatie over elk denkbaar aspect van plannen, voorbereiden en overleven van een rit over lange afstanden. O'Reilly spreekt over de spirituele veranderingen die Long Riders doormaken, de noodzaak om prestatiedrang en tijdschema's los te laten, en over de gevaren van het najagen van roem. Steeds opnieuw benadrukt het *Handboek voor reizen te paard* de ethiek van het reizen met paarden: gedraag je altijd correct en stel het welzijn van je medereizigers, de paarden altijd centraal.

Katie Cooper, Long Rider uit Amerika. Reed van Mississippi naar Arizona.

Het *Handboek voor reizen te paard* is een MUST READ voor iedereen die een lange tocht overweegt.

Het is de enige beschikbare informatiebon die je nodig hebt om je voor te bereiden. Het geeft details over de unieke ervaringen van diegenen die al Long Rides hebben gemaakt. Ik wou dat het beschikbaar was toen ik mijn eerste rit jaren geleden aan het plannen was - het zou me veel frustratie hebben bespaard bij het uitfilteren van zinvolle informatie.

Samantha Szesciorka, Long Rider uit Amerika. Maakte meerdere Long Rides door de woestijnen van Nevada.

Het *Handboek voor reizen te paard* is geschreven voor alle moderne Long Riders wereldwijd.

Het is een uitzonderlijk boek, omdat het toepasbaar is in alle delen van de wereld; vanwege de diepte van de inhoud en het praktische advies en het gevoel voor ethiek. Het is geschreven voor diegenen die hun eerste reis plannen en voor hen die al zeer ervaren zijn.

William Reddaway, Long Rider uit Groot- Brittannië. Is de eerste die met zijn paard Strider in deze moderne tijd een Long Ride maakte langs dertig historische kathedralen en abdijen in Groot-Brittannië.

Essentieel voor paardenmensen!

Het belang en de waarde van dit handboek moet niet worden onderschat. Daarnaast is het een praktisch gids voor iedereen die een Long Ride plant. Het bevat een schat aan kennis, verzameld door de eeuwen heen, gegoten in een makkelijk te lezen en onderhoudende vorm.

Ian Robinson, Long Rider uit Nieuw Zeeland. Maakte solo-reizen door Mongolië, Tibet en Afghanistan. Auteur van de bekroonde "Tea with the Taliban".

Voorziet alle paardenmensen van een moreel kompas.

Het *Handboek voor reizen te paard* ontvangt welverdiende onderscheidingen van een groeiend aantal Long Riders. Voor diegenen die geïnspireerd worden om zelf legendes te worden, beschrijft dit boek het 'Hoe'. Echter, voor de miljoenen van ons, die een beetje minder rijden, is dit boek van historisch belang, omdat het Handboek de dieren waardeert die dit mogelijk maken. Het voorziet alle ruiters van een moreel kompas, zodat iedereen kan begrijpen, welke nobele taak wij hebben om onze edele medereizigers, op wiens rug wij mogen rijden, te

beschermen en te verdedigen.
Robert Ferrand, VS.

Het *Handboek voor reizen te paard* legt uit hoe zo'n reis de poort naar de ontdekking van het 'zelf' is.

Het *Handboek voor reizen te paard* is een informatieve, nauwkeurige en waardevolle reisgids die van wetenschappelijke waarde is. Maar het boek heeft ook een ander doel. Het moedigt de reiziger aan om een lange tocht te paard vanuit een filosofisch perspectief te bekijken.
Geldy Kyarizov, Long Rider uit Turkmenistan. Lid van de Royal Geographical Society, reed door Centraal-Azië en Rusland.

Handboek voor reizen te paard

CuChullaine O'Reilly F.R.G.S.
Oprichter van The Long Riders' Guild

Opgedragen aan graaf Pompeii,

het vliegende logo van The Long Riders' Guild,

en aan de geliefde trail paarden die ons trouw

naar alle uithoeken van de aarde droegen

en die ons leven door de eeuwen heen hebben

verrijkt.

Voorwoord

Voor degenen die verlangen naar de onafhankelijkheid en tevredenheid van dagen in het zadel, weg van de ratrace van onze maatschappij en de benauwdheid in ons overbevolkte land, is hier de echte "bijbel". Voor de beginnende Long Rider is het een uitgebreide gids en voor ervaren ruiters is het een interessante bron die misschien zelfs enkele nuttige tips bevat.

CuChullaine verdient felicitaties voor het produceren van zo'n volledig, fascinerend en uitgebreid handboek, boordevol ervaring en wijsheid van vele internationale Long Riders uit alle tijden.

Of je nu advies wilt inwinnen over de gezondheid en voeding van paarden, bureaucratische problemen aan de grens wilt oplossen of zelfs voor je leven wilt vluchten, dit is het ideale boek om in je zadeltas te hebben.

John Blashford-Snell
Erevoorzitter
The Scientific Exploration Society

Kolonel John Blashford-Snell OBE is een voormalig officier van het Britse leger, en daarnaast ontdekkingsreiziger en auteur. Blashford-Snell werd opgeleid aan de Koninklijke Militaire Academie Sandhurst en vervolgens in de Royal Engineers aangesteld. Daar heeft hij 37 jaar in het leger gediend. In 1969 richtte hij de Scientific Exploration Society op. Op zijn expedities voer hij als eerste rivier de Blauwe Nijl af, waardoor hij als eerste het wildwater raften ontdekte (in 1968); maakte hij de oversteek van de Darién Gap (1971 tot 1972); begeleidde hij de eerste Noord-Zuid-reis van Alaska naar Kaap Hoorn; en navigeerde hij langs de gehele Congo-rivier (in 1974-1975). Hij ontving de Segrave-trofee in 1974 en de Livingstone-medaille van de Royal Scottish Geographical Society als erkenning voor zijn leiderschap tijdens expedities. In 1993 ontving hij de gouden medaille van de Patron's van de Royal Geographical Society.

Introductie

In de laatste zesduizend jaar hebben ontelbare generaties dappere mannen en vrouwen een speciaal soort paardenkennis ontwikkeld. Door overlevering bezaten ze vaardigheden en tradities die hen in staat stelden om naar de verre uithoeken van de wereld te rijden.

De industriële revolutie cn de ontwikkeling van gemotoriseerd verkeer zorgde voor een collectieve verwaarlozing van kennis over paarden. Het resultaat is dat de meerderheid van de mensheid geen herinnering meer heeft aan de paardentradities en wijsheden van hun voorouders.

Gelukkig is niet alle kennis verloren gegaan. Als voorbeeld is er Abu Bakr ibn Badr ad-Din al-Bitar, hij was een Mammeluke (slaaf in de Islamitische wereld tijdens de Middeleeuwen - red.) dierenarts, auteur en paardendeskundige. Hij stierf in 1340, maar niet voordat hij een uitgebreide studie had gedaan naar kennis over paarden. Hij documenteerde alle bekende bronnen en manuscripten, van India tot Andalusië.

Ahmad ibn Majid van Oman was de eerste Arabische zeilmeester. Zijn boek, *Kitab al-Faw'id fi Usul 'Ilm al-Bahr wa l-Qawa'id* (vert. Boek met nuttige informatie over de beginselen en regels van de scheepvaart), dat werd gepubliceerd in 1490, is een encyclopedie van nautische wijsheid, inclusief de geschiedenis en basisprincipes van navigatie, een verklaring van maanmoessons, het verschil tussen kust- en open zeevisserij, de locaties van havens van Afrika tot Indonesië, een verhandeling over sterposities, een waarschuwing over tyfonen en andere onderwerpen van immens belang voor professionele zeilers. Al deze wijsheid kwam niet alleen uit de eigen ervaring van de auteur, maar ook uit de verhalen van vele generaties zeelieden.

Hoewel er zeshonderd jaar zijn verstreken sinds Ahmad ibn Majid zijn boek schreef, is er nooit zo'n wereldwijde studie geschreven voor ontdekkingsreizigers die te paard op expeditie gaan. Moderne ruiters, in tegenstelling tot zeelieden, konden niet profiteren van de kennis en ervaringen van eerdere generaties Long Riders, wat hen heeft gedwongen om alle basisvaardigheden steeds weer opnieuw te leren.

De Encyclopaedia of Equestrian Exploration die ik heb geschreven, is niet alleen bedoeld om de collectieve kennis te behoeden voor uitsterven, maar juist ook om het nageslacht de eerste grondige studie in zijn soort te geven. Dat boek bevat de grootste verzameling reisinformatie over paarden in de hele geschiedenis, inclusief de wijsheid, adviezen en waarschuwingen van 393 Long Riders, en kennis verzameld uit meer dan tweehonderd boeken met daarbij het visuele bewijs van bijna duizend afbeeldingen. Zo'n boek, hoewel van enorm belang, is niet ontworpen om mee te nemen op reis. Gehoopt wordt dat iemand die op een

Long Ride wil gaan, voor vertrek thuis de tijd neemt om zich te verdiepen in de *Encyclopaedia of Equestrian Exploration.*

Het *Handboek voor reizen te paard* verschilt fundamenteel van zijn grotere literaire broer. Terwijl de Encyclopedie elke Long Rider die een verhaal of inzicht heeft gedeeld vernoemt, wordt in het Handboek de bron van de kennis niet vermeld. Het Handboek is ontworpen om mee te nemen in de zadeltas. De meest belangrijke informatie is zo beknopt mogelijk gepresenteerd.

De wereld zoals we die nu kennen is niet dezelfde als vroeger, het is aan jou om de moed op te brengen om Long Rides te blijven maken en toekomstige reizen vorm te geven. Dit is een nieuw type paardenboek dat speciaal is ontworpen om je tijdens jouw reis te begeleiden. Binnen deze pagina's is alles te vinden wat alle generaties van Long Riders collectief hebben geleerd, ontdekt of doorstaan. Deze kennis is ons geschenk aan jou. Het is ontworpen om een ieder die dat wil in staat te stellen de wereld te blijven verkennen samen met onze nobele vriend het paard, en om het bedreigde erfgoed met betrekking tot reizen met paarden nog vele generaties levend te houden.

Opmerking van de auteur: Eenvoudigheidshalve heb ik alle Long Riders en paarden aangeduid met "hij".

Inhoudsopgave

Deel Drie - De uitrusting

Deel Vier - De uitdagingen onderweg

Deel Vijf - Onderweg

Deel Een - De voorbereiding

Hoofdstuk 1 - Realiteit versus Romantiek

Bij het idee van een reis met paarden hebben velen een romantisch plaatje in hun hoofd. Een dromerig beeld van jij met je paard, in harmonie rijdend door de prachtige natuur. Tijdens zo'n mijmering zijn er geen zorgen over een slaapplaats voor de nacht, het is altijd goed weer. Het is niet nodig om na te denken over het avondeten en dat van jouw paardenpartner, want in je dagdroom ben je te druk met gelukkig zijn.

Niemand is zo naïef om de wereld te gaan overvliegen zonder te beschikken over de basale vaardigheden voor het besturen van een vliegtuig. En toch gebeurt het steeds maar weer dat mensen denken dat ze een paard kunnen aanschaffen om de zonsondergang tegemoet te rijden op een tocht waarvan ze verwachten dat het een verlengde buitenrit met picknick is. Niets is minder waar!

Je voornemen om van punt A naar punt B te rijden is één ding. Het werkelijk bereiken van dat verre doel is iets totaal anders. Reizen te paard vraagt om het je eigen maken van een set speciale vaardigheden. Laat je enthousiasme het niet winnen van je gezonde verstand. Zonder planning, oefening en een beetje geluk zijn je kansen op succes minimaal.

Hoofdstuk 2 - Weerstand overwinnen

Je zou kunnen denken dat niemand bezwaar heeft tegen je voornemen om een lange trektocht te paard te ondernemen. Maar ongeacht in welk land of in welke tijd je wilt gaan, de niet-paardrijdende machthebbers zullen trachten iedereen ervan te overtuigen dat het verstandiger is om te blijven waar je op dat moment bent.

De ontmoedigingen zijn allemaal variaties op hetzelfde thema. Het is te gevaarlijk, te afgelegen, te koud of te warm, bevolkt door wilde dieren of een regio met bandieten. Toen een jonge vrouw in Engeland aangaf dat het haar wens was om te paard het land te doorkruisen, herinnerden verbolgen criticasters haar fijntjes aan het feit dat het niet mogelijk was zo'n expeditie te ondernemen in de 'moderne tijd'. Zij uitten deze bezwaren in 1939!

Het eerste dat je moet leren, is omgaan met de mensen die je proberen ervan te overtuigen niet te gaan. Dat doen ze met emotionele en spirituele argumenten. Als het niet gaat over de ongeschiktheid van je paard, dan zal het gaan om een ander onduidelijk gevaar juist om de hoek van jouw bestemming, zoals het onstabiele politieke klimaat of andere beren op de weg.

Eigenlijk zijn ze zelf bang om om te gaan ondernemen wat jij wilt gaan doen. Ze voelen zich onzeker en proberen daarom jouw droom te ondermijnen.

Dus voordat je verder kunt gaan met je planning, voordat je een kaart koopt, je zadel afstoft of kijkt naar een paard en denkt over een vertrek richting zonnige oorden, moet je een emotionele test afleggen.

Alle Long Riders hebben hiermee te maken gehad. Ze hebben bewust deze eenzame beslissing genomen voordat ze hun been over het zadel konden gooien en aan hun reis beginnen. Ze moesten felle tegenstand overwinnen, geuit door een generatie goedbedoelende nee-zeggers. Dus het rechtvaardigen van jouw persoonlijke besluit is een daad van individuele moed. En daarmee begint jouw reis.

Hoofdstuk 3 - De reis begrijpen

Iedere Long Rider heeft zich wel eens afgevraagd: "Waarom ga ik op zo'n lange en mogelijk gevaarlijke trektocht?" Deze vraag intrigeert praktisch iedere niet-ruiter die wij onderweg ontmoeten. "Waarom doe je dit," is de vraag die in vele talen en vele landen verspreid over de aardbol wordt gesteld. Het antwoord is net zo complex als de brede variëteit van hippische ontdekkingsreizigers die vertegenwoordigd zijn in The Long Riders' Guild. Reizen te paard gaat niet over kilometers vreten. Een Long Ride gaat over ontdekking en transformatie. Door de eeuwen heen zien we allerlei redenen waarom mensen op reis gingen, en ze waren allemaal op zoek naar antwoorden.

De persoonlijke pelgrimage. Vaak ging het over normale personen zoals jij, die de veiligheid van 'thuis' achter zich lieten. Ze boden weerstand aan verleidingen en overwonnen hindernissen om daarna een persoonlijke transformatie door te maken. Zulke verhalen zijn prachtige voorbeelden van de eeuwige thema's; zelfredzaamheid, loyaliteit, besluitvaardigheid en moed. Long Riders hebben daaraan nog de kracht van het zogenaamd magische paard toegevoegd, die hen draagt op hun reis van zelfontplooiing.

Het leven is kort. Als de eerste reden om op reis te gaan gedomineerd wordt door de jeugd, dan is de tweede reden het bereiken van volwassenheid. Er komt een tijd dat we ons realiseren dat we niet het eeuwige leven hebben. Het leven draait niet om dat wat achter ons ligt, maar juist om de tijd die nog voor ons ligt. Gelinkt aan deze ontdekking is de realisatie dat het leven gaat over ervaringen en niet over dingen.

Het paard. Ondanks het feit dat men zijn leven lang heeft doorgebracht tussen de paarden, ontdekken vele Long Riders dat de reis hen een totaal nieuwe kijk geeft op de relatie tussen mens en paard. Op een ondefinieerbaar moment onderweg houden het paard en de mens op twee verschillende entiteiten te zijn, ze worden één twee-eenheid. Ze leren om op elkaar te vertrouwen voor veiligheid en comfort. Het is een naadloze samensmelting van de twee zielen, die zo compleet is, dat ze niet langer benoemd kunnen worden als twee individuen. Ze worden een centaur!

Nieuwsgierigheid. Al zolang als de mens het paard berijdt, bestaat deze nieuwsgierigheid naar geografische, culturele, spirituele, of politieke ontwikkelingen. Men is geïntrigeerd genoeg om op reis te gaan om deze thema's te onderzoeken. Soms is het alleen maar nieuwsgierigheid naar wat zich aan de andere kant van een bergtop bevindt. En soms ontstaat er een onderneming zoals die van Erich von Salzmann, die in 1903 6.000 kilometer (3.700 Mijl) reisde, van Tientsin, China, via de Gobi woestijn, naar Tashkent, Uzbekistan.

Liefdadigheid, campagnes en kruistochten

Een andere reden waarom Long Riders lange tochten maken is, omdat ze geld willen ophalen voor goede doelen, of aandacht vragen voor medisch onderzoek of educatieve projecten. Hoewel iedere afzonderlijke reden het waarschijnlijk waard is, is het niet nodig om je reis te rechtvaardigen. Rijden voor een goed doel maakt de reis gecompliceerd. Het leidt af van dagelijkse gebeurtenissen en is een inbreuk op je tijd. Het dwingt je om jezelf constant te verantwoorden, terwijl je nummer 1 prioriteit je paard zou moeten zijn. En hoe langer je onderweg bent, hoe verder je verwijderd raakt van het goede doel waar je je ooit zo druk over maakte. Ga in ieder geval rijden! Rijd voor een doel als je er werkelijk om geeft. Maar denk niet dat het nodig is om een kruistocht te doen als excuus naar de buitenwereld. Jouw reis is jouw doel en jouw reden.

Los van wat je motivatie is, de wereld behoort diegenen toe, die dapper genoeg zijn om het avontuur tegemoet te rijden. Onze paarden staan immer gretig te wachten, bereid om ons te brengen daar waar we naartoe willen. De kaart van jouw leven kan alleen door jou zelf ingetekend worden.

Hoofdstuk 4 - Leeftijd en mogelijkheden

Net zoals zaken als nationaliteit, religie, cultuur, politiek of geslacht geen beperking vormen om een Long Rider te kunnen worden, is leeftijd ook geen beperkende factor.

Jessica Chitty was pas drie jaar oud toen ze haar reis van 4.800 km (3.000 Mijl) van Spanje naar Griekenland volbracht. Het meisje bereed een paard, terwijl haar ouders meeliepen.

Het bereiken van de leeftijd van 67 jaar hield Bill Holt niet tegen om met zijn karrenpaard Trigger 9.500 km (6.000 mijl) door Europa te rijden.

Reizen te paard is ook niet enkel weggelegd voor superfitte topatleten. Ondanks dat hij geboren was met enkel stompjes op de plaats van zijn armen en benen, ontsloot zijn liefde voor paardrijden de wereld voor Arthur Kavanagh. Deze avontuurlijke jongeman reed van Circassia, door Perzië naar India in 1849, waar hij als ruiter voor de overheid ging werken (government dispatch) en op tijgers ging jagen.

Hoofdstuk 5 - Op zoek naar advies

Er bestaat geen historisch literair referentiepunt voor geïnteresseerden in lange trektochten. De eerste ontdekkingsreizigers te paard vonden leren met behulp van boeken maar vreemd. Zij leerden in de praktijk. Maar zelfs toen de hele goegemeente kon lezen en schrijven verzuimden hippische reizigers om te documenteren hoe zij tot hun beslissingen kwamen. Als voorbeeld: een 19e eeuwse onderzoeker vertrok ooit met een expeditie waarbij 94 paarden mee gingen. Zes maanden later waren nog slechts zeven paarden in leven. Een snelle rekensom leert ons dat gedurende de route van 182 dagen de expeditie gemiddeld één paard per twee dagen verloor. In de logboeken heeft deze onderzoeker geen moeite gedaan om dit feit toe te lichten. Hij heeft geen hoofdstuk, zelfs geen pagina gewijd aan het management van zijn paarden; hoe ze gevoerd werden; of ze hoefijzers hadden; welk harnachement ze gebruikten. Helemaal niets. Waarom? Omdat deze vroege hippische reizigers er het nut niet van inzagen om opgedane kennis op dit vlak te behouden voor toekomstige generaties. Zij namen deze kennis als vanzelfsprekend aan.

Dit betekent echter niet dat er geen paardenmensen zijn die juist wel hun kennis willen delen. Integendeel, zij geven juist graag hun mening over een route, een paard en materiaal. Laat je echter niet op het verkeerde been zetten. De overgrote meerderheid van mensen die gekleed gaan als cowboys, gauchos, kozakken, bergbewoners of Mongolen zijn niet meer dan goedbedoelde eigenwijze nazaten van de ooit zo dominante 'paardenvolken'. Waar hun voorvaderen jou wellicht hadden kunnen begeleiden, is de kans groot dat de man met de cowboyhoed meer weet van Chevrolets dan van Criollos. Werken met pakpaarden, koeien drijven, een dressuurproef, een springparcours over felgekleurde hindernissen of endurance op zondag, niets is te vergelijken met alles achter je laten om een hippische ontdekkingsreiziger te worden.

Ondanks het verstrijken van vele eeuwen, is het reizen met paarden nauwelijks veranderd. Het harnachement is verbeterd maar de basiswetten gelden nog altijd. Reizen over grote afstanden vraagt speciale vaardigheden, en hoewel er miljoenen mensen over de wereld paarden bezitten, is maar een handjevol van hen te paard ver van huis geweest. Om deze reden moet je voorzichtig omgaan met goedbedoeld advies. Voor de duidelijkheid, dit geldt niet voor de mensen die je kunnen leren hoe je een paard verzorgt, optuigt en correct rijdt. Dit zijn de meest essentiële vaardigheden. Ik bedoel advies over het rijden van Long Rides (trektocht langer dan 1600 kilometer - red.).

Alleen een Long Rider kan je vertellen wat de realiteit is van het maken van lange trektochten te paard. Accepteer geen advies van iemand die geen vijfhonderd kilometer in één rit heeft afgelegd.

Hoofdstuk 6 - Zonder voorbereiding geen succes

De geschiedenis leert ons dat degene zonder plan vaker niet dan wel zijn doel bereikt. Of nog erger, dat de reis wordt gemaakt ten koste van het paard. Wanneer je je voorbereidt om met een paard op een lange reis te gaan, realiseer je dan dat onervarenheid direct wordt afgestraft. De wildernis staat geen fouten toe. Een gebrek aan planning van jou als ruiter heeft direct impact op de gezondheid en misschien zelfs het leven van je paard.

Zorg dat je jezelf zo goed mogelijk informeert voordat je daadwerkelijk vertrekt. Wij noemen dat EEE - Equestrian Exploration Education. Hoe meer informatie je tot je kunt nemen voor vertrek, hoe groter de kans op succes, of het nu een tochtje dicht bij huis betreft, of een avontuurlijke reis door de wildernis. En nog belangrijker, het vergroot de kans aanzienlijk dat jouw geliefde paarden levend en gezond de eindstreep halen.

De eerste stap is om heel eerlijk je dromen, je ervaring en je bekwaamheid naast elkaar te leggen. Tijdens trektochten is er geen ruimte om de held uit te hangen. Alles hangt af van jouw voorbereiding. De confrontatie met het onbekende aangaan zonder voorkennis en de benodigde vaardigheden brengt niets anders dan ontbering, afzien, blessures en mogelijk zelfs de dood van jou en of je paarden.

Ga voor vertrek bij jezelf te rade: "Heb ik de juiste competenties die nodig zijn om deze reis te maken?" Relevante overwegen hierbij zijn: Rijd je samen of alleen; wat voor soort paard of paarden heb je nodig; ben je al in het bezit van goed passende zadels en pakzadels; weet je hoe je een pakpaard begeleidt; welke afstand wil of ga je dagelijks afleggen; ga je enkel stappen of ook draven en galopperen; ben je in staat om te paard steile bergen te beklimmen en af te dalen; heb je ervaring met tunnels, bruggen, rivieren en drukke verkeerswegen; hoe en wanneer geef je de paarden water en voer; op welk moment ga je op zoek naar een overnachtingsplaats; wat voor soort plek zoek je; wat voer je je paarden als je de beschikbare vegetatie niet herkent; zet je je paard 's nachts op stal of gaat hij aan de highline, in kluisters of aan een touw met slagpin in de grond; hoe ga je om met mogelijke paardendieven; welke maatregelen heb je genomen tegen bemoeienis van overheden in verre landen?

Gedegen voorbereiding zal later je redding blijken. Enkel vastberadenheid is niet voldoende en geluk zal je er niet doorheen slepen. Maak een nauwkeurige planning. Tijd die je investeert in leren is nooit verspilde tijd. Doe geen moeite om je droom ten uitvoer te brengen tenzij je bereid bent om te leren wat nodig is, en dat gaat niet over het volgen van rijlessen. Maak ruim tijd vrij om de fysieke en psychische behoeften van je paard te leren kennen. Wees bereid om je route en planning aan te passen wanneer dat in het belang is van je paard. Zet je paard altijd, overal op ieder moment op de eerste plaats, ongeacht hoe hongerig, moe of nat je bent of hoe zeer je voeten doen.

Deze basiswetten van reizen met paarden houden altijd stand. Ongelukken gebeuren vaak door onervarenheid en roekeloos gedrag.

Hoofdstuk 7 - Financiën

Ongeacht je opwinding en al je nobele intenties, het is niet mogelijk de aloude wetmatigheid van reizen te negeren. Zelfs Columbus had geld nodig. Financiën zijn een kritiek onderdeel van hippische expedities. Jij bent geen uitzondering op deze niet-onderhandelbare regel. Bovendien heb jij, anders dan bijvoorbeeld een fietser, verantwoordelijkheid voor de dagelijkse zorg voor je viervoetige partner. De reis kan pas starten wanneer je de noodzakelijke fondsen hebt geregeld die jou en je paard financiële zekerheid en veiligheid bieden.

Voordat je een paard of harnachement aanschaft, zul je twee zaken moeten bepalen. Wat voor soort reiziger ben je en hoeveel geld heb je daarvoor nodig? Er zijn drie typen hippische reizigers; a) vermogend en financieel onafhankelijk, b) zakelijk gesponsord en c) alle combinaties van reiziger, ontdekker, pelgrim. Welke ben jij? Onderweg maakt het niet meer zoveel uit, want de hindernissen die je op je pad treft zijn gelijk voor alle Long Riders en paarden die deelnemen aan de expeditie.

Om enigszins inzicht te krijgen in het budget dat je nodig zult hebben, ga je eerst een voorlopige route samenstellen. Deel het totale aantal kilometer door dertig kilometer per dag (ongeveer 20 mijl) om de minimaal benodigde tijd te bepalen. Stel een minimum van vijftien euro per dag voor ruiter en paard en tel daar vijf euro per dag bij op voor een pakpaard. Dat is je minimale subtotaal. Tel daarbij op de kosten voor de aanschaf van een rijpaard, een pakpaard en al het harnachement. Houd je dan nog geld over voor de reis zelf? Kun je dit bedrag opbrengen?

Vervolgens ga je kijken naar bijkomende kosten. Hierna volgt een opsomming van mogelijke kostenposten. Rijpaard en zadel; pakpaard en pakzadel; hoofdstellen; halsters; leadropes en andere touwen; zadelonderleggers. Persoonlijk bezittingen van de ruiter zoals kleding, tent, slaapzak en toiletspullen. Benodigdheden voor de paarden zoals borstels, hoevenkrabber en emmers. Kampeer en kookmaterialen. Voedsel voor paard en ruiter en overnachtingskosten. Niet te vergeten kosten voor paardenpaspoorten, inentingen, export keuringen voor paarden en visa voor de ruiter. Verzekeringen en transportkosten, bijvoorbeeld veerboten of tolwegen. Arbeid van dierenartsen, gidsen en hoefsmeden.

Voor je opstapt, denk goed na over deze en andere onvoorziene kosten. Een te laag budget verkleint je kansen op het bereiken van je doel.

Het maakt niet uit waarheen je gaat of hoe lang je onderweg bent, de werkelijke kosten zullen altijd het vooraf ingeschatte budget overschrijden. Schat je berekeningen zorgvuldig in en reken je niet rijk. Verdubbel dan de totale som geld en de benodigde tijd die je berekend hebt en dan heb je een goed idee van een reëel budget.

Draag contant geld alleen in kleine sommen bij je. Neem in je broekzak net voldoende cash mee voor één dag en bewaar de rest ver weg gestopt op een veilige plaats, bijvoorbeeld in een buiktasje. Bewaar een creditcard (of Travellercheques) op een aparte, veilige plaats, zodat je in geval van nood aan geld kunt komen en om bij grensovergangen te kunnen laten zien dat je over voldoende eigen geld beschikt. Wees voorzichtig met het gebruik van een bankpas. Als je veel contant geld bij je moet dragen, bijvoorbeeld om paarden aan te kopen, verberg het en praat er niet over. Verwacht niet dat banken elders op de wereld volgens dezelfde regels werken als jouw lokale vertrouwde filiaal in Nederland. Geldtransfers nemen in de regel meer tijd in beslag en er kunnen exorbitant hoge bedragen gerekend worden voor de transfer.

Zoals vaak het geval is in het buitenland en dus ook wanneer je met paarden rijdt in verre oorden, zul je over onuitputtelijke hoeveelheden geduld, humor en tolerantie moeten beschikken.

Tot slot, stel jezelf de volgende vraag: Is geld een beslissende factor in de beslissing of je daadwerkelijk vertrekt op je expeditie. Als het antwoord ja is ben je niet klaar om te vertrekken.

Hoofdstuk 8 - Sponsors

Misschien denk je erover om sponsors te werven als financiële partners voor je reis. Is dit redelijk? Niemand haalt het in zijn hoofd om contact op te nemen met een bekend automerk, daar te vertellen dat er een wens is om de wereld te zien en vervolgens vragen of ze even zo vriendelijk willen zijn om een auto en brandstof beschikbaar te stellen. En toch gebeurt het maar al te vaak dat paardenmensen schaamteloos vragen om gratis artikelen zoals zadels, kleding en voer.

Wat veel amateurreizigers niet beseffen is hoe klein de meeste bedrijfjes in paard gerelateerde artikelen zijn. Een salaris verdienen en de boel draaiende houden is al moeilijk genoeg, laat staan dat er geld beschikbaar is voor de ondersteuning van iemands droom.

Vergeet niet dat je in ruil voor gratis artikelen een deel van je onafhankelijkheid opgeeft. Je sluit een Faustiaans pact als je de reis ophangt aan sponsors. Zij verwachten, heel terecht, dat je in de media verschijnt, dat je blogt en artikelen aanlevert. Ze zijn pas tevreden als er veel exposure is. Niet over jouw reis, maar over hun artikelen. Aan alles wat je zogenaamd 'krijgt' zijn onzichtbare voorwaarden verbonden. Dus als het enigszins mogelijk is om je financiële vrijheid te behouden, doe dat alsjeblieft.

Wil je toch mogelijke sponsor partners benaderen, doe het dan goed. Er is meer voor nodig dan een pakkende titel om een cynische marketing manager van een grote organisatie te overtuigen. Een goed voorstel bevat een gemakkelijk leesbare samenvatting van jouw voorgenomen reis, compleet met vertrekdata, een lijst met kosten en een toelichting daarop, uitleg over jouw hippische kwalificaties en hoe jouw reis kan bijdragen aan de doelstellingen van de organisatie of het merk dat jij aanschrijft voor sponsoring.

Besef dat marketing managers van grote bedrijven hun budgetten, inclusief beslissingen aan wie ze hun sponsorbudget beschikbaar stellen, ruim een jaar van tevoren inplannen. Ieder donatie voorstel moet professioneel worden opgesteld en ruim voor de vertrekdatum worden aangeleverd, want last-minute vragen om geld genereert geen gevoel van vertrouwen en zeker geen geld.

Hoofdstuk 9 - Werk

Combineer je reis niet met werken onderweg. Als het gebeurt is het prima maar plan het vooraf niet in. Is het thuis al lastig om een leuke baan te vinden, je problemen zullen zich met duizend vermenigvuldigen wanneer je ver van huis de emotioneel zware verantwoordelijkheid draagt voor de gezondheid van je paard. Neem deze les ter harte. Vertrek niet tenzij je voldoende geld hebt om de veiligheid van jou en je paard(en) te garanderen.

Hoofdstuk 10   - Donaties

Als je vraagt om de maan te mogen bezitten, hoe groot is dan je kans dat het gaat lukken? Niet zo groot, vrees ik. Begin jaren '80, toen de Franse Long Rider Jean Claude Cazade van Frankrijk naar Saoedi Arabië reed, verstuurde een organisatie medicijnen voor de paarden naar verschillende steden langs de route. Toen de Russische Long Rider Vladimir Fissenko 30.000 km (19.000 mijl) reed van Patagonië naar Alaska, sponsorde EasyBoot zijn paard met beschermende hoefschoenen. Deze Long Riders hadden geluk. De Noord Amerikaanse Long Rider John Egenes, heeft twee jaar lang vruchteloze pogingen ondernomen om bedrijven te verleiden zijn ocean-to-ocean ride in 1972 te sponsoren.

Een laatste woord over donaties. Áls je materialen ontvangt, gebruik ze! Of stuur ze terug. Er zijn een aantal voorbeelden van onethische reizigers te paard die het vertrouwen en de vrijgevigheid van hippische ondernemers schaamteloos hebben uitgebuit. Deze acties vergiftigen de bron van vrijgevigheid voor welwillende hippische reizigers.

Wanneer je een financiële gift ontvangt, erken dat dan. Wanneer je waardevolle materialen of diensten krijgt, betaal deze bedrijven dan vrijgevig terug met publieke aanbeveling van hun producten en aandacht op je website en in zoveel mogelijk paardgerelateerde media. Stel dat je door omstandigheden uiteindelijk niet vertrekt, heb dan de waardigheid en moed om de spullen te retourneren.

Hoofdstuk 11 - Het uitkiezen van je bestemming

Wáár we naartoe gaan is minstens zo belangrijk als hoe we daar gaan komen. Investeer tijd in uitzoeken waar je heen wilt, zowel in persoonlijke als geografische zin.

In geografische termen is de bestemming voor sommigen gemakkelijk te benoemen, bijvoorbeeld de 3000 km (1900 mijl) lange tocht van 'Ocean-to-Ocean' dwars door het continent Amerika. Echter reizen met paarden is niet slechts beperkt tot geografische doelen.

Nu de eeuw van de ontdekkingsreizigers voorbij is, meent het Long Riders' Guild dat de eeuw van de individuele onderzoekers is aangebroken. Een verlichte tijd waarin zelfstandige individuen, al dan niet particulier, erop uittrekken, niet om natuurlijke bronnen van hun buren te onderzoeken of te ontdekken, en ook niet om de vlag van hun land op de piek van een hoge berg in een ander land te plaatsen, maar vooral om de grenzen van onze planeet en onze eigen ziel te onderzoeken.

Los van wat ze te bieden hebben, zijn plaatsen slechts plaatsen. Wat ze bijzonder maakt is de combinatie van jou, de plek en het moment. Waak ervoor dat je geen voorspelbare rit maakt naar een locatie die niet in beweging is. Benader je reis als een avontuur, niet als een prestatie om aan de buitenwereld te tonen.

Onthoud bij je overweging betreffende het eindpunt dat je twee reizen maakt, een die zichtbaar is van buiten, en een innerlijke reis. De bestemming van je reis zou moet dienen om de complexiteit van je ziel te ontsluiten. Jouw tijd in het zadel zou moeten bestaan uit het leren overwinnen van hindernissen die je onderweg ongetwijfeld tegen gaat komen. En niet doen alsof het leven vrij van zorgen is, zoals de kleurrijke toeristen brochures prediken aan de onwetenden.

Georganiseerde reizen zijn ontworpen om je te veranderen in een reizende conformist. De reisgidsen vertellen je waar te eten en welke plaatsen je moet vermijden. In groot contrast met het onderzoeken van de wereld vanaf de paardenrug, waar je fysiek, cultureel, intellectueel, taalkundig, emotioneel en spiritueel wordt gestimuleerd en uitgedaagd. Een Long Rider zadelt op en vertraagt zijn tempo. Je keuze voor de bestemming behoort je verlangen te weerspiegelen om persoonlijke ontwikkeling te omarmen, naast het bereiken van een geografisch doel.

Houd bij het bepalen van de bestemming rekening met de moderne, hedendaagse wereld en ga niet af op een mythologisch verhaal. Denk niet dat je het wilde westen opnieuw kunt gaan ontdekken. Op alle continenten kom je wegen tegen. Historische routes zijn geblokkeerd door prikkeldraad. Karavaanroutes in Centraal Azië bestaan alleen nog in onze herinneringen. In de USA raken meer Long Riders gewond door verkeersongelukken dan door wilde dieren.

Een laatste gedachte om in overweging te nemen. Giet je plannen niet in beton. Je reist met een paard, niet met een bus. Je reisschema is grotendeels afhankelijk van zijn maag en het weer. Als er iets boeiends voorbij komt, wees dan niet bang om even te blijven hangen en het te onderzoeken.

Hoofdstuk 12 - Equestrian Brotherhood

Het primaire principe van veilig reizen is trachten te rijden binnen de grenzen van een gevestigde hippische cultuur of gemeenschap. Een chauffeur, afgesloten van de buitenwereld in de cabine van zijn snelle auto bezit niet de kalmte om te stoppen voor een praatje. Met 120 km/uur zijn er geen ontmoetingen, er is slechts isolatie en concentratie. Noch zijn gemechaniseerde samenlevingen geneigd om jou en je viervoeter te begrijpen of te tolereren.

Hippische tradities zijn nog steeds sterk ingeburgerd in sommige delen van de wereld. Het zijn deze paardvriendelijke culturen waar je altijd naar op zoek zou moeten zijn. Wat ze tekort komen in aantallen maken ze goed in gastvrijheid. Deze gemeenschappen zijn meer geïnteresseerd en gastvrij dan de zogenaamde ontwikkelde landen.

Je zult ondervinden dat er sympathie schuilt in de ziel van andere paardenmensen, ongeacht de verschillen tussen jullie. Het hoeven niet eens liefhebbers te zijn van trektochten, paardenmensen zijn allemaal bekend met het gevoel van vrijheid dat hun paard hen geeft. De liefde voor paarden verbindt. Dus, om het even wie hem het eerste bereed, het paard heeft geholpen om de diversiteit van de mensheid te verenigen en waarderen. Het plannen van je trip door een paardvriendelijke omgeving is een mooie eerste stap.

Maar laat alle naïeve gevoelens van culturele superioriteit thuis. In plaats daarvan ga je op reis om te kunnen leren, niet om jouw eigen cultureel gekleurde mening op te dringen aan anderen. Want zij hebben op hun beurt het recht om het niet eens te zijn met jouw persoonlijke visie. Deze is tenslotte gebaseerd op je eigen beperkte begrip van de enorme culturele verschillen op onze planeet.

Hoofdstuk 13 - De route plannen

Zodra je een locatie hebt uitgezocht, moet je jezelf afvragen wat de veiligste manier is om daar te komen. Construeer een route die zo min mogelijk langs drukke wegen en topografische uitdagingen voert. Hiervoor is het nodig om een gigantische gedachtensprong te maken, weg van je huidige bestaan als gemotoriseerd weggebruiker. Geografie kan niet langer worden genegeerd. Wees bij het plannen van de route echt belachelijk voorzichtig, want ruiters zijn nu eenmaal geen motorrijders. Een brug van 1,5 km (1 mijl) lang over een rivier maakt dat een autobestuurder dromerig over het randje gluurt naar het bruisende water ver beneden hem, terwijl een Long Rider zijn leven riskeert bij dezelfde oversteek. Besef dat geografische uitdagingen die door bestuurders simpelweg worden genegeerd, het leven van jou en je paarden in gevaar kunnen brengen.

Een van de meest gemaakte fouten van wannabee-Long Riders is het overschatten van de dagelijkse af te leggen afstand. Met een kaart voor zich uitgespreid op de tafel, beslissen beginners opgewekt dat ze van punt A naar punt B gaan rijden in een bepaald aantal maanden, weken, dagen of uren. Dit is een fundamentele denkfout. Reizen te paard gaat niet volgens een vooropgezet plan. Als je niet bekend bent met de route heb je geen idee welke uitdagingen en vertragingen om de hoek op je wachten.

Afstand met paarden reken je in tijd; we rijden zes uur per dag bijvoorbeeld. Pas achteraf wordt dit omgezet naar de afgelegde afstand.

Wees niet te optimistisch over de afstand die je wilt afleggen. Denk niet dat je een gemiddelde afstand van 48 km (30 mijl) per dag kunt halen. Dit soort dromen zijn gedoemd te mislukken wanneer de golven van realiteit stukslaan op de rotsen van teleurstelling. Plan in plaats daarvan een gemiddelde afstand van 20-30 km (15 - 20 mijl) per dag voor vijf dagen achtereen, waarna er twee dagen rust wordt ingelast om bij te komen, inkopen te doen en spullen te repareren.

Misschien vind je dat je zelf geen rust nodig hebt, je paarden hebben deze behoefte wel. Terwijl jij de eerste dag druk bent met het versturen van mails en het repareren van spullen, zullen je paarden op die dag vooral eten. De tweede dag doen ze dat ook, maar het is de rust op de tweede dag die het paard de gelegenheid geeft om zijn energiebalans te herstellen. Als je dit schema toepast krijg je een eerlijk beeld hoe lang je nodig zult hebben voor je reis.

Hoofdstuk 14 - Papierwerk

Bij reizen met paarden komt veel meer papierwerk kijken dan menig Long Rider zich realiseert. Het is van wezenlijk belang de wettelijke en medisch noodzakelijke documenten accuraat voor te bereiden. Begin tijdig want dit proces vraagt veel tijd en duurt meestal langer dan verwacht. Verderop komt aan de orde wat er aan papierwerk nodig is voor paarden. Hier volstaat het aangeven dat het geen zin heeft om bezig te gaan met de papieren voor je paarden totdat je eigen papieren tiptop in orde zijn.

Als je met je paard onderweg bent, ver van huis, loop je in meer dan één opzicht gevaar. Dit gaat niet zozeer over berovingen en andere voor de hand liggende gevaren, er is tevens een gerede kans dat je wordt opgehouden door kleinzielige officials die eropuit zijn om je te vertragen of tegen te houden. Dit speelt overal op de wereld. Niemand is veilig voor deze praktijken want een vreemdeling te paard is per definitie lastig voor drukke officials.

Deze tegenwerking van reizigers is al eeuwen een bekend fenomeen. De vroegste hippische ontdekkingsreizigers hielden hier rekening mee en beschermden zich met politieke documenten.

Koninklijk Besluit. Een Koninklijk Besluit (in Engels Firman) is een brief, opgesteld door een hoogwaardigheidsbekleder. Deze brief draagt lokale officials op om de reiziger met respect tegemoet te treden, zijn reis niet te belemmeren en hem zelfs indien gewenst assistentie verlenen. Dit idee is toegepast in vele verschillende culturen. Het meest succesvolle voorbeeld is de pas die Genghis Kahn meegaf aan zijn vertegenwoordigers, vrienden en koeriers. Alleen al de aanblik van dit document was voldoende om direct vriendelijk bejegend te worden door de doorgaans zo sterk tegenwerkende officials. Het inspireerde tot efficiëntie in plaats van arrogantie, het gaf support van instanties en opende zelfs gevangenisdeuren. Je zou elke mogelijke moeite moeten doen om zo'n Koninklijk Besluit los te peuteren van de autoriteiten voordat je vertrekt.

Mocht je met je paard naar het buitenland gaan, overweeg dan vooraf een beleefdheidsbezoek aan de ambassades van de landen waar je doorheen wilt reizen. Indien mogelijk, vraag korte spreektijd aan met de ambassadeur zelf. Tijdens zo'n audiëntie kun je de ambassadeur verzoeken een brief te ondertekenen - die je natuurlijk thuis hebt voorbereid. In deze brief staat wat je plannen zijn, welke route je gaat rijden en dat dit vooraf is besproken met deze hoge overheidsbekleder. Het zou nog mooier zijn als de brief een originele stempel van de ambassade heeft. En in deze tijd van moderne media, is het eenvoudig om iemand te vragen een foto van jullie te maken op het moment dat hij de aanbeveling aan je overhandigt. Dit soort diplomatieke maatregelen bespaart je later onvoorstelbaar veel vertraging, of het redt jou en je paarden van onverwachte bureaucratische verwikkelingen.

Introductiebrief. Een introductiebrief van een persoon of autoriteit gericht aan andere officials effent het pad bij kleine moeilijkheden en biedt je een positie van aanzien tijdens je reis. Een introductiebrief kun je vragen aan ambassadeurs, banken, betrouwbare en bekende zakenmensen, artsen, boekhandelaren of toeristische organisaties. Niet alleen zijn de brieven handig om bij je te hebben, contact met dit soort mensen kan je veel waardevolle informatie opleveren.

Paspoort. Draag je paspoort altijd op je lichaam, maak daarop geen uitzonderingen. Bewaar een fotokopie elders in je bagage. Bewaar je paspoort en andere waardevolle papieren nooit in je zadeltassen. Een ongelukkige Long Riders paard ging er vandoor op de steppe in Mongolië. Ze keek met afgrijzen toe hoe haar paarden, samen met documenten en geld in de verte verdwenen.

12

Draag belangrijke documenten daarom altijd op je eigen lichaam.

Gezondheidsverklaring. Ongeacht waar je reis je heen voert, het is absoluut noodzakelijk dat je goed uitzoekt welke testen, vaccinaties en verklaringen jij en je paarden vereisen en welke aanbevolen zijn in het buitenland.

Verklarende flyers. Er is nog een belangrijk stuk papier dat je bij je zou moeten hebben onderweg. De zogenaamde 'verklarende flyer'. Waar je ook rijdt, steeds weer zullen mensen je vragen wat je aan het doen bent, wat voor paard je hebt, hoeveel je voor hem betaald hebt, waarom je deze reis maakt, of je bang bent om te worden a) vermoord, b) ontvoerd, c) beroofd, d) verkracht of e) allemaal. Ben je getrouwd, zou je dat willen, hoeveel geld verdien je, welke godsdienst hang je aan? Het gaat maar door, dag, na dag, na dag. Om deze eindeloze vragenstroom te ondervangen kun je een A4 flyer opstellen waarop details over jou en je reis zijn uitgelegd. Vergeet niet om er een foto op te zetten van jou en je paard. Neem een aantal kopieën mee in je zadeltassen. De verklarende flyer werkt echt overal en bespaart je de energie om het vervelende dagelijkse spervuur aan dezelfde vragen te beantwoorden. Daarnaast is het voor journalisten handige informatie voor als ze een artikel over je willen schrijven.

Vriendenboek. Long Riders kennen het belang van accurate documentatie van hun reis. Zij hebben een boekje bij zich waarin ze nauwkeurig bijhouden wie ze onderweg ontmoeten en waar precies, samen met een persoonlijke boodschap, handtekening en contactgegevens van deze persoon.

Vriendenboeken zijn niet alleen handig bewijsmateriaal om te aan tonen waar je precies bent geweest, ze kunnen ook behulpzaam zijn bij het oplossen van lokale moeilijkheden. Slimme Long Riders maken er een sport van om een handtekening en stempel te krijgen van alle politiemensen die ze onderweg ontmoeten. Als je een politieman zover krijgt dat hij je boek tekent en afstempelt, dan zal de volgende het ook doen, misschien zelfs met foto van jullie beiden. Een groeiende lijst van politiemensen helpt de weg vrijmaken bij moeilijkheden. Argentijnse Long Rider Benjamin Reynal heeft gedocumenteerd hoe dit instrument ook andere doelen dient. Het boek zal jouw betrouwbaarheid bevestigen aan een potentiële gastheer of vrouw.

"Het boek is een enorme ijsbreker", legt Benjamin uit. "Met een groeiende verzameling foto's, brieven en stempels, vormt het boek een gemakkelijke en eerlijke manier om je reizen toe te lichten. Mijn ervaring is dat 99% van de mensen na het zien van het boek graag bereid zijn om je te helpen en onderdeel van je reis te worden. En omdat je te paard dagelijks slechts korte afstanden aflegt herkennen mensen de plaats waar je de vorige dag hebt overnacht, vaak kennen ze zelfs de persoon die de dag ervoor in je boek schreef. Daarom raad ik iedereen aan om zo'n boek mee te nemen."

Benjamin verzamelde brieven, gedichten en foto's van mensen die hij ontmoette. "Soms lees ik na jaren zo'n boek nog eens door en zonder twijfel is dit, van alle dingen die ik heb meegenomen van mijn reizen, het enige item dat tranen losmaakt."

Dus: hoewel het begon als strategisch gereedschap, wordt het vriendenboek een emotioneel juweel van onschatbare waarde.

Tips. Andere suggesties van Long Riders zijn om kopieën van je rijbewijs en geboortecertificaat mee te nemen. Omdat veel landen reizigers vragen om foto's aan te leveren voor officiële documenten is een extra setje pasfoto's handig. Vraag Creditcards vooraf aan en let goed op de afloopdatum. South African Long Rider Billy Brenchly schreef: "Wees over papierwerk en documenten praktisch en niet paranoïde. Ik draag verschillende kleuren kopieën van officiële documenten bij me. Zo ben ik niet bang als een corrupte official dreigt met inbeslagname als je niet betaalt. Ga je gang, hou maar."

Hoofdstuk 15 - Reisgenoten kiezen

Reizen met paarden is complex en moeilijk, met vele uitdagingen. Denk daarom goed na of je alleen wilt rijden of samen met een metgezel.

De voorwaarden. Slechts weinigen hebben het in zich om een Long Rider te worden. Dat alleen al maakt het lastig om een reisgenoot te vinden. Er zijn niet zoveel mensen die de moed bij elkaar kunnen rapen om daadwerkelijk te vertrekken. Wat je zoekt in een reisgenoot is advies bij de kruispunten, iemand die sterk blijft als jij even zwak bent, die je kan verdedigen in geval van gevaar, die troost biedt in momenten van moedeloosheid en die vastberaden is de reis te volbrengen. Want een expeditie is zo krachtig is als de zwakste deelnemer. Als je succesvol wilt zijn, breng dan vooraf iedereen bij elkaar om een sterk team te kunnen vormen dat een gezamenlijke visie deelt.

Emotionele ramp. Negen van de tien keer is de reis jouw droom. Een eventuele reisgenoot dient vaak als een emotionele ondersteuning waarvan je in het begin van de reis denkt dat je dat nodig hebt. Wat je zult ontdekken is dat als je gewend bent aan het ritme onderweg en je weet over welke vaardigheden je beschikt, je zelfvertrouwen gaat groeien en je emotionele afhankelijkheid afneemt. Daarbij, hoe verder je deze nieuwe wereld in rijdt, hoe meer je interactie met nieuwe vrienden gaat waarderen. Met het groeien van je zelfvertrouwen en beslissingsvaardigheid, zal de toegevoegde waarde van je reisgenoot afnemen.

De immense fysieke en emotionele ontberingen die een reis te paard met zich meebrengt, legt grote druk op vriendschappen, huwelijken of familiebanden. Velen overleven dit niet tenzij iedereen dezelfde passie en vastberadenheid heeft om de reis te volbrengen. De meerderheid van de reisgenoten zijn in eerste instantie geïntrigeerd door het idee, maar ontdekken al snel dat het een lijdensweg kan zijn. Ze vinden dat ze lijden, en worstelen zich als slachtoffer door de reis heen, of nog erger, ze gaan de hele expeditie haten.

Jouw paardendroom verandert in een nachtmerrie als je vertrekt met de verkeerde reisgenoot.

Alleen op pad. Als je eenmaal hebt ontdekt hoe vreselijk verkeerd het kan gaan met een niet passende reisgenoot, begrijp je dat de meeste Long Riders in wording besluiten om alleen op pad te gaan. Solo reizen heeft zeker een aantal voordelen. Je hoeft met niemand rekening te houden behalve met jezelf. Je kunt gaan en staan waar en wanneer je wilt, stoppen wanneer je wilt, eten wat en wanneer je daar zin in hebt, zonder rekening te hoeven houden met de onvoorspelbare voorkeuren van een kameraad.

Your best friend. Hoewel het zeer voor de hand ligt, lijken veel mensen een fundamentele waarheid over het hoofd te zien. Een groot deel van de reis gaat over de relatie die zich ontwikkelt tussen twee soorten, namelijk jij en je viervoetige vriend. Je paard is je meest belangrijke reisgenoot! Een onderdeel van jouw missie is om te onderzoeken en begrijpen wat het is om te reizen aan de zijde van zo'n majestueus dier. Het is het paard dat mensen inspireert te praten, vriendelijk en gastvrij te zijn, meer dan welke menselijke reisgenoot dan ook.

Recept voor succes. Je kunt geen perfecte Long Rider tevoorschijn toveren maar hier is een recept voor emotioneel en tactisch succes. Onthoud bij de zoektocht naar een medereiziger dat persoonlijke kwaliteiten meer betekenen dan geld. Zoek iemand met dezelfde visie en die van dezelfde dingen geniet als jij. Verkies enthousiasme boven academische kennis. Vriendelijkheid is onbetaalbaar. Gevoel voor humor is noodzakelijk. Tolerantie, veerkracht en aanpassingsvermogen bij noodgevallen zijn voorwaarden. Uithoudingsvermogen en intrinsieke motivatie zijn de fundamenten voor succes. Goed tegen eenzaamheid kunnen is noodzakelijk. Onderschat nooit de waarde van moed. Bedrevenheid in de omgang met paarden is heerlijk, net als meerdere talen spreken en goed kunnen koken. En boven alles, waardeer loyaliteit, want deze gave zal helpen de stress die je ervaart op dit soort barre reizen te overwinnen.

In overleg met een potentiële reisgenoot ben je geneigd compromissen te sluiten. Luister naar je onderbuikgevoel. Vraag jezelf of je bereid bent om lange tijd met deze persoon door te brengen, opgesloten in een klein kamertje, geconfronteerd met onverwachte uitdagingen en als je uit de planning loopt. Neem afscheid van starre experts. Schuw iedereen wiens politieke of religieuze overtuigingen op de voorgrond treden. Laat dronkaards en feestvierders achter, omdat hun gebrek aan discipline vroeger of later zal leiden tot problemen voor je paarden. En bovenal, vermijd iedereen die egoïstisch, onvolwassen of lui is. Lange afstanden rijden met paarden zal de sterksten testen en de zwakkeren breken. Neem niet de last van verkeerd gezelschap op je schouders.

Hoofdstuk 16 - Reizen met honden

Long Riders komen regelmatig in de verleiding om te reizen met een hond als metgezel. Er zijn uitzonderingen maar meestal is dit een dodelijke beslissing voor de hond. Hun aanwezigheid lokt confrontaties met andere honden uit. Ze trekken roofdieren aan. Ze kunnen ernstig gewond raken door de trap van een geïrriteerd paard. Er zijn honden gestorven aan een slangenbeet. Ze lopen regelmatig verwondingen op door stekelvarkens of stinkdieren. Ze kunnen lijden aan zere poten en zijn gevoelig voor een zonnesteek. Er zijn honden ontvoerd en bijna opgegeten door hongerige locals. Maar verreweg de meeste honden vinden de dood in een verkeersongeval.

Er zijn meerdere redenen om geen hond mee op reis te nemen. Sommige nationale parken staan geen honden toe en voldoende voedsel organiseren vormt een extra uitdaging. Als de hond gewond raakt of ziek wordt zal het pakpaard het extra gewicht van de hond moeten dragen. Een hond betekent een extra emotionele en logistieke uitdaging op een moment dat je volledige aandacht bij je paarden zou moeten liggen.

Hoofstuk 17 - Voor je opzadelt

Voorgaande informatie laat zien dat reizen te paard keihard is. Alles dient bekeken te worden door de ontnuchterende bril van de realiteit. Toch zijn er twee zaken die je met zekerheid te wachten staan; avontuur en vrijheid. De kluisters van de huidige beschaving worden afgeworpen. Er zijn geen treinen te halen, geen drukke hotels om in te overnachten. Kamp na kamp wordt opgebouwd en weer afgebroken, wat een verlangen oproept om door te gaan. Tegelijkertijd is er geen haast. De reis gaat voort en houdt halt zoals de Long Rider het wenst.

Klaar voor de start. Je paard vraagt niet om een voorkeursbehandeling, hij wenst enkel een eerlijke deal. Als je al een geschikt paard hebt, is dit de tijd om de training aan te vangen. Zorg dat je paard gewend is aan alle soorten verkeer. Je komt in een ander universum zodra je het veilige erf af rijdt. Leer om te vertragen, terwijl je eraan went om immer een voorwaartse beweging te behouden.

Als je reis ver weg gaat plaatsvinden, overleg met de vliegtuigmaatschappij wat de kosten zijn voor het vervoeren van je spullen naar de plaats van bestemming. Volledige bepakking van een Long Rider is zwaar en waardevol en neemt ook nog eens veel plaats in.

Begin zo snel mogelijk met het organiseren van je papierwerk. Onderzoek welke medische, juridische en reisdocumenten je onderweg nodig hebt. Zorg voor de brief van aanbeveling zoals eerder besproken.

Beloningen. Wat je je dient te realiseren is dat je, ondanks alle gevaren en teleurstellingen, een onvoorstelbaar intense emotionele beloning zult ontvangen die je in geen enkele andere hippische discipline ooit kan ervaren. Wat je in plaats van een overwinning zal vinden is dat wat andere Long Riders voor jou ook hebben gevonden; de diepste, meest intense emotionele band met een paard en zo'n intense liefde voor het leven dat het niet in woorden te omschrijven is voor wie het niet heeft meegemaakt.

Daarom bestaat er geen 'falen' voor Long Riders. Elke reis presenteert een schitterende les voor de toekomst. Namelijk, dat de rijkdom van het leven niet wordt afgemeten aan het aantal afgelegde kilometers, maar aan de waarde van de emotionele reis die je hebt afgelegd, en wat je in spirituele zin hebt geleerd. Als je dit uitgangspunt volgt dan zal je reis succesvol zijn, ongeacht enig geografisch doel. Als je hebt geleerd dat vertrekken belangrijker is dan aankomen, dan heb je iets immens waardevols volbracht zelfs voordat je vertrokken bent.

Deel Twee - De paarden

Hoofdstuk 18 - Nieuwe regels van de kudde

Lange trektochten veranderen een paard. Het dier wordt alerter en accepteert meer. Onderweg eet het voedsel dat het thuis zou weigeren. En erg belangrijk, het zal zeer nauw verbonden raken met zijn reisgenoten, dieren en mensen. Het paard roept naar zijn mens als deze wegloopt. Hij herkent zijn mens al van verre. Long Riders hebben dezelfde emotionele ontdekkingen gedaan met betrekking tot hun paarden. Na een aantal dagen onderweg, ontwikkelt het 'trailpaard' een nieuwe kudde ethiek. Dit gebeurt als eigenschappen, die door de eeuwen heen in de genen zijn verankerd, geprikkeld worden. De herinnering van het paard aan 'thuis' wordt vervangen door een nieuwe kosmische orde die zich centreert rondom zijn ruiter en de zon.

Omdat zijn geografische omgeving continu verandert, ontwikkelt het trailpaard een sterke emotionele band met zijn ruiter. De zon komt op en het paard vertrekt en observeert de wereld om zich heen. Elke dag opnieuw en opnieuw en opnieuw. Maar ondanks al die emotionele verrassingen, steeds weer is daar de Long Rider om hem gerust te stellen. De zon gaat langzaam onder, het paard leert dat zijn ruiter zorgt voor eten en veiligheid in de nacht.

De continue verandering van omgeving maakt in het trailpaard een diepe behoefte los naar zekere mate van stabiliteit. Als de reis in een vast ritme overgaat, leert het paard dat voedsel en veiligheid altijd te vinden zijn in de buurt van het kamp. De emotionele verbinding tussen een Long Rider en zijn paard is dan ook honderd keer sterker dan die tussen een wedstrijdpaard met zijn één-uur-per-dag-ruiter.

Net als mensen kunnen paarden innige vriendschappen ontwikkelen en intense emotionele verbindingen aangaan. In een dagelijks veranderende wereld, waar iedere nacht een nieuw dak of geen dak brengt, waar de ene dag overvloed is en de andere dag schaarste, ben jij representant van de emotionele continuïteit voor je paard. Geen enkele band in je leven zal dieper zijn dan degene die je opbouwt met het paard waarmee je slaapt, reist en de paden mee deelt.

Hoofdstuk 19 - Eén paard of twee?

Een van de eerste beslissingen die je moet maken is hoeveel paarden je meeneemt op reis. Het antwoord hangt van een aantal factoren af. Waar je gaat rijden; een land waar benodigde middelen goed verkrijgbaar zijn of verlaten gebieden met geografische en klimatologische uitdagingen. Reis je door een afgelegen gebied waar geen verkeer kan komen of rijd je regelmatig langs drukke wegen met gemotoriseerd verkeer? Zal het platteland je helpen of juist beperken, kun je rekenen op vele achtereenvolgende ontmoetingen met vriendelijke gastheren of zijn vriendelijke gezichten ver te zoeken?

Kun je vertrouwen op voldoende beschikbaar voedsel en gras voor je dieren of dwingt de schaarsheid je om voor langere tijd voorraad mee te nemen en daarmee ook een pakpaard? Wat is er nodig om jouw veiligheid en comfort te waarborgen; ben jij zo iemand die heerlijk kan slapen in een greppel langs de weg of eis je bepaalde voorzieningen zoals dagelijks een warme maaltijd? Ben je sterk genoeg; kun je je voorraad in een rugzak op je rug dragen en kilometers lang naast je paard lopen?

Als je beslist om met één paard op pad te gaan, ben je dan in staat om een dier te vinden met de vereiste kracht en voldoende emotionele stabiliteit?

Een fundamenteel probleem. Stel je even voor dat je overweegt om een pakpaard mee te nemen op je reis. In zijn boek *"Horses, Saddles and Bridles"*, schreef cavalerist Generaal William Harding Carter: "Alle ervaren soldaten zijn bekend met de waarde van het behouden van de kracht van het paard. Hoewel het gewicht van het pakzadel de snelheid van de mars niet lijkt te beperken, veroorzaakt het wel degelijk een grotere mate van uitputting waardoor het paard uiteindelijk korter kan dienen."

Carter gaat verder met uitleggen dat hoe meer gewicht een paard draagt, hoe groter de kans is op rugproblemen. "Dat is waarom," schrijft hij: "het noodzakelijk is om het gewicht van het pakzadel tot een minimum te beperken."

Cavaleristen zoals Carter kennen de risico's van het overladen van een paard. Dit houdt in dat wanneer je zonder pakpaard reist, het trailpaard al het gewicht zal moeten dragen wat het risico op blessures vergroot.

Dit daagt uit tot een belangrijke strategische en ethische vraag voor vertrek. Kun je veilig reizen met slechts één paard? Sommige Long Riders hebben bewezen dat onder bepaalde omstandigheden het antwoord ja kan zijn.

Size matters. Voor een reis met één paard is een groot en sterk dier nodig. Louise, de Shire merrie van D.C. Clough is een prachtig voorbeeld hiervan. De merrie werd voorheen ingezet als werkpaard om bomen uit het bos te trekken, ze vond het heerlijk om op reis te gaan. Zonder zeuren droeg ze D.C. en al zijn spullen 22.500 km (14.000 mijl) door Amerika.

Lucy Leafs' paard Igor had een stokmaat van 1,64 m, woog zo'n 600 kg, had een brede bouw en hoefijzers maat 3. Zijn dikke huid en weelderige manen en staart beschermden hem tegen lastige prikbeesten in de zomer en kou in de winter. Net als Louise had Igor altijd enorme trek en dankzij zijn sterke maag kon hij praktisch alles eten.

Ervaring. Stel dat het idee van reizen met één paard je aantrekt maar je twijfelt nog steeds. Laten we dan de mening vragen van een Long Rider die zeer ervaren is in het reizen met zowel één paard als met trailpaard en pakpaard.

In 1982 maakte Lisa Steward een trip van 4.900 kilometer (3.000 mijl) door

Amerika samen met Len Brown en vijf paarden. Meer recent heeft ze een reis volbracht met slecht een paard, haar eigen Chief.

"Ik voelde me heerlijk vrij met maar een paard, het is heerlijk te weten dat je je eigen paard onder controle hebt. Het is ook veel gemakkelijker om te vragen of je op iemands land mag overnachten met slechts een paard, geen vijf. Daarom hoefde ik niet steeds alles vooruit te plannen en te bellen of we welkom waren. Ik kon gewoon bij ieder huis aankloppen."

Lisa heeft een duidelijke mening: "Ik zal nooit meer een reis maken waarbij ik een groep paarden moet leiden. Ik wil te allen tijde beide handen vrij hebben voor mijn trailpaard." In haar ogen is de enige reden om een pakpaard mee te nemen als je door zo'n afgelegen gebied rijdt dat je niet in staat bent om eens per week je voorraad aan te vullen.

Nauwkeurig plannen. Anders dan Lisa, die al veel ervaring heeft, omschrijft William Reddaway zichzelf als een 'onervaren 65-jarige'. Dat gegeven weerhield hem er niet van om op zijn paard Strider alle vier de hoeken van Engeland aan te doen. William zag de noodzaak in om voorzorgsmaatregelen te treffen aangaande de industriële gebieden die hij zou moeten doorkruisen. "Ik koos ervoor om in Groot Brittannië te rijden, omdat ik geen fantastische ruiter ben, ook geen echte paardenman, en ik wilde op bekend terrein blijven met toegang tot advies en professionele support."

Dat was verstandig want Engeland is een dichtbevolkt land en 80% van zijn route liep langs wegen en door drukke steden. Het idee om een pakpaard door druk verkeer te leiden was niet aantrekkelijk. "Ik koos ervoor om geen pakpaard mee te nemen, omdat ik a) geen financiële middelen had om meer dan één paard te kopen, en b) ik te weinig ervaring had om één paard, laat staan twee paarden te managen." Bijkomende voordelen waren lagere onderhoudskosten zoals voer, hoefsmid, dierenarts en verzekering; gemakkelijke doorgang door de off-road hekken; een smaller en vooral vlugger profiel langs de wegen en minder gedoe bij het vinden van een plaats om te overnachten.

Nadat William had besloten om maar met één paard op pad te gaan, kon hij zijn route nauwkeurig gaan voorbereiden. Hij nam vooraf met mensen contact op om er zeker van te zijn dat hij kon overnachten en dat er onderdak en eten voor Strider zou zijn. "Ik bedacht dat de route al moeilijk genoeg zou zijn voor een onervaren 65-jarige en dat een bed, douche en eten iedere nacht beter zou passen dan kamperen. Voordat ik vertrok, had ik 85% van alle overnachtingen onderweg geboekt. En in 99% van alle gevallen sliepen we bij mensen die paarden hadden, zodat Strider niet alleen was. Daarbij organiseerde William ook dat er op bepaalde plekken onderweg voer voor Strider werd gebracht. Vooraf maakte hij afspraken met hoefsmeden langs de route. "Dit waren belangrijke zaken in het beperken van onze bepakking."

Nadelen van alleen reizen. Er kleven ook nadelen aan het reizen met één paard.

In de eerste plaats ben je erg beperkt in wat je mee kunt nemen, zeker als het gaat over kookspullen en voedsel. Op- en afzadelen gaat vele malen sneller. Daarentegen is het exact uitbalanceren van het gewicht van levensbelang voor de gezondheid van je paard. Long Riders lopen veel. Met slechts één paard zul je nog meer moeten lopen. Voor het paard is het emotioneel zwaar. Paarden zijn van nature kuddedieren. Een eenzaam paard kan in de nacht op zoek gaan naar gezelschap, de Long Rider alleen achterlatend.

Hoofdstuk 20 - Het trailpaard

De term 'trailpaard' was ooit algemeen gebruikt om een paard te beschrijven dat in staat was om succesvol lange reizen te volbrengen onder iedere omstandigheid, door elk type terrein en in alle weersomstandigheden. In 1847 beschreef hippisch reisexpert Rollo Springfield welke kwaliteiten zo'n dier zou moeten bezitten. "Het trailpaard is een sterk, krachtig, actief paard, dat zware omstandigheden kan verdragen, met een niet te grote gestalte, slechts zelden hoger dan 1,50 m. Het heeft een rond en compact lichaam en een sterk beendergestel." Even later ging hij verder: "Jammer genoeg is dit ras genegeerd door hen die mode boven bruikbaarheid stellen." Ongeacht jaar en tijd, je succes hangt direct af van welk paard je kiest, dit heeft namelijk invloed op iedere stap van je reis. Het is de meest cruciale beslissing in de voorbereiding.

Echter in deze tijd is het vinden van een goed trailpaard geen sinecure. Vang je zoektocht aan met het besef dat niet ieder paard geschikt is.

Een uitdagend voorstel. Ieder trailpaard moet in staat zijn om zware last te dragen, die bestaat uit het zadel, de ruiter en hun gezamenlijke benodigdheden. Hij moet in ieder terrein kunnen werken. De komst van de auto heeft de kracht van het paard doen afnemen, wanneer je kijkt naar algemene gezondheid, uithoudingsvermogen en prestaties onderweg.

Voordat je op pad gaat moet je begrijpen dat een paard dat zijn leven lang in een luxe stal heeft geleefd, gevoelig zal zijn voor weersomstandigheden, niet gewend is om te gaan met honger en een groot risico loopt op uitputting. Zo'n paard heeft een lange gewenningsperiode nodig, om de transitie naar het harde leven onderweg door te maken.

Je eigen paard. Misschien bezit je al een paard. Dat betekent echter niet automatisch dat dit dier in staat is om zo'n lange en uitdagende reis te maken. Hoewel het correct is, om ervan uit te gaan dat het prettig is om te reizen met een paard dat je al kent, mag je jezelf niet toestaan om liefde boven logica te plaatsen. Je zal een genadeloze analyse moeten maken van de sterke en zwakke punten van je eigen paard. Heeft hij de vereiste psychische veerkracht? Heeft hij het temperament dat nodig is, voor de confrontatie met een breed scala aan emotionele obstakels? Kan hij zich aanpassen aan het doorbrengen van de nacht op verschillende vreemde plaatsen? Kan hij rustig door druk verkeer reizen? Eet en drinkt hij altijd en overal? Als je al zo'n paard bezit is dat fijn. Maar...als je enige twijfel hebt over de geschiktheid van je paard, kijk dan uit naar een ander paard om je reis mee te maken. Iedere reis vraagt van een paard, dat hij zijn diepste reserves van emotionele moed en fysieke kracht aanspreekt. Wees daarom niet verblind door misplaatste loyaliteit. Plaats een dier onder jouw zorg niet in situaties, die hij niet kan verdragen, of waar hij niet mee overweg kan.

Het ideale ras bestaat niet. Laat een romantisch beeld nooit je goede oordeel vertroebelen. Bij de zoektocht naar een trailpaard richten we ons niet op een speciaal ras, maar op een geschikt dier. Afstamming is nooit de beslissende factor. Het zijn individuele eigenschappen die de doorslag geven. Long Riders zoeken sterke, dappere en trouwe paarden. Ze zoeken naar moed en niet naar een sprookjesachtige pedigree. Ze zijn pragmatisch, niet behoudend. Dat is waarom er geen algemeen geschikt 'ras' is voor Long Rides. Long Riders geven ieder ras en ieder individu een kans, en wanneer het ras of individu faalt in het harde leven onderweg, dan moet hij zijn plaats opgeven ten gunste van een ander dier. Jij bepaalt de koers maar het is de kracht en moedigheid van het paard dat jullie er beiden doorheen loodst. Sta niet toe dat een illusie over een bepaald ras je op voorhand beïnvloedt. Het meest belangrijke criterium is dat je een paard kiest met een correct model en een lichaamsgewicht, dat in balans is met de Long Rider en zijn spullen. Het ideale trailpaard is er een die het heerlijk vindt om te reizen, die alles eet en overal drinkt, die sterke voeten heeft en het prima vindt om iedere dag ergens anders te slapen. Dit is een 'state of mind', geen ras.

Klimaat en terrein. Het is absoluut noodzaak dat het paard dat je uitkiest goed kan omgaan met de lokale weersomstandigheden. Neem geen paard uit de tropen mee naar de bergen, zo'n dier kan niet omgaan met plotselinge veranderingen in het weer en terrein. Vrees het terrein, niet het ontbreken van een sociale status. Overweeg of je gaat rijden door geaccidenteerd terrein of langs rustige wegen. Waarheen je gaat bepaalt waarop je rijdt. Een lokaal paard heeft de voorkeur, omdat inheemse paarden veel beter zijn aangepast en beter presteren dan geïmporteerde paarden.

Kracht en conformatie. Omdat een trailpaard zware fysieke arbeid moet verrichten en continu zware last moet dragen kan hij geen enkele zwakte in zijn conformatie hebben. Iedere afwijking in bouw of balans wordt gecompenseerd en dat kost extra energie. Kleine fysieke foutjes die in de dressuur of bij het springen of western geen probleem zijn, kunnen bij een trailpaard wel voor grote problemen kunnen zorgen. Schoonheid is een secundaire overweging. Primair let je op robuustheid en hard beenwerk. Een trailpaard mag zwaarder beenwerk en grovere gewrichten hebben dan een elegant sportpaard. Daarna selecteer je op een goed gebit, een sterke rug, een brede diepe borstkas, voldoende schoudervrijheid, soepele buiging in pezen en gewrichten, zeer correcte en harde hoeven en een groot uithoudingsvermogen. Besteed extra aandacht aan de schoft. Op een rond geribd paard zal het zadel niet goed blijven liggen. Als dit gebeurt schuift het zadel van rechts naar links, wat gegarandeerd rugproblemen geeft. Ook werkt dit vertragend, omdat je steeds opnieuw de bepakking moet vastmaken. Een duidelijke schoft is dus gewenst.

Geslacht. Het geslacht van je paard heeft grote invloed op de dagelijkse gang van zaken. In beginsel hebben alle paarden, ongeacht hun geslacht de potentie om zich tot een goed trailpaard te ontwikkelen. Wees je bewust van de sociale gewoontes in het gebied waar je doorheen rijdt, voordat je een paard kiest.

In West-Europa en Noord-Amerika is er een sterk negatief vooroordeel met betrekking tot het rijden en reizen met hengsten. Daarnaast, waar het al lastig is om grenzen te passeren met een medisch gezonde merrie of ruin, met een hengst is dit nog tien keer zo complex.

Het probleem met een merrie is, dat ze onderweg het een risico loopt om drachtig te worden. Dit is meer dan eens ook werkelijk gebeurd. De geschiedenis leert ons dat ruinen verreweg de meest ideale paarden zijn om mee te reizen, omdat ze braaf in de omgang maar geen sulletjes zijn. Ze zijn dapper maar controleerbaar, meegaand en toch zelfverzekerd. In het algemeen heeft een sterke, betrouwbare, goed getrainde ruin de meeste eigenschappen waarnaar een Long Rider op zoek is.

Kleur. Een goed paard heeft geen kleur, dat geldt ook voor een trailpaard. Weet dat paarden met minder pigment, net als mensen, gevoeliger zijn voor zonnebrand. Dit is vooral het geval bij paarden met een roze neus en lichte huid. Ander nadeel van lichtgekleurde paarden dat ze er viezig uitzien, wanneer ze in de mest hebben gelegen. Als je keuze hebt verdient donker de voorkeur.

Leeftijd. Een trailpaard moet minstens zes jaar oud zijn, zodat het skelet is volgroeid en de groeischijven zijn gesloten. De meeste paarden bereiken ook pas rond het zesde levensjaar een staat van emotionele volwassenheid. Ga daarom niet op pad met een paard jonger dan zes jaar. Zo lang een paard in goede conditie verkeert, is er geen reden om niet met een ouder dier vol vertrouwen op pad te gaan.

Stokmaat en gewicht. Net zoals je geen laarzen koopt die drie maten te groot zijn, koop je ook geen paard dat te groot is voor wat je met hem wilt doen. Bij het selecteren van een trailpaard kijk je als eerste naar de stokmaat en het vermogen om last te dragen. Past het paard bij je logistieke en fysieke behoefte? Een lange, zware ruiter heeft een groter paard nodig dan een kleine, lichte ruiter. Onthoud dat hoe groter het paard is, hoe meer moeite het kost om op te zadelen. Zadels zijn al niet licht en op een trektocht worden ze iedere dag zwaarder. Precies hetzelfde geldt voor op- en afstappen als je dat dagelijks meerdere keren per dag moet doen. Wat je zoekt is een robuuste combinatie met voldoende uithoudingsvermogen

Emotionele stabiliteit. Een grote uitdaging waar we voor staan is het maken van een betrouwbare schatting van het temperament. Geen eenvoudige taak als je vlak voor vertrek staat met alle bezigheden die daarbij horen. Een emotioneel stabiel paard is er een die geen heisa maakt. Geen dominante persoonlijkheid die moeilijk te controleren is. Ook eigenwijze lastpakken zijn niet geschikt. Wat je nodig hebt, is een rustig karakter dat verschillende omstandigheden kan verdragen. Deze rustige aanleg resulteert in een dier dat de hele dag kan doorgaan in één tempo, bij aankomst eet wat hem wordt aangeboden en dan tot rust kan komen in een vreemde stal. Op een niet geschikt paard kom je misschien wel aan op je doelbestemming, maar het is geen prettige reis.

Vertrouwen. Een trailpaard moet onbevreesd zijn. Zijn gevoel voor onafhankelijkheid is vele malen belangrijker dan zijn looks. Een knap paard is nutteloos als hij geen kilometers kan maken.

Gangen. Een belangrijke vereiste is een voorwaartse beweging, met lange passen die veel grond pakken. Dit geeft een snel en prettig tempo, zodat je de dagelijkse kilometers met plezier aflegt in plaats van dat het een worsteling is.

Training. Een gebrek aan fundamentele training zal niet alleen de positieve uitkomst in twijfel trekken, het kan je leven op het spel zetten. Geen enkele hoeveelheid tederheid-na-aanschaf kan het gebrek aan opvoeding opvullen voor vertrek. Je zoekt een paard dat niet alleen een bepaalde mate van training heeft gehad, maar die zijn werk ook heel serieus neemt. Een trailpaard moet stilstaan tijdens het poetsen, zadelen en opstijgen. Hij mag niet trekken als hij aangebonden staat. Hij is voorwaarts, vlug aan het been en kan snel draaien en stoppen. Kortom, iedere pas is van jou. Het is fijn als je hem bitloos kunt rijden, maar hij moet in ieder geval goed reageren op een bit en teugels, ongeacht met welk (lokaal) systeem je rijdt.

Hij mag je niet ontwijken als je hem komt ophalen. Een paard dat niet komt als je hem ophaalt zal uiteindelijk uitbreken en je te voet achterlaten. Afhankelijk van waar je reist, moet hij rustig blijven met kluisters aan, aan een lijn, of wanneer hij moet overnachten in een onbekende stal. Het is belangrijk om hem te stimuleren zijn eigen persoonlijkheid en oordeel te ontwikkelen, maar uiteindelijk is het de ruiter die de beslissing neemt. Dat zal hij gehoorzaam en vol vertrouwen moeten accepteren. Dit is waarom een gedegen opleiding voor het paard een fundamenteel vereiste is. Hoe verder je afdwaalt van het principe van wederzijds respect, gezond verstand en basistraining, hoe groter het risico op ongelukken of blessures. Wees er zeker van dat ieder paard dat je overweegt aan te schaffen signalen vertoont van de mogelijkheid om zich aan te passen aan de emotionele onzekerheden die je onderweg tegenkomt. Je zoekt naar moed, absoluut vertrouwen en scherpte en alertheid. Wat je zoekt is een lichamelijk sterk, emotioneel zeer stabiel, gehoorzaam paard.

Hoeven. Ongeacht of je op blote voeten rijdt, met hoefschoenen of met ijzers, een paard dat zich niet kan gedragen bij de hoefsmid of bekapper zal een constante bron van moeilijkheden zijn. Een trailpaard moet doodstil en rustig blijven staan, terwijl zijn hoeven verzorgd worden.

Voeding. Omdat een trailpaard wordt weggehaald uit zijn vertrouwde omgeving, moet hij in staat zijn verschillende soorten voedsel te verdragen. Je hebt niets aan een kieskeurige eter. Je wilt een gulzig paard dat absoluut alles op zijn pad wil eten. Dat type is de overlever, zo een die altijd op de uitkijk is naar eten. Ontmoedig dit niet want het is een waardevolle eigenschap.

Tips. Dingen zullen niet 'vanzelf goedkomen' onderweg. Evenmin zal een fysiek of emotioneel ongeschikt paard op mysterieuze wijze transformeren tot een wijs trailpaard na vertrek. De zoektocht naar een geschikt paard is vol met teleurstellingen. Er zijn meerdere punten die je altijd in je hoofd moet houden. Rugproblemen of schuurplekken, te jonge leeftijd en drachtig zijn zaken die je moet vermijden. Begin je tocht niet met een oververmoeid of ondervoed paard, accepteer geen gevaarlijk gedrag zoals steigeren of bijten. Onderschat het belang van de vlotte, vlakke grondpakkende stap niet. Plaats schoonheid niet boven wijsheid en grote eetlust. Sta niet toe dat een prachtige pedigree voorrang krijgt boven kracht en emotioneel vertrouwen. Koop geen paard dat te groot is, zoek in plaats daarvan intelligentie, moed, volwassenheid, ongekende eetlust, sterke botten, en keiharde hoeven. Zie niet door de vingers dat een paard niet stilstaat bij het opstijgen, zijn voeten niet wil geven of overgevoelig reageert in het verkeer.

Hoofdstuk 21 - Voordat je een paard aanschaft

Het juiste rij- en pakpaard aanschaffen is een kritische succesfactor, met een slecht paard is de weg erg lang. Wees op je hoede, het is veel moeilijker om een paard te beoordelen dan een mens. Je moet goed weten welk type paard bij jouw behoeftes past, bij jouw persoonlijkheid en budget.

Huren of kopen. Je hoeft niet perse zelf een paard te bezitten om een trektocht te maken. Het is ook mogelijk om een paard te huren of leasen. Zeker in tijden van wereldwijde recessie krijgen eigenaren te maken met financiële uitdagingen, wat hen genegen maakt om jou te voorzien van een rij- of pakpaard in ruil voor gegarandeerde goede zorg voor hun dier voor langere tijd. Fokkers, die de kracht en het uithoudingsvermogen van hun favoriete paard willen promoten (of ras), zijn een andere optie. Hoewel leasen, lenen of een paard gedoneerd krijgen mogelijkheden zijn, is het voor de meeste Long Riders nodig om zich voor te bereiden op afdingen en onderhandelen. Zeker voor degenen die rijden in Azië, Afrika of Latijns Amerika.

Voorzichtig winkelen. Voordat je nadenkt over 'waar' is het ook goed om te denken over 'wanneer'. Veel eigenaren willen graag verkopen voordat de harde winter invalt die hoge kosten met zich meebrengt gedurende de koude maanden. Logischerwijze zal het warme seizoen waarin gereden wordt meer kopers op de been brengen. Wanneer je koopt, bepaalt voor een groot deel de prijs.

Koper let op. Met de ontwikkeling van het internet is het mogelijk geworden om online te shoppen voor paarden in ieder deel van de wereld. Door deze gratis service kun je duizenden paarden bekijken vanuit je huis. Wees echter voorzichtig met daadwerkelijk online aanschaffen van een paard. Zoals je op een wit vel papier alles kunt schrijven wat je maar zou willen, zo is dat ook met het opstellen van een online advertentie. Afstand en anonimiteit creëren een eigenaardige mix van kwetsbaarheid en vertrouwen tussen koper en verkoper. Zeker wanneer de voorwaarden om te kopen bijzonder goed zijn. De geschiedenis wijst uit dat goedkoop bijna altijd duurkoop is.

Andere mogelijkheden. Een andere optie is om een paard aan te schaffen op een veiling. Maar wees gewaarschuwd. Tenzij je zeer veel paardenkennis hebt, is deze methode risicovol. Er is weinig tijd om de dieren vooraf te bekijken en het gebeurt vaak dat de veilingmeester winst maakt door jouw gebrek aan ervaring.

Culturele valkuilen. Een paard kopen is altijd een financiële gok, maar wanneer je dit in het buitenland doet, is er nog veel meer risico op een vergissing tijdens dit toch al lange en psychisch zware proces. Long Riders in Kirgizië kregen hiermee te maken. Toen er paarden werden aangeboden vroeg de verkoper aan de naïeve Engelse reizigers, of de paarden er goed uitzagen. Bang om hun gastheer te beledigen, zeiden ze dat de paarden er prima uitzagen. De eigenaar ging er met deze uitspraak vanuit dat ze de vraagprijs gingen betalen. De reizigers leerden dat ze niet meer over de prijs konden onderhandelen, nadat ze hadden gezegd dat de paarden in goede conditie waren. Wees geen gevangene van je eigen opvoeding maar zorg dat je je aanpast aan de gangbare werkwijze ter plaatse.

Er bestaan culturen waar liegen is toegestaan en zelfs is verheven tot een kunstvorm. Het is daar geen schande om op leugens te worden betrapt. Terwijl ze ervan uitgaan dat jij, de rijke buitenlander, te allen tijde eerlijk bent, vinden ze zelf dat ze mogen liegen dat het gedrukt staat.

Vallen en opstaan. Het kost tijd om een geschikt paard te vinden en er een goede prijs voor te bedingen. Dit is waarom je dit uitdagende traject zonder haast moet kunnen doen. Alleen als je goed bent voorbereid voorkom je een eindeloze, frustrerende en nutteloze zoektocht.

Een waarschuwing. Ongeacht waar je gaat zoeken, je komt voortdurend experts tegen. Iedereen vindt zichzelf een expert, ook als ze nog nooit op reis zijn geweest. Als je een paard gaat bekijken wil je weten wat de zwakke punten zijn, niet zijn sterke punten, die zie je zelf ook. Veel kopers vinden niet wat ze verwachten en in hun teleurstelling noemen ze de handelaar onbetrouwbaar. De verantwoordelijkheid ligt echter enkel en alleen bij henzelf. Vaker wel dan niet is de koper te haastig, onwetend, hebberig, naïef of slecht voorbereid.

Waakzaamheid en gedegen kennis zijn noodzakelijk. Het laatste verkrijg je alleen door oefening en ervaring, niet via theorie uit een boek.

De verkoper. Er is weinig moeilijker dan het kopen van een paard. De traditie is dat trucage, fraude en bedrog vaste onderdelen van het proces zijn. Dit komt doordat koper en verkoper hun inschatting van waarde baseren op verschillende gronden. Wie is de verkoper? Hij is iemand die zijn paard op de meest voordelige manier presenteert om de beste prijs te krijgen. Het verschil tussen de ene en de andere verkoper zit hem hooguit in de mate van bedrog. Zelfs de meest eerlijke man in de wereld, wiens woord bij de bank goed zou zijn voor het verkrijgen van een krediet, kan zichzelf er niet van weerhouden te liegen bij de verkoop van een paard. De geschiedenis laat zien dat niet zelden de koper aan het kortste eind trekt in dit proces. Ook een eerlijke verkoper zal slechts enkele fouten van zijn paard kunnen toegeven, de ontdekking van andere laat hij over aan de kennis van de koper. Ook de moeder van een man kan niet worden vertrouwd in een transactie van dit soort. Zorg dat je in eigen persoon in de mond van het paard hebt gekeken, en zijn voeten aan nauwgezet onderzoek hebt onderworpen. Degenen die minder eerlijk zijn zullen praktisch alles trachten te verbergen en tegelijkertijd de kwaliteiten zwaar overdrijven. Het is een verspilling van energie, om deze praktijken aan de kaak te stellen. Je enige verdediging is voldoende verstand van zaken, om zelfstandig het paard dat je op het oog hebt te beoordelen.

Trucjes van de paardenhandel. Een dier aanschaffen via een professionele handelaar is ook een risico. Het is een beruchte waarheid dat eerlijkheid en paardenhandel zelden samengaan. Geen enkele handelaar verkoopt een paard zonder eraan te verdienen. Dus hier nogmaals de waarschuwing van alle tijden: "Caveat Emptor." Vrij vertaald als 'koper wees op je hoede'. Er zijn nog immer boeven actief die de eeuwenoude praktijken van plunderen en misleiden van reizigers en paardenmensen levend houden. Moderne oplichters gebruiken de omwisselmethode waarbij het ene paard op internet wordt geadverteerd en er een ander paard met soortgelijke aftekeningen na koop wordt afgeleverd. Gelukkig hebben veel handelaren een naam hoog te houden. Zij doen hun plicht en zetten hun kennis en netwerk in om in korte tijd een aantal geschikte paarden bij elkaar te zoeken en te presenteren. Het beste advies dat we kunnen geven, is om in zee te gaan met een handelaar die door anderen is aanbevolen, met een fair karakter en een gevestigde naam. Zo iemand heeft alle reden om zijn geloofwaardigheid niet te verspelen.

Hoofdstuk 22 - Paarden inspecteren

Het vroege selectieproces. Veel Long Riders vonden zichzelf in dezelfde situatie als de onervaren reiziger die schreef: "Behalve het advies om een paard te kopen met een been op iedere hoek, heb ik niet veel om op af te gaan." Het is logisch dat een koper voor een gezond paard gaat. De koper moet ook exact in beeld hebben wat voor type paard hij zoekt, inclusief stokmaat, leeftijd, geslacht en prijs. Zodra je deze basale beslissingen hebt gemaakt ga je ongeschikte dieren uitsluiten van je lijst voordat je daadwerkelijk gaat kijken. Verder kun je verkopers zoveel mogelijk vragen stellen over de sterke en minder sterke punten van het paard.

Basale vragen. Telefonisch, of in ieder geval voordat je het erf op stapt, kun je de volgende vragen stellen:

Wat is de reden van verkoop?

Is het paard oud, onzeker of onbetrouwbaar? Schrap het van de lijst.

Is het paard in aanleg en training klaar voor de taak die je van het vraagt?

Als het dier jong of groen is, schrap het van de lijst.

Is het paard correct gebouwd? Als een paard bijvoorbeeld niet goed ziet aan een kant, of als het een gezonken rug heeft, schrap het direct van de lijst.

Hoe is het temperament? Paarden die bijten, bokken, slaan, steigeren of er vandoor gaan kunnen direct van de lijst af.

Kun je het paard gemakkelijk pakken in de wei, staat het stil tijdens poetsen en zadelen? Als je bijzondere materialen nodig hebt om een van deze zaken te doen, schrap het van de lijst.

Wanneer is het paard voor het laatst gereden en hoe lang en hoe ver? Als er signalen zijn dat het paard slecht luistert of ondeugend is, schrap het van de lijst.

Is het paard verkeersmak? Als een paard angstig is voor snel of groot verkeer of schrikt het van honden? Schrap het van de lijst.

Is het paard vaker op trektocht geweest? Gaat het door water heen en is laden gemakkelijk? Als het een lastig paard is onderweg, schrap het van de lijst.

Is het een goede eter? Een paard dat kieskeurig is, ondergewicht heeft, een speciaal dieet moet hebben of gevoelig is voor koliek, schrap het dan van de lijst.

Is het paard braaf bij de hoefsmid? Een paard met slechte voeten of ongeduldig gedrag bij de smid kan direct van de lijst af.

Kan het paard gekluisterd worden, kan het vaststaan aan een lijn? Een paard dat angstig is voor vreemde paarden of er juist mee gaat vechten kan direct van de lijst af.

Is het ontwormd en correct gevaccineerd? Een paard dat er niet fit uitziet of enig teken van ziekte vertoont, bijvoorbeeld snot, kan ook direct van de lijst af.

Zijn de medische papieren in orde en is de Coggins test negatief ? (test voor EIA - Equine Infectieuze Anemie - vooral in Oost-Europa en Zuid-Amerika aan de orde - Red.) Als de eigenaar geen medisch certificaat kan laten zien en geen document dat hij de eigenaar is van het paard, schrap het dan van de lijst.

Er is weinig meer frustrerend dan een verkeerd paard kopen. Daarom helpen deze vragen je bij het verkrijgen van een zekere mate van inzicht in de mogelijkheden, training en gezondheid van het betreffende paard. Als je belt met een eigenaar, luister goed en voel of het iemand is die de waarheid vertelt of die zaken probeert achter te houden. Als je het gevoel krijgt dat iemand vragen ontwijkt of liegt of als je dingen over het paard hoort die je niet aanstaan, wees dan bereid om je conclusie te trekken voordat je daadwerkelijk gaat kijken.

Misleidende emoties. Wat je zoekt is een fit paard dat gegarandeerd vrij is van ziekte en gebreken. Wat je niet wilt is een 'liefde op het eerste gezicht' paard. Slechte paarden eten net zoveel als goede paarden. Je zoekt naar een goed trailpaard, niet naar een vriendje voor het leven. Het is nodig om genadeloos eerlijk tegen jezelf te zijn. Bij de eerste blik op een paard blijven je emoties onder controle. Jammer genoeg zijn er maar weinig kopers, die latent aanwezige potentie kunnen zien, zij focussen op een spectaculair uiterlijk. Vakmanschap in paarden beoordelen, uit zich in het zien van geweldige eigenschappen, die misschien verstopt zitten onder een misleidende uiterlijke verschijning. Denk aan ongepoetst, onbespierd, lelijk hoofd of onaantrekkelijke aftekeningen.

Openbare of besloten bezichtiging. De bezichtiging kan niet altijd een 'uitje' zijn, maar er is wel voldoende tijd nodig om op details te kunnen letten. De locatie is erg belangrijk. Als je een paard in het buitenland gaat kopen kun je misschien wel privacy wensen, maar de kans is groot dat je wordt omringd door groepen nieuwsgierige locals die vooral geïnteresseerd zijn in jouw gedrag. Deze omstandigheden maken een toch al lastige activiteit erg hinderlijk, je publiek kan bijvoorbeeld vrijblijvend advies gaan geven, ze kunnen het paard opwinden of juist de verkoper helpen om je op het verkeerde been te zetten. Tel daar een vreemde taal bij op en je kunt je voorstellen dat dit problemen oplevert. Het grootste voordeel van een bezichtiging van een paard op een privéstal is dat de koper privacy heeft bij het proces. Ongeacht waar de bezichtiging plaatsvindt, het is altijd beter om op een onverwacht moment aan te komen, omdat je dan meer kans hebt om eventuele gebreken te ontdekken.

Leeftijd. De leeftijd van een paard speelt een grote rol bij het succes van je reis. Jonge paarden zijn ongeschikt voor lange trektochten. Het is een vergissing om te denken dat een jong paard langer meegaat dan een ouder paard. Een volwassen paard wordt minder snel moe. Na een nacht rust komt hij uitgerust en klaar voor een nieuwe dag uit de stal. Een andere overweging is dat een volwassen paard dat veel gereisd heeft, meer is blootgesteld aan paardenkwaaltjes en dus minder vatbaar is voor allerlei ziekten of besmettingen.

Daarom moet een trailpaard minstens zes jaar oud zijn, liefst nog wat ouder, zeker als je er veel mee in het verkeer rijdt. Niet-verkeersmakke paarden zijn onbetrouwbaar, lastig en soms ronduit gevaarlijk. Zij kunnen ongelukken veroorzaken. Een zesjarig paard, mits goed gebouwd en stabiel tussen de oren, moet minstens acht à negen jaar meegaan.

Kleur en afstamming. Wees niet verbaasd als een verkoper je probeert te overtuigen, om meer te betalen, omdat het paard een geweldige afstamming heeft. Maar paarden zijn net engelen, ze hebben geen nationaliteit. Dit is een lange reis, geen dressuurwedstrijd. Een goed paard heeft geen kleur en geen papier.

Ondeugden. Onthoud dat een ondeugend paard wel een heel gezond paard kan zijn. Maar hoewel een beetje ondeugend best mag, is een gevaarlijke ondeugd een reden om het paard niet te kopen. Rijd geen paard dat de gewoonte heeft ondeugend te zijn, of dat een gevaar voor jou en je omgeving oplevert. Als een paard steigert, laat je als ruiter de teugels los en leun je direct naar voren, om gewicht op de schouder van het paard te brengen. Zo moet hij omlaag komen. Dan stap je af en koopt het paard niet.

Er vandoor gaan is een serieuze ondeugd, en als dit gebeurt dan is het nodig om het hoofd van het paard scherp naar links te trekken. Het wordt dan gedwongen om langzamer te galopperen. Zelfs als je zo'n paard gratis krijgt aangeboden, is het wijs om dit kado niet te accepteren en neem je het zeker niet mee op reis.

Koop nooit een paard dat dreigt of waar je zelf bang voor bent. Bij zo'n paard blijf je je ongemakkelijk en op je hoede voelen. Sommige paarden hebben de gewoonte om heel plotseling te stoppen als je vlot aan het rijden bent. Dit is gevaarlijk. Je trailpaard mag ook niet sloffen of regelmatig struikelen, dit leidt onderweg onherroepelijk tot valpartijen.

Koop geen angstig paard of een paard dat de oren in de nek legt, of stampt wanneer je het benadert. Voor paarden die moeilijk te zadelen zijn of lastig bij de smid zijn is geen plaats op trektocht. Net als paarden die slaan of bijten naar andere paarden of mensen.

Een paard dat de gewoonte heeft ontwikkeld om achteruit te lopen om bijvoorbeeld het bit te ontlopen of als het ergens niet langs wil, is gevaarlijk voor ruiter en omgeving. En dan zijn er nog de trage of timide paarden, die met een harde mond, die eigenwijs zijn, niet moedig, schichtig, ril of chagrijnig, deze worden allemaal afgewezen, hoe leuk ze verder ook zijn.

Blijf op je hoede, want verkopers kunnen zo sluw en doortrapt te werk gaan, dat zelfs de meest ervaren paardenmensen erin trappen. Bij het bepalen van de prijs werkt ieder klein nadeeltje of kleine afwijking in je voordeel. De zoektocht moet je een paard opleveren dat vrij is van gevaarlijke, potentieel levensbedreigende, schadelijke of vervelende ondeugden. Omdat voorkomen beter is dan genezen zoek je paarden met zo min mogelijk ondeugden. Deze zaken drukken niet de prijs maar stoppen de onderhandelingen. Als je geen gedoe wilt onderweg, stap er niet op en koop ze zeker niet.

Kreupel. Kreupelheid is een signaal van pijn. De aanwezigheid hiervan maakt een paard direct ongeschikt. Dit is de eerlijke waarheid in zijn simpelste vorm. Als paarden op één voet gevoeliger zijn dan zakt het hoofd bij iedere pas op de pijnlijke voet. Zichtbaar verzwakte paarden springen vaak zomaar opzij of struikelen vaker. Zo'n paard komt niet in aanmerking.

Eerste indruk in een openbare markt. Om het juiste paard te vinden, moet je de stappen in het aankoopproces op de juiste volgorde doorlopen. Bij veel mensen gaat de eerste indruk al verkeerd. Als je een mogelijk geschikt paard ziet op een markt of veiling vraag je of het dier apart van de anderen kan worden geplaatst om een goede indruk te krijgen. Bij de eerste aanblik stel je jezelf de vraag of dit paard van nature in staat zou kunnen zijn om jouw reis te volbrengen. Bijvoorbeeld een paard dat wordt aangekocht in een warm land zal lijden als de reis richting koude gebieden gaat. Een laagland paard komt niet over de bergen en een raspaard zal niet overleven in de woestijn.

Op dit moment is alleen een algemene inspectie nodig om te zien of hij je aanstaat of niet. Daarna beoordeel je of de hoogte, het gewicht en de algehele ontwikkeling bij je doelstelling past. Verkeert hij in goede conditie? Staat hij rustig op vier benen te eten en lijkt hij goed opgevoed? Hoe reageert hij als je naderbij komt? Goede manieren maken het paard en dat is nergens meer waar dan bij een paard dat als reisgenoot dient. Nadat je het dier hebt bestudeerd vraag je naar zijn leeftijd en afstamming. Pas daarna volgt de prijs. Als de eerste indrukken niet goed zijn, of als de prijs te hoog is, ga dan niet verder met de inspectie.

Eerste indruk in een privé stal

Je eerste indruk begint op het moment dat het paard nog in de box staat. Kijk goed om je heen of je bewijzen ziet van ondeugden zoals kribbebijten of andere zaken. Als dit het geval is, beëindig de bezichtiging. Het laatste dat je nodig hebt is een paard dat de staldeur van een aardige gastheer opeet, of een die de bast van bomen afscheurt in zijn paddock-voor-één-nacht.

Als je de stal nadert, let dan goed op het gedrag van het paard. Hoe hij is vastgebonden (als dat zo is), hoe staat hij, hoe kijkt hij, hoe houdt hij zijn hoofd, hoe is de beweging van zijn oren? Is hij nerveus, achterdochtig of juist nieuwsgierig naar zijn nieuwe bezoek?

Temperament is ook een aspect. Er is bij paarden net zoveel verschil in temperament, aanleg en intelligentie als bij mensen. Wanneer het dier gepoetst wordt, kijk naar hoe hij is in de omgang en let vooral op de ogen. De ogen zijn een goede graadmeter voor temperament. Een paard zal nooit streken uithalen zonder zichzelf eerst te verraden met zijn ogen. Als je het wit van de ogen kunt zien of het dier rolt met de ogen naar achter, dan weet je dat er gevaar dreigt en dat er hoogstwaarschijnlijk een gerichte klap uitgedeeld gaat worden.

Een ander signaal van temperament zijn de oren. Het gehoor van paarden is veel beter dan dat van mensen en de oren geven uiting aan emotie, met name angst, woede en boosheid. Oren zijn altijd in beweging; trillend, met de scherpe puntjes strak gericht naar ieder voorwerp of object dat zichzelf presenteert. Dit geldt zowel voor groepen als individuele dieren. Als er vier of vijf paarden op één lijn achter elkaar reizen, zijn de oren van het eerste paard altijd naar voren gericht en de oren van het achterste paard wijzen altijd naar achter.

Een ervaren paardenmens zal uit de beweging van de oren kunnen opmaken wat het paard probeert te vertellen. Bijvoorbeeld wanneer het de oren in de nek legt en ze daar laat, wat vrijwel zeker betekent dat hij van plan is degene in de buurt schade aan te doen met, ofwel tanden danwel hoeven.

Nadere inspectie. Als het paard wordt meegenomen naar de rijbaan is het tijd om een beetje beter te kijken. Ga eerst eens naast hem staan om de werkelijke hoogte in te schatten. Van een afstand zie je wel de proportie, maar niet de werkelijke hoogte.

Beoordeel het paard op onderdelen; voeten, koten, vetlok, pijpbeen, knieen en sprong, benen, schouder en kroep, nek, hals, schoft, borst, rug, buik en flanken. Bekijk het hoofd het laatst en besteed dan speciale aandacht aan ogen, oren, neus en mond.

Neem voldoende tijd om het profiel van het paard in je op te nemen, van beide kanten, zowel schuin van voren en van achter, als recht ervoor en erachter. Doe dit alles op een afstand van vier tot vijf passen, terwijl je langzaam om het dier heen loopt en even stopt op de zojuist benoemde punten.

Bij de beoordeling van het geheel gaat het om de algehele harmonie van de onderdelen (voor- midden- en achterhand), hoogte, lengte, balans en expressie in het gezicht.

Misschien is dit wel het goede moment om te benadrukken, dat het volslagen absurd is om een paard aan te schaffen op basis van eerdere prestaties, in plaats van te zoeken naar paarden die allround inzetbaar zijn. Kies een paard uit op basis van zijn huidige vermogen en bereidheid, nooit op basis van een sportprestatie uit het verleden.

Dit deel van de inspectie doe je zonder het paard aan te raken.De koper behoort zo ervaren te zijn dat hij in een oogopslag serieuze afwijkingen kan waarnemen en herkennen. Wanneer er iets opvallends is, inspecteer je dat door het paard na te voelen.

De intensieve inspectie. De volgende stap het bevoelen van het paard met de handen. Wellicht overbodig, maar ga nooit akkoord met een inspectie van het paard, terwijl het gezadeld is of een deken op heeft. Een van de oudste trucks is om de koper af te leiden met geklets, terwijl het paard gezadeld en al naar de plek wordt gebracht voor een testritje. Het doel hiervan is om wondjes of drukplekken onder het zadel te verbergen. Geen enkel paard is correct te beoordelen als dit soort problemen worden verborgen.

Besteed geen aandacht aan wat de verkoper op dat moment allemaal tegen je zegt. Overtuig jezelf in plaats daarvan dat het paard fysiek in orde is en vraag of iemand het wil vasthouden, terwijl je verder kijkt.

Beoordeel het gewicht. Een Long Ride is zwaar, een te mager paard is niet geschikt. Anders dan paarden die gepamperd worden in een pensionstal, zijn trailpaarden dagelijks aan het werk in een omgeving waar het vinden van voldoende voedsel een continue uitdaging vormt. Hoewel het echt wel mogelijk is om je paarden onderweg in goede conditie te houden, zorgt het harde werken en het minimale dieet ervoor dat ze nooit de kans krijgen om te vet te worden. Daarom zoek je paarden die niet kieskeurig zijn met eten en die niet ondervoed zijn aan het begin van de reis.

Vergeet nooit dat hoe kalm en rustig een paard ook is in handen van zijn eigenaar, het zomaar kan bijten of slaan als het schrikt of onzeker wordt. Wees dus altijd voorzichtig en alert als je een vreemd paard voor de eerste keer benadert. Let op dat het dier bij de les is en kan zien wat je doet. Paarden kunnen goede en minder goede dagen hebben, ze ervaren sterke emoties die hen ongeduldig of boos kunnen maken. Daarnaast is een paard bijzonder gevoelig en zal hij reageren op jouw angst of opgejaagde gevoel.

Benader ieder paard rustig en met vertrouwen, in de richting van de linkerschouder. Dit is een veilige plaats om te staan zonder risico te lopen. Houd te allen tijde lichamelijk contact met het paard, door altijd een hand op het lichaam te laten. Zo weet het dier altijd waar je bent en kun jij voelen wanneer het dier zich spant en wil wegspringen.

Rug en schoft. Aai voorzichtig over schoft en en schouder, dit zijn de minst gevoelige gebieden. Daarna voel je de rug, dan de hals en borst en als laatste ga je met je hand onderlangs de buik. Een paard dat normaal in handen is zal dit niet vervelend vinden.

Tijdens trektochten kunnen drukplekken het hele feest beëindigen, besteed daarom veel aandacht aan inspectie van de schoft en rug. Een duidelijke, goed gevormde schoft is gewenst, en een lange rug kan minder goed dragen dan een korte rug.

Rug en schoft zullen bij verkeerde of te hoge druk beschadigd raken. Het komt vrij regelmatig voor dat er witte haren verschijnen na genezing van de drukplek of wond. Hoewel deze getuigen niet per definitie invloed hebben op de verdere prestaties van het paard, wijzen ze wel op een mogelijk zwakke plek. Vraag de eigenaar naar een verklaring voor iedere plek met witte haren op rug, schoft of benen. Ga na of het iets uit het verleden is of dat het paard op dit moment nog gevoelig is op die plekken.

Vervolgens bevoel je met je handen zorgvuldig de schoft, de ruggengraat en de ribben, op zoek naar warme plekken, zwellingen of oneffenheden onder de huid die kunnen duiden op zadelproblemen. Gebruik je ogen om te zoeken naar kale plekken.

Vervolgens gebruik je de toppen van je vingers om gelijkmatige druk uit te oefenen langs de gehele ruggengraat en overal waar het zadel contact heeft. Vergeet de singelplek niet. Door dit te doen ontdek je extra gevoelige gebieden.

Let op dat je het dier niet plaagt met je nagels.

Kijk ondertussen goed naar ogen en oren van het paard, dit zijn sterkte indicatoren voor pijn. Neem spanning in de huid waar. Als je iets denkt te voelen, duw dan niet meer maar kijk goed naar de plek en voel met je vlakke hand of het warm is.

Wees er zeker van dat je deze inspectie uitvoert met gelijke druk aan beide kanten van het lichaam. Als het dier hierdoor gestrest raakt, probeert weg te springen of je wil bijten of slaan, dan is de kans groot dat het last heeft van drukplekken of onderhuidse drukkingen, zelfs als je op dat moment nog niets kunt zien. Deze onderhuidse beschadigingen kunnen in zeer korte tijd doorbreken en je per direct dwingen de reis te beëindigen.

Als je ook maar een hint van schade waarneemt in het paard, ondervraag de verkoper meedogenloos over de aard en tijd van de verwonding. Bij tegenspraak en ontkenning kun je nog een keer drukken op de zere plek, als het dier dan wegspringt of blijk van pijn geeft bijvoorbeeld door de rug weg te drukken vraag dan door naar een verklaring. Als het antwoord ontwijkend is, stop de bezichtiging en ga weg, omdat er fysiek bewijs is dat er tegen je gelogen wordt.

Hoofd en mond. Vergeet dan niet dat de meeste mensen gewond raken door een 'lief' paard. Dat doet ie anders nooit hoor…! Het hoofd behoort 'droog' te zijn, met grote neusgaten om goed mee te ademen. De nek moet sterk maar licht zijn en de oortjes naar voren gericht. Naar opzij hangende oren duiden meestal op een gebrek aan energie. Dunne, stevige en gesloten lippen zijn wenselijk, omdat zachte, hangende lippen een indicator zijn voor zwakte, ouderdom, verveling en sloom gedrag.

Het is vanzelfsprekend dat een trailpaard een goed gebit heeft. Vraag de verkoper wanneer de tandarts voor het laatste is geweest. Als je niet zoveel ervaring hebt, maak dit onderdeel van de veterinaire keuring. Blijkt dat het gebit onderhoud nodig heeft, laat dit dan direct door de dierenarts doen voordat je vertrekt.

De ogen van een trailpaard vereisen speciale aandacht. Ogen die goed zijwaarts zijn gericht hebben een groot zichtveld. Verder behoren ze helder en droog te zijn. Iedere ziekte die resulteert in waterige en ontstoken ogen betekent stempel 'ongeschikt'.

Vanzelfsprekend laat je ieder paard staan dat zichtbaar kwijlt, neusuitvloeiing heeft of hoest.

Skelet en spieren. Als rug en bovenlijn goed zijn vervolg je de inspectie met de botten, spieren, hoeven en onderkant van het lichaam.

De achterhand, de motor van het paard, behoeft bespiering en dient in proportie te zijn met de rest van het lichaam om de benodigde kracht te kunnen leveren. De ribben mogen rond zijn en de ribbenkast diep om veel ruimte te bieden aan hart, longen, maag en darmen. Een ondiepe ribbenkast is minder geschikt om lang en hard werken te doorstaan.

Aan de binnenkant van de benen bevindt zich de zwilwrat, dit hoornige deel is normaal.

Omvat met beide handen een been en laat je handen van boven naar beneden glijden. Het been behoort droog (geen vochtophopingen) en koel te zijn, zonder wondjes of korstjes. Als het goed is reageert het paard niet.

Voeten en ijzers. De kwaliteit en vorm van de hoeven is van onvoorstelbaar groot belang. Een paard met slechte voeten is vergelijkbaar met een huis zonder fundering. Bekijk alle vier de voeten zeer zorgvuldig.

Op volgorde; de hoeven moeten glad en hard zijn met een voorkeur voor donkere hoeven boven lichtgekleurde hoeven. Vermijd hoeven die erg brokkelen, die zacht zijn of rotten (dat kun je ruiken). Geen platvoeten maar duidelijke verzenen, de straal hoornig en droog. De zool is stevig en enigszins hol, als de binnenkant van een schaal. Betreft afmeting; erg grote hoeven zijn lastiger te beslaan, zeker in landen waar beslaan van paarden niet gebruikelijk is. Het paard moet je toestaan om aan zijn voeten te werken.

Voordat je zelf kijkt, vraag de verkoper wanneer de smid voor het laatst is geweest en hoe het dier reageert op bekappen of beslaan.

Begin bij het linker voorbeen, ga omlaag naar de vetlok en kijk of het paard je toestaat zijn been op te tillen. Ieder goed getraind paard laat je zijn been optillen en blijft dan rustig staan op de andere drie benen. Tik en klop op de zool en/of het ijzer om de reactie te toetsen. Paarden die hun benen terugtrekken of op je gaan hangen zijn lastig voor jezelf en vreemde hoefsmeden en niet geschikt om mee te reizen.

Bekijk de onderkant van de hoef zorgvuldig. Is de conditie goed? Draagt het een ijzer, is het correct genageld, is de straal netjes of extreem bijgesneden? Zien de verzenen er goed uit, niet ondergeschoven? Is de hoef koel bij aanraken? Is er enig vermoeden van rotstraal door stank of zachte stukken in de straal?

Staat het paard nog steeds rustig, beweeg dan rustig naar de achterkant waarbij jouw lichaam steeds in contact blijft met de flank van het dier. Neem de linker achterhoef op en inspecteer deze net zo zorgvuldig als de eerste. Doe dit met alle hoeven. Als de hoeven niet goed zijn, gebreken hebben, of wanneer het paard niet meewerkt, stop dan de bezichtiging en ga weg.

De staart. Als laatste bekijk je de staart. Ga niet recht achter het dier staan maar schuin ernaast. Beweeg de staart in verschillende richtingen. Is het een pakpaard, controleer dan onder de staartwortel of er geen wondjes of littekens zijn door de staartriem.

Is het paard ongedurig, nerveus of agressief, stop de bezichtiging want een paard dat in zijn eigen omgeving niet kalm en braaf blijft staan bij een routine inspectie zal onderweg gevaar voor lijf en leden opleveren in vreemde situaties.

Het paard in actie bekijken. Is de eerste, fysieke inspectie voorbij en spreekt het dier nog steeds aan, dan is het tijd om het te bekijken in actie. Doe dit indien mogelijk op een harde ondergrond, zodat je eventuele onregelmatigheden kunt waarnemen. In eerste instantie wordt het paard geleid aan de hand. Let op dat het dier aan een loshangend touw loopt en niet wordt ondersteund door de begeleider. Bekijk het dier in stap en draf zonder dat het wordt opgejaagd door middel van een zweep, geschreeuw of zwaaiende armen.

Observeer, terwijl het paard in een rechte lijn loopt of de gangen regelmatig zijn, de passen even groot en of het hoofd niet ongelijk meebeweegt. Laat hem stoppen en weer wegdraven en zie wat het voorkeursbeen is.

Een trailpaard dient gemakkelijke gangen te hebben en stevig op zijn voeten te staan. Boven alles moet hij vlot kunnen stappen. Bekijk het paard tijdens deze oefening van voren en van achteren, maar ook en profiel, van links en van rechts. Longeren helpt om te zien hoe soepel het dier is in de lengtebuiging en wat de voorkeurskant is.

Voorrijden. De uiteindelijke test is een ritje onder het zadel, de zogenaamde testrit. Voordat je op pad gaat laat je het paard voorrijden door de eigenaar. Staat het dier braaf stil tijdens poetsen en zadelen, heeft hij geen bezwaar tegen de singel? Staat hij stil met opstijgen? Stapt, draaft en galoppeert hij rustig rond of bokt of staakt hij of gaat hij er vandoor? Door eerst iemand anders te laten rijden kun je als koper de gangen, mate van training en het gedrag beoordelen zonder dat je zelf risico loopt. Ga in het midden van de baan staan en observeer van alle kanten. Let goed op tekenen van onregelmatigheid.

Door zo gedetailleerd te observeren kun je beoordelen of het paard goed meewerkt en plezier heeft. Is het dier tegendraads met zijn eigen ruiter en in zijn eigen bekende omgeving, dan is de kans groot dat het ongeschikt is om mee op reis te gaan.

Het paard moet vriendelijk zijn, met zekere pas voorwaarts gaan en niet kijkerig of schrikkerig reageren op vreemde voorwerpen of onverwachte situaties.

Aan het einde van dit onderdeel van de bezichtiging moet je in staat zijn om een goed beeld te hebben van de mogelijkheden van dit paard en of jullie een mogelijk goede match zijn.

De testrit. En dan is het aan jou als koper. Neem de teugels over en loop een stukje met het paard aan de hand. Volgt hij netjes en rustig, staat hij stil wanneer gevraagd en loopt hij mee op jouw teken? Is hij kalm en respectvol of komt hij direct in jouw ruimte? Agressief of erg dominant gedrag zijn karaktertrekken die je zorgen geven onderweg.

Je zoekt een paard dat prettig is in de omgang en dat qua afmeting past bij jouw postuur.

Het paard van een Long Rider moet stevig op de benen staan. Niets is meer zenuwslopend dan een paard dat over zijn eigen voeten struikelt. Net als een kijkerig paard dat niet vertrouwt op een ruiter met een onvaste zit. Zoek daarom net zolang totdat je een paard vindt die qua temperament bij je past en je het vertrouwen geeft dat hij de taak aan kan.

Registreer voor jezelf hoe kalm het paard is tijdens het opstijgen. En laat me je alvast waarschuwen; in sommige culturen is het normaal om rechts op te stappen. Zodra je in het zadel zit neem je de teugels aan en voel je hoe gevoelig de mond is. De meest gewaardeerde kwaliteit van een trailpaard is een vlotte en energieke stap, iets dat in het aankoopproces vaak onvoldoende aandacht krijgt.

In draf wil je een vlotte, vlakke gang waarbij het paard zijn eigen hoofd draagt en niet aan de teugels hangt. Kun je in galop aanspringen zonder risico op wegspringen? Is het paard oplettend en kalm onder het zadel, of is hij kijkerig en loperig? Voelt hij zeker, kalm en relaxed aan en is hij een genot om te berijden?

Mocht je op enig moment een onregelmatigheid voelen, draaf dan even op een harde ondergrond. Als hij werkelijk pijn heeft, is dat te zien in het knikken van het hoofd bij iedere pas.

Als je een tijdje met het paard hebt gewerkt, luister dan naar de ademhaling en observeer de beweging van de flanken om er zeker van te zijn dat hij niet dampig is of ademhalingsproblemen heeft.

Het laatste dat je wilt testen is of het paard je toestaat om rustig weg te rijden bij de stallen en eventuele andere paarden. Als het dier psychologisch sterk aan zijn kudde is gebonden kan hij strijdlustig worden en het gevecht met je aangaan wanneer je hem weg voert van huis. Zo'n paard is ongeschikt voor je reis. Het is beter om zulke eigenschappen vooraf te ontdekken, dan wanneer je het hebt aangeschaft, in de trailer hebt geladen en je met het obstinate dier thuis aankomt waar het overstuur, boos en angstig bij jou op stal staat.

Je bent op zoek naar een trailpaard dat bereidwillig is om jou te ondersteunen op je reis. Onderweg zijn betekent sowieso al dat je te maken krijgt met onvoorziene uitdagingen en gevaren, ook zonder de last van iemand anders zijn 'trainingsproject'. Als het paard op enig moment tijdens je proefrit nerveus aanvoelt, zich angstig gedraagt, probeert te bokken of er vandoor te gaan, breek je de bezichtiging af en laat het erbij.

Na afloop. Er zijn verschillende zaken waar je op let na afloop van je proefrit. Controleer schoft en rug op drukplekken wanneer het zadel eraf is. Voel de rugspieren en merk op of het dier zich onttrekt aan je vingers.

Als er een weiland of paddock in de buurt is, vraag de verkoper of hij even los mag en kijk hoe het reageert. Is hij kalm en relaxed? En als er andere paarden in de buurt zijn, hoe reageren ze op elkaar? Indien hij agressief op andere paarden reageert, kan hij een emotionele uitdaging vormen eenmaal onderweg. Kijk na enkele minuten vrijheid, of jij zelf het dier kunt pakken en hoe hij op je reageert. Lijkt het paard betrouwbaar en fijn te rijden, dan is het tijd om te vragen om een laatste veterinaire inspectie.

Veterinaire keuring. Laten we er even vanuit gaan, dat de verkoper een redelijk en eerlijk mens is, met de overtuiging dat zijn paard geschikt is voor jou.

Desalniettemin kan een beetje kennis juist een bedreiging zijn en dus bedingen zelfs de meest doorgewinterde paardenmensen een medische keuring, uitgaande van het principe 'twee weten meer dan één'.

Ongeacht het land waar je reis plaatsvindt, als het enigszins mogelijk is moet je niet nalaten om dit te doen. Kosten mogen daarbij geen rol spelen, het is altijd minder kostbaar dan het verlies dat je ervaart als je een verkeerde keuze maakt. In alle landen zijn bevoegde dierenartsen de meest betrouwbare personen. Hun medische kennis stelt ze in staat het beste advies te geven en hun oordeel uit te spreken over de kwaliteiten en mindere kanten van het dier, evenals zijn conditie en gezondheid.

Leg de dierenarts uit waarvoor je het dier wilt gaan gebruiken. Hij moet goed begrijpen dat dit geen normaal sportpaard is voor een dressuurproef of een springparcours. Als het paard goed kan zien, correct linksom en rechtsom kan draaien, vlot doorstapt, taktmatig draaft op harde bodem, geen bijgeluiden produceert in galop en er fris uitziet na het werk, dan kun je hem kopen, wetende dat je er alles aan gedaan hebt om een degelijk oordeel te hebben en fraude te doorzien. Laten we eens kijken of we het kunnen aanschaffen.

Hoofdstuk 23 - Een paard aanschaffen

Iemand uitleggen hoe je een paard aanschaft is net zoals iemand uitleggen hoe verliefd zijn voelt. Omdat we te maken hebben met twee menselijke individuen, de verkoper en de koper, is de uitkomst totaal onvoorspelbaar. Als je daarnaast meerekent dat je in een vreemd land bent en dat gegeven vermenigvuldigt met minimale kennis van de taal, dan wordt duidelijk dat je onderdeel bent van een van de meest ingewikkelde zakelijke transacties in onze beschaving. De kunst is om weg te rijden op een fijn paard, zonder dat je zakken binnenstebuiten zijn gekeerd.

Smoesjes. Om jezelf te beschermen tegen deceptie, moet je logisch redeneren in reactie op de verkopers emotionele, vaak misleidende en frauduleuze smeekbede. Je bent nooit wettelijk verplicht de aankoop te doen, dus wanneer je je op enig moment bedreigd voelt of je merkt dat je belazerd wordt, breek dan de onderhandeling af. Dit is vooral belangrijk in landen waar je zelf niet goed op de hoogte bent van de wettelijke regels, met betrekking tot bescherming van de koper (en je niet weet of je bij wet bevoegd bent om een reeds gedane koop ongedaan te maken).

Na de bezichtiging is het jouw taak om de hand op te knip te houden, terwijl je je voorzichtig beweegt door het mijnenveld van de onderhandelingen. Je kunt erop rekenen dat de verkoper vele excuses paraat heeft om minder prettige zaken die tijdens de bezichtiging aan het licht kwamen te verklaren. Toen het paard je wilde bijten bij de eerste benadering, was het, omdat hij je vriend wilde zijn en affectie toonde. Een te mager paard zal snel bijkomen door het goede gras dat jij hem onderweg zal bieden. Als het paard bokte of steigerde toen de verkoper als eerste opstapte, was dit de allereerste keer dat hij dat deed en trouwens, dat hij dus wel sterk genoeg is om jou te dragen op deze zware reis.

Maakt niet uit wat er misging, de verkoper zal al het mogelijke doen om je ijdelheid aan te spreken, terwijl hij je ondertussen ervan probeert te overtuigen dat wit zwart is en dat, wat je met je eigen ogen zag, niet is wat je echt zag.

Laat je niet inpalmen. Waar je van moet uitgaan is dat het paard op de best mogelijke manier aan je gepresenteerd is. Ga daarom geen discussie aan, de feiten spreken voor zich. Sta niet toe dat men je vleit of uitscheldt. Je begint deze fase met rustig alle feiten overwegen.

Drie mogelijkheden. Na de bezichtiging zijn er drie opties. Eén; je wijst het paard resoluut af. Twee; je doet een bod onder voorbehoud van medische keuring. En drie; je vraagt om een tweede bezichtiging. Indien je het paard niet wilt hebben, vertel dit rustig maar zeer beslist en negeer de verhalen over hongerende kinderen door jouw zuinigheid en wreedheid.

Vraagprijs zegt niets over de waarde. Mocht je besluiten het paard te willen kopen, realiseer je dan dat de vraagprijs bij lange na niet in de buurt van de werkelijke waarde komt. Een verkoper kan een miljoen vragen, een slecht paard blijft een slecht paard. Andersom kan het ook zijn dat er een fantastisch paard is verstopt onder een lage prijs.

De prijs bepalen. De aankoop van een paard is een lastige en delicate zaak. Om op de juiste prijs uit te komen moeten er een hindernissen worden overwonnen. Te veel mensen gaan op pad om een paard te kopen met een hoofd vol dromen en een lege portemonnee. Om te beginnen ga je alleen kijken bij een paard dat binnen je budget valt. Niet alleen breng je de financiële planning in de war, je geeft jezelf ook een enorme emotionele achterstand als je een paard gaat proberen dat je niet kunt betalen. Iedereen heeft een financieel plafond. Dit is het bedrag waarbij, als je meer uitgeeft, de hele missie in gevaar komt. Jouw taak is om een geschikt paard te vinden voor een zo laag mogelijk bedrag, als de omstandigheden en je gevoel voor trots toelaten. Om te bepalen hoeveel geld je biedt weeg je de volgende paardgerelateerde zaken tegen elkaar af:

- Heeft het paard de juiste hoogte en het goede gewicht voor de reis? Je hebt een sterk paard nodig waar je gemakkelijk op stapt.
- Is het paard rustig en vrij van zichtbare gebreken die invloed hebben op zijn vermogen om te reizen? Je hebt een paard nodig met goede ogen, sterke rug, voeten als beton en benen van staal.
- Is het paard emotioneel afhankelijk, gehoorzaam, moedig, vriendelijk en gretig om vriendschap met je te sluiten? Je leven hangt af van het berijden van een dier dat je kunt vertrouwen.
- Heeft het paard het juiste geslacht voor jouw reis en jouw hippische

ervaring? In het algemeen zijn ruinen de beste trailpaarden, zowel merries als hengsten hebben nadelen waarmee je rekening dient te houden.

- Staat het paard goed aan de hulpen en stapt het lekker door? Op een traag paard duurt de reis lang.
- Is de prijs voor het paard marktconform voor dat gebied? Zorg dat je op de hoogte bent van de normale lokale prijzen. Je wilt niet dat je buitenlandse afkomst tegen je wordt gebruikt en dat de vraagprijs naar boven toe wordt bijgesteld in de richting van wat normaal is in jouw eigen land. Een manier om deze informatie te achterhalen is volgens de zogenaamde 'kapper-en-bananenregel'. Laat je haar knippen bij een lokale kapper en vraag daar wat een tros bananen kost. Ga bananen kopen op de hoek van de straat en vraag wat een knipbeurt bij de kapper kost. Door gesprekken aan te knopen met de lokale bevolking die geen belang hebben bij paarden kun je een globaal idee krijgen van de normale prijs voor een paard.

Een andere manier kan zijn om een sympathieke local te vragen om je ideeën te bevestigen. Het kan zelfs zijn dat zo iemand je helpt bij de aankoop en voor je afdingt, zodat de buitenlandse Long Rider niet wordt afgezet.

Een bod uitbrengen. Een ding waar we op kunnen vertrouwen door de gehele geschiedenis heen is het feit dat het onmogelijk is om een paard aan te schaffen zonder daar eerst over te onderhandelen. Ongeacht de leeftijd, het land of waar de aankoop plaatsvindt, je kunt er zeker van zijn dat de verkoper de hoogste prijs vraagt die hij durft uit te spreken.

Een paard kopen is net als een goocheltruc, je weet dat de illusionist je voor de gek houdt, en toch, zelfs met deze voorkennis, kun je zijn geheim niet ontdekken. Net als de goochelaar, werkt de verkoper open en bloot, terwijl hij je misleidt door meer te vragen dan wat geaccepteerd zal worden, en jullie weten het beide. Op zijn beurt verwacht hij van jou, dat je verder onderhandelt volgens hetzelfde principe, namelijk dat je laag genoeg start in de hoop dat jullie uiteindelijk ergens in het midden uitkomen.

Door de verkoper zijn vraagprijs te laten neerzetten, geef je onmiddellijk een stukje overwicht uit handen. Paarden zijn geen zadels. Een zadel kun je jaren bewaren en dan met winst verkopen. Een paard eet iedere dag. Hoe langer hij in het bezit van de verkoper is, hoe groter het deel van de winst is dat hij weer opeet. Dit is een psychologisch voordeel voor jou, zeker als de verkoper van het dier af wil. De verkoper is zich ervan bewust, dat er meer geschikte paarden rondlopen die misschien nog beter bij jou passen dan zijn paard. Daarom is het meest krachtige onderhandelingsinstrument jouw stelligheid om ieder moment weg te lopen, terwijl je emoties onder controle blijven en je hand op de knip blijft totdat de andere partij me een goed tegenbod komt.

Probeer het eens uit als experiment, negeer de vraagprijs van $ 500,-.

Bied 25% daarvan ofwel $ 125,-.

De verkoper reageert waarschijnlijk met $ 450,-

Verhoog je bod naar 30%, dus $150,-

Als de verkoper weigert en zijn laatste bod herhaalt, wijs het af, bedank hem voor alle moeite en wandel weg.

Als hij je terug roept, biedt dan nogmaals $ 150,-

Vaak, als je je huiswerk goed hebt gedaan en zeker bent van de lokale prijzen, en je een bod hebt gedaan dat daarbij in de buurt komt, zal de verkoper je lage bod accepteren.

Mocht hij erop staan om verder te onderhandelen dan ga je verder vanaf $ 150,- en niet zakken vanaf $ 500,-.

Laat je nooit verleiden om hoger te gaan dan je vooraf bepaalde maximum.

Iets anders dat kan gebeuren is dat de verkoper jouw eerste bod direct en zonder aarzelen accepteert. Dit is verontrustend, omdat het aangeeft dat je originele bod te hoog was. Je kunt in onderhandelingen altijd meer bieden, maar je kunt niet omlaag gaan met je bod, begin daarom altijd voorzichtig aan de onderkant van de mogelijke verkoopprijs.

Terwijl je continu het economisch belang in de gaten houdt, is het ook belangrijk om de verkoper niet te beledigen. Keihard onderhandelen is een ding, maar zeuren over enkele euro's creëert irritatie en dat kan je het paard kosten. Zorg ervoor dat de verkoper ziet dat je het paard oprecht waardeert, maar dat je financiële beperkingen het niet toestaan, om verder te gaan dan een bepaald maximum.

Verkoopvoorwaarden. Zelfs als alles goed gaat en de prijs naar tevredenheid is overeengekomen, is de klus nog niet geklaard. Net als bij alle business deals zit het venijn in de kleine lettertjes. Koper en verkoper dienen het eens te zijn over alle details betreffende betaling, overdracht van eigendom, medische conditie ten tijde van de koop en transport na aankoop.

Bijvoorbeeld hoe en waar er betaald wordt. Krijg jij papieren te zien waarmee de verkoper kan aantonen dat hij werkelijk de eigenaar is? Is de verkoper bereid de gezondheid van het dier te garanderen tot 48 uur na de aankoop? Indien de aankoop in Noord-Amerika plaatsvindt, is de verkoper in staat aan te tonen dat het paard een medische test heeft ondergaan, die aantoont dat de Coggins test negatief was? Zal de verkoper je alle registratiepapieren overdragen evenals medische dossiers? Als het paard verplaatst moet worden, binnen hoeveel tijd moet dat dan plaatsvinden? Hoort er harnachement bij de verkoop? Wordt het paard gekeurd? Wie bepaalt welke dierenarts dat doet en wie betaalt de kosten?

De beste manier om jezelf te beschermen, is door al deze aspecten duidelijk te benoemen. Een advocaat is niet nodig, de partijen kunnen samen een document opstellen, waarin de verantwoordelijkheden zijn opgeschreven. Na ondertekening van koper en verkoper is dit een legaal document. Dit is prettig om te hebben, vooral als er in een later stadium onenigheid zou ontstaan. Het document is nog sterker als het wordt voorzien van een datum en plaats en ondertekend wordt door ook een getuige. Naast het vastleggen van de details rondom de verkoop is een document, waaruit blijkt dat jij de rechtmatige eigenaar bent essentieel.

Aankoopbewijs. In dit boek vind je een voorbeeld van een aankoopdocument, de zogenaamde *'Longrider International Equine Bill of Sale'*. Dit eenvoudige stukje papier maakt dat mensen eerlijk zijn en blijven. Met behulp van dit document, enkele vrienden, een pen en een neutrale getuige voorkom je teleurstellingen. Een eerlijke man zal geen probleem hebben om een overeenkomst te tekenen. Accepteer geen mondelinge verkoopovereenkomst. Schud geen handen en geef niemand zomaar geld. Vraag de verkoper bewijs dat hij de legale eigenaar is, dat hij het paard mag verkopen en jou alle benodigde papieren kan overhandigen op het moment dat je het paard meeneemt. Accepteer geen belofte dat papieren worden nagestuurd.

Maak aantekeningen van brandmerken of andere markers op een paard. Als het document is getekend en gedateerd kun je het laten vastleggen bij een notaris, als deze beschikbaar is.

Afhankelijk van het land waar je verblijft kan het zijn dat je de aankoop moet registreren bij het ministerie van landbouw. In Argentinië bijvoorbeeld is het verplicht de aankoop van een paard te laten registreren bij de SENASA. Hiervoor heb je een eigendomsbewijs nodig, een officiële 'certificado' van de lokale rechtbank, zodat de verkoop vastligt en jij als nieuwe eigenaar staat geregistreerd. Zorg voor kopieën, zodat je eigendom kunt aantonen indien je de originelen kwijtraakt.

Spijt van de aankoop. Een geweldig trailpaard vinden is meer dan simpelweg geld sparen en uitgeven. Als het goed is, voel je een diep verlangen om samen te zijn met dit dier. Zelfs als je een goede deal kunt sluiten moet je jezelf twee vragen stellen, voordat je definitief ja zegt. Dit om spijt achteraf te voorkomen. Ben je ervan overtuigd dat je het best mogelijke paard hebt gekozen dat je zou kunnen vinden? Ben je bereid om je leven in handen van dit dier te leggen?

Het gemak waarmee een persoon zijn interesse en loyaliteit voor een paard kan kwijtraken is berucht. Dat is waarom het oude gezegde is ontstaan: "Een paard kan slechts twee fouten hebben, de eerste is dat het verdomd lang kan duren voor je hem hebt gevangen in de wei, de tweede is dat hij geen flikker waard is als je hem eenmaal hebt." Vertrouwen is belangrijker dan geld. Als je het paard niet vertrouwt, koop het dan niet!

Long Rider International Equine Bill of Sale (Internationale verkoopovereenkomst)

This sales agreement (deze verkoopovereenkomst), dated the day of (gedateerd op) .....

Between*(tussen)* .... of *(uit)*.......
(Name of seller) (Seller's City, Province and Country)
(naam verkoper) *(stad, provincie en land van verkoper)*

and......... of (uit)
(name of buyer) (Buyer's City, Province and Country)
(naam koper) *(stad, provincie en land van de koper)*

is for the sale of one
(gaat over de verkoop van een) ....
(list sex of animal - gelding, mare or stallion)
(noteer geslacht van het dier - ruin, merrie of hengst)

Parties agree as follows on the following description of the equine including name, age, date of birth, colour, markings, breed and registry number.
(partijen komen de verkoop overeen van hieronder beschreven paard. In de beschrijving staat naam, leeftijd, geboortedatum, kleur, aftekeningen, ras en registratienummer)

Seller warrants that the equine is in good health with no known defects or injuries and will furnish Buyer with health records on the equine. Seller also guarantees that he is the lawful owner of the equine and he has the right to sell the animal.
(Verkoper garandeert dat het paard gezond is, zonder verborgen gebreken of blessures, en levert de koper documenten aan over de gezondheid van het paard. Verkoper verklaart tevens dat hij/zij de rechtmatige eigenaar van het paard is en het wettelijke recht heeft om dit dier te verkopen.)

The total sales price for this equine is
(de totale verkoopprijs van dit paard is) ....
(List Dollars, Pounds, Euros, Pesos, Yen, etc)
(Paid in cash or travellers' cheques)
(Betaald in cash of travellers' cheques)

the receipt of which is hereby acknowledged
(dit document dient hierbij als ontvangstbewijs)

Signed and dated this ....day of ...., 2
(ondertekend op ....dag,........., 2.....)

Seller (verkoper).......................

Buyer (koper)...........................

Witness/Notary (getuige/notaris)........

Hoofdstuk 25 - Long Rider Horsemanship

Dat je van een Long Ride geen excellent paardenmens wordt is een fabel. Een fantastisch voorbeeld is D.C. Vision, een van de oprichters van het gilde, die 22.500 kilometer (14.000 mijl) door Amerika reed in een vier jaar durende reis. De afstand is al indrukwekkend, maar echt verbazingwekkend is dat D.C. nog nog nooit in de buurt van een paard was geweest toen hij opstapte en aan de expeditie begon.

Evenzo reed Gordon Naysmith 20.000 kilometer (12.000 mijl) van Zuid-Afrika naar Oostenrijk, Vladimir Fissenko reed 30.500 kilometer (19.000 mijl) van Tierra del Fuego naar Alaska, en Otto Schwarz reed 48.000 kilometer (30.000 mijl) door vijf continenten. Wat deze bijzondere Long Riders demonstreren is dat werkelijk 'horsemanship' niet over stijl gaat. De Long Rider ziet rijden niet als een kunstvorm zoals dressuurruiters, maar als een onmisbare vaardigheid. Het trailpaard nodigt je uit om te voelen en te reageren. Het laat je ziel ontwaken. Een Long Rider is bezig met rijden, niet met rituelen. Het maakt hem niet uit hoe hij rijdt, maar wel waar hij naartoe gaat. Het horsemanship van Long Riders bevredigt de menselijke ziel, respecteert het paard en weerspiegelt een wederzijds initiatief. Het gaat over verbondenheid, niet over prestatie.

Rijden en horsemanship. De Long Rider hoeft geen perfecte ruiter te zijn, noch hoeft zijn paard oefeningen uit de hogere dressuur te beheersen. Wat noodzakelijk is, is dat een Long Rider zijn paard te allen tijde onder controle heeft. Dat hij hem kan rijden met vertrouwen en plezier.

Eerste vereiste - veilig rijden. Het primaire doel van Long Rider horsemanship is veilig rijden zonder ongelukken. Een groot verschil tussen risicovolle sportdisciplines en reizen te paard is dat de laatste meestal vrij van calamiteiten is, ongeachte de enorme afstanden die worden afgelegd. Dit komt, omdat Long Riders horsemanship het risico op schrikken van het paard minimaliseert, en in plaats van presteren helemaal is gericht op het voorkomen dat ruiter en/of paard vallen.

Het trailpaard berijden. In principe kan iedereen een bekwaam ruiter worden. De vaardige Long Rider zit vastgeplakt aan het zadel in alle gangen, door dichte bossages, omlaag langs steile hellingen, door rivieren en in ruig landschap. Je moet voldoende vertrouwen hebben om je paard te leiden over wankele bruggetjes, door druk verkeer of bij het oversteken van rivieren. In het zadel kijk je altijd naar manieren, om de krachten van je paard te sparen. Het is de plicht van iedere Long Rider, om netjes in balans en recht in het zadel te zitten. Die houding geeft enorme druk op de nieren van het paard en de kans op drukplekken neemt enorm toe. Je zit rechtop en gaat niet lui achterover hangen.

De gangen. Long Riders hebben controle nodig in stap, draf en galop. Dit maakt het mogelijk ergens uit te ontsnappen, kort te keren of zelfs achteruit te lopen als dat nodig is.

Discipline. Het is zeer belangrijk dat een trailpaard goed gemanierd en gedisciplineerd is. Dit zijn de bouwstenen van respect en veiligheid. Het paard mag je niet uitdagen. Hij moet herkennen dat de ruiter onderweg de kuddeleider is. Dit vraagt van de ruiter leidinggevende eigenschappen zoals zelfvertrouwen en consequent gedrag, zeker in spannende situaties onderweg. Je kunt vriendelijk zijn doch consequent, zorgzaam maar sterk. Wanneer een paard zich voegt naar de autoriteit van de ruiter, zal een gevoel van wederzijds vertrouwen ontstaan.

Een test van basisvaardigheden. Aangaande het ontwikkelen van zelfvertrouwen bij de ruiter, is een maand training op trail gelijk aan vijf maanden trainen op een manege of arena. Het maakt niet uit in welke staat je aankomt, voordat je vertrekt moet je zo competent zijn dat je de nu volgende lijst met paardgerelateerde activiteiten beheerst:

Je moet een paard gemakkelijk kunnen vangen, een halster omdoen, leiden en vastzetten; poetsen en hoeven uitkrabben; correct kunnen optuigen met zadel, hoofdstel en alle andere zaken; beugels op maat maken; balans en een correcte positie in het zadel hebben; het paard kunnen controleren in stap, draf en galop; stilstaan en achterwaarts gaan; heuvel op en heuvel af kunnen rijden; hoefbeslag controleren en verwijderen indien nodig. Je moet netjes en correct kunnen afzadelen en weten wanneer er drukkingen zijn; je moet het paard kunnen drenken, voeden en afstallen; weten hoe je het harnachement onderhoudt. Het ultieme doel van Long Rider horsemanship is om een staat te bereiken waarin twee aparte biologische entiteiten samensmelten tot een enkele harmonieuze Centaur met de kracht van het paard en de intelligentie van de mens.

Hoofdstuk 26 - Je paard in conditie brengen

Thuis of ver weg. Als je aan de andere kant van de wereld gaat rijden, heb je misschien geen mogelijkheid om je paard fit te krijgen voor vertrek. In dat geval start je erg voorzichtig. Als je start in je eigen land, neem dan deze adviezen ter harte.

Paarden die voor vertrek onvoldoende getraind zijn kun je niet plotseling zware arbeid laten verrichten. Een dier dat altijd op en top verzorgd is, met een schone box in een warme stal, kan niet zomaar worden meegenomen de koude buitenlucht in zonder negatieve consequenties. Zulke paarden zijn niet alleen zwakker, ze zijn ook meer ontvankelijk voor verzwakking. Bijvoorbeeld een paard in slechte conditie krijgt sneller een druk- of schuurplek op de rug, net als dat een man die een tijdlang niet heeft gereden zich open rijdt in het zadel. Jammer genoeg ontbreekt het veel paarden niet alleen aan een goede conditie, hun ruiters gaan er onterecht vanuit dat hun het dier wel sterker wordt als ze eenmaal onderweg zijn. Dit is een radicale vergissing!!

Hoe stevig en gezond je paard er ook uitziet bij de start van een expeditie, als hij voor zijn doen ongewoon hard moet werken in het begin, zal hij uitgeput raken. Dan draagt elke extra kilometer bij aan zijn ongemak en onbehaaglijkheid. Dit is bovenal aan de orde voor paarden die gewend zijn om 's nachts op stal te staan en buiten een deken te dragen die hen beschermt tegen koude en regen. Deze paarden zullen langzaam aan moeten wennen aan verschillende weersomstandigheden. Ze moeten langzaam getraind worden op alle gebieden. Laat ze rustig wennen aan zware bepakking totdat hun spieren en rug dit aankunnen.

Oorlogspaarden in Engeland kregen vier tot vijf weken zware training om er zeker van te zijn dat ze voldoende conditie hadden voordat ze werden ingezet. Ook voor jou is het belangrijk dat je trailpaard sterk en gezond is voordat je op reis gaat. Een gedegen trainingsperiode voor vertrek reduceert niet alleen de spierpijn in de eerste dagen maar helpt enorm om blessures en vertraging te voorkomen.

Een trailpaard trainen. De meeste paarden zijn te vet en niet fit. Je zou moeten beginnen met dagelijks twee uur te rijden, met één rustdag per week. Deze tijd in het zadel voer je langzaam op totdat het paard met gemak vier uur per dag in een pittig tempo kan werken zonder tekenen van vermoeidheid te vertonen. Omdat je onderweg veelal stapt, is dit ook de gang waarop je je in de training concentreert. Onderweg train je op een vlotte, stabiele, kilometervretende stap. Sta niet toe dat je paard struikelt of rond kuiert, hij is aan het werk, niet aan het picknicken. Een bescheiden hoeveelheid draf hoort ook thuis in je trainingsroutine, in de verhouding drie delen stap, een deel draf. Wees niet te bang om op verschillende terreinen te stappen en draven. Een verzameld galopje helpt bij het verkrijgen van uithoudingsvermogen, maar houd in je hoofd dat stap en draf de meest voorkomende gangen zijn onderweg.

Je training moet niet zo zwaar zijn dat je het dier uitput. Uitputting betekent langzaam herstel en verlies van conditie. Werk niet met een vermoeid paard, dit vergroot de kans op vallen en blessures. Creëer een trainingsprogramma waarbij je de conditie verbetert, terwijl je zorgvuldig in de gaten houdt dat je het paard niet overvraagt.

Vanwege de onverwachte situaties tijdens het reizen zul je soms moeten afstappen voor een steile afdaling of beklimming. Leer je paard dat je aan beide zijden kunt opstappen. Leer hem ook om op gepaste afstand mee te lopen. Hij moet zo op jouw leiderschap vertrouwen dat hij je overal volgt, door, over, onder en om uitdagende obstakels heen.

Leer je paard dat hij niet hoeft te schrikken als je een kaart openvouwt, een regenjas aantrekt, klittenband lostrekt of wanneer je iets uit een zadeltas moet halen. Hij moet stil als een rots blijven staan als jij dat aangeeft.

Zodra je paard de gewenste conditie heeft bereikt, reken dan je reistempo uit in stap en in draf. Hiermee kun je uitrekenen hoe lang je erover doet om de dagelijkse afstand af te leggen.

Besla je paard nooit op het laatste moment. Je wilt niet dat hij per ongeluk wordt vernageld, en je wilt zeker weten dat de ijzers er goed onder zitten. Daarom wordt een paard correct en zorgvuldig beslagen enkele dagen voor vertrek

Varieer met beweging. Training is niet alleen bedoeld voor het ontwikkelen van spieren. Training is ook bedoeld om het denkvermogen van je paard te stimuleren en om hem te leren zijn zenuwen onder controle te houden. Zonder onnodige risico's te nemen kun je met je trailpaard op zoek gaan naar smalle paadjes, bruggetjes en doorwaadbare riviertjes. Je kunt steile hellingen beklimmen en weer afdalen en oefenen langs drukke wegen. Als je van plan bent om door steden te rijden, stem je training dan speciaal af op druk verkeer, mensenmenigtes en hard geluid. De vier bouwstenen van training zijn: geduld hebben, consequent, vriendelijk en vergevingsgezind zijn.

Hoofdstuk 27 - Het pakpaard

Waarom een pakpaard. Denk vooraf goed na over het gewicht dat je paard kan meedragen. Als het terrein of klimaat het noodzakelijk maken om voedsel mee te nemen voor jou en je paard, evenals kookgerei, een tent en kleding, dan is er al snel een risico op overbelasting van je paard. De oplossing is het meenemen van een pakpaard om gewicht over te nemen van het rijpaard.

Niet alleen is het vriendelijker voor je rijlpaard, een pakpaard geeft je een enorm gevoel van onafhankelijkheid. Je kunt veel meer spullen meenemen, je kunt verder reizen zonder je voorraad aan te vullen en paarden, die tenslotte kuddedieren zijn, hebben meer plezier als ze samen zijn. Dat neemt niet weg dat de basisprincipes blijven staan, pakpaard of niet. Hoe meer je weet, hoe minder je nodig hebt. Echter, is het noodzakelijk, laad het dan op je pakpaard en niet op je rijpaard.

Een bondgenoot, geen machine. Het is een vergissing om te denken dat het pakpaard minder belangrijk is. Hij is sterk, slim, geduldig en bovenal loyaal. Toch zijn vooral beginnende reizigers geneigd om hun pakpaard te overladen. Deze mensen vergeten dat ze niet te maken hebben met een 4x4 truck. We hebben te maken met een hoog-intelligent dier wiens vermogen om je te assisteren nooit mag worden uitgebuit. Een pakpaard dient met het grootste respect te worden behandeld, omdat ook hij bescherming nodig heeft.

Het perfecte pakpaard. Hoe definiëren we het fysiek perfecte pakpaard? Hoewel het een beetje is als je beste vriend beschrijven zijn hier toch wat richtlijnen.

Ras. Wat je nodig hebt is fysieke kracht, mentaal aanpassingsvermogen en diepe emotionele toewijding. Geen stamboekpapier met klinkende namen. Een goedkope mustang, een stevig muildier of een voormalig werkpaard uit de bosbouw zijn het type werkers dat je nodig hebt voor op reis.

Geslacht. Ruinen zijn het meest geschikt, omdat hengstige merries of hengsten kunnen worden afgeleid door de andere sekse onderweg.

Leeftijd. Kies geen jong paard als pakpaard. De botstructuur is niet volgroeid tot een leeftijd van ten minste zes jaar. Voor die tijd is trektochten rijden een te zware belasting voor het lichaam. Daarnaast hebben oudere paarden een soort volwassenheid over zich en een gezond werkethos. Een kalme ruin tussen de acht en zestien jaar is het meest geschikt.

Lichaamsbouw. Anders dan het flexibele, meebewegende gewicht dat het rijpaard draagt, heeft het pakpaard te maken met een niet mee bewegend dood gewicht op zijn rug. Daarom heeft een pakpaard een korte, sterke rug nodig, een goed ontwikkelde schoft, sterke ribben, een diepe borstkas en stevige lendenen. Een goede schoft en korte rug helpen het pakzadel op de goede plek te houden.

Hoogte en kracht. Omdat je steeds weer het pakzadel op en van de rug moet tillen is het niet handig om een groot pakpaard mee te nemen. Een groot paard is niet alleen lastig op te zadelen, hij zal ook meer moeite hebben met klauteren over obstakels en onder lage bossages door lopen. Een kleiner paard is gemakkelijker te hanteren. Ideaal is rond de 1,50m. Alles boven de 1,60m betekent extra werk. Een pakpaard werkt twee keer zo hard als een rijpaard, nog een reden voor een klein exemplaar, omdat de beschikbaarheid van voeding onderweg een beperkte factor kan zijn. Een slechte eter hoort niet op de trail, een mager paard zal onderweg niet meer bijtrekken.

Hoeven. Hoeven moeten keihard zijn om scherpe keien en slechte wegen te trotseren. Veel paardenmensen geloven dat donkere hoeven sterker zijn dan lichte hoeven, maar laat geen goed pakpaard staan om de kleur van zijn voeten. Controleer liever of de hoeven brokkelen of scheuren.

Emoties. Een pakpaard moet rustig en vriendelijk zijn, en goed te managen. Hij heeft twee eigenschappen nodig, betrouwbaarheid en gehoorzaamheid. Zijn vertrouwen blijkt uit het feit dat hij je rustig laat opzadelen. Hij demonstreert zijn gehoorzaamheid door je overal te volgen langs ieder type obstakel, inclusief steile hellingen, druk verkeer en weg van gevaar. Hij moet leren dat het rijpaard hem tijdig waarschuwt in geval van gevaar. Zijn emotionele missie is om te zorgen dat de voorraden veilig aankomen wanneer de zon onder gaat.

Intelligentie. Vergeet niet dat een rijpaard zijn instructies krijgt via de teugels en de benen en stem van de ruiter, terwijl het pakpaard geacht wordt zelfstandig beslissingen te nemen. Hoewel een pakpaard een groot deel van zijn tijd aan een leadrope geleid wordt, zullen er momenten zijn dat hem gevraagd wordt zelfstandig over te steken of zijn weg te zoeken langs obstakels. Het pakpaard moet dit niet alleen helemaal zelfstandig doen, maar tegelijkertijd zijn ballast in balans houden.

Behendigheid. Pakpaarden worden regelmatig geconfronteerd met laaghangende takken, grote rotsen, intimiderende modderpoelen, smalle doorgangen of afsluiting door water. Allemaal situaties die het paard dwingen om zich een weg te banen door of langs deze obstakels. Behendigheid is nog belangrijker als je bedenkt dat een rijpaard de obstakels ziet aankomen. Dezelfde obstakels komen voor het pakpaard vaak als een verrassing vanwege zijn beperkte zicht naar voren. Als hij iets op zijn weg vindt moet je pakpaard snel opzij kunnen stappen om het gevaar heen.

Uithoudingsvermogen. Een goed pakpaard is een afgehard dier dat in staat is de elementen te trotseren, dorst te negeren en overal kunnen rusten en eten. Wat je niet kunt gebruiken is een verwend, sensibel beestje, dat gewend is op stal te staan, enorme hoeveelheden speciaal voer nodig heeft en een buitensporige hoeveelheid emotionele aandacht vraagt. Een pakpaard moet gedijen op het buitenleven, blij zijn om de nacht door te brengen in een onbekend veld waar hij gretig geniet van heerlijk vers gras. Zo'n dier brengt je succes.

Specifieke vaardigheden. Het is vanzelfsprekend dat je ook pakpaard gemakkelijk kunt pakken en poetsen. Hij geeft zijn voeten indien gevraagd en staat netjes stil tijdens het opzadelen. Het is geen chagrijnig dier dat dreigt te bijten of slaan. Breng zo'n paard maar direct terug, nog voor je vertrekt.

Training. Een goed getraind pakpaard volgt het rijpaard als een schaduw. Hij blijft dicht bij je zonder tegen het rijpaard aan te duwen of je benen te pletten met de pakzadels. Hij moet zijn weg kunnen vinden in ruig terrein en kijken waar hij zijn voeten neerzet zonder te struikelen. Hij moet tevens opletten en kunnen voorkomen dat de pakzadel tegen de bomen aan botst en beschadigt.

Gangen. Rij- en pakpaarden kunnen niet samenwerken, als ze niet bij elkaar passen kwa hoogte, temperament, kracht en staptempo. Ook een pakpaard heeft een vlotte, vlakke kilometervretende stap nodig. Het pakpaard moet zich fijn voelen aan de zijde van het rijpaard, anders wordt de dagelijkse rit een hel waarbij je rechterarm steeds uit de kom wordt getrokken. Je brandt je handen als het pakpaard onverwacht terugtrekt, of nog erger, hij trekt je uit het zadel.

Onaanvaardbaar gedrag. Anders dan een rijzadel, kunnen het pakzadel en de tassen een ongetraind paard enorm laten schrikken. Daarom is het, voordat je een mogelijk geschikt pakpaard aanschaft, noodzakelijk dat je zijn kracht en aanpassingsvermogen test. Volgt hij je gemakkelijk aan de hand? Blijft hij netjes staan, terwijl je hem zadelt? Loopt hij rustig naast een ander paard, zonder aan een leadrope te trekken? Paarden die niet volgen of paarden die te sterk gehecht zijn aan hun thuis of een maatje zijn geneigd te blijven vechten met de Long Rider in een poging terug te keren. Deze paarden nemen iedere mogelijkheid te baat om te trekken, bokken of steigeren. Boven alles, blijf uit de buurt van paarden die zich niet willen laten leiden. Deze paarden raken achter, draven dan bij, terwijl de tassen tegen het been van de ruiter klappen. Dit is niet alleen vervelend en pijnlijk, het is ook gevaarlijk, omdat de ruiter uit balans kan raken.

Hoofdstuk 28 - Muildieren en muilezels

Om het enigszins behapbaar te houden spreken we in dit boek over pakpaarden. Dit betekent niet dat muildieren niet geschikt zijn. De geschiedenis van hippische reizen is gevuld met verhalen van Long Riders, die succesvol reden met een muildier of er een als pakpaard mee hadden. Deze kruisingen hebben zowel voor- als nadelen, die vaak zijn gebaseerd op persoonlijke voorkeuren. Wat belangrijk is, is dat de combinatie met jou werkt. Als Long Rider ligt onze focus op de reis, niet op de soort. Wat werkt is wat telt. Hoewel de keuze uiteindelijk aan jou is, geven we je hier wat zaken mee om in overweging te nemen.

Om te beginnen is er de biologie. Een muildier is een fokproduct tussen een paardenmerrie en een ezelhengst. Als je een ezelin kruist met een paardenhengst, krijg je een muilezel, die zijn een stuk minder gangbaar. Beide kruisingen vertonen veel (karakter)eigenschappen van de ezel. De hoogte hangt af van de merrie. Als je bijvoorbeeld een trekpaard gebruikt als moeder, zal het muildier behoorlijk de hoogte in gaan. De hoogte varieert dus net zo als bij paarden. Nogmaals, de eisen wat betreft hoogte, snelheid en kracht die je zoekt in een pakpaard, zoek je dus ook in een muildier.

Muildieren hebben veel voordelen, een ervan is dat ze een vrij hoge schoft hebben, wat fijn is om het pakzadel op de plek te houden, zeker in bergachtige gebieden. Ze zijn bekend om hun uithoudingsvermogen en kracht, wat ze in staat stelt om een zwaardere last te dragen dan pakpaarden. Ze zijn minder gevoelig voor koliek, kunnen goed omgaan met hoge temperaturen en zijn geen kieskeurige eters. Ze hebben een goede stap, goed gevormde hoeven en hebben een reputatie dat ze goed kijken waar ze de voeten neerzetten. De vorm van de hoef is anders dan die van een paard, ze zijn meestal smaller en een stuk harder dan de ovaalronde hoeven van paarden. Met die smalle hoeven kunnen ze beter uit de voeten op verraderlijk terrein, een zeer belangrijk voordeel onderweg. Muildieren zijn beroemd om hun goede reukvermogen, ze zullen je zeker waarschuwen als er een vreemd dier in de buurt is. Vanwege hun ouders van verschillende equine soorten, zijn muildieren bijna altijd steriel waardoor ze niet worden afgeleid door hengstige merries of hitsige hengsten. Anders dan paarden, die in de regel een zekere zelfstandigheid hebben, is een muildier meer geneigd te volgen. Dit is de reden dat deze dieren traditioneel werden gebruikt in grote militaire colonnes.

Doch, het muildier heeft ook een aantal nadelen, zeker voor een beginnende Long Rider. Een muildier kan eigenwijs zijn en gaan balken. Vaak wordt gezegd dat ze intelligenter zijn dan paarden. Het resultaat kan zijn dat je met een dier zit dat je gezag gaat uittesten. Hoewel ze zeker in staat zijn een band aan te gaan, geven muildieren in de regel minder vertrouwen aan een mens dan een paard zou doen. Het gevolg is, dat een muildier als hij tegen onvoorziene uitdagingen aanloopt, slechts met tegenzin gehoor geeft aan de aanwijzingen van de Long Rider. Zo kan een toch al afschuwelijke situatie nog ingewikkelder worden.

Waar een paard een muzikale hinnik heeft, produceert een muildier een luid gebrul, dat nog nooit door iemand is omschreven als melodieus. Muildieren hebben een afkeer van honden en zullen ze, indien ze de mogelijkheid krijgen aanvallen. Daarnaast zijn muildieren in grote delen van de wereld niet beschikbaar. Als je er dan een tegenkomt is hij waarschijnlijk duurder dan een pakpaard, soms wel meer dan 50%. De meeste muildieren hebben een hekel aan hoefijzers, een probleem wat de reis onnodig compliceert. Ten slotte, maar daarom niet minder erg, kunnen muildieren gevaarlijker zijn dan paarden. Anders dan paarden zijn muildieren erg kwalijknemend en soms zelfs haatdragend naar de beledigende mens. Het is bekend dat deze rancuneuze dieren hun verzorgers bijten. Ze staan ook bekend als dieren die gemeen kunnen uithalen. Een beledigd muildier zal handig zijn doel bepalen en een goed gerichte trap uitdelen aan de onzorgvuldige verzorger. Er zijn verhalen van ernstige verwondingen en zelf dood door zo'n trap, dus extreme voorzichtigheid is geboden.

Mocht je beslissen om met een muildier op pad te gaan, kies dan niet zo'n moderne grote van Amerikaanse boeren want hoewel ze aantrekkelijk zijn, zijn deze dieren vaak gefokt uit een Belgisch trekpaard merrie en daarmee veel te groot voor trektochten. De ideale maat is 1,50 - 1,58 m met een gewicht van 450 tot 550 kilo. Het dier moet stevig gebouwd zijn met een korte hals; een korte, rechte, sterke en bespierde rug en lendenen; een sterkte croupe, ronde ribben en een diepe borstkas; rechte, sterke benen met korte koten en extreem sterke hoeven. Aanvullend is het essentieel dat muildieren, die als lastdier meegaan zachtaardig en vriendelijk zijn. Ze mogen niet bang zijn en geen slechte ervaringen hebben. Tot slot horen ze vlot en dapper over gevarieerd terrein te draven.

Hoofdstuk 29 - Training van pakpaarden

Als je een troeteldier zonder conditie probeert te veranderen in een trailpaard, zal het dier lijden. Als je een ongetraind dier probeert te vormen tot een pakpaard kan dit leiden tot verwondingen of dood. Maar als je het goed wilt doen, waar begin je dan? De eerste stap is het vermijden van van slecht advies.

Misleidend advies. Eerder al waarschuwde ik om geen advies te accepteren van iemand die niet minstens achthonderd kilometer in één tocht heeft afgelegd. Weekendtrekkers hebben geen idee van de moeilijkheden en uitdagingen die je tegenkomt op een lange expeditie. Evenzo, moet je erg voorzichtig zijn met het luisteren naar advies van mensen wiens pakpaard ervaring niet verder gaat dan het begeleiden van toeristen op trektocht of korte jachtexpedities. Deze professionals kunnen best heel kundig zijn, er zijn enkele fundamentele verschillen. Hun pakpaarden dragen vaak veel last over bekende en goed onderhouden routes. Hun pakpaarden keren na een korte periode terug naar huis om te herstellen in de weide. Vragen om hun advies is vragen om problemen. Long Riders reizen licht, bewegen snel en gaan niet naar huis!

Regel Eén. Onze zorg als Long Riders is om nooit te rechtvaardigen hoeveel gewicht ons dier theoretisch zou mogen meedragen. Ons doel is om de fragiele gezondheid van ons dier te behouden door zo licht mogelijk te reizen. Het zijn niet de kilometers die je paard beperken, het zijn de kilo's die het hem doen. Overlaad je pakpaard met nog niet één pond bovenop het allernoodzakelijkste.

Fundamentals. Het is niet gemakkelijk om een pakpaard te zijn. Niet alleen moet hij harder werken dan zijn maat, het rijpaard, in geval van nood moet hij ook nog handelen vanuit zijn eigen gezonde verstand. Met dit in je achterhoofd, verzeker je er bij een bezichtiging van, dat het dier braaf meeloopt aan de hand, netjes stilstaat bij het bepakken en zich gemakkelijk laat leiden naast het rijpaard, zonder ergens in te bijten of terug te trekken.

Opleiden voor de reis. Zelfs als een paard voorheen wel is gereden, wordt een groen pakpaard geconfronteerd met een verbijsterende hoeveelheid uitdagingen. Het kraken en wiegen van de tassen kan zelfs een rustig paard beangstigen. Hij kan uit balans raken door het gewicht. Het lijvige pakzadel beperkt hem in zijn beweging en vrijheid om tussen de bomen door te lopen, om obstakels heen te gaan of over een smal pad langs een steile klif te lopen.

Het paard ontdekt dat hij een groot en inflexibel gewicht op zijn rug heeft. De stijve tassen kunnen in zijn zij prikken. Borsttuig en de broekriem kunnen schuren, een staartriem onder zijn staart kan hem zenuwachtig maken. Een leadrope trekt aan zijn hoofd, in plaats van dat hij van achter uit gedirigeerd wordt met teugels, zoals hij onder het zadel heeft geleerd.

Is het werkelijk vreemd dat een dier angstig gedrag laat zien bij de introductie van zoveel nieuwigheden? Omdat er zoveel mis kan gaan is het belangrijk om een veilige omgeving te zoeken om de training van het pakpaard te starten.

Stilstaan. Jouw veiligheid is onmiddellijk in gevaar als je het paard toestaat om te dichtbij te komen zonder jouw toestemming of uitnodiging.Hij kan op je tenen gaan staan, je omver duwen of bijten. Een paard mag zichzelf niet opdringen. Jij kunt besluiten om naast hem te gaan staan en zijn nek te aaien, hij mag niet onuitgenodigd in jouw ruimte komen. Een pakpaard moet altijd en overal stil staan als een rots, niet alleen wanneer hij opgetuigd wordt, maar ook als de Long Rider zijn rijpaard stopt en op- of afstijgt.

Zadelen. Voordat een pakpaard gezadeld wordt met zijn volledige last, is het zaak om hem te laten wennen aan de boventassen zonder gewicht erin. Als hij dat kan neem je hem mee als handpaard op korte ritten. Zo went hij aan het gevoel, het geluid en de geur ervan. Daarna kun je hem laten wennen aan de zijtassen, die meestal van hard kunststof zijn en aan de zijkant naast zijn ribben hangen.

Laden. De harde plastic tassen zijn misschien wat veel om mee te beginnen. In plaats daarvan kun je beginnen, door aan de toptas twee met stro gevulde zakken te hangen, bijvoorbeeld dichtgenaaide pijpen van een overall. Sta hem toe stil te staan en langzaam te wennen aan dit vreemde, laaghangende maar onbreekbare gewicht. Wandel met hem aan de hand. Wees alert als hij in paniek gaat rennen of bokken.

Leid hem langs obstakels waar de strozakken tegenaan zullen komen. Om hem bewust te maken van het feit dat hij meer ruimte nodig heeft, kun je hem tussen twee bomen door leiden waar aan beide zijden zo'n twintig centimeter ruimte is. Om hem te wennen aan tassen die onverwacht ergens tegenaan schuren, kun je hem langs een stalmuur leiden. Om balans te oefenen, leid je je paard omhoog langs steile hellingen, waar hij echt moet klimmen, en weer omlaag. Al deze oefeningen geven hem zelfvertrouwen en een belangrijke boodschap mee, namelijk dat hij meer ruimte nodig heeft om vooruit te komen, dat vreemde schurende geluiden niet levensbedreigend zijn en dat het gevoel van balans geen vast gegeven meer is.

Als je denkt dat hij er klaar voor is, kun je op een korte trainingsrit gaan. Wees bereid om te stoppen, af te stappen en hem gerust te stellen als dat nodig is. Als het echt noodzakelijk is haal je het pakzadel eraf en ga je terug, alles om te voorkomen dat hij in paniek raakt. De volgende stap is om twee hooibaaltjes aan de zijkanten vast te maken. Deze zijn nog steeds onbreekbaar maar geven wel de indruk van een volumineuze, zwaardere last. Doorloop alle oefeningen nogmaals en beloon hem uitvoering bij goed gedrag.

Als de oefeningen met strozak en hooibalen goed gaan, is het tijd voor de volgende stap. Hang de originele kunststof zadeltassen, zonder gewicht aan het pakzadel. Het is vaak het geluid, of wanneer de tassen tegen de huid aankomen of erin prikken, wat de paniekreactie triggert, dus ga voorzichtig te werk. Zodra het paard de tassen accepteert neem je hem mee voor een wandeling aan een korte lijn. Zorg dat je altijd geduldig bent en het paard zoveel tijd gunt als nodig is om te wennen aan de nieuwe situatie.

Als het paard netjes stilstaat bij het optuigen en kalm met je meeloopt, kun je langzaam gewicht toevoegen, altijd een gelijk gewicht aan beide zijden. Houd de training kort.

Als de lading binnen in de tassen rammelt kan het pakpaard maar zo in paniek raken. Dit kan resulteren in een rodeo-sessie op een smal pad, waardoor je materiaal kapot gaat en je spullen overal verspreid liggen. Nog erger is het als een paard zich lostrekt en er vandoor gaat, een spoor van spullen achterlatend, terwijl hij verdwijnt in de verte. Zorg ervoor dat spullen die je inpakt niet rammelen, schuiven of ratelen. Tijdens de training kun je wel oefenen om met geluid om te gaan. Dit doe je door een blikje met stenen of iets dergelijks onder in een lege tas te plaatsen. Wandel met je paard aan de hand en stel hem op zijn gemak als de lading gaat bewegen. Doe dit ook zo af en toe als je onderweg bent, om steeds weer te bevestigen dat geluid dat uit de tassen komt geen fysieke of emotionele stress bij jou als leider veroorzaakt. Neem voldoende tijd voor deze training en voorkom te allen tijde dat het paard in paniek raakt en daardoor een slechte ervaring opdoet.

Leiden. Het meest ideaal is wanneer het pakpaard zelfstandig meeloopt en daarbij een constante afstand houdt van ongeveer één meter tussen de voet van de ruiter en zijn eigen hoofd. Het vraagt echter tijd en veel training om een pakpaard te leren om jouw persoonlijke ruimte te respecteren. Deze trainingsfase is wel erg belangrijk, omdat een paard dat jouw ruimte negeert geen affectie toont maar je domineert en intimideert. Verwar jouw gevoelens van loyaliteit niet met zijn machtsvertoon en fysieke kracht. Elke invasie van jouw persoonlijke ruimte is een indicatie van verminderd respect. Behoud de regie, want zodra je een pakpaard introduceert in je expeditie verminder je automatisch je eigen veiligheid met de helft. Dit is te wijten aan twee factoren die niet ontstaan wanneer je alleen met een rijpaard reist.

Een Long Rider zit normaal gesproken rechtop in het zadel, de ogen op de horizon gericht, de schouders recht, teugels in de handende handen, met losse heupen en lange benen, terwijl de ballen van de voeten licht rusten in de stijgbeugel. Hij en zijn paard zijn een eenheid die samen in dezelfde richting bewegen. Een pakpaard echter trekt de Long Rider meteen uit balans. Dit gebeurt, wanneer de Long Rider de teugels van het trailpaard in de linkerhand houdt en het touw in rechterhand. Het effect is dat het lichaam van de Long Rider altijd iets uit het midden zit. De balans is daardoor aangetast en de aandacht wordt nu verdeeld over twee richtingen. Hij is letterlijk een man in het midden. Het echte gevaar ontstaat, wanneer een pakpaard staakt, terwijl het rijpaard zonder dat in de gaten te hebben voorwaarts blijft gaan, waardoor de Long Rider zonder waarschuwing uit het zadel kan worden getrokken. Een leadrope kan dus een destructief deel van het harnachement worden als je pakpaard niet goed getraind is om kalm te volgen.

Wanneer het dier eenmaal heeft geleerd om niet bang te zijn voor het zadel en tassen, is het volgende kritieke deel van zijn verdere opleiding om hem te leren onderweg rustig achter het rijpaard te lopen en niet aan het touw te trekken en nooit te stoppen zonder waarschuwing. Deze vaardigheden moeten goed bevestigd zijn voordat je op pad gaat.

Het eerste deel van deze training begint op de grond. Het vergt oefening en geduld om het pakpaard te leren om het rijpaard correct te volgen. Deze training voer je altijd uit in stap. Het is niet ongebruikelijk dat een onervaren pakpaard in verwarring raakt en weerstand biedt wanneer jij en het rijpaard voorwaarts gaan.

De eerste keer dat dit gebeurt, voel je dat de leadrope onder spanning komt. Als je een koppig pakpaard toestaat om herhaaldelijk te gaan trekken tijdens een dagtocht, zal de druk op je rechterarm en schouder een kwelling worden.

Begin met het hoofd van het pakpaard dicht bij je rechterbeen te plaatsen. Houd de opgerolde leadrope in je rechterhand en vraag je rijpaard voorwaarts te gaan. Idealiter zal het pakpaard het meer ervaren paard voor hem volgen. Als hij weerstand blijft bieden, stap dan af. Draai het touw met een extra slag langs de rechterwang over de neus, langs de andere wang en terug onder het halster. Door het touw op deze manier over de neus te plaatsen, zal het werken als een milde hackamore die lichte druk op de neusbrug zal uitoefenen. Stijg weer op, breng het pakpaard naast je rechterbeen en ga weer voorwaarts. Zorg ervoor dat de leadrope voldoende verbinding houdt, zodat er druk wordt uitgeoefend op de neus als het paard terugtrekt. Deze tijdelijke hackamore draagt onmiddellijk een milde maar duidelijke boodschap over aan het pakpaard: Het is veel beter om rustig te volgen. Steeds als hij besluit terug te trekken, zal de ongemakkelijke druk op neus worden toegepast, totdat hij leert om de druk weg te nemen door zijn juiste positie in de rij te hervatten. De meeste paarden zijn intelligent genoeg om deze fundamentele les te leren en zullen het rijpaard trouw volgen.

Zoals met alle dingen, is er hier ook een fragiele balans. Terwijl je het pakpaard dicht bij de hand wilt houden, zodat hij niet je arm niet uit de kom trekt, wil je ook niet dat hij met de zadeltassen tegen je been of de flank van je rijpaard aan komt. Dit is waarom het noodzakelijk is dat jij en je team het leiden oefenen, totdat je voldoende vertrouwd bent met dit ongelooflijk belangrijke dagelijkse onderdeel van een reis.

Bij een goed getraind pakpaard fungeert de leadrope als een indicator van de richting die de Long Rider aangeeft. Wanneer je langs de weg rijdt, moet het pakpaard het rijpaard aan de buitenkant volgen om hem uit de buurt van het verkeer te houden. De belangrijkste uitzonderingen zijn in landen waar de auto's links van de weg rijden, zoals Groot-Brittannië, Australië, Nieuw-Zeeland en Japan.

Sta nooit toe dat het pakpaard stapt en dan bijdraaft om in te halen. Het tempo van het pakpaard moet overeenkomen met dat van zijn metgezel. Als het pakpaard moe wordt, ga dan geen strijd aan. Stap af en en laat de dieren rusten.

Bij het leiden van een pakpaard over vlak terrein moet er een constante, lichte druk op de leadrope zijn. Rem het pakpaard bij een korte afdaling zodanig af dat het niet gaat draven. Bij het beklimmen van een helling moet het paard zijn hoofd vrij kunnen bewegen, zodat het zelf kan bepalen waar het zijn voeten neerzet en zijn evenwicht kan bewaren. Moedig pakpaarden nooit aan om over obstakels, zoals boomstammen en sloten, te springen. Hierdoor kan het pakzadel met de tassen losraken of in zijn geheel uit balans raken. Als je voor iets dergelijks komt te staan onderweg, ga dan voorzichtig te werk. Bij erg ruig of steil terrein zou je kunnen overwegen om het pakpaard vrij lopend zijn weg te laten zoeken, als hij weer kan worden gevangen zodra het obstakel is gepasseerd. Maar probeer in de eerste plaats te voorkomen dat jij en je paarden in zo'n lastige situatie terecht komen.

Afdwalen. Een ongeluk slaat altijd toe op het slechtste moment. Dit geldt vooral in de bergen, waar de hulp meestal ver weg is. Pakpaarden kunnen sterven wanneer ze van een smal pad vallen. Dat kan gebeuren wanneer ze afdwalen uit de rij. Alleen een niet goed opgeleid paard stapt uit de rij. Een probleem kan ontstaan, wanneer een pakpaard bijvoorbeeld het rijpaard probeert in te halen. Enthousiasme, nieuwsgierigheid of domheid zorgt ervoor dat ze een onverwacht obstakel raken, hun evenwicht verliezen of een bocht afsnijden. Ongeacht het waarom, het resultaat is dat de meedogenloze zware belasting op hun rug wordt gegrepen door de zwaartekracht. In een oogwenk vliegt het pakpaard door de lucht, of, meer waarschijnlijk, langs de berghelling omlaag. Als het de pech heeft om zo'n val te overleven, zal het gewond onder aan de berg liggen. Een onbeschrijfelijke kwelling, terwijl jij nog steeds in positie op het smalle pad bovenaan de berg staat na te denken hoe je kunt afstappen van je angstige en geschrokken rijpaard. Dat is wat er gebeurt als een pakpaard uit de rij stapt! Neem nooit onervaren paarden mee de bergen in, neem ze niet mee op hoge, smalle paden en sta niet toe dat ze uit de rij stappen. Als je pakpaard niet gedisciplineerd en slim genoeg is, om de levensreddende betekenis van deze les te begrijpen, hoort hij niet op de expeditie thuis - en jij ook niet

Training. De meeste paarden zullen snel begrijpen wat er van hen wordt verwacht in hun nieuwe rol als pakpaard. Door de juiste training leren ze stilstaan tijdens het opladen, tussen obstakels door manoeuvreren en de Long Rider met rust te laten. Zodra deze vaardigheden zijn bevestigd, moet alles in het werk worden gesteld om het pakpaard fysiek voor te bereiden op de aanstaande inspanningen. Conditie bouw je op door trainingsritten te maken, waarbij het pakpaard moet oefenen met het dragen van volle bepakking over gevarieerd terrein. Zo laat je hem ook kennis maken met de grote verscheidenheid aan bezienswaardigheden, geluiden en geuren waarvan hij zou kunnen schrikken. Bijvoorbeeld verkeer, toeters, lawaaierige menigten, luide muziek, laagvliegende vliegtuigen, fluitjes, blaffende honden en irritante kinderen. Als hij eenmaal heeft geleerd dat geen van deze bedreigingen hem enige pijn of schade toebrengen, zal hij rustig en braaf volgen. Tevens moet het evenwichtsgevoel van het pakpaard worden getraind. Daag hem uit kleine beproevingen te ondergaan, die zijn zelfvertrouwen vergroten en zijn gevoel van evenwicht versterken. Leid hem voorzichtig over smalle bruggen, langs smalle paden, langs beekjes, tussen bomen in een bos, langs een drukke weg met veel verkeer en omhoog en omlaag langs een steile helling. Hij moet zelfverzekerd achter je aanlopen en zonder aarzelen volgen, waar je hem ook besluit heen te leiden. Eis geen zware en lange ritten van je pakpaard in opleiding. De eerste trainingen zijn kort, daarna bouw je de lengte geleidelijk op naarmate de fysieke conditie verbetert. Het doel is om het pakpaard in zo'n conditie te brengen dat het vijf dagen per week met volle bepakking kan reizen.

Het Grote Taboe. Ik heb ervoor gekozen om deze informatie te benoemen onder een speciale subtitel. Zo wil ik de vreselijke consequenties benadrukken die kunnen ontstaan als je deze informatie negeert.

Als je lui wordt en het touw om de knop van je zadel wikkelt, heb je je pakpaard effectief aan je rijpaard gebonden. De gevolgen van deze daad van domheid zijn vreselijk en veelzijdig. De lichtste straf die je kunt verwachten is dat het pakpaard de zadelknop afbreekt als hij plotseling stopt. Als het touw over de bovenkant van je been ligt, zal het je been als een bankschroef in je zadel vastzetten. Mocht je de fout maken om het touw om de zadelknop te wikkelen en daar bovenop je hand te laten rusten, zal het je vinger of duim net zo effectief amputeren als een chirurgische schaar. Mocht je onwetend genoeg zijn om af te stappen en dan het touw aan je zadelknop vast te maken, dan breng je de levens van beide paarden in gevaar. Dat is wat een ongelooflijk nalatige reizigster deed in de bergen van de Sierra Nevada. Toen haar rijpaard van het gevaarlijke bergpad afgleed, trok hij ook het pakpaard mee de dood in.

Bind het touw nooit aan de zadelknop! Wikkel het touw nooit om je hand! Bevestig het touw nooit aan de staart van het trailpaard! Als je dit toch doet kunnen jij en je paarden zwaar gewond raken of sterven. Draag het touw in je rechterhand in landen waar auto's rechts rijden.

Hoofdstuk 30 - Inpakken voor Long Riders

Het opladen van pakpaarden vereist speciale vaardigheden en constante zorg om het systeem met succes te kunnen gebruiken. Een fout kan leiden tot ernstig letsel. Het is verplicht om de principes van rijden met bepakking, d.w.z. gewicht, balans, stabiliteit en drukverdeling, strikt na te leven. Waar je ook heen gaat, de lading moet altijd zo licht mogelijk zijn. Het maakt niet uit hoe vaak je het pakpaard oplaadt, de juiste balans van de tassen is van het grootste belang. Vroegtijdige signalering van een mogelijk probleem kan letsel aan het pakpaard voorkomen.

Het gevaar van een pakzadel. Zere ruggen vormen een plaag die een pakpaard kan verlammen of zelfs doden. Voordat het Gilde werd gevormd, was er geen groter probleem bij paardenexpedities dan zadels. Denk niet dat je dier pas verwond is als er bloed verschijnt. Wanneer de huid van een paard die dit niet gewend is wordt blootgesteld aan de ongewone druk van een zadel, kan dit zelfs bij matig werk al kneuzingen opleveren. Als de huid eenmaal is beschadigd, zal deze tijdens de reis niet genezen tenzij je een lange pauze inlast. Gebruik geen ruw, geïmproviseerd of verouderd harnachement om het toch al hoge risico op verwonding van de kwetsbare schoft en rug van het pakpaard te verminderen.

Het Canadese verstelbare pakzadel. Dit zadel, gemaakt door 'Custom Pack Rigging' in Canada, heeft meer bijgedragen aan het beperken van verwondingen, ontstaan door lange trektochten, dan enig ander item in de moderne geschiedenis. Omdat het lichtgewicht, sterk, duurzaam en betaalbaar is én kan worden aangepast aan elk paard, hebben Long Riders het met succes gebruikt op expedities over de hele wereld. Doordat het verstelbaar is kan het zadel voortdurend en nauwkeurig worden aangepast aan het dier, terwijl zijn rug van vorm verandert. Zo'n pakzadel kan worden aangepast aan de verschillende maten en vormen van paarden die tijdens een lange expeditie worden ingezet. Dit is een belangrijke overweging voor Long Riders, die door omstandigheden gedwongen kunnen worden hun pakpaarden te wisselen als ze door verschillende landen trekken.

Zadelonderleggers. Vanwege het dode gewicht op de rug, is er bij een pakzadel een dikker zadeldek nodig dan bij een gewoon rijzadel. Een goede onderlegger is vaak twee keer zo dik als een dekje onder een rijzadel.

Pakzadelkisten. Omdat ze aan de achterzijde zijn uitgerust zijn met stevige nylon lussen, kunnen de moderne pakzadelkisten van hard kunststof eenvoudig aan het verstelbare zadel worden gehangen. Dit heeft de noodzaak voor het lange touw met bijbehorende knopen, die zo'n belangrijk onderdeel waren van de 19e-eeuwse expedities, geëlimineerd. Een van de andere verbeteringen van deze pakzadelkisten is de gladde, gebogen zijkant die comfortabel op de ribbenkast van het paard aansluiten. Dit vermindert in grote mate de kans dat het pakpaard last krijgt van schuren van de lading. De kisten hebben goed sluitende deksels, die je op slot kunt doen ter bescherming van je spullen. Ze zijn waterdicht en kunnen probleemloos door rivieren worden meegenomen. Long Riders hebben geleerd de kisten te verdelen in twee afzonderlijke eenheden, waarvan de inhoud ook strikt gescheiden wordt gehouden. Eén kist wordt gemerkt met een P voor 'provisions'. Alles wat van biologische aard is, inclusief voedsel, kookgerei en paardenborstels, wordt in deze kist bewaard. De tweede kist krijgt de letter E van equipment. Hierin zit alles wat het voedsel in potentie giftig zou kunnen maken. De laptop, EHBO-kit, het gasfornuis en brandstof.

Weegschaal. Het is essentieel dat de kisten min of meer hetzelfde gewicht hebben. Zelfs een verschil van enkele grammen kan het hele pakzadel uit balans trekken. Dit zorgt voor druk, wat weer rugpijn veroorzaakt. Je moet dus zeker weten dat de kisten evenveel wegen, dit kan door gebruik te maken van een weegschaal met een veer, een zogenaamde 'unster'. Dit stuk gereedschap kost bijna niets en biedt steeds weer een nauwkeurige meting.

Het toppakket. Dit is een grote, vierkante, canvas tas die rust op de kisten van het pakzadel. Het probleem is dat deze grote luxueuze ruimte je verleidt om het te vullen met prullaria, wat wel aanzienlijk kan bijdragen aan het totale gewicht dat het pakpaard moet dragen. Het andere nadeel van toppakketten is dat ze het zwaartepunt van het pakzadel verhogen. Normaal gesproken zorgt het gewicht van de kisten ervoor dat het zwaartepunt redelijk gelijk is met de bovenkant van de ribbenkast van het paard. Maar een toppakket plaatst een flink stuk van het gewicht direct boven op de rug van het dier. Dit kan ervoor zorgen dat het hele pakzadel gaat wiebelen, uit balans raakt en het hele pakket naar één kant trekt.

Het sjortouw. Het sjortouw is een lang touw met aan één kant een haak. Hoewel de lengte en diameter varieert, wordt het gebruikt om te voorkomen dat de kisten uit balans raken of op en neer stuiteren. Een sjortouw is nodig als je een toppakket gebruikt, omdat het touw de canvas zak op de plaats houdt. Dit zekeringstouw wordt over de bovenkant van de kisten en het toppakket getrokken en vervolgens onder de buik van het pakpaard doorgehaald. Het uiteinde van het touw gaat door de haak aan het andere uiterste van het touw en wordt vervolgens zachtjes aangetrokken om het onder de buik aan te spannen zonder dat het voor het paard oncomfortabel wordt. Dan wordt het touw afgeknoopt. Het overtollige uiteinde wordt stevig aan het zadel vastgemaakt. Onervaren paarden kunnen in paniek raken als het sjortouw te strak wordt getrokken of als een touwuiteinde onderweg los komt. Dus oefen met het sjortouw voor vertrek.

Verschillende knopen. Als je een sjortouw gebruikt, leer je een standaard knoop om je lading mee vast te zetten. Er zijn enkele zaken waar je op moet letten; houd het sjortouw altijd uit de buurt van de benen; werk rustig en snel; drie minuten is voldoende om welke knoop dan ook te voltooien; zorg ervoor dat alle delen van de knoop zo strak mogelijk zitten; controleer of de lading is uitgebalanceerd vóór én na het aanspannen van de knoop; check of er geen deel van de knoop dubbel zit onder of tussen het zadel en wees er zeker van dat het losse uiteinde is vastgezet.

Borsttuig, staartriem en broek. Als je een steil terrein tegenkomt, zijn er drie uitrustingsstukken die ervoor zorgen dat het zadel over de schoft naar voren schuift of naar achter in de richting van zijn staart. Dat zijn het borsttuig, de staartriem en de zogenaamde broek. Als deze onderdelen van het pakzadel of de singel niet correct zijn bevestigd, zal er wrijving ontstaan. Eerst zie je dat het haar afbreekt, daarna ontstaan er schaafwonden. Er behoren een of twee vingers onder het borsttuig en de broekriem te passen, ze mogen niet te strak zitten. Omdat een staartriem een pijnlijke blaar kan veroorzaken onder de staart van het paard, moet je er echt voor zorgen dat het tuig goed is aangebracht. Controleer dit regelmatig in de loop van de dag.

Leadrope. Het laatste essentiële onderdeel van de uitrusting voor de Long Rider is de leadrope, dat tweeëneenhalve meter lang en tweeëneenhalve centimeter in doorsnede moet zijn om een sterke en comfortabele grip te bieden.

Klaarmaken om op te laden. Om te beginnen, onderbreek je paard niet tijdens zijn ontbijt totdat je zijn lading helemaal hebt voorbereid op de reis van de dag. Omdat elke gram telt, gooi je alle overtollige verpakkingen weg en plaats je voedsel in goed gesloten stoffen zakken of stevige ritszakken. Pers overal zoveel mogelijk lucht uit en pers samen wat kan om de benodigde ruimte in de kisten te minimaliseren. Wikkel alles wat breekbaar is in met zachte materialen. Vul potten of metalen voorwerpen die kunnen rammelen zorgvuldig op. Houd voeding weg van gevaarlijke stoffen, apparatuur en brandstof. Plaats de zwaarste items op de bodem van de kist. Pak de lading strak in om ervoor te zorgen dat het onderweg niet kan verschuiven. Probeer ongeveer het gewicht van elke kist te balanceren, terwijl je ze inpakt. Als dit klaar is gebruik je de weegschaal om te controleren of het gewicht werkelijk gelijkmatig is verdeeld. De kisten moeten niet alleen even zwaar zijn, ook van voor naar achteren moeten ze in balans zijn.

Voordat je gaat inpakken. Het doel van het inpakken in de ochtend is om het kamp op te breken, de paarden op te laden en op pad te gaan, zo snel en efficiënt mogelijk. Maar het werk in de ochtend kan niet worden gehaast. Je moet gedisciplineerd en georganiseerd te werk gaan. Het kost veel oefening, maar je doel zou moeten zijn om de paarden in dertig minuten op te laden en op te zadelen. Maak het een vast onderdeel van je ochtendritueel om je rij- en pakzadels te inspecteren, inclusief de singels. Ze moeten schoon zijn van alles wat de gevoelige huid van het paard kan aantasten of beschadigen. Kies een vlakke plek waar je aan het werk gaat. Het tillen van de zware kisten is al moeilijk genoeg zonder dat je op een helling of onstabiele ondergrond staat. Voordat je begint met opladen, zet je alle spullen in de juiste volgorde neer op een plek dichtbij waar je van plan bent om de paarden neer te zetten. Zorg ervoor dat je voldoende ruimte laat tussen de paarden en de spullen, zodat je veilig tussen hen kunt bewegen, zonder dat een paard achteruit kan stappen op je uitrusting.

Een pakzadel bevestigen. Niet alleen draagt het pakpaard een grotere fysieke last, hij is ook opgetuigd met een complex harnachement. Extra zorg is geen overbodige luxe. Gebruik de onderlegger om de haren op de rug glad te maken door het enkele malen van voor naar achter over de rug te schuiven. De juiste positie van de onderlegger is de eerste test van de dag. De combinatie van constante beweging, een gladde, zweterige vacht, een losse singel en steile hellingen zorgen ervoor dat het zadel onderweg naar achter wegglijdt. Een veelgemaakte fout is dat de onderlegger niet ver genoeg naar voren is geplaatst aan het begin van de dag. Plaats de voorkant op één hand afstand voor de achterrand van het schouderblad. Het resultaat zou moeten zijn dat de onderlegger ongeveer één handbreedte voor het zadel ligt als je het zadel op de rug plaatst.

Plaats het pakzadel voorzichtig op de rug van het paard. Het zadel moet niet alleen in het midden van de rug worden geplaatst, ver genoeg achter de

60

schouderbladen, maar moet ook van links naar rechts in balans zijn. Het mag niet aan een kant meer druk uitoefenen dan aan de andere kant. Daarna trek je de onderlegger omhoog tussen de vorken, zodat de wervels vrij zijn. Een onderlegger die direct op de schoft en rug ligt kan enorme schade aanrichten. Het haar kan wegschuren en er kunnen schaafwonden op de huid ontstaan. Door het omhoog te trekken kan er ook koele lucht langs de rug van het paard circuleren.

Omdat het pakzadel zo'n groot deel van het lichaam van het paard bedekt, is correct aansingelen een essentieel onderdeel van je ochtendroutine. Een veelgemaakte fout is om de singel te strak te trekken. Dit kan koortsachtig zweet veroorzaken, de ademhaling verstoren, drukplekken onder de singel veroorzaken, de rug beschadigen en het dier totaal uitputten. Afhankelijk van de bouw van je paard, bevindt de singel zich normaal gesproken ongeveer tien centimeter achter de punt van de elleboog. Leren aansingelen kost tijd en oefening. De juiste wijze is om de singel aan te trekken totdat er weerstand komt doordat hij tegen het lichaam van het paard aan ligt. Niet rukken, trekken of te veel kracht zetten. Zorg ervoor dat je het haar onder de singel niet tegen de richting in duwt, dit kan oedeem veroorzaken.

Plaats de broek of de staartriem in de juiste positie met het zadel op zijn plaats. Als je een broek gebruikt, zorg er dan voor dat er aan de achterkant voldoende ruimte (ongeveer drie centimeter) is tussen de broekriem en de achterhand van het paard. Als een staartriem nodig is, zorg dan dat deze niet te strak onder de staart is vastgemaakt. Vervolgens komt het borsttuig. Plaats het boven de punt van de schouder en zorg ervoor dat dit nooit de beweging van de voorbenen beperkt.

Als alles op de plek zit loop je rond het pakpaard en controleer je alles zorgvuldig. Als het er allemaal goed uitziet, kun je aansingelen. Door aan te singelen vlak voor vertrek, verlaag je de kans dat de lading naar één kant glijdt.

Inpakken - ochtend. Je kisten moeten al ingepakt, gewogen en uitgebalanceerd klaar staan voordat je in de buurt komt van je pakzadel. Werk je in een team, laat dan een persoon aan de rechterkant van het pakpaard staan. Deze persoon houdt het zadel op zijn plaats, terwijl je de linker kist bevestigt. Dan is het jouw beurt om de linkerkant omhoog te houden, terwijl je partner de rechter kist optilt en aan het zadel bevestigt. Beide hangen nu veilig aan het zadel, dankzij hun stevige nylon banden. Laad je alleen op, zet dan beide kisten klaar om zo snel mogelijk te werken. Eerst til je de linker kist op zijn plaats, om meteen daarna rustig maar snel de kist aan de rechterkant te bevestigen.

Het verdelen van de lading. Als je besluit om een toppakket te gebruiken, bevestig je dit voorzichtig bovenop het zadel en de kisten. Maak het toppakket niet te zwaar. Als het goed is, is de lading nu gelijkmatig verdeeld, met 40% aan beide zijden en 20% bovenop. Met deze gelijkmatig verdeelde lading zou een robuust pakpaard in staat moeten zijn om zo'n vijftig kilo in de kisten en nog eens twaalf kilo in het toppakket te dragen. De druk van de lading is zo correct verdeeld over het gewichtsdragende oppervlak van de rug. Veel Long Riders willen graag de gehele lading bedekken met een topzeil. Dit kan een normaal stuk canvas zijn dat je vastbindt of een speciaal gemaakt topzeil dat ontworpen is om jouw toppakket te bedekken.

Strak en stevig. De kunst van opladen is om het pakpaard niet te overbelasten, om de kisten nauwkeurig in balans te brengen en om de lading correct te zekeren, zodat deze niet wegglijdt. Je begint je vertrekprocedure zodra beide paarden klaar staan. Controleer nogmaals je pakpaard en check of aansingelen nodig is. Loop voordat je opstapt nog een laatste keer door je kamp om te checken dat je niets bent vergeten. Zijn de reisdocumenten veilig? Heb je de routebeschrijving bevestigd, heb je je kaarten bij de hand en ken je de route van vandaag? Heb je het toilet bezocht voordat je de rest van de dag in het zadel zit? Als je met een partner reist, stap dan niet in het zadel voordat ook zij klaar zijn om te vertrekken. Maak vervolgens de paarden los en stap tegelijkertijd op. Zodra je in het zadel zit, draai je je rijpaard in de richting waarin je gaat rijden, verplaats je de leadrope naar je rechterhand en breng je het pakpaard in positie. Nu ben je klaar om te reizen. Goed inpakken en correct opladen betekent tijdwinst en minder kans op problemen onderweg.

Een pakpaard leiden. In theorie kun je een pakpaard over vrijwel elk type land leiden, dicht struikgewas en moerassen uitgezonderd. Hoewel dat een bemoedigende gedachte is, zijn de eerste paar minuten nadat je bent opgestapt vaak de moeilijkste. Eenmaal onderweg, is de leadrope zowel een zegen als een vloek. Begin altijd in stap. Zorg ervoor dat je pakpaard zijn juiste plaats heeft ingenomen achter het trailpaard. Een paard gebruikt zijn hoofd en hals om zijn evenwicht te behouden, zoals mensen hun handen en armen doen. Als je de leadrope te strak vasthoudt, kan het pakpaard niet goed in balans lopen.

Verbinding met de leadrope. Als je de leadrope te lang laat worden, kan je pakpaard aan de andere kant gaan lopen, waardoor het touw onder de staart van het rijpaard kan komen. Dan volgt er een rodeo. Het touw mag nooit over de grond slepen, rond je been draaien of verstrikt raken rond de benen van een paard. Plaats het nooit tussen je been en zadel. Als het pakpaard dan bokt of raar doet wordt je direct uit het zadel geworpen. Houd het stevig in je hand en laat de lussen op je been rusten. Als je in bergachtig terrein rijdt, houd dan het touw aan de bergafwaartse kant.

Laat me je er nog eens aan herinneren dat hoe moe je ook wordt, je een pakpaard nooit via de leadrope aan je zadel bindt! Dit is het hippische equivalent van Russisch roulette.

Veiligheidstouwtje. Traditionele trailrijders in Noord-Amerika bonden soms de leadrope aan de staart van hun rijpaard. Het probleem met deze methode, die bekend staat als tailing, is dat uiteindelijk ieder paard een keer weerstand biedt.

Als dit gebeurt, heeft je een rijpaard een pijnlijke staart, of erger nog, zal zijn volledige staart worden uitgetrokken.

Als een situatie zich voordoet waarin je alleen bent, maar toch twee paarden moet leiden, gebruik dan een zogenaamd breektouw. Dit is een licht en dun touw, sterk genoeg om je pakpaard aan het rijpaard vast te maken, maar zwak genoeg om te breken wanneer een van beide paarden in de problemen komt. Bevestig zo'n breektouwtje ergens waar je erbij kunt in geval van nood. Maak het niet vast aan de zadelknop of de staart van je trailpaard. Bind het in een grote lus aan een van de ringen op je zadel. Maak de leadrope het een paardenknoop vast aan deze lus. Zo kun je beide paarden aan de hand leiden in een tijdelijk treintje. Als dit nodig is, wikkel het touw dan nooit om je hand. Als een paard in paniek raakt kan het touw je schouder ontwrichten. Als het dier bijvoorbeeld van een helling afglijdt, kan hij je meetrekken. Houd het touw stevig vast maar wees klaar om los te laten. Geef het pakpaard niet teveel ruimte, juist genoeg om zijn evenwicht te bewaren maar niet zoveel dat hij in de problemen kan komen.

Het is af te raden om pakpaarden vrij te laten volgen. Deze praktijk staat bekend als trailing. Omdat vrij rondlopende pakpaarden routes beschadigen, is dit in veel landen illegaal.

Onderweg. Er zijn een aantal spelregels voor onderweg. Als je met een partner reist, zorg je ervoor dat je elkaar altijd kunt zien en met elkaar kunt praten. Op een gemakkelijk traject kan de afstand tussen de ruiters langer zijn, maar blijf altijd dicht bij elkaar en vertraag het tempo op moeilijk terrein. Als één persoon stopt, doet jij dat ook met je gevolg. De persoon die voorop rijdt denkt na over de mensen die achter hem aan komen. Als er obstakels of scherpe bochten zijn, gaat hij langzamer rijden om de groep bij elkaar te houden. Sta nooit toe dat de paarden samendrommen. Een nerveus of prikkelbaar dier kan slaan en paniek veroorzaken. Houd voldoende afstand. De afstand is goed als je de hoeven van het paard voor je kunt zien.

Het tempo met een pakpaard. Je snelheid is afhankelijk van wat je onderweg tegenkomt. Als je met samen met anderen rijdt en je treft een rivier, een scherpe bocht, een gevaarlijke oversteek of iets dergelijks, gaat de voorste ruiter niet verder voordat alle paarden veilig aan de andere kant zijn aangekomen. Achterblijvende paarden kunnen opgewonden worden en trachten ongecontroleerd bij de groep aan te sluiten. Evenzo, als een persoon van de groep om een persoonlijke reden moet stoppen, stap dan allemaal af en wachten tot hij of zij weer in het zadel zit.

Halt houden. Plan in de ochtend een tien-minuten-controle-stop in, ongeveer een half uur nadat je bent vertrokken. Controleer de lading en pas indien nodig aan. De rest van de dag reis je in een rustig tempo voorwaarts. Neem de tijd om de paarden te laten rusten zodra de gelegenheid zich voordoet. Wanneer besloten is tot een pauze, breng de paarden voldoende ver van de wegrand af. Rijd je op een officiële route, verlaat deze dan en houd de weg vrij voor andere reizigers. Ongeacht waar je stopt, wees er zeker van dat de gekozen locatie veilig is. Controleer op laag hangende takken die een oog kunnen verwonden, scherpe voorwerpen die een been kunnen beschadigen of boomwortels waardoor het paard een ijzer zou kunnen verliezen. Bind de paarden kort genoeg aan, zodat ze niet verstrikt raken in het touw. Bind aan met de leadrope, gebruik daarvoor niet de teugels. Het is niet zo dat wanneer de paarden rusten, jij dat ook kunt doen. Voordat je gaat ontspannen controleer je de bepakking. Zitten de kisten nog stevig vast en in balans? Is het toppakket niet verschoven? Is het sjortouw nog steeds functioneel? Ligt de onderlegger nog goed op de plaats? Zijn er geen schuurplekken te zien onder het borsttuig, de broek of de staartriem? Als het pakpaard graast, let er dan op dat het pakzadel niet naar voren schuift op de schoft. Stop je langer dan dertig minuten, haal dan de kisten van het pakpaard af en laat het dier uitrusten.

Omgaan met problemen. Trektochten te paard zijn, zoals het hele leven, vol dilemma's. Dat is waarom je een tweestappenplan moet hanteren tegen onverwachte tegenslagen. Neem eerst alle mogelijke voorzorgsmaatregelen. Ten tweede, als er problemen ontstaan, en dat zal gebeuren, blijf kalm. Voor de hand liggend risico kun je vermijden door op het pad te blijven. Mocht je toch verdwalen, dender dan niet blindelings vooruit. Stap af, zet je paarden veilig vast en verken te voet vooruit. Als je met een partner reist blijft één persoon achter bij de paarden. Laat luiheid, eigenwijsheid of trots niet prevaleren boven gezond verstand. Lijkt het pad verraderlijk, draai dan om, in plaats van de veiligheid van de aan jou toevertrouwde paarden in gevaar te brengen. Jouw taak is om altijd waakzaam te zijn. Neem nooit als vanzelfsprekend aan dat de rij- en pakzadels niet hoeven te worden afgesteld. Als een van beide paarden onrustig is, let dan op en zoek naar de oorzaak van het gedrag. Als je een probleem ontdekt, zoek dan een veilige plek om te stoppen en los het probleem meteen op. Een pakzadel kan de rug van een paard binnen een uur ruïneren. Breng de gezondheid van het dier en de uitkomst van je reis niet in gevaar door zaken te negeren.

Gevaarlijke routes. Pakpaarden leren hoe ze met bepakking op langs de bomen kunnen manoeuvreren, hoe ze hun evenwicht moeten bewaren op smalle paden en hoe ze over obstakels heen kunnen stappen. Het kan gebeuren dat je op een pad komen waar je moet afstappen om te voet verder te gaan. Laat je niet opjagen door een opdringerig paard achter je, houd hem netjes achter je. Als je ruig terrein tegenkomt, schuif je voeten dan uit de beugels en wees klaar om af te stijgen. Als het pad er echt gevaarlijk uitziet, stop dan onmiddellijk. Laat de paarden nooit naar de rand van het pad afdwalen want het kan maar zo afbrokkelen. Train ze in plaats daarvan om altijd in het midden te blijven. Als het pad onder je rijpaard begint af te brokkelen, spring er dan vanaf aan de bergkant. Door je gewicht uit het zadel te brengen kun je zijn leven redden.

Inpakken - avond. De rit van morgen begint vanavond. Ontwikkel een systeem voor het opbergen, controleren en voorbereiden van de uitrusting voor de volgende dag. Dit verlaagt niet alleen de kans op verlies van waardevolle apparatuur in geval van regen of nood, het stelt je ook in staat om onverwijld in het duister vitale apparatuur te vinden.

Aan het einde van de dagelijkse rit is het eerste vereiste om een veilige plek te vinden om de paarden af te zadelen en te verzorgen. Voor de veiligheid houd je de paarden altijd bij elkaar. Terwijl je aan het begin van de dag begon met opzadelen van je rijpaard, krijgt het pakpaard voorrang bij het afzadelen. Verwijder de kisten en doe de singel een gaatje losser. Haal het pakzadel er nog niet af. Plotselinge blootstelling van de warme rug aan koude lucht kan letsel veroorzaken. Met een spons en koud water maak je de ogen en neusgaten schoon. Je kunt wat hooi aanbieden, maar geef het eerste uur nog geen water.

Terwijl het pakpaard rustig eet maak je de singel van het rijpaard los, spons je ook zijn gezicht af en geef je hem ook een portie hooi. Nogmaals, nog geen water aanbieden of het zadel eraf halen.

Als beide paarden rustig en ontspannen staan te eten ga jij de kampeerplek verkennen. Indien je bent uitgenodigd om de paarden in iemand's schuur onder te brengen, controleer dan of er geen scherpe voorwerpen in de buurt zijn. Als de paarden 's nachts in een vreemd gebied verblijven, controleer dan op mogelijke gevaren. Ga je een tent opzetten, probeer een plekje te vinden dichtbij het pad waarover je die dag bent aangekomen. Als paarden er 's nachts vandoor gaan, rennen ze vaak terug in de richting van waar ze vandaan kwamen. Word je in de nacht wakker van het geluid van paardenbellen en galopperende hoeven langs je tent, dan weet je tenminste in welke richting je de paarden 's ochtends moet gaan zoeken.

Verwijder het pak- en rijzadel pas nadat de ruggen van de paarden volledig zijn afgekoeld. Je controleert dit door je hand onder het zadeldek te leggen. Voelt de rug koel aan, dan kun je het zadel verwijderen. Het kan een uur of zelfs nog langer duren voordat het zover is.

Hoofdstuk 31 - Zorgen voor je paard

Als we Long Riders worden, stappen we een wereld van avontuur binnen maar tegelijkertijd ook tegenslag. Met dit alles nemen we de serieuze taak op ons om voor ons paard te zorgen.

De opdracht. Het is een uitdaging om een paard gezond en gelukkig te houden. De moeilijkheden nemen zodra je het onbekende tegemoet rijdt. Alleen een dwaas is trots op rommel en chaos, en vergist zich als hij dat benoemt als 'lekker simpel' en 'back to basics'. Een echte Long Rider is te herkennen aan de manier waarop hij zich houdt aan een strikt regime van compassie, reinheid en competenties wanneer hij met zijn paard te maken heeft. De Long Rider leeft voor zijn paard, dat dient als zijn benen en staat voor zijn veiligheid, zijn eer en zijn beloning.

Omdat jij ervoor kiest om hem mee te nemen naar het onbekende, vertrouwt het paard op jou, en niet op zijn thuis, voor het broodnodig gevoel van veiligheid. Hoewel het paard sterke botten en spieren heeft, is het een dier met een gevoelige constitutie. Hij is net zo gevoelig voor hoest en verkoudheid als een mens. Een gezond paard geeft weinig problemen als hij normale verzorging krijgt. Om hem echter gezond te houden moet zijn voedsel van de beste kwaliteit zijn, moet de stal nauwgezet worden schoongemaakt en moet er altijd toegang tot schoon drinkwater zijn. Hoewel dit eenvoudige basisregels zijn, geven ze onderweg dagelijks problemen.

Je paard betaalt de prijs. In het verleden was het de gewoonte dat de eigenaar van een paard zorg droeg voor zijn eigen dieren zolang hij niet ziek of gewond was. Een van de grootste gevaren waarmee elke Long Rider wordt geconfronteerd, is de onvoorziene noodzaak om vreemden te betrekken bij de verzorging, bijvoorbeeld helpen voeren, water geven en onderdak bieden. Na het rijden van de poolcirkel naar Guatemala, werd een vermoeide reiziger te paard uitgenodigd om te komen dineren bij een lokale minister. De hongerige ruiter werd dringend verzocht om zijn paard aan de dienaar van de minister toe te vertrouwen, die per ongeluk het dier doodde door hem de verkeerde voeding te geven. Overschat degenen die je willen helpen niet. Vertrouw nooit een druppel water, een emmer graan, een spuit vol medicijnen of een overnachting toe aan een onbekende. Denk altijd eerst aan je paard! Je voert hem voordat je jezelf voedt.

Eerlijk spel. Een paard vergeet onrecht of fouten niet. Zijn geheugen komt overeen met dat van de olifant. Hij onthoudt alles, wat verklaart hoe hij altijd de weg terug naar huis kan vinden. Geduld en tolerantie behoren jouw meest ontwikkelde eigenschappen te zijn. Je kunt aan de buitenkant van een paard zien hoe de binnenkant van de eigenaar is. Wanneer een trailpaard en zijn Long Rider samenleven, weerspiegelt de dienaar, als een spiegel, de kwaliteiten van zijn meester. Op moed, energie, opgewektheid en vriendelijkheid reageert een paard met zelfvertrouwen, uithoudingsvermogen, tevredenheid en liefde.

Hoofdstuk 32 - Veiligheid voor je paard

Wanneer een Long Rider het onbekende tegemoet rijdt, is er geen garantie op een veilig omheind weiland. Zijn paard wacht geen knusse stal voor de nacht. In tegendeel zelfs, het enige dat je zeker weet is, dat na een lange dag hard werken, je trailpaarden water, voedsel en rust nodig hebben, in die volgorde. De uitdaging is hoe aan hun behoeften tegemoet te komen, en tevens een gevoel van veiligheid te bieden dat ervoor zorgt dat je 's ochtends niet met de benenwagen verder hoeft.

Wakker in de nacht. Een paard spendeert maar 12% van elke vierentwintig uur aan slapen en dommelen. Dat is minder dan drie uur per dag. De rest van de tijd is hij perfect in staat zichzelf in de problemen te brengen.

Verschillende mogelijkheden. Er zijn veel manieren om je paard 's nachts bij je te houden. Elk hiervan heeft zijn nadelen en voor- en tegenstanders. Wat jij doet hangt af van verschillende factoren, waaronder het karakter van je paard, beschikbare accommodaties en weersomstandigheden.

Kluisteren. Met kluisters om kan het paard wel kleine stapjes nemen, maar niet voluit rennen. Ze zijn gemaakt verschillende materialen, bijvoorbeeld touw, leer, nylon, jute, vodden of wijnranken. Ga er nooit vanuit dat je paard gewend is aan kluisters. Ongetrainde paarden die plotseling in hun beweging worden beperkt door kluisters kunnen van angst bevriezen, gaan bokken, achterwaarts rennen of uit frustratie proberen te slaan. Zet een paard dat er niet aan gewend is nooit in de kluisters en laat hem dan los. Hij kan in paniek raken, vallen of zichzelf verwonden. Houd de eerste keer een lichte druk op het touw en wees klaar om naar voren te stappen en hem te kalmeren. Geef hem ruim de tijd om te oefenen voorzichtig te bewegen. Als hij zelfverzekerd lijkt, laat je het touw los en ga je een paar meter achteruit. Vergroot je afstand naarmate hij meer zelfvertrouwen en bekwaamheid heeft. Pas als hij rustig kan grazen en zelfbewust kan bewegen, kun je hem onbeheerd achterlaten.

De Grondpen. Een andere succesvolle methode om paarden bij je te houden is door ze vast te zetten aan een grondpen. Dat is een sterke metalen paal met een touw eraan, dat wordt vastgemaakt aan het halster of een been. Zo kan het paard vrij grazen, zover als het touw lang is. Veel Long Riders zijn voorstander van werken met een grondpen. Een sterke hamer of bijl is onmisbaar wanneer je een grondpen in keiharde of bevroren wil slaan. De lengte van het touw is een persoonlijke beslissing, hoewel Long Riders hebben opgemerkt dat een touw van vijftien tot twintig meter lang voldoende ruimte biedt om de paarden te laten grazen. Wat je moet onthouden is dat paarden veel meer kans hebben om verstrikt te raken in een korte lijn dan in een lang touw.

Trainen met de Grondpen. Er zijn twee redenen waarom het handig is je paard te trainen om de grondpen op de juiste manier te gebruiken. Ten eerste, een paard zonder ervaring kan tijdens het grazen met zijn been in het touw verstrikt raken en in paniek raken. Als het meevalt, heeft hij alleen een ernstige brandwond van het touw waardoor hij meerdere dagen uitgeschakeld is. Ernstiger is het wanneer het paard met zijn achterbeen aan zijn hoofd wil krabben en het touw onder de achterrand van zijn hoefijzer blijft haken. Als hij vast zit met zijn achterbeen omhoog, kunnen pezen scheuren of kan hij vallen en zichzelf verwonden. In beide gevallen is het touw zijn directe vijand. Maar het kan erger.

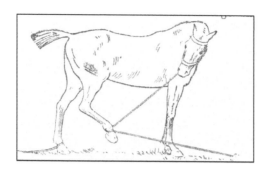

Als het touw van de grondpen aan het halster van het paard vast zit, is er een risico dat het dier zijn spronggewricht verbrandt.

Als je paard in paniek raakt tijdens het grazen, de pen uit de grond trekt en wegrent, wordt het scherpe metalen voorwerp dat achter het dier aansleept een dodelijk projectiel. Wen je paard voor vertrek aan deze manier van grazen. Of het nu een paar dagen of een paar weken duurt, je moet ervoor zorgen dat hij voldoende zelfvertrouwen heeft en in staat is om zonder problemen aan het touw te staan.

De High Line. De hoge lijn wordt veel gebruikt in het westen van de Verenigde Staten en Canada. Er zijn strenge milieubeperkingen die te allen tijde moeten worden opgevolgd als je dit systeem gebruikt. Het basisconcept bestaat uit het bevestigen van de lijn tussen twee bomen waaraan je vervolgens het touw van de paarden vastmaakt. Een goede highline bestaat uit verschillende onderdelen, de zogenaamde tree-savers, de knoop eliminators en het eigenlijke touw.

De twee nylon tree-saver lussen zijn aangebracht rond de stam van de bomen waartussen de lijn zal worden geplaatst. Deze brede nylon banden, met grote metalen ringen aan elk uiteinde, voorkomen dat het touw de bomen beschadigt.

Het is niet alleen tijdrovend om je paarden via een traditionele knoop aan een highline te binden, het vergroot ook de kans op ongelukken, mocht het dier in de problemen komen. In plaats van elke leadrope aan de highline te binden, worden wartels van roestvrij staal, algemeen bekend als knoop eliminators, geplaatst op regelmatige afstand van elkaar langs de highline. Hieraan worden de paarden bevestigd. Deze wartels zorgen ervoor dat de dieren de highline niet verdraaien of verstrengeld raken in elkaar.

De plaats van een highline moet zorgvuldig worden gekozen. Op de plek mogen geen boomwortels, stronken, rotsen of planten zijn waarover de paarden kunnen struikelen. Hoe je de dieren aan de highline zet is ook cruciaal. Houd in ieder geval vijftig centimeter tussen de paarden en let op de sociale rangorde, waarbij het meest dominante paard aan het hoofd staat van de highline en het paard dat het laagst in de rangorde staat helemaal aan de andere kant.

Problemen met bomen. Er zijn verschillende gevaren aan het verbinden van paarden met bomen. Elke keer dat je een paard vastbindt aan een vast, niet-verplaatsbaar object, zoals een boom, neem je een risico. Bij paniek en hangen kunnen ongelukken gebeuren, omdat de boom, het halster en het touw niet meegeven. Als je een boom moet gebruiken, bind dan het touw aan een veiligheidstouwtje om het risico op verwonding te verkleinen. Wat regelmatig gebeurt, is dat een paard de schors van de bast af knabbelt, de zachte blaadjes verslindt, de wortels blootlegt door te graven, de kwetsbare ondergroei platstampt waardoor een blijvend litteken achterblijft in het landschap. Vanwege schade aan bomen door onnadenkende kampeerders met paarden, heeft de Forest Service van de Verenigde Staten een verordening uitgevaardigd waarin staat dat de eigenaren van paarden die bomen beschadigen, een overtreding begaan en een boete krijgen. De Amerikaanse Forest Service vereist nu het gebruik van tree-savers om te voorkomen dat het touw van de highline in de boomschors snijdt en deze beschadigt.

Schrikdraad. Als je reist met een pakpaard naast je trailpaard, kun je overwegen om een draagbare schrikdraadset te gebruiken die in een van de pakkisten past. Dit systeem is lichtgewicht en werkt op kleine batterijen. Een omheining met een enkele streng zal een tijdelijke weide creëren van 50 bij 50, voldoende om veilig vier paarden onder te brengen.

Duitse koppelriem. De Duitse cavalerie had een methode om paarden tijdelijk vast te zetten. Dit systeem is gebaseerd op een leren riem van zo'n 40 cm lang en 2,5 cm breed. Het had een stevige metalen clip aan elk uiteinde. Eén clip was aan het bit bevestigd en het andere aan de achterkant van het zadel van het tweede paard.

De Duitse cavalerie gebruikte de koppelriem om twee legerpaarden te beveiligen.

Uitbrekers. Als je bang bent om je paarden kwijt te raken, laat dan niet al je dieren tegelijk grazen. Zet het meest betrouwbare paard dicht bij het kamp vast, voor het geval je moet uitrijden om uitbrekers te vinden en terug te brengen. Als ze een uur of wat hebben gegraasd, zullen veel paarden verzadigd zijn en nieuwsgierig worden naar wat er aan de andere kant van de heuvel ligt. Anticipeer op dit moment en sta klaar om ze terug te brengen naar het kamp.

Paarden die hebben geleerd dat ze van jou voer krijgen zullen je graag volgen om de avondmaaltijd op te halen. Mocht een paard verder weg lopen als je nadert, probeer dan niet zijn touw te grijpen en hem te stoppen, hij zal je over de grond sleuren.

Laat je aandacht zelfs niet verslappen als er een weiland is. Geef ieder paard een bel om de hals. Hierdoor kun je luisteren naar de bewegingen in het donker en mochten ze weglopen dan kun je de richting van hun vlucht bepalen.

Indien je paarden zijn verdwenen, verspil dan geen tijd met achterhalen hoe ze zijn losgekomen. Concentreer je erop om ze te vinden. Eerst moet je uitvinden waar ze naartoe zijn gegaan. Meestal keren paarden terug naar waar ze de dag ervoor vandaan zijn gekomen. Als je om wat voor reden dan ook niet weet waar ze zijn loop je rondjes om je kamp om uitgaande sporen te zoeken.

Hoofdstuk 33 - Je paard borstelen

Iedere ochtend en iedere avond borstel je je paard, waarbij je veel aandacht besteedt aan zijn uiterlijke staat. Hoe intensief je dat doet zal afhangen van wat je die dag allemaal hebt meegemaakt. Hoe harder het dier heeft gewerkt, hoe meer zorg nodig zal zijn om de huid in perfecte staat te houden. De beste manier om te testen of een paard goed is geborsteld, is door je vingers in omgekeerde richting door de vacht te strijken, vooral onder de buik. Als de vacht vies is worden je vingers grijs van het vuil.

Zadel nooit een paard dat niet goed is geborsteld. Beëindig nooit je reisdag met een zwetend paard.

Bij een natgeregend paard verwijder je het zadel niet direct, je gaat hem eerst warm en droog wrijven met stro of een handdoek. Bij normale droge weersomstandigheden maak je de singel los, doe je het bit uit en hoofdstel af en geef je het paard zoveel water als het wil drinken. Daarna krab je de hoeven uit om zeker te zijn dat er geen stenen in zijn blijven zitten.

Wees niet gehaast om af te zadelen. Koude lucht op een warme huid kan de zenuwen en bloedvaten in dit gevoelige orgaan beschadigen. Nadat je het paard hebt laten afkoelen voel je met je hand onder het zadeldek of de rug is afgekoeld. Dan haal je het zadel eraf en droog je het laatste zweet af. Wrijf de rug krachtig op de plek van het zadel om de bloedsomloop te stimuleren.

Verwijder met een harde borstel losse haren en modder uit de vacht. Let op: Je borstelt om vuil, modder, stof en insecten te verwijderen, niet het natuurlijke vet en de huidolie die werken als beschermer voor de huid van het paard en die hem helpen warm te blijven. Door de vacht van zijn natuurlijke oliën te ontdoen, laat je het paard als het ware naakt in de zon en de regen staan. Let altijd scherp op of er tekenen zijn van zadelpijn, een beet of insectensteken.

Paardenhaar. Verwijder nooit het haar van een trailpaard! Elk paard heeft de tastharen rond de neus nodig. Deze voelsprieten geven informatie op dezelfde manier als de snorharen van een kat. Snorharen helpen je paard om 's nachts te grazen en zich in het donker door een onbekende omgeving een weg te banen. Het verwijderen ervan lijkt op het afsnijden van vingers. Je hebt het tastgevoel van het dier verwijderd. De ijdele mens kan het misschien mooi vinden, het is een misdaad tegen de natuur van het paard. Ook blijf je af van de haren aan de binnenkant van de oren en knoei je niet met de beharing in de kootholtes. Dit haar werkt als een schild tegen water. De manen en maantop zijn van vitaal belang als schild tegen zonlicht en harde wind op de ogen van het paard. Bovendien is het absoluut noodzakelijk, als je paarden in goede gezondheid en conditie wilt houden, dat de staart intact blijft. Knip deze nooit af en kort ook niet in. Door dit te doen, ontneem je je paard zijn natuurlijke bescherming tegen insecten. Stallen en weides zijn uitstekende broedplaatsen voor vliegen. Wanneer het paard verplicht is om in de open lucht te staan, moet hij uitgerust zijn met zijn beste verdediging, een lange staart. Als de staart te kort is om de flanken mee te bereiken, zal hij constant ongemak ervaren door irritante vliegende kwelgeesten.

Wassen. Het wassen van paarden als een normale activiteit wordt sterk afgeraden. De bevat essentiële oliën en vetten die de vacht en het weefsel eronder beschermen. Dat is waarom paarden op een trektocht geen last hebben van de regen en ongestraft door water kunnen lopen. De natuurlijke vettigheid en de inspanning van de reis stimuleren de bloedsomloop waardoor de huid warm wordt en de vacht weer opdroogt. De enige reden om een gezond paard te wassen, al dan niet met zeep, is om vuil te verwijderen dat je er niet af kunt borstelen, en om zo af en toe de staart en de manen schoon te maken. Als de benen en buik met modder zijn bedekt, dan laat je dit opdrogen om het er later af te borstelen. In alle andere gevallen zou wassen verboden moeten worden. Mocht het op enig moment nodig zijn om deze regel te overtreden, droog de huid dan grondig en zorg ervoor dat het dier warm blijft en niet op de tocht staat.

Hoofdstuk 34 - Water geven

Water is het levenselixer van de reis. Toch dragen Long Riders dit normaal gesproken niet bij zich. Afhankelijk van het seizoen, de stokmaat en de omstandigheden, heeft een trailpaard per vierentwintig uur zo'n vijfenveertig liter water nodig. Iedere liter water weegt een kilo dus wanneer iedere gram telt is dat een onmogelijke last voor een paard. Daarnaast is de kans groot dat als jij je dorst lest met een veldfles, je de even noodzakelijke behoefte van je uitgedroogde paard over het hoofd ziet. Dus als je geen water bij je hebt, wat doe je dan en wanneer doe je dat?

Waarom water. Het belang van water kan niet genoeg worden benadrukt. Water doet meer dan dorst lessen. Om vitale lichaamsfuncties naar behoren te laten werken is zo'n vijfenveertig liter water per dag nodig. Bijvoorbeeld, drie kilo hooi in het spijsverteringsstelsel zal bijna zeven liter speeksel van het paard absorberen. En hoewel hij dagelijks ongeveer vijftig liter water drinkt, zal normaal gesproken slechts zo'n vier liter vloeistof verdwijnen door plassen. De rest van het water wordt opgenomen in het hardwerkende lichaam van het paard. Dus, zelfs bij aangenaam weer en een gemakkelijke ondergrond, hebben paarden water nodig. Wanneer je rekening houdt met de extra uitdagingen die een trektocht met zich meebrengt, kan een gebrek aan water het verschil tussen leven en dood betekenen. Onvoldoende water zal niet direct zichtbaar zijn, maar op langere termijn raken deze dieren veel sneller uitgeput dan paarden die wel vrije toegang tot water hebben.

Hoeveel water. Water moet vers, puur, vrij van smaak, geur en kleur zijn, met een temperatuur tussen 10 en 14 graden Celsius. Probeer je paard minstens drie keer per dag water te geven. Bij warm weer doe je dit minstens vier keer per dag. Normaal zal hij zo'n vijf minuten drinken, waarbij hij dertien tot achttien liter opneemt.

Water in de ochtend. Het is absoluut noodzakelijk dat de paarden kunnen drinken voor vertrek. Hoewel de meeste paarden 's morgens vroeg geen zin hebben om te drinken, vooral niet bij koud weer, moet je echt alles in het werk stellen om ze te laten drinken voordat ze aan de kilometers van die dag beginnen. Dit is van cruciaal belang in landen waar water schaars is, omdat dit moment vaak de enige mogelijkheid is om te drinken.

Water aan het einde van de dag. Wees er zeker van, voordat je afzadelt, dat er voldoende schoon water aanwezig is op de plek waar je gaat overnachten. Probeer stilstaand water te vermijden.

Het is gebruikelijk om de paarden eerst te verzorgen en het kamp op te zetten voordat er water gegeven wordt. Maak van dit moment ook gebruik om de paarden grondig te koelen. Te snel drinken is gevaarlijk en kan koliek veroorzaken. Let daarom op als je aan het einde van de dag met een moe en dorstig paard bij het kamp aankomt. Bind hem vast, neem het hoofdstel af en doe de singel losser. Terwijl hij afkoelt, verfris je je paard door zijn ogen, gezicht en neus te wassen met een spons. Laat hem enkele slokken koel, niet te koud, water drinken om de ergste dorst te lessen. Daarna voer je hem wat hooi. Eenmaal afgekoeld kan hij uitgebreid drinken, voordat je de avondmaaltijd voert.

Als het water in een kamp uit een riviertje komt, bepaal dan verschillende plaatsen om te drinken en te koken, dieren te drenken, de afwas te doen en kleding te wassen. Geef de paarden stroomopwaarts water, uit de buurt van afvalwater uit de keuken of het bad.

Drinken onderweg. Onderweg kan water geven moeilijk zijn. Een Long Rider moet altijd op de uitkijk zijn, veel aandacht schenken aan de drinkgewoonten van het paard en onthouden dat 'heel vaak kleine beetjes' goed werkt als het op drinken aankomt. Dit is verfrissend en vooral minder gevaarlijk.

Laat nooit een kans voorbijgaan om je dieren te laten drinken, vooral op warme dagen. Rijd nooit langer dan vier uur zonder water te geven. Hoewel het verleidelijk is om met je dorstige paard op een holletje naar een koel meer of beekje te gaan, moet je deze verleiding weerstaan. Controleer eerst of de oever veilig is. Als je door Afrika reist, controleer dan of er geen krokodillen zijn. Waar je ook bent, leid paarden aan de hand naar het water, houd ze kalm en onder controle. Je haalt het bit uit de mond en doet de singel een gaatje losser. Sta niet toe dat de paarden op een drafje naar het water toe gaan en laat ze niet dieper gaan dan nodig is om te drinken. Bied ze de mogelijkheid om rustig te drinken tot ze verzadigd zijn, zonder afleiding en zonder haast. Houd nooit meer dan twee paarden tegelijk vast in het water. Laat ze niet met elkaar bezig gaan. Wees alert dat ze niet in het water gaan liggen en zo de lading beschadigen. Na het drinken blijf je zeker een kwartier stappen, je gaat niet sneller dan stap. Als het nodig is dat de paarden kort na het drinken actief moeten werken, geef ze dan niet meer dan zes tot tien slokken.

Water bij warm weer. Warmte betekent dat de dieren vaker moeten drinken. Vooral in de zomer put dorst een paard meer uit dan honger. Als een dier zweterig en oververhit is, geef hem dan een paar slokjes om de onmiddellijke dorst te lessen. Wandel rustig rond totdat hij is afgekoeld, alvorens hij zijn dorst volledig mag lessen.

Water bij koud weer. Stimuleer je paard om voldoende te drinken, zodat hij zijn lichaamstemperatuur op peil kan houden. Een extra moeilijkheid bij koud weer is dat paarden niet graag vrijwillig ijskoud water drinken. Daarnaast kan ijskoud water soms schadelijk zijn. Vers, lauwwarm water is ideaal, maar dat kan onder zware weersomstandigheden een behoorlijke uitdaging zijn. Het maakt niet uit hoe lastig het is, ijskoud water drinken betekent verbruik van kostbare lichaamswarmte en kostbare energie. Het paard zal gaan bibberen, waardoor de kracht afneemt en daarmee ook de weerstand.

Bij echt koud weer kost water opwarmen veel tijd, maar het is de moeite waard om de gezondheid en kracht van je paard te behouden.

Sneeuw eten kan nooit de behoefte aan zoet water vervullen, hoe puur en vochtig het ook lijkt. Paarden die zonder water in een met sneeuw bedekte omgeving achterblijven, kunnen sterven.

Gevaren van water geven. Als je water en voedsel in de verkeerde volgorde geeft, kan je paard doodgaan. Zo eenvoudig is het.

Uit de bouw van de paardenmaag blijkt waarom dit zo is. In tegenstelling tot een koe, die als herbivoor is uitgerust met meer dan één maag om plantaardig materiaal efficiënt te verteren, zijn paarden alleseters met slechts één maag. De maag is groot genoeg om negen tot vijftien liter water te bevatten. Een dorstig paard kan maar zo achttien tot drieëntwintig liter water in één keer opdrinken. Als je eerst voedsel en daarna water geeft, stroomt het vocht zo snel door de maag dat het voedsel mee de darmen in spoelt. Als het op de verkeerde plaats verteert ontstaan er gassen die gevaarlijke, en ongelooflijk pijnlijke gaskoliek kunnen veroorzaken. Regelmatig resulteert dit in een vreselijke dood. Daarom wacht je altijd minstens een half uur voordat je na het drinken eten geeft, en voer je nooit voordat je water geeft.

Als je onderweg bent en er is minstens een uur verstreken sinds de laatste voeding, kan het dier zoals normaal drinken. Wees wel alert op vervuilende stoffen. Bijvoorbeeld water dat mogelijk is verontreinigd met pesticiden die zijn weggespoeld uit een nabijgelegen weiland.

Geen water. Wat doe als je in een deel van de wereld bent waar geen water is? Bij koud weer en niet te zware arbeid, kunnen paarden toe met slechts twee keer per dag drinken, omdat ze onder zulke omstandigheden veel vocht via het gras binnenkrijgen. Maar als je niet anders kunt dan een kamp opslaan op een plek zonder water, laat de paarden dan wel grazen, maar geef ze geen graan of droog hooi.

Hoofdstuk 35 - Voeding voor je paard

Kostbaar voedsel. Het voedingsvraagstuk speelt een grote rol bij trektochten met paarden. Stel jezelf de volgende vragen voor vertrek: Wat eet je paard onderweg? Verwacht je van hem dat hij op gras alleen zal overleven? Hoeveel tijd reserveer je dagelijks voor grazen? Geef je krachtvoer? Waar haal je dat vandaan? Zal de lokale bevolking hun eigen voer verkopen om jou te helpen? Is het nodig om in afgelegen gebieden voedseldroppings te organiseren? Wie kun je in zo'n geval vragen om voedsel te brengen? Word je door culturele en klimatologische omstandigheden verplicht om je paard onbekend voer te geven?

Als je in eigen land rijdt zijn er waarschijnlijk veel minder uitdagingen met betrekking tot voeding. Maar wanneer je in een vreemd land reist moet je paard leren eten wat lokaal beschikbaar is. Zijn rantsoen hangt grotendeels af van waar je rijdt en wat je kunt vinden. Het goede nieuws is dat paarden veel flexibeler zijn dan de meeste mensen denken. Het slechte nieuws is dat wanneer Long Riders zich ver weg begeven, ontdekken dat het soms bijna onmogelijk is om voldoende voer voor de paarden, van welke aard dan ook, te vinden .

De spijsvertering van paarden. In tegenstelling tot rundvee hebben paarden een snel spijsverteringsproces. De relatief kleine maag van het paard kan geen grote hoeveelheden bevatten. Normaliter graast een paard het grootste deel van de dag. Het neemt constant kleine hoeveelheden voedsel op, die het langzaam kauwt en dan doorslikt. Het paard stopt 's nachts niet met eten en geeft er de voorkeur aan om een deel van de avond te grazen in plaats van te slapen. De 'voer weinig maar vaak-regel' is er een om te onthouden, want zoals we zelf ook weten, als de maag leeg is, voelen we ons loom. Dat geldt zeker ook voor het paard. Tijdens het afleggen van lange afstanden, is om de paar uur kunnen eten nodig, omdat de kleine maag regelmatig moet worden bijgevuld. Anders zal hij onherroepelijk conditie verliezen.

Hoeveel voedsel. Vanwege de kleine maag kan een paard geen grote hoeveelheden tegelijk eten zonder last van de spijsvertering te krijgen. Aan de andere kant is er zeer veel ruimte in de darmen wat bedoeld is voor grote hoeveelheden vezels, zoals gras of hooi, in het rantsoen. Paarden kunnen prima gedijen op alleen gras of hooi als ze niet te hard hoeven te werken. Omgekeerd is het niet mogelijk om een paard niet gezond met grote hoeveelheden krachtvoer zonder voldoende ruwvoer. Het spijsverteringskanaal van een paard kan geen grote hoeveelheden graan verwerken, tenzij dit gecombineerd wordt met ruim voldoende ruwvoer en water.

Voedingsregels. Aangezien dit een internationale boek is, moet je in gedachten houden dat wat in Engeland prima kan, in Ethiopië onmogelijk is. De mogelijkheid om je paard graan bij te voeren zal afhangen van welke landen je doorkruist, omdat dit in sommige culturen niet gebruikelijk is. Daarom maken we ons hier zorgen over de voedingsregels die nooit mogen worden overtreden, ongeacht waar je op reis bent.

Ten eerste: Voer eerst hooi of gras.

Ten tweede: Zorg voor voldoende vers water.

Ten derde: Voer graan wanneer de omstandigheden dit toelaten.

Ten vierde: vraag geen zware arbeid van je paard direct na een krachtvoermaaltijd.

Tot slot: Voer veel kleine beetjes verdeeld over de dag.

Eén: Voer hooi. Ruwvoer, dat wil zeggen gras, voordroog of hooi, is het primaire dagelijkse rantsoen van ieder paard. Als je paard op het gras mag, geef hem dan voldoende tijd om te grazen. Als het hooi op stal wordt gevoerd, laat hem dan in alle rust eten.

Twee: Water. Voldoende vers water is noodzakelijk voor de gezondheid. Laat een gulzig paard niet al te snel en veel in een keer drinken.

Drie: Voer graan. Geef je paarden graan als dit voorhanden is, maar nooit voor het drinken!

Vier: Geen zware arbeid direct na een krachtvoermaaltijd. Direct na een maaltijd zijn de maag en darmen voller dan voorheen en enigszins gezwollen door gassen die vrijkomen bij het spijsverteringsproces. Geef het paard ruim de tijd om te eten en zijn voedsel te verteren voordat je gaat rijden.

Vijf: Voer gedurende de dag veel kleine beetjes. Voer regelmatig kleine hoeveelheden verspreid over de dag en laat hem altijd in alle rust eten. Het spijsverteringssysteem van paarden is zo gebouwd dat dit de optimale benutting geeft van het voer dat je aanbiedt. Geef 's morgens en' s avonds ruwvoer en laat ze onderweg grazen als de mogelijkheid zich voordoet en de tijd het toelaat. Geef een paard nooit meer voer dan hij wil eten en voer niet bij extreme hitte.

Drie maaltijden. Idealiter zou een paard minimaal drie maaltijden per dag moeten krijgen, de eerste om zes uur in de ochtend, de tweede rond de lunch en de derde in de avond als laatste ding voor het slapen gaan. Ontbijt en diner zijn het belangrijkst. Een trailpaard dat 's morgens niet goed gevoerd is en gedronken heeft, is niet klaar om te reizen. Maak er dus een regel van om je paarden twee uur voordat ze aan het werk gaan te voeren. Wees ook voorzichtig. In de ochtend geef je iets minder voer dan 's avonds, omdat het niet goed is om te werken met een volle maag. In de avond is er ook meer tijd om te eten en het voedsel 's nachts rustig te verteren. Mis geen enkele gelegenheid om te proberen wat hooi of gras aan te bieden. Ook de avondmaaltijd begint met hooi. Na drie kwartier laat je je paard drinken, daarna geef je haver of krachtvoer.

Als je een maaltijd overslaat, geef je paard dan geen dubbele hoeveelheid op een later tijdstip. Dit kan leiden tot koliek of een ander probleem met de darmen! Verdeel het voer als volgt:

Rantsoen	Morgen	Middag	Avond
Graan	Een derde	Een derde	Een derde
Hooi	Een kwart	Een kwart	De helft

Emotionele zorgen. We hebben het fysieke belang van een gezond paard besproken, maar er speelt hier nog een ander aspect, namelijk het emotionele belang van eten.

Op trektocht zijn er maar weinig zekerheden. De paarden worden wakker op een vreemde plaats. Gedurende de dag worden ze voortdurend blootgesteld aan angstaanjagende geluiden, verdachte vreemden en mogelijk gevaarlijke dieren. 's Nachts wordt ze gevraagd te slapen op een griezelige nieuwe locatie. Als je bedenkt dat we ze vragen om in zo'n zorgwekkende omgeving te verblijven, is het dan vreemd dat een trailpaard intens loyaal is aan zijn Long Rider? Overdag geeft deze het paard een gevoel van bescherming en vertrouwen. Als de zon begint te dalen, is de Long Rider de kameraad waarop kan worden gerekend voor een geruststellende maaltijd. Hoe langer de reis, hoe meer emotionele waarde het paard hecht aan zijn voedsel.

Daarom is het opbouwen van vertrouwen tussen paard en ruiter absoluut noodzakelijk. In geen geval komen de behoeften van het paard op de tweede plaats. Zijn welzijn moet altijd voorrang hebben op het jouwe. Hij is de eerste die eten krijgt, de eerste die mag drinken en hij krijgt het beste bed.

De basis van dit principe is vertrouwen. Het paard moet ervan overtuigd zijn dat jij in een onzekere wereld, vol risico's, de betrouwbare bondgenoot bent die altijd zijn belangen beschermt. Dit hoeft niet te betekenen dat je aan een slaafse routine vastzit. De ontberingen van trektochten vragen niet om een precieze tijdsplanning. Het gaat erom dat het paard weet dat wanneer hij stopt, jij hem zult voeren. Degenen die deze kritieke regel van trektochten negeren, loopt een groot risico op een paard met een zenuwinzinking en het mislukking van de reis. Anders dan degenen die gevoelig blijft voor de emotionele waarde die voeding vertegenwoordigt voor het paard op reis.

Zoeken naar eten. Op reis ontdek je dat gezonde en voldoende voeding een serieuze uitdaging is. Zonder goed gevoed paard kun je niet reizen. Vanwege voortdurend veranderende omstandigheden, is het veel lastiger om je paard gezond te houden dan thuis. Daarom kun je geen gelegenheid voorbij laten gaan om je paard te voeren. Het is zaak om een scherp oog te ontwikkelen voor kansen.

Vanwege het volume en het gewicht kan hooi niet te paard worden vervoerd. Als je de kans hebt om hooi te kopen, denk geen twee keer na. Het moet een tweede natuur worden om bij iedere kans die zich voordoet om te grazen, te stoppen om hiervan te profiteren. Kom je een gewas tegen dat als veevoer kan dienen, bijvoorbeeld luzerne, probeer het aan te kopen. In extreme omstandigheden kunnen zelfs cacao, suiker en vlees worden gebruikt om het paard te voeden en hem zijn kracht te laten behouden.

Wie voert jouw paard? Er zijn drie primaire aandachtspunten als je het voeren van je paard aan iemand anders overlaat. Het voer kan worden gestolen; hij kan minder krijgen dan de bedoeling is; hij kan doodgaan door nalatigheid of verkeerde voeding.

Als jij niet correct wordt geserveerd, kun je klagen. Je paard kan dat niet. Vertrouw zelfs het eerlijkste gezicht ter wereld niet als het gaat over de zorg voor je paard! Een Long Rider voert altijd zelf! Zie toe dat het hooi en graan daadwerkelijk de voerbak in gaan en blijf in de stal totdat je paard klaar is met eten. Daarna pas ga je zelf eten, want jij bent minder belangrijk.

Vertrouw niemand anders dan jijzelf, vooral als het gaat om de hoeveelheid en de kwaliteit van krachtvoer. Anders is het heel goed mogelijk dat je betaalt voor iets dat je niet gaat ontvangen, ten nadele van je paard.

Waarom doet dit er toe? Omdat de conditie van je paard cruciaal is. Houd zijn eetlust dan ook goed in de gaten. Hoe meer hij eet, hoe beter zijn toestand en hoe groter jouw kans op succes.

Grazen. Mis nooit de kans om je paard te laten grazen! Je kunt van een hardwerkend trailpaard niet verwachten dat hij zijn gewicht en conditie behoudt als je hem alleen in de ochtend en avond een paar uur laat grazen. Of je nu in een stedelijke omgeving bent of in een ruig landschap, de regel blijft hetzelfde. Omdat je nooit weet waar en wanneer je goed gras zult vinden, rij je er nooit zomaar langs, denkend dat je verderop een beter weiland zult vinden.

Als je goed gras tegenkomt, stop dan en laat je paard een uurtje grazen. Als het zo uitkomt, stop dan een keer vroeg en laat je paard rusten en zijn energie aanvullen. Als je onderweg afstijgt om iets te doen, laat je paard dan ook even grazen.

Hooi. Het is van groot belang dat je goede kwaliteit ruwvoer koopt. Van slechte kwaliteit moet je paard veel eten en dan nog blijft zijn conditie slecht en energie laag.

Haver. In de laatste eeuwen is haver het gangbare krachtvoer voor paarden. Hoewel veel andere granen ook worden gevoerd, wordt haver algemeen erkend als het beste verteerbaar voor paarden. Zoals eerder vermeld is gras het natuurlijke voedsel voor paarden, dit is de basis van ieder rantsoen. Paarden zullen instinctief kiezen voor goede en voedzame grassen. Maar één ding is duidelijk; een hard werkend trailpaard heeft extra energiebronnen nodig en Long Riders moeten leren om energierijk voedsel dat beschikbaar is ook te gebruiken.

De hoeveelheid haver hangt af van de conditie en arbeid van je trailpaard. Mits er voldoende ruwvoer wordt verstrekt, kan de hoeveelheid haver variëren van drie tot zeven kilo per dag, voor een volwassen paard van zo'n 500 kilo. Traditioneel voerden Long Riders hun paarden ongeveer vierenhalve kilo schep in de ochtend, half zo veel in de middag en zes tot zeven scheppen 's nachts, samen met al het hooi.

Vruchten. In veel culturen moedigt men paarden aan om verschillende heilzame vruchten te eten. Deze voedselbron biedt niet alleen suiker, fructose en energie, het kan een welkome afwisseling zijn van een saaie maaltijd. Hoewel het vrij normaal is om appels te voeren, eten paarden ook graag peren, vijgen, granaatappels, guaves, mango's, papaja's, prairiebananen, abrikozen en dadels. Paarden leren snel om de pitten in het fruit zoals bij abrikozen en dadels, te laten vallen.

Zout. Ook onderweg moet een paard altijd toegang hebben tot zout. Het zuivert het bloed, vermindert ziektes en helpt om wormen kwijt te raken. Bij warm weer zweten paarden lichaamszouten uit. Als dit niet wordt aangevuld wordt het dier slap en zwak. Een theelepel zout toevoegen aan het voer in de voerzak geeft toegevoegde waarde aan de maaltijd en helpt om dit belangrijke mineraal op peil te houden.

Voerzak. Veel Long Riders gebruiken een voerzak om hun paarden graan te voeren. Als je besluit om dit te doen, geef dan alle paarden tegelijk een zak, zodat er geen onrust ontstaat.

Zorg dat de voerzak correct is geplaatst. Als deze te lang is kan het paard niet bij zijn eten. Dan gooit hij zijn hoofd achterover om het voer in zijn mond te gooien, waardoor er veel verspild wordt, of hij duwt de voerzak op de grond, waardoor de zak en de inhoud vuil worden. Bij een korte voerzak krijgt het paard voer in zijn neus waardoor hij niet kan eten. Verwijder de voerzak zodra het voer op is. Met een voerzak om kan het paard niet drinken. Bovendien beschadigt een lege voerzak gemakkelijk en wordt deze vuil door speeksel en snot. Maak de zak na iedere voeding schoon alsof het je eigen bord is want speeksel zal zich vermengen met de restjes graan wat een stinkende, zure drab geeft die in de bodem van de zak fermenteert. Draai de zak binnenstebuiten, veeg de bodem schoon met hooi, gras of bladeren of was deze uit met water. Gebruik je geen voerzak, voer het graan dan niet op de grond, anders kan je paard zandkoliek krijgen. Leg het op het hooi of op een stuk zeildoek en houd het paard aan het touw vast totdat hij zijn maaltijd heeft beëindigd. In een noodgeval kun je hiervoor een zadeldek gebruiken. Leg het voer dan wel op de bovenkant van het dekje. .

Hoofdstuk 36 - De hoeven van je paard

Het eeuwige dilemma. De traditie van het bekappen ontstond niet tegelijkertijd met het rijden van paarden. Het was de opkomst van kunstmatig aangelegde ondergrond, zoals kasseien en grind, dat vroeg om een nieuwe aanpak voor het onderhoud van paardenhoeven. De eerste pogingen tot beslaan met hoefijzers werden pas vele eeuwen later uitgevoerd nadat het paard overal breed ingezet werd.

De discussie zonder antwoord. Kilometers vreten komt met problemen. Hoe kunnen we eindeloos trekken met ons paard en hierbij de voeten beschermen, niet alleen tegen ruig terrein maar ook tegen incompetente hoefsmeden? Wie geloven we als we moeten beslissen of we er hoefijzers onder slaan, hoefschoenen gaan gebruiken of het paard op blote voeten laten lopen? Welke culturele valkuilen komt een nietsvermoedende Long Rider tegen als hij in een ver land op zoek gaat naar een hoefsmid? Laten we dit probleem eens zorgvuldig onderzoeken, gebruik makend van de geschiedenis en ons gezonde verstand. Omdat we weten dat de reis ten einde is zonder een paard met gezonde hoeven. We beginnen met de discussie die al eeuwenlang plaatsvindt; beslaan we onze paarden of laten we ze blootsvoets lopen?

Blote voeten verdienen de voorkeur, toch? Laat ik beginnen met stellen dat de geschiedenis aan de kant staat van onbeslagen paarden. Genghis Khan leidde zijn cavalerie naar de overwinning op paarden zonder ijzers. Maar de tijden veranderen en daarmee ook de perceptie van de ruiters. Toen Napoleon Rusland binnenviel in de zomer van 1812, werd zijn Grande Armée vergezeld door naar schatting 150.000 paarden. Deze strijders te paard vertrokken uit Frankrijk nadat ze waren beslagen met 600.000 hoefijzers, op de plaats gehouden door 4.800.000 hoefnagels.

Met zo'n hippisch tegenstrijdige geschiedenis is het geen wonder dat de mens nodeloos betrokken raakte bij een debat dat vandaag de dag nog altijd ruiters verdeelt en afleidt.

Tegen het einde van de 19e eeuw woedde er een geschil in Europa en de Verenigde Staten, tussen de blote-voeten-gelovigen en de hoefijzer-discipelen. De blote-voeten-brigade daagde de tegenpartij uit om uit te leggen hoe de mens, dat wil zeggen hoefsmeden met hoefijzers, kon verbeteren wat God had uitgevonden; dat natuurlijke wonder, de hoef van het paard? Het was een goede vraag, die grotendeels onbeantwoord bleef. In het Victoriaanse tijdperk negeerden de eigenaren van de miljoenen paarden die in steden werkten en over verharde wegen draafden, de roepende minderheid die een terugkeer naar het verleden bepleitte.

De discussie verstomde aan het einde van de 20ste eeuw. Inmiddels had het merendeel van de gemechaniseerde burgers in de VS en West-Europa beduidend minder kennis van paarden dan hun voorouders ooit hadden. Mede hierdoor namen veel Mustangfans een militante houding aan tegen hoefijzers. Het verlangen naar wat zij als een meer natuurlijk paard beschouwden, maakte dat deze het hoefijzer per definitie als een teken van onzuiverheid bestempelde. Om hun geloof te rechtvaardigen, sloegen deze activisten iedere discussie neer en negeerden oprechte kritische vragen over de blote-voeten-filosofie. Wanneer zelfbenoemde autoriteiten dergelijke stellige uitspraken doen, negeren ze moedwillig gewoontes en gebruiken van andere groepen gebruikers van paarden. Ze realiseren zich niet dat niemand van ons alle antwoorden heeft. Onze cultuur en tijd beperken onze kennis. Wat in de beperkte grenzen van het ons bekende bestaan werkt, kan op een ander tijdstip of andere plaats helemaal verkeerd zijn.

Waarom doet dit er toe? Omdat het paard in stilte lijdt wanneer mensen proberen hun persoonlijke trots en bekrompen nationale overtuigingen te rechtvaardigen!

Als het gaat om trektochten te paard, is dit geen huiskamer argument, want wat onder de hoef van je paard zit, bepaalt hoe ver vooruit hij gaat. Niemand kan ontkennen dat er buitengewone reizen zijn gemaakt met paarden op blote voeten. In 1970 reed Schotse Long Rider Gordon Naysmith bijvoorbeeld met twee onbeslagen Basuto-pony's 20.000 kilometer van Afrika naar Oostenrijk. Maar wie heeft gelijk? Ga je op blote voeten of beslagen op pad? Jij mag het zeggen.

Prehistorische Hoef - Moderne Wereld. Voorstanders van blote voeten vertrouwen vaak op romantiek in plaats van wetenschap. Ze pleiten voor historische afkomst, terwijl ze de moderne feiten over het hoofd zien. Een typische uitspraak is: "Hoe vaak besloegen de Apache hun Indiaanse oorlogspony's?" Maar 19e-eeuwse Indiaanse pony's hoefden niet te reizen op de manier zoals het trailpaard van vandaag dat doet, toch?

De Australische Brumby en de Amerikaanse Mustang, die allebei vrij zijn om rond te zwerven op natuurlijk terrein, worden vaak gepresenteerd als voorbeelden van paarden met gezonde, harde hoeven en een ideale hoefvorm. Vrijheid is echter geen garantie voor perfecte hoeven, zoals blijkt uit nieuw onderzoek dat bevestigt dat veel wilde paarden slechte hoeven hebben. Toen de Nieuw-Zeelandse Kaimanawa wilde paarden werden onderzocht, ontdekte men dat abnormale afwijkingen van de hoeven verrassend vaak voorkwamen.

In de oorspronkelijke omgeving werden de hoeven van wilde paarden gevormd en getrimd door de constante omzwervingen die nodig waren om voldoende voedsel en water te vinden. Er veranderde weinig toen onze voorouders het paard domesticeerden, omdat de mens naast hun paarden in een grasrijke omgeving bleven wonen. Maar wat gebeurt er als je een dier dat is ontworpen om op ruige droge vlaktes te leven, in een stal opsluit waar hij vele uren stil moet staan in mest en urine? Welke nadelige effecten treden op wanneer je zijn beweging beperkt en hem volstopt met hoog energetische voeding? Wat gebeurt er wanneer een paard duizenden kilometers moet afleggen op moderne geasfalteerde wegen? De hoeven lijden!

Zoals de geschiedenis van Long Riders aantoont, kan een paard onder bepaalde omstandigheden werken en reizen zonder hoefijzers; maar deze omstandigheden zijn zeldzaam in de moderne tijd. Dus wat is de doorslaggevende factor: persoonlijke filosofie of geografische noodzaak?

Laat het terrein beslissen. Als Long Riders proberen we onze paarden te beschermen, niet een overtuiging uit te dragen. Toen de Australische Long Rider Tim Cope begon aan zijn tocht van bijna tienduizend kilometer van Mongolië naar Hongarije, liepen zijn paarden zonder hoefijzers. Maar nadat hij duizenden kilometers had gereisd, moest Tim zijn paarden laten beslaan toen hij rotsachtige bodem en veel asfaltwegen tegenkwam. De Zuid-Afrikaanse Long Rider Billy Brenchley was een professionele hoefsmid en sterk voorstander van rijden op onbeslagen paarden. Zijn doel was om onbeslagen over het Afrikaanse continent te rijden. Maar nadat hij 4.300 kilometer had afgelegd over het ruige terrein van Noord-Afrika, besloot ook hij dat zijn paarden hoefijzers nodig hadden. En wie heeft er ook ijzers gebruikt? Gordon Naysmith. Hoewel zijn Basuto-paarden het grootste deel van de reis op blote voeten aflegden, hield Gordon niet vast aan een hardnekkig vooroordeel tegen de bescherming van hoeven toen de bodem te agressief werd. Toen Gordon het harde, steenachtige land in Noord-Afrika bereikte, besefte hij dat dit terrein de hoeven van zijn paard zou vernietigen als hij zonder bescherming bleef rijden. Tim, Billy en Gordon kunnen worden gebruikt als maatstaf voor andere Long Riders, omdat hun uiteindelijke beslissing, zoals de jouwe, altijd afhankelijk is van het terrein. Je rijdt niet op een wild paard, je vraagt niet aan een wild paard om je pakzadel te dragen. Vrij zwervende paarden brengen hun dagen niet door met tientallen kilo's op hun rug en lopen niet op geasfalteerde routes.

Om de hoeven gezond te houden, moet je rekening houden met verschillende factoren. Als Long Rider is het je eerste plicht om voorzichtig te zijn. Als de weg rotsachtig en ruig wordt, heb je de plicht om de hoeven te beschermen. Wat doe je als het niet mogelijk is om zonder ijzers te rijden? Vraag je dan een vreemdeling om metalen nagels in de hoeven van je trouwe paard te hameren? Als je besluit dat hoefijzers nodig zijn, kan het zijn dat je problemen net pas beginnen.

Wie kun je vertrouwen? Er is geen thema in relatie tot het welzijn van het paard dat meer controverse heeft gecreëerd dan beslaan. Hoefijzers zijn als religie. Iedereen heeft een mening - en velen hebben het mis. Elke smid denkt dat hij een paard beter kan beslaan dan een ander en meer weet dan wie dan ook. Maar paarden worden dagelijks vernageld en kreupel door het slechte werk van onverschillige en onwetende hoefsmeden. Dus hoe bescherm je je paard?

Het recept voor een ramp. Als we het erover eens zijn dat we beslaan als dat nodig is en we hebben een open mind, waar liggen dan de risico's voor onze waardevolle paarden? Voor Long Riders zijn er drie klassieke recepten voor een ramp.

Het eerste is dat je in een land rijdt waar je geen hoefijzers kunt vinden, omdat ze in die cultuur niet bestaan. Het tweede is het vinden van een bekwame hoefsmid. Dit is helaas niet alleen aan de orde in de verre uithoeken van de wereld. En dan is er een derde, veel voorkomend probleem. Je rijdt in een land waar hoefijzers en hoefsmeden zijn, om erachter te komen dat niemand je wil helpen.

Het valt niet mee een gekwalificeerde en professionele hoefsmid te vinden. En zelfs als je er een vindt, denk dan niet dat de overwonnen kilometers onder je zadel de hoeven van je paard beschermen tegen een met een mes zwaaiende lomperik. Eén reiziger te paard had achtduizend kilometer door de VS gereden, toen een zogenaamde hoefsmid de hoeven van zijn paard zo rigoureus mishandelde dat de trip bijna eindigde in een ramp. Ook al zijn er duizenden uiterst competente hoefsmeden in dat land, in theorie is het in Amerika mogelijk om een aap met hamer een ijzer onder een paard te laten slaan. Er zijn geen wettelijke eisen die een aap verbieden zichzelf een smid te noemen. Dit gebrek aan officiële regelgeving staat in schril contrast met de 'Farriers Registration Act' van Groot-Brittannië, die stelt dat beslaan alleen mag worden gedaan door geregistreerde hoefsmeden die een uitgebreide opleiding hebben gevolgd en geslaagd zijn voor strenge examens. Evenzo staat Frankrijk erop dat hoefsmeden en hun leerlingen, erkend en verzekerd zijn. In de paardenwereld lopen veel louche handelaren en wrede trainers rond, maar dat stelt niets voor in vergelijking met de beunhaas die zichzelf hoefsmid noemt. Dus als je paard moet worden beslagen, laat hem niet door een dwaas aanraken.

Jouw aanwijzingen opvolgen. Een slechte hoefsmid probeert de hoef aan het ijzer aan te passen. Na het vinden van een ijzer met ongeveer de juiste vorm, zal een luie hoefsmid de hoeven zo vijlen en raspen dat het ijzer eronder past. Hij snijdt alles weg wat kan zonder bloed te zien, verwarmt het ijzer dan totdat het roodgloeiend is en brengt hem vervolgens in deze gloeiende toestand aan op de onderkant van de hoef. Nagels worden in de beschadigde hoef geslagen en dat is dat.

Een criticus schreef ooit: "Het is zinloos om met een hoefsmid te praten. Hij verkeert in de veronderstelling dat hij beter weet hoe de hoef van het paard eruit moet zien dan de Schepper. Ze zijn nooit tevreden totdat ze de natuurlijke voet hebben veranderd in een vorm die zij de juiste vinden."

Hoewel het beschermen van de hoef een nobel doel is, is het veranderen van de hoef om deze aan het ijzer aan te passen contraproductief. Slechte hoefsmeden zijn gevangen in hun ego, onkunde en vooroordelen. De gezondheid van het paard en de veiligheid van de reis zijn afhankelijk van jouw kracht. Laat niet over jezelf heen walsen. Als je te maken hebt met een erkende professional, mag je ervan uitgaan dat er een zekere wetenschappelijke kennis aanwezig is. Mocht je echter door omstandigheden gedwongen worden een beunhaas smid te gebruiken, ga er dan niet zomaar vanuit dat hoewel hij de buitenkant kan beoordelen, er enige kennis is van de inwendige anatomie.

Ongeacht hoe goed de smid ook is en in welk land je ook bent, laat hem je aanwijzingen letterlijk opvolgen. Als je om welke reden dan ook vermoedt dat jouw paard gewond raakt, laat de hele operatie dan onmiddellijk stoppen. Beter een slecht beslagen hoef dan een paard dat aan vier benen kreupel is.

Culturele problemen. Het kan nog erger. In bepaalde delen van de wereld is de wijze waarop paarden worden beslagen meedogenloos efficiënt. Kazaks bijvoorbeeld leggen een paard routinematig op de grond, binden alle vier de benen stevig aan elkaar vast en rollen het dier vervolgens op zijn rug. Terwijl verschillende mannen het dier ervan weerhouden om te worstelen, worden de hoeven snel bijgesneden en de ijzers zo snel mogelijk op hun plaats getimmerd. Iets verder naar het oosten hebben de Chinezen een methode ontwikkeld die nog steeds wordt gebruikt. Ze plaatsen het paard in een sterk houten frame dat diep in de grond is verankerd. Nadat het paard in deze constructie is vastgezet, wordt hij stevig op zijn plaats gesjord met touw. Terwijl het paard effectief in bedwang gehouden wordt in dit houten keurslijf, gaat een hoefsmid aan de slag.

Zelf doen. Als je het niet ziet zitten om je paard in een Chinees houten frame te laten binden of te laten beslaan door een kwakzalver is er een alternatief. Je kunt namelijk ook zelf leren hoe je je eigen paard kunt beslaan. Vanwege de tijd, de studie en het geld die ermee gemoeid zijn, is dit geen optie die veel Long Riders nastreven. Maar er zijn enkele overweldigende succesverhalen. Besef wel dat elk specialisme, dus ook hoe je voor de hoeven van je paard moet zorgen, meer vraagt dan je in eerste instantie zou denken.

Zware schoenen. Er kleeft een groot nadeel aan hoefijzers; het gewicht. Dit kan de reis op twee manieren beïnvloeden. Het meest voor de hand liggende is dat een gemiddeld hoefijzer 0,8 tot 1 kilo weegt. Dus het meenemen van dood gewicht, dat bestaat uit extra hoefijzers, nagels en het benodigde gereedschap is niet in overeenstemming met zo licht mogelijk reizen. Bedenk dat het niet de kilometers zijn die je paard uitputten, maar de kilogrammen.

Alhoewel ze bescherming bieden, vormen de ijzers ook extra belasting voor het paard op een andere wijze. Middeleeuwse islamitische teksten waarschuwen dat een halve kilo aan de hoef van een paard gelijk staat met het meedragen van vier kilo op zijn rug. De moderne Franse Long Rider, Jean-François Ballereau, heeft deze formule in de jaren negentig herzien en waarschuwt dat een hoefijzer van een kilo net zoveel energie van het paard vraagt als zeven kilo aan dood gewicht. Daarom is het van cruciaal belang dat je de sterkste, zo licht mogelijke ijzers gebruikt.

Omdat ze het grootste deel van het gewicht dragen, hebben de voorvoeten het meest te lijden van rotsachtige grond, dus een alternatief is om alleen de voorhoeven te beslaan als zich problemen voordoen. Veel paardenmensen en Long Riders hebben deze methode met goede resultaten toegepast. Er bestaat geen cultuur waar alleen de achterhoeven worden beslagen.

Een punt om op te letten is dat het op sommige plaatsen gebruikelijk is om te kiezen voor een hoefijzer met een of twee lippen die diep in de voorkant van de hoef worden geslagen. In theorie fungeren deze lippen als gigantische nagels, die helpen het ijzer aan de hoef vast te klemmen. Maar de teen van de hoef moet worden ingekort om in de lippen te passen. Dit verzwakt de hoefwand aanzienlijk. Bovendien voegen lippen gewicht toe aan de toch al zware ijzers. Een hoefsmid mag een voorkeur voor lippen hebben, Long Riders hebben ze eigenlijk nooit nodig.

Geen hoef - Geen trektocht. In een wereld die maar al te vaak geobsedeerd is door het mooie uiterlijk van een paard, wordt de bescheiden hoef vaak over het hoofd gezien. Maar harde hoeven hebben geschiedenis geschreven en ook jij hebt ze nodig voor het slagen van je reis. De hoef van het paard lijkt op je vingernagel, in die zin dat hij continu groeit. Dit vraagt om continue aandacht voor de voeten van het paard. Dus wanneer ga je beslaan?

Het moment bepalen. Mensen die op één plek verblijven schrijven in de agenda wanneer het tijd is voor de hoefsmid. Gebruikelijk is om het paard elke vier tot acht weken opnieuw te laten beslaan, afhankelijk van de groei van de hoeven en de slijtage van het ijzer. Maar in de acht weken dat het gezinspaard in de weide loopt, gaat het trailpaard van een Long Rider een groot aantal uitdagingen tegemoet. Dit is waarom Long Riders leren flexibel om te gaan met wanneer hun paarden ijzers nodig hebben en waar ze te vinden zijn. Zodra je kunt inschatten waar en wanneer je ijzers nodig hebt, kun je afspreken dat er een hoefsmid op je komst wacht.

Wat je nooit moet doen, is een afspraak met de hoefsmid uitstellen. Stel dit vitale punt van de gezondheid van het paard niet uit, en verwacht niet op wonderbaarlijke wijze hulp langs de kant van de weg.

Beslaan voor een trektocht. Het is van cruciaal belang dat de hoeven van je paard voor vertrek op de juiste manier zijn bekapt en beslagen. Dit is geen klusje dat kan worden uitgesteld, omdat een paard met nieuwe ijzers onder mogelijk een dagje gevoelig loopt. Vooral als een van de nagels het leven in de hoef heeft geschampt. Je kunt niet rijden op een paard met pijn. Daarom geef je je paard nieuwe ijzers een aantal dagen voor vertrek.

Ongeacht hoeveel paarden je hebt, de ochtend begint met een zorgvuldige controle van elke hoef. Zoek met een hoevenkrabber en borstel naar steentjes, verwijder modder, zorg dat de straal schoon is en controleer op schimmel en rotstraal. Als de hoef schoon is check je of de nagels nog goed vastzitten en of het ijzer nog nauw aansluit.

Als een ijzer onderweg losraakt, stop je en verwijder je het voorzichtig van de hoef. Zelfs als meerdere nagels weg zijn, kan de hoefwand beschadigen als je de resterende nagels eruit trekt. Deze grote gaten in de hoefwand kunnen daarna geen nieuwe nagels vasthouden. Als je een ijzer moet verwijderen, maak dan eerst de omgeslagen uiteinden van de nagels los en haal ze er dan voorzichtig uit om de hoefwand niet te beschadigen. Controleer iedere nagel op vocht of bloed.

Bedenk dat veel hoefsmeden hun gereedschap met overgave te hanteren. Je moet ervoor waken dat ze het ijzer op de hoef aanpassen en niet de hoef kort bekappen om in het ijzer te passen.

De hoef van een paard lijkt op dikke bamboe, in die zin dat de grootste kracht ligt in de taaie buitenste bekleding die de gevoelige delen binnenin beschermt. Een hoefsmid toelaten om de buitenkant van de hoef hard te raspen is net zo verstandig als het verwijderen van de oogleden. Op dezelfde manier ontstaat schade als de steunsels aan de onderkant van de hoef te rigoureus worden weggesneden of als de zool wordt geraspt. Alleen hoorn dat over de zool is gegroeid sinds de laatste bekapbeurt kun je verwijderen, met een mes, niet met een rasp. De slecht opgeleide hoefsmid die deze delen deel van de hoef bewerkt, is als een timmerman die de basis van een steunpilaar afsnijdt en deze verzwakt, precies daar waar de grootste kracht vereist is. Bekap en rasp altijd zo minimaal mogelijk.

Sta ook niet toe dat de hoefsmid te veel in de straal snijdt. Wanneer paarden lopen, doen ze dat van de hiel naar de teen, niet van de teen naar de hiel. De driehoekige straal komt in contact met de grond. Dit belangrijke onderdeel van de hoef is ontworpen om uitglijden en kneuzen te voorkomen. Bovendien heeft de straal zenuwen, in tegenstelling tot de gevoelloze hoefwand, en kan pijn ervaren. Blijf daarom van de straal af als hij gezond en stevig is. Rafeltjes kun je wegsnijden, voor iets anders mag het hoefmes niet worden gebruikt.

Er zijn twee soorten beslag, warm beslag en koud beslag. Dit laatste omvat het spijkeren van een ijzer van de geschatte afmeting en vorm onder de hoef van het paard. Hot shoeing bestaat uit het verwarmen van het ijzer in een smidse en het vervolgens in de juiste vorm smeden om zo goed mogelijk onder de hoef te passen. Beiden vereisen een bepaalde vaardigheid, waarbij heet beslaan in de westerse wereld veel meer worden beoefend dan in het Oosten.

Hoe de ijzers eraan toe zijn is ook van belang. Als de hoeven van het paard moeten worden bekapt, maar de ijzers zijn nog niet versleten, laat ze dan terug op hun plaats spijkeren. Stalen ijzers zijn het beste, mits verkrijgbaar.

Duurzame hoefijzers. Denk niet dat je zorgen voorbij zijn, alleen omdat je erin geslaagd bent om je paard te laten beslaan. Harde ondergrond, gloeiend heet wegdek, grof puin en meedogenloze rotsen zijn allemaal factoren die de hoeven van je paard kunnen vernietigen. Gelukkig ontdekten Long Riders een manier om de hoeven van hun paard te redden. Ze vonden een hoefsmid die borium op de onderkant van de hoefijzers aanbracht. Borium is een generieke naam voor wolfraamcarbide, ook wel widia genoemd, die, indien ingebed in een dragermateriaal, een beschermende slijtvaste bescherming voor hoefijzers vormt. Dit materiaal is zo sterk dat de hengst van Jean-Claude Cazade, nadat hij het onder de ijzers van het paard had aangebracht, 6.000 kilometer reed met slechts drie setjes ijzers. Een andere Long Rider, Robert Seney, reed met zijn paard 5.000 kilometer door de VS met slechts één set hoefijzers met widia.

Geen losse ijzers. Op een trektocht wil je kost wat het kost loszittende hoefijzers voorkomen. Een los ijzer is gevaarlijk. Het paard kan het hele ijzer verliezen en breekt daarbij regelmatig een deel van de hoefwand af. Helaas komt het vaak voor, vooral bij paarden die veel op asfalt lopen. De enorme repetitieve impact zal het ijzer binnen de kortste keren loswerken. De truc om losse ijzers te voorkomen, is om de nagels goed af te werken. De meeste hoefsmeden slaan een nagel in de hoefwand en knijpen deze vervolgens af met behulp van de nietentang om het scherpe einde van de nagel tegen de hoefwand aan om te buigen. Doe dit niet. Buig in plaats daarvan de nagel tegen de hoefwand en knip deze af met nagelkniptang. Laat 0,3 cm van de nagel uit de hoefwand steken. Wanneer alle nagels op deze manier zijn afgeknipt, worden ze vervolgens terug geslagen met behulp van een nietenblok of een ander stuk plat metaal. Vijl bramen voorzichtig weg, maak geen groef in de hoefwand, dit zal verzwakking veroorzaken. De nagelstompjes worden dan zachtjes plat tegen de hoefwand gehamerd en de klus is geklaard (zie onderstaande diagrammen). Door nagels op deze manier af te werken (in tegenstelling tot kort afknippen van de uiteinden en ombuigen met de nietentang) veroorzaakt geen scheuren in de hoefwand. De nagels zullen tevens veel langer meegaan. Het is niet nodig om haakjes verder af te werken, omdat dit van nature binnen een paar dagen zal gebeuren. Long Riders die deze methode gebruiken, hebben ijzers gebruikt die maandenlang strak bleven zitten.

Hoefschoenen. Er bestaat nog een derde optie. Je kunt hoefschoenen gebruiken. Zoals de geschiedenis laat zien, heeft de mens talloze soorten schoenen, sandalen, sokken en andere zaken onder de hoeven vastgebonden, geslagen en gelijmd gedurende talloze eeuwen. Dit concept heeft altijd voor- en tegenstanders gehad, waarbij Long Riders opnieuw een historisch belangrijke rol hebben gespeeld op het gebied van hoefverzorging.

Een van de meest spectaculaire expedities gebruikte rubberen hoefschoenen. Tijdens hun historische 30.500 kilometer lange rit van de top van Patagonië naar de top van Alaska, gebruikten de Russische Long Rider Vladimir Fissenko en zijn metgezel, de Noord-Amerikaanse Long Rider Louis Bruhnke, Easyboots, en wel met groot succes.

Als je besluit om hoefschoenen te gebruiken, moet je er zeker van zijn dat ze de juiste maat hebben en passen bij de vorm van de hoeven van je paard. Je begint met het netjes bekappen van de hoeven, want een lange teen heeft invloed op de pasvorm van de hoefschoen. Als de hoeven klaar zijn, zet je het paard veilig vast en zet doe je de hoefschoenen voorzichtig aan. Als je paard nog nooit eerder hoefschoenen heeft gedragen, loop dan langzaam en geef hem de tijd om zich aan te passen aan de grote voorwerpen aan zijn voeten. Als hij eenmaal in een rechte lijn kan lopen, breng je hem op de volte, terwijl je oplet of de hoefschoenen gaan draaien. Draaf met hem aan de hand en luister of alle voetstappen hetzelfde klinken. Kijk ook goed naar tekenen van onbalans of angst.

Als je tevreden bent met de pasvorm, kun je een korte trainingsrit dicht bij huis doen. Blijf op vlak terrein en let ondertussen op tekenen van wrijving daar waar de bovenkant van de hoefschoen in contact komt met de gevoelige huid van het paard. Toen één reiziger schuurplekken aan de hoef van het paard ontdekte, schroefde hij een stukje zachte rubberen slang langs de bovenrand van de hoefschoen om extra opvulling te bieden. Wanneer je terug bent op stal, controleer dan de hoeven en de benen goed. Als alles goed lijkt te zijn, markeer je de linker en de rechterschoen. Voordat je vertrekt oefen je met het aan- en uittrekken van de hoefschoenen. Beter om thuis te oefenen dan aan de kant van een onbekende weg. Een nadeel van hoefschoenen is dat ze erom bekend staan dat ze slippen op modderig terrein.

Handigheidjes. Probeer paarden mee te nemen met dezelfde maat hoeven, zodat je dezelfde schoenen kunt gebruiken. Als je met meer dan één paard reist, wordt het leven een stuk gemakkelijker als ze voeten van vergelijkbare grootte hebben. Ongeacht wie het doet, als het tijd is om opnieuw te beslaan, reken dan op in ieder geval één hele dag niet reizen.

Als de expeditie extreem is en je vindt dat je één reserve ijzer mee moet nemen, dan is het raadzaam om een ijzer voor een achterhoef te pakken. Niet alleen zal deze normaal gesproken passen op beide achterhoeven, het is ook relatief eenvoudig om deze aan te passen aan een voorhoef, terwijl het andersom meer werk is.

Vanwege het gewicht dragen veel Long Riders geen reserve ijzers. Maar een handvol extra hoefnagels weegt weinig en kan helpen als je in de problemen zit.

Als je onderweg ook maar iets van onregelmatigheid opmerkt in je paard, stop dan en onderzoek hem onmiddellijk. Er kan een steen vastzitten tussen de hoefwand en de straal. Als je merkt dat nagels uit de onderkant van de ijzer steken, trek ze eruit, en let op daarbij de hoefwand niet te beschadigen. Als het ijzer los zit, verwijder deze.

Verlies je een achterijzer, dan kun je nog steeds rustig stappen. Maar blijf van de verharde weg af. Als je paard een voorijzer verliest, stijg je af en leid je hem aan de hand, zelfs als het een wandeling van vijftien kilometer naar de dichtstbijzijnde hoefsmid betekent. Het voorbeen van een paard is kwetsbaar voor verrekking, dus daag het lot niet uit.

Hoofdstuk 37 - De papieren van je paard

Problemen met papieren. De bureaucratische problemen van Long Riders zijn in deze tijd nog niet verdwenen. In feite is het juist moeilijker geworden om paarden over de internationale grenzen heen te brengen. De uitdaging is om gewapend met het juiste papierwerk aan de grens te verschijnen. De benodigde documenten vallen in drie hoofdcategorieën:

- Bewijzen dat het paard van jou is.
- De identiteit van het paard aantonen.
- Gezondheidsverklaring die bevestigt dat het dier geen overdraagbare ziektes heeft en kan reizen zonder andere paarden te infecteren.

De papieren die nodig zijn om deze drie juridische en medische principes vast te stellen, verschillen van land tot land. Mongolië staat bijvoorbeeld geen buiten-landse paarden toe om te worden geïmporteerd en de overheid zal ook niet toestaan dat er paarden vanuit Mongolië worden uitgevoerd. Dit soort onwrikbare regels kunnen je reisplannen ruïneren. Onderzoek de wettelijke en medische vereisten van elke staat en natie die je wilt doorkruisen. Veel landen hebben een landbouwafdeling die dergelijke vragen behandelt. Pas nadat je de officiële verklaring in handen hebt kun je veilig vertrekken.

Het gevreesde Nee. De uitspraak 'Bon Voyage' van een ambtenaar in het ene land, is geen garantie dat er geen problemen wachten in het volgende land. Wat een functionaris je in het ene land vertelt, wordt mogelijk niet geaccepteerd door zijn meerderen die je op een later moment bij de grens tegenkomt. Hoewel goed bedoeld, zijn lokale overheidsvertegenwoordigers vaak niet op de hoogte van grensbeperkingen, visumvereisten of onlangs aangenomen gezondheids-voorschriften voor paarden. Zaken die wel bekend zijn bij hun collega's van de grens-, paspoort- of veterinaire afdelingen van de nationale overheid.

Ga er niet zomaar vanuit dat regeringsambtenaren je willen helpen. Vaak maakt het niet niet uit hoe ver je gereden hebt. Jouw grote reis is alleen maar een bevestiging van je excentrieke aard en een signaal dat jouw oordeel niet te vertrouwen is. Het gevolg is dat de ambtenaren zich obsessief verdiepen in het papierwerk van je paard. Elke afwijking van de regels betekent dat ze zelf in de problemen kunnen komen, waardoor ze hun baan kunnen verliezen. Daarmee wordt jouw voortgang verbonden met hun carrière en financieel welzijn. In zo'n geval wordt milde ergernis al snel een officieel vermoeden, wat resulteert in persoonlijke angst en eindigt met professionele vijandigheid.

Daarom zal een schuchtere ambtenaar die twijfelt over hoe om te gaan met jou en je paarden; vaak het snelste en gemakkelijkste antwoord kiezen, namelijk: "Nee." **Misplaatst vertrouwen**. In dit gemechaniseerde tijdperk passeren paarden gewoonlijk de grens per vrachtwagen of aan boord van een vliegtuig. Men controleert papieren, omdat paarden traditioneel worden geclassificeerd als waardevolle atleten, vracht of vlees. Ze dienen zelf niet meer als vervoermiddel, ze worden getransporteerd.

Wanneer je onaangekondigd zittend boven op een paard aan de grens arriveert, misschien met een pakpaard op sleeptouw, veroorzaak je direct een probleem. Het wijkt af van de gebruikelijke gang van zaken op kantoor. In de meeste gevallen hebben deze bureaucraten nooit eerder de gelegenheid gehad om met een reiziger te paard om te gaan. Jouw onwelkome aankomst betekent extra werk, meer formulieren die ingevuld moeten worden, regels en dierenartsen die geraadpleegd moeten worden. En, het ergste van alles, misschien zelfs ongewenste inmenging van het afdelingshoofd. Je bent, met andere woorden, iemand waar ze vanaf willen. Een manier om dat te doen is door jou ervan te verzekeren dat je papierwerk in orde is, je vervolgens met een onnozele glimlach op je brave gezicht de weg op sturen richting het volgende land, terwijl zij weten, of minstens vermoeden, dat een andere ongelukkige grenswacht of -beambte verderop degene zal zijn die het nieuws moet brengen dat de reis hier eindigt vanwege een of andere fout in de papieren.

De eerste les over reisdocumenten is dan ook om niet te vertrouwen op goedbedoelde adviezen van officials in een ander land. Accepteer lokale hulp, maar zie het als een goede plek om te beginnen. Je hebt echter ook de meest recente informatie nodig van hoge overheidsfunctionarissen in het land waar je naartoe gaat. Dit zijn de mensen die het passeren van de grens met je paard daadwerkelijk kunnen autoriseren. Zorg dat zij op de hoogte zijn van je reis, zodat je, als je een probleem bij de grens tegenkomt, hen kunt bellen om hulp en advies te vragen. Als je deze stap overslaat, breng je je reis in gevaar.

Overspoeld door problemen. Om zo'n ingewikkelde situatie in het juiste perspectief te plaatsen, bespreken we enkele uitdagingen die je dromen kunnen verstoren.

Onrealistische tijdsplanning. Omdat de meeste paarden worden vervoerd, bieden landen medische papieren aan die slechts een bepaalde periode geldig zijn. Voor veel medische documenten is dit tien tot dertig dagen. Het is maar in enkele gevallen mogelijk om een land in tien tot dertig dagen te paard te doorkruisen.

Een vijandige houding. Sommige landen eisen dat een paard uit het buitenland om de tien tot dertig dagen een medisch onderzoek krijgt. Dat is prima als je net je peperdure springpaard hebt laten invliegen voor de Olympische Spelen en je van plan bent om aan het eind van de week weer thuis op je eigen stal te zijn. Maar het werkt niet voor iemand die een trektocht te paard maakt. De Duitse regering bijvoorbeeld, staat erop dat deze medische inspectie door een nationaal erkende overheidsdierenarts wordt uitgevoerd. Die moet je eerst vinden, waarna je een afspraak kunt maken voor een ontmoeting op een plaats waar je nog niet eerder was. Je betaalt voor diensten en eventuele verplichte laboratoriumtesten en dan moet je er nog voor zorgen dat de documenten tijdig op de juiste plek worden aangeleverd.

Officiële verwarring. Wees niet verrast als je ontdekt dat de rechterhand van de overheid niet weet wat de linkerhand aan het doen is. Douane-beambten hebben één reeks vereisten. Grenswachters kijken in je zadeltassen voor wapens en smokkelwaar. Landbouw ambtenaren zijn bang om zieke dieren toe te laten. Wie kan al deze regels toepassen op jouw situatie? Wie zoekt uit welke papieren de grens openen en je naar binnen laten? Meestal ben jij dat zelf.

Seksuele vooroordelen. Veel landen zijn paranoïde over seksueel overdraagbare ziekten bij paarden. Met een merrie of ruin kan het al lastig zijn om een internationale grens over te steken, laat staan wat voor moeilijkheden je moet overwinnen om dit met een hengst te doen.

Wat je nodig hebt. Ook al betreden we een juridisch oerwoud, laten we eens kijken welke documenten je precies nodig hebt. We beginnen met de manieren waarop verschillende overheden ons vragen te bewijzen wie het paard is en wie de eigenaar is; de Paarden Identificatie Documenten.

Stamboekpapieren. Zuivere raspaarden die zijn ingeschreven bij een stamboek of stamboekregister ontvangen een stamboekpapier via het hoofdkantoor van het betreffende ras. Samen met een foto of een tekening van de aftekeningen, geeft dit document het chip- en stamboeknummer weer. Kleur, stokmaat, geboortedatum, afstamming en adresgegevens van de fokker staan hier ook op.

Microchip. Een in Nederland verplichte methode om paarden te identificeren is om een microchip in hun nek te implanteren. Dit is een kleine siliconen chip die, bij het aflezen door een scanner, niet alleen het identiteitsnummer van het paard geeft, maar ook informatie over de eigenaar en zijn thuisadres. Microchips zijn effectief, omdat ze niet gemakkelijk kunnen worden opgespoord of verwijderd door dieven. Alle paarden die in de Europese Unie verblijven en reizen, zijn verplicht gechipt.

Paardenpaspoort. Vanaf 2004 is het verplicht voor ieder paard, pony en ezel een paspoort te hebben. Dit document bevat informatie over de identiteit van het dier, de leeftijd en de eigenaar. Het paardenpaspoort moet up-to-date worden gehouden en de paarden mogen niet worden verkocht en zelfs niet vervoerd zonder dit document. Koop of leen geen paard tenzij de eigenaar een paspoort kan overleggen.

Reizen tussen landen. Landsgrenzen oversteken met paarden varieert van relatief eenvoudig tot volledig onmogelijk. Sommige landen, zoals Nederland, België en Luxemburg, hebben een overeenkomst met Frankrijk gesloten, zodat er geen NVWA gezondheidscertificaat en TRACES-melding meer nodig is als het gaat om niet-commercieel verkeer met paarden. Elk paard in privébezit moet nog steeds een geldig paspoort en een chip hebben voordat het een grens oversteekt. Helaas geldt dit tot op heden nog niet voor Duitsland.

De grens tussen Canada en de Verenigde Staten oversteken kan vrij routinematig, hoewel paarden alleen via bepaalde gespecificeerde grenscontroleposten in en uit kunnen gaan. Vanwege politieke vijandelijkheden laten landen als India en Pakistan reizigers te paard de grens niet oversteken.

In Rusland is de mogelijkheid om te paard te reizen drastisch ingekort tot negentig dagen vanwege het toeristenvisum dat Long Riders worden aangeboden. Mongolië staat niet toe dat paarden de grens oversteken, niet naar binnen en niet naar buiten. Op Antarctica zijn geen paarden toegestaan.

Hoewel de regels in ieder land anders zijn, vraagt elk land voor ieder dier import- en exportdocumenten. Er zijn veterinaire certificaten vereist waarin staat dat het dier gezond is. Douaneaangiften zijn binnen de EU niet nodig, buiten de EU moeten paarden via ATA-carnet worden aangegeven als goederen. Dit is nodig om te bewijzen dat je geen plannen hebt om je dier te verkopen nadat je bent aangekomen. Doorvoervergunningen afgegeven door het Ministerie van Landbouw worden sterk aanbevolen. Je moet ervoor zorgen dat al deze documenten zijn vertaald in de talen van de landen waar je doorheen wilt reizen.

Reizen in de Europese Unie. De Europese Unie heeft zevenentwintig lidstaten. Om te kunnen rijden in EU-landen heeft je paard een paardenpaspoort, exportvergunning en gezondheidscertificaat nodig. Maar let op, grensovergangen kunnen moeilijk zijn, omdat men het niet gewend is. De meeste paarden worden via gemotoriseerd verkeer getransporteerd. Gezondheidscertificaten zijn slechts een beperkte tijd geldig, dus plan je grensovergang zorgvuldig.

Hoewel Zwitserland en Noorwegen deel uitmaken van het vasteland van Europa zijn geen van beide landen lid van de Europese Unie. Als je deze grenzen te paard wilt oversteken, kan dat onbedoelde negatieve gevolgen hebben. Als een paard uit de Europese Unie bijvoorbeeld langer dan dertig dagen in een "niet-EU-land" verblijft, wordt het dier automatisch geclassificeerd als een "niet-EU-paard". Als dit gebeurt, terwijl je op reis bent, zul je aan de grens een nieuw gezondheidscertificaat nodig hebben om aan te tonen dat je paard geen medische dreiging vormt. Ook dit vereist zorgvuldig vooronderzoek en verdieping in de materie van jouw kant.

Als je vanuit niet-EU-landen met paarden naar het Verenigd Koninkrijk gaat, moet je vooraf contact opnemen met DEFRA. Naast nauwkeurige medische gegevens en bloedtests moeten dergelijke inkomende paarden en al hun uitrusting worden vergezeld door een ATA-carnet dat is uitgegeven in het land van herkomst van het paard.

Ook wanneer je weer thuis bent is het verstandig om alle medische documenten van je paard zorgvuldig te bewaren, omdat lokale autoriteiten op een later tijdstip de medische toestand van je paard in twijfel kunnen trekken.

ATA Carnet. Dit document geeft het recht om maximaal één jaar de beschreven zaken, je paard, een onbeperkt aantal keer in, uit en door te voeren. Het carnet wordt uitgegeven door de Kamer van Koophandel. De kosten kunnen variëren, maar bestaan in elk geval uit een vast deel, de behandelingskosten, en een deposito. Het deposito wordt terugbetaald wanneer het carnet weer ingeleverd wordt bij de Kamer van Koophandel. Bij voorkeur meteen na terugkeer van de reis, maar uiterlijk één dag na het einde van de geldigheidsduur van een jaar.

Hoewel het misschien niet wordt herkend door sommige landen die voorheen gelieerd waren aan de Sovjet-Unie, maakt het carnet het onnodig om contant geld te storten bij de douaneautoriteiten van een niet EU-land. .

Doorvoervergunningen. Het verkrijgen van doorvoervergunningen voor paarden onder het zadel is gecompliceerd. Het Ministerie van Landbouw verlangt dat je de route aangeeft, uitlegt hoe lang je van plan bent om in het land te verblijven en de plaatsen opgeeft waar je verblijft. Voor het verkrijgen van zo'n vergunning kan het helpen om op goede voet te staan met iemand van een lokale overheid die kan helpen bij het invullen van het papierwerk.

Reizen in het Verenigd Koninkrijk. Er is geen door de overheid uitgegeven gezondheidscertificaat nodig om je paard tussen Engeland, Ierland en Frankrijk te vervoeren.

Ga je vanuit de UK op reis dan moet je een aanvraag indienen bij DEFRA voor een gezondheidsverklaring en een routeplan. Je wordt gevraagd informatie te verschaffen over de geplande route, de wegen waarop je wilt reizen, de tijd die daarvoor nodig is en nog meer details. Deze informatie vul je in op formulier dat je naar het DEFRA-kantoor stuurt, samen met de aanvraag voor een gezondheidsverklaring. Na ontvangst van het routeplan, zal het DEFRA-kantoor deze afstempelen en retourneren samen met het Britse gezondheidscertificaat. Met dit certificaat in handen, dat op kantoor bij je dierenarts wordt afgeleverd, kun je de medische inspectie laten uitvoeren maximaal 48 uur voor vertrek uit de UK.

Je bent verplicht het Britse routeplan tijdens je reis bij je te houden, denk eraan het niet af te geven aan buitenlandse functionarissen of aan personeel van de Ferry.

Voordat je terugkeert naar Groot-Brittannië, moet je een tweede gezondheidscertificaat hebben dat is afgegeven door het land van vertrek.

Als er vragen zijn, kan DEFRA het routeplan voor inspectie tot zes maanden na afloop van je reis opvragen.

Medische documenten. Zorg ervoor dat alle veterinaire gezondheidscertificaten in de taal zijn van het land van afgifte én van het land van bestemming. Dit document verklaart dat een geaccrediteerde dierenarts jouw paard heeft onderzocht en dat het vrij is van ziektes en dat tevens vaccinaties up-to-date zijn. Het gezondheidscertificaat bevat een nauwkeurige beschrijving van het paard, waaronder leeftijd, geslacht, kleur, markeringen, geboortedatum en identificatienummer. De dierenarts kan ook aangeven waar je van plan bent om met je paard naartoe te reizen. Het gezondheidscertificaat is mogelijk niet langer dan tien tot dertig dagen geldig in bepaalde landen. Bevestig dit van te voren en controleer zorgvuldig welke bloedtesten en vaccinaties ieder land vereist.

Vaccinatie geschiedenis. Waar je ook reist, als Long Rider heb je altijd een vaccinatie registratie bij je dat bevestigt dat het paard in goede gezondheid verkeert en dat al zijn inentingen up-to-date zijn. Het is bijvoorbeeld essentieel om te bewijzen dat je paard niet is besmet met de zeer besmettelijke en dodelijke paardenziekte die we 'kwade droes' noemen, niet te verwarren met gewone droes. Daarnaast moet je paard worden gevaccineerd tegen tetanus en influenza. Bepaalde Europese landen, zoals Frankrijk, vereisen dat je extra voorzorgs-maatregelen tegen piroplasmose neemt.

Op dit moment zijn er nog geen verplichte vaccinaties in Nederland, wel is influenza verplicht wanneer je wilt deelnemen aan wedstrijden en ook op veel overnachtingsaccomodaties wordt hierom gevraagd. Vaccinatie tegen Tetanus (tweejaarlijks) en Rhinopneumonie worden geadviseerd. Het is niet onwaarschijnlijk dat er meerdere vaccinaties verplicht worden in Nederland en daarbuiten. Informeer jezelf dus goed.

Controleer hoe lang de vaccinatie geldig is in de landen waar je naartoe reist, aangezien de geldigheidsduur van land tot land, en in Amerika, van staat tot staat, anders is.

Probeer ook op de hoogte te blijven van besmettelijke ziektes in het gebied waar je reist.

Coggins-test. Het in bezit hebben van een geldige Coggins-test is in veel delen van de wereld een absolute vereiste. Deze test bewijst dat je paarden geen drager zijn van Equine Infectieuze Anemie (EIA). De reden hiervan is dat een paard na besmetting de rest van zijn leven besmettelijk is voor andere paarden.

Als een paard is besmet met EIA, zelfs als het dier geen klinische ziekteverschijnselen vertoont, wordt hij levenslang in quarantaine geplaatst of geëuthanaseerd. In Nederland is pas één keer een paard met EIA geweest, in juli 2017. Het dier is direct geëuthanaseerd en het bedrijf is drie maanden in quarantaine geweest. Er zijn geen andere paarden besmet geraakt.

Laat voor vertrek een Coggins-test doen en zorg dat je deze kunt laten zien als je aankomt op stallen, campings of andere openbare hippische voorzieningen. Begin op tijd want het kan weken duren voordat de laboratorium uitslagen binnen zijn.

Brandmerken. Het brandmerken van een paard is een oude methode om een paard te identificeren als eigendom van een persoon, een ranch of een organisatie zoals bijvoorbeeld het leger. Traditioneel werd gebrandmerkt door een roodgloeiend ijzer in de huid van het paard te duwen. De modernere methode is vriesbranden, waarbij gebruik wordt gemaakt van vloeibare stikstof om een permanent merkteken in de hals aan te brengen. Dit identiteitsnummer is verstopt onder de manen van het paard. Dit identificatienummer op het lichaam staat op de bijbehorende document. Dit document kan ook andere kenmerken van het paard vermelden, zoals leeftijd, geslacht, kleur, ras,chipnummer en aftekeningen.

In Nederland is brandmerken verboden, maar als je bijvoorbeeld op reis in de Verenigde Staten of Canada, moet je bekend zijn met het brandmerk document. Zorg ervoor dat jouw paarden dit belangrijke document hebben, zelfs als er geen echt brandmerk te zien is. Veel Amerikaanse staten gebruiken brandmerk inspecteurs om te bevestigen dat paarden niet zijn gestolen. Om diefstal te ontmoedigen, controleren inspecteurs elk paard dat is verkocht, een staatsgrens is overgestoken, of meer dan honderdtwintig kilometer binnen de staat is vervoerd. Wanneer een brandmerk inspectie plaatsvindt, checkt de inspecteur het paard fysiek samen met de documenten en geeft vervolgens een verklaring af die het transport van het dier autoriseert.

Wetgeving rondom brandmerken lopen sterk uiteen tussen verschillende staten dus het is absoluut noodzakelijk dat je goed uitzoekt hoe de regelgeving is in het gebied waar je gaat rijden. In westelijk South Dakota bijvoorbeeld, moet je als eigenaar van het dier een eigendomsbewijs hebben en een certificering opvragen bij een veehouderij inspecteur voordat je het gebied verlaat. Als je paard niet wordt geïnspecteerd, is dit een misdrijf waar flinke boetes op staan.

Het brandmerk document wordt van cruciaal belang zodra je de Mississippi oversteekt en verder naar het westen rijdt. Amerikaanse overheidsinstanties zullen eisen dat je een gezondheidscertificaat, een Coggins-test en brandmerk documenten bij je hebt.

Omdat brandmerk documenten geldig zijn tot het paard is verkocht, worden inspecties meestal eenmaal per jaar uitgevoerd. Sommige staten bieden een levenslange geldigheid zolang het paard in jouw eigendom is. Het is jouw verantwoordelijkheid om na te gaan wat de vereisten zijn voordat je op reis gaat. Die vind je meestal bij het Ministerie van Landbouw van de Verenigde Staten.

Handigheidjes. Het zijn de bureaucraten, niet de bandieten, die je grootste uitdaging vormen. Zoek ruim voor vertrek uit welke documenten je per gebied nodig hebt en vraag ze op. Een potentiële bron van informatie zijn professionele paardentransport bedrijven, zij zijn vaak volledig op de hoogte van de meest actuele regelgeving over gezondheids- en identificatie documentatie vereisten, alsmede vaccinatieplicht in elk land. Je moet misschien een vergoeding betalen voor hun kennis, maar het is goed besteed geld.

Hoofdstuk 38 - Gezondheidsdocument voor op reis

Naam en geslacht van het dier	
Geboortedatum en plaats	
Fokker/vorige eigenaar	
Datum aankoop	
Aftekeningen	
Gewicht (kg)	
Ademhaling (rust)	
Vaccinaties (dates and vaccinations used)	
Coggins Test (dates)	
Reist vanaf	
Reist naar	
Conditie van het paard	
Goedkeuring voor verder reizen	
Naam, adres, telefoonnummer van Dierenarts Inspecteur	

Deel Drie - De uitrusting

Hoofdstuk 39 - Niet te veel, Niet te weinig

Als het paardrijden betreft, blijven veel traditionele waarheden ongewijzigd. Een heel belangrijke is hoe een Long Rider omgaat met zijn harnachement en materialen.

Vrijheid en bagage. Zodra je in het zadel stapt voel je je vrij. Tot op zekere hoogte heb je jezelf bevrijd en je wereld is nu beperkt tot de inhoud van je zadeltassen en -kisten. Je kunt voor jezelf zorgen zonder een Spartaan te hoeven zijn, maar er zijn risico's aan verbonden. Als je een succes van je reis wilt maken, mag er geen enkel detail missen. Hoe bereik je deze vrijheid als je wordt belast met overbodige bezittingen?

Slopende kilo's. Toen het Engelse leger in 1867 het toenmalige Abessinië binnentrok namen ze 20.000 lastdieren mee om materiaal te dragen. Long Riders kunnen niet rekenen op zo'n uitgebreide ondersteuning. Ze houden zich aan een ruiterprincipe dat bekend is bij, en begrepen en toegepast wordt door alle grote reizigers te paard.

Het is absoluut noodzakelijk dat de last die een trailpaard moet dragen op alle mogelijke manieren zo minimaal mogelijk wordt gehouden. Hoe meer je de last van het paard verlicht, hoe minder kans hij heeft op rugproblemen en oververmoeidheid.

Neem afscheid van comfort. Gewicht is de grootste vijand van ieder trailpaard. Om dit gevaar zoveel mogelijk te beperken, hebben Long Riders geleerd om alle luxe thuis te laten. Toen Howard Wooldridge van oceaan naar oceaan reed dwars door de Verenigde Staten, beperkte hij het gewicht van zijn persoonlijke bezittingen in zijn pommel- en zadeltassen tot 7,75 kilo. Zijn uitrusting bevatte essentiële zaken als een extra paar sokken, een lichtgewicht slaapzak en een eenpersoonstent. Draag alleen dat wat onmisbaar is!

Lessen van Long Riders. Leren hoe je je spullen snel en efficiënt inpakt is één van de geheimen van succesvol trekken met paarden. Dit is geen nieuw concept. Cavaleriesoldaten in het begin van de twintigste eeuw beperkten hun bezittingen ook al zo veel mogelijk. Hun bepakking woog gemiddeld zes kilo in de zadeltassen voor het zadel, en drie kilo in de zadeltassen achter het zadel. Dezelfde regel is vandaag de dag nog steeds van toepassing. Om druk op de nieren van het paard te voorkomen en schuren en wrijving op de heupen te beperken, plaats je zoveel mogelijk gewicht naar voren op de schouders van het paard en houd je het gewicht achter het zadel zo licht mogelijk. Doe je dit niet, dan put je je paard uit en krijg je schuurplekken.

Stoer en licht. Trektochten rijden is als bergbeklimmen. We gebruiken niet veel materiaal, maar onze levens hangen af van wat we kiezen. Wanneer je kilometers probeert te veroveren in plaats van juryleden te verleiden, is je doel altijd functioneel, geen schoonheid. Kies felle kleuren om een minder grote kans te lopen spullen te vergeten wanneer je inpakt in de ochtendschemer.

Koop kwaliteit. Elke expeditie heeft een budget, maar bezwijk niet voor de verleiding om voordelig materiaal van B-kwaliteit aan te schaffen. Het welzijn van je paard heeft voorrang op je bankrekening.

Culturele problemen. Geloof niemand op zijn blauwe ogen dat je naar een ver land kunt reizen en daar wel op zoek kunt gaan naar kwalitatief goede, betaalbare uitrusting. Long Riders hebben tot hun ontzetting vernomen dat wat lokaal als 'goed spul' doorgaat, thuis beschouwd wordt als zooi waarmee je je paard de vernieling in rijdt. Slecht passende rij- en pakzadels verwonden je paard en verpesten je reis, dus zorg ervoor dat je thuis al de juiste keuze maakt. Zelfs als je invoerbelasting moet betalen op je uitrusting, vertrouwen op lokaal geproduceerde troep zal een meer financieel pijnlijke ervaring zijn.

Hoofdstuk 40 - Het rijzadel

Ondanks dat het zadel het fundament van je uitrusting is, worden het doel en de mechanica ervan vaak verkeerd begrepen. Voordat je op weg gaat, moet je zeker weten dat wat je op de rug van je paard plaatst, hem geen schade zal toebrengen.

Een ondergewaardeerd meesterwerk. Het basisconcept van het zadel is al meer dan duizend jaar niet veranderd. Dit komt, omdat de primaire behoeften van zowel paard als ruiter vandaag niet anders zijn dan die van hun voorouders. Vanuit menselijk oogpunt biedt het zadel een veilige zitplaats van waaruit hij de zwaartekracht kan trotseren en ritmisch kan meebewegen met de snelheid die zijn paard aanbiedt. Daarnaast is het mogelijk met beugels te rijden voor extra steun. Het zadel stelt de ruiter in staat om comfortabel te rijden en in evenwicht te blijven. Voor het paard betekent een zadel dat het gewicht van de berijder gelijkmatig over een groter deel van de rug wordt verspreid.

Overeenkomsten. Ondanks de vele varianten die zijn bedacht, delen klassieke zadels bepaalde eigenschappen. Het zadel heeft twee bogen, één aan de voorkant en één achter de berijder. De voorste boog vormt de pommel, de achterkant de lepel. Door de vorm van het lichaam van het paard is de belasting op de voorste boog groter dan die aan de achterkant. Zowel de voor- als de achterbogen rusten op en zijn bevestigd aan twee parallel aan elkaar lopende 'bars'. De bogen zorgen ervoor dat de wervelkolom vrij blijft. De 'bars' verdelen het gewicht van de berijder langs de rug van het paard. De bogen en de bars vormen samen de boom waar alle goede zadels op worden gemaakt.

Het probleem van zonder zadel rijden. Heb je überhaupt wel een zadel nodig? Wanneer een ruiter zonder zadel op een paard zit, drukt het grootste deel van het gewicht direct op een klein oppervlak aan weerszijden van de wervelkolom van het paard. Dit zijn vele kilo's per vierkante centimeter. Deze druk kan gevoelig weefsel beschadigen, spieren kneuzen, de wervelkolom irriteren en zelfs de nieren van het paard beschadigen.

Om letsel te voorkomen moet het gewicht van de ruiter worden verdeeld over het maximale aantal vierkante centimeters op de rug van het paard. Zonder zadel plaats je je hele gewicht op twee punten onder je zitbeenknobbel op de rug. Zelfs als je paard geen uitwendig probleem op zijn rug krijgt, bewijs je hem geen dienst door je gewicht in de buurt van de nieren en bovenop de ruggengraat te plaatsen.

Basisprincipes. Voor een lange trektocht moet het zadel aan een aantal basisprincipes voldoen. Het moet zo eenvoudig mogelijk zijn, omdat ingewikkeld harnachement in een noodgeval extra problemen kan veroorzaken. Het zadel verdeelt het gewicht over het gebied van de achtste tot zestiende rib. Een hoge boom laat de ruggengraat vrij, zodat er lucht onder het zadel door kan stromen. Een zit van ruw leer geeft een stevige zit.

Gewicht van het zadel. Het gewicht van het zadel is altijd een dilemma voor Long Riders. Een licht zadel kan een te klein dragend oppervlak hebben, wat het risico op rugpijn vergroot. Aan de andere kant wil je niet met een te zwaar zadel op pad. Je zoekt dus een zadel dat groot genoeg is om de uitrusting te dragen, sterk genoeg om de ontberingen van de reis te doorstaan en licht genoeg is voor het paard.

Het zadel passen. Zadels zijn als schoenen. Hier geldt niét one size fits all. Er zijn zes regels die nooit mogen worden vergeten bij het passen van een zadel.

1 - Het zadel mag niet knijpen of zwaar drukken op de schoft.

2 - Er mag geen druk zijn op de wervelkolom.

3 - De schouderbladen moeten vrij en onbeperkt kunnen bewegen.

4 - De lendenen zijn niet bedoeld om gewicht te dragen, het zadel mag dus niet te lang zijn.

5 - Het gewicht van de ruiter moet op de ribben worden geplaatst via de spieren die daar overheen liggen.

6 - Het gewicht moet gelijkmatig worden verdeeld over het gebied van de schouders tot de laatste rib.

Comfort. Het zadel moet niet alleen een veilig gevoel geven, het moet ook comfortabel genoeg zijn om er de hele dag in te rijden. Haast je niet om een zadel te kopen. Probeer verschillende maten en types om te bepalen wat je prettig vindt en wat bij je past. De zitting varieert in lengte, een veelgemaakte fout is om een zadel aan te schaffen met een te grote zitmaat.

Mogelijke problemen. Het is erg onverstandig om een trektocht te beginnen met een nieuw of niet getest zadel. Het kan pijnlijke verwondingen veroorzaken zonder dat je bloed ziet. Test je zadel vooraf zorgvuldig en zorg dat je je paard niet verruïneert.

Engelse zadels. Het Engelse zadel heeft verschillende nadelen op het gebied van trektochten.

Anders dan bij western zadels mist het Engelse zadel de verhoogde pommel en vaak ook de hoge lepel die zijn ontworpen om de ruiter in het zadel te houden. Het gewichtdragend oppervlak van het Engelse zadel is kleiner. De kleine boom spreidt het gewicht van de ruiter niet over het maximaal beschikbare oppervlak op de rug van het paard. Omdat veel moderne Engelse zadels hun totale gewicht verder verminderen door de 'bars' kleiner te maken, kan de bepakking minder goed worden gedragen.

Daarnaast is het Engelse zadel niet traditioneel ontworpen om extra uitrusting of bepakking te dragen. Het mist vaak de D-ringen waaraan zadel- en pommeltassen worden bevestigd. Een ander punt van overweging in termen van langdurig comfort is dat Engelse zadels stijgbeugelriemen gebruiken die de benen van de ruiter kunnen afknellen. Deze bezwaren betekenen niet dat Engelse zadels niet met succes kunnen worden gebruikt op Long Rides. Dat is zeker wel mogelijk. Vaak zijn ze dan wel aangepast om zadeltassen te dragen en zelfs dan bieden ze nog altijd minder houvast voor de ruiter en kunnen ze de gezondheid van het paard in gevaar brengen als de zadelboom te klein is.

Australische zadels. Het Australian stock saddle heeft als basisontwerp een Engels zadel en voegde er vervolgens de beste eigenschappen van het westernzadel aan toe. Het resultaat is een zadel dat het beste van beide ouders laat zien. Net als het Engelse zadel is het Australische nageslacht redelijk licht van gewicht. En net als het westernzadel heeft het Australian stock saddle het draagvlak zoveel mogelijk vergroot om het gewicht van de berijder te verdelen. Om tijdens een noodgeval niet uit het zadel te vallen, voegden de Australiërs twee pooleys aan de voorkant van hun zadels toe. Deze geven de ruiter een vastere zit. Uiteindelijk, omdat ze vanaf de rug van hun paarden leefden, zorgden de veedrijvers ervoor dat sterke D-ringen werden bevestigd, om zadeltassen aan te bevestigen. Dit compromis van twee culturen leverde een van 's werelds beste allround zadels op. Ze zijn comfortabel en praktisch, verdelen het gewicht van de ruiter en beschermen de rug van het paard. En de bepakking kan ook mee.

Cavaleriezadels. Traditionele cavalerie zadels zijn zeer prettig voor het paard en uitstekend te gebruiken voor trektochten vanwege hun sterke en praktische design. Ze zijn ook gemakkelijk te repareren in het veld. Het probleem is dat ze niet meer worden gemaakt. Er zijn nog maar heel weinig originelen beschikbaar en velen hebben de tand des tijds niet doorstaan. Controleer voor je een cavaleriezadel aanschaft de boom op scheuren, spleten of tekenen van vervorming. Bestudeer de naden in het leer, de singelbanden en het tuig goed, op zoek naar tekenen van rotting of overmatige slijtage.

McClellan zadels. Dankzij talloze artikelen, boeken en films wordt de

McClellan geassocieerd met de stoere Amerikaanse cavaleristen die naar het westen reden. Hoewel dit geweldige televisie geeft, vertaalt dit zich niet goed in trektochten. Vanuit het oogpunt van een ruiter biedt de McClellan slechte ondersteuning, omdat je goed rekening moet houden met de open ruimte tussen de bars in de boom. Echter, de meest schadelijke eigenschap van een McClellan is dat deze het lichaam van het paard kan beschadigen. De bars op de McClellan zijn kort en flaren niet naar buiten. Hierdoor verstoort de voorkant van het zadel de beweging van de voorbenen. Bovendien geeft de achterkant van de zadelboom vaak druk op de lendenen van het paard en duwt tijdens beweging diep in de rug. Omdat een McClellan-zadel ernstig letsel aan de schoft en de lendenen kan veroorzaken, wordt Long Riders sterk aangeraden om een ander zadel te kiezen.

Randonnee zadels. Na zorgvuldige bestudering van het originele cavaleriezadel ging een Franse zadelmaker, Aimé Mohammed genaamd, op zoek naar een nieuw zadel op basis van het McClellan concept. Zijn opmerkelijke creatie, het Randonnee-zadel, is een van de belangrijkste ontwikkelingen in de moderne trektochtwereld. In tegenstelling tot de smalle McClellan, heeft de bredere boog van de Randonnee geen effect op de bewegingsvrijheid van het paard, noch brengt het schade toe aan de schoft. De originele smalle bars die zoveel problemen bij het McClellan-zadel veroorzaken, zijn verbreed om het dragende oppervlak te vergroten. Daarnaast zijn ze bekleed met dik wolvilt en vervolgens bedekt met leer van hoge kwaliteit. Een andere verbetering is de verwijdering van de beruchte open zit van de McClellan. Hoewel door deze opening lucht naar de wervelkolom van het paard kan stromen, vormen de scherpe randen ervan een continu gevaar voor de rijders. De Randonnee lost dit probleem op door de zit met dik leer te bedekken.

De Randonnee heeft metalen D-ringen aan de voor- en achterzijde waaraan tassen gemakkelijk kunnen worden bevestigd. Elk zadel weegt slechts vierenhalve kilo en heeft een hoge pommel en cantle (ander woord voor lepel, dat in de western terminologie gebruikelijk is - Red.) waardoor de Long Rider diep zit met een uitstekend gevoel van veiligheid. Omdat veel Long Riders probleemloos hebben gereisd met het Randonnee zadel, wordt het aanbevolen voor iedere vorm van trektochten rijden.

Western zadels. Het westernzadel is oorspronkelijk ontworpen om cowboys te helpen met het drijven van vee. Daardoor zijn sommige eigenschappen een handicap voor een door gewicht geobsedeerde Long Rider. Cowboys zijn bijvoorbeeld trots op een zadel waarvan het leer door middel van siersnijwerk is bewerkt. Hoewel mooi om te zien, is het veel gemakkelijker om onbewerkt leer schoon te maken en te onderhouden. Ook de achtersingel die op veel westernzadels zit is niet nodig. Deze tweede singel diende om het zadel op zijn plaats te houden als de voorsingel brak tijdens een wilde achtervolging van het vee. Een andere favoriete feature van de oorspronkelijke gebruikers was de grote vierkante leren skirt. Dit geeft meer gewicht en houdt verdamping van zweet tegen.

Ga je met een westernzadel op trektocht, kies dan voor een zogenaamde roundskirt. Ten slotte is de zadelknop ontworpen om een touw aan te verankeren bij het vangen van vee. Omdat Long Riders niet bezig zijn met het achtervolgen van koeien, is de zadelknop niet relevant, behalve als een handvat bij het opzadelen. Hedendaagse zadelmakers hebben kennis genomen van de behoeften van Long Riders. Een van deze voorbeelden, de Tucker Saddle Company, maakt uitstekende zadels in westernstijl die het paard beschermen en comfort bieden aan de ruiter.

Gaucho-zadels. Hoewel de cowboy culturen van Noord- en Zuid-Amerika veel vergelijkbare eigenschappen hebben, is het aanpassingsvermogen van hun zadels daar niet één van. Het westernzadel van de cowboys heeft als basis een zadelboom die het gewicht van de ruiter verdeelt, niet knijpt in de schoft en de ruggengraat vrij houdt. Het gaucho-zadel biedt deze belangrijke bescherming niet. Hoewel het historische waarde heeft, en het bij juist gebruik tijdens korte ritten geen schade toebrengt, is dit zadel niet uitgerust om zadeltassen te dragen. De constructie is te complex en kan enorm letsel aan de rug van een paard veroorzaken. Het wordt niet aanbevolen voor lange trektochten.

Buitenlandse zadels. De geschiedenis van Long Riders toont aan dat veel andere soorten zadels met succes zijn gebruikt. Het bekendste voorbeeld is het Russische zadel dat werd gebruikt door Kozakken Long Rider Dmitri Peshkov. Hij reed van Siberië naar St. Petersburg. Het rijden in totaal andere zadels vereist wel wat aanpassingsvermogen. Je voelt je waarschijnlijk niet zeker als je op een inlands zadel gaat rijden, tenzij je er zelf bent geboren. Zo vereisen de zadels die traditioneel worden gebruikt in Mongolië, Tibet en China dat de ruiter heel hoog boven het zwaartepunt van het paard zit. Tegelijkertijd zijn de beugels zeer kort. Deze zadels voelen onaangenaam voor een westerling die lange beugels en een diepe zit gewend is.

Boomloze zadels. Paardenwervels zijn fragiel en beschadigen gemakkelijk. Een boomloos zadel concentreert het gewicht op specifieke punten direct boven de gevoelige ruggengraat. Net zo belangrijk is het feit dat een boomloos zadeldruk geeft op de wervelkolom. Dit beperkt de doorbloeding. Een zadelboom creëert een vrije ruimte over de ruggengraat van het paard, zodat daar lucht kan stromen. Boomloze zadels missen deze mogelijkheid. Voorstanders van boomloze zadels beweren dat het de beweging van de schouders niet beperkt, waarbij ze gemakshalve vergeten dat het het grootste deel van het gewicht van de ruiter rechtstreeks op de gevoelige schoft draagt.

Een belangrijk nadeel is dat een boomloos zadel tijdens het rijden kan verschuiven. Dit dwingt de ruiter om vrij strak aan te singelen en op die manier het gebrek aan stabiliteit van een zadelboom te compenseren. Voor marketingdoeleinden zijn boomloze zadelproducenten geneigd om de ruiter gerust te stellen. Ze verzuimen uit te leggen dat het comfort van de ruiter wordt vergroot ten koste van het paard. Dit gegeven werd bevestigd in 2008 toen de Society of Master Saddlers een grondige vergelijking publiceerde tussen boomloze zadels en zadels met een traditionele zadelboom. Hun bevindingen waren overtuigend. Het boomloze zadel oefende druk uit op de wervelkolom, produceerde plaatselijke druk op het lichaam van het paard, veroorzaakte pijn en leidde uiteindelijk tot weefselbeschadiging. De ongeschiktheid van boomloze zadels werd ook ervaren door verschillende Long Riders. Op termijn kregen hun paarden last van drukplekken door het ontbreken van goede gewichtsverdeling. De extreme omstandigheden die je tijdens een lange trektocht tegenkomt, vereisen dat je je paard zo goed mogelijk probeert te helpen, voor en tijdens de reis. Daarom wordt het sterk afgeraden om met een boomloos zadel op pad te gaan.

Dameszadel. Het dameszadel is een van de gevaarlijkste en meest onzinnige onderdelen van het harnachement ooit vervaardigd. Maar nog steeds wordt het dameszadel omschreven als een 'romantische' manier van rijden. De fans zijn terughoudend in het bespreken van de verschrikkelijke bijeffecten die gepaard gaan met het vastzetten van een menselijk lichaam aan de linkerkant van een galopperend paard. Er zijn een aantal onoverkomelijke nadelen voor mens en paard. In de eerste plaats is reizen met een rok aan nogal onpraktisch. Alleen opzadelen is lastig en er zijn maarliefst twee helpers nodig om op te stijgen. Eenmaal in het zadel is de amazone beperkt in de mogelijkheid om met het paard te communiceren. In deze positie kun je geen beendruk geven aan de rechterkant van het paard. Ook het doorgeven van signalen met dijen, knieën of hielen is niet mogelijk. Erger nog, amazones hebben in dit zadel te weinig bewegingsruimte voor de handen om een paard dat ervandoor gaat te keren of te stoppen. Vanwege de slechte pasvorm kan alleen een groom vanaf de grond aansingelen, en dan wel zo strak dat het paard moeite kan krijgen met ademen. De liefde voor historie mag in de praktijk geen voorrang krijgen op de veiligheid van het paard. Net zoals vrouwen niet langer een korset dragen in naam van schoonheid, is het evenmin nodig om terug te keren naar de geschiedenis van de paardensport door een dameszadel mee op trektocht te nemen.

Koop kwaliteit. Pas op voor slimme verkooppraatjes bij de zoektocht naar een geschikt zadel. Een zadel past zich niet aan, aan de rug van het paard en er bestaat ook geen zadel dat op alle 'normale' paarden past. Een passend zadel is een van je eerste zorgen. Ongeacht voor welk type zadel je kiest, koop de beste. Goedkope zadels zijn een vergissing, omdat je speelt met je leven als ze op een kritiek moment kapot gaan. Als je beperkte financiële ruimte hebt, bezuinig dan op andere zaken, maar koop nooit een mindere kwaliteit zadel.

Hoofdstuk 41 - De uitrusting voor je paard

Er zijn maar weinig dingen veranderd sinds onze voorouders de basisvereisten van de uitrusting formaliseerden. Toch is elk item een zorgvuldige overweging waard, want fouten zijn kostbaar wanneer je lang onderweg bent.

Lokale koopjes. Bedenk dat een Long Ride iets anders is dan de buitenritten die je als normale recreatieruiter in het weekend maakt. De uitrusting die je nodig hebt om het hoofd te bieden aan de omstandigheden onderweg, moet de allerbeste zijn die je kunt vinden en betalen. Daarom is het van cruciaal belang voor een Long Rider om vóór vertrek de nodige apparatuur aan te schaffen en te testen.

Zadeltassen en pommels. Een van de meest ernstige fouten die je op een trektocht kunt maken is je paard overbelasten! Een belangrijk doel van dit boek is om toekomstige trekkers te wijzen op het onverstandige idee om enorme zadeltassen voor of achter op de rug van je paard te plaatsen. Er zijn Amerikaanse bedrijven die belachelijke oversized zadeltassen ter grootte van een koffer aanbieden. Zo wordt de ruiter aangemoedigd om af te zien van het rijden met een pakpaard, waarmee ze tegelijk stimuleren om het trailpaard te overbelasten.

Alsof dit niet erg genoeg is, moedigen de makers van deze zadeltassen in de vorm van een oceaanstomer de ruiter ook aan om een immense banaantas achter het zadel te plaatsen. Deze enorme plunjezak wordt direct achter de lepel van het zadel vastgemaakt. Dit voegt niet alleen een obscene hoeveelheid extra gewicht toe aan de nieren van het paard, het geeft tevens een veiligheidsrisico, omdat het lastig is om in een noodgeval snel af te stijgen.

Er zijn regels voor zadeltassen, net zoals voor iedere andere tak van paardensport. Een zadeltas moet klein zijn. Plaats het grootste deel van het gewicht op de schouders in plaats van de nieren. De tassen moeten aan iedere kant een gelijk gewicht hebben en vanwege de constante beweging tijdens de reis, plaats je geen scherpe, harde voorwerpen aan de binnenkant van de zadeltas. Deze kunnen de flanken van het paard raken en pijn en letsel veroorzaken. Zadeltassen moeten gemaakt zijn van stevig, lichtgewicht materiaal, bij voorkeur compartimenten hebben, in ieder geval een goede bevestiging en daarnaast moeten ze absoluut regenbestendig zijn. Plaats een stukje reflecterende tape op de achterkant van de zadeltassen, zodat achteropkomend verkeer je kan zien. En vergeet niet je paard te laten wennen aan het geluid van klittenband als je vanaf zijn rug de tas openmaakt.

Zadeldekjes en dekens. Het zadeldek is bedrieglijk eenvoudig, maar toch enorm belangrijk. Het verdeelt de druk van het zadel en het gewicht van de ruiter gelijkmatig over de rug van het paard. Het vermindert schokken en vermindert drukpunten. Omdat het ademend is, absorbeert het zweet, terwijl de lucht circuleert en de rug van het paard afkoelt. Het moet zo groot zijn dat het minstens vijf centimeter rondom onder het zadel uitsteekt. Trek het zadeldek bij het opzadelen in het kanaal van het zadel, zodat de ruggengraat vrij blijft. Een zadeldek voor een pakzadel noemen we een onderlegger. Deze moet aan dezelfde eisen voldoen.

Stijgbeugels. Veel mensen onderschatten het belang van de stijgbeugel. Deze vervult twee fundamentele taken. Het stelt de ruiter in staat om veilig op te stijgen en biedt ondersteuning om tijdens het rijden het evenwicht te bewaren. Aluminium stijgbeugels zwaaien weg en zijn moeilijk te pakken wanneer je voet uit de beugel schiet. Long Rider stijgbeugels moeten zwaar genoeg zijn om je beugel gemakkelijk terug te vinden, terwijl het paard voorwaarts blijft gaan. De stijgbeugels moeten ook breed genoeg zijn voor je rijlaars of bergschoen. Ten slotte verlichten beugels met enige padding de pijn in je knieën en enkels die optreedt na een extreem lange dag in het zadel.

Singels. Het is algemeen bekend dat het zadel de rug van een paard kan verwonden, maar ook de singel kan letsel veroorzaken. Singeloedeem wordt veroorzaakt door wrijving. Net als het zadeldek mag de singel niet schuren, dit veroorzaakt schaafwonden. Een singel moet zacht en soepel zijn en warmte afvoeren. Het moet gemakkelijk te reinigen en snel te drogen zijn. Veel Long Riders geven de voorkeur aan mohair-singels, omdat ze aan al deze eisen voldoen. Hoewel de neopreen singels gemakkelijk te reinigen zijn, worden ze warm en houden ze de warmte vast waardoor de huid eronder zweterig wordt. Onderweg verliezen veel paarden gewicht. Als je singel aan de lange kant is, kun je onderweg problemen krijgen. Daarom gebruiken veel Long Riders een zeventig centimeter mohairsingel, omdat het een maat is waarmee je twee kanten op kunt.

Borsttuig en staartriem. Het borsttuig en de staartriem zijn meestal niet nodig, behalve wanneer je in bergachtig gebied komt. De meeste ruiters nemen deze niet mee op trektocht om gewicht te sparen. Maar vergis je niet, in ruig en heuvelachtig terrein, zoals de Belgische Ardennen en de Duitse Eifel, zijn het borsttuig en de staartriem bijzonder nuttig. Het borsttuig voorkomt dat het zadel naar achteren glijdt wanneer je een helling op rijdt. De staartriem voorkomt dat het zadel naar voren schuift bij het afdalen van steile paden.

Aandachtspunt is dat ze niet te strak mogen zitten. Niets is zo pijnlijk voor een paard als te worden opgezadeld met een te strak afgesteld harnachement. Een te strak borsttuig veroorzaakt schaafwonden tussen de voorbenen en drukplekken op de schoft. Een te strakke staartriem schuurt langs de staartwortel en veroorzaakt pijnlijke brandblaren. Dit type wonden zijn erg pijnlijk en genezen langzaam. Stel borsttuig en staartriem zo af dat het zadel vrij enkele centimeters naar voren en naar achteren kan bewegen. Houd het tuig schoon en soepel.

Een paard gebruikt zijn hoofd en hals om zijn evenwicht te bewaren, net zoals mensen hun armen gebruiken. Gebruik daarom bij trailpaarden geen vaste of lopende martingaal. Deze beperken het vermogen om het evenwicht te herstellen. **Hoofdstel en bit.** Dankzij het bit en het hoofdstel kunnen paard en mens subtiel communiceren zonder gesproken taal. De rijder verzendt zijn aanwijzingen via de teugels. Het paard weet, via de druk van het bit, welke verandering in richting of tempo er wordt gevraagd. Het resultaat is een stille symbiotische beweging van twee soorten. Bitten worden al met succes gebruikt sinds Kikkuli, de eerste geregistreerde paardentrainer, die deze 3500 jaar geleden in gebruik nam. Toch is er in het westen een groeiende trend om alle bitten als barbaarse werktuigen aan te merken. Voorstanders van het bitloze hoofdstel, negeren het feit dat een bit, net als elk ander gereedschap, kan worden misbruikt. Maar ook het bitloze hoofdstel, de moderne versie van de hackamore, is niet zonder fouten. Toen de Ierse Long Rider Caitriona Oleary in 2011 een bitloos hoofdstel testte, kwam ze in de problemen.

"Het hoofdstel werkte geweldig in de manege en maakte het mogelijk om zeer precieze en soepele overgangen uit te voeren. Mijn eerste twee galopsessies in het veld waren mooi en gecontroleerd. Totdat het paard besefte dat ze, als ze haar hoofd op een bepaalde manier boog, de neusriem omhoog kon werken. Ongecontroleerd ging ze het veld rond waarbij ze bijna in een omheining van draad terecht kwam. Ik stopte met de hulp van een man die zijn hond uitliet en ben het hele stuk terug naar huis gaan lopen. "

Caitriona realiseerde zich later dat het bitloze hoofdstel niet goed was afgesteld; als gevolg daarvan verloor ze de controle over het paard.

"Ik had de neusriem te hoog afgesteld, zoals je bij een Engelse neusriem ook doet. Bij dit hoofdstel dient de neusriem in een lagere positie te worden afgesteld, waar de neus gevoeliger is."

Tragisch genoeg kwam Caitriona in 2012 om bij een dodelijke ongeval tijdens een buitenrit in Engeland. Haar gepensioneerde renpaard had een bitloos hoofdstel gedragen. Het gerechtelijk onderzoek was niet in staat om te bepalen of het hoofdstel een rol heeft gespeeld bij de oorzaak van het ongeluk.

Wat Caitriona zocht, zei ze, was een gelukkiger paard. Dat is een bewonderenswaardig doel, een streven dat Long Riders door de eeuwen heen hebben geprobeerd te bereiken. Of je nu met of zonder bit rijdt, dat doet eigenlijk niet ter zake. Elk onderdeel van het harnachement kan wreed zijn als het wordt misbruikt.

Een Long Rider en zijn paard hebben aparte maar gelijke behoeften. Paarden reageren niet goed op dwang, zij zoeken emotionele stabiliteit en fysiek comfort. Vraag en zij zullen geven. Maar je kunt een continent niet doorkruisen op een paard dat niet gehoorzaamt aan een eenvoudige opdracht als stoppen! Wanneer een Long Rider in het zadel stapt, vertrouwt hij zijn leven toe aan het paard. Anders dan bij ruiters die in de rijbaan rijden, komen ruiters op trektocht vaak potentieel levensbedreigende situaties tegen. Als dat gebeurt, moet de ruiter in een fractie van een seconde een beslissing kunnen nemen om de veiligheid van alle betrokkenen te beschermen. Het is dus zaak om het delicate evenwicht te vinden tussen prettig voor het paard en veilig voor jou als ruiter.

Er zijn oneindig veel verschillende hoofdstellen en bitten. Jouw uitdaging is om uit te zoeken wat het beste werkt voor jou en je paard. Wat je niet moet doen, is meegaan met modetrends of wreedheid vergoelijken.

Een traditioneel alternatief voor het bit is de hackamore. Bij dit hoofdstel wordt de neusriem afgesteld net boven de neusgaten waar het bot dun en zacht is. Een paard is daar erg gevoelig, en zal bij juist gebruik goed op commando's reageren. Een hackamore is geschikt voor trektochten, omdat het je paard toestaat om te grazen en vrij te drinken.

Halster, leadrope en halstertouw. Het halster is een van die alledaagse voorwerpen die constant worden gebruikt en maar zelden aandacht krijgen. Het moet gemakkelijk zijn om aan te doen, sterk, flexibel, eenvoudig te reinigen en goed passen. Omdat het paard zijn halster tijdens een trektocht vaak dag en nacht om heeft, mag het nergens schuren. Net als teugels, werden halsters oorspronkelijk gemaakt van leer, maar dit materiaal is zwaar en moeilijk te onderhouden. Daarom zijn de meeste halsters nu van stevig nylon, met een stalen ring en gespen. Nylon halsters kunnen eenvoudig worden gerepareerd.

Hoewel katoenen touw zacht is voor de handen, beschadigt het gemakkelijk, bijvoorbeeld als het over de grond sleept, als het paard erop stapt of als het tegen ruwe oppervlakken schuurt. Synthetisch touw van goede kwaliteit is sterker, duurzamer en net zo flexibel als katoen. Klimtouw werkt goed voor trektochten. De meeste ruiters kiezen touw met een diameter van elf millimeter, omdat het gemakkelijk is te hanteren en te strikken. Een touw moet tussen de tweeënhalf en drie meter lang zijn. Een metalen veiligheidssluiting zorgt dat je een paard in geval van nood onmiddellijk kunt losmaken.

Voerzak en wateremmer. Krachtvoer zorgt er niet alleen voor dat je de conditie van je paard behoudt, het geluid van brokken of graan in de voerzak fungeert als een magneet. Reinig de zak wel regelmatig en wees voorzichtig met drinken. Als een paard met een voerzak om zijn hoofd wil drinken en de zak vult zich met water, kan het paard staande verdrinken. Check dus of er gaatjes langs de rand zitten waardoor er wel water, maar geen graan naar buiten kan stromen. Een ander, zeer handig item dat vaak vergeten wordt, is een opvouwbare emmer.

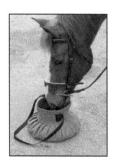

De Fransen hebben dit systeem verbeterd door een opvouwbare emmer te maken die een dorstig paard niet omver kan werpen.

Een bel. Een bel is van enorme praktische waarde op een lange trektocht. Overdag zijn ze een muzikale aanvulling op de voetstappen van je paard. De bel geeft aan passanten de geruststellende boodschap dat je niets te verbergen hebt. Tevens waarschuwt de bel voetgangers dat je eraan komt. Long Riders die in een gebied met beren rijden, weten dat het scherpe geluid van een luide bel een onverwachte ontmoeting helpt voorkomen. Dit is vooral belangrijk als je met de wind mee reist en een beer of een ander dier je nadering niet kan ruiken.

Hoewel bellen overdag nuttig zijn, zijn ze 's nachts echt een belangrijk hulpmiddel. Het gebeurt altijd wel een keer dat je paard onderweg ontsnapt. Het ritmische geluid van de bellen maakt dat je je dieren 's nachts rustig hoort grazen. Elke plotselinge beweging zal je waarschuwen. Het zachte geluid zorgt dat je weet dat je paarden in de buurt zijn, dat geeft rust. Je zult ontdekken dat je de bellen zelfs in je slaap kunt horen.

Als er iets misgaat, zal het geluid van de bellen je vertellen in welke richting de paarden ontsnappen. Een goede bel is over grote afstand te horen. Een ontsnapt paard kan zich in het donker heel stil houden, maar zijn bel zal je vertellen waar hij is.

Draagt je paard alleen 's nachts een bel, zorg er dan voor dat de riem net strak genoeg zit om om niet van het hoofd af te glijden maar niet zo los dat hij blijft haken aan takken. Laat je paard ruim voor vertrek wennen aan het dragen van een bel om zijn nek.

Poetsspullen. Hoewel je het gewicht van de bepakking zo laag mogelijk wilt houden, moet je wel je paard schoon kunnen houden. Een harde en een zachte borstel en een sterke hoevenkrabber zijn noodzakelijk. Ga er niet vanuit dat deze items aan de andere kant van de wereld te koop zijn.

Paarden EHBO-kit. Noodsituaties komen echt voor en zijn angstaanjagend. Zorg ervoor dat je altijd verband bij je hebt, een antiseptische spray, een ontstekingsremmende gel, een antibioticakuur indien beschikbaar, en een breedspectrum ontwormingsmiddel.

Onderhoud je materiaal. Verwaarloosd harnachement is een bron van problemen en kan ernstig letsel veroorzaken. Controleer ruim voordat je op pad gaat alle stiksels en gespen en ga niet op pad met versleten spullen. Een dagelijkse taak is om je tuigage zo schoon en droog mogelijk te houden. Veel Long Riders dragen een kleine reinigings- en reparatieset bij zich met daarin zadelzeep, spons, wasdraad, een priem, ducttape en een extra gesp.

Hoofdstuk 42 - Pakzadel

Aan het begin van de 21e eeuw veranderde een niet-gerapporteerde revolutie een van de fundamentele aspecten van paardensport. Dit gebeurde toen Long Riders over de hele wereld het Canadese verstelbare pakzadel van Custom Pack Rigging gingen gebruiken.

Tot de komst van dit opmerkelijke zadel werden pakpaarden routinematig verwond door verouderde, inefficiënte zadels, zoals dit primitieve pakzadel dat in Guatemala wordt gebruikt.

De bars van het Canadese pakzadel, gemaakt van onbreekbaar ABS-kunststof, zijn aan de onderkant bekleed om niet te schuiven op het zadeldek. Ze zijn verkrijgbaar in twee vormen. De platte vorm is speciaal voor muildieren, het andere ontwerp is voor paarden. Dankzij de mogelijkheid om het zadel te verstellen kan dit pakzadel eerst op het ene dier en dan op een ander dier worden gebruikt zonder dat je het helemaal moet aanpassen. Hierdoor is het Canadese pakzadel geschikt is voor elk type lastdier, van een kleine Shetland-pony tot een enorme kameel. Deze verstelbaarheid is belangrijk, zelfs als je maar één pakpaard mee op trektocht neemt, omdat de rug van je paard misschien ook van vorm verandert onderweg.

Dit pakzadel doorstaat alle weersomstandigheden en is geschikt voor alle klimaten en voor ieder type lastdier. Het veroorzaakt geen drukplekken, vereist geen speciale training en is betaalbaar. Een ander voordeel is dat het hele zadel in onderdelen uit elkaar kan wat het gemakkelijk maakt om te verschepen of anders te transporteren. Door de komst van dit zadel zijn alle andere types en systemen overbodig geworden.

Het Canadese pakzadel is uitgerust met een brede mohair-touwsingel die aan het zadel is vastgemaakt met nylon webbing, een combinatie die nauwkeurige afstelling van de singel mogelijk maakt.

Zadelkisten. De harde kunststof kisten zijn gebogen om goed aan te sluiten op de ribbenkast van het paard. Elke kist is voorzien van riemen waarmee deze eenvoudig aan het pakzadel kan worden opgehangen. Voor dit eenvoudige systeem hoef je geen expert te zijn in knopen leggen en sjorbanden bevestigen. Het resultaat is een pakzadel dat door één persoon kan worden opgeladen. De kisten zijn verkrijgbaar in bruin, groen of fluorescerend oranje. Deze laatste kleur werkt goed bij trektochten, omdat je goed zichtbaar bent voor verkeer. Het is ook aan te raden om reflecterende tape op beide achterkanten van de kisten te plakken om je zichtbaarheid te vergroten. In het kamp dient de ene kist als een handige tafel, en de andere als stoel. Reis je door een gebied met beren, schaf dan kisten aan die luchtdicht kunnen worden afgesloten en niet kunnen worden open gepeuterd door hongerige jagers.

Onderleggers voor pakzadels. Vanwege het dode gewicht aan het zadel, is een goede onderlegger erg belangrijk. Om voldoende bescherming tegen drukpunten te bieden, moet een onderlegger groter en dikker zijn dan een normaal dekje. Een typische onderlegger voor een pakzadel is 75 x 100 cm.

Custom Pack Rigging biedt een uitstekende selectie onderleggers van topkwaliteit. Sommige zijn gemaakt van zacht, dik vilt, dat aan de bovenkant is bekleed met zacht leer. Deze onderleggers zijn slijtvast, zacht, koel en gemakkelijk te wassen. Zorg dat er geen schurende materialen zoals canvas direct tegen het lichaam van je paard aankomen en houd je onderlegger heel erg schoon.

Hoofdstuk 43 - Uitrusting voor de ruiter

Een waardevolle Long Rider-uitspraak is: "Hoe meer je weet, hoe minder je nodig hebt."

Maar hoe bepalen we wat we nodig hebben? Sinds die dag, lang, lang geleden, waarop de eerste mens zijn been over een paard zwaaide en de horizon tegemoet reed, hebben ruiters een goede reden nodig voor alles wat ze mee willen nemen.

Op trektocht is het streven om praktisch te zijn, niet betoverend mooi. De kleding is afhankelijk van de reis, het seizoen en de landen waarin je rijdt. Omdat deze factoren variëren, is het onmogelijk om dogmatisch of specifiek te zijn. Toch zijn sommige basiselementen van trektochten door de eeuwen heen constant gebleven.

Gemakkelijke kleding. Er wordt gezegd dat er niet zoiets bestaat als slecht weer, alleen slechte kleding. Long Riders hebben met succes gereden in elk type klimaat, variërend van min 50 graden Celsius in Siberië tot ruim boven de 50 in de Sahara. Deze extremen bevestigen dat goede kleding bijdraagt aan het succes van de ruiter. Vermijd alles dat ongemak kan veroorzaken. Geen te strakke mouwen die je bewegingsvrijheid belemmeren. Draag geen kleding die wappert of klappert in de wind, je wilt niet dat je paard steeds sneller gaat lopen bij een briesje.

Cultuur of comfort. Comfort is een noodzaak, maar hoe zit het dan met de lokale culturen? Waar op de wereld ook, de mens voelt zich het meest prettig in de kleding waarmee hij is grootgebracht. Maar kiezen we voor wat ons, of wat anderen behaagt? Zijn er repercussies als we comfortabel zijn voorrang geven boven lokale gebruiken? Kunnen we het ons veroorloven om de vijandigheid te negeren die onze kleding onbedoeld kan losmaken? Door de geschiedenis heen hebben Long Riders de noodzaak erkend om respectvol om te gaan met lokale tradities en te harmoniseren met hun omgeving.

Shirt en broek. Naarmate de globalisering toeneemt, worden Long Riders geholpen door het feit dat mensen steeds meer gestandaardiseerde kleding aantrekken. Toch moeten rijkleding in de eerste plaats comfortabel en functioneel zijn. Als je voor western-jeans kiest, zorg dan dat ze niet te strak zitten. Lange mouwen geven extra bescherming bij fris weer, en bij warm weer rol je ze op. Veel Long Riders hebben ontdekt dat sportkleding voor bergbeklimmers waterbestendige bescherming en ademend comfort bieden. Ook erg prettig tijdens een trektocht. Sommige nieuwe kleding is gemaakt van stof met een ingebouwde insectenverdelger. Mooi, maar alles wat je onderweg draagt, moet gemakkelijk te wassen zijn.

Jas. Op trektocht zijn er drie plaatsen om spullen op te bergen - op de ruiter, op het rijpaard en op het pakpaard. Houd je persoonlijke benodigdheden dicht bij je, in een jas met veel zakken. In je jas neem je kleine, lichtgewicht spullen mee die je in een onvoorziene situatie snel moet kunnen grijpen. De Kakadu Company in Australië maakt duurzame waxjassen en bodywarmers met meer dan een dozijn zakken.

Het kan gebeuren dat je een jas per ongeluk ergens achterlaat of dat hij wordt gestolen. Draag daarom de meest waardevolle documenten in een dun buiktasje op je lichaam. Dit tasje vervangt je portemonnee, die tijdens het rijden uit je zak kan vallen, of een ongemakkelijke bult in een zak kan zijn waardoor je niet lekker rijdt. Wat je niet mag vergeten is veiligheid. Neem altijd een reflecterend vest mee, zodat je goed zichtbaar bent in het verkeer en in het donker.

Schoeisel. Een fundamentele regel komt uit het Amerikaanse leger, wiens standaard marslied was "walk a mile, ride a mile". Zowel jij als je paard profiteren ervan als je regelmatig loopt. Je paard kan zijn rug ontspannen en jij wordt niet stijf van te lang in het zadel blijven. Daarom moet je schoeisel comfortabel genoeg zijn om te rijden, te wandelen en te rennen. Loop je schoenen of laarzen goed in voor vertrek!

Een hoed. Een hoed is van cruciaal belang, omdat deze helpt je lichaamstemperatuur te reguleren. De hoge kroon isoleert en de brede rand beschermt je gezicht tegen de zon. Een lichtgekleurde hoed houdt je koel. Een zwarte hoed houdt warmte vast en kan twintig graden warmer zijn dan een witte hoed die de zon weerkaatst. Vergeet tijdens een trektocht niet om een koordje aan je hoed vast te maken. Dit koordje kun je onder je kin doen en aantrekken, zodat je niet je hoed verliest als deze door de wind gegrepen wordt tijdens een galopje.

Hoewel de tulband strikt genomen geen hoed is, heeft de geschiedenis de veelzijdigheid ervan aangetoond. Niet alleen kun je door het dragen van een tulband gemakkelijk integreren met de lokale bevolking, het biedt uitstekende bescherming tegen zon en wind in de woestijn. Je kunt het uiteinde om je gezicht wikkelen om minder vocht te verliezen en je gezicht niet te verbranden. En daarnaast kun je een tulband voor vele andere zaken gebruiken, bijvoorbeeld om een emmer in een diepe put te laten zakken.

Een cap. De meeste mensen beschouwen een cap als vast onderdeel voor de veiligheid. Er zijn mensen die denken dat ze door het dragen van een cap onschendbaar zijn en daardoor roekelozer gaan rijden. Aan de andere kant zijn er ook veiligheids fanaten die doorschieten in het idee dat de cap ultieme veiligheid kan waarborgen. In de praktijk gaat het nog altijd over gezond verstand.

Don Andrews is een expert in sportgeneeskunde, gespecialiseerd in professionele rodeo. Hij uitte zijn bezorgdheid over het feit dat extra gewicht van een helm aan de nek van de ruiter de beweging van het hoofd bij een val vergroot.

"De oplossing is niet zo eenvoudig als het lijkt. Wat we hebben ontdekt, is dat we met helmen, een groter aantal wervelblessures zien. Elke keer dat er een kracht wordt uitgeoefend, wordt deze op een ander gebied overgebracht. De helm breekt de klap, maar brengt de energie over op de wervelkolom. Als je het gewicht aan het uiteinde van een hevel, het hoofd in dit geval, verhoogt, vraag je om nekletsel."

Hoewel een cap bescherming kan bieden, zijn ze niet ontworpen als wondermiddel dat onverantwoordelijk rijden stimuleert. Op een trektocht streef je ernaar om je paard te allen tijde onder controle te houden. Ondanks alle zaken die je op je lichaam aanbrengt om je veiligheid te verhogen, zal paardrijden altijd een zeker risico met zich meebrengen.

Handschoenen en bandana's. Handschoenen beschermen je handen niet alleen tegen de kou, maar ook tegen zonnebrand. Ze voorkomen blaren van de teugels en verminderen de kans op blessures. Handschoenen van zacht leer zijn uiterst comfortabel - zolang ze droog blijven. Wanneer leren handschoenen nat worden door sneeuw of regen, voelen je handen aan als blokken ijs. Wissel naar geïsolcerde, waterdichte handschoenen als het weer dit vereist.

Een grote katoenen bandana is een veelzijdig item. Het beschermt je nek tegen de zon en de wind, maar het kan ook dienst doen als washandje, verband of tourniquet.

Regenkleding. Op een trektocht krijg je onvermijdelijk te maken met regen. In de ochtend neem je een fundamentele beslissing. Laat je je nat regenen en trek je in het kamp droge kleren aan of bescherm je jezelf tegen de elementen voordat ze toeslaan?

Gebruik geen poncho! Of hij nu is gemaakt van waterdicht canvas, rubberdoek of wol, neem hem niet mee op trektocht. Door het open einde worden je armen en benen nog steeds nat en door de vorm ontstaat er een koude wind om je lichaam heen. Erger nog, als de wind er vat op krijgt, probeer jij vanuit het zadel het vervloekte ding uit je gezicht te trekken, terwijl je paard al bokkend de benen neemt. Een poncho is geen bescherming tegen de regen. Je drapeert jezelf in je lijkwade.

Er zijn twee veilige alternatieven voor onderweg, een regenpak of een regenjas. Steeds meer Long Riders kiezen voor lichtgewicht, waterbestendige regenjassen van Gore-Tex, gemaakt van sterk reflecterend materiaal. Een jas en broek kunnen worden samengeperst en opgeslagen in een zeer klein tasje dat in je zadeltas past. Beide koop je enkele maten te groot, zodat er warme kleding onder past. Deze reflecterende buitenlaag houdt je niet alleen knus en droog, het zal ook automobilisten attenderen op jouw aanwezigheid op een donkere en regenachtige dag. Warme, waterdichte handschoenen, met lange manchetten zijn ook een zegen op natte en winderige dagen.

Warm blijven. Kledingstukken voor slecht of koud zijn geen mode items, ze zijn ontworpen om de omstandigheden het hoofd te bieden. Tijdens een deel van de rit loop je naast je paard, waardoor je warm blijft. Maar eenmaal in het zadel, zal je bloedcirculatie verminderen en dan kruipt de kou naar binnen.

Chaps en Chinks. Er is een verschil tussen leren chaps en chinks. Lange chaps lopen van je bovenbeen tot aan je enkel, terwijl chinks alleen het bovenbeen en de knie beschermen. Een ruiter op trektocht heeft de meeste behoefte aan bescherming vanaf de knie tot aan de enkel, daarom zijn chinks niet zo zinvol op trektocht. Een nadeel is dat traditionele lange chaps worden vastgemaakt door een stevige riem met gespen aan de achterkant en een leren veter die de aan de voorkant de pijpen bij elkaar houdt. Cowboys verongelukten soms als hun paard ging bokken en de lange chaps aan de hoorn van het westernzadel bleef haken.

Zowel lange chaps als chinks zijn zwaar, vooral als ze nat worden. Chaps en chinks zijn meer geschikt voor het echte cowboywerk met koeien. In Nederland kennen we de kortechaps, leren stukken die met een rits aan de kuit worden bevestigd en zo het onderbeen beschermen.

Sjerp. Een vergeten, maar heel bruikbaar onderdeel van de ruiteruitrusting is de sjerp. Een lange doek die stevig om het middel werd gewikkeld, van net onder de ribben, tot aan de heupen, diende om de interne organen te ondersteunen en de onderrug te versterken tijdens extreem lange afstanden. Ruiters uit Centraal-Azië, die een brede sjerp droegen, van vaak wel vierenhalve meter, beweerden dat het hen extra kracht gaf en misselijkheid tegen ging.

Sporen en zweep. Omdat trailpaarden goed getraind, looplustig en emotioneel stabiel zijn, dragen maar weinig Long Riders een zweep. De lange dressuurzweep is ondenkbaar. Een korte zweep waarmee een ruiter, tijdens een buitenrit of vossenjacht, een hek kan openen zonder af te stappen, is evenmin nodig en tevens een belasting voor je handen.

Sporen zijn in principe geen probleem, alleen is de reden waarom Long Riders ze dragen een andere dan die van dressuurruiters. Het doel is een pragmatische aanpak in lastige situaties. Tijdens een normale dagtocht laat je het paard zoveel mogelijk in relatieve vrijheid voorwaarts gaan. De dagelijkse hulpen bestaan meestal uit halthouden en weer voorwaarts gaan. Maar omdat de wereld vol gevaren is, moet je altijd voorbereid zijn op fysieke chaos en emotionele verwarring. Als dit gebeurt, is er geen tijd voor discussie met je paard of onduidelijke hulpen. Hij moet onmiddellijk reageren op je aanwijzingen om de snelheid te verhogen of scherp te draaien, anders zijn jullie misschien allebei gewond. Op zo'n moment kun je sporen gebruiken.

Sporen zijn niet alleen een symbool van een rang in het leger. Op de juiste wijze gebruikt, is het een effectief hulpmiddel dat een paard kan waarschuwen voor gevaar, hem kan attenderen op een hulp en hem uit gevaar kan begeleiden. Om zonder wreedheid te gebruiken, haal je de wielen van een spoor af of schuur je ze stomp.

Kompas en verrekijker. Een nauwkeurig kompas is een waardevol en mogelijk levensreddend stukje van je uitrusting. Je hebt het naast een GPS, die mechanisch zou kunnen falen. Een kompas, hoe klein ook, is altijd te gebruiken.

Een compacte verrekijker helpt bij het vinden van onderdak en je oriënteren in het landschap.

Messen. Er zijn twee soorten messen, vaste messen en inklapbare messen, ofwel zakmessen. Beide hebben hun voordelen en beiden gaan mee op trektocht. Een mes gebruik je elke dag bij verschillende karweitjes. Een noodsituatie doet zich voor zonder waarschuwing, zorg dus dat je mes altijd binnen handbereik is. Ook als je slaapt houd je het in de buurt. Als de behoefte zich voordoet, kruip je je bed uit en kun je het direct gebruiken.

Gereedschap. Soms is het nodig om onderweg reparaties uit te voeren. Je kunt bijvoorbeeld kleding repareren of tuigage herstellen. Er zijn verschillende soorten multifunctionele tangetjes op de markt. Deze tangetjes, met vierkante punten, gebruik je voor het verwijderen van hoefnagels, om een hete pan of beker op te tillen, een naald door zware stof te trekken of om een draad van een omheining door te knippen. Net als je mes, is dit een klein maar belangrijk onderdeel van je uitrusting dat je altijd bij de hand moet hebben. Of je nu een mes, gereedschap, wapen of camera bij je hebt, maak deze niet aan je riem vast. Je kunt je heup breken als je op je gereedschap landt. Draag je mes, kompas, verrekijker en tang in je jaszak, niet op je heup.

Veldfles. De gemiddelde veldfles uit de dumpstore weegt als hij gevuld is zo'n twee kilo. Dat is een groot gewicht om je trailpaard mee te belasten. Een ervaren ruiter reist langs een route waar voldoende water beschikbaar is. Hij zal drinken als zijn paard dat doet. Volle veldflessen, zie je in Hollywood-films, niet op het hardwerkende trailpaard tijdens een lange trektocht.

Persoonlijke spullen. Bedenk dat elk item, hoe klein ook, nog steeds iets weegt. Hoewel de omstandigheden variëren, afhankelijk van het land, het terrein en het klimaat, zijn dit de items die alle Long Riders consequent in hun zadeltassen bij zich hebben:

- Halster en touw,
- Harde borstel,
- Zachte borstel,
- Hoevenkrabber.
- Tandenborstel,
- Toiletartikelen,
- Zeep,
- Metalen spiegel,
- Zonnebrandcrème
- Zonnebril,
- Zaklantaarn,
- Kaarten,
- Camera,
- Dagboek
- Schrijfgerei.

Hoofdstuk 44 - Elektronische apparatuur

Expeditie te paard, waar traditie en technologie elkaar ontmoeten.

Laptops. Long Riders die die in hun eigen land rijden, nemen misschien geen laptop mee, in de hoop dat ze internettoegang kunnen vinden in een plaatselijke bibliotheek of in het huis van een gastheer. Maar als je op een lange expeditie gaat, waarbij je een aantal landen doorkruist, is het te overwegen om een zeer lichte laptop in te pakken. Onthoud echter twee dingen. Zowel je apparatuur, als je informatie kan worden gestolen. Dieven zien reizigers als wandelende portemonnees. Het bewaken van je waardevolle computer wordt een primaire taak. Je pakkisten van een slot voorzien en deze, als je niet aan het rijden bent, vastzetten aan een vast object schrikt dieven af. Waar je wel rekening mee moet houden is inmenging van de overheid bij grenscontroles. Long Riders die de Verenigde Staten binnenkomen moeten zich ervan bewust zijn dat alles wat elektronisch is in beslag kan worden genomen, gekopieerd of vernietigd door overheidsagenten, zonder toestemming. Heb je een laptop mee, zorg ervoor dat reisdocumenten en aantekeningen regelmatig worden gebackupped om diefstal of inbeslagname te compenseren.

Zonnelader. Op trektocht kun je je eigen elektriciteit opwekken met behulp van zonnepanelen. Opladers voor zonne-energie zetten zonlicht rechtstreeks en betrouwbaar om in elektriciteit, zonder brandstof of bewegende delen. Een draagbare zonnelader is voldoende voor telefoon, tablet en laptop en een goed item om mee te nemen op reis. Ook hier geldt, kies kwaliteit, je zult daar plezier van hebben.

Telefoons. Betaaltelefoons worden steeds moeilijker te vinden en zullen binnenkort een verouderde vorm van technologie zijn. Daarom is het goed om je eigen telefoon mee te nemen op reis. Sinds juni 2017 zijn de roamingkosten in EU landen overal gelijk en betaal je in een EU land evenveel voor datagebruik als in je eigen land. Maar let op, dit geldt alleen voor internetgebruik, niet altijd voor bellen.

Naast het kunnen oproepen van hulp in geval van nood, is de mobiele telefoon ook zinvol om een veiligheidsnetwerk voor je paarden te onderhouden.

Tijdens zijn rit van Mongolië naar Hongarije in 2004 gebruikte Tim Cope zijn telefoon om essentiële medische informatie van een dierenarts te verkrijgen. "Een van mijn meest waardevolle contacten is een gespecialiseerde paardendierenarts in Australië. Als er iets misgaat, bel ik haar op en praat ze me door alles heen. Dit kan heel geruststellend zijn als de lokale bevolking je vertelt dat je paard zodanig geblesseerd is dat hij nooit meer verder kan, terwijl in werkelijkheid de blessure of het probleem heel gemakkelijk kan worden behandeld."

De ontwikkelingen gaan snel. Voordat Filipe Leite in 2012 op reis ging van Canada naar Brazilië, voorzag hij zichzelf van een smartphone. Het duurde niet lang voordat hij zich realiseerde hoe nuttig het was. "Ik heb de afgelopen elf maanden mijn iPhone gebruikt. Het was mijn wekker in de ochtend, mijn gids onderweg, laat me foto's delen in seconden en is mijn lijntje met familie en vrienden. Het heeft een ongelooflijke camera, is super licht van gewicht en zeer duurzaam. "

GPS. Het Global Positioning System (GPS) maakt gebruik van een systeem van vierentwintig satellieten die twintigduizend kilometer boven de aarde zweven. Iedere satelliet draait twee keer per dag zijn baan om de aarde en geeft daarbij een constant positiesignaal af.

American Long Rider Ed Anderson was de eerste die succes rapporteerde met een GPS-trackingsysteem dat bekend staat als de SPOT. Niet alleen biedt het nauwkeurige geografische nauwkeurigheid, het stelt de reiziger ook in staat berichten door te geven. Een andere waardevolle eigenschap van de SPOT is de noodknop. Het verzendt het bericht 'Ik heb hulp van vrienden nodig', samen met je locatie op Google Maps.

Routekaarten met GPS. Het is van onschatbare waarde om toegang te hebben tot de meest actuele satellietkaarten. De technologie ontwikkelt zich ook op dit gebied in razend tempo. De Britse Long Rider Elizabeth Hill werkte met de gps device Satmap. Dit handzame apparaat herbergt een schatkamer vol zeer nauwkeurige kaarten. Het geeft de kaart weer op een 3,5-inch (9 centimeter) kleurenscherm. Het grootste voordeel van een gps is de duurzaamheid van de batterij, die in de slaapstand tot honderdtwintig uur meegaat.

Wedden op het verkeerde paard. Hoewel al die technologie zijn voordelen heeft, doe je er op trektocht goed aan om niet alleen te vertrouwen op batterijen voor noodgevallen. Een te grote afhankelijkheid van geavanceerde technologie kan een vergissing zijn. Oudere hulpmiddelen en vaardigheden zijn als je op trektocht bent nog steeds belangrijk. Dit was een les die American Long Rider Katie Russell tijdens haar rit door de ruige bergen van Montana leerde: "Hoewel we over de nieuwste technologie beschikten, vertrouwden we op traditionele hulpmiddelen, zoals onze bijl, kompas en outdoor vaardigheden om warm en gevoed te blijven. Dus hoewel technologie een hulp is, is het geen oplossing," zo waarschuwt ze.

Alles heeft zijn prijs. Moderne technologie heeft een wereld geschapen die onze overgrootouders nooit hadden kunnen bedenken. Door op een knop te drukken vliegen berichten door de ether om te verschijnen in een ander continent. Alles gaat steeds sneller en de wereld wordt steeds kleiner. Maar wanneer je onderweg bent, zul je, net als je grootouders, nog steeds op zoek moeten naar gras, water en een veilig onderdak. Daarom is het goed om je te realiseren dat je overbelast kunt raken door sociale media.

De laatste paar jaar is er een explosie van nieuws, eindeloos entertainment en onverzadigbare interactie met ontelbare vreemden die zichzelf onze 'vrienden' noemen. Wat weinigen beseffen is dat er een prijs hangt aan deze meedogenloze stroom van communicatie. Het gevaar is dat het verslavend werkt.

Een van de meest waardevolle dingen die je tijdens je trektocht zult ontdekken, is een verhoogd zelfbewustzijn. De snelste manier om dit gevoel te vernietigen is via de non-stop verbinding met sociale netwerken.

Waar vroege websites van Long Riders informatie gaven over de route en de missie, moedigen moderne sociale netwerken mensen aan om geobsedeerd te raken door zichzelf en voortdurend feedback te krijgen over hun activiteiten. Zeer regelmatig zien we hoe ruiters het publiek vervelen met onnodige details over hun dagelijks bestaan. Deze diarree aan details veroorzaakt onverschilligheid en vervolgens irritatie onder degenen die worden blootgesteld aan dit nieuwe type spam. Het resultaat bij de volgers is een verlies van interesse, daarna vertrouwen, en uiteindelijk afkeer.

Bovendien wordt elk mysterie van de reis in de wieg gedood, omdat iedereen op aarde weet wat de persoon eet, ziet, zegt, hoort en denkt tijdens de reis. En als zich een noodsituatie voordoet, word je publiekelijk aan de schandpaal genageld. Contact houden met je moeder of je partner is één ding. Je waardigheid behouden is een tweede.

Blootstelling aan constante input van het internet maakt dat we in paniek raken als we op onszelf zijn. Alleen zijn is een belangrijk onderdeel van je innerlijke reis. Streef ernaar om de cyclus van ruis te doorbreken die het moderne leven vergiftigt. Behalve kilometers maken, is het komen tot conclusies over zaken die jou bezighouden een prioriteit. Weersta de druk om constante updates te leveren aan thuisblijvers en leg uit dat je de behoefte hebt om te genieten van de tevredenheid die ontstaat bij het rustig onderweg zijn met je paard. Laat de sociale netwerken niet de essentie van je spirituele reis binnendringen.

Zoals de Zwitserse Long Rider Basha O'Reilly waarschuwde: "Technologie moet onze bondgenoot zijn, niet onze heerser. Je kunt je ziel niet verkennen als je geobsedeerd bent door het plaatsen van updates op Facebook."

Hoofdstuk 45 - Groomauto's

De meeste ruiters die op een lange trektocht gaan, zullen hebben nagedacht over mogelijke beproevingen die ze onderweg tegen kunnen komen. Sommigen kiezen voor een ondersteuningsvoertuig. Besef dat deze vorm van reizen onverwachte gevaren met zich mee kan brengen.

Blijf op de veilige weg. Er zijn twee soorten reizigers; degenen die vertrekken om te arriveren en degenen die op weg gaan om te ontdekken. Bestuurders van een auto behoren tot de eerste categorie; Long Riders tot de laatste.

Gemechaniseerd reizen is bedacht om je gevoel van veiligheid te behouden. Afwijken van de route wordt ontmoedigd. Uitdagingen worden uit de weg gegaan. Angst en onzekerheid zijn ongewenst. Vanuit de metalen cocon kijkt de geïsoleerde bestuurder als door een waas naar de wereld om zich heen. Gevangen achter zijn voorruit, beleeft hij het leven als een tweedehands ervaring.

Zodra je op een paard stapt, bezie je de wereld vanuit een nieuw perspectief. Trekken te paard gooit je in een klap midden in je omgeving. Je zintuigen komen tot leven als je de natuur om je heen ziet, ruikt, hoort en aanraakt. Vanuit het zadel heb je constant contact met de lokale bevolking. Je bent geen gerobotiseerde toerist die de menigte volgt van de ene mega-attractie naar de andere. Op zo'n reis, die door ritme bepaald wordt, ben je niet geobsedeerd door snelheid of deadlines.

In zijn gedicht 'Ode to the Long Rider' schreef American Long Rider D.C. Vision: "Vanuit het zadel krijg je altijd de volledige sensuele impact die fossiele brandstof chauffeurs in hun dozen nooit zullen vinden. Aan dit tempo ligt een aloude, natuurlijke hartslag ten grondslag, waarbij ruiter, paard en omgeving hun verbondenheid ontdekken."

Er zijn echter ook situaties denkbaar waarin de noodzaak om jou en je paard in leven te houden, vereisen dat je een ondersteuningsvoertuig organiseert.

Noodzakelijk transport. De overgrote meerderheid van de trektochten vereist niet veel meer dan zadeltassen en een pakpaard. Maar uitzonderingen bestaan en soms worden ruiters door omstandigheden gedwongen een voertuig te gebruiken. Als je route dit vereist dan zijn er een aantal zaken waar je rekening mee moet houden.

Uitgestelde dromen. De eerste overweging is dat de planning in de war wordt geschopt vanwege mechanische problemen. Dit overkwam een jonge Amerikaanse vrouw die van plan was om "van oceaan naar oceaan" te rijden. Haar paard was klaar en haar route georganiseerd, toen ze met spijt het publiek moest informeren dat er op het laatste moment een aantal dure reparaties aan haar groomauto moesten worden gedaan, waardoor ze nog wel een droom en een paard had, maar geen budget meer voor de trektocht.

Verzekering. Sommige landen staan wel toe dat een buitenlander een voertuig aanschaft, maar verzekeren is niet mogelijk. Dit is bijvoorbeeld het geval in Engeland, waar Amerikanen wel een auto kunnen kopen maar geen verzekering kunnen afsluiten. Aangezien hun eigen verzekering thuis het rijden door andere landen niet dekt, zitten ze met een onverzekerd voertuig.

Vijandigheid. Een ander nadeel is dat een groomauto ongewenste aandacht kan trekken of de lokale bevolking kan afstoten. De Canadese Long Rider Bonnie Folkins huurde een robuuste UAZ terreinwagen voor haar tocht door het noorden van Kazachstan. Hoewel het in het veld een betrouwbare hulp bleek, creëerde de auto een onverwacht probleem. Omdat deze in Mongolië was geregistreerd, had de lokale bevolking in Kazachstan een enorme weerstand tegen zijn aanwezigheid.

Onverenigbare prioriteiten. Hoewel reparatiekosten, dure brandstof en kostbare verzekeringen zorgelijk zijn, zijn ze minder vaak de reden van het stoppen van een trektocht dan de zwakste schakel in deze keten; de bestuurder.

Wanneer je paarden en ondersteunende auto's samenbrengt, probeer je een delicaat evenwicht tot stand te brengen tussen twee niet verenigbare definities van tijd.

Het trailpaard is een symbolische brug tussen de natuur en de Long Rider. Hij brengt je midden in de natuur zonder je te omsluiten zoals een machine dat zou doen. Het ritme van zijn voetstappen weergalmt je hartslag. Langzaam rijdend richting de horizon met zes kilometer per uur vertraagt je lichaam, schoont je ziel op en brengt je op een plaats in jezelf waar je diepe tevredenheid ervaart. In een door haast geobsedeerde wereld, is de eerste les die je paard je leert, om te vertragen.

In contrast met dit gevoel, snelt de bestuurder van de groomauto door het landschap, waar de ruiter met zijn paard zo in opgaat. De auto biedt de bestuurder geen persoonlijke interactie met de omgeving, het snijdt hem ervan af. En nog erger, de auto stelt hem in staat om de dagelijkse afstand die een paard kan afleggen, in minder dan een uur te overbruggen. Het resultaat is dat de bestuurder de bestemming van die dag in korte tijd bereikt, om vervolgens de dag te spenderen aan nadenken waarom hij dit eigenlijk doet, die traag reizende paarden begeleiden.

Ongeacht in welk land je bent. wanneer je snelbewegende bestuurders combineert met langzame ruiters te paard, ontstaat er vaak ruzie die eindigt in stoppen.

Belangenconflicten. Long Riders zijn gepassioneerd over het realiseren van hun dromen. Maar mensen die worden ingehuurd om een groomauto te besturen, hebben geen bijzondere verbinding met de dromen van de ruiter. Wat in eerste instantie gemakkelijk lijkt, geeft al snel eindeloze verveling bij de bestuurder.

Weglopende bestuurders. Het komt wel eens voor dat de chauffeur je 'in the middle of nowhere' achterlaat. Het komt ook voor dat de ruiter wenst dat dit gaat gebeuren. Als je besluit om een chauffeur in dienst te nemen of mee te vragen, zoek dan iemand die niet schuchter is, geen heimwee heeft, die zich niet snel verveelt en die ook nog van wat avontuur houdt, en paarden.

Liefde in plaats van geld. Er zijn enkele prachtige uitzonderingen op de regel over luie of niet loyale chauffeurs. De beste chauffeurs bevinden zich onder familieleden, geliefden van de langzaam rijdende Long Rider. Een voorbeeld van emotionele steun achter het stuur werd gedemonstreerd door Emma Brazier. Toen haar vriend Filipe Leite aankondigde dat hij in 2012 van Canada naar Brazilië wilde rijden, aarzelde de jonge vrouw niet om te helpen. Toen Filipe aankwam bij een uitgestrekt, door droogte getroffen gedeelte van de westelijke Verenigde Staten, leende Emma een auto, vond Filipe en volgde hem naar de Mexicaanse grens, terwijl zij hooi, graan en water voor de paarden vervoerde. De ervaren "Long Rider Groom" deed een aantal belangrijke inzichten op die ze deelt met iedereen die een groomauto wil gebruiken.

Advies van Emma. "De baan van groom alias chauffeur wordt voor de gemiddelde persoon langzaam maar zeker erg saai", waarschuwt ze.

"Dit komt, omdat de chauffeur niet veel anders om handen heeft dan tijd.

Daarom is het superbelangrijk dat je een heel goede klik hebt samen," aldus Emma. "Ik geloof dat Long Riders in het verleden negatieve ervaringen hadden met chauffeurs, simpelweg omdat ze niet genoeg belang hechtten aan het vinden van de juiste persoon. Als je ervoor kiest een bestuurder in te schakelen, is het kiezen van de juiste persoon net zo belangrijk als het kiezen van het juiste paard. Schat je dit verkeerd in, dan zul je als ruiter in de steek worden gelaten en daar ben je zelf schuldig aan."

Tevens geeft ze mee dat communicatie, geduld en vertrouwen allemaal essentiële onderdelen zijn om de expeditie tot een succes te kunnen maken.

Daarnaast waarschuwt Emma: "Hoewel Filipe ondersteuning van een groomauto had tijdens de extreem moeilijke delen van zijn reis, hield hij altijd zijn pakzadel met basisbenodigdheden bij zich. Dit bleek uitermate handig toen mijn groomauto stuk ging en Filipe onverwachts alleen moest kamperen. Dit is een voorbeeld van hoe een groomauto kan falen," zegt ze en benadrukt nogmaals, "wed niet op één paard en wees altijd voorbereid op het ergste."

Goed advies. Dus over welke eigenschappen moet de bestuurder van een groomauto beschikken? De best gekwalificeerde persoon om deze vraag te beantwoorden, is Peter Phillips, een van de meest bereisde Long Rider-grooms die vandaag in leven is. Hij is getrouwd met de Engelse Long Rider Mefo Phillips.

Peter's Regels. *Wat was je grootste zorg voordat je vertrok om de eerste trektocht te begeleiden?*

P: Verveling en dat de vrachtwagen kapot zou gaan.

Had je een dagelijkse checklist voordat je het kamp opbrak?

P: Ja - water, olie en brandstofpeil controleren; stuurbekrachtiging nakijken; checken op brandstoflekkage; accu, banden en verlichting controleren.

Had je nog meer vaste gewoontes?

P: Ik pakte elke gelegenheid aan waar er toegang was tot elektriciteit (zoals een camping) om alle spullen op te laden.

Ruiters reizen veel langzamer dan jij met de vrachtauto, hoeveel tijd gaf je hen voordat je op weg ging naar het volgende kamp?

P: Dat hing af van de route en het terrein. Een route langs de weg bijvoorbeeld, ging vrij snel, maar als ze over bergen en over smalle paadjes door een kloof moesten rijden, duurde het veel langer, dus aan de hand daarvan besliste ik. De dames reden meestal zo'n zeven à acht uur, dat nam ik mee in mijn planning. Soms stopte ik onderweg om historische plekjes te bezoeken of om te golfen.

Was jij degene die meestal op zoek was naar een plek om te kamperen?

P: Nee. We geloofden dat het effectiever was als de dames met hun charismatische paarden aan gastheren vroegen of we konden overnachten.

Hoe vonden jullie elkaar iedere dag weer?

P: We hadden mobiele telefoons en Mefo liet iedere ochtend voor vertrek een briefje achter om te zeggen waar ze hoopte te eindigen die dag. Ik zou er voor haar zijn en ergens langs de rand van een dorp parkeren waar Mefo me niet kon missen.

Waar let je op bij het zoeken naar een kamp?

P: Land dat veilig kan worden omheind voor de paarden, paaltjes, draad en stroom hadden we zelf bij ons. En bij voorkeur ergens waar water in de buurt was.

Omdat de ruiters de hele dag bezig zijn in het zadel, stoppen veel grooms chauffeurs voortijdig, als reden noemen ze verveling en vermoeidheid. Hoe ging jij om met deze bekende problemen? P: Je moet zelfstandig zijn, introvert zijn, van je eigen gezelschap genieten en van eenzame bezigheden houden zoals lezen en cultuur. En je moet overal en altijd kunnen slapen.

Welke materialen moet je altijd bij je hebben in de groomauto?

P: Een goede set gereedschap, acculader, reserve olie, water- en hydraulische vloeistof, luchtpomp voor de banden, reservelampen, stukjes touw, een perforator voor aanpassing aan tuigage, een accuboormachine met meer dan één accu, een complete set reserve-zekeringen, een goede zaklamp, dertig boeken, een fles whisky, een creditcard, verrekijker, veel snoep dat niet in de zon smelt en een set golfclubs.

Welke papieren / documenten zijn van het grootste belang?

P: De papieren van de vrachtauto, een degelijke kaart en een notitieboekje voor het bijhouden van uitgaven.

De ruiters zijn onderweg dus de bestuurder van de groomauto is het grootste deel van de dag alleen. Hoe ga je vermoeidheid, frustratie en eenzaamheid tegen?

P: Slapen! En véél boeken.

Eventuele aanvullende gedachten of suggesties?

P: Onderschat nooit ieders behoefte aan privacy en ruimte, ook die van de bestuurder.

Wat zijn de absolute do's and dont's voor alle bestuurders?

P: Do's: Vergeet nooit om je voertuig dagelijks te controleren en te tanken als je een benzinepomp passeert.

Dont's: Een straat inrijden die smaller is dan je voertuig; rijden onder een brug die lager is dan het dak - stap uit en check als je het niet zeker weet; in een situatie terechtkomen waar je niet uit kunt komen (bijvoorbeeld op een pad dat smaller en smaller wordt).

Vergeet nooit: Je bent er om ondersteuning te bieden.

Samenvatting. Soms zijn Long Riders gedwongen om op een groomauto te vertrouwen om tijdelijke problemen op te lossen, zoals in het verkeer bij het doorkruisen van drukke steden. Maar het meenemen van een groomauto op fulltime basis compliceert de reis op financieel, emotioneel en logistiek niveau, vooral als de chauffeur in wezen ongeschikt is. Wanneer de chauffeur stopt, betaalt de Long Rider een hoge prijs voor het idee van veiligheid. De behoefte aan een auto ter ondersteuning is een overblijfsel uit je verleden dat staat voor veiligheid en moderne gemakken. In ruil voor een gevoel van gemak en veiligheid geef je je zelfstandigheid en onafhankelijkheid weg. In tegenstelling tot andere soorten apparatuur is een Long Rider beter af zonder gemotoriseerde hulp, tenzij omstandigheden geen andere optie bieden.

Deel Vier - De uitdagingen onderweg

Hoofdstuk 46 - Over moed en gezond verstand

Geen garantie voor veiligheid. Wanneer je voorzichtig aankondigt dat je op een lange trektocht wilt gaat, bereid je dan voor op de opmerkingen van doemdenkers. Door de hele geschiedenis heen adviseren paardloze mensen Long Riders om niet op pad te gaan. Vertrekken is roekeloos en thuisblijven is veiliger. Wat de nee-zeggers over het hoofd zien, is hoe gevaarlijk het leven is, ongeacht waar je bent. Volgens de statistieken zijn de belangrijkste doodsoorzaken bij mensen een aantal vervelende ziektes, gevolgd door verkeersongevallen, valpartijen, verdrinking en vergiftiging. In feite is gevaar een onderdeel van ons dagelijks leven. Ook oma kan je veiligheid niet garanderen, zelfs niet als je je hele leven dicht bij haar rokken blijft.

In 2011 waren de stranden langs de Bretonse kust van Frankrijk gesloten vanwege een invasie van giftig zeewier. Stikstofrijke meststoffen uit nabijgelegen landbouwgrond spoelden de oceaan in en stimuleerden de groei van zeewier. Toen dit zeewier aan land kwam, rotte het in de zon waardoor het waterstofsulfide afgaf, een schadelijk gas met een vieze geur. De giftige dampen waren dodelijk en toen een nietsvermoedende Franse recreatieve ruiter zich op een van de besmette stranden waagde bezweek het paard en raakte de ruiter bewusteloos. Ik bedoel maar.

Omdat paardrijden een garantie is voor onvoorziene uitdagingen, kunnen Long Riders het zich niet veroorloven een timide aard te hebben. Om ergens te komen, moet je bereid zijn risico's te nemen. Maar hoe bepalen we wanneer we een redelijke kans hebben en wanneer het niet verantwoord is?

Het rechtvaardigen van gevaar. De Schotse Long Rider Robert Cunninghame Graham zei: "De ware ontdekkingsreiziger moet verkennen, net zoals de schilder schildert en de zanger zingt."

Maar onze generatie is de eerste die werkelijk ongekwalificeerd is om ontdekkingsreiziger te worden. Dit werd benadrukt door een sociale studie die waarschuwde dat de moderne mens wel een cliënt kan villen maar geen konijn. Stedelijke bewoners, zei de studie, bestaan 'in een staat van beschaafde domheid' die hun gevoel van zelfredzaamheid heeft vernietigd en hun moed heeft gedempt. Geen enkele reis kan worden volbracht zonder risico's te nemen. De vraag is dan tot op welke hoogte dit gerechtvaardigd is. Een zeer relevante vraag bij reizen te paard, want áls het misgaat, is het meestal het paard dat het eerst lijdt. Met de opkomst van industriële monoculturen is de wijsheid van paardenmensen een zeldzaam goed geworden. Omdat de realiteit intolerant is voor dromen, moet je onderscheid kunnen maken tussen een aanvaardbaar risico en een gevaarlijke obsessie.

Waarom risico nemen. Een reeks studies heeft aangetoond dat de chemie in onze hersenen van invloed is op de beslissingen die we nemen om ons leven in gevaar te brengen. De eerste ontdekking werd gedaan in de jaren '90 toen wetenschappers het bestaan van een 'risicogen' hebben gedocumenteerd. Deze gedragscodering beïnvloedt de absorptie van de neurotransmitter dopamine, die op zijn beurt invloed heeft op hoe we reageren op stress en gevaar. Hoe meer we wennen aan het nemen van risico, hoe groter de kans dat we een gevaarlijke activiteit herhalen.

Toch verklaart dit slechts een bepaald percentage van het zoeken naar spanning. Een later klinisch onderzoek suggereert dat de neurotransmitter serotonine ook een belangrijke rol speelt. Deze chemische stof die impulsieve acties ontmoedigt, kan schaars zijn bij mensen die hun leven routinematig in gevaar brengen. Testosteronniveaus beïnvloeden ook persoonlijke beslissingen. Door de geschiedenis heen hebben mannen meer veiligheidsrisico's genomen dan vrouwen. Dit helpt bijvoorbeeld verklaren waarom meer dan twee keer zoveel mannen als vrouwen het slachtoffer zijn van bijvoorbeeld verdrinking.

Het leven van een Long Rider is gevuld met perioden van overleven, waarbij hij niet te lang stil kan staan bij sentimentaliteit. Wanneer dit gebeurt, is er een balans tussen sterke emotie en koude logica. Als waarschuwingen worden genegeerd, kan een te groot zelfvertrouwen pijnlijke ervaringen geven.

Dwazen in overvloed. De geschiedenis van ontdekkingsreizen bewijst dat ervaring een harde leerschool is. Voor elke held zijn er veel vergeten slachtoffers, van wie sommigen enorm beroemd waren in hun tijd. Net zo goed waren er mensen die voornemens waren gevaarlijke expedities te ondernemen. Zo was er bijvoorbeeld de dwaze Amerikaanse die solo wilde rijden van Kabul naar Peshawar, via de Khyber-pas. Het Long Riders' Guild waarschuwde de voorgenomen reizigster om deze reis niet te ondernemen en vroeg de namen van haar naasten op, zodat het Guild wist wie te informeren als ze werd vermoord of gekidnapt.

Op zoek naar je eigen graf. Geschreven op het graf van een ridder van Malta zijn de onheilspellende woorden *"Flecte lumina, quisquis es, mortalitatem agnosc."* Dit vertaalt zich als: "Buig in het licht, wie u ook bent, en erken uw sterfelijkheid."

Wanneer een ramp toeslaat, zul je al je moed en geluk nodig hebben. Maar sommige fouten zijn onvergeeflijk. De val klapt dicht als je jezelf in een dodelijke situatie hebt gemanoeuvreerd die je zelf hebt uitgelokt. Je beseft dat je jouw leven en dat van je paarden hebt gewaagd uit pure koppigheid. Op dat moment, als je ziel op het punt staat je lichaam te verlaten, begrijp je, net als alle andere ontdekkingsreizigers die hetzelfde pad hebben afgelegd, dat je ongelijk had. Je bent geen uitzondering, je bent niet onsterfelijk. Ga nooit op zoek naar je eigen graf!

Als je de situaties in deze sectie bestudeert, zul je ontdekken hoeveel uitdagingen er bestaan. Ze kunnen je het beeld geven dat de enige constante in trektochten wanorde en gevaar is. Neerstortende rotswanden, levensbedreigende sneeuwstormen, ziektedragers en moorddadige dieven, je kunt ze allemaal tegenkomen.

Maar het gaat erom hoe je in het leven staat, hoe je ermee omgaat. Hoe je het overwint. Hoe je ervan leert. Hoe het je sterker maakt, beter maakt, maakt wie je bent. Je kunt niet alle moeilijke situaties vermijden, maar jij vindt een oplossing en rijdt verder. Dat is de reden waarom ervaren Long Riders de dingen nemen zoals ze komen, ze verwachten het onverwachte.

Maar als je twijfelt, onthoud dan dit; je sterft niet aan enthousiasme. Een droom heeft geen tijdschema. Beter een teleurgestelde Long Rider dan een dode.

Hoofdstuk 47 - In de bergen

Alleen zij die echte angst kennen, kunnen werkelijke moedigheid, die slechts zelden voorkomt, ten volle waarderen.

Stel je voor dat je op je paard zit in een rotsachtige, eenzame, vergeten hoek van de wereld. Hoog boven je uit torent een monsterlijke berg die zich niet bekommert om je nietige sterfelijkheid. Overal waar je kijkt, zie je een onbewoonde woestenij van gladde rotsen en onstabiele grond. Onder de hoeven van je paard is een ongelijk paadje en hij beeft van angst. Hij durft niet voorwaarts te gaan, maar kan onmogelijk terug. Je hebt de teugels zo stevig vast dat het voelt alsof je vingers knappen. Je durft in het zadel geen spier te bewegen. Ondanks de ijskoude ben je drijfnat en bezweet. Je voelt het bonzen van je hart in je keel en iedere hartslag is een echo in een bodemloze leegte. Je bent één stap verwijderd van de dood, in stilte smeek je God om je de dwaasheden in het leven te vergeven. Maar het is te laat voor kinderachtige wensen. Een verkeerde stap en jullie zullen beiden omkomen.

Bergen kunnen er van een afstandje aardig uitzien. Inderdaad zijn ze op heldere dagen onvoorstelbaar inspirerend. Dan ga je op pad om van dichtbij hun geheimen te onderzoeken, en dankzij een aantal kleine vergissingen sta je ineens samen met je paard oog in oog met een gevaar dat je doet verlammen.

Geschikte paarden. Je kansen nemen toe als je op een in de bergen gefokt paard rijdt. Het is niet verstandig om onervaren paarden mee de bergen in te nemen, omdat ze niet beschikken over de fysieke conditie of emotionele ervaring die nodig is in deze ruige omstandigheden. Als je de bergen in wilt trekken, begin dan met het zoeken naar een paard dat hiertegen opgewassen is.

Seizoen. Besteed vervolgens aandacht aan de tijd van het jaar. Nadat je jouw route hebt uitgestippeld, bepaal je de beste tijd van het jaar. Houd rekening met het weer. In de bergen slaat het weer snel om, voor je het weet zit je midden in een sneeuwstorm. En net zo goed kun je de dag beginnen in de snijdende kou en eindigen in de hitte.

Afstand. Hoe weten we welke afstand we op een paard kunnen afleggen in de bergen? Succes is afhankelijk van de wetenschap dat de afstand afneemt met de hoogte. Je kunt de volgende formule gebruiken mits je paarden in goede conditie verkeren. Houd vervolgens rekening met de belasting van zowel je pakpaard als je rijpaard. Als je pakpaard bijvoorbeeld vijftig kilo draagt en je rijpaard bijna het dubbele, kun je van het volgende uitgaan:

1 uur voor 5 of 6 kilometer vlak terrein op de kaart.

1 uur voor 300 meter stijgen

1 uur voor 600 meter afdaling

1 uur voor 400 meter afdaling als je met een pakpaard rijdt.

Bij deze berekening zijn enkele korte pauzes inbegrepen.

Vooraf verkennen. Een Long Rider in de bergen moet het onverwachte verwachten. Door vooraf de kaart goed te bestuderen weet je ongeveer wat er komen gaat. Eenmaal op pad, moet je bereid zijn om je plan onmiddellijk aan te passen. Je beslissing om te rijden hangt altijd af van de actuele omstandigheden. Houd er bovendien rekening mee dat informatie en advies van andere reizigers, bijvoorbeeld wandelaars, niet betrouwbaar is voor iemand die met paarden reist. Wandelaars zijn flexibeler. Ze kunnen over bomen klimmen en over diepe sneeuw lopen. Het is prima om lokale informatie in te winnen, maar beoordeel het nieuws in termen van reizen met paarden. Wat je nooit mag negeren, zijn waarschuwingen.

Op de route blijven. Een slecht gemarkeerde route kan je leven kosten. Een ander ernstig gevaar is routes afsnijden om sneller vooruit te komen. De route is er niet voor niets, op de route blijven is belangrijker dan tijd winnen.

Grond veroveren. Onthoud de belangrijke regel van de Romeinse legerofficieren: "Eenmaal gewonnen hoogte is nooit verspilde energie." Rijd niet met je paarden omlaag en dan weer terug de berg op. Bereid je route met zorg voor om te voorkomen dat je paard onnodig moet klimmen en afdalen.

Vertragingen en omleidingen. Gewoonte is vaak sterker dan logica. In een tijdgedreven samenleving vertaalt zich dit in een gebrek aan geduld. Maar ongeacht wat de oorzaak van de vertraging is, je leidende principe moet altijd compassie met je paard zijn, niet de competitie met de klok. Wanneer je door de bergen rijdt, ben je voorbereid op vertraging. Wanneer je moeilijkheden tegenkomt, is het eerste wat je moet doen accepteren dat je later zult aankomen. Vervolgens stop je en bekijk je in alle rust je opties. Kun je veilig afstappen? Kun je het risico lopen je paard vast te binden en alleen vooruit op verkenning te gaan? Kun je op een veilige manier rond een gevaarlijk obstakel gaan? Moet je terug in plaats van door te gaan? Uiteindelijk is de beslissing om vooruit of achteruit je weg te vervolgen afhankelijk van je verlangen om je paard te beschermen, niet de wens om je ego tevreden te stellen! Het nemen van deze moeilijke beslissingen kost tijd en vereist voorzichtigheid, geduld en een volwassen houding.

Houd je aan de regels. De natuur staat onverschillig tegenover ons lijden. Ze houdt niet van ons en haat ons ook niet. Noch zal zij onze domheid vergeven. Ongevallen kunnen de meest ervaren Long Rider overkomen. Maar er is een verschil tussen ongevallen en arrogantie. Sommige ruiters besteden geen aandacht aan waarschuwingen. Wanneer zo'n persoon met paarden de bergen in trekt, zal tragedie zeker volgen. Telkens wanneer je de basisregels voor veilig paardrijden overtreedt, vooral in de bergen, kan je naïviteit of eigenwijsheid je paarden het leven kosten. Een voorbeeld van dwaas en roekeloos gedrag is in de bergen je paarden aan elkaar binden. Verwar nooit vastberadenheid met domheid!

Reis met zorg. Als zich een noodgeval voordoet, en je beslist dat je over een berg moet waar geen route loopt, denk dan aan de volgende twee regels. Je kunt een paard vragen een berg te beklimmen of af te dalen. Maar het dier vragen om zijwaarts over de helling te lopen is een gevaarlijke keuze, omdat losse stenen kunnen gaan schuiven waardoor je paard gaat glijden. Daal nooit een steile helling af als die te steil is om weer omhoog te klimmen.

Klimmen. Bij steile bergen en hellingen kun je zoveel mogelijk gewicht van je paard afhalen om het te ontlasten. Voordat je opstijgt, doe je het borsttuig een gaatje strakker en de staartriem een gaatje losser. Zo kun je klimmen. Wanneer je tegen een helling op rijdt leun je naar voren om de onderrug en nieren te ontlasten. Zo kan je paard zijn krachtige achterhand gebruiken om te klimmen. Als de klim lang en steil is, wissel je af door naast het paard te lopen. Beloon hem altijd met een lange teugel en sta onderweg veel rustperiodes toe.

Afdalen. Zelfs het meest zekere paard is het meest hulpeloos wanneer hij moet afdalen. In het wild kan een onbelast paard relatief gemakkelijk dalen. Maar wanneer je er een zadel op knoopt en daar een mens op zet, wordt het enorm ingewikkeld. Tweederde van al het gewicht van ruiter en zadel drukt op de gevoelige schoft! Hierdoor schuift niet alleen de last erg ver naar voren, er komt extra gewicht op de voorbenen en de schouders verkrampen. Daarom stap je altijd af als je een steile helling afdaalt. Dit verlicht zijn rug en laat meteen frisse lucht onder het zadel en dek circuleren. Doe voor het afdalen het borsttuig een gaatje losser en de staartriem een gaatje strakker. Indien mogelijk, kun je het pakpaard helpen door een deel van de lading, dat gemakkelijk kan worden afgenomen, tijdelijk op het zadel van het rijpaard te plaatsen.

Rustpauzes. Er is geen vaste regel voor rustpauzes, wel richtlijnen. De eerste is dat wanneer je paard buiten adem is en zich in het zweet heeft gewerkt, het tijd is om te stoppen.

Rust uit wanneer zich een gelegenheid voordoet. Neem in uitzonderlijk bergachtig terrein tien minuten per uur rust, of meer, afhankelijk van de hoogte.

Op de top van een berg stop je altijd en laat je paard op adem komen. Ga na een beklimming of afdaling niet verder zonder eerst te hebben gecontroleerd of de ladingen nog goed vast zitten. Realiseer je dat ook afdalen hard werken is, vooral voor je pakpaard. Hoewel minder voor de hand liggend, is de behoefte aan rust na een afdaling even reëel.

Hoogteziekte. In de bergen zijn niet altijd alle gevaren goed zichtbaar, doe rustig aan en las meer pauzes in naarmate je hoger komt. Hoogteziekte treft zowel mensen als paarden. In Zuid-Amerika noemt men het 'puna', een Long Rider beschreef symptomen als duizeligheid, slechter zicht en gehoor, hoofdpijn, flauwvallen, bloed uit de mond, ogen en neus en een gevoel van zeeziekte. Alleen tijd kan dit genezen. Hoogteziekte kan optreden vanaf 3.500 meter boven zeeniveau.

Weersomslag. Reizen door de bergen is nooit gemakkelijk. Het weer kan enorm snel omslaan. In dat geval moet je zelf ook snel kunnen handelen en je planning direct kunnen omgooien.

Verkeer. Rijden door de wildernis in de bergen, kan een spannende gebeurtenis zijn. Maar je zenuwen worden pas echt op de proef gesteld als je in de bergen over smalle, maar drukke wegen rijdt. Je hebt geen echte angst gekend totdat je een overhangende rots boven je hoofd ziet, terwijl krakkemikkige vrachtwagens je zo dicht passeren dat de chauffeurs je cap kunnen aanraken. Iets verderop is een diepe afgrond waar je in kunt verdwijnen als je paard in paniek raakt. Afhankelijk van de richting waarin je reist, zit je vast tegen de berghelling of tuur je omlaag de afgrond in. Vergeet ook niet dat zwaar verkeer slecht onderhouden wegen verandert in een spiegelgladde glijbaan. Controleer de ijzers of hoefschoenen van je paard voordat je je op zo'n potentieel dodelijke rijbaan waagt.

In geval van nood. Paarden en muildieren leren door ervaring, maar zelfs een ervaren paard of muildier kan van een klif glijden. Als zo'n ongeluk gebeurt, blijf dan rustig en breng eerst je andere dieren in veiligheid voordat je te hulp schiet. Als je het dier kunt bereiken en hij ligt, haast je dan niet om hem te laten opstaan. Praat rustig, stel hem gerust, aai hem en maak dan de bepakking en het tuig los. Controleer nauwkeurig op wonden. Als hij niet onmiddellijk overeind komt kan het zijn dat hij in shock verkeert. Geef het dier tijd om te rusten en te herstellen. Ook als het paard geen gebroken botten of ernstige verwondingen heeft opgelopen, is hij misschien te uitgeput om terug de steile helling op te klimmen. Misschien moet je een omweg maken om weer bij de andere paarden te komen. Als alle paarden weer samen zijn, maak dan zo snel mogelijk een kamp, zodat het paard kan rusten. Het is raadzaam om de volgende dag niet te reizen, zodat het gevallen paard volledig kan herstellen.

Dit is wat Harry de Windt is overkomen. Hij verloor zijn pakpaard, terwijl hij in toenmalig Perzië de Kharzán-pas overstak.

Hoofdstuk 48 - In de woestijn

Rijden in de woestijn verandert je kijk op wereld om je heen. Je zult nooit zo'n vermoeidheid ervaren als wanneer de hitte de lucht doet golven, terwijl jij en je paard voortploeteren op weg naar een waterplaats. In de zinderende hitte worstel je om het uit te houden tot het moment dat de avond koele lucht brengt. Je bidt voor een koel briesje. Hoewel je lichaam ieder watermolecuul nodig heeft, zijn je kleren doordrenkt met zweet. Voordat je jezelf in dergelijke omstandigheden brengt, is het goed om dit simpele feit te onthouden. Als je een fout maakt in de woestijn, is de kans groot dat je een langzame en pijnlijke dood tegemoet gaat.

Woestijnpaarden. Het is al eerder benoemd en ook hier van toepassing. Het is verstandig om te reizen met paarden die gewend zijn aan de lokale omstandigheden. Paarden die niet gewend zijn aan woestijnomstandigheden, lopen niet graag in het mulle zand en verzwakken snel wanneer ze brak water drinken. Ze zijn niet gewend aan grote temperatuurverschillen en daardoor gevoelig voor de extreme warmte overdag en bittere koude in de woestijnnachten. Paarden die zijn gefokt voor werk in de woestijn leren al vroeg om zoveel mogelijk te drinken wanneer de gelegenheid zich voordoet. De Deense Long Rider Henning Haslund reed in 1923 een van deze dieren door Mongolië. "Mijn kleine woestijnpaard Hao dronk slechts één keer per dag in het heetste weer en slechts één keer per drie dagen in de winter. Toen er sneeuw op de steppe lag, dronk hij helemaal niet." Ook hier geldt dat inheemse paarden beter met dorst kunnen omgaan, een feit dat je niet mag vergeten bij het selecteren van dieren voor deze zware expedities. Onze moderne paarden hebben minder goed ontwikkelde zintuigen dan hun familieleden die speciaal voor dit klimaat zijn gefokt. Omdat het reukvermogen van een paard tien keer sterker is dan dat van een mens, is het om te overleven belangrijk dat dit zintuig goed ontwikkeld is. Zo kan het paard helpen om water op grote afstand te detecteren.

Plan nauwkeurig. Zowel paarden als mensen kunnen maar enkele dagen zonder water overleven. Toch hebben verschillende Long Riders opmerkelijke reizen gemaakt door barre woestijnen.

Een onervaren ruiter mag nooit alleen de woestijn in, dit zal op een ramp uitlopen. Als je geen ervaren reisgezel kunt vinden, moet je uiterst voorzichtig zijn. Om te beginnen is het van groot belang dat je van tevoren alle mogelijke informatie over de route verzamelt.

Niet alleen moet je jezelf overvloedig voorzien van water, het is van cruciaal belang dat je nooit één waterstation verlaat zonder een duidelijk idee van de locatie van de volgende.

Je motto in de woestijn zou altijd moeten zijn, één waterplaats tegelijk!

Dit is een goede algemene regel voor een Long Rider die door droog gebied reist. Kom je toevallig na drie uur rijden een plaats met water tegen, stop dan en blijf kamperen; het is beter om kansen te benutten en tevreden te zijn met de vorderingen van deze dag, dan de onzekerheid van een volgend, misschien droogstaand kamp te riskeren. Vertrouw nooit helemaal op de lokale bevolking die je verzekeren dat er verderop water kan worden gevonden.

Rijden in de woestijn betekent dat je geen gebruik kunt maken van de gebruikelijke manier om je voorraad aan te vullen. Vanuit praktisch oogpunt is rijden in de woestijn duurder dan rijden in andere regio's. Een expeditie die ver in een onbewoond deel van de woestijn voert, moet rekening houden met alles wat nodig is, zelfs tot in de kleinste details. Er moeten in één keer voldoende voedsel en benodigdheden worden georganiseerd voor alle dieren en personen voor de hele reis.

Dagplanning. Vanwege de ernstige hitte, moet je mogelijk het dagschema aanpassen. Bij extreme temperaturen begin je de dag om 03.00 uur en rijd je door tot ongeveer 09.00 uur in de ochtend. Dan laat je de paarden rusten tot ongeveer 15.00 uur, waarna je nog een paar uur kunt rijden. Paarden kunnen in het donker beter zien dan mensen, maar toch is 's nachts rijden door de woestijn riskant. De ogen van het paard passen zich langzaam aan fel licht aan dus wees voorzichtig met je zaklamp.

Reizen door de woestijn. Als je voor het eerst in de woestijn komt, zal het enige tijd duren voordat je gewend bent aan de heldere lucht. Door het licht zien alle details er extreem helder uit, waardoor je moeilijk kunt inschatten wat de afstand tot een object is. Verre objecten kunnen bedrieglijk dichtbij lijken. Ga nooit het kamp uit zonder water of voorzieningen, op weg naar wat lijkt op een nabijgelegen heuveltop. Voorafgaand aan het dagelijkse vertrek bestudeer je alle oriëntatiepunten, zodat je ze vanuit elk gezichtspunt kunt herkennen.

Volg je geen duidelijk uitgezette route, bepaal dan je richting met behulp van een kompas, kaart en GPS. Als je niet wilt afdwalen, rijd dan altijd naar of van een duidelijk herkenbaar oriëntatiepunt. Dit doe je door de kompasrichting te controleren en vervolgens een object op afstand te kiezen, dat overeenkomt met je richting. Maar zorg ervoor dat je niet slechts op één visueel doel vertrouwt. Als je op een vlak oppervlak loopt, in de richting van een enkel opvallend merkteken, loop je er vrijwel zeker niet in een rechte lijn naartoe. Dit gaat wel als je een tweede merkteken kiest en dat strikt in lijn houdt met het eerste. Als je aankomt bij je doel, bijvoorbeeld een boom of een rots, controleer dan het kompas, kies een ander voorwerp en herhaal de actie. Als je het land van tevoren zorgvuldig hebt bestudeerd, zou je geen moeite moeten hebben om je weg te vinden.

Verdwalen. Als je het lastig vindt om routes te volgen, gemakkelijk verdwaalt of geen kompas kunt lezen, zijn er veiligere plaatsen om te rijden dan in de woestijn. Ben je verdwaald, raak dan niet in paniek. Stop je paard en neem rustig de tijd om stil te staan bij de weg die je hebt afgelegd en hoe je op je huidige punt bent gekomen. Het is verbazingwekkend hoe een paar minuten nadenken het raadsel kan oplossen.

Bescherming tegen de zon. Als je ooit lange afstanden in dezelfde richting hebt gereisd, zeker in de woestijn, weet je hoe de zon je lichaam aan één kant zwaar kan verbranden. Zonder schaduw verbrandt de rug van je handen die dan opzwellen als ballonnen. Zorg in de woestijn altijd dat je kleding geschikt is voor zowel extreme hitte als extreme kou. Woestijnroutes kunnen je overdag door hete valleien op zeeniveau voeren, terwijl je aan het einde van de dag kampeert op een ijskoude berghelling, waar de temperatuur daalt tot onder het vriespunt. Zonnebrand is erg genoeg, maar de hele nacht liggen rillen is nog erger. Je kleding moet overdag warmte buiten houden door reflectie, en je 's nachts warm houden door isolatie. Draag een hoed met een brede rand die dik genoeg is om de stralen van de zon tegen te houden. Tijdens periodes van extreme hitte helpt het om een natte doek rond je polsen te wikkelen en een met water doordrenkte zakdoek in je hoed te leggen.

Een zandstorm overleven. Zandstormen zie je aankomen als een bruine wolk aan de horizon. Terwijl ze voort snellen zuigen ze stenen en kiezels op die paard en ruiter met geweldige kracht kunnen raken. Voordat de zandstorm aankomt, is het zaak om jezelf en je dieren te beschermen tegen dit natuurgeweld. Stop onmiddellijk en kalmeer je paarden. Zoek op de grond naar zware stenen of stokken die je rijrichting markeren. Trek, ondanks de hitte, een zware jas aan om jezelf te beschermen tegen de met stenen gevulde storm. Nadat je het pakpaard hebt afgeladen, kluister je de paarden en draai je hun achterkant richting de storm. Vaak gaan ruiters en paarden liggen om het geweld van de zanderige orkaan, die uren kan duren, te verdragen.

Hoe lang het ook duurt, laat je greep op de teugels van het pakpaard niet verslappen, omdat de dieren in paniek kunnen raken van de herrie en de wind.

De Duitse archeoloog Albert Le Coq werd overvallen door zo'n storm. Later schreef hij: "Wee de ruiter die de teugel van zijn paard niet stevig vasthoudt, want ook de beesten verliezen hun rede in de terreur van de zandstorm en rennen hun dood tegemoet in de eenzaamheid van de woestijn."

De kans is groot dat de storm voorbij zal gaan zonder meer ongemak te veroorzaken dan het slikken van veel stof. Maar mocht je ooit in een dergelijke situatie geraken, riskeer dan de veiligheid van jou of je paarden niet door eigenwijs te zijn en te denken dat je in het zadel kunt blijven zitten.

Een kamp opzetten. Grote kampvuren zijn een luxe voor tochten in het bos of wanneer je buiten de gebaande paden treedt. In de woestijn is brandstof altijd schaars, vooral in de buurt van de bekendere waterbronnen, waar het volledig kaal is. Om deze reden verzamelt een wijze Long Rider twijgjes, wortels en gedroogde mest lang voordat hij de bron bereikt, om zo brandstof te hebben voor een kampvuur.

Uithoudingsvermogen. Long Riders die door zand moeten rijden zullen merken dat het erg zwaar is voor hun paarden. Daarom loop je een groot deel van de tijd. Zand en scherpe stenen doen de hoefijzers en je eigen schoenzolen extra snel slijten. Kortom, woestijntochten vormen een zware aanslag op de ruiter en zijn paard.

Water meenemen. Iedereen die ooit naar een cowboyfilm heeft gekeken, herinnert zich misschien dat hij het paard van de held zag met een grote veldfles aan het zadel. In tegenstelling tot een groot aantal andere filmische fouten, hebben cowboys wel water bij zich gedragen, maar gebruikelijk was het niet. Ten eerste was er water voorhanden als ze op hun eigen ranch aan het werk waren. Als ze met het vee op reis waren dronken ze uit dezelfde rivieren als hun dieren, of haalden ze water uit de ton die op de begeleidende wagen werd meegedragen. Waarom droegen ze geen veldfles bij zich? Omdat water zwaar en onstabiel is.

Echter sommige reizen kunnen niet plaatsvinden zonder water mee te nemen. Steve Nott vertrok in 1986 en reed 29.000 kilometer (18.000 mijl) rond de grens van Australië. "Water is de sleutel tot reizen in Australië", schreef hij na de voltooiing van zijn verbazingwekkende rit. Steve droeg twee leger veldflessen. Ze bevatten elk een kleine liter water. Hij gebruikte een halve liter voor thee bij het ontbijt en een tweede halve liter voor 'Staminade', een Australisch elektrolyten sportdrankje, tijdens de lunch. De tweede veldfles voor in het avondkamp als hij geen waterplaats had bereikt. Een derde veldfles in het pakzadel werd nooit aangeraakt totdat hij de anderen had bijgevuld. Naast zijn eigen behoeften paste Steve een verstandige Australische truc aan door een canvas waterzak rond de nek van zijn paarden te hangen. "In het midden van de zomer drinkt een paard zeker veertig liter water per dag. Het is dus onlogisch om water voor de paarden in veldflessen mee te nemen. Ik had twee waterzakken voor de hals, die ik vulde als ik onzeker was over de route die voor mij lag. Ze bevatten elk vijf liter (1,5 gallon) water, hoewel er altijd wel iets verloren ging door verdamping."

Drinken. Een punt wat Steve aanhaalt is dat ruiters en paarden die gewend zijn aan gemakkelijke omstandigheden meer water nodig hebben. De gewoonte om meer te drinken dan strikt noodzakelijk, enkel om dorst te lessen, is er een waar je afscheid van moet nemen bij een woestijnreis. Het systeem wordt onnodig belast en als het water alkalisch is, kan dit ziekte tot gevolg hebben die een vooruitziende blik en zelfbeheersing kunnen doen afnemen. Het is daarom niet verstandig voor zowel het paard als jezelf om overvloedig te drinken voordat het einde van de dag is aangebroken. "Zowel mijn paarden als ikzelf waren geconditioneerd om met weinig water te reizen. Door deze training konden ze langer doorgaan," legde Steve uit.

Het is raadzaam om 's morgens en' s nachts goed te drinken en overdag zo min mogelijk.

Als een paard is uitgedroogd zal een minimale hoeveelheid water het dier doen herleven. Geef het in meerdere kleine hoeveelheden en niet in een keer. Als het paard erg dorstig is, laat hem dan minstens een kwartier rusten na de eerste paar slokken, en geef hem dan opnieuw de gelegenheid om te drinken. Als de beschikbare hoeveelheid water maar heel weinig is, zeg een halve liter of nog minder, is het verstandig om de paarden om de beurt een afgepaste hoeveelheid water te geven. Als je een emmer vult, kan het eerste paard per ongeluk een grotere hoeveelheid binnen krijgen of kunnen de dieren in haast om te drinken knoeien.

Zonder bit kunnen paarden drinken uit een zeer ondiepe bak. Dat is handig want zo kun je ze kleine hoeveelheden aanbieden in een ondiepe schaal. Geef ieder paard dezelfde hoeveelheid

Bij vrij drinken kun je tellen hoeveel slokken het paard drinkt. Vijfentwintig slokken wijzen op normale dorst, terwijl vijftig slokken of meer wijst op ernstige dorst of uitdroging.

Slechte waterkwaliteit. Zelfs als je het geluk hebt om deze levengevende vloeistof te vinden, denk dan niet dat het zal lijken op de kristalheldere godendrank die thuis uit de kraan komt. Ruiters zullen vaak bronnen vinden die zijn verstopt met puin afkomstig van stormen of die zijn besmet door dode dieren. Het kan daarom nodig zijn om een put of waterbron uit te graven en reinigen voordat je ervan kunt drinken. Door de warmte in de woestijn groeien micro-organismen razendsnel in water dat niet al te zout is. Al het water moet daarom eerst worden gezuiverd. Tegenwoordig zijn er kleine, lichtgewicht filters beschikbaar die prima werken onderweg.

Ontzegging van water. Het lijkt vanzelfsprekend dat wanneer water schaars is, het gebruik ervan zorgvuldig moet worden geregeld om verspilling te voorkomen. Wat je misschien zal verbazen is dat dit kostbare vocht vaak niet wordt gedeeld met vermoeide Long Riders en en hun dorstige paarden.

Sterven van dorst. Sterven aan uitdroging is geen snel en genadig proces, het is verschrikkelijk. Er ontstaat een delirium. Bedwelmd door angst en lijden scheurt het slachtoffer vaak zijn kleren van zich af, waarvan hij het idee heeft dat ze hem verstikken. In de laatste fase ziet een mens het licht, dit markeert het begin van het einde.

Behandeling bij uitdroging. Dorst doet pijn. Dit komt, omdat de membranen in de keel door uitdroging beschadigen en stijf en broos worden als in de zon gedroogd leer. Mensen in deze gevorderde fase hebben moeite met ademhalen. Hun adem zal klinken als het geratel van de stervende. De keel trekt samen en als er dan water komt is het niet gemakkelijk om te slikken. Daarom geven Libische nomaden een uitgedroogd persoon in nood niet direct drinken maar maken ze een papje van linzen. Deze warme soep werkt als een kompres in de keel van het slachtoffer, waardoor de weefsels voldoende worden verzacht om weer te kunnen slikken.

Hoofdstuk 49 - Rivieren

De dood in het water. Een rivier, net als een koning, gehoorzaamt geen wet. Je benadert een rivier met respect. Je inspecteert een rivier met aandacht. Je treedt een rivier tegemoet met de nodige voorzichtigheid. Anders kun je zomaar sterven.

.De noodzaak voor voorzichtigheid. Soms betalen we een hoge prijs om onze nieuwsgierigheid te bevredigen. Om dát te zien waar anderen tevreden zijn met slechts erover lezen. Ieder stromend water, ongeacht hoe diep of breed, vormt een risico voor een ruiter op trektocht. Een machtige rivier kan een dodelijke uitdaging vormen. Omdat Long Riders nog steeds rivieren zonder bruggen tegenkomen, vereist het oversteken van zelfs doorwaadbare stromen zorgvuldige oordeelsvorming en enorme voorzichtigheid. Het eerste dat je moet weten is hoe krachtig water kan zijn.

De kracht van water. In een tijd waarin de meeste mensen een leven leiden dat steeds verder van de natuur afstaat, is het niet verrassend dat veel ruiters het risico onderschatten van het te paard oversteken van een rivier. Met uitzondering van journalisten, die plezier hebben in het maken van opnames van onbeheerst water dat huizen en bomen wegvaagt, beschouwen de meeste mensen rivieren als goedaardig. Maar onderschat de kracht van water niet. Zelfs een klein beekje dat met een snelheid van slechts 1,5 meter per seconde stroomt, produceert energie die vergelijkbaar is met een man die met een stevige snelheid van 6,5 kilometer per uur loopt. Een rivier in volle overstroming brult vaak met meer dan zes meter per seconde.

Gelukkig zijn paarden goed toegerust om ondiep water over te steken. Hun smalle benen hebben een klein oppervlak tegen de impact van het water. Ze hebben vier balanspunten die hen helpen stabiel te blijven zolang de bodem goed is. Lastig wordt het bij de overgang van waden door ondiep water naar volledig zwemmen in diep water. Op het moment dat het paard begint te zwemmen, neemt de stroming het dier mee stroomafwaarts op een manier die lijkt op een zware wind die in een zeil blaast. Hoe sneller de stroom, hoe moeilijker het paard vooruit komt.

Paarden en water. Instinct heeft wilde paarden geleerd om niet zomaar het water in te stappen als ze willen drinken. Sluwe roofdieren loeren in de schaduw en wachten geduldig op de mogelijkheid een paard dat zich in diep water waagt aan te vallen. Dat is waarom paarden aarzelen om het water in te gaan. Een uitgestrekt wateroppervlak kan een paard beangstigen en in paniek brengen. Het is ironisch dat juist een paard dat in paniek raakt, in zijn verwarring onverwachts het water in kan rennen. Een Long Rider moet op zijn hoede zijn voordat zijn paard ooit een hoef in het water zet.

Training. Het is belangrijk dat je paarden bekend zijn met water en weten hoe ze een rivier moeten oversteken. Hoewel van nature goede zwemmers, zijn sommige paarden angstig in het water waardoor ze slecht zwemmen. Wen je paard in alle rust aan ondiep water en ga geleidelijk steeds dieper totdat hij moet zwemmen. Het doel is dat je dieren er plezier in gaan krijgen en niet aarzelen.

Doe er in de training alles aan om hen niet bang te maken. Kies een ondiepe stroom met een harde bodem voor de eerste test. Als het paard weigert, stuur hem dan achterwaarts het water in tot aan het spronggewricht. Als je hem dan omdraait zal hij geneigd zijn om vrijwillig verder te lopen. Houd er rekening mee dat paarden in het water net zo kunnen schrikken van bijvoorbeeld een rots net onder het wateroppervlak, als dat ze dat op land kunnen doen.

Een doorwaadbare plaats zoeken. In een land met druk verkeer en een dichte infrastructuur, is de kans klein dat je door een rivier moet waden. Maar ben je op trektocht in een gebied waar verarmde regeringen bruggen laten instorten of in een wildernis die doorkruist wordt door rivieren, dan zul je op zoek moeten gaan een veilige plek om over te steken. De meest ideale doorwaadbare plaats is een ondiepe kruising met lage watersnelheid. Zonder kaart kun je vaak een doorwaadbare plaats vinden daar waar huizen aan elke kant van de oever zijn gebouwd. Hier kun je veilig oversteken.

Gevaarlijk water. Of je nu wel of niet weet waar je op moet letten bij het zoeken naar een goede oversteekplaats, het eerste waar je je aandacht op richt als je de rivier bereikt, is de toestand van het water.

Als de rivier woest is, zoals deze afbeelding laat zien, zet je niet je leven op het spel om te proberen het over te steken!

Wanneer rivieren eroderen en dijken breken door overstromingen, wordt daarbij van alles meegesleurd wat stroomafwaarts wordt neergekwakt. Grote takken, boomwortels en andere zaken worden onzichtbaar onder het wateroppervlak meegevoerd. Smeltwater spoelt grote stenen weg. Gletsjerrivieren in het Noorden brengen in de lente ijsblokken naar beneden. Misschien is het meest dramatische voorbeeld van een razende rivier waargenomen door de Zuid-Afrikaanse Long Rider Ria Bosman. Zij doorkruiste Afrika in 1970 en was getuige van een buitengewoon schouwspel. "Toen we aankwamen was de Zambezi-rivier overstroomd. We zagen hele kuddes olifanten in de rivier drijven!"

Ga nooit het water in als je vermoedt dat het onder water gevaar loert. Dan is het beter om te wachten tot het waterpeil daalt.

Verkenning. De sleutel tot een succesvolle overtocht is een zorgvuldige inspectie van de rivier. In een perfecte wereld zoek je een ondiepe, rustige, helder stromende rivier met een stevige bodem zonder rotsblokken. Helaas is het leven geen sprookje.

Haast jezelf in ieder geval nooit. Sta stil en stel jezelf een paar vragen.

- Bestudeer het oppervlak. Kun je zien of er gevaarlijke takken of andere zaken door de stroom worden meegevoerd?
- Schat de snelheid van het water. Gaat het te snel om veilig over te steken?
- Kijk naar de helderheid van het water. Is het modderig? Indien dit het geval is zul je niet kunnen zien wat er onder water is en hoe de bodem eruit ziet.
- Schat de breedte in. Hoe ver zou je kunnen zwemmen?
- Bestudeer de punten waar je het water in wilt gaan en verlaten. Zijn de oevers vrij van om op te rijden? Is er niets dat je paard kan hinderen of beangstigen?
- Is het water verder stroomafwaarts veilig? Je wilt niet oversteken als je

tegen grote rotsblokken kan worden gesmakt of in stroomversnellingen of draaikolk terecht kan komen.

Na de inspectie, vraag je, indien mogelijk, de lokale bevolking naar hun mening. Hoe en waar brengen zij hun dieren naar de overkant? Is dit de exacte plek waar ze de rivier oversteken? Wanneer was de laatste keer dat er een paard overstak? Heeft het de andere oever veilig bereikt? Zijn er ooit paarden of reizigers op deze plek verdronken? Waarom?

Als er geen lokaal advies voorhanden is, als je door modderig water de rivierbodem niet kunt zien, of als je twijfelt of je paard in staat is veilig over te steken, dan kun je de rivier te voet verkennen. Zet je paarden veilig vast en steek voorzichtig over met behulp van een stevige stok. Het is heel zinvol om een stok ter ondersteuning te gebruiken, zeker als de stroming sterk is. Houd de stok aan de stroomopwaartse kant en leun ertegen. Zo kun je beter je evenwicht bewaren en spoelt de stok minder snel weg. Stel dat je struikelt en valt, dan is je hoofd stroomopwaarts, en zijn je voeten stroomafwaarts gericht. Zo kun je gemakkelijker je evenwicht hervinden.

Rivieren kunnen extreem veel herrie maken, vooral in een kloof of vallei. Reis je samen met iemand, dan kan het lastig zijn om het lawaai te overstemmen. Spreek van tevoren af via welke signalen je gaat communiceren.

Te voet verkennen doe je vooral om de bodem te voelen. In ondiep water kan een paard op een rotsachtige bodem uit de voeten. Maar snelle stroming en een slechte bodem brengen hem uit balans. Over het algemeen is een harde kiezelbodem het meest veilig. Wees zeer alert op zandbanken en zanderige eilanden in het midden van de rivier. Drijfzand vormt zich vaak aan de stroomafwaartse kant van een kolkend deel.

Als je tijdens je verkenning concludeert dat de rivier gevaarlijk is, probeer dan in het geheel niet over te steken!

Wanneer steek je over. Bij het oversteken van een rivier moet je nadenken over welk seizoen het meest geschikt is, en welk tijdstip van de dag. Vroeg in het seizoen worden gletsjerstromen in de bergen gevoed door gesmolten sneeuw. Dit maakt ze verraderlijk, omdat er ijs en stenen mee omlaag komen. Daarnaast zijn smeltwaterrivieren in de late namiddag gevaarlijker. Naarmate de zon aan kracht wint, smelt de sneeuw. Daardoor stijgt het water en neemt de stroomsnelheid toe. In de regel is het beste moment om over te steken 's morgens vroeg, wanneer de stroming het zwakst is. Gebeurtenissen stroomopwaarts kunnen invloed hebben op jouw veiligheid. Het kan bijvoorbeeld droog zijn waar jij bent, terwijl er stroomopwaarts zoveel regen is gevallen dat er een kolkende waterstroom jouw kant op komt zonder dat je het weet.

Rijd je stroomafwaarts van een grote dam, pas dan op voor afvloeiing, wat een onverwacht groot volume water kan afgeven. Probeer in zo'n situatie uit te zoeken hoe de planning van de afvoercyclus is. Als de rivier overstroomd lijkt te zijn als je aankomt kun je het beste wachten totdat het water tot een veilig peil is gezakt.

Waar steek je over. Het is niet wijs om bij een rivier te komen en moedig te beslissen dat je er doorheen gaat. Zorgvuldig observeren geeft aanwijzingen voor de verborgen aard van het water. Een ervaren Long Rider leest de rivier voordat hij uit het zadel stapt. Spiraalvormig water wijst op obstakels onder het oppervlak of sterke stromingen. Beide moeten worden vermeden. Glad, helder water is het meest veilig.

Door een stuk hout in de rivier te gooien, krijg je een idee van de stroomsnelheid. Door de beweging van het hout op de stroom te bestuderen, weet je waar het dieper is.

Omdat stroming het stroombed uitholt, wijst snel bewegend water vaak op het bestaan van een diep kanaal.

Steek ook nooit een rivier over in een bocht. Als je het water instapt vanuit de binnenkant van een bocht, zie je dat het een zacht hellende bodem heeft. Alleen een dwaas zou dat vertrouwen. Je moet weten dat het water aan de buitenrand de hoogste stroomsnelheid heeft. Daar spoelt de sterke stroming de rivieroevers weg waardoor er een bijna verticale oeverbank ontstaat. Dit is de moeilijkste plek om aan de kant te klimmen.

De oversteek voorbereiden. Je steekt dus pas over nadat je de rivier grondig hebt onderzocht. De in- en uitgang van het water moet goed zijn, met name de oever waar je het water verlaat. Ideaal is een grindbodem met een vlakke helling. Een modderige bodem kan ervoor zorgen dat je paard vast komt te zitten. Het redden van een paard uit een moeras op land is al moeilijk genoeg, laat staan midden in modderig stromend water. Besteed voldoende tijd om alles zeker te weten. Maak indien nodig aanpassingen aan de oevers om het voor de paarden gemakkelijker te maken. Dan pas begin je aan de oversteek.

Eén paard tegelijk Nogmaals, je hebt géén haast! Er gaan vier keer meer levens verloren in water dan in vuur. Neem je tijd en doe de dingen goed. Een fundamentele fout is trachten de rivier over te steken met teveel paarden tegelijk. Kies het emotioneel meest betrouwbare dier om als eerste over te steken. Zorg dat andere paarden stevig vaststaan en dat ze je kunnen blijven zien voor geruststelling.

Rijden door ondiep water. Als je alles hebt onderzocht en vastgesteld dat je door een ondiep deel kunt oversteken, laat dan het meest ervaren paard met zijn ruiter eerst gaan.

Denk ook even aan wat er kan gebeuren als je laarzen zich vullen met water of als je kleding nat wordt. Als je laarzen vol raken, kun je zinken. Zware kleding kan een lijkwade worden.

Focus op de oever. Toen de Zwitserse Long Rider Ella Maillart het Pamir-gebergte doorkruiste, kon ze niet anders dan een rivier oversteken. "Ik had het vreemde gevoel dat ik stroomafwaarts werd gedragen, het land ertegenover leek van me af te zwemmen. Maar nadat ik rivieren in Perzië had doorkruist, kende ik het gevaar van duizeligheid door het kolkende water, daarom hield ik mijn ogen gericht op een vast object en niet op het bewegende water."

Wat Ella ervoer is het vreemde gevoel van duizeligheid dat mensen en soms ook paarden ervaren als ze naar snelstromend water kijken, terwijl ze erin zijn. Je krijgt een draaiend gevoel en verliest je evenwicht. Het wordt erger als je je voeten uit de stijgbeugels omhoog trekt en op het zadel gaat zitten. Zorg dat je controle houdt. Richt je aandacht op de verre oever. Leid je paard met vertrouwen naar de plek waar je hem wilt leiden.

Als je in het water valt. Veel te veel mensen onderschatten de rivier en overschatten het vermogen van hun paard. Dit verklaart dat dit een van de meest voorkomende doodsoorzaken is onder trailrijders. Ze worden gedood door te veel vertrouwen. Bij iedere rivieroversteek vraag je jezelf: "Wat ga ik doen als ik in het water val?"

Als er dingen misgaan in de rivier, kunnen de gevolgen snel en genadeloos zijn. Rijd daarom nooit met een paard stromend water in als je zelf niet kunt zwemmen. Zelfs als het water aanvankelijk ondiep is, kan een sterke stroming je onderuit halen of uit het zadel trekken. Als je niet kunt zwemmen, overleef je dit niet. Neem geen risico door stroomopwaarts van gevaren over te steken, bijvoorbeeld laaghangende takken, watervallen of stroomversnellingen. Voordat je het water ingaat, moet je het water stroomafwaarts hebben bestudeerd en zeker weten dat je in geval van nood veilig naar de kant kunt zwemmen.

Het maakt niet uit hoe goed je je oversteek plant, er kan zich altijd een situatie voordoen dat je niet in het zadel kunt blijven en zelf moet zwemmen. Als je paard zijn evenwicht begint te verliezen, trap je je voeten uit de stijgbeugels en schuif je uit het zadel voordat hij bovenop je terecht komt. In het water is je eigen veiligheid je eerste prioriteit. Stap altijd af aan de stroomafwaartse kant van het paard!

In ondiep water kun je je paard aan de hand naar de overkant begeleiden. Als het water diep is of de stroom erg snel, richt dan je voeten stroomafwaarts en concentreer je op zwemmen naar de overkant. Je paard vang je wel weer als je eenmaal op het droge bent.

Je paard voorbereiden op diep water. Mocht je ooit in de situatie komen dat je een rivier over moet zwemmen, bereid je paard dan voor op wat komen gaat.

Er zijn twee belangrijke factoren die aandacht vragen: gewicht verwijderen en zorgen dat je paard niet verstrikt kan raken. Het meest veilig is om het zadel af te nemen en met een vlot of touw naar de overkant te slepen. Het paard neem je mee met alleen zijn hoofdstel. Moet het zadel op blijven, doe de singel dan net strak genoeg dat het zadel niet naar achter glijdt als het paard gaat zwemmen, maar niet zó strak dat het de ademhaling belemmert.

Een paard kan niet zwemmen met een martingaal of ander werktuig dat zijn hoofdbeweging beperkt. Niet alleen kan hij verdrinken van deze beperkende uitrusting, zijn benen kunnen er ook nog in verstrikt raken. Check dat er geen touwen of riemen zijn die het paard belemmeren in zijn hoofdbeweging of waar zijn benen in kunnen komen onder water. Bind een knoop in de teugels. Het allerfijnste voor het paard is om te zwemmen met alleen zijn halster aan. Zorg ervoor dat het halstertouw rond de hals is geslagen en stevig vastgemaakt. Het mag niet zo lang zijn dat de benen erin verstrikt kunnen raken.

Zwemmen met je paard. Paarden zijn krachtige zwemmers en in staat om een mens langszij een aanzienlijke afstand mee te nemen. Maar desondanks helpt het om je paard aan te moedigen. Natuurlijk mag je nooit de bewegingen hinderen. Als het paard werkelijk zwemt in diep water, is het hoofd het enige zichtbare deel van het lichaam, de rest bevindt zich net onder het oppervlak, de staart wappert er losjes achteraan. Zodra je paard begint te zwemmen ga je van zijn rug af. Blijf je zitten, dan moet het dier veel meer moeite doen om het hoofd boven water te houden. Dit kost extra inspanning. Het verhoogt ook zijn zwaartepunt, waardoor hij gemakkelijker uit balans raakt door zijwaartse stroming.

Rijd je paard het water in en begeleid hem in de goede richting, in dieper water glijd je van zijn rug af aan de stroomafwaartse kant.

Ga nooit recht voor een zwemmend paard staan of watertrappelen, want zijn voorbenen maken grote bewegingen. De veiligste plek is naast de stroomafwaartse schouder. Door de zadelknop te grijpen en rustig langszij te zweven, fungeert je lichaam als een steunbalk die helpt balans te houden.

Kom niet meer aan de teugels als je paard eenmaal zwemt. Als je de teugels naar achter trekt, en het paard zijn hoofd omhoog gooit, kan hij zijn evenwicht verliezen in het water. Om bij te sturen gebruik je je vrije hand om water langs de zijkant van zijn gezicht te spetteren.

Mocht je de greep op de zadelknop verliezen, pak dan de staart vast. Let alleen goed op de beweging van de achterbenen.

Het pakpaard voorbereiden op diep water. Geef alle paarden de kans om te drinken voordat je ze vraagt naar de overkant te zwemmen. Je wilt niet dat er halverwege een stopt om te drinken.

Laat een paard nooit met volle bepakking zwemmen. Niet alleen kunnen zijn benen verstrikt raken in de singels en touwen, natte pakzadels zijn zwaar. Zelfs als ze droog blijven, maakt de lading het dier topzwaar. In diep water met snelle stroming die zijwaarts tegen het lichaam aan duwt, kan een verkeerd pasje het dier zijn evenwicht brengen waardoor hij omvalt en verdrinkt.

Wees uiterst voorzichtig bij het beslissen hoe je de uitrusting over de rivier vervoert. Neem de lading en zadels zo dicht mogelijk langs de waterkant af. Heb je geen bootje, kijk dan of je een vlot kunt maken van hout of bijvoorbeeld een binnenband om de zware spullen te vervoeren. Zet het leven van je pakpaard niet op het spel door hem te vragen de stroom te bedwingen, zijn evenwicht te bewaren op een onstabiele ondergrond en tegelijkertijd je bagage naar de overkant te brengen.

Tegen de stroom in. Als je een sterk stromende rivier recht over probeert te zwemmen, zal de stroming je meenemen voorbij je beoogde aankomstplek. Om deze afwijking te compenseren, ga je stroomopwaarts van de gewenste aankomstplaats het water in. Zelfs bij waden, zorgt de constante druk van het water ervoor dat zowel mensen als paarden stroomafwaarts afdrijven. Deze drift is nog sterker als er daadwerkelijk gezwommen moet worden. Daarom richt je je paard in een hoek van 45 graden stroomopwaarts, zo compenseer je de stroming. Je paard heeft een beter evenwichtsgevoel en de impact van de stroom tegen het lichaam vermindert als hij zwemt.

Je paard achter een boot. Wees uiterst voorzichtig als de kans zich voordoet om je paard achter een boot aan te laten oversteken. Als je niet weet hoe dit moet kun je hem zomaar laten laten verdrinken. Zorg ervoor dat het touw niet wegglijdt en verstik het dier niet tijdens de overtocht. Wil hij het water niet in, spetter water op de achterhand of loop achteruit het water in. Zodra hij dieper komt, ga dan langzaam roeien, zodat hij dichtbij kan volgen. Trek niet aan het touw en laat het paard zelf zwemmen. Houd een lichte, constante druk op het touw om de richting te bevestigen en moedig hem rust aan met je stem.

Aan de overkant. Een paard stopt nooit met zwemmen, omdat hij niet weet hoe te drijven. Als je samen naar de overkant bent gezwommen, ga je er weer op zodra de hoeven de grond raken. Zorg ervoor dat je paard in beweging blijft als hij eenmaal op het droge is. Zet hem in geen geval vast zolang hij nat is. Nadat je een rivier bent overgestoken kun je stoppen en kijken of je hem even kunt loslaten. Je zult zien dat hij instinctief gaat schudden, rollen en zichzelf drogen zonder verkouden te worden. De in- en uitgang van een oversteekplaats, evenals de oversteek zelf, kan verraderlijke grond zijn. Op een plek als deze kan je paard een ijzer kwijtraken; zodra je veilig bent aangekomen, stop je en controleer je ijzers of hoefschoenen. .

Droog blijven. Afhankelijk van het klimaat, de hoogte en de tijd van het jaar, is zwemmen in koud water een schok voor het lichaam. Wanneer je weer boven komt, ook al ben je misschien blauw van de kou en heb je moeite met ademhalen, zullen je verantwoordelijkheden onmiddellijke actie vereisen. Gebruik de adrenaline die vrijkomt als je probeert om de levens van je paarden veilig te stellen zonder dat je persoonlijke bezittingen stroomafwaarts afdrijven. Een diepe rivier overzwemmen is een van de meest stressvolle situaties die een Long Rider kan tegenkomen.

Weet dat je nat gaat worden als je een diepe rivier tegenkomt, aan de overkant kun je droge kleding aantrekken, heel mooi.

Een paard te water redden. Paarden kunnen, net als mensen, in het water in paniek raken of worden meegesleurd door een sterke stroming. Probeer je zo'n paard te redden, dan loop je een extreem risico.

Je probeert eerst de veiligste reddingsmethode. Vanaf de kant roep je hem, moedig je hem aan en zorg je dat zijn soortgenoten in beeld zijn, die hem misschien verleiden naar de veiligheid te zwemmen. Tenzij je een expert bent met een lasso, is het niet aan te raden om een touw over zijn hoofd te gooien. De kans is groot dat als je mist, het paard nog banger wordt en de verkeerde kant op zwemt. Als de tijd en omstandigheden dit toelaten, kun je proberen om een lange stok met aan het uiteinde een lus over het paard of de zadelknop te schuiven. Maar pas op dat je niet het water in wordt getrokken.

Blijf indien mogelijk op de kant, want in het water neemt het veiligheidsrisico enorm toe. Als er een boot beschikbaar is, kun je richting het paard roeien met een emmer brokken of graan. Maar wees voorzichtig als je het paard bij zijn hoofdstel of halster grijpt. Hij kan moeite hebben om zijn neusgaten boven water te houden. Als het dier de oever bereikt maar water in de longen heeft gekregen, is er een gerede kans op longontsteking.

Omdat bewegend water tweehonderdvijftig keer sneller warmte uit het lichaam geleid dan lucht, zullen stress en onderkoeling een effect hebben op de overlevingskansen van het paard nadat hij is gered.Bedek het dier met een deken om onderkoeling te voorkomen en laat hem rusten.

Hoofdstuk 50 - Jungles

Het maakt niet uit in welke jungle je bent, voor een paard is het een buitenaardse omgeving.

De harde realiteit. De meerderheid van mensen die leven in de stad, leidt hun leven zonder fysiek gevaar en ontberingen. Het is voor hen onmogelijk om zich te verhouden tot het risico en de realiteit van het rijden door de jungles waar Long Riders zich in hebben gewaagd. Als je zo'n naïeve stedeling zou vragen een oerwoud te beschrijven, zou hij kunnen denken aan Tarzan, die elegant door de machtige boomtoppen slingert, vreedzaam in harmonie met het omringende dierenrijk, één met Moeder Natuur, terwijl een soundtrack op de achtergrond sussend door de zachte vogelgeluiden heen speelt.

Zoals Long Riders tot hun grote schrik hebben geleerd komt het rijden in de jungle niet overeen met de Hollywood-fantasie. Temperaturen stijgen tot 38 graden Celsius in de schaduw. Insecten zuigen je bloed en maken je gek. Bloedzuigers liggen op de loer in de moerassen waar je doorheen moet waden, waar ze wachten om te smullen van je door het water geweekte vlees. Vampiervleermuizen drinken 's nachts het bloed van je paarden, waardoor ze in de ochtend te zwak zijn om te reizen.

Er is een nijpend gebrek aan voedsel, zowel voor jou als voor de paarden. Het struikgewas is zo dicht dat je nauwelijks vooruit komt. De luchtvochtigheid maakt het moeilijk om te ademen. Het kan, zoals een Long Rider het beschreef, een 'groene hel' zijn.

De Pantanal. Er zijn boze en drassige plaatsen in vele delen van de wereld. Australië, bijvoorbeeld, heeft kustgebieden die door krokodillen worden geteisterd. Dan zijn er de oerwouden van Centraal-Afrika, met hun beruchte tseetseevliegen die paarden doden. Slechts weinig Long Riders hebben zich in deze gebieden gewaagd.

De grootste spelbrekers voor Long Riders in het verleden, zijn de twee grote oerwouden van Latijns-Amerika geweest. De grootste hiervan is de Pantanal.

De Pantanal is 's werelds grootste wetland. In tegenstelling tot de Florida Everglades, die 10.000 vierkante kilometer beslaat, omvat de Pantanal 240.000 vierkante kilometer en spreidt zich uit over Brazilië, Bolivia en Paraguay. De allure van het gebied wordt deels verklaard doordat het de thuisbasis is van de grootste concentratie in het wild levende dieren van alle Amerika's. De combinatie van topografie en klimaat, graslanden die periodiek overstromen en verschillende soorten bos, maken het een ideaal leefgebied voor jaguars, apen, tapirs, miereneters, slangen en meer dan vierhonderd vogelsoorten.

Filipe Leite reed in 2014 door de Pantanal tijdens zijn twee jaar durende reis van Canada naar Brazilië. Hij was onder de indruk van de uitgestrektheid van de natuur. De Braziliaanse Long Rider ontdekte ook dat een omgeving die ideaal is voor vogels, niet betekent dat het geschikt is voor paarden. Filipe merkte op dat het landschap zo drassig was dat hij soms vijftig kilometer moest rijden voordat hij een plekje vond om te kamperen. De muggen waren ergerlijk, maar er waren ergere dingen. Filipe en zijn paarden reden door het land dat wordt bevolkt door jaguars. Deze dodelijke katachtigen hadden de reputatie om vee en mensen te doden, waarschuwden lokale veehouders. Filipe was continue uiterst waakzaam, omdat anders zijn paarden aangevallen konden worden.

De Gran Chaco. Deze naam wordt gebruikt om het Paraguayaanse gedeelte van de Pantanal te beschrijven. Het heeft Long Riders aangetrokken, zowel uit het verleden als het heden. De Gran Chaco is dunbevolkt. Omdat het zich ten oosten van de Andes bevindt, en langs de Steenbokskeerkring zit, zijn hier de hoogste temperaturen van het hele continent. In het regenseizoen rijdt de lokale bevolking paarden die speciaal zijn aangepast aan de overstroomde omgeving. Maar ironisch genoeg is veel van het ondergrondse water vanwege het hoge mineraalgehalte niet geschikt om te drinken. Een gebrek aan geschikt drinkwater is dan ook het struikelblok van dit gebied. In het verleden vochten Bolivia, Argentinië en Paraguay over de slecht afgebakende grenzen. Hoewel het momenteel politiek kalm is, blijft het nog steeds een plaats met hoge temperaturen, ongebreideld insectenleven en mogelijk dodelijke roofdieren. Maar hoe vreselijk de Chaco ook is, zijn buurman verder naar het noorden is erger.

The Darien Gap. De Darien is een jungle van de gevaarlijkste soort die Zuid-Amerika scheidt van Centraal-Amerika. Een onbegaanbaar doolhof met een modderige bodem en ondoordringbaar struikgewas. Deze helse kloof splitst niet alleen Panama van Colombia, maar heeft in feite alle ruiters ervan weerhouden om van Noord naar Zuid, of andersom, te trekken sinds de mensheid paarden heeft geherintroduceerd in Amerika.

De provincie Darien ligt aan de oostelijke rand van Panama. Het grootste deel van het gebied is regenwoud, waar nederzettingen zich langs de rivieren slingeren. Aan de andere kant van een onzichtbare grens stroomt het water van de Atrato-rivier in Colombia door ondoordringbare moerassen.

De Darien heeft een van 's werelds hoogste neerslagcijfers. Met uitzondering van een paar ruige wegen in de buurt van de dorpen, is er geen vaste route door het moeras. De Pan-Amerikaanse snelweg strekt zich uit van de top van Alaska tot de bodem van Tierra del Fuego, maar wordt onderbroken door de Darien Gap.

Honger lijden. Het zal je misschien verbazen dat in een uitgestrekte jungle jij en je paarden honger zullen lijden. Dat komt, omdat in deze omgeving weinig gras groeit, het wordt verdrongen door andere planten. Het is ook niet eenvoudig om levensmiddelen te vinden. Wees er dus zeker van, voordat je je in zo'n gebied waagt, dat jij en je paarden genoeg voedsel hebben om je doortocht te voltooien.

Insecten. Moerassen en drijfzand, je eigen weg banen door dicht struikgewas, druipen van het zweet en honger lijden klinken misschien als serieuze uitdagingen. Het zijn lang niet de grootste bedreigingen voor een jungle-rijder. Die dubieuze eer is voorbehouden aan de insecten die paarden en mensen gek maken. Muggen, teken en vliegen zijn een constante plaag. En er zijn nog ergere dingen. De Darien Gap bijvoorbeeld is de thuisbasis van stekende rupsen en centimeters lange zwarte mieren, waarvan de beet urenlang pijn doet. Vanwege deze verschillende bedreigingen door insecten, leun je nooit ergens tegenaan, ga je niet zomaar zitten en leg je nooit je hand ergens op zonder eerst te controleren.

Rijden door de jungle. Onverwachte situaties doen zich voor wanneer de brute kracht van een reis je verder brengt dan je dacht te kunnen gaan. Omdat de jungle zoveel dodelijke uitdagingen heeft, is het cruciaal dat je bij een noodsituatie niet in paniek raakt. Laat angst je zelfvertrouwen niet ondermijnen. Dit wil niet zeggen dat je niet bang mag zijn. Hij die overleeft degene is die anticipeert en controle heeft over zijn angst wanneer deze de kop opsteekt.

Een trektocht door de jungle kan lijken op een fragment van de hel. Als de omstandigheden je dwingen zo'n paard-onvriendelijke omgeving te betreden, houd dan in de eerste plaats rekening met de extreme hitte en luchtvochtigheid. Ga op pad zodra het licht is. Wees voorbereid op veel lopen en je paard met aandacht te leiden.

Draag een machete in dicht struikgewas.

Wees je ervan bewust dat er een limiet is aan de tijd dat je paarden kunnen overleven in deze vijandige omgeving. Gebrek aan voedsel, aanwezigheid van wilde dieren en insecten en gebrek aan water zijn factoren die in deze combinatie paarden slechts drie maanden geven voordat ze ernstig ziek worden of sterven.

Hoofdstuk 51 - Drijfzand en moeras

Een van de oudste en dodelijkste vijanden van het paard is heden ten dage nog steeds aanwezig. God helpe je als je erin verzeild raakt.

Een oude tegenstander. Enkele van de grootste Long Riders aller tijden zijn ten prooi gevallen aan drijfzand, modder en veenmoerassen. Aimé Tschiffely had 3.200 kilometer onder zijn zadel toen hij bijna bezweek in drijfzand. Thurlow Craig was de meest ervaren jungle ruiter ooit en toch verloor hij bijna zijn paard in een moeras. Donald Brown overleefde een expeditie over de poolcirkel maar verloor ook bijna zijn paard in een moeras. Roger Pocock, die solo de Outlaw Trail reed, zei over dit gevaar: "Ik heb zoveel paarden vast zien zitten in drijfzand, dat ik goed begrijp waarom ze aarzelen als ze zompige bodem naderen."

Nadat hij de helft van Californië had doorkruist, moest de Engelse Long Rider Joseph Smeaton Chase samen met zijn paard, Chino, plotseling voor hun leven vechten in een stukje drijfzand op het strand. Zonder nabije hulp had Chase een gruwelijke gedachte: "Terwijl ik worstelde, flitste de gedachte door me heen dat niemand ooit zou weten wat er met mij was gebeurd, want er zou geen spoor zijn, geen enkele aanwijzing. Dat vreselijke zand zou zich over mij heen sluiten, het gebrul van de golven zou niet onderbroken worden, ik zou gewoon ophouden te bestaan."

Hoe voorkom je dat je ten prooi valt aan de dodelijkste val van de laatste eeuwen?

Geaaid worden door de dood. Realiseer je dat zelfs een ervaren Long Rider in de problemen kan komen. Zelfs als je goed geïnformeerd bent, is voorzichtigheid niet altijd genoeg. Wat als je ontdekt dat de route is verdwenen en je midden in een gebied rijdt met kilometers en kilometers moeras en drijfzand?

Drijfzand. Dood door verdrinking kan op verschillende vervelende manieren. Een van hen is door drijfzand. Deze alomtegenwoordige bedreiging kan worden gevonden langs rivieroevers, in de buurt van meren, stroomafwaarts van een eilandje in een rivier. Drijfzand is een mengsel van water, zand en klei. Beweging langs het oppervlak zorgt ervoor dat het mengsel onstabiel wordt. Zodra het vloeibaar is, zinkt alles wat er bovenop komt weg. Hoe ver je wegzakt hangt af van de dichtheid en hoeveel je zelf beweegt. Door te worstelen herverdeelt het mengsel zich waarbij zwaardere klei en zand naar beneden bewegen, terwijl de bovenste lagen zeer vloeibaar blijven.

Het goede nieuws is dat uit onderzoek blijkt dat het voor menselijke slachtoffers

146

in drijfzand praktisch onmogelijk is om veel verder te zinken dan de taille - maar het is evengoed onmogelijk om iemand eruit te trekken als deze eenmaal vastzit. Er vormt zich een zware, kleverige laag, die voorkomt dat het slachtoffer verder zinkt, maar die ook voorkomt dat je los komt.

Maar paarden zijn geen mensen. Je kunt ze niet geruststellen met kalmerende woorden nadat je ze deze situatie in hebt gestuurd, waar ze trappelen voor hun leven. Drijfzand, modder, moeras, het maakt niet uit hoe je het noemt, het eerste dat je moet leren is om op je paard te vertrouwen.

Gered door instinct. Er zijn veel grapjes over paarden die bang zijn voor slechts twee dingen, dingen die bewegen en dingen die dat niet doen. Hoewel ze zonder woorden communiceren, is hun diepgewortelde wijsheid duidelijk voor iedereen te zien. Een voorbeeld hiervan is de instinctieve angst van het paard voor moerassige plekken en hun opmerkelijke vermogen om hun reukzin te gebruiken om de drassige grond te beoordelen. Aimé Tschiffely's Criollo, Gato, bewees dat hij over het vermogen beschikt om gevaar te ruiken.

"Tot mijn verbazing werd de grond drassig, maar het verlangen om tijd en afstand te besparen was sterk, vervolgde ik mijn weg naar een pas in de bergen. Ik wist dat dit de route naar Cuzco was. De paarden worstelden zich door drassige plassen die op een vreemde manier borrelden. Maar toen we bij een brede strook water kwamen die de vlakte leek te doorsnijden, weigerde Gato, die ik reed, nog een stap te zetten. Het water was maar enkele centimeters diep, maar het paard stopte met de koppigheid van een slechtgehumeurde muilezel, en toen ik hem sloeg met de leadrope steigerde hij en snoof als een bronco. Ik probeerde de hele trukendoos om de paarden te overreden het water in te gaan, maar niets hielp.

Toen zag ik een Indiaan in de verte die met zijn armen zwaaide, terwijl hij in mijn richting kwam rennen. Toen hij dichtbij genoeg was, hoorde ik hem in gebroken Spaans roepen dat ik moest stoppen. Hij vertelde me dat dit een zeer gevaarlijke plek was en dat het een ramp zou zijn als we het verraderlijke water zouden betreden. Hij begeleidde ons naar een veilige plek en zette ons op de juiste route. Gato had me een goede les geleerd, en ik bemoeide me nooit meer met hem als hij weigerde op een twijfelachtig stukje grond te stappen. Dit geweldige paard was de lessen die hij in zijn jeugd op de vlaktes van Patagonië had geleerd niet vergeten. Het instinct van het wilde paard had hem gewaarschuwd dat er gevaar schuilde onder het onschuldig ogende wateroppervlak."

Verkennen. Blijf weg uit moerasgebieden, tenzij het absoluut noodzakelijk is. In dit terrein kunnen paard en ruiter geen moment ontspannen. Vraag bij de lokale bevolking informatie op, maar wees voorzichtig. Omdat moerassen moeilijk te zien zijn, is zelfs lokale kennis mogelijk niet actueel. Bepaal je route te voet met de grootste zorg, en markeer het indien mogelijk. Nooit haasten! De tijd die je besteedt aan het verkennen van een veilige route is minimaal in vergelijking met de uren die het duurt om je paard te bevrijden uit een moeras. Als de grond zelfs licht verdacht is, stop! Hoge, droge grond is altijd beter dan slordig uitziende weides, stroomgebieden of kustroutes. Beperk het risico door er omheen te rijden.

Dóórgaan. Het gebeurt snel! Wanneer je in gevaarlijk terrein rijdt, begeleid je paard dan te voet. Heb je een pakpaard bij je, neem dan één paard tegelijk mee, loop rustig en stop niet. Wanneer een paard voelt dat hij zinkt, zal hij proberen zich naar voren te storten in een poging vaste grond te vinden. Dit drijft hem vaak dieper in de ellende.

Kun je hem naar veilige grond sturen, blijf dan in het zadel, maar spring eraf zodra je voelt dat hij begint te zinken. Pas op dat hij in zijn paniek niet bovenop je springt. Als het ergste gebeurt en je paard komt vast te zitten, verandert alles.

Een vastzittend paard redden. De kennis van wat tegenwoordig 'redding van grote dieren' wordt genoemd groeit. Paarden die in verstedelijkte omgevingen leven, vallen in zwembaden, kanalen of modderige sloten. Wanneer zo'n catastrofe zich voordoet, worden speciaal opgeleide brandweermannen met gespecialiseerde apparatuur opgeroepen. Een van de meest voorkomende ongelukken is paarden die vast zitten in diepe modder. Terwijl het dier worstelt, zakt hij dieper en dieper weg. Na verloop van tijd raakt hij uitgeput en verdrinkt hij of raakt hij in shock. Het bevrijden van een paard uit zo'n situatie is moeilijk en gevaarlijk werk, hulpverleners raken regelmatig zelf gewond door bange paarden. Slecht opgeleide hulpverleners kunnen het paard per ongeluk wurgen, verwonden, laten vallen of zelfs doden. Deze situaties zijn uiterst gevaarlijk, tenzij de redders vakkundig zijn opgeleid en naar behoren zijn uitgerust.

Maar wat doet een Long Rider als hij kilometers verwijderd is van hulp? Hoe reageer je als er geen mobiele telefoon is om hulpdiensten te bellen? Kun jij je paard redden zonder gespecialiseerde uitrusting?

Rustig en voorzichtig. Als je paard vast zit is het zaak om snel doch voorzichtig te werken. Gebeurt het op het strand en heb je te maken met het getij, dan kom je in een race tegen de klok. Maar snelle bewegingen en worstelingen verlagen de kans op ontsnapping. Trillingen veranderen de relatief stevige ondergrond in drijfzand. Langzame bewegingen helpen een dit proces te stoppen. Wees geduldig want het kan uren duren voordat je paard vrij is. Probeer kalm te blijven als je de situatie beoordeelt, anders zal jouw angst het paard aanzetten tot paniek.

Veiligheid. Waad niet automatisch naar je paard toe om hem te redden! Je eerste prioriteit is dat je niet zelf ook in de modder vast komt te zitten. Beoordeel de situatie en controleer of het water of moeras geen bijkomende gevaren verbergt.

Zelfs het rustigste paard wordt ongelooflijk gevaarlijk als hij voelt dat hij zinkt. Terwijl hij tevergeefs worstelt om vaste grond te voelen, reageert hij onvoorspelbaar. Handel rustig. Benader hem langzaam en stel hem gerust. Laat hem op adem komen. Benader het paard niet rechtstreeks van voren, dit is gevaarlijk, omdat hij je met zijn hoofd kan raken of in paniek bijten. Benader hem schuin van voren, zodat hij je kan zien. Blijf buiten bereik van de achterbenen.

Verwijder het gewicht. Haal zo snel mogelijk het rij- of pakzadel van je paard af. Voordat je je een weg naar je paard baant trek je alles uit wat het lastig maakt om door de modder te waden. Bedenk dat schoenen, met name degenen met platte, stugge zolen, zuigkracht creëren wanneer je ze uit de modder probeert te trekken. Draag je zware of stijve laarzen, verwissel ze dan voor lichte schoenen of ga blootsvoets verder.

Om te voorkomen dat je vast komt te zitten, terwijl je tuigage en uitrusting afneemt, gebruik je alles in de buurt dat je als drijfmiddel kunt gebruiken; een boomtak, een stuk hout, een oude ladder, alles wat blijft drijven. Wanneer je het paard bereikt, verwijder je alles behalve zijn halster en het touw. Aarzel niet om de singel door te knippen of snijden als het niet lukt om de gespen los te maken. Blijf diep en rustig dooradem tijdens de hele operatie. Niet alleen zal diep ademhalen je helpen kalm te blijven, het geeft je ook meer drijfvermogen. Houd zoveel mogelijk lucht in je longen, terwijl je aan het werk bent.

Laat hem niet verdrinken. Als het paard geen tuig mee op heeft is de het eerste doel om hem in leven te houden. Dat betekent 'laat hem niet verdrinken'. Ook al drijft het lichaam van een paard redelijk goed, het hoofd is zwaar. Hoe langer hij worstelt, hoe moeilijker het voor hem is om zijn neusgaten boven water te houden om te ademen. Dit wordt nog acuter als hij diep in de modder is weggezakt, omdat de modder enorme druk op de ribbenkast uitoefent waardoor het moeilijk is om adem te halen.

Blijf kalm, praat rustig en stel hem gerust, terwijl je ondertussen iets onder zijn hoofd plaatst dat drijft om te helpen de neusgaten boven water te houden. Dit kan een stuk hout zijn, of een stuk zeil, alles wat hem de noodzakelijke ondersteuning geeft om zijn vermoeide hoofd boven de modder te laten rusten.

Gevaarlijke amateurs. Als je het geluk hebt om hulp te kunnen roepen, zorg dan dat enthousiaste amateurs de situatie niet compliceren. Het zou bij iemand met medische kennis nooit opkomen om een touw om de nek, polsen of enkels van een gewond mens te binden om deze uit een autowrak te trekken. Maar als een paard vastzit, proberen mensen al snel een deel van het lichaam van het dier te pakken waaraan ze beginnen te trekken. De resultaten zijn vaak verwoestend. Goedwillende maar naïeve hulpverleners kunnen een touw van het halster aan een tractor of voertuig met vierwielaandrijving vastbinden. Ze begrijpen niet dat wanneer je tractie toepast op het hoofd van een paard, de natuurlijke reactie is om weerstand te bieden aan de druk en terug te trekken. Niet alleen kan de druk van het touw zenuwbeschadiging veroorzaken, de combinatie van een onbreekbaar halster en een krachtig voertuig kan het dier onthoofden!

Trek nooit aan het hoofd!

Gebruik de staart en benen niet als handvat!

De enige veilige manier om een paard veilig los te trekken is via een zorgvuldig geplaatste reddingslijn.

Een reddingslijn aanleggen. Professionals gebruiken een dikke, brede riem (zoals te zien in de onderstaande afbeelding) die ze voorzichtig rond de romp van het paard plaatsen.

Maar je hebt vast geen handige dertig meter lange twintig centimeter brede banden in je bagage, of wel? Dan zul je het moeten doen met een touw. Het probleem is, dat als je onvoorzichtig te werk gaat, een dun touw ernstig letsel kan veroorzaken.

Stop nu even en reflecteer op wat er is gebeurd. Het ene moment rij je op je route, terwijl je je afvraagt waar je zult gaan kamperen die nacht. Tien minuten later sta je tot aan je borst in een levensbedreigend moeras. De ogen van je geliefde paard zijn groot van angst. Jullie rillen allebei van de kou en zijn doodsbang. Hij kan niet praten, maar jij wel en je probeert om niet te schreeuwen, vloeken, huilen, of in paniek te raken. Midden in dit alles, ga je een reddingslijn voor je paard aanleggen. Begin door bij zijn linkerschouder te staan, met je gezicht naar hem toe. Schuif de lus van het touw onder de modder, vanaf de borst tussen de voorbenen door en trek de lus aan de linkerkant bij de elleboog omhoog. Nu leg je de lus over de rug, net achter de schoft. Daarna manoeuvreer je jezelf aan de rechterschouder. Duw de lus langs de elleboog weer tussen de voorbenen door richting de borst. Nu heeft het paard een touw dat zijn lichaam omgeeft achter de schoft, onder het borstbeen, langs de ribben en tussen de voorbenen. Professionals hebben een speciaal ontworpen stuk gereedschap genaamd "Nikopolous Needle" waarmee ze een brede band door de modder heen onder het paard door kunnen brengen. Als je geluk hebt, kun je jouw uiteinde van je touw aan een korte, sterke tak vastmaken om het gemakkelijker door de modder te duwen.

Zodra het touw veilig rond het dier ligt, kun je het aan een nabijgelegen boom binden, als er een is, om de situatie te stabiliseren. Nu begint de echte strijd.

Zuigingsgevaar. Het grootste gevaar zit in de zuiging die het lichaam van je paard in een wurggreep houdt. De dikke modder creëert een vacuüm dat zo krachtig is dat de vernietigende kracht ervan moeilijk te bevatten is. Als dit vacuüm niet wordt doorbroken op het moment dat hulpverleners proberen het paard los te trekken, kan het dier ernstig gewond of gedood worden. Dieren die vastzitten in ondiepe modder hebben hun hoeven los van het been getrokken! Paarden zijn in tweeën gescheurd door helikopters die ze lostrokken zonder eerst het dodelijke vacuüm te doorbreken.

De brandweer gebruikt slangen die samengeperste lucht of water langs het lichaam van het paard laten stromen. Dit helpt om de grip van de modder te doorbreken. Je mogelijkheden hangen af van welke hulpmiddelen en hulp je kunt verzamelen. Waar het nu om gaat is dat je je bewust bent van dit gevaar voordat je aan je paard begint te trekken.

Los van de methode die je gaat gebruiken, wees zuinig op jezelf. Omdat het een lang proces kan zijn, zal uitputting je grootste vijand zijn. Neem pauzes en praat tegen je paard om hem te kalmeren.

Ondanks de huiveringwekkende ongelukken die hun leven bijna hebben beëindigd, zijn er geen gevallen bekend waarin Long Riders of hun paarden daadwerkelijk stierven in een moeras of drijfzand. Blijf kalm, blijf positief en wees geduldig.

De bevrijding. De beste manier om een paard te bevrijden, is door het op zijn zij te schuiven en vervolgens via een zijwaartse weerstand los te trekken. Aimé Tschiffely gebruikte deze methode om het paard van zijn gids te bevrijden uit rivierdrijfzand: "Zakt het paard eerst met de achterbenen weg, dan heeft het geen zin om hem er vooruit uit te trekken. Om hem te redden moet je hem zodanig optrekken dat hij op zijn zij komt te liggen. Hierdoor komen de achterbenen los en krijgt hij drijfvermogen. Daarna kun je hem eruit trekken."

Door het paard op zijn zij te kantelen, vergroot je het lichaamsoppervlak dat drijft op de modder. Dit helpt niet alleen om hem door de modder te slepen, op deze manier helpt het skelet om letsel te beperken.

Emotionele zorgen. Wanneer het leven van je paard op het spel staat, is er geen ruimte voor sentimentaliteit. Alleen een gezamenlijke inspanning van jullie beiden zal hem kunnen bevrijden. Als hij te uitgeput raakt om mee te werken, laat hem dan even rusten, voordat je het opnieuw probeert. Schreeuw als je moet. Tik hem op de romp om hem aan te moedigen. Maar sta niet toe dat hij zich aan de situatie overgeeft.

Eindelijk vrij. In je gevecht om je paard te redden, waarbij de uitrusting waardoor hij zou kunnen verdrinken hebt afgenomen, en je erin geslaagd bent om de reddingslijn rond zijn lichaam vast te zetten om hem naar de vrijheid te slepen, mag je niet vergeten dat hij zichzelf kan verwonden in zijn drang om los te komen uit de modder of het drijfzand. De meeste paarden reageren heftig wanneer hun voeten uiteindelijk vaste grond raken. In een wanhopige poging om zichzelf te bevrijden, kunnen ze de oever op klauteren. Zorg ervoor dat het paard je niet omver loopt of je op het laatste moment verwondt. Houd je mes bij de hand om het sleeptouw door te snijden als dat nodig is. Zodra hij vrij is, loop je met hem naar een veilige plek. De lichaamstemperatuur van een paard daalt vaak snel als hij is ondergedompeld in modder. Houd hem na zo'n stressvol incident warm om onderkoeling te voorkomen. Controleer hoeven en hoefijzers.

Samenvatting. De beslissing om door een jungle of in de bergen te rijden neem je zelf, maar maar elke Long Rider kan worden verrast door drijfzand of een moeras. Er zijn basisregels die je kansen op zo'n angstig gevaar verlagen.

Vermijden - Bekijk elk type drassige ondergrond, zoals rivieroevers, moerassen of stranden, met extreme voorzichtigheid. Wees altijd alert op aanwijzingen dat de bodem niet is wat het lijkt.

Let op - Drijfzand of een moeras zie je niet vanuit het zadel. Ga nooit verder tenzij je absoluut zeker bent dat de grond veilig is voor je paard!

Verkennen - Als je de grond niet vertrouwt stap af en verken te voet verder. Neem een lange sterke stok mee om de grond voor je te testen.

Veiligheid - Als je paard vast zit, ga je het probleem niet groter maken door je in de modder te begeven zonder de situatie op alle mogelijke gevaren te hebben beoordeeld.

Denk niet dat het snel kan - Het kost professionele reddingswerkers vaak al zes uur om een paard uit een diep moeras te halen.

Je blijft niet schoon - Als deze gevaarlijke en gecompliceerde redding voorbij is, ben je van top tot teen bedekt met modder.

Hoofdstuk 52 - Milieuvervuiling

Iedereen die nadenkt over een trektocht te paard bezit voldoende gezond verstand om te beseffen dat bepaalde plekken op de wereld verschillende niveaus van uitdagingen vertegenwoordigen. De vorige hoofdstukken over bergen, woestijnen, rivieren, oerwouden en moerassen vormen een overvloedig bewijs van dit soort gevaren.

Moderne Long Riders krijgen te maken met een nieuw type gevaarlijke omgeving, een die onze rijdende voorouders zich niet hadden kunnen voorstellen en nooit zijn tegengekomen. Dodelijke, door de mens veroorzaakte gevaren, waaronder radioactieve gebieden, ernstig vervuild water en ziekmakende lucht vervuilen nu grote delen van de planeet die traditioneel verbonden zijn met paardensport. Het negeren van deze gevaren is niet alleen naïef, het kan ook potentieel dodelijk zijn.

Een politieke beslissing die decennia geleden werd genomen kan in deze tijd niet alleen de kans op een succesvolle moderne expeditie verminderen, maar kan ook een extreem nadelig effect hebben op de gezondheid van paard en ruiter.

Het ligt voor de hand dat je uit de buurt blijft van drukke stedelijke gebieden, aangezien geen enkele Long Rider vrijwillig problemen zoals druk verkeer en luchtvervuiling opzoekt. En net zo gaat niemand vrijwillig door een nucleaire zone met rood alarm rijden. Er is echter een verrassend gebrek aan erkenning voor de radioactieve of chemische vervuiling op voormalige defensie locaties. Omdat er vele jaren verstreken zijn sinds deze faciliteiten operationeel waren, is kennis over het huidige gevaar of zelfs het bestaan ervan vergeten, behalve door de lokale bevolking die te arm is om te emigreren. Bewustwording van deze milieugerelateerde gevaren maakt ook deel uit van je planning.

Extra complicatie is dat deze locaties verspreid zijn over enkele van de belangrijkste expeditie bestemmingen ter wereld, zoals Rusland, Kazachstan, Kirgizië, Oekraïne en Oezbekistan. Al deze landen oefenen, door hun verbondenheid met paarden in hun cultuur, een enorme aantrekkingskracht uit op ruiters die op een lange tocht willen gaan. Vergeet niet dat deze volken enorm hebben geleden onder intense vervuiling van hun omgeving. Voordat je als Long Rider op reis gaat door deze delen van de voormalige Sovjet-Unie, is het verstandig om je goed voor te laten lichten over milieuvervuiling en de consequenties daarvan op de gezondheid van jou en je paard.

De Aral-woestijn. De Aralzee, die 68.000 vierkante kilometer beslaat, was een van de vier grootste meren ter wereld. In een vergeefse hoop om de economische productie van de katoenvelden in Oezbekistan te vergroten, besloot Moskou dat het water uit de twee grote rivieren beter zou kunnen worden gebruikt als het in irrigatiekanalen zou worden gedraineerd. Het idee had twee denkfouten. Ten eerste, omdat veel van de kanalen slecht waren gebouwd, verdampte naar schatting vijfenzeventig procent van het water. Het werd nog erger, een meer dat eens zo groot was als Schotland, kromp uiteindelijk met negentig procent. Het oppervlak van de Aralzee is zoveel kleiner geworden dat de huidige kustlijn ongeveer 150 kilometer van de oorspronkelijke kustlijn af ligt. De legendarische binnenzee is er niet meer.

In de plaats daarvan is er een vervuilde woestenij overgebleven die bekend staat als de Aral-woestijn. God moge de ruiter bijstaan die wil proberen deze vergiftigde grond over te steken. Toen het water zich terugtrok legde het naar schatting 40.000 kilometer voormalige zeebodem bloot. Het verlies van zo'n grote hoeveelheid water droeg bij tot ernstige woestijnvorming, waardoor het lokale klimaat veranderde, en in de hele regio winters kouder werden en de zomers warmer. Tot overmaat van ramp is deze enorme vlakte bedekt met zout, schadelijke chemicaliën en krachtige pesticiden. Deze stoffen worden door sterke winden verspreid naar de omliggende gebieden. Lokale bewoners hebben last van lever-, nier- en oogproblemen die worden toegeschreven aan de giftige stofstormen. Andere ernstige problemen voor de volksgezondheid zijn onder meer hoge percentages kanker, longaandoeningen en een angstaanjagend type tuberculose dat resistent is voor bijna alle medicatie.

De vervreemdingszone. Laat in de nacht van 26 april 1986 scheurde een explosie het gebouw doormidden waarin de vierde reactor van de kerncentrale van Tsjernobyl was gehuisvest. Het dak stortte in en de muren bogen door. Vele jaren later herinnerden de getuigen zich dat ze een vreemde gloed zagen uitstralen vanuit de richting van de geheime nucleaire faciliteit in de Sovjet-Unie. Het rode licht, zeiden ze, leek alsof het recht uit de hel opsteeg. In zekere zin hadden ze gelijk, want de mensheid had een demon in de omgeving losgelaten.

Er is nu een speciaal aangewezen vervreemdingszone ingesteld, dertig kilometer rondom de vernietigde kernreactor van Tsjernobyl. De zone wordt beheerd door het Oekraïense ministerie van buitengewone situaties.

Nog meer nucleaire vervuiling. Van 1922 tot 1991 beheerste de Sovjet-Unie vijftien afzonderlijke republieken. Op het hoogtepunt van haar macht omvatte het grondgebied maar liefst 22.402.200 vierkante kilometer. Diep verborgen in het communistische rijk lag Semipalatinsk, een super geheime nucleaire testlocatie. Gelegen in de noordoostelijke hoek van Kazachstan, vormt deze vervuilde veelhoek (militaire zone) een grote geografische uitdaging voor moderne Long Riders. Van 1949 tot 1989 voerde de Sovjetunie er 752 nucleaire explosies uit. Het geweld van een specifieke explosie van 130 kiloton veroorzaakte een enorme krater in het landschap die zich later vulde met water. Vijftig jaar later is het Chagan-meer nog steeds radioactief en volledig verstoken van leven. De Republiek Kazachstan verklaarde zich in 1991 onafhankelijk van Rusland. Net als Oekraïne, dat Tsjernobyl meenam als vervuilde erfenis, heeft Kazachstan ook een milieu-tijdbom geërfd van zijn voormalige Sovjet-meesters. Een geschatte 300.000 vierkante kilometers van het Kazachse platteland, dat wordt bewoond door twee miljoen mensen, was vervuild door radioactieve neerslag. Ooit een van de meest raadselachtige en geïsoleerde plekken op aarde, heeft dit gebied enorme schade opgelopen. Grote stukken land zijn nog steeds besmet. Delen van het gebied zijn veilig verklaard om te bezoeken, terwijl andere delen nog steeds zijn verboden. Controleposten worden gehandhaafd om indringers af te schrikken. De weinige geautoriseerde bezoekers zijn verplicht om beschermende kleding te dragen en moeten een speciale verzekering afsluiten. Long Riders moeten helemaal vermijden om een reis te maken in dit deel van Oost-Kazachstan, omdat de besmetting de lokale omgeving nog steeds ernstig beïnvloedt. De Chagan-rivier bevat bijvoorbeeld honderd keer meer radioactief tritium dan de veilige limiet. Grazen is waarschijnlijk ook niet veilig, de regering heeft alle landbouw in de besmette delen nog steeds verboden.

Vergiftigd landschap. Toen de nieuw gevormde republiek Kirgizië de onafhankelijkheid uitriep, beschreef het zichzelf trots als "Het land van Paarden

154

en Vrije Ruiters." Wat de politici in Bishkek niet erkenden, was de beruchte uraniummijn van Mailuu Suu. En wie kan het hen kwalijk nemen? Toen Sovjet-wetenschappers in 1949 hun eerste nucleaire bom tot ontploffing brachten, kwam het uranium uit de bergen van Kirgizië. Gedurende meer dan vijftig jaar huisvestte de stad Mailuu Suu het industriële complex dat uranium leverde voor het immense nucleaire arsenaal van de USSR. De erfenis van het Sovjettijdperk was twee miljoen kubieke meter radioactief afval. Er werden pogingen ondernomen om een deel van het giftige materiaal ondergronds te begraven. Deze braakliggende terreinen zijn nu favoriete plaatsen voor kinderen om op te spelen. Vrouwen laten hun dieren grazen van het gras op de besmette grond. Niet alles is begraven. Grote hoeveelheden vervuild materiaal werden simpelweg door bulldozers vermalen in ravijnen. Maar jaren later betaalt men de prijs. Met uranium dat nu uitspoelt naar het oppervlaktewater, komen kanker en geboorteafwijkingen twee keer zo vaak voor onder de inwoners van Mailuu Suu als onder de rest van de bevolking van Kirgyzië.

Hoofdstuk 53 - Slecht weer

Op trektocht leer je leven met het weer, om er niet tegen te vechten!

Omgaan met het weer. Hoewel het onmogelijk is om op een lange reis slecht weer te vermijden, zijn veel mensen toch verrast als ze merken hoe wisselvallig het klimaat kan zijn. Zoals keizer Napoleon Bonaparte zei: "We zijn allemaal slachtoffers van het klimaat."

Paarden en weer. Als hagelstenen zo groot als kippeneieren op je helm kletteren, als het sneeuwt in hartje zomer, als het wekenlang regent of de bliksem je dreigt te frituren, dan mag je je vuist schudden tegen de toorn van de elementen. Een vastberaden Long Rider zal op zijn kiezen bijten en doorgaan. Wat je echter niet moet vergeten, is dat zware weersomstandigheden een paard meer zullen uitputten dan een mens. Laat daarom niet na om goed te observeren wat er boven je hoofd gebeurt.

Het weer observeren. Door de eeuwen heen heeft de mens getracht het weer te voorspellen. Sommige van deze aanwijzingen waren tot aan de 20ste eeuw volkomen ingeburgerd. Deze volkswijsheid werd doorgegeven van generatie op generatie via gemakkelijk te onthouden rijmpjes, zoals: 'Avondrood, water in de sloot.' en 'Is het koud in maart, dan nadert de lente met een vaart.'

Cowboyrijmpjes benoemden het gereedschap van de ruiter om hem eraan te herinneren het weer scherp in de gaten te houden. *"When ropes hold tight it's going to rain. When weather's fair, they go slack again"* (Als de knopen strak staan, komt de regen eraan, bij droog weer, verslappen de knopen weer). Een scherpe observatie had hen geleerd dat de luchtvochtigheid voor een storm stijgt. Hierdoor zwellen de vezels in henneptouw op en zitten de knopen voor een regenbui strakker.

Ook paarden hebben antennes voor het weer. Ze grazen normaal gesproken met de wind mee, zodat ze elk roofdier kunnen ruiken dat tegen de wind in kan zijn, terwijl ze tegelijkertijd uitkijken naar alles wat zou kunnen proberen om tegen de wind in naderbij te sluipen. Dit wetende, gebruikten vroegere Long Riders het volgende gedicht om uit te leggen hoe een paard reageert op aanstaande weersveranderingen:

"Als de staarten wijzen naar het westen, dan is het weer het allerbeste, gaan ze met de staart naar het oosten staan, dan komt er slecht weer aan." Ook hier werd de waarneming bevestigd, dat een sterke oostenwind vaak de komst van nat weer aangaf, terwijl een westelijke wind mooi weer betekende. Regen doet paarden geen pijn, omdat het natuurlijke vet in hun huid het waterdicht maakt. Maar bij koud, nat en winderig weer draaien paarden hun achterkant tegen de wind in, om zichzelf iets te beschermen. Dezelfde koude wind zal hun conditie doen afnemen, tenzij ze extra voedsel krijgen.

Rijden in de regen. De regen valt op de goeden en de slechten even hard.

Toen Engelse Long Rider Mary Bosanquet zich in 1939 door Canada baande, had ze alle tijd om de ellende van het nat zijn te overdenken. "Regen maakt niet uit als je weet waar je naartoe gaat. Maar als je niet weet of je voer voor het paard en droge kleding voor jezelf kunt vinden, is het effect op het moreel aanzienlijk. Als je afstapt om te lopen, verzamelt het zadel water als in een vijver. Als je niet loopt, wordt je gevoelloos van de kou."

Hoe langer je reis, hoe minder goed je de weersomstandigheden kunt voorspellen. Regen verslijt niet alleen het moreel van de ruiter, maar veroorzaakt ook schade aan zadel en harnachement waardoor de kans op schuurplekken toeneemt.

Onweersbui. Nat zijn kan demoraliserend werken, maar als je in een zware onweersbui terecht komt is dat regelrecht gevaarlijk. Onweersbuien ontstaan wanneer koude lucht tegen warme, vochtige lucht aan botst. Het resultaat kan een gevaarlijke storm zijn die zonder waarschuwing ontstaat. Een oplettende Long Rider leert de tekenen van deze naderende dreiging te herkennen. 'Een halo rond de maan betekent dat er vocht in de lucht is. Dit kan de volgende dag slecht weer geven. Bij daglicht is een regenboog een teken van verhoogde luchtvochtigheid die nodig is om een onweersbui voort te brengen. Wolken geven ook aanwijzingen. Als ze in één richting bewegen, betekent dat een luchtbeweging van hogedrukgebied, naar een lagedrukgebied. Verspreiden de wolken zich in verschillende richtingen, dan kan dit wijzen op een serieuze weersomslag. Worden ze zwaar en donker, dan kan er een hevige storm ontstaan.

Sterke wind is gemakkelijk waarneembaar en luide donderslagen zijn een zekere aanwijzing. Onweersbuien zijn niet alleen maar vervelend, omdat jij en je spullen nat regenen, door de wind kunnen takken van bomen breken en zonder schuilplaats kunnen je paarden ineens een hagelbui over zich heen krijgen.

Plotselinge overstromingen. Door hagel getroffen worden is ernstig, meegesleurd worden in een overstroming is erger. Dit treedt meestal op in woestijn of semi-aride omgevingen. Door korte maar zeer hevige regenval ontstaat er een enorm krachtige watermassa die over of langs een normaal droogstaand stroomkanaal naar lager gelegen gebieden spoelt. Dergelijke destructieve overstromingen vinden vaak plaats in landen met een lange, smalle afwatering. Wilde stormen in Mongolië bijvoorbeeld veroorzaken vaak overstromingen. De ramp trof Alexander de Grote tijdens zijn mars door de woestijn van Balochistan. Hij zette met zijn grote leger hun kamp op in een kloof. Een brullende vloed stroomde door de kloof en veel mensen verdronken.

Je moet uiterst voorzichtig zijn als een onweer toeslaat, terwijl je langs een droge beekbedding of in een diepe kloof rijdt. Hoewel het weer misschien niet gevaarlijk lijkt in jouw omgeving, kan zware regenval verder weg een overstroming veroorzaken die zonder waarschuwing verschijnt. Regen die in deze smalle kanalen valt, verzamelt zich en kan je snel in een lastige situatie brengen.

Het gevaar onderschatten. Een storm is onprettig en bedreigend, maar niets is beangstigender en dodelijker dan door de bliksem getroffen te worden. De meeste mensen beseffen niet dat ze te paard kunnen worden getroffen door bliksem. Als de lucht er dreigend uitziet, trekken ze een regenjas aan en gaan zonder er verder over na te denken op pad. Zo'n luchtige groep ruiters vertrok onlangs op het noordelijke eiland van Nieuw-Zeeland. Ze waren bijna op de top van een heuvel toen ze door een zware, elektrisch geladen storm werden verrast. Bliksem trof de laatste ruiter, hij en zijn paard waren op slag dood. De andere ruiters werden in het ziekenhuis behandeld voor shock. Misschien waren ze naïef of wisten ze niet dat bliksem meer mensen doodt dan enig ander weersverschijnsel? Leren hoe je met dit gevaar kunt omgaan is van cruciaal belang op trektocht.

Bliksem definiëren. Bliksem wordt gevormd wanneer zich lading opbouwt in een wolk. Er wordt dan een elektrische verbinding gemaakt tussen de positief geladen wolken en de negatief geladen basis. Uiteindelijk wordt de lading zo immens dat het de capaciteit van de lucht om zich als een isolator te gedragen overtreft. De lading wordt dan in één keer via een bliksemschicht volledig afgegeven aan een andere wolk of aan de aarde. De aarde is over het algemeen negatief geladen. Echter een positieve reactie kan worden geproduceerd wanneer negatieve ionen in de basis van een wolk, een positief geladen elektrische reactie uitlokken op de aarde hieronder. Zo'n positief geladen beweging overwint en beklimt niet alleen obstakels op zijn pad, inclusief bergen, bomen en torens, in een poging om de stroom tussen zichzelf en de wolk erboven te verbinden. Het stuurt een krachtige stroom van elektriciteit omhoog vanaf de hoogste punten op het oppervlak. Op het moment dat deze stroom verbinding maakt met een dalende stroompuls, is het primitieve circuit voltooid. Het resultaat is een witgloeiende bliksemschicht die vanuit de lucht neerdaalt. Dus wat we zien is eigenlijk een optical illusion, want de meeste bliksemschichten bewegen vanuit de grond naar de wolken erboven.

Los van welke kant de lading op beweegt, bliksem is snel. Een gemiddelde bolbliksem heeft een snelheid van rond de 6.000 kilometer per seconde en draagt 300.000 volt van elektriciteit over in enkele milliseconden.

Het goede nieuws is dat de kans op blikseminslag zeldzaam is. Dus het eerste wat je moet doen, is bepalen hoe dicht de bliksem bij jou en je paard in de buurt is.

Beoordelen van de afstand. Om de nabijheid van het gevaar te berekenen luister je naar de donderslag, die wordt veroorzaakt door de snelle verwarming en uitzetting van gassen in het bliksemkanaal. Terwijl een gemiddelde bliksemschicht met ongeveer 360.000 kilometer per seconde langs de hemel raast, reist een donderslag door met de langzamere snelheid van het geluid, wat neerkomt op één kilometer per drie seconden. Door de pauze tussen de bliksemflits en de daaropvolgende donderslag te timen, weet je vrij nauwkeurige hoe ver je bent van het centrum van de storm. Zodra je de bliksemschicht ziet tel je, "duizend één, duizend twee, enz," totdat je de donderslag hoort. Elke drie seconden betekent één kilometer van het stormcentrum. Een vertraging van tien seconden betekent dat je ongeveer zo'n drie kilometer verderop bent.

De bliksem kan tot maximaal tien kilometer van het stormcentrum inslaan. Dit betekent dat als de tijd tussen het observeren van de bliksem en het horen van de donderslag minder dan dertig seconden is, je minder dan tien kilometer weg bent van het epicentrum van de storm. Als dat het geval is, ga je onmiddellijk aan de slag om je voor te bereiden op een zo veilig mogelijke situatie.

Het vermijden van de gevarenzone. Een blikseminslag brengt meestal drie of meer inslagen met zich mee. Omdat het slechts een minuut duurt om zichzelf op te laden, kan de bliksem een snelle reeks inslagen geven. De snelste manier om jezelf te beschermen is om elke plaats te vermijden die mogelijk doelwit zou kunnen zijn voor een blikseminslag. Weet je nog wat er gebeurde met de ongelukkige ruiter uit Nieuw Zeeland waarbij de bliksem insloeg op de bergtop? Rijd je in hoger gelegen gebied, daal dan zonder vertraging af! Houd er rekening mee dat bliksem niet alleen door hoge punten wordt aangetrokken, maar ook door bewegende doelen. Een Long Rider zit bovenop zijn paard en is daardoor een geweldige combinatie van hoog en bewegend.

Dekking zoeken. Misschien maakt een primitieve boodschap diep ingeplant in ons DNA dat we instinctief schuilen onder een boom als de hemel explodeert. Negeer deze aandrang! Schuil nooit onder een eenzame boom, want elk groot object dat boven het omliggende platteland staat, is automatisch een mogelijk doel. Zelfs een uitzonderlijk hoge boom gelegen tussen een omringende luifel van andere bomen kan geraakt worden. Ook in Nederland komt het voor dat vee wordt gedood als de bliksem inslaat in de boom waaronder ze schuilen.

Rijd je in het bos, schuil dan in struikgewas of tussen een groep lagere bomen.

Een recente ontdekking heeft aangetoond dat zelfs de boomsoort waar je in de buurt bent, invloed heeft op je overlevingskansen. Een bekend bijgeloof onder ruiters in vroeger tijden was dat bliksem eerder een boom zou slaan met ruwe schors. Een boom met een gladde bast was volgens hen veiliger. Wetenschappers hebben nu bevestigd dat bliksem minder snel een gladde boom zal treffen en zelfs als dat zo is, het gevolg waarschijnlijk minder dodelijk.

Een andere grote bedreiging is open water, vochtige grond of elke vorm van natuurlijke afwatering. Al deze geleiden grondstromen, waardoor de bliksem langs het oppervlak rechtstreeks naar je toe kan reizen. Blijf weg van natte grond of water! Ten slotte, hoewel het vanzelfsprekend lijkt, blijf nooit in de buurt van een metalen structuur, langs een metalen hek, in de buurt van metalen buizen, apparatuur of spoorbanen.

Je paard beschermen. Zodra je een veilige plek hebt gevonden om de storm uit te zitten, bekommer je je om de paarden. Bind ze nooit vast aan metalen paaltjes, metalen hekken of een stalen reling. Als je besluit om ze aan een boom te knopen, kies dan niet de hoogste boom. Zet de dieren zo ver bij elkaar vandaan dat ze nog wel een groepsgevoel hebben, maar ze elkaar niet kunnen verwonden in geval van paniek. Haal alle metalen uitrusting van de paarden af, zadel, pakzadel en hoofdstel, en leg dat een eindje verderop. Het zadeldek houd je bij je.

Uit de buurt van metaal Zijn de paarden veilig, zoek dan een plekje waar je ze in de gaten kunt houden en verwijder vervolgens alles van metaal van je lichaam. Horloges, ringen, kettingen, riem of bril, alles wat de bliksem kan aantrekken. Het lijkt misschien voor de hand liggend, maar gebruik geen mobiele telefoon in een storm, omdat dit het risico vergroot dat de bliksem je direct in het hoofd treft. Leg je telefoon, andere elektrische apparaten en metalen voorwerpen, inclusief gereedschap en metalen tentstokken, in een afgedekte stapel, een eind bij jou en je paarden vandaan.

Bescherm jezelf. Hoewel het verleidelijk is om als groep samen te blijven, is de veiligste optie om te verspreiden. Zo minimaliseer je het risico op meerdere verwondingen. Ga niet liggen, ook niet opgekruld in foetushouding. Leg de droogste kant van je zadeldekje op de grond en hurk erop neer met je voeten tegen elkaar. Ga niet op je handen zitten, want zij geleiden bliksem effectiever dan je billen. Gebruik je handen om je oren te bedekken en het gevaar van schade aan het trommelvlies te voorkomen. Door je profiel te verlagen, jezelf op het isolerende zadeldek te plaatsen en een beschutte positie in te nemen, heb je je kansen verkleind om door de bliksem getroffen te worden.

Heb geen haast om deze relatief veilige positie te verlaten. Totdat de wolken oplossen, kan bliksem elke minuut terugkeren. Zelfs als je reisgenoot wordt geraakt, wees dan heel voorzichtig voordat je hem gaat helpen, want er zijn meerdere gevallen bekend waarbij overlevenden die zich naar een slachtoffer haastten, zelf werden geraakt en gedood. Hoe schrijnend ook, hetzelfde geldt voor je paard. De meeste paarden die worden getroffen door bliksem zijn dood. Degenen die niet dood zijn, zijn meestal bewusteloos. Er is geen speciale behandeling. Je primaire doel is om in leven te blijven totdat de storm voorbij is.

Als het noodlot toeslaat. Hoewel de kans om door de bliksem te worden getroffen extreem klein is, zijn de fysieke en psychologische gevolgen verwoestend. Slachtoffers meldden dat voordat ze werden getroffen hun huid tintelde en hun haar overeind stond. De bliksemflits die het lichaam raakt en eromheen stroomt, wordt de externe flits genoemd. De intensiteit van deze lading is zo groot dat als het lichaam van het slachtoffer nat is van zweet of regen, het vocht direct wordt omgezet in stoom. Deze enorme lading kan ook de kleding en schoenen van het slachtoffer doen ontploffen. Zoals men zich kan voorstellen, raken de interne organen beschadigd wanneer zo'n gigantische elektrische lading door het lichaam gaat. De meeste sterfgevallen komen voort uit een hartaanval, hoewel de meest voorkomende verwonding een breuk van de trommelvlies is. Veel slachtoffers lijden ook aan brandwonden. Andere symptomen zijn verwarring, gevoelloosheid, epileptische aanvallen en geheugenverlies.

De storm uitzitten. Je eerste verdediging om niet in de statistieken van slachtoffers van blikseminslagen terecht te komen is om te allen tijde het weer scherp in de gaten te houden. Als je een onverwacht zware onweersbui tegenkomt, neem dan onmiddellijk actie door laaggelegen gebied op te zoeken en alles te vermijden dat bliksem kan aantrekken. Zodra jij en de paarden een veilig onderkomen hebben gevonden wachten je rustig tot de storm verder trekt. Accepteer dat je nat wordt en het koud krijgt en oefen je geduld. Houd er rekening mee dat de paarden overstuur zullen raken door de donder en bliksem. Mochten ze tijdens de storm losbreken, laat ze gaan en riskeer niet je leven door trachten ze te vangen. Wacht altijd tot het hevige onweer voorbij is voordat je gaat zoeken en je reis vervolgt.

Hoofdstuk 54 - Koude

De koude begrijpen. Toen de Amerikaanse Long Rider Kolonel James Meline in de winter van 1866 over de Amerikaanse prairie reed, overleefde hij een storm die zo koud was dat zelfs, zoals hij het omschreef 'mijn geheugen bevroor.' Hoe kun je werkelijk voelen wat deze woorden betekenen, terwijl je lekker voor de open haard zit te lezen met dit boek op schoot? Wat denk je als ik je vertel dat het zo koud is dat metaal knapt, dat je tanden breken door het onafgebroken klapperen, dat je zo wanhopig bent dat je je kleren uittrekt en weggooit in de sneeuw? Je leest deze woorden op de pagina, maar je lichaam voelt niets van de pijn die erachter schuilt.

Paarden in de kou. Paarden hebben het vermogen om extreem lage temperaturen te weerstaan.

Een Long Rider bijvoorbeeld was getuige van het Yakut-paard dat in Siberië werd bereden. De thermometer wees minus 53 graden Celsius aan.

Verdediging tegen de koude. Om te begrijpen wanneer paarden in de winter sterven, moet je eerst weten hoe hun lichaam normaal functioneert. De gemiddelde lichaamstemperatuur van een paard varieert van 37,2 tot 38,3 graden Celsius, (99 tot 101 graden Fahrenheit). De buitentemperatuur beïnvloedt de kerntemperatuur van het paard. Hoe kouder het weer, hoe moeilijker het voor het dier wordt om de kerntemperatuur van het lichaam, die nodig is voor vitale organen en levensprocessen, constant te houden. Naarmate de kou toeneemt, neemt ook behoefte van het paard toe om warmte te creëren. Deze warmte wordt geproduceerd door het verbranden van calorieën. Geen eten, geen warmte! Zonder warmte zullen de vitale organen falen. Elke verlaging van de temperatuur is gekoppeld aan een grotere voedingsbehoefte van het paard. Als de temperatuur bijvoorbeeld -1 °C is, heeft een paard van 500 kilo normaal gesproken 15 kilo hooi per dag nodig. Maar daalt de temperatuur met 20 graden, dan moet de hoeveelheid hooi omhoog naar 17 kilo om extra energie te leveren aan het onder druk staande systeem van het paard. Het wordt ook aangeraden om paarden in deze zeer koude omstandigheden extra krachtvoer te geven om aan hun energiebehoefte te kunnen voldoen.

Drink of sterf. Niet alleen onvoldoende voer kan de gezondheid van paarden ondermijnen. Ze kunnen ook ziek worden van uitdroging. Normaal gesproken verbruikt een paard zo'n negen liter water per honderd kilo lichaamsgewicht, dat wil zeggen dat een paard van 500 kilo dagelijks zo'n 45 liter water drinkt. Hoewel het van cruciaal belang is om het vochtgehalte op peil te houden, is het naarmate de temperatuur daalt, steeds minder waarschijnlijk dat je paard wil drinken. Paarden geven de voorkeur aan water met een temperatuur tussen de 7 en 18 graden Celsius (45 en 65 graden Fahrenheit). Wanneer de temperatuur van het water daalt tot 0 graden Celsius (32 graden Fahrenheit) mag het paard per keer maar 5 tot 15 liter water drinken. In zo'n situatie, wanneer een paard minder wil drinken en wel meer ruwvoer nodig heeft om warm te blijven, ligt het risico van koliek op de loer.

Een ander gevaar is wanneer een paard door omstandigheden wordt gedwongen sneeuw te eten om zijn dorst te lessen. Dit is om vele redenen contraproductief. Het is bijna niet mogelijk om de hoeveelheid sneeuw te eten die nodig is om aan de dagelijkse waterbehoefte te voldoen. De calorieën die nodig zijn om de sneeuw om te zetten in water, verbruiken de energie die nodig is om de lichaamstemperatuur op peil te houden. Afhankelijk van de omstandigheden, moet je proberen om je paard iedere dag vijfenveertig liter ijsvrij water aan te bieden op zo'n temperatuur, dat je paard het ook graag tot zich neemt.

Natuurlijke verdediging. De vacht vormt een fantastische isolatie, dit is de eerste verdediging tegen de kou. Om deze reden worden paarden die door koude klimaten reizen nooit geschoren. Hun jas moet kunnen groeien. Evenmin knip je het haar in de oren of het behang aan de benen weg. Bij lage temperaturen gaat het haar rechtop gaat staan, wat het paard helpt om lichaamswarmte vast te houden.

Een paard heeft zo'n kleine maag dat hij minstens zeven uur per dag moet grazen om voldoende gras binnen te krijgen. Tot vijftig graden Noorderbreedte is er zeven uur daglicht, zelfs midden in de winter. Ten noorden daarvan heeft hij zijn tastharen nodig om de juiste voeding te vinden in de duisternis. Ten zuiden daarvan kan hij worden bejaagd door wolven of tijgers, en heeft hij tastharen nodig om te foerageren in de nacht. Behalve in onbewolkte gebieden waar altijd sterrenlicht is.

De extreme gevoeligheid en daarmee kwetsbaarheid van het gezicht dwingt het paard om in een storm met de achterhand in de richting van de storm te gaan staan, met het hoofd omlaag. Problemen ontstaan wanneer de vacht nat wordt, omdat wanneer de haren plat gaan liggen, de vacht de isolerende werking verliest. Laat je niet misleiden door te denken dat een dikke vacht altijd automatisch betekent dat het paard warm en gezond is. Op zich alleen kun je niet goed oordelen. De meest nauwkeurige beoordeling krijg je door een body condition score uit te voeren terwijl je met je hand voelt hoeveel vet er op het lichaam, bijvoorbeeld de ribben, aanwezig is.

Worstelen om in leven te blijven. Reizen met paarden in de winter is een moeilijke en gevaarlijke taak. De eerste belangrijke stap is om paarden te zoeken die een natuurlijk vermogen hebben om extreem koud weer te verdragen. Indien mogelijk, verkeren de dieren in een goed doorvoede conditie op het moment dat je vertrekt. In het begin zal dit extra isolatie geven en later extra energie. Maar zelfs in dit geval is het erg moeilijk om de lichaamsconditie te behouden als de paarden wordt gevraagd om door extreem koud weer te reizen. Als gevolg van wind, nattigheid en koude zullen de meeste paarden lichaamsgewicht verliezen, ongeacht hoe goed je voor ze zorgt.

Net als jij, moet het paard zijn kerntemperatuur op peil houden om te overleven. Als hij onvoldoende voedsel en water krijgt, of wordt blootgesteld aan extreme kou, zal onderkoeling optreden. Het dier begint te rillen. Dit is een aanwijzing dat het lichaam worstelt om de temperatuur omhoog te krijgen. Indien er geen directe actie is zullen de bewegingen langzamer en moeizamer gaan. In een poging om de laatste energie te gebruiken voor het warmhouden van de vitale organen, zullen de bloedvaten verder samentrekken, met als gevolg dat het paard gaat struikelen en verward lijkt. Naarmate de interne temperatuur blijft dalen, nemen andere fysiologische systemen af en gaan de hartslag, ademhalingsfrequentie en bloeddruk omlaag. Lopen wordt onmogelijk. Uiteindelijk stoppen de cellulaire stofwisselingsprocessen, dan is het dier dood.

Hypothermie (onderkoeling) heeft een grote rol gespeeld in het verloop van de geschiedenis. Hele legers werden erdoor uitgeroeid. Napoleon verloor bijvoorbeeld naar schatting 200.000 paarden tijdens zijn rampzalige terugtocht vanuit de Russische winter.

Als jouw paard de pech heeft om te worden getroffen door onderkoeling, behandel hem dan voorzichtig. Verwarm hem met dekens maar wrijf niet over zijn lichaam. Toen zijn paard koud en uitgeput raakte, mengde Roger Pocock suiker in het water. "Deze brandstof wordt opgenomen in het bloed waar het in contact komt met de zuurstof uit longen, het verbranden van de suiker produceert energie die het lichaam verwarmt."

Elke vorm van onderdak, hoe simpel ook, die bescherming biedt tegen de ijzige wind, helpt je paard om droog te blijven en verhoogt zijn veiligheid.

IJzige wind. Waar je ook rijdt in de winter, je veiligheid zal afhangen van hoe je omgaat met afkoeling door de wind. Een koude luchtstroom onttrekt warmte aan het lichaam op dezelfde manier als het blazen op hete soep om snel te laten afkoelen. De gevoelstemperatuur in de wind is altijd lager dan de werkelijke temperatuur, wat betekent dat je niet moet vertrouwen op de thermometer. Om het gevaar in te kunnen schatten moet je het negatieve effect van de wind onthouden. Dus, als de thermometer 'maar' +2 graden Celsius aanwijst, en de wind waait met 40 kilometer per uur (windkracht 6 Beaufort), maakt de gevoelstemperatuur dat de lucht aanvoelt alsof het -13 graden Celsius is. Als je met harde wind reist moet je extra goed opletten, want je bent maar zo onderkoeld. IJzige wind verhoogt ook de kans op bevriezing van lichaamsdelen.

Bevriezing. Als de buitentemperatuur daalt tot 0 graden Celsius (32 graden Fahrenheit) trekken de bloedvaten van het lichaam samen en verminderen de doorstroom in de delen die het verst verwijderd zijn van het hart, de ledematen. Deze vernauwde bloedstroom is bedoeld om de vitale organen te beschermen en de lichaamstemperatuur te reguleren.

Helaas resulteert een verminderde doorbloeding uiteindelijk in het bevriezen en afsterven van weefsels in de bedreigde gebieden. Extremiteiten zoals vingers, tenen en neus lopen het grootste risico op bevriezing. Naast ijzige wind, zijn natte kleding en extreme kou ook factoren die deze problemen veroorzaken. Long Riders moeten vooral wanneer ze in het zadel zitten goed opletten. Er zijn vier gradaties van bevriezing, die elk een verschillende mate van pijn met zich meebrengen. Het meest erg is wanneer weefsel loslaat en ledematen zoals vingers verloren gaan. Een noodbehandeling voor bevriezingsverschijnselen is dat het slachtoffer op een beschutte plaats wordt geplaatst, natte kleren worden verwijderd, terwijl hij warm wordt gehouden met dekens en lichaamswarmte. Geef nooit alcohol.

Zadelen met zorg. Reizen in extreme kou vereist een goede voorbereiding en veel denkwerk, niet alleen over voor de hand liggende zaken zoals het weer, maar juist ook over kleine details van het dagelijks leven onderweg. De hoeveelheid tijd en extra zorg die nodig is om 's morgens op te zadelen is een goed voorbeeld. Opzadelen is niet gemakkelijk als je vingers stijf en pijnlijk zijn van de kou. Bij extreem weer draag je handschoenen om je vingers te beschermen tegen bevriezing. De noodzaak om handschoenen te dragen dwingt je tegelijk om nog eens goed naar je uitrusting te kijken en te bepalen wat het prettigst werkt met ingepakte handen.

Je materiaalkeuze wordt ook beïnvloed door de temperatuur. Het is bijvoorbeeld bekend dat goedkoop plastic touw bevriest. Dit maakt het losmaken van de knopen tot een nachtmerrie. Hoogwaardig touw voor alpine sporten blijft ook bij koud weer buigzaam. Het stelt je in staat om knopen los en vast te maken, droogt snel en is gemakkelijk vast te houden. Door je leer goed in de olie te houden bevriest het minder snel. Gebruik geen kunststof teugels of hoofdstel, plastic wordt stijf en kan breken als het bevriest. Besteed veel aandacht aan het bit. Leg nooit zomaar een koud bit in de mond van het paard! Wanneer het ijzige metaal in contact komt met het warme, gevoelige vlees van de mond van het paard, kan dit wondjes en blaren veroorzaken. Warm het bit op door erop te ademen, het onder je arm te houden of door het in je handen te wrijven met je handschoenen.Test de temperatuur door het aan te raken met je blote handen en voel met je wang.

Op dezelfde manier kunnen metalen stijgbeugels je bij koud weer overlast bezorgen. Het metaal brengt een verbazingwekkende hoeveelheid koude over op de voeten van de ruiter.

Rijden in de kou. Warm vertrekken is een belangrijk onderdeel van een koude ochtendroutine. Een stevige poetsbeurt geeft je paard de nodige warmte, zodat hij niet rilt. Zorg ervoor dat je voeten warm zijn voordat je opstapt, want het op gang houden van de bloedcirculatie is veel gemakkelijker dan het op gang brengen. Eenmaal in het zadel, is het meest koude lichaamsdeel de bovenbenen. Kapitein John Codman reed in de winter van 1887 van New York naar Boston. Hij bedacht een manier om warm te blijven in het zadel: "Vouw de zadeldeken maar één keer dubbel, leg één deel onder het zadel en het andere deel over de hals van het paard, totdat je opstapt. Zodra je in het zadel zit trek je de deken over je benen. Dit houdt je warm in de kou."

In de loop van de dag zijn er gelegenheden om af te stappen en naast je paard te wandelen. Een goede manier om je koude vingers op te warmen is door ze tussen het zadel en de rug van het paard te plaatsen. Nog een kleine tip om je dag gemakkelijker te maken, is je pakpaard een bel geven. Door te luisteren naar het zachte, consistente geluid van de bel hoef je je niet in het zadel om te draaien om te weten dat je pakpaard dicht achter je loopt.

Verborgen gevaren. Reizen bij koud weer vereist dat je alle mogelijke voorzorgsmaatregelen neemt om levensbedreigende situaties te voorkomen. Vertrek in dit weer niet op de bonnefooi, zorg dat je zeker weet dat je de beoogde bestemming kunt bereiken of dat je een alternatief hebt. Omdat slecht weer je altijd kan overvallen neem je voldoende warme kleding en eten mee. Wees onderweg extra alert op de route, omdat het lastig kan zijn om je te oriënteren. In de sneeuw vervormen afstanden en dimensies.

Kom je diepe sneeuw tegen, stop dan en neem de tijd om de diepte van de sneeuw en de kwaliteit ervan te beoordelen. Stijg af, bind je paard vast en verken te voet hoe diep de sneeuw is en of er spleten, gaten of afgronden verborgen zijn. Een paard kan door sneeuw van een meter diep sneeuw lopen, maar niet voor lang. Als je met meerdere ruiters bent, rijd dan om de beurt voorop om een spoor door de sneeuw te maken.

Diepe sneeuw is gevaarlijk, omdat je niet kunt zien wat eronder zit. In Mongolië en Tibet kunnen dat bijvoorbeeld diepe holen van marmotten zijn. Blijf zoveel mogelijk op een bekende en gebruikte route.

Sneeuwbruggen kunnen gevaarlijk zijn, omdat ze verzwakt kunnen zijn door opwarming van de zon. Probeer ze eerst te voet voordat je de paarden erover leidt.

Wees je altijd bewust van mogelijk gevaar door lawines. Als je vermoedt dat het sneeuwpakket op een berghelling kan gaan schuiven, ga dan niet verder.

Paardenhoeven en sneeuw. Bij het rijden in sneeuw is het belangrijk om extra aandacht te besteden aan de hoeven van je paard. Sneeuw plakt als ijsballen onder de hoeven, wat gemakkelijk kan leiden tot letsel en kreupelheid.

Zoals in iedere discussie over het wel, of juist niet rijden met ijzers, zijn er ook hier geldige overwegingen voor beide gezichtspunten. De factoren die jouw beslissing bepalen moeten zijn gebaseerd op de conditie van de hoeven van jouw individuele paard, het type grond waarover je rijdt en de hoeveelheid sneeuw die je verwacht tegen te komen. Voor iedere keuze is wel wat te zeggen. Je doel is om je paard zoveel mogelijk te helpen en beschermen. Maak een keuze die gebaseerd is op logica en bewijs, niet op dogma en emotie.

Nu de grote kuddes wilde paarden die ooit over de besneeuwde Centraal-Aziatische steppen zwierven, tot het verleden behoren, met uitzondering van de Przewalskis in Mongolië, zijn er nauwelijks wilde paarden die in een bar winterklimaat leven. Wanneer je overweegt om je paard blootsvoets door de sneeuw te rijden, kun je daarom niet te veel afgaan op Moeder Natuur. Generaties van interactie met de mens hebben geresulteerd in paarden waarvan de natuurlijke bescherming sterk is afgenomen. Bestudeer de hoeven van je paard zorgvuldig voordat je een beslissing neemt. Individuele hoeven variëren evenveel als menselijke voeten. Sommigen zijn van nature netjes in balans, gezegend met een sterkte hoefwand en concave zolen, allemaal factoren die de kans verkleinen dat sneeuw onder de hoef plakt. Andere paarden hebben minder geluk. Een vlakke zool geeft weinig tractie en een dunne, broze hoefwand breekt gemakkelijk op keihard ijs. Houd er rekening mee dat de hoefgroei in de winter sterk afneemt. Om deze reden is afslijten van de hoeven, door het rijden over wegen, ijs of met sneeuw bedekte rotsbodem, zeer ongewenst. Zonder bescherming slijten de hoeven sneller af dan ze groeien. Dit wil niet zeggen dat hoefijzer het automatische antwoord zijn. Hoefijzers brengen hun eigen problemen mee. De hoef is een gevoelig, breekbaar, levend deel van het lichaam van het paard. Net zoals het metalen bit de gevoelige weefsels van de mond van het paard kan beschadigen, zo geleidt het metaal van het hoefijzer de lage temperatuur naar de hoef. Omdat de nagels de neiging hebben om te krimpen bij koud weer, kunnen hoefijzers los gaan zitten bij zeer lage temperaturen. Ondanks deze nadelen bieden hoefijzers goede bescherming voor de hoef tijdens de rustperiode van de groei, en indien goed aangebracht, bieden ze ook de broodnodige weerstand.

Normale stalen hoefijzers kunnen gevaarlijk glad zijn in winterse omstandigheden. De combinatie van glad metaal en ijs is een gegarandeerd recept voor een paard om zijn evenwicht te verliezen en te vallen. Om dit gevaar te compenseren zijn een aantal oplossingen bedacht. Het toevoegen van widiapunten aan de onderkant van het ijzer geeft het een extreem hard materiaal dat zich in het ijs boort. Er zijn ook hoefnagels met extra grote koppen verkrijgbaar, die extra grip bieden op gladde oppervlakken. Stiften zijn hardmetalen noppen die als stijgijzers werken. Je kunt ze desgewenst in je ijzer schroeven. Ze zijn verkrijgbaar in verschillende maten. Vraag wel je hoefsmid stiftgaten in het ijzer te maken voordat hij het onder de hoef slaat.

Je paard voorzien van extra tractie wordt nog belangrijker als je door bergachtig terrein rijdt.

Hoefschoenen zijn niet handig bij lage temperaturen, omdat ze verharden en minder weerstand bieden dan een natuurlijke hoef of een winterijzer.

Sneeuwklonten. Als je diep voorovergebogen in het zadel zit om warm te blijven, dan droom je van een dak boven je hoofd en een warme maaltijd. Het laatste waar je zin in hebt, is afstappen en ijsklonten zo groot als een grapefruit van de hoeven af te bikken. De kans is echter groot dat dat precies is wat je gaat doen, want het alternatief is erger.

Een hoefijzer is ideaal materiaal om sneeuw en ijs op vast te zetten. Dit gebeurt wanneer de warme zool de sneeuw iets doet smelten, waarna de sneeuwbrij bevriest op het koude metaal van het hoefijzer. Het resultaat, ook wel een sneeuwklont genoemd, bestaat uit sneeuw, ijs, modder en mest. Deze verdichte troep maakt lopen lastig. Als je paard op een sneeuwklont loopt, kan het uit balans raken, uitglijden en zelfs vallen. Balanceren op een sneeuwklont is vermoeiend voor de spieren, pezen en gewrichtsbanden van het paard. Verstuikingen of verdraaiing van de kogel liggen op de loer. Deze bevroren ijsblokken kunnen ook druk op de zool veroorzaken en de straal kneuzen.

Hoewel widiapunten en stiften de tractie van een paard op gladde grond vergroten, zijn ze nutteloos als de ijzers de grond niet raken. De aanwezigheid van deze punten zorgt er niet voor dat er zich geen sneeuwklonten vormen.

Er zijn twee effectieve maatregelen tegen sneeuwklonten, de ene is een prachtig ontwerp, de andere een huis-tuin-en-keuken-middel. Mustad levert unieke sneeuwzolen. Dit luchtkussen wordt samengedrukt als de hoef op de grond komt en springt weer omhoog als de hoef wordt opgetild. Zo wordt de sneeuw bij iedere pas verwijderd. De sneeuwzolen zitten tussen de hoef en het ijzer in en kunnen de grip van het paard wat verminderen. Ze werken het beste wanneer er flink wat sneeuw ligt.

Een ouderwetse keukenwijsheid is het insmeren van de zolen van het paard met vet, vaseline of antikleef-kookspray. Dit is een tijdelijke oplossing die niet lang zal duren. Als je deze tactiek moet gebruiken vanwege een noodsituatie, droog de hoef dan af voordat je de olie of het vet aanbrengt. Hoe kouder het weer, hoe korter het zal werken.

Hoewel zo'n traditioneel gebruik je net even ergens doorheen kan helpen, zal in de winter de hoevenkrabber je meest onmisbare gereedschap zijn, tenzij je paard is uitgerust met sneeuwzolen. Sommige Long Riders hebben ook een kleine hamer bij zich, die ze gebruiken om sneeuwklonten onder de hoef vandaan te tikken.

Bevroren rivieren. Het oversteken van een bevroren rivier te paard is een actie die voorzichtigheid en geduld vereist. Als je een fout maakt, mag je blij zijn als je met paard en een nat pak heelhuids aan de overkant aankomt. Ga nooit met je paard een bevroren rivier op als je niet zeker weet of het ijs wel minstens tien centimeter dik is.

Vroeg in het seizoen is de ijskwaliteit onvoorspelbaar, wat oversteken een risicovolle onderneming maakt. Weet je niet hoe dik het ijs is, wees dan geduldig. De beste optie is om veilig aan wal te blijven. Helaas is het niet zichtbaar waar het ijs gevaarlijk is en waar niet. Maar er zijn wel aanwijzingen over de dikte en veiligheid. Bijvoorbeeld ijs op een stromende rivier, is altijd gevaarlijker dan ijs op stilstaand water, zoals een meer. Ook is ijs met bubbels zwakker dan massief ijs.

Verken altijd eerst te voet! Gebruik een lange stok om het ijs te testen als je voorzichtig loopt. Lijkt het ijs veilig, leid je paard dan aan de hand het ijs op.

Hoewel er jaarlijks vele mensen door het ijs zakken, zijn er geen gevallen bekend van Long Riders die met paard en al door het ijs zijn gezakt.

Mocht het gebeuren dat jij en je paard tegelijker door het ijs zakken, dan volgen de gebeurtenissen zich snel op. Op het moment dat je voelt dat het ijs breekt, concentreer je je op het redden van je eigen leven. Raak niet in paniek. Zelfs in bijna bevroren water hebben mensen over het algemeen minstens vijf minuten om zichzelf te redden. Het effect van het ijswater op je lichaam zal ervoor zorgen dat je direct gaat hyperventileren. Houd je hoofd boven water, blijf drijven en zwem weg van de zwaaiende hoeven van het paard. Concentreer je op het normaliseren van je ademhaling, zodat je voldoende energie hebt om uit het water te komen. Het sterkste ijs is dat waar je was voordat je erdoor zakte. Zoek je weg naar die rand waar het ijs intact is en gebruik je ellebogen en armen om jezelf zo ver mogelijk op het ijs te trekken. Trappel met je voeten zoals je zou doen bij het zwemmen, terwijl je je armen en ellebogen gebruikt om jezelf uit het gat te duwen en te trekken. Lig je eenmaal op het ijs, sta niet op. Het ijs kan verder breken. Kruip een stuk weg van de rand voordat je opstaat en ga dan terug naar een veilig punt. Vanwege het risico op onderkoeling is het zaak dat je zo snel mogelijk warm wordt. Trek indien mogelijk droge kleren aan, voordat je begint te bevriezen. Maak een vuur en ga dan hulp zoeken voor het paard.

Voorbereiding op een kamp in de kou. De wijze waarop je een koude dag in het zadel afsluit is belangrijk. Een paard is bestand tegen strenge kou, maar daarbij is het absoluut noodzakelijk dat hij niet gaat zweten! Plan de rit van de dag zodanig dat je paard kalm en droog aankomt. Zoek een sneeuwvrije plek met beschutting tegen de wind. Plaats je paard met de staart tegen de wind in. Als je afstijgt maak je de singel los, maar laat je het zadel nog even zitten. Plotselinge blootstelling van de warme rug aan de ijskoude lucht kan lelijke plekken op de rug veroorzaken. Afhankelijk van de temperatuur, kun je het zadel nog twee uur lang op de rug laten liggen. In deze periode heeft het zadel als functie om de warme rug van het paard langzaam te laten afkoelen. Haal het hoofdstel af en zet je paard vast met het halstertouw. Geef nog geen eten of drinken!

Zoals eerder benoemd kan koud water zeer schadelijk zijn voor een warm paard. Tim Cope creëerde een bijna-ramp toen hij zijn paarden toestond om te snel en te veel te drinken op een koude winterdag in Kazachstan.

"Als je meteen water geeft, zal de lichaamstemperatuur snel dalen en riskeer je ziekte of koliek. Die ene keer had ik geen andere keuze dan aan het einde van de rit water te geven uit een put, omdat ik het dorp moest ontvluchten om een kampeerplek te vinden. De paarden begonnen allemaal meteen te rillen en zagen er erg ziek uit. In deze situatie was het belangrijk om door te gaan totdat ze weer opgewarmd waren," legt Tim uit.

Zijn de paarden veilig aangebonden, laat ze dan een tijdje rusten. Controleer de rug door met je hand onder het zadel te voelen of deze nog zweterig is. Zijn ze volledig afgekoeld, dan kun je ze zoals gebruikelijk afzadelen, water geven, hooi geven en krachtvoer er achteraan. Word je overvallen door zwaar weer, probeer dan in ieder geval je paarden warm en droog te houden. Reis je met drie of meer paarden, dan kun je de praktijken toepassen van de Zweedse cavalerie. Eerst bedekten ze de grond met dennen- of sparrentakken om de hoeven van de paarden te isoleren. In de loop van de nacht verplaatst een persoon steeds het paard aan het begin van het touw, waaraan alle paarden op een rij staan, naar het einde van de lijn. Door deze rotatie blijven de de paarden in het midden warm en staan niet dezelfde twee paarden de hele nacht blootgesteld aan extreme kou aan de buitenkant. .

Blijven bewegen. In extreme gevallen kun je gedwongen worden om te blijven bewegen om bevriezing en onderkoeling te voorkomen. Dit overkwam Baron Fukishima toen hij door Siberië reed. Hij moest vaak afstappen en het ijs verwijderen uit de neusgaten en wimpers van het paard. "Tijdens een trek van elf dagen kwam de temperatuur geen moment boven de min 20 uit. Het was waarschijnlijk kouder, maar de thermometer gaf niet lager aan."

Samenvatting. Hoewel de rijdende mens dit al eeuwen ook in de winter doet, heeft ons onderbewustzijn een afkeer van koude, alsof het een diepe genetische code is. Onderschat de koude niet, zijn kracht kan je breken. Als je de winter met minachting behandelt, zullen de elementen jou en je paard verslaan. Ken je grenzen. Ga voorzichtig verder!

Hoofdstuk 55 - Warmte

Er zijn twee soorten warm weer ruiters, zij die voorbereid zijn, en zij die zich laten verrassen.

Waar ter wereld je ook bent, de zon is meedogenloos. Als je er onvoorbereid naar toe gaat, breng je levens in gevaar.

Paarden en hitte. Paarden kunnen beter omgaan met droogte dan met vocht, een hoge luchtvochtigheid is dus een aandachtspunt. Maar droge hitte of niet, de hoeveelheid arbeid die een paard kan verrichten, wordt beïnvloed door een aantal factoren. Zo wordt het gevaar van rijden bij warm weer bijvoorbeeld verergerd als je op een verharde weg rijdt, omdat het asfalt de hitte rechtstreeks op je paard weerkaatst. Zelfs onder normale omstandigheden verbruikt locomotie slechts zo'n twintig procent van de beschikbare lichaamsenergie. Een groot deel van de resterende energie wordt omgezet in lichaamswarmte.

Hier beginnen je zorgen, want deze warmte bouwt zich in het paard drie keer sneller op dan in jouw eigen lichaam. Net als wij verliest het paard wat warmte via de ademhaling. Het probleem is dat de vorm van zijn lichaam en de grotere hitte producerende spieren, het vermogen om warmte af te voeren door verdamping van zweet, vermindert. Dus hoewel je samen reist, kan je paard minder goed zijn warmte kwijt dan jij.

Kort gezegd zal je paard meer lijden dan jij. Om daaraan toe te voegen dat hij nog meer zal zweten als hij niet gewend is aan hitte, een dikke vacht heeft, te zwaar is of een ongunstige lichaamsbouw heeft. Dit alles maakt dat het lichaam hard moet werken, alleen maar om zichzelf af te koelen.

Water. De eerste levensbehoefte is water. Zoals in alle levende organismen, is water een essentieel element, zonder dat kan je paard niet overleven. Maar een paard drinkt niet alleen water, bijna zeventig procent van zijn lichaam bestaat uit deze vloeistof. Het grootste deel is opgeslagen in de cellen van het lichaam en in het bloed. Bovendien functioneren de inwendige organen, voornamelijk de dikke darm, als een vloeistofreservoir dat tot zeventig liter water kan bevatten. Van de 450 kilo lichaamsgewicht is dus zo'n 300 kilo water. Werkende trailpaarden drinken gemiddeld vijf liter water per dag voor elke vijftig kilo lichaamsgewicht. Daarom zou een paard van vijfhonderd kilo zo'n vijftig liter per dag moeten drinken. Het is echter niet ongebruikelijk dat een paard meer drinkt dan het strikt genomen nodig heeft. De dagelijkse behoefte is afhankelijk van verschillende factoren, waaronder temperatuur, luchtvochtigheid, hoe zwaar de lading is en hoe ver je hebt gereisd.

Onder stressvolle omstandigheden kan de dagelijkse behoefte zeer fors stijgen. Het is jouw taak om het dier alle gelegenheid te bieden om zijn lichaamsvloeistoffen aan te vullen en de met het zweet verloren elektrolytenbalans te herstellen. Onthoud je paard geen water, want elke slok, hoe klein ook, werkt in zijn voordeel.

Zweet. Waar gaat al dat water naartoe? Een deel ervan gaat verloren in enorme hoeveelheden zweet. Het is niet ongebruikelijk dat een volbloed die in twee minuten zestienhonderd meter aflegt, meer dan twee liter zweet produceert. De hoeveelheid water die je paard verliest, hangt af van de temperatuur, de luchtvochtigheid en hoe hard hij werkt. Als het dier zweet, verliest het kostbaar water met daarin opgelost lichaamszouten genaamd elektrolyten. Het zweet van een paard is hypertoon, het bevat een hoog aandeel lichaamszouten. Als er water verloren gaat en de elektrolyten niet worden aangevuld, zal het paard uitgedroogd raken.

Dorst. Bij mensen, waarvan het zweet hypotoon is, wordt het signaal om watertekort op te lossen snel verzonden. Dit cruciale signaal werkt bij paarden anders. Dus hoewel een paard door het zweten enorme hoeveelheden water verliest, zal zijn lichaam niet onmiddellijk een dorstprikkel krijgen. Een dilemma doet zich dan voor, omdat, hoewel je wel water aanbiedt, het lichaam van het paard niet begrijpt dat het uitgedroogd en dorstig is.

Zout. Net als water is zout een element dat alle dieren in één of andere vorm nodig hebben om te overleven. Omdat het de celvloeistoffen in balans houdt en water vasthoudt, kunnen paarden en mensen niet zonder zout leven. Eigenlijk hunkeren ze ernaar. De meeste paarden zullen kleine hoeveelheden zout consumeren als het dagelijks wordt aangeboden. Dit is voldoende, ze zullen niet meer opnemen dan nodig is. De zoutbehoefte varieert echter per paard en wordt beïnvloed door allerlei omstandigheden, waaronder het weer en de hoeveelheid arbeid. Een paard verbruikt ongeveer 28 gram (1 ounce) zout per dag, als hij niet hard werkt of te maken heeft met hoge temperaturen. Zodra hij heftig gaat zweten, is extra aandacht nodig, heftig zweten vraagt een verhoging van 1% van het normale dagrantsoen.

Als reizende ruiters moeten we ons ervan bewust zijn hoe belangrijk zout is voor de gezondheid van ons paard, vooral bij hoge temperaturen. Tegelijkertijd moeten we ons ervan bewust zijn dat dit essentiële element niet overal even gemakkelijk verkrijgbaar is, en ook nog eens moeilijk te verteren voor je paard. Is er een oplossing? Normaal gesproken zou je paard zelf mogen bepalen hoeveel zout zijn lichaam nodig heeft. Maar als hij elke nacht op een andere plaats slaapt, zal dit niet werken. Afhankelijk van het land waar je doorheen rijdt, is het verstandig om een klein beetje zout, bedoeld voor vee, mee te nemen. Dit bevat extra sporenelementen en mineralen. Mocht dit niet te vinden zijn, gebruik dan wat je kunt vinden.

Je kunt iedere dag een kleine hoeveelheid zout mengen met het krachtvoer. Een andere methode is om het hooi met water te besprenkelen, en daaroverheen zout te strooien. Het toevoegen van een klein scheutje zout aan het water van het paard is ook effectief gebleken.

Te veel zout kan dodelijk zijn. Toch hebben wetenschappers bevestigd dat het lichaam van een paard na iedere dag met intensieve inspanning bezig is om verloren zout aan te vullen. Probeer deze delicate balans in evenwicht te houden. Houdt rekening met de rangorde in de groep als je aan meer dan één paard voert, water geeft of zout aanbiedt.

Uitdroging. Paarden verliezen normaal gesproken, net als mensen, voortdurend water in de vorm van zweet, urine en mest. Gewoonlijk wordt dit verlies aangevuld door meer water te drinken. Er ontstaat een ernstig gevaar wanneer een paard zoveel vocht verliest, dat de vloeistofbalans in het lichaam verstoord raakt. Uitdroging is een ernstige en levensbedreigende aandoening. Het treedt op wanneer het paard een overmatige hoeveelheid water heeft verloren, meestal veroorzaakt door een combinatie van factoren zoals hoge temperaturen, luchtvochtigheid en inspanning. Het is belangrijk dat je de symptomen snel herkent.

Uitdroging is in eerste instantie moeilijk te herkennen. Een uitgedroogd paard zal minder transpireren dan normaal. Hij zal ook minder vaak plassen, misschien zelfs lange tijd helemaal niet. De flanken vallen in en de ogen lijken in de schedel te zinken. De ledematen voelen koel aan. De pols is snel en zwak. Duidelijker is een verlies aan kracht en steeds zwakker wordende conditie. Wanneer deze symptomen zich manifesteren, zal de totale uitputting snel volgen.

Maar niet alleen verslechterende prestaties zijn zorgelijk, zijn leven staat op het spel! Ernstige uitdroging zal de hartfrequentie van het paard dramatisch verhogen. Het bloed wordt stroperig waardoor het hart harder moet pompen om het bloed het lichaam rond te sturen. Naarmate de toestand verslechtert, kan het paard instorten en sterven.

Ruiters vertrouwen traditioneel op een oude handeling om uitdroging te herkennen. Deze test staat bekend als de huidplooitest en is gebaseerd op het feit dat de huid van het paard elastisch en buigzaam is. Je trekt voorzichtig een huidplooi in de nek van het paard omhoog en bekijkt de reactie. Als de huid direct terugveert in de uitgangspositie, weet je dat er voldoende vocht in je paard aanwezig is. Maar veert de huid heel langzaam terug of erger nog, blijft deze rechtop staan, dan kun je ervan uitgaan dat het paard uitgedroogd is. Hoe langer de huid rechtop blijft staan voordat deze terugveert, hoe ernstiger de uitdroging.

Net als andere niet-wetenschappelijke tests, kunnen de resultaten onnauwkeurig en verwarrend zijn, vooral, omdat de elasticiteit van de huid varieert van paard tot paard. Maar zelfs als je niet precies kunt bepalen hoe ernstig het paard uitgedroogd is, is verlies van elasticiteit van de huid een sterke aanwijzing dat de lichaamsvloeistoffen gevaarlijk laag zijn en de gezondheid van het paard ernstig is aangetast.

Behandeling. Als je de ernst van uitdroging begrijpt, weet je meteen dat preventie verreweg de beste optie is. Als je moet rijden bij warm weer, neem dan alle mogelijke voorzorgsmaatregelen.

Je paard kan warmte niet zo efficiënt afvoeren als jij. Houd hem dus zo koel mogelijk. Zelfs als je van mening bent dat de route van de dag niet heel zwaar is geweest, stap dan voor het einde af, doe de singel een gaatje losser en loop het laatste stuk naast je paard. Bewegende spieren voeren warmte af, loop daarom rustig en stop in de schaduw. Nadat je hebt halt gehouden, laat je je niet verleiden om het probleem op te lossen met een emmer ijskoud water. Geef je paard niet te veel water. Omdat de elektrolyten nog niet zijn aangevuld, zal het lichaam een grote hoeveelheid water niet herkennen als iets positiefs. Bij een te grote inname in één keer, zullen de nieren het water snel uitspoelen via urine waardoor er nog meer elektrolyten uit het systeem verdwijnen. Daarnaast kan een grote hoeveelheid koud water in een warm lichaam koliek veroorzaken.

De juiste behandeling is om je paard heel veel kleine beetjes lauw water aan te bieden. Vul ook actief de elektrolyten aan. Paarden die zwaar zweten kunnen vijftig gram van deze vitale mineralen per uur verliezen. Hoewel zout, kalium, calcium, magnesium, fosfor en sulfaat allemaal een fundamentele rol spelen, moet voorzichtigheid worden betracht bij het toedienen ervan. Bij het toedienen van een te grote dosis in een keer, brengt het toch al verzwakte lichaam water naar de maag om de toegediende elektrolyten te verdunnen. Zo worden de effecten van uitdroging alleen maar erger.

Het verstrekken van elektrolyten aan een uitgedroogd paard is eigenlijk een klus voor een dierenarts. Het land waar je rijdt bepaalt grotendeels welke medische opties je hebt. Als je vooraf weet dat er geen medische hulp beschikbaar is, kun je je voorbereiden op noodsituaties door elektrolytenpasta aan te schaffen. Deze porties van twee gram spuit je in de mond van het paard. De absorptie begint direct, neemt zo'n twee uur in beslag en herstelt verloren mineralen.

Daarnaast kun je hem verder afkoelen door koud water over zijn lichaam te laten stromen of hem te wassen met alleen water. Gebruik een spons of doek om de grote bloedvaten aan de binnenkant van de achterbenen, op de buik en de hals af te koelen. Pas op voor water in de oren. Was het gezicht voorzichtig en bevochtig de binnenkant van de neusgaten.

Rijden in de hitte. Er zijn gevallen bekend dat men heel bewust met een expeditie de heetste plekken op aarde opzocht. Toen Majoor Clarence Dalrymple Bruce in de zomer van 1905 in Tibet de vlakte genaamd 'The Devil's Plain' op reed, was de temperatuur in de zon 55 °C. Het is bekend dat de temperatuur op deze plek kan oplopen tot 70 °C!

Wanneer je een oververhit, vermoeid, verzwakt paard, combineert met een uitgeputte, scheefhangende ruiter, en die twee op een drukke snelweg laat rijden, dan creëer je een potentieel dodelijke situatie. Dat wil niet zeggen dat je niet kunt reizen als de zon fel schijnt. Maar als je besluit om het risico te nemen, is het nodig om je dagelijkse routine zo te herstructureren dat je veiligheid gewaarborgd is.

De eerste aanpassing is om nooit te rijden tijdens de heetste uren van de dag. Reis bij warm weer heel vroeg en heel laat op de dag. Vertrek bij het krieken van de dag. Daarvoor moet je twee uur voor zonsopgang opstaan in het donker, de paarden voeren, je kamp opbreken en een paar minuten voordat de zon opkomt opstijgen.

Bereid jezelf en je paard voor op de zon. Als je paard een roze of gevoelige huid heeft, breng dan zinkoxidecrème (Sudocrème) aan tegen zonnebrand. Bescherm je eigen gezicht en handen. Brandblaren op je handen zijn geen pretje. Draag lange mouwen, een grote hoed of een tulband.

173

Bij temperaturen tot 37 °C stop je om uiterlijk elf uur in de ochtend en zoek je de schaduw op. Zo kunnen jij en het paard rusten, minder zweten, relatief koel blijven en mentale stress verlagen tijdens de ergste hitte van de dag. Tegen het einde van de middag ga je weer op pad.

Rijd niet bij een temperatuur boven de 37 °C!

In de warmte rijd je niet sneller dan een actief staptempo. Bij zes uur in het zadel, met een tempo van zo'n zes kilometer per uur kun je nog steeds 36 kilometer per dag afleggen.

Was je paard zo mogelijk met koud water zodra je stopt. Als er geen water beschikbaar is, wees dan extra voorzichtig met afzadelen. De rug van je paard zal erg heet zijn, dus geef het de tijd om langzaam af te koelen.

S'Nachts rijden. Je zou kunnen zeggen: "Als het overdag zo bloedheet is, ga ik het anders aanpakken en 's nachts rijden." Wijze Long Riders hebben al vaker aan dit idee gedacht dan jij. Wat ze leerden was dat dit een saaie en gevaarlijke exercitie was. Om te beginnen is de natuurlijke periode van het paard om te slapen tussen 01.00 en 04.00 uur in de ochtend. Om nog maar te zwijgen van je eigen biologische klok.

Een andere overweging bij het rijden 's nachts is het gevoel dat je heel hoog boven de grond zit. Omdat er niets te zien is, lijken afstanden enorm en strekken uren zich uit in eeuwigheden. Als je leven ervan afhangt, pas deze mogelijkheid dan toe met grote voorzichtigheid. In alle andere situaties rijd je bij daglicht wanneer jij en je paard kunnen zien waar je naartoe gaat.

Samenvatting. Als je nog nooit echt levensbedreigende hitte hebt ervaren, is het moeilijk je voor te stellen wat het met je doet. Pas wanneer je voelt dat de lucht brandt, terwijl je ademt, je huid gebraden wordt en je geest wankelt danbegin je te begrijpen wat voor dodelijke vijand de zon kan zijn. Je kunt de hitte niet verslaan. Je kunt het alleen te slim af zijn en langer overleven. Je geografische doel loopt niet weg. Het is de bedoeling om te genieten tijdens je reis, niet om te lijden in het zadel. Als de dingen niet goed aanvoelen, stel dan de veiligheid en gezondheid van jou en je paard boven je ego, dat trucjes gebruikt om je te beïnvloeden.

Als je vermoedt dat de gezondheid van jou of je paard in gevaar is, stop dan direct de rit van die dag. Als je niet zeker bent dat je jullie veiligheid kan garanderen, plan de trektocht dan opnieuw tijdens een koeler seizoen in het jaar.

Hoofdstuk 56 - Bruggen en tunnels

Vele Long Riders hebben reeds geleerd dat op een brug de zaken snel uit de hand kunnen lopen. Op zo'n moment is het jij en je paard tegen de rivier. Dus alles wat je over bruggen kunt leren is meegenomen.

Geen verrassing. Laat je nooit verrassen door een onverwachte brug op de route! Als je de route vooraf bestudeert, neem dan niet als vanzelfsprekend aan dat je gewoon even over de brug draaft. De meeste kaarten zijn niet actueel, een brug kan in slechte staat verkeren, niet toegankelijk zijn voor voetgangers, fietsers en ruiters en soms is de hele brug verdwenen.

Welke oversteek kies je. Afhankelijk van het land waarin je rijdt, zal de keuze van een brug je hele route beïnvloeden. Veel landen hebben een matige infrastructuur en slechts enkele bruggen. Hierdoor kun je gedwongen zijn om honderden kilometers om te rijden om een rivier over te steken.

Andere landen hebben een prima wegennet met vele bruggen. Nederland is een echt bruggenland waar het zoeken van een brug die je met je paard kunt oversteken niet zo'n groot probleem zal zijn. In Amerika zijn zo'n 40.000 bruggen. Het probleem is dat ze niet allemaal paardvriendelijk zijn en dat het niet overal is toegestaan om met je dieren over de brug te lopen. Neem bijvoorbeeld de machtige Mississippi-rivier, die een echte uitdaging vormt om over te steken. Aan de Noordkant kun je oversteken via de 'Lexington Bridge' in Minnesota. Verder naar het Zuiden, in Wisconsin, is er een brug bij LaCrosse, die je wel moet oversteken tussen de 9000 auto's die er dagelijks overheen rijden. De Burlington Bridge in Illinois staat alleen treinen toe. Nog verder naar het zuiden kun je Louisiana's Horace Wilson Bridge overwegen, tot je meer te weten komt over de beruchte dagelijkse files. Dit is waarom de meeste Long Riders die van "oceaan tot oceaan" rijden besluiten om over te steken bij Cape Girardeau. Gelegen in de staat Missouri, plaatst dit een Long Rider in het midden van het land. Natuurlijk is het niet zo dat het voor jou ook de meest aantrekkelijke route zou zijn, alleen maar, omdat het er op papier goed uitziet. Soms moet je het eerst in eigen persoon onderzoeken. .

De wet. Dus wat doe je als je oog in oog staat met de machtige Mississippi of een andere enorme waterweg? Zwemmen is geen optie. Waarschijnlijk is er geen veerboot, dus blijft alleen een brug over. Het eerste wat je moet uitzoeken is of het is toegestaan te voet met paarden over te steken. In sommige Amerikaanse Staten is een vergunning nodig. De 1.500 meter lange Tacoma Narrows-brug in de staat Washington is zo'n voorbeeld. Omdat het één van de langste hangbruggen in de natie is, heb je niet alleen toestemming van lokale overheden nodig, maar moet je ook organiseren dat je begeleid wordt door een politieauto met zwaailicht. In andere staten zijn de regels strenger. Het is bijvoorbeeld illegaal om een paard mee te nemen op de kilometers lange Golden Gate Bridge die de San Francisco Bay in Californië overspant. In dat geval moet je paard verplicht in een trailer of vrachtauto naar de overkant worden vervoerd.

Het juiste moment Hoe meer verkeer, hoe gevaarlijker de situatie. Maar auto's zijn altijd nog minder eng dan een brug die tientallen meters boven het water loopt. Na overleg met de verkeerspolitie of de lokale autoriteiten, kies je een dag en een tijd uit om over te steken. Het liefst op een zo rustig mogelijk tijdstip.

Zondagochtend vroeg is meestal het ideale moment om drukke bruggen over te steken.

Inspectie. Het is vanzelfsprekend dat je het risico op onaangename verrassingen zo veel mogelijk beperkt door eerst zelf polshoogte te gaan nemen. Loop de lengte van de brug, bekijk de railingen en bestudeer het verkeer.

Bepaal de positie. De eerste moeilijkheid die je moet overwinnen is om je paard met zijn voeten de brug op te krijgen. In landen met een koud klimaat is de bodem van de brug vaak gemaakt van doorzichtige metalen roosters waarop geen sneeuw blijft liggen. Voor een onervaren paard ziet dit eruit alsof hij door de lucht moet lopen, terwijl hij beneden zich een rivier ziet stromen. Prijs jezelf dus gelukkig als je een brug met asfalt tegenkomt.

Wees voorbereid op een heftige reactie van je paard op het moment dat hij zijn eerste voet op een brug zet. Vele paarden zijn in paniek geraakt door het geluid van hun hoefijzers op een metalen brug.

Aan de hand. Leid je paard aan de hand over de brug. Neem voordat je gaat een moment de tijd om te controleren of al je spullen nog goed vast zitten. Het laatste wat je wil, is dat er iets begint te klapperen als je met je zenuwachtige paard halverwege op de brug loopt. Als je zeker weet dat je uitrusting goed zit, vertrouw dan niet op je kwetsbare teugels, maar gebruik een halster en halstertouw over je hoofdstel heen, om je paard vast te houden. Wanneer je richting de brug loopt, geef je paard dan de tijd om de situatie te begrijpen. Laat hem kijken maar sta niet toe dat hij steigert of bokt en laat hem nooit los. Houd hem stevig vast, maar blijf kalm en handel met vertrouwen. Als hij angstig is, blijf dan ontspannen en spreek hem zachtjes toe op een rustige toon. Kom niet te dicht bij de reling als dat mogelijk is. Je wilt te allen tijde voorkomen dat jij of je paard over de reling heen gaan, of dat je tegen de reling wordt geduwd. Ben je eenmaal in beweging op de brug, stop dan niet en ga nooit terug. Als je paard je vertrouwt, zal hij je volgen. Je doel is om zonder vertragingen aan de overkant te komen.

Vlaggen en escorts. Er zijn twee goede manieren om jezelf te beschermen tegen chagrijnige chauffeurs. Het meest veilig is om je te laten begeleiden door een escorte auto of motor achter jou en de paarden. Iedere keer dat je met verkeer te maken hebt is het belangrijk om je aanwezigheid luid en duidelijk kenbaar te maken.

Een tweede manier om dit te doen is door een rode vlag te dragen. Een zestig centimeter lange stok, met daaraan een rode vlag bevestigd, kun je gemakkelijk meenemen op je pakzadel of aan de achterkant van je eigen zadel. In het verkeer heb je je pakpaard aan de rechterkant, en houdt je de rode vlag vast in je linkerhand, als waarschuwing voor bestuurders.

Hangbruggen. Steek nooit met een paard een wiebelende hangbrug over tenzij het absoluut noodzakelijk is. In zo'n situatie is er geen enkele ruimte voor een fout. Mocht het zover komen, dan stop je bij de brug en bind je de paarden stevig vast. Haal alle bepakking eraf en draag die stuk voor stuk naar de overkant. Zo breng je niet alleen je materiaal in veiligheid, maar kun je tegelijkertijd voelen en zien hoe de brug zich gedraagt. Besteed speciale aandacht aan het dek. Zijn er gaten, markeer dit op de één of andere manier, om het paard te waarschuwen dat hij eroverheen moet stappen. Als een paard zijn evenwicht verliest, schrikt of door een gat valt, kan dit jullie beide levens in gevaar brengen.

Sta ook even stil bij de mentale stabiliteit van je paarden. Het kalmste paard neem je als eerste mee de brug op. Houd tegelijkertijd wel rekening met de emotionele behoefte van zijn achterblijvende vriend. Zorg dat de paarden elkaar kunnen blijven zien. Dit verlaagt de kans dat de achterblijver gaat hinniken. Leid je paard aan het halster met halstertouw, niet aan het hoofdstel met bit. Neem je paard mee naar de brug en laat hem dan de situatie beoordelen. De kans is groot dat hij eerst gaat snuiven en onderzoeken. Als hij eenmaal goed gekeken heeft, loop je rustig de brug op. Zodra alle vier de voeten op de brug zijn, stop je om hem zijn evenwicht te laten vinden. Daarna loop je kalm en rustig, maar wel zonder te pauzeren of achterom te kijken naar de overkant. Blijf voor je paard lopen en laat je niet inhalen. Houd het touw hoog genoeg dat hij er niet in kan stappen.

Tunnels. Paarden houden niet van tunnels. Waarom zouden ze? Voor hen lijkt het op een griezelig einde van de wereld. Het paard vertrouwt vooral zijn instinct, maar jouw logisch denkende geest waarschuwt jullie voor reële gevaren. Het echoënde geluid, de verblindende koplampen die op jullie afkomen, het koude water dat van het plafond drupt, al deze zaken samen maken een reis door zo'n donker gat de paardensportversie van Russisch roulette.

Net als bij bruggen en andere gevaren, loont het de moeite om de situatie eerst te verkennen. De meeste tunnels zijn gebouwd voor gemotoriseerd verkeer en daarin schuilen een groot aantal gevaren. Afhankelijk van hoe lang, hoog en goed verlicht de tunnel is, breng je je paarden één voor één, of in een groep naar de andere kant. Ga je in één keer, probeer dan een volgauto te organiseren. Dit biedt niet alleen bescherming, maar de koplampen verlichten tevens de weg die voor je ligt. Rijd je met iemand anders en is de tunnel smal, overweeg dan om één van jullie te voet vooruit te laten gaan om aan de andere kant het verkeer tegen te houden.

Tenzij je het plafond boven je hoofd kunt zien, loop je het risico om je hoofd in het donker te stoten door een laaghangende pijp of iets anders. Het is altijd veiliger om je paard aan de hand mee te nemen.

Hints. Bruggen en tunnels brengen risico's mee voor paard en ruiter. Het belang van geduld van de ruiter kan niet genoeg worden benadrukt. Verken vooraf de situatie en zorg dat het legaal is wat je doet.

Verschillende landen, met name de Verenigde Staten en Nieuw-Zeeland, staan bekend om het grote aantal gesloten poorten verspreid over het buitengebied.

Ruiters in het westen van Amerika komen vaak een zogenaamde 'cowboypoort' tegen. Het is gebouwd door drie tot vijf strengen prikkeldraad uit te rekken over meerdere, gelijkmatig verdeelde lichtgewicht palen. De poort is aan beide uiteinden vastgezet door een relatief losse bevestiging aan stevige palen. Terwijl de prikkeldraadafrastering in beide richtingen stevig op zijn plaats wordt gehouden door ingesloten hekstijlen, kan de lichtgewicht cowboypoort worden losgemaakt, teruggerold en vervolgens weer dichtgemaakt.

Wees voorzichtig bij het openen van een cowboypoort. Wanneer de spanning wordt opgeheven, kan de constructie omvallen. Dit geeft een dodelijke wirwar van prikkeldraad waarin een paard verstrikt kan raken en zichzelf ernstig kan verwonden.

Het is niet mogelijk om een prikkeldraad-cowboypoort vanaf je paard te openen. Stap af en bind je paard ergens aan vast. De juiste manier om een cowboypoort te hanteren, is door hem los te koppelen van de aangrenzende afrastering. Het flexibele hek houd je vast; terwijl je het terugdraait in de richting van de ingesloten omheining. Zorg ervoor dat het hek stevig tegen de permanente afrastering steunt en dat je de breedst mogelijke opening hebt gemaakt voordat je het paard door de opening leidt.

Amerikaanse veeboeren en Nieuw-Zeelandse veehouders worden erg boos als je hun poorten niet met respect behandelt. Als de poort open staat, kan het zijn dat het de enige toegang is tot kostbaar water in dat gebied. Als het is afgesloten kan dat als reden hebben dat verschillende kuddes vee niet bij elkaar mogen komen. Of het nu open of gesloten is, zorg altijd dat je de poort achterlaat zoals je hem aantrof.

Veeroosters. Er zijn verschillende namen bekend, waaronder veekering en wildroosters. Hoe je ze ook noemt, ze vormen obstakels die een Long Rider onmogelijk kan nemen. Probeer nooit met een paard over een veerooster te lopen!

Ze zijn uitgevonden in 1915, en nog steeds de meest effectieve manier om vee ervan te weerhouden ergens naartoe te gaan. Een veerooster bestaat uit een diep gat in de grond dat is bedekt door een raster van metalen buizen. Hoewel het sterk genoeg is om een voertuig te laten passeren, is de opening tussen de buizen precies zo breed dat het been van een rund, zwijn of paard er doorheen zakt, als het dom genoeg is om erop te gaan staan. Deze roosters, die vaak te vinden zijn op de grens tussen private en publiek land, dienen als alternatief voor een poort die herhaaldelijk zou moeten worden geopend.

Veeroosters worden erg veel gebruikt in Canada, Australië, de Verenigde Staten,

Engeland en ook n Nederland. Paarden die erin terecht komen, worden niet zelden geëuthanaseerd. In 2012 probeerde een hopeloos onwetende ruiter op trektocht zijn paard over een veerooster in Texas te laten lopen. Het resultaat was dat de politie het gewonde paard ter plaatse moesten neerschieten. Zelfs als het paard niet ernstig gewond is, is de dierenarts nodig om het dier te verdoven, terwijl iemand met een slijptol de stalen buizen doorslijpt.

In theorie zou de overheid een veilige poort moeten plaatsen naast een veerooster. Als je op de openbare weg rijdt en een veerooster tegenkomt, zoek dan langs het hek tot je een poort tegenkomt. Zorg ervoor dat je het achter je weer sluit. Particuliere grondeigenaren zijn niet verplicht om jouw voortgang te vergemakkelijken. Als je echt nergens een poort kunt vinden, kun je overwegen om het draad los te maken. Soms kunnen nietjes van hekstijlen worden getrokken. Hierdoor kun je het draad naar de grond duwen en je paard er overheen laten lopen. Als je de afrastering moet doorknippen of snijden, maak je ze daarna weer aan elkaar vast met reservedraad, zodat er weer een gesloten afrastering is. Maar knoei nooit met een hek, tenzij je je in een serieuze situatie bevindt. Landeigenaren worden niet blij als ze je tegenkomen, vrolijk rondlopend over hun land, nadat je met geweld hun afrastering hebt doorgeknipt. Als je aan de andere kant een veerooster tegenkomt waardoor je niet meer van het particuliere weiland af kan, zoek dan hulp of draai om.

Hoofdstuk 58 - Verkeer

Rijden in een stedelijk tijdperk. Dit boek bevat het advies van een groot aantal ervaren hippische reizigers uit de geschiedenis. Hun wijsheid is zorgvuldig verzameld uit honderden bronnen. Het werd vervolgens ijverig vastgelegd om je te helpen. In inkt gegoten op deze pagina's, is de sleutel tot het overleven van een aantal gevaren, waarvan er veel mogelijk nooit beleefd zullen worden. Wat hier in deze paragraaf wordt besproken, is geen vermijdbaar gevaar, zoals oerwouden of bergen. Noch zul je erdoor verrast worden, zoals dat kan bij een aanval door dieren of bandieten.

Verkeer, in één of andere vorm, is iets waar iedere ruiter die een trektocht maakt mee te maken krijgt. De dreiging van het verkeer is van invloed op het leven en de veiligheid van iedereen die buiten rijdt.

Paarden en gemechaniseerd verkeer deelden oorspronkelijk de weg. In die begindagen was het vanwege verschillende redenen veiliger om in de buurt van auto's te rijden. Er was naar verhouding veel meer paardenverkeer. De weinige auto's overtroffen zelden een snelheid die vandaag als slakkengang wordt beschouwd. En nog belangrijker, alle bestuurders kenden én respecteerden de behoeften van paarden.

Tegenwoordig is het anders. Naarmate het aantal auto's toenam, creëerde de verstedelijkte samenleving een steeds meer uitdijende betonnen jungle om hen te huisvesten. Het resultaat was dat natuurlijke gebieden drastisch afnamen, vervangen door gladde wegen, wat op zijn beurt het gebruik van gemotoriseerd verkeer stimuleerde. Deze combinatie van snellere auto's en meer wegen vormen het laatste deel van dit gevaarlijke recept. Omdat het overgrote deel van de mensheid geen enkele ervaring met paarden meer had, nam het agressieve gedrag van automobilisten dramatisch toe.

Door de cijfers. Omgaan met slechte chauffeurs is niets nieuws. Julius Caesar verbood de strijdwagens in het oude Rome om overdag te rijden om opstoppingen te voorkomen. Het probleem werd steeds erger. Tegen 1720 waren verkeersdoden door 'roekeloos rijdende' wagens de belangrijkste doodsoorzaak in Londen. Toen de 20e eeuw ten einde liep, was er geen Long Rider die niet met dit probleem te maken had gehad. Slechts enkele plaatsen ter wereld waren nog vrij van gemotoriseerd verkeer.

Een blik op de statistieken geeft geen bemoedigend beeld voor ruiters die agressief verkeer willen vermijden. Zoals je zou verwachten, varieert het aantal auto's sterk van land tot land. Heb je geen zin in verkeer, ga dan naar Mongolië, waar gemiddeld slechts één auto voor elke 1000 inwoners is, maar vermijd Nederland met 196 auto's per vierkante kilometer.

Denk je dat je te paard op zoek kunt gaan naar het vroegere wilde westen? Laat die gedachte dan varen. Er zijn in de Verenigde Staten 116.203.000 auto's, ongeveer 478 auto's voor elke 1000 inwoners. Het land is van boven tot onder geplaveid met 4.374.784 kilometer wegen. Erger nog, de natie staat bovenaan de lijst als het gaat over dodelijke verkeersslachtoffers met mensen of dieren.

Gevaarlijke bestuurders. Omdat gemotoriseerd transport zo wijdverspreid is, zijn we vaak te gefixeerd op het bereiken van ons doel en denken we niet meer na over de complexe sociale problemen die samenhangen met autorijden. De meerderheid van de mensen die zich alleen nog verplaatsen in hun auto, gebruiken deze als verlengstuk van hun persoonlijke ruimte waar ze naast rijden ook eten, drinken, naar muziek luisteren, aan de telefoon praten en nadenken over persoonlijke zorgen. Veilig opgesloten in hun metalen doos, gebeuren er twee dingen met deze chauffeurs. Ze worden alarmerend zelfzuchtig en gedragen zich alsof het voertuig ze anoniem maakt. Dit moedigt veel mensen aan om daden van agressie te begaan die ondenkbaar zouden zijn in een face-to-face ontmoeting. Dit gegeven werd nooit voorzien door de uitvinders van de auto. Autorijden is eigenlijk een zeer sociale aangelegenheid, waarbij men net zoveel rekening moet houden met de behoefte van een ander als die van jezelf om alles soepel te laten verlopen. Helaas brengt het vermengen van persoonlijke verlangens met het grotere goed van de gemeenschap bij de meeste mensen niet het beste in hen naar boven. Het gevolg is dat veel bestuurders zich gedragen alsof de weg alleen hen toebehoort. De regels van fatsoen, zoals snelheidsbeperkingen, worden bespot en gezien als niets meer dan een hulpmiddel voor minder vaardige chauffeurs. Daarbovenop komt dan nog het feit dat hoe sneller iemand rijdt, hoe moeilijker het voor de zintuigen is om adequaat te reageren op risico's.

Geschiedenis van gemotoriseerde agressie. Ironisch genoeg, vergeleken met het moorddadige verleden van de mensheid, zijn gewelddadige sterfgevallen nu volgens historische normen relatief zeldzaam. Minder mensen sterven misschien in oorlogen, maar meer van hen verblijven als zombies in hun auto's. Studies tonen aan dat een gemiddelde Amerikaan 38 uur per jaar in de file doorbrengt. Naarmate de invloed van de auto steeds verder toeneemt, verdwijnen tradities en beleefdheden naar de achtergrond. Automobilisten worden steeds ongeduldiger. Wegen worden onmogelijk over te steken. Botsingen tussen paard en gemotoriseerd transport nemen toe. De consequenties voor expedities te paard zijn enorm.

Sterven in het zadel. Misschien denk je dat het gevaar van verkeer nog wel meevalt? Laat me je een paar grimmige herinneringen aan je eigen fragiele sterfelijkheid vertellen. Een recent voorbeeld: Janet Teeter uit Salem, Massachusetts, reed langs de kant van de weg op haar Peruaanse Paso toen ze van achteren werden geraakt door een man die een pick-up bestuurde. De aanrijding doodde het paard en verwondde de ruiter, maar de verkeerspolitie weigerde de 23-jarige bestuurder een boete te geven.

Hoewel alle sterfgevallen even tragisch zijn, deed één ervan een huivering van verdriet door de internationale Long Riders' Guild-gemeenschap gaan. Christy Henchie en Billy Brenchley waren op weg om van de top van het Afrikaanse continent naar de zuidpunt te rijden. Nadat ze de noordelijke woestijnen door waren getrokken en hun paarden met een binnenschip de rivier de Nijl over waren gebracht, gingen de vastberaden reizigers verder met hun expeditie. De reis verliep voorspoedig, totdat ze door de dood werden ingehaald in Tanzania. Op 8 januari 2013 trof een bus het paar en de mensen die hen volgden, terwijl ze met de paarden aan de hand door het kleine dorpje Isela liepen. De bestuurder was de macht over het stuur verloren. Door de aanrijding was Christy op slag dood. Billy, die zijn been brak, kroop naar zijn verloofde toe, maar was te laat. Het ongeluk kostte ook twee dorpelingen het leven en vele anderen raakten gewond. De chauffeur kreeg een boete van $ 154,-.

Toen hij hoorde van de dood van Christy, deelde New England Long Rider Ian Robinson deze gedachte:

"Wat nu door het hoofd van iedere Long Rider gaat die dit nieuws hoort is; dat had ik kunnen zijn. We zijn langs de weg allemaal minstens één keer door het oog van de naald gekropen in een ontmoeting met roekeloze, onvoorzichtige of ronduit krankzinnige chauffeurs."

*Christy en Billy hadden door Tunesië, Libië, Egypte en de Soedan gereden toen
ze voor het eerst agressief verkeer tegenkwamen in Kampala, de hoofdstad van
Oeganda, zoals te zien op deze foto.*

Paarden en verkeer. Paarden en mensen hebben veel gemeen. De geschiedenis
laat zien dat angst voor tegemoetkomend verkeer er één is. Omdat wij begrijpen
wat we zien, is het gemakkelijk om de angst van het paard voor auto's te negeren.
Als rationele wezens beseffen we dat de auto ons niet zal opeten. Maar zelfs een
heel rustig paard kan schrikken in het verkeer. Hoe kun je jezelf beschermen
tegen deze dreiging? De eerste stap is het herkennen van het gevaar waarmee je
geconfronteerd wordt.

Staal versus botten. Twee automobilisten die betrokken zijn bij een kleine
aanrijding, hebben de luxe om te bakkeleien over wie de schuldige is. Maar
ruiters in het verkeer kunnen dit niet, want ook al ligt de blunder bij de andere
partij, meestal zijn ruiter en paard dan al gewond. Wie gelijk heeft in het verkeer
is niet zo belangrijk, je wilt gewoon in leven blijven!

De manier om dat te doen is om een ongeluk te voorkomen. Maar je bent ernstig
in het nadeel. Rijdend langs een drukke weg, plaats je jouw 600 kilo wegende
vierbenige transportmiddel temidden van de honderden stukken gemotoriseerd
metaal, die met zeer hoge snelheden in jouw richting bewegen.

Wat gebeurt er als twee auto's op elkaar botsen? De natuurwetten laten zien dat
zwaardere voertuigen in het voordeel zijn. Dus denk je in wat jouw kansen zijn.
De gemiddelde kleine auto weegt 900 kilo. Een model met vier deuren weegt
meer dan 1.500 kilo en een grote SUV gaat over de 2.000 kilo. Maar zelfs deze
zijn niet je ergste nachtmerrie.

Een vrachtwagen met oplegger is 2,5 meter breed en ruim 4 meter hoog. Een
wagen met drie opleggers kan wel 60 ton wegen. Als ruiter leg je het altijd af
tegen gemotoriseerd verkeer.

Verkeerstraining. Wat je ook doet, ga in ieder geval niet de weg op met een
ongetraind paard. Agressieve chauffeurs hebben geen nationaliteit. Het zijn

182

slechts pestkoppen, veilig ingepakt in een stalen cocon. De beste verdediging is om ze te vermijden.

Houd rekening met het karakter van je paard. Je kunt in een noodgeval niet vertrouwen op een van nature nerveus paard. Wees je er ook van bewust hoe stressvol een drukke stad is, zeker voor een onvoorbereid paard. Tussen hoge gebouwen kunnen ze zich opgesloten voelen. Herrie, luid getoeter of zelfs de echo van hoefijzers op asfalt in een lege straat kan al zenuwslopend zijn.

Het kost tijd en geduld om een verkeersmak paard op te leiden. Dit doe je niet gaandeweg je reis. Het is zeer belangrijk om ruim van tevoren te beginnen om je paard over eventuele angsten heen te helpen. Denk aan snel bewegend verkeer, zwaar landbouwverkeer en voertuigen die groot licht voeren in de avond. Tenzij je het paard zelf hebt grootgebracht, weet je vaak niet wat je precies kunt verwachten als je het verkeer in gaat. Het opzoeken van zijn grenzen in het verkeer is een zeer belangrijke test.

Zoek uit waar hij wel en niet bang voor is. Is hij alleen bang voor lawaaierige voertuigen, of zijn het juist hoge machines die hem in paniek brengen? Wat vindt hij van motoren? Maakt het verschil of auto's aan de linkerkant of aan de rechterkant passeren? Vindt hij het vervelend om van voren benaderd te worden, of schrikt hij juist van achteropkomend verkeer? Als je paard schrikt, hoe reageert hij dan? Springt hij de berm in, of draait hij om en gaat hij aan de loop, of gaat hij bokken of steigeren? Voor een goede training heb je antwoord op deze vragen nodig.

Mocht je paard zich ongemakkelijk voelen in het verkeer, dan moet je hem wennen aan al deze omstandigheden, terwijl je tegelijkertijd zijn zelfvertrouwen vergroot. Dit zijn lastige kilometers, waarbij je constant de elementen moet veranderen om je paard met alles kennis te laten maken.

Het paard heeft de spierkracht, maar jij hebt de hersenen en jij maakt de beslissingen die jullie onderweg beschermen. Dit betekent dat je paard aan het einde van zijn verkeersopleiding volledig op jouw vertrouwt. Als je halt houdt voor een verkeerslicht, moet hij rotsvast blijven staan. Als je hem aangeeft om snel voorwaarts of opzij te gaan, moet hij onmiddellijk reageren. Waag je niet in het verkeer als je er niet zeker van bent dat je paard deze bevelen zonder discussie zal opvolgen, of als je niet vertrouwt dat hij het verkeer dapper trotseert en niet in paniek raakt.

Toeters en fluitjes. Je paard moet onberispelijke wegmanieren hebben en jij moet over stalen zenuwen beschikken voordat je een tocht begint die voor een groot deel langs de verharde weg loopt. Maar zelfs het meest ervaren paard springt een meter in de lucht als een vrachtwagen achter je zijn toeter gebruikt.

In sommige landen hebben bestuurders hun voertuig uitgerust met zogenaamde hertenfluitjes. Deze apparaatjes worden op een auto of vrachtauto gemonteerd. Ze worden geactiveerd door luchtverplaatsing als het voertuig sneller dan vijftig kilometer per uur rijdt. Het hertenfluitje produceert een geluid dat herten, elanden, antilopen en kangoeroes waarschuwt. In theorie moet het fluitje aanrijdingen voorkomen, in de praktijk schrikken paarden die langs de weg lopen zich een ongeluk.

Blijf bang. Je beste verdediging is om constant alert te blijven, of zoals Shakespeare in Hamlet schreef: "Je beste veiligheid schuilt in angst."

Beoordeel de weg. Verwacht geen wonderen van de hoge heren die wegen aanleggen. Verkeersingenieurs zien Long Riders als irritante elementen die de vlotte doorstroming van het verkeer verstoren. De noodzaak van de ruiter om zich op de weg te begeven, wordt niet erkend. Ze worden ofwel overgeslagen bij het ontwikkelen van plannen, of gedegradeerd tot 'kwetsbare weggebruikers'. Het is niet alleen de breedte van de weg die een weg gevaarlijk maakt. Het sterftecijfer op plattelandswegen is tweeënhalf keer hoger dan op grotere snelwegen. De oorzaken zijn onder andere slechte verlichting, hoge snelheden, vermoeidheid van de bestuurder en rijden onder invloed. Ongeacht de oorzaak, medische hulp is meestal niet in de buurt. Om door niet nadenkende ingenieurs naar de rand van de weg worden gedirigeerd is al erg genoeg. Daarnaast verwachten bestuurders simpelweg niet dat er plotseling een paard voor hen opdoemt.

Laag zonlicht. Het is je vergeven als je denkt dat bestuurders rekening houden met een groot dier dat langs de weg rijdt, maar je hebt het mis. Een recente studie bevestigt dat de meeste voetgangers foutief inschatten dat bestuurders twee keer zo ver kunnen zien dan ze in werkelijkheid doen. De meeste bestuurders nemen je in het geheel niet waar. Omdat autorijden zo'n saaie bezigheid is geworden, dagdromen bestuurders, drinken ze koffie of kletsen ze via hun mobiele telefoon. Ze verwachten geen paard op de weg. Plotseling wordt hun mijmering onderbroken door het beeld van een gigantisch dier en zijn geschrokken ruiter.

Als de zon in de ogen van de bestuurder schijnt, neemt het risico van een botsing aanzienlijk toe.

Houd het weer in de gaten. Op een zonnige dag is rijden in het verkeer al moeilijk genoeg, maar in slecht, donker en regenachtig weer is de kans helemaal klein dat snel bewegende bestuurders je zien, zeker als je een donker paard berijdt en donkere kleding draagt. Het is een enorme verbetering als je reflecterende kleding draagt en je reflecterende materialen op de tassen en je paard aanbrengt.

Leeftijd en geslacht. Je rijdt in reflecterende uitrusting langs een drukke weg op je goed getrainde paard. Wat ben je vergeten? Wie je tegenkomt onderweg! Leeftijd en geslacht zijn van invloed op het rijgedrag. Jongere bestuurders zijn vaker betrokken bij ongevallen dan ouderen, met de waarschijnlijkheid dat een jonge man honderd keer meer kans loopt op een verkeersongeval dan een vrouw van middelbare leeftijd. Er zijn andere alarmerende feiten verbonden met mannelijke bestuurders, die allemaal betrekking op jou kunnen hebben. Gemiddeld rijden mannen meer dan vrouwen. Mannen zijn vaker betrokken bij een dodelijk ongeval. Ze hebben de neiging om hun veiligheidsgordels minder consequent te dragen dan vrouwen en zijn agressiever achter het stuur. Dus, als je het verkeer bestudeert, kijk dan wie er achter het stuur zit.

Alcohol. Alsof je niet genoeg hebt om je zorgen over te maken, is alcoholmisbruik een andere zorg. Met uitzondering van motorrijders zijn dronken bestuurders in pick-up trucks het vaakst betrokken bij dodelijke ongevallen. Er is een twee keer zo grote kans om een man die gedronken heeft tegen te komen, dan om een beschonken vrouw te treffen. De combinatie van alcohol en testosteron is een gevaarlijke. Gelukkig zijn er een aantal praktische manieren om jezelf en je paard te beschermen.

Te paard in het verkeer. Vermijd rijden in mist of sneeuw. Laat verblindend zonlicht je niet onzichtbaar maken voor bestuurders. Gebruik reflecterende kleding op jezelf, je paard en je bepakking. Draag bij zeer slecht weer een hoofdlamp of licht op je stijgbeugel.

Rijd je met meerdere mensen, blijf dan dicht bij elkaar. Plaats het meest rustige paard op kop en houd één paardlengte afstand. Reis je met een pakpaard, houd hem dan aan de binnenkant, weg van het verkeer dat van achteren komt. Blijf in het zadel, van daaruit heb je beter zicht op het verkeer.

In het verkeer blijf je stappen. Rijd rustig op glad asfalt. Is er een extra rijstrook voor paarden, gebruik die, rijd niet op het fietspad.

Het is waarschijnlijk dat je op een voor auto's bedoelde weg rijdt, blijf in dat geval aan de juiste kant van de weg en rijd niet tegen het verkeer in. Blijf zo ver weg van het verkeer als de weg toestaat. Kijk vooruit en check de grond op glas of puin. Let goed op als je tussen de weg en een afwateringsgeul rijdt, houd je ogen open voor een mogelijke ontsnappingsroute.

Wees voorzichtig als je een drukke weg moet oversteken. Steek recht over, zodat je maar kort op de weg bent en kijk altijd twee keer in beide richtingen voordat je het paard opdracht geeft om over te steken. Begin niet met oversteken, als je er niet zeker van bent dat alle ruiters met alle paarden in één keer naar de overkant kunnen komen. Je wilt niet halverwege vastlopen of gescheiden raken van je reisgenoten.

Rijd defensief. Maak er een gewoonte van om het verkeer te bestuderen. Om de kans op agressie te verkleinen maak je oogcontact met de bestuurder, wanneer deze dichterbij komt. Aarzel niet om te zwaaien en ze te vragen te vertragen, of hen eraan te herinneren afstand te bewaren. Als je van richting gaat veranderen, gebruik dan handsignalen om bestuurders van tevoren op de hoogte te stellen. Bedank met een gebaar en een glimlach, als een bestuurder rekening houdt met jou en je paard.

Als er problemen zijn. Met paarden erbij worden situaties snel gecompliceerd.

Niet alleen zien de dieren een muur van dreigend staal op zich af vliegen, ze baseren hun beslissing om te blijven staan of om op de vlucht te slaan op jouw reactie als leider. Als ze jouw angst voelen, ben je allebei verloren.

Mochten er problemen ontstaan, houd dan in ieder geval je zenuwen in bedwang. Het is gemakkelijker gezegd dan gedaan om kalm te blijven, maar dat is wel precies wat je moet doen. Haal diep adem en ontspan je spieren. In zo'n situatie werken de teugels als een telefoondraad die de trillingen van angst rechtstreeks van jouw lichaam naar de mond van je paard geleiden. Kalmeer je paard met een zachte stem, zo blijf je zelf ook ademhalen. Je paard concludeert dan dat zijn zorgen ongegrond zijn.

Wordt hij toch erg angstig, stap dan af als de tijd het toelaat, en leid hem weg van het gevaar. In de praktijk komt het vaak voor dat je op de weg in een fractie van een seconde een beslissing maakt om een crisis te voorkomen. Je paard moet dan direct en scherp reageren. Daar zijn sporen voor bedoeld. Helaas zijn veel paarden afgestompt op het been, omdat mensen dit hulpmiddel te pas en te onpas gebruiken.

Zoek niet alleen naar agressieve chauffeurs. Wees ook altijd alert op loslopende honden, spelende kinderen, overstekend wild of iets anders waarvan je paard kan schrikken, waardoor hij de weg op springt.

Verkeersregels. Hoewel je alleen reist met één paardenkracht, classificeren veel overheden je als een niet-gemotoriseerd voertuig, dat verplicht is om de verkeersregels te volgen. Omdat dit per land verschilt, is het jouw verantwoordelijkheid om vooraf goed op de hoogte te zijn van de daar geldende verkeersregels.

Sommige regels liggen voor de hand en kun je bedenken met je gezonde verstand, maar dat is niet altijd het geval. Je moet bijvoorbeeld met het verkeer meerijden, aan de juiste kant van de weg, en je paard op dezelfde rijstrook houden als achterop komend verkeer. Natuurlijk stop je bij verkeerslichten en volg je verkeersborden.

Vijandige steden. Actief ontmoedigingsbeleid tegen Long Riders wordt steeds vaker aangetroffen in een groeiend aantal steden over de hele wereld. Zoek dus eerst uit of het is toegestaan om door de stad te rijden. Als dat zo is, zijn er een aantal manieren om je kansen op een succesvolle doortocht te vergroten.

Denk niet, als je in de middag aan de rand van een grote stad aankomt, dat je er even doorheen rijdt. Laat de paarden rusten, terwijl jij vooruit de route verkent. Je kunt de hulp van de plaatselijke bevolking inschakelen om je de beste route door de stad te laten zien.

Zoek naar een rustige route. Neem je tijd. Verken zorgvuldig. Bekijk eventuele problemen die je onderweg tegenkomt, zoals hekjes en spoorwegovergangen. Zoek oriëntatiepunten die je helpen, zodat je weet hoe ver je al bent. Bevestig voor jezelf dat er voldoende tijd is om het in één dag te doen. En zorg dat je zeker weet waar jij en je paarden de volgende nacht gaan doorbrengen. Na zo'n stressvolle dag in het zadel, wil je na zonsondergang geen onderdak meer hoeven zoeken.

Kies een dag van de week met weinig verkeer. Dit is meestal verbonden met de lokale religieuze gewoontes.

Geef je paarden de avond van te voren geen krachtvoer, om ze niet té fris te maken. Vertrek bij zonsopgang om jezelf zoveel mogelijk tijd te geven voordat de ochtendspits begint. Controleer voor vertrek al je apparatuur. Controleer bagage en harnachement extra goed en zorg dat alles netjes in balans is.

Gebruik reflecterende beenbeschermers of een deken, in ieder geval op het pakpaard. Plak, als je dat hebt, reflecterend tape op de pakkisten. Houd je korte vlag met zijn reflecterende spandoek dicht bij de hand tijdens de rit. Als je een reflecterend vest hebt, draag het dan.

Ga onderweg niet draven. Blijf stappen. Straal zelfvertrouwen uit aan bestuurders die passeren. Houd je ogen open, kijk vooruit naar luide vrachtwagens, dreigende bussen en agressieve automobilisten. Zelfs met ervaren paarden moet je voorbereid zijn op onverwachte situaties.

Als je wordt aangehouden door de politie, reageer dan beleefd. Verwacht niet dat volwassenen in een stedelijke omgeving oogcontact maken, of je te hulp komen, ze zullen vooral geschokt zijn. Maar wees voorbereid op kinderen die achter je aanlopen, soms stenen gooien of je uitschelden. Wat er ook gebeurt, concentreer je op het bereiken van de andere kant van de stad vóór het vallen van de avond.

Omrijden. Vrijwel altijd is het mogelijk om verkeer te vermijden, als je weet waar je heen moet en geen haast hebt. In tegenstelling tot een onverwacht moeras waar je plots voor staat, zul je ruim van te voren horen dat er een grote stad voor je opdoemt. Verrast worden is dus geen excuus. Stel alles in het werk om je route rondom zo'n Long Ride-nachtmerrie heen te plannen.

De enige uitzondering is in bergachtige gebieden waar er slechts één pas en dus slechts één weg is. In zo'n zeldzaam geval doe je er goed aan om iemand in te huren met een vrachtwagen en aanhangwagen, om je paarden door dit moeilijke stuk heen te helpen.

Politie escorte. Het is een goed idee om de hulp in te roepen van de lokale politie voordat je probeert door een stad te rijden of een gevaarlijke weg over te steken. In sommige landen is dit verplicht.

Alert rijden. Na acht reizen in de VS te hebben gemaakt, met een totaal van meer dan 32.000 kilometer, heeft Bernice Ende een aantal manieren ontwikkeld om zo veilig mogelijk door het verkeer te bewegen. Voordat ze 'samensmelt' met het verkeer, doorloopt ze verschillende doelbewuste stappen. Ze stapt af en neemt een paar minuten de tijd om een slok water te drinken en iets kleins te eten, omdat het 'je geest zal helpen.' De volgende stap is om het rij- en pakzadel te controleren. Ze zorgt er altijd voor dat de pakkisten of tassen goed zijn vastgezet. Dan trekt ze haar hoed strak aan. Bernice stijgt weer op, verzamelt en verkort de teugels en de leadrope naar het pakpaard en rijdt verder in 'high alert'. Ze vindt dat Long Riders snel en adequaat moeten kunnen reageren: "Het is belangrijk om iedere situatie in een oogwenk te beoordelen en snel te anticiperen". De positie van het lichaam van de Long Rider is ook van strategisch belang: "Rij met je oren! Houd je hoofd omhoog. Draai je torso licht, zodat je constant het verkeer aan de voor- en achterkant bekijkt. Houd je benen lang en je voeten stevig in de stijgbeugels."

De acties en positie van de paarden is ook van groot belang: "Breng de paardenhoofden iets naar elkaar toe en houd ze stevig vast. Let op de oren van je paard op voortekenen van problemen. Probeer het verkeer te vertragen. Je kunt het verkeer helpen door je oren en je ogen en hoogte te gebruiken om bestuurders te laten weten wat je wilt. Laat ze weten wanneer het veilig is om je in te halen of geef ze het signaal 'Nee' of 'wacht'. Blijf in het zadel, en blijf gefocust."

Als een auto langzamer rijdt en wil passeren, wacht Bernice tot ze een veilige plek heeft bereikt, dan tikt ze haar hoed aan of zwaait ermee als dank aan de bestuurder en om hem te laten weten dat hij verder kan. Eén ding dat Bernice zeker wil overbrengen is een waarschuwing voor alle Long Riders: "Rijd geen brievenbussen omver met je pakkisten die op het pakpaard zitten."

Stop het verkeer. Ga er nooit vanuit dat chauffeurs het goede zullen doen. Wees in plaats daarvan voorbereid op chauffeurs die toeteren, schreeuwen, schelden, weigeren om opzij te gaan, afval naar je toe gooien of zelfs proberen je met hun auto aan te rijden. In een dergelijke situatie is zichtbaarheid van het grootste belang. Je bent misschien niet in staat om hun agressie in te perken, maar je kunt wel garanderen dat ze je zien. Ga nooit een verkeerszone binnen zonder de eerder beschreven fluorescerende of rode vlag.

Neem je ruimte in op de weg. Een strategie is om de eerste auto als een blokkeervoertuig te gebruiken om al het verkeer erachter te stoppen. Rijd in het midden en gebruik de volledige rijbaan. Probeer niet aardig te zijn en langs de de rand te rijden.

Long Rider Howard Wooldridge is een gepensioneerde politieagent die deze techniek gebruikte tijdens zijn reis door de VS. Hij legt uit: "Voor deze strategie stap je af en wacht je op een opening in het verkeer. Neem een overtuigende houding aan. Je doet samen met je paard een kleine stap de rijbaan op, steekt je arm uit naar een auto, maakt oogcontact met de bestuurder en geeft het universele 'stop'-signaal. Als de bestuurder vertraagt, gebruik dan beide handen om aan te geven dat hij moet blijven vertragen. Breng je paard nog een stap verder de rijbaan op en laat zien dat je de hele baan wilt. Als je ervan overtuigd bent dat de chauffeur stopt, dan stap je vlug op of loop je naast je paard over het gevaarlijke stuk weg. Als de bestuurder niet vertraagt, dan zet je je paard een stap terug en probeer je het even later opnieuw."

Vrouwen stoppen vaker dan mannen, in ieder geval in Noord-Amerika. Schaam je niet om deze extreme maatregel in de praktijk te brengen als je denkt dat dit veiliger is.

Ongevallen. Als zich een ongeval voordoet, ga dan geen confrontatie aan met automobilisten, vooral niet in de Verenigde Staten, waar veel chauffeurs wapens in hun auto hebben. Vraag hulp, advies en bescherming van lokale politieagenten.

Afleiding. Jouw plotselinge verschijning zal voor een groot aantal mensen een aangename verrassing zijn. Ze zullen je graag ontmoeten, leren over je reis, vragen waar je heen gaat en je misschien hun gastvrijheid aanbieden. Je kunt alleen niet stoppen voor een praatje langs de kant van de weg. Het is wel gebeurd dat een chauffeur naar een Long Rider keek en vervolgens een andere auto aanreed.

Samenvatting. Rij altijd defensief. Verwacht nooit dat de bestuurder je ziet, aan de kant gaat, voor je afremt, of vriendelijk is. Rijdt niet in steden op nationale feestdagen, vanwege het verhoogde risico op dronken automobilisten. Als je door een gevaarlijke en drukke plaats heen moet rijden, vraag dan een lokale inwoner of er een alternatieve route is. Indien dat niet het geval is, wacht je geduldig op een rustig moment voordat je verder gaat. Controleer altijd je bepakking en harnachement voordat je een stad in rijdt.

Blijf alert, luister, en zoek naar signalen of er problemen aankomen. Wees bereid om in geval van nood het verkeer te stoppen en hulp in te schakelen van automobilisten om hun auto te gebruiken om jou en je paarden veilig te begeleiden.

Hoofdstuk 59 - Transport

Voor veel Long Riders geldt dat ze tijdens een lange trektocht hun paarden over verschillende grenzen heen moet vervoeren. De gebruikte methoden omvatten spoorwegen, veerboten, schepen, vrachtwagens, aanhangwagens en vliegtuigen. Of je nu kiest voor een hypermodern vliegtuig, of een gammele trailer achter een krakkemikkige truck, het hoofddoel is dat de paarden veilig en gezond aankomen op hun bestemming. De waarde van een fit paard kan niet louter worden bepaald in geld, maar ook in tijd, omdat een paard in slechte conditie niet op weg kan, totdat hij is hersteld. Transport vraagt om een goede voorbereiding.

Vervoer over het spoor. Vooral tijdens de Tweede Wereldoorlog brachten legers met grote regelmaat paarden naar de frontlinie. Veel paarden werden per trein vervoerd. Omdat het veterinaire korps de leiding had over deze militaire operaties, waren er verrassend weinig ongelukken en blessures.Traditioneel spoorvervoer is in sommige landen nog steeds beschikbaar. Als je vindt dat je je paard per spoor moet verplaatsen, laat je dan leiden door de regels die men vroeger heeft opgesteld.

Als eerste controleer je of je paarden een gezondheidscertificaat nodig hebben of een klinische keuring moeten ondergaan. Daarna verdiep je je in de dienstregeling.

Realiseer je goed, dat deze manier van transport geen enkel initiatief toestaat als je eenmaal aan boord bent. Je bent afhankelijk van de goodwill van het personeel. Hoewel het comfortabel kan zijn voor de paarden, vormen treinen, met name in niet westerse landen, een behoorlijk gevaar voor ruiters. Er zijn gevallen bekend waarin ruiters samen met hun paarden in een treinwagon werden geplaatst, die daarna per ongeluk werd afgekoppeld en vergeten. Controleer vooraf of je de deur van binnenuit kunt openen, zodat je er in geval van nood altijd uit kunt.

In de tijd dat treinen routinematig paarden vervoerden, was de vervoerder verantwoordelijk voor het onderhoud van speciale wagons. Deze werden tussen transporten door gereinigd en gedesinfecteerd. Hoewel de wagons van land tot land verschilden, waren ze meestal uitgerust met stevige aanbind-ringen en waren de vloeren bedekt met strooisel om uitglijden tegen te gaan.

Tegenwoordig is dat niet meer het geval en moet je zelf controleren of de wagons schoon zijn en geen zwakke plekken in de vloeren hebben. Bestrooi de bodem met zand of heel fijn grind om uitglijden te voorkomen, gebruik hiervoor geen stro of ander ontvlambaar materiaal.

Laat de paarden drinken voor vertrek en haal al het harnachement eraf. Check het halster en halstertouw op zwakke plekken en laad de dieren rustig in, zonder geweld of dwang. Begin met het rustigste paard en leid het zelfverzekerd, zonder achterom te kijken, de klep op. Wacht met het lastigste paard tot alle anderen aan boord zijn. Zodra ze allemaal op de plaats staan geef je ze hooi.

Zorg dat je het verloop van de reis in detail door spreekt met het treinpersoneel. Zoek uit wanneer de trein een tussenstop heeft, zodat je de dieren kunt checken en eventueel uitladen als het een lange reis is en of er mogelijkheden zijn om de paarden van boord te laten, zodat ze kunnen lopen en rollen.

Verwacht geen comfort tijdens de reis. Vanwege het gebrek aan vering schudt, schommelt en rammelt alles in de trein. Het geluid in een trein is oorverdovend. Neem een zaklamp mee, want de binnenkant van een treinwagon is erg donker en de trein kan zonder waarschuwing gaan bewegen. Verlaat de wagon niet om water of een broodje te gaan halen, zonder dat je dat afspreekt met de conducteur. Water en voeding voor de paarden en je gehele uitrusting neem je mee in de wagon waar jij met je paarden verblijft, om er zeker van te zijn dat het niet gestolen wordt.

Vervoer met de veerboot. Het verre buitenland is nog voorzien van een grote hoeveelheid vreemde, drijvende vaartuigen. Deze variëren van in elkaar geknutselde vlotten die met een touw over de rivier worden getrokken, tot aan meer geavanceerde vormen van transport over water.

De eerste uitdaging is om je paarden veilig aan boord te brengen. Als de veerbootmaatschappij gewend is om dieren te vervoeren, kan er een toegankelijke hellingbaan zijn. Maar wees niet verbaasd als deze zeelui je paard aan boord proberen te tillen, duwen, roeien of slaan. Dit is absoluut je eerste zorg, er zijn gevallen waar paarden zwaar gewond zijn geraakt tijdens het laden. Als je geluk hebt om een veerboot met platte bodem tegen te komen, laad dan ook hier het rustigste paard als eerste. Kleine veerboten schommelen, zelfs als de stroom niet sterk is. Vraag de kapitein om voorzichtig te vertrekken om de dieren de tijd te geven eraan te wennen.

Reis je op een meer traditioneel vaartuig, één waarop je naast de paarden kunt staan, bind ze dan niet vast maar houd ze vast aan de hand en laat ze kijken in de richting waar je heen vaart. Op een heel klein bootje ga je zo staan dat de paarden geen direct zicht op het water hebben.

Op een niet- gemotoriseerde boot zou je zelfs kunnen genieten van een reis, maar op een boot met een motor moet je altijd waakzaam zijn dat de paarden niet in paniek raken. Mocht dit toch gebeuren en het paard valt in het water, laat hem dan wegzwemmen bij de boot en houd hem weg bij de draaiende onderdelen van de motor.

In Europa en Latijns-Amerika kom je veerdiensten tegen die tussen verschillende landen varen. Engeland heeft bijvoorbeeld veerdiensten naar Frankrijk, Nederland, Ierland en Spanje. Grote internationale veerboten vertrekken ook vanuit Chili. Veerboten in de Europese Unie vereisen dat paarden worden vervoerd in een paardentrailer of op een aanhangwagen. Het is ook mogelijk om transportbedrijven in te huren die gespecialiseerd zijn in internationale transporten. Dit is een dure dienst die je ruim van tevoren moet boeken. Je kunt ook een vrachtwagen of een trailer huren. Let op dat de veerdienst de kosten berekent over de totale lengte van de combinatie. Een vrachtwagen met een aanhangertje erachter, kost dus meer dan een auto met trailer.

Waar vandaan je ook vaart, neem vooraf contact met de dienst op voor informatie over vertragingen of zwaar weer. Veel kapiteins staan geen paarden aan boord toe bij een ruige zee. Bij een grote moderne veerboot waar paarden te voet op mogen, zal de enorme laadklep op en neer bewegen op de golven. Deze zwevende vloer is voor paarden erg spannend. De metalen vloeren zijn erg glad voor hoefijzers. Om hun paarden te helpen, gebruikten sommige Long Riders een oude binnenband die ze op maat sneden en met duct-tape om de hoeven bevestigden. Of de veerboot nu een computergestuurd wonder is, of een eenvoudig vaartuig in het achterland, het loont de moeite om heel vriendelijk tegen iedereen aan boord te zijn, omdat jouw paarden vrijwel zeker op het schone dek zullen mesten voordat je aan de overkant bent.

Transport per schip. Ook op een boot hebben paarden ruwvoer en water nodig.

Als de omstandigheden en het weer het toelaten, wandel je twee keer per dag met de paarden op het dek. Als ze daar mesten ruim je het meteen op. Blessures onderweg zijn zeldzaam, meestal gaat het om uitglijden tijdens ruw weer. Stel dat een paard echt valt, maak hem dan los en trek de voorbenen naar voren. Plaats iets tegen de benen dat weerstand geeft als hij afzet. Hij moet grip hebben wanneer hij in de benen probeert te komen. Zand op het dek voorkomt uitglijden en vergemakkelijkt het opstaan. Maar als hij worstelt en niet omhoog komt, zorg er dan voor dat hij de paarden die aan weerskanten staan niet kan raken en verwonden.

Bij aankomst in een haven mogen paarden niet van boord, voordat de plaatselijke dierenarts bevestigt dat de dieren niet besmet zijn. Paarden die een tijd op zee hebben doorgebracht, hebben de neiging om op hun knieën te vallen als ze weer aan land zijn. Om de kans op een dergelijke verwonding te verkleinen, helpt het om ze eerst neer te zetten op een plek met stro. Een andere, veel gevaarlijkere manier om paarden van boord te halen, is door ze zelf naar de kant te laten zwemmen. In het water is het gezichtsvermogen van een paard zo beperkt dat hij een strand niet kan zien, totdat hij er heel dichtbij is. Het gevolg is dat ze in de war raken en zomaar richting open zee kunnen zwemmen. Je kunt dit voorkomen door paarden aan de kade neer te zetten die ze wel kunnen zien. Je kunt zwemmende paarden begeleiden met kleine bootjes.

Transport per vrachtwagen. Als je dit boek in Europa, Noord-Amerika of Australië leest, dan is de kans groot dat je bent opgegroeid in een cultuur die bij paardenvervoer automatisch denkt aan een paardentrailer. Je realiseert je misschien niet dat dit niet gebruikelijk is in een groot deel van de wereld. Paardentrailers zijn in veel landen totaal onbekend. In de Oekraïne bijvoorbeeld, kun je een glimp opvangen van een paard dat op de achterbank van een auto is gepropt. Door Afrika rijden? Wees niet verbaasd als je paarden ziet in de open bak van een oude Landrover. Beide voorbeelden laten zien hoe inventief paardeneigenaren kunnen zijn als zich moeilijke omstandigheden voordoen. Ze laten tevens zien hoezeer je het mag waarderen, als je in het buitenland reist en er een lokale vrachtauto beschikbaar is tegen lage kosten.

Eisen voor de vrachtwagenchauffeur. Veel landen houden zich niet aan dezelfde wettelijke eisen, die wij als normaal beschouwen, zoals het verplichten van de bestuurder om de nodige vaardigheden op te doen en papieren te behalen. Daarom moet je zelf inschatten of de bestuurder en de vrachtauto aan elementaire veiligheidsnormen voldoen. Het lijkt misschien een open deur, maar overtuig je jezelf ervan dat de bestuurder nuchter is. Dan kijk je of hij de eigendomspapieren in bezit heeft. Als er een verzekering bestaat in het land waar je reist, is het voertuig dan gedekt? Zodra je weet dat de chauffeur en vrachtwagen goed zijn voorbereid, ga je de transportkosten bespreken. Wees voorzichtig met betalen. Het beste is om de helft vooruit te betalen en de tweede helft bij een veilige aankomst. Waak voor verborgen kosten, zoals brandstof of maaltijden, want als je eenmaal onderweg bent kun je niet opnieuw gaan onderhandelen. Vertrek niet voordat je samen met de chauffeur de route hebt besproken en goedgekeurd. Maak afspraken over hoe vaak en waar precies de truck zal stoppen voor rustpauzes, hoe lang de pauzes duren en of het mogelijk is om de paarden even uit te laden. Maak de chauffeur duidelijk dat je wilt dat hij rustig rijdt, de bochten heel langzaam neemt en niet te hard remt. Vraag om een ontvangstbewijs, schrijf alle afspraken op de achterkant en vraag de chauffeur om te tekenen of zijn stempel erop te drukken. Houd dit essentiële document, samen met alle andere officiële papieren bij de hand gedurende de reis.

De vrachtwagen. Als je er zeker van bent dat de bestuurder betrouwbaar is, inspecteer dan ook de wagen. Check op gaten en zwakke plekken in de bodem. Zodra de truck gaat rijden, zullen je paarden hard moeten werken om hun evenwicht te bewaren. Je kunt ze hierbij zo goed mogelijk helpen. Zand werkt het beste. Is de bodem bedekt met stro of ander ontvlambaar strooisel, eis dan dat niemand rookt in de buurt van de vrachtauto, terwijl de paarden aan boord zijn. Controleer de wanden op bouten of andere scherpe uitsteeksels. Vergeet niet om de banden en bandenspanning te controleren. Vraag of de bestuurder een hydraulische krik en een reservewiel bij zich heeft. Controleer de verlichting binnenin en buiten op de vrachtwagen. De motor en remmen kun je niet controleren, maar vraag de bestuurder om te bevestigen dat ze goed werken. Nadat je zeker weet dat de truck zo veilig mogelijk is, ga je de paarden opladen. Begin wederom met het rustigste paard, de rest zal waarschijnlijk volgen. Wees voorzichtig met de richel bij de klep. Breng de paarden naar de voorkant van het voertuig. Bind ze vrij kort aan, ze zullen snel leren om het strakke touw te gebruiken om hun evenwicht te bewaren.

Reis zelf met je paarden mee. Eenmaal onderweg gaan de meeste paarden eten en reizen ze rustig. Als het over grote afstanden gaat, moet je onderweg stoppen en uitladen, zodat ze kunnen drinken, plassen en de spieren kunnen strekken.

Als de chauffeur zelf voor een pauze stopt, zorg er dan voor dat de vrachtwagen op de handrem staat en in de eerste versnelling is gelaten. Om ervoor te zorgen dat de truck niet per ongeluk kan gaan rollen, moet de bestuurder de wielen blokkeren of de hele wagen tegen een obstakel aan zetten.

Vervoer per paardentrailer. Ook een paardentrailer inspecteer je vooraf. Er moeten voldoende luchtroosters zijn voor luchtcirculatie. Controleer of de remlichten en richtingaanwijzers goed werken, ook de binnenverlichting moet werken. Check de koppeling en de veiligheidsketting om ervoor te zorgen dat de aanhanger in geval van nood aan het trekkende voertuig blijft hangen. Er zijn legio horrorverhalen over trailers die los kwamen, gingen scharen of zelfs de trekauto passeerden. Controleer alle kettingen en sluitingen. De banden moeten in goede staat zijn, voldoende opgepompt zijn zonder een spoor van droogrot.

Test de deurtjes en de klep.

Daarna check je de binnenkant. De vloer mag geen zwakke plekken hebben en aan de binnenkant behoren er rubberen matten te liggen om het paard grip te geven. De meeste tweepaardstrailers zijn breed genoeg voor twee paarden, maar kijk ook of er voldoende lengte is en of het plafond hoog genoeg is voor jouw paarden.

Is de trailer in orde, denk dan eens na over hoe je gaat inladen. Zorg ervoor dat de klep vlak ligt en niet wiebelt. Het lijkt misschien voor de hand liggend, maar rijd nooit een paard de trailer in. Loop je voor je paard uit de trailer in en zorg dat je er zelf nog uit kunt.

Als je maar één paard vervoert in landen waar ze rechts rijden, plaats je het paard aan de linker kant. In landen zoals Engeland of Zuid-Afrika, waar men aan de linkerkant van de weg rijdt, plaats je een enkel paard aan de rechterkant.

Gebruik altijd een paardenknoop of een veiligheidssluiting aan het touw. Het touw bevestig je op kinhoogte aan de wand van de trailer. Zet je paard zo kort dat hij niet met zijn been in het touw kan komen. Zodra de paarden in de trailer staan met de stang erachter, sluit je de achterklep en ga je direct op pad.

Sommige paarden vinden het verschrikkelijk om in een trailer te reizen. Als het dier in paniek raakt, kan het voorkomen dat ze proberen om door het zijdeurtje aan de voorkant eruit te springen. Open het deurtje altijd voorzichtig om te kijken hoe je paard er bij staat.

Plan iedere vier uur een rustmoment in om de paarden te laten drinken, en eventueel grazen en de benen te laten strekken. Blijf nadenken bij het uitladen. Koppel nooit de trailer los van de auto als het paard er nog in staat, want dan kan deze achterover kantelen. Maak eerst het touw los en haal dan pas de stang erachter weg. Ga aan de zijkant staan en niet achter het paard.

Reizen is zware arbeid, plan na aankomst hersteltijd in voor je paard,

Vervoer per vliegtuig. Je eigen paard vervoeren met een modern vliegtuig zal een enorme hoeveelheid tijd, geduld, planning, geld en geluk vereisen. Het kan niet genoeg worden benadrukt dat de kundigheid van het transportbedrijf moet worden geverifieerd. Hoe lang vliegen ze al? Zijn hun vliegtuigen geïnspecteerd door de overheid? Hebben ze eerder paarden vervoerd? Hebben ze speciale voorzieningen en procedures aan boord om de veiligheid van je paard te waarborgen? Is er voldoende gekwalificeerd personeel om de paarden onderweg te begeleiden? Vliegen de paarden direct, of zal er een tussenstop zijn? Heeft een dergelijke stop consequenties voor de reisdocumenten? Kun je referenties opvragen?

De kosten voor vliegen met paarden zijn astronomisch. In 2010 kostte het bijvoorbeeld tussen € 5.000 en € 10.000 om een paard een enkele reis over de Atlantische Oceaan te laten vliegen, exclusief de extra kosten voor medische documenten die door de autoriteiten worden afgegeven. Vraag na hoe de luchtvaartmaatschappij moet worden betaald. Is er een aanbetaling nodig? Moet je in lokale valuta betalen, of juist niet? Bieden ze restitutie als de vlucht wordt geannuleerd of als ze niet aan hun beloften voldoen? Vergelijk verschillende offertes. Je paard op een vliegtuig zetten is een zenuwslopende actie, laat je uiteindelijke beslissing daarom nooit afhangen van de kosten, maar van de veiligheid en degelijkheid van de transporteur.

Grensbureaucratie. De volgende hindernis is het voldoen aan de gezondheids- en quarantaine eisen, die door de landen aan beide kanten van de reis worden gesteld. We benadrukken hier nogmaals hoe belangrijk het is om deze gezondheidsvoorschriften te controleren. Geloof niemand op zijn woord, vraag voor alles een schriftelijke bevestiging. Wat nog belangrijker is, authenticeer de vereisten door met de gezondheidsautoriteiten op je locatie van aankomst te spreken. Dit kan een aantal telefoongesprekken en een reeks e-mails met zich meebrengen. Een goedbedoelende ambtenaar die in het land van vertrek werkt, kan je een aantal regels noemen, die bij aankomst in het volgende land, ondanks je beste bedoelingen en inspanningen, toch niet aan het protocol blijken te voldoen.

Quarantaine. Voorafgaand aan een internationale vlucht, worden paarden routinematig in quarantaine geplaatst. De lengte van de quarantaine varieert van 72 uur tot 30 dagen. Dit omvat meerdere bezoeken door de dierenarts, bloedtesten en diverse extra medische kosten. Vereisten voor hengsten zijn nog strenger. Na veel oponthoud en hoge kosten, word je uiteindelijk beloond met een gezondheidscertificaat, dat je paard autoriseert om zijn reis naar het vliegveld te beginnen.

Eindelijk de lucht in. Het is een hele onderneming om met een paard van de ene naar de andere kant van de wereld te vliegen. Zelfs als alle peperdure documenten geregeld zijn, ben je er nog niet. Als je via een grote commerciële luchtvaartmaatschappij vliegt, is de kans groot dat je paarden in een Boeing 747 terechtkomen. Het is echter een lange weg naar het vliegveld. Houd er rekening mee dat de vertrekdatum flexibel is. Transporteurs wachten totdat er voldoende paarden zijn die naar één bestemming gaan, pas als deze allemaal hun quarantaine vereisten hebben gehaald, zal het bedrijf de vlucht bevestigen. Hierdoor ben je lange tijd in onzekerheid, omdat je moet wachten tot de vluchtdatum en -tijd daadwerkelijk vaststaat.

Zodra dit het geval is, reizen paarden naar het internationale vliegveld met een grote vrachtwagen, die hen naar een quarantainestal dicht bij het vliegtuig brengt. Het is niet ongebruikelijk dat de paarden daar de nacht doorbrengen, voordat ze de volgende dag vliegen.

Wanneer de tijd komt om je paard te laden, zal het naar een metalen container worden gebracht, waarvan de achterkant wordt gesloten en de bovenkant open is. Er passen drie paarden in één container. Nu zijn de paarden veilig opgesloten en beschermd in een doos die kan worden verplaatst door het personeel. De container wordt met een kraan het vliegtuig in getild en op zijn plaats getrokken via metalen geleiders.

Gerenommeerde paardentransportbedrijven zorgen voor professionele grooms om met de paarden mee te reizen. De diensten van de groom zijn inbegrepen in de prijs van het transport. De groom is aan boord om de paarden te voeren, te drenken en hun veiligheid te garanderen. Als het paard een probleem voor de bemanning vormt, is de groom getraind om een kalmeringsmiddel toe te dienen. De overgrote meerderheid van de paarden zijn heel kalm tijdens de vlucht. Als een dier echt in paniek raakt en een bedreiging vormt voor de veiligheid van het vliegtuig, zal het onmiddellijk worden geëuthanaseerd. Om de kans op een ongeluk te verminderen, is het verstandig om de ijzers van je paard te verwijderen voor de vlucht.

Stress. Voor iedere vorm van transport geldt dat stress het risico op ongelukken vergroot. Stress wordt veroorzaakt door verschillende redenen. Herken deze en neem de oorzaken weg.

Probeer bij daglicht in- en uit te laden. Blijf te allen tijde kalm. Verdiep je in de omgeving van het paard tijdens transport, let hierbij vooral op temperatuur, tocht en fysiek comfort. Te koud, te warm of een ongemakkelijke houding kunnen ernstige stress veroorzaken. Ga niet vervoeren bij extreem lage temperaturen, tenzij je goed hebt nagedacht over het seizoen, de buitentemperatuur en de lengte van de doorvoer. Besteed extra zorg aan voldoende voeding onderweg.

Veel dieren worden ziek tijdens of na het transport vanwege onvoldoende ventilatie en hitte. Warmte en vochtigheid zijn oncomfortabel. Een paard reguleert zijn lichaamswarmte via zweten en de ademhaling, wat een aanzienlijke hoeveelheid vocht en warmte genereert. Om hittestress te minimaliseren, plan je de reis zodanig dat je het heetste deel van de dag vermijdt. Stop regelmatig om de paarden te controleren. Een donker gekleurde trailer is over het algemeen 15 graden warmer dan de buitentemperatuur. Parkeer niet te lang, paarden kunnen in zo'n oven oververhit raken.

Een andere stressfactor is giftige lucht door de uitlaatgassen van auto's en ammoniak uit urine. Ventileer de lucht in de trailer, maar vermijd tocht. Andere stressoren zijn emotionele angst door het weghalen van een paard bij zijn vrienden, of agressief gedrag door vreemde paarden op hetzelfde transport. Denk vooraf na over al deze factoren en zoek naar manieren om stress te beperken.

Voer en water. Bij extreem hoge temperaturen neemt de eetlust van het paard af. Toch is één van de gemakkelijkste manieren om stress te verlagen, om je paard te laten eten. Een lekkere maaltijd leidt hem af en houdt hem gezond. Kauwen helpt om stress te verminderen. Bied ruwvoer aan in een stevig net dat hoog genoeg is vastgemaakt, zodat het paard er niet in verstrikt kan raken met zijn benen of erop kan stappen.

Schud eerst het stof uit het hooi, of maak het nat, want tijdens transport is de kans groot dat je paard stof en schimmelsporen inademt. Kijk uit dat je paard niet uitdroogt. Sommige paarden drinken onderweg niet, omdat het water anders smaakt of ruikt dan wat ze thuis gewend zijn. Blijft iedere paar uur water aanbieden.

Hoofdstuk 60 - Grenzen en bureaucratie

Zeemanswelkom. Er is een groot verschil tussen de wijze waarop twee soorten reizigers worden ontvangen. Een zeeman is traditioneel gezien met zijn schip welkom in elke haven. Hoewel er natuurlijk regels gelden in elke haven, wordt een kapitein met zijn schip door de eeuwen heen begroet door andere zeelieden, die de vaardigheden van de schipper bewonderen, zijn moed respecteren en zijn geld verwelkomen. De geschiedenis heeft de schipper geleerd dat gastvrijheid altijd aan de horizon zal verschijnen.

Dat gevoel van kameraadschap en een joviaal welkom, staat in schril contrast met de koude afstandelijkheid en zelfs vijandigheid die reizigers te paard door de eeuwen heen hebben ervaren. Want in tegenstelling tot een haven, die meestal wordt bewoond door andere zeelui, zijn grenswachters van nature achterdochtig naar reizigers te paard. Het zijn schildwachten van een gevestigde gemeenschap, wiens collectieve nationale identiteit gekant is tegen de intrede en het bestaan van een ruiternomade. De taak van een bureaucraat is niet om gastvrij te zijn, maar om te handhaven. Ze zijn niet geïnteresseerd in je verhalen en verlangen ook niet naar je geld. Ze houden vast aan de historische vooroordelen van hun voorouders, waarin iedereen die op een paard zit, een onbeschaafde en onbetrouwbare barbaar is.

Zeelieden worden door de autoriteiten niet als een bedreiging gezien, omdat die nautische zwervers niet het land in trekken en de bevolking van streek maken. Het concept van te paard aankomen bij een grens, staat dus lijnrecht tegenover een haven binnenzeilen.

Welwillend volk, tegendraadse regering. Zoals je een boek niet kunt beoordelen aan slechts de kaft, zo kun je een volk niet veroordelen op basis van hun regering. Het paard is de sleutel tot de harten van mensen en tegelijkertijd de vonk die autoritaire agressie ontsteekt. Dit verklaart waarom Long Riders voortdurend verrast worden door de vijandigheid bij de grenzen. Het zijn niet de burgers die zich verzetten tegen de doortocht van een Long Rider, integendeel, het is de overheid. Deze is geobsedeerd door controle en dominantie. De overheid heerst om haar burgers te controleren, te belasten, gevangen te zetten en te intimideren. Haar macht is bedoeld om iedereen braaf op zijn eigen plek in het systeem te houden. Jouw verschijning te paard wekt dromen en verlangens tot leven. Mensen willen reizen, verkennen, ontsnappen en op zoek naar een meer compleet leven. De bevolking bewondert je moed, benijdt je vrijheid en opent hun huizen voor jou. Dit zijn gevaarlijke ideeën en je reis is een reden tot zorg voor de machthebbers.

Onzichtbare dreigingen. Internationale grenzen zijn gemaakt om als obstakels te dienen voor diegenen die een land binnen willen komen, om hen te waarschuwen dat ze niet welkom zijn. En dat zijn nog de vriendelijke soort. Omdat Long Riders op elk continent, behalve Antarctica, reizen, komen ze ook voorbij een aantal van 's werelds politiek meest vijandige grenzen. De oorzaak van het oorspronkelijke conflict kan een onduidelijke herinnering zijn, al deze grenzen hebben één ding gemeen. Je wilt niet met je paarden vastzitten aan één van de kanten van dit helse niemandsland. Ze zijn ook niet beperkt tot één continent. Als je de ambitie hebt om dit soort grenzen over te steken met je paarden, moet je precies weten hoe je omgaat met de formaliteiten van grenzen passeren in cross-country stijl.

Vechten tegen de bureaucratie. Lange tijd negeerden reizigers te paard de grenzen en reden daar waar hun hart hen heen leidde. Tegenwoordig hebben mensen op vaste locaties routes bedacht, die een nomade nooit had kunnen bedenken. Hierdoor ontstond er een toenemende afkeer van nomaden, een conservatieve houding, die jou als een gevaar beschouwt. Mensen die geobsedeerd zijn door regels en paranoïde zijn over veiligheid, zien elke schending daarvan niet alleen als een nationale dreiging, maar als een bedreiging voor hun persoonlijke carrière. Als een regel wordt overtreden kunnen zij daar de dupe van worden. Omdat ze hun pensioen niet willen riskeren en niet tegen hun superieuren in durven gaan, kiezen ze de laffe weg en houden ze je tegen.

Omgaan met bureaucraten zal je geduld testen. Het kan je reis verpesten. Verwacht geen enkele sympathie. Engelse Long Rider Mary Bosanquet vatte het probleem in 1939 samen toen ze schreef: "Ik weet dat het nutteloos is om in discussie te gaan met de minder belangrijke ambtenaren, het is alsof je iets probeert uit te leggen aan een theepot."

Verwacht vertragingen. Tijdens zijn rit door het Himalayagebergte in 1873, reisde de Britse Long Rider Andrew Wilson door verschillende koninkrijken. Hoewel de namen van de naties zijn veranderd, blijft de vijandigheid van de bureaucraten hetzelfde. Toen Wilson de ambtenaren vroeg om uit te leggen waarom hij niet verder mocht reizen, antwoordden ze dat ze niet verplicht waren iets uit te leggen, ze gehoorzaamden slechts bevelen. Tegen de tijd dat zijn reis in Afghanistan eindigde, had Wilson een diepe afkeer van deze mannen ontwikkeld, die hij als de agenten van de duivel beschouwde. "Bureaucraten," concludeerde hij, "zijn sluwe mensen wie het aan moed ontbreekt." Er is sindsdien weinig veranderd en weinig verbeterd. In feite zijn er nu meer regels, beperkingen, wetten en achterdocht, dan op enig moment in de menselijke geschiedenis. Daarom moet je begrijpen dat enige uiting van ongeduld de lokale ambtenaren niet sneller zal doen werken. Dus haal diep adem en verdraag het.

Moeilijkheidsgraad. De omstandigheden bepalen het gemak waarmee je wel, of niet verder kunt. Je weet vooraf niet wat je te wachten staat. Het kan gebeuren dat je vast komt te zitten tussen twee landen, dat je niet verder mag rijden een land in en ook niet mag terugkeren. Je paarden worden mogelijk ten onrechte geclassificeerd als wilde dieren. Je kunt te maken krijgen met onvoorziene uitgaven, variërend van simpele diefstal tot aan corruptie op hoog niveau. Long Riders hebben het allemaal meegemaakt, en overwonnen. Maar train jezelf het meest krachtige diplomatieke wapen van een Long Rider te hanteren: Geduld.

Timing van je aankomst. Onaangekondigd te paard bij een grens aankomen, zal opgetrokken wenkbrauwen en hoofdpijn teweeg brengen. Om je kans op wat vriendelijkheid te vergroten, doe je er goed aan, om de dag voordat je de grens wilt passeren, alvast langs te gaan. Stel jezelf voor aan de ambtenaren en probeer te achterhalen wie de leiding heeft. Verklaar het belang van je expeditie aan de hoogste persoon in functie. Laat alle aanbevelingsbrieven en krantenartikelen zien. Als je goed contact met de media hebt, kun je tussen neus en lippen door laten vallen dat er mogelijk verslaggevers meekomen, om je vlotte oversteek naar het volgende land te filmen of verslaan. Laat zien dat je papierwerk en procedures serieus neemt en spreek het door. Bespreek wat je kunt verwachten wat betreft het verloop van de procedure, welke kosten eraan verbonden zijn en bevestig dat al je papieren in orde zijn. Vraag wat het beste moment is om de volgende dag over te steken.

Zonder specifieke afspraak is 's morgens tussen 9 en 10 uur de beste tijd. Zo hebben de grenswachten voldoende tijd om alle wachtende vrachtwagens te verwerken. Probeer nooit een grens over te steken op een religieuze of nationale feestdag!

De regels aanbidden. Tot op zekere hoogte is ieder land een slaaf van zijn eigen monsterlijke bureaucratie. Bij een grens wil de thuisloze Long Rider de felle bewakers van een vijandige stam passeren. Deze ambtenaren zijn gewend aan routine en ze functioneren het beste in voorspelbare situaties. Door jouw plotselinge verschijning raken ze in paniek. Ze kijken niet meer naar je identiteit, omdat je niet langer een persoon bent. Je bent een probleem.

Bij gebrek aan paardenkennis maakt het deze mensen ook echt niet uit of je hun land binnenrijdt op een vurige kastanjekleurige volbloed en vertrekt op een bejaarde, blinde Shetlandpony. Het enige dat telt, is de vereiste rode stempel in jouw paspoort en de verplichte blauwe stempel op de uitreisvergunning van je paard. Een dergelijke blinde loyaliteit aan de procedures betekent dat niets het proces kan beïnvloeden. Ze volgen de regels zonder rekening te houden met de emotionele kosten voor anderen.

Gewapend met feiten. Je hoofd hoog houden als je vijandig wordt benaderd is een mooi streven, maar het brengt je nergens. Je hebt meer kans op succes als je je huiswerk goed doet. Hoe vervelend en saai ook, inventariseer wat je aan de grens nodig hebt aan papierwerk, handtekeningen, quarantainestempels en gezondheidscertificaten. Als je de papierwinkel niet in orde hebt, zul je niet aan de overkant komen. De tijden zijn zo anders, de meeste grenswachten zien alleen paarden als ze per vrachtwagen naar een grote wedstrijd onderweg zijn, of naar de slager. Het is gebruikelijk dat dierenartsen aan de grens reisdocumenten afgeven die slechts tien dagen geldig zijn. Dit is ruim voldoende voor een vrachtwagenchauffeur, maar een Long Rider rijdt meestal niet in tien dagen van de ene naar de andere landsgrens. Daarom kun je rekenen op paniek en vooroordelen als je onverwacht bij een grens opduikt. Waarschijnlijk komen er een aantal onnozele vragen zoals: 'waarom moeilijk doen als het makkelijk kan?' Ondanks je inspanningen om jouw ongewone vervoerskeuze uit te leggen, is de kans dat de vaak kortzichtige en ongeduldige grenswachten je serieus nemen niet al te groot. In hun ogen ben je gewoon een rijke, buitenlandse excentriekeling. Net als Pontius Pilatus wassen zij hun handen in onschuld en sturen je vlug door naar de nationale dierenarts. Er daar beginnen je problemen pas echt.

Typefout. Soms is dapper en vindingrijk zijn niet genoeg. Soms heb je gewoon geluk nodig. Opzettelijk dwarsliggen is zeldzaam. Veel vaker komt het voor dat een expeditie te paard tot stilstand komt, vanwege een typefout in een officieel document. Tim Cope bijvoorbeeld, had 6.500 kilometer gereden toen hij de grens tussen Kazachstan en Rusland bereikte. Na het verkrijgen van wat hij dacht dat de juiste documenten waren, was Tim geschokt toen hem werd verboden Rusland in te rijden, omdat in het document stond dat hij gemachtigd was om 'met' paarden te reizen, dat wil zeggen in een vrachtwagen of trailer, en niet 'te' paard. De hele onderneming stopte vanwege één woord! Er volgde een nachtmerrie van interlokale telefoongesprekken, internationale e-mails, stapels faxen en een ongekende golf van hippische diplomatie. Vrienden uit verschillende landen kwamen in actie om Tim te helpen. Het hoofd van het Kazachse ministerie van Landbouw telefoneerde met zijn collega's in Rusland en smeekte hen om de Long Rider het land binnen te laten. Het Long Riders' Guild stuurde een brief naar de Russische regering, om de machthebbers te herinneren aan de historische banden met de hippische ontdekkingsreizigers. Ondanks al deze inspanningen zag het er somber voor Tim uit. Met nog acht uur te gaan op zijn Kazachse visum werd de expeditie van Tim gered. De Russische overheid had een speciale vergunning afgegeven waarmee Tim Cope zijn drie paarden hun land in kon 'rijden'.

Veiligheid boven alles. Zoals het geval van Tim laat zien, is het niet altijd voldoende om de juiste documenten te hebben. Je moet er absoluut zeker van zijn dat je gemachtigd bent om je paarden het land in te rijden.

Tim Cope schat in dat hij tijdens zijn reis van Mongolië naar Hongarije, zo'n vier maanden vertraging heeft opgelopen door gedoe met papieren aan de verschillende grenzen. Om deze reden moesten al zijn visa voor Mongolië,

Kazachstan, Rusland en Oekraïne minstens één keer worden verlengd.

En vergeet je terugkeer niet. Een Long Rider had een probleem, omdat op zijn reisdocumenten de woorden 'en terug' ontbraken, wat betekende dat hij zijn eigen land wel mocht verlaten, maar er niet meer kon terugkeren.

Rijd niet onvoorbereid naar een grens. Zorg dat de documenten zijn vertaald, zodat er geen onduidelijkheid kan bestaan over de tekst. Bescherm je kostbare informatie door het te scannen of fotograferen en naar jezelf, of een vertrouwde vriend te sturen. Doe dat ook met een kopie van je paspoort en lijsten met belangrijke contactgegevens.

Grenspolitie. Aankomen op een drukke internationale grensovergang kan een zenuwslopende ervaring zijn. Nadat je een tijd in de vrije natuur hebt gereden, ben je ineens onderdeel van een van de meest drukke en lelijke plekken van onze moderne maatschappij. Weet wat je kunt verwachten. Je staat met je paarden tussen de rijen auto's, vol ongeduldige chauffeurs. Je staat achter monsterlijke vrachtwagens die de motor laten draaien en natuurlijk staart iedereen je aan. Het is jouw taak om de paarden op hun gemak te stellen en tegelijkertijd ontspannen te blijven en je goede humeur te behouden.

De meeste grenswachters zullen professioneel, beleefd en geïnteresseerd zijn. Ze zullen beseffen in welke stressvolle situatie je bent. Behandel iedereen met beleefdheid. Leg uit wie je bent, hoe ver je bent gekomen en waarom het belangrijk voor je is.

Zelfs als de zaken niet volgens plan verlopen, denk er dan aan om de gewoonten van het land te respecteren. Het zal je niet helpen als je vertelt hoeveel beter het in een ander land is geregeld. Denigreer je gastheren niet, en praat niet negatief over hun land. Benoem de positieve punten van het land, je privé mening vertrouw je toe aan een reisdagboek.

Dierenartsen in de war. Het is begrijpelijk dat je denkt dat je een expert kunt vragen, als je een antwoord nodig hebt. In dit geval zal dat de dierenarts zijn die je paard moet beoordelen. Helaas zul je vaak teleurgesteld worden en vertraging oplopen.

Waarom? Vanwege het feit dat deze overheidsdierenartsen normaal gesproken alleen met paarden te maken hebben die in een vrachtauto worden vervoerd op korte, directe ritten. De documenten die daarbij betrokken zijn, gelden slechts voor enkele dagen.

Reizigers te paard zijn zeldzaam. En daarom weten de dierenartsen vaak niet welke papieren nodig zijn voor paarden, die gedurende langere tijd door een land reizen, en die dus niet geïmporteerd worden. Vaak zijn dierenartsen die aan de buitengrenzen van een land werkzaam zijn niet gekwalificeerd en ook niet bereid, om toestemming te geven voor toegang van buitenlandse paarden in hun land. Het komt voor dat een gefrustreerde Long Rider wortel staat te schieten aan de grens, terwijl de dierenarts zich opsluit in zijn kantoor, biddend dat het probleem vanzelf weg zal rijden in de richting waar het vandaan kwam. Overal ter wereld hebben Long Riders tot hun ontzetting ontdekt, dat er verwarring alom heerst en dat elk kantoor een ander verhaal heeft.

Betalen. Iedereen weet dat hooi en hoefijzers geld kosten. Alleen onervaren ruiters laten zich verrassen door verborgen kosten, die een aanslag vormen voor hun beperkte budget. Sommige kosten zijn reëel. Anderen komen voort uit pure oplichting, omdat men de reiziger beschouwt als een rijk man die je kunt plunderen. Dit is niets nieuws. Sluwe locals lichten reizigers op sinds Mozes Egypte bezocht. Deze praktijken zijn niet minder geworden met de komst van het internet. Het Indiase toeristenbureau rekent haar burgers slechts 40 rupees om de Taj Mahal te zien, terwijl toeristen 750 rupees neerleggen. Geconfronteerd met deze discrepantie, verdedigen Indiase toerisme beambten het beleid, door te zeggen dat buitenlandse reizigers het kunnen betalen. Als het op paarden aankomt, is het zinvol om goed na te vragen wat de lokale prijzen voor bepaalde activiteiten zijn. Je laat je niet oplichten, maar betaalt wel voor doorvoervergunningen, dierenartscontroles, vaccinaties, gezondheidscertificaten en fotokopieën.

Tijdens zijn 16.000 kilometer-rit van Canada naar Brazilië, kreeg Filipe Leite intense tegenwerking van de overheid. Hij moest grote bedragen betalen en aan elke grens tientallen documenten regelen en tonen. Deze foto toont het papierwerk dat door de regering van Costa Rica verplicht werd gesteld. Nadat hij eindelijk toegang had gekregen tot dat land, weigerde Panama Filipe toestemming te geven om binnen te komen. Hij moest zijn paarden naar Peru laten vliegen om zijn reis voort te kunnen zetten.

Corruptie. Lastig gevallen worden door kleine criminelen is een veel voorkomende klacht onder internationale Long Riders. Afpersingspraktijken zijn niet in ieder land even gebruikelijk. In de Verenigde Staten en West-Europa is het uiterst zeldzaam dat iemand van de politie, reizigers lastig valt met afpersing.

Economisch minder welvarende landen maken gebruik van onderbetaalde politie, die hun schamele inkomen routinematig aanvullen, door extra geld uit burgers en reizigers te persen. In Kazachstan stopte de politie Long Riders, eiste een eigendomsbewijs van het paard en dreigde ter plekke een onofficiële boete te heffen. Als de politie corrupt is, is het niet verrassend dat de lokale bevolking het ook niet te nauw neemt. Geldwolven hebben zelfs geprobeerd om Long Riders geld te vragen voor aanwijzingen over de juiste route. Zo zit de wereld nu eenmaal in elkaar. Een probleem ontstaat als het zodanig uit de hand loopt dat corruptie je hele reis overschaduwt.

De Duitse Long Rider Günter Wamser heeft veel grenzen gezien en is erg handig geworden in het te slim af zijn van corrupte ambtenaren. Hij reist altijd een paar dagen voordat hij te paard arriveert, alleen naar de grens. Daar vraagt hij na welke documenten precies nodig zijn en verifieert hij de te volgen procedures. En toch, als Gunter dan te paard aankwam, zeiden veel grensambtenaren dat hij essentiële documenten miste. Natuurlijk zou dit probleem kunnen worden opgelost door steekpenningen te betalen, maar dat weigerde Gunter. In plaats daarvan laadde hij zijn paarden af en wachtte tot de functionarissen over de brug kwamen en volgens de regels speelden.

Omgaan met een overheidsbekleders kan frustrerend zijn, niet iedereen is wie hij zegt dat hij is. Verschillende Long Riders zijn lastig gevallen door nepagenten. Waar je ook bent, vraag een politieagent altijd om identificatie met een foto erop. Als hij blijft vragen naar je papieren, eis dan dat jullie samen naar het dichtstbijzijnde politiebureau gaan. Leg uit dat je je paspoort graag wilt laten zien aan zijn meerdere, nadat je een officieel ontvangstbewijs hebt ontvangen.

Mocht het bij een grens fout gaan, wees dan niet bevreesd om contact op te nemen met de lokale media. Journalisten en televisie reporters hebben altijd interesse in Long Riders die hun stad bezoeken. Als ze vermoeden dat er corruptie in het spel is, of een duidelijk staaltje machtsmisbruik, zullen journalisten grote interesse hebben om het incident te verslaan in hun media.

Illegaal binnenkomen. Zoals elke Long Rider je kan vertellen, is het leven niet altijd eerlijk. Misschien is je verteld dat je een grens mag oversteken en veranderen de ambtenaren op het laatste moment van gedachten. Misschien geven ze jou toestemming om binnen te komen, maar niet je paarden. Misschien is je verteld dat het wel zou lukken met een financiële ondersteuning. Door al deze verhalen over corruptie, lastiggevallen en bedreigd worden, is het geen wonder dat je gefrustreerd en ongeduldig bent. Je probeert het spel volgens de regels te spelen. Wanneer de andere kant de doelpalen blijft verplaatsen, wie kan het je dan kwalijk nemen dat je in de verleiding komt om buiten het zicht de grens over te glippen? Echter deze dodelijke verleiding kan zware consequenties hebben.

Nadat hij met zijn twee muilezels door China en Tibet was gelopen, was de

Britse reiziger Daniel Robinson helemaal alleen in het Himalayagebergte. De winter naderde snel en zijn voorraden waren bijna op. Dus besloot Daniel naar het zuiden te gaan richting warmer weer. Kort nadat hij zonder visum India binnenkwam, werd hij gevangen genomen en veroordeeld tot tien jaar gevangenisstraf. Gelukkig werd Daniel uiteindelijk vrijgelaten, met de hulp van het Long Riders' Guild en een internationale vriendenkring. Maar laat Daniel's ervaring een waarschuwing zijn. Als je wordt betrapt, heb je geluk als ze alleen de apparatuur in beslag nemen en je het het land uitzetten. Als je pech hebt, ga jij naar de gevangenis en worden de paarden afgemaakt.

Het maakt niet uit hoe gemakkelijk het eruit ziet en hoe verleidelijk het aanvoelt, overtreedt deze wet niet. Ga niet een land binnen als je daarvoor niet de juiste autorisatie hebt.

Hengsten. Met een hengst erbij wordt alles tien keer moeilijker. Verwacht extra kosten voor dure medische testen die moeten bevestigen dat het potentiële vaderdier geen seksueel overdraagbare aandoeningen heeft. Daarnaast is het niet ongewoon dat je reis langer dan een maand vertraging oploopt, terwijl je op de testresultaten wacht en je paard in de tussentijd in strikte quarantaine wordt gehouden. Dit betekent extra kosten voor jou in hotelkamers, eten en andere zaken, terwijl je op hete kolen zit.

ATA Carnet. Ambtenaren zijn geobsedeerd door papieren, dus helpt het om krachtige documenten bij je te hebben. Het ATA-carnet is zo'n invloedrijk item. Carnets worden vaak 'handelspaspoorten' genoemd voor zogenaamde boemerangvracht, aangezien alle op het document vermelde goederen moeten terugkeren naar hun land van herkomst; de koopwaar in dit geval zijnde de paarden. Dit internationale export- en importdocument wordt erkend in 71 landen en territoria. Er hoeven dan geen invoerrechten te worden betaald op artikelen die binnen 12 maanden opnieuw worden uitgevoerd. Door een ATA-carnet aan de grenswachten te presenteren, laat je zien dat je niet van plan bent om het paard te verkopen en met mooie praatjes probeert te voorkomen, dat je invoerrechten moet betalen.

Hippische Bondgenoten. Je kans op succes is groter als je in het buitenland contact maakt met actieve paardenmensen. Zo ervaar je warmte en gastvrijheid, maar het is meer dan dat. Sommige landen, zoals Rusland, vragen om een netwerk in de paardenwereld, voordat ze je binnenlaten. Andere Long Riders hebben officiële uitnodigingen van de nationale hippische federaties van Oekraïne, Wit-Rusland en Rusland aangevraagd en gekregen. Het contact onderhouden met deze bureaus is echter tijdrovend en geen garantie voor succes. Zelfs als je de uitnodiging ontvangt, komt het nog wel eens voor, dat de regering plots de regels met betrekking tot uitnodigingen wijzigt.

Hooggeplaatste vrienden. Goede stalkameraden hebben is één ding. In staat zijn om een officieel document te bemachtigen dat de afgestompte ziel van een bureaucraat doet huiveren, is iets heel anders. Dergelijk zeldzaam papierwerk is, zowel in het verleden als het heden, gebruikt door veel verschillende Long Riders, met opmerkelijk resultaat. Ook moderne Long Riders hebben belangrijke documenten georganiseerd om hun diplomatieke geloofwaardigheid te bevestigen.

Voordat hij zich naar het door oorlog verscheurde Soedan begaf, kreeg Billy Brenchley een brief van Yasir Arman, de militaire commandant van de Soedanese Volksbevrijdingsbeweging. Het krachtige document hielp Billy veel problemen op te lossen, waaronder het omgaan met quarantainekwesties en het onder controle houden van agressieve minderjarigen.

Dodelijke fouten. Je hebt steeds te maken met twee series grenswachten en nationale ambtenaren. Veel Long Riders vergeten dat ze, nadat ze met succes één grens zijn gepasseerd, een tweede grens over moeten. Het volgende land kan een verrassing of twee in petto hebben. Bijvoorbeeld het afdwingen van medische handelingen, die je paard kunnen verwonden.

Gestopt door ziekte. Soms maakt het niet uit hoeveel documenten je hebt, welke hooggeplaatste bobo je kent, of hoe belangrijk je missie is. Soms heb je gewoon pech. Bijvoorbeeld als je paarden drager zijn van een besmettelijke ziekte. Wanneer dieren van het ene land naar het andere worden geïmporteerd, bestaat de mogelijkheid dat ziekten en parasieten meekomen. Daarom hebben de meeste landen zeer strenge gezondheidseisen voor de invoer van paarden. Een groot aantal paarden in Zuid- en Midden-Amerika zijn dragers van de door muggen overgebrachte ziekte 'piroplasmose'. Zodra een paard is besmet, is hij levenslang drager. Het gevaar is, dat een mug in de VS een geïnfecteerd latijns paard kan bijten en de ziekte vervolgens kan overbrengen naar de onbeschermde Amerikaanse paardenpopulatie. Het was al slecht in Zuid-Amerika, tegenwoordig heeft de ziekte zich naar het noorden verspreid tot in Mexico. Mexico heeft nu een verbod ingesteld op het binnenkomen van paarden uit Midden- en Zuid-Amerika. De Verenigde Staten hebben sinds het midden van de jaren zeventig al een ongelooflijk strenge wetgeving met betrekking tot toegang van geïnfecteerde paarden.

Kortom, alle paarden die naar het noorden reizen, worden gestopt aan de grens bij de VS, waar ze strenge testen moeten ondergaan. Als ze drager zijn mogen ze het land niet in. Als op Amerikaanse bodem wordt ontdekt dat ze drager zijn, worden ze onmiddellijk geëuthanaseerd. Er zijn een aantal Long Riders geweest die vanwege deze strikte Amerikaanse regelgeving niet verder konden.

Het goede nieuws is dat dodelijke ziektes zelden voorkomen. De meeste Long Riders krijgen alleen maar te maken met irritante regeltjes en zoeken naar mensen die bekend zijn met paarden. Ze snakken naar een vriendelijke douanebeambte.

Gesloten grenzen. Sommige landen staan niet toe dat paarden hun landsgrenzen passeren. De redenen voor deze strikte weigering zijn cultureel, oorlog, hebzucht en politiek. Long Riders hebben hier behoorlijk last van gehad. Het hield Long Rider Magali Pavin bijvoorbeeld tegen om haar reis van Frankrijk naar China voort te zetten. Ze kon niet verder toen er een decreet werd uitgevaardigd door de president van Turkmenistan, dat buitenlandse paarden toegang weigerde tot dat land.

Vanuit India mag je met een paard niet naar Pakistan reizen. Niemand heeft in de laatste veertig jaar met succes de route over de Khyber-pas afgelegd. Deze pas verbindt Afghanistan met Pakistan.

Aan de andere kant. Het oversteken van een internationale grens is een van de meest stressvolle momenten van iedere trektocht. Voor de paarden is het gewoon een dag. Maar voor jou betekent het enorme emotionele druk. Verwacht daarom niet dat je op zo'n dag kunt gaan rijden. Kom je aan bij een grens, stop en kampeer. Controleer je papierwinkel. Plan een dag om over te steken, aan de andere kant stop je weer. Kampeer en ga pas de volgende dag verder.

Samenvatting. Als je niet verder kunt, overweeg dan om je paarden op te laden en ze per vrachtwagen of trailer over de grens te rijden. Voordat je een land verlaat, is het verstandig om al je kleine geld uit te geven aan voeding, zodat je aan de andere kant meteen kunt eten en niet eerst op zoek moet naar winkels.

Grenzen herkennen geen dromen. De eeuwenoude weerstand van gesettelde culturen tegen nomaden bestaat nog steeds. Rigide regels worden gehandhaafd om ruiters te ontmoedigen of terug te sturen. Veel Long Riders zullen hiermee te maken krijgen. Geduld, doorzettingsvermogen, vriendelijkheid en geluk, zijn nodig om met deze pietjes precies om te gaan. Als je ze te slim af wilt zijn, moet je alles zeer precies voorbereiden en nagaan. Want het ontbreken van één woord kan het einde van je reis betekenen.

Bevestig, verifieer en controleer elk document nauwkeurig. Verwacht vertraging. Wapen jezelf tegen oplichterij. Negeer een verzoek om steekpenningen te betalen. En last but not least, geef nooit toe aan de verleiding om illegaal een grens over te steken.

Hoofdstuk 61 - Lokale bevolking

Waar je trektocht ook naartoe gaat, als Long Rider heb je intensief contact met de lokale bevolking.

Realisme versus Romantiek. Hoe vinden we als reizigers een balans tussen het willen begrijpen van andere culturen en het behoud van onze principes? Hoe kunnen we ons aanpassen zonder onszelf geweld aan te doen? Hoe kunnen we met een open mind contact maken, zonder onze persoonlijke afkeer van sommige gewoontes van onze gastheren te laten merken? Wat gebeurt er als we emotioneel worden, omdat ons vertrouwen in de autochtone bevolking ernstig wordt beschadigd?

Het eerste dat je kunt doen, is beseffen hoeveel we als mensen gemeenschappelijk hebben. Gooi je sociale normen overboord, negeer de financiële welvaart, kijk niet naar persoonlijke hygiëne, vergeet religie, blijf weg uit de keuken en zie wat overblijft. Mensen over de hele wereld houden van elkaar op dezelfde manier zoals jij van je dierbaren houdt. Ze zijn bang voor de toekomst van hun kinderen. Ze hebben verdriet over het verlies van hun ouders. Ze hebben honger, sparen voor hun oude dag en ontzeggen zich zaken, om de volgende generatie een betere toekomst te geven. Ze verlangen naar vrede, genieten van muziek en zijn in staat om romantiek te beleven - net als jij. Tegelijkertijd zijn ze ook in staat om ongelooflijke wreedheden te begaan. Ze verlagen zichzelf tot oplichterij. Ze liegen en bedriegen en gaan vreemd. Ze tolereren agressie, adoreren macht, verspelen hun vrijheid en zijn totaal onwetend. Kortom, ze zijn precies hetzelfde als de hele mensheid. Met enerzijds veel mededogen, maar toch niet in staat uit te stijgen boven het haatdragende bloedvergieten dat onze soort al doet sinds Kaïn zijn broer Abel doodde. Het zoeken van de balans tussen de romantische en realistische kijk op andere mensen, is iets dat op elke reis terugkomt.

Isolatie aanmoedigen. Wat men zich vaak niet realiseert, is dat de industrialisatie, en daarmee de mogelijkheid tot reizen over de weg of in de lucht, mensen meer, in plaats van minder geïsoleerd heeft. In metalen dozen spoed men zich over het asfalt of door de wolken. Men negeert massaal de kleine nederzettingen, die ooit dienden als rustplaats voor reizigers te paard of met de koets, waar zij halt hielden om op adem te komen, te eten en nieuwtjes te delen. Degenen die zich in dit door snelheid geobsedeerde keurslijf bewegen, zullen nooit het trage dagelijkse leven kunnen bestuderen, van mensen die in uithoeken van de wereld nog steeds zo leven.

Het is moeilijk om deel uit te maken van de lokale bevolking, als je zo uit een vliegtuig stapt en verblijft in een hotelkamer met airconditioning. Verwende toeristen zullen nooit vrijwillig het vuil, de vermoeidheid, stress en ongemakken ondergaan, die deel uitmaken van de dagelijkse routine van een Long Rider. De bevoorrechte, maar steriele positie van de toerist, staat ver af van de primitieve levenswijze vol bizarre ontmoetingen en vreugdevolle momenten in het leven van een Long Rider.

De sleutel tot het dorp. Er is nog een groot verschil tussen een toerist en een Long Rider. De eerste is meestal gezegend met veel geld. De laatste is arm, maar wordt vergezeld door een krachtige bondgenoot. Het paard is de sleutel tot het dorp, ongeacht waar dat dorp is. Alle mensen reageren instinctief met sympathie, respect, nieuwsgierigheid, vriendelijkheid en vertrouwen op een Long Rider, vanwege het edele dier aan zijn zijde. Het grootste deel van de wereldbevolking ziet het paard nog steeds als symbool van het nobele karakter van een ruiter.

Daarom is het zo belangrijk om geen misbruik te maken van het vertrouwen dat je door vreemden wordt geschonken.

Een dorp naderen. Het maakt niet uit of je in Albanië of Alabama bent, het is altijd beter om contact te leggen met de plaatselijke bevolking, in plaats van je te verschuilen. Mensen zijn van nature nieuwsgierig. Ze zullen je onverwachte verschijning willen onderzoeken. Kies je ervoor om te kamperen zonder contact te maken, dan kan je verlangen naar privacy geïnterpreteerd worden, als iemand die niet deugt en iets te verbergen heeft. Op enkele uitzonderingen na zijn lokale mensen vriendelijk. Als ze netjes worden benaderd, veranderen vreemden snel in gastvrije bondgenoten die onderdak bieden, voedsel delen en waarschuwen voor gevaren die op de loer liggen.

Het is wijs om een dorp of huis langzaam te benaderen. Dit geeft mensen de mogelijkheid om je van veraf te observeren. Haast je niet. Houd halt in het zicht en geef hen de kans om naar je toe te komen en een gesprek te beginnen. Maak je geen zorgen, de kans is groot dat je niet zo lang alleen zal zijn.

Opgewonden mensen. De Amerikaanse Long Rider Thomas Stevens merkte het volgende op toen hij in 1898 door Rusland reed. Zijn verschijning deed de Tsaren versteld staan: "Het leven van deze mensen is zo sober, dat het uiterlijk van een vreemdeling te paard, anders gekleed dan zij zelf, een evenement is van ongekende grootte."

Tegenwoordig is de verschijning van een reiziger te paard nog zeldzamer. Toen Billy Brenchley en Christine Henchie in 2011 Oeganda binnen reden, creëerden hun paarden een ware sociale storm. Het duurde niet lang voordat ze ontdekten dat het overgrote deel van de bevolking, zo'n 32 miljoen mensen, nog nooit een paard hadden gezien. Om onbekende redenen werd de paardenpopulatie in het land in de jaren zestig, tijdens het terreur van Idi Amin, volledig vernietigd. Dus toen deze Long Riders op het platteland aankwamen, stroomden de scholen leeg. Honderden kinderen kwamen naar buiten rennen om vragen te stellen: "Is dat een kangoeroe? Heeft het dier hoorns? Waarom heeft het geen gespleten hoeven? Welke is de vrouw? Eet het mensen? Kunnen we het eten? Is het waar dat paarden eerst Arabisch spraken, maar nu Engels?"

Dit gevoel van verwarring was niet beperkt tot kinderen, in veel landen begrijpen volwassenen niet wat iemand uit een rijk land bezielt, om 'als een arm man' met een dier te reizen, wanneer gemotoriseerd transport met airconditioning beschikbaar is. Zoals Long Riders uit het heden en verleden hebben ontdekt, ontketent hun aankomst niet alleen een gevoel van verbondenheid onder mede-ruiters, het is voor veel mensen ook een welkome afleiding.

Op zoek naar onderdak. Je paard kan je tot aan de deur brengen, maar het is aan jou om diplomatiek te onderhandelen over jullie beider behoeften. Vanuit het zadel kan een ruiter dreigend en arrogant overkomen. Om mensen op hun gemak te stellen stap je af en maak je een gebaar van vriendschap.

Wanneer je in een dorp aankomt, vraag je of het mogelijk is de leider, burgemeester, opperhoofd, alcalde, sidi, pasha of effendi te ontmoeten. Stop je bij een privéwoning, vraag dan toestemming aan de eigenaar.

Zelfvertrouwen tonen is van cruciaal belang in dit vroege stadium van de onderhandeling. Als je gewapend bent, laat je wapens dan niet zien en maak geen plotselinge bewegingen, die de mensen tegenover je kunnen alarmeren. Angst lokt vijandigheid uit, geen gastvrijheid. Probeer om rust en vertrouwen uit te stralen en gebruik je gezonde verstand.

Ook als het je lukt om met een hooggeplaatst persoon te spreken, bespaart het kostbare tijd als je het A4-papier met uitleg kunt laten zien, vertaald in de lokale taal. Zodra je gastheer de tijd heeft gehad om het te lezen, vraag je wat je nodig hebt. Niet eisen, vragen! Vertel eenvoudig en direct wat je nodig hebt. Als niemand jouw taal begrijpt, gebruik je plaatjes achter in dit boek ter verduidelijking. Het is belangrijk dat je er vriendelijk, beleefd, geduldig en eerlijk uitziet. Vergeet niet om regelmatig te lachen, dat helpt echt. Wees niet verbaasd dat je, meteen als het ijs is gebroken, het lijdend voorwerp van intense nieuwsgierigheid wordt. Men wil aan je zitten en je spullen bekijken. Blijf geduldig en netjes. Vertel met bescheidenheid over je reis, want niemand houdt van opscheppers.

Een goede gast. Als je bent uitgenodigd om te blijven, doe je er goed aan om vriendschap te sluiten met iedereen, ongeacht hun sociale klasse, economische status of opleiding. Of het nu rustieke boeren zijn of met juwelen behangen zakenmensen, iedereen heeft een interessant, humoristisch of tragisch verhaal om te delen. Wees genereus met je tijd. Geef blijk van interesse in lokale zaken. Vraag om advies. Verdiep je in de geschiedenis. Geniet van nieuwe dingen.

Oprechte bereidheid om te leren opent deuren naar harten die voor de onverschillige reiziger gesloten blijven. En aarzel niet om op jouw beurt foto's van thuis te laten zien. Je huis, je familie, je land. Vermaak mensen met mooie verhalen. Zing liedjes, geef advies, deel complimenten uit, bied aan om mee te helpen. Wat je aanpak ook is, probeer het leven te verrijken van degenen die hun huis met jou, een vreemde, delen.

Aanbieden om te betalen voor voedsel en onderdak is een gevoelig onderwerp. De meeste gastheren zullen je voorstel afwijzen. Toch betekent gastvrij zijn voor veel gezinnen een financiële aderlating, die ze in stilte ondergaan om een reiziger te ontvangen. Wees dus niet verlegen om te suggereren dat je een redelijke financiële bijdrage kunt leveren, voor het voedsel en onderdak dat je hebt gekregen.

Wederzijds respect. Het is niet allemaal rozengeur en maneschijn. Hoewel je paard deuren opent, bestaat er ook een grote kans dat je reis met cynisme wordt bekeken door mensen die elke dag worstelen om in leven te blijven. In veel landen heeft men een diepgeworteld gevoel van onrechtvaardigheid jegens mensen uit het rijke westen. Evenzo, kunnen de burgers van armere landen persoonlijke weerstand voelen door het feit dat jij scholing kan volgen en een vrijheid geniet, puur vanwege je afkomst, die niet voor hen is weggelegd. Deze diepgewortelde afgunst kan zich op verschillende manieren manifesteren, variërend van onbeschoft gedrag, tot openlijke vijandigheid.

Het verlenen en ontvangen van respect is één van de elementen van een reis, die je dagelijks plezier en kans om te slagen, enorm beïnvloeden. De donkere dagen van het kolonialisme liggen achter ons. Reizigers verschijnen niet langer met een enorme entourage en trachten niet langer hun overtuigingen op te leggen aan de lokale bevolking. Dit geldt in het bijzonder voor de eenzame Long Rider, voor wie het vermogen om zich aan te passen en respect uit te stralen, zijn veiligheid vergroot in een sceptische omgeving.

Begroet mensen beleefd. Voel je niet snel beledigd, want gewoontes die wij als grof of onfatsoenlijk beschouwen zijn elders normaal. In Soedan bijvoorbeeld, is het een geaccepteerde gewoonte om met je vingers te knippen om aandacht te vragen. In verscheidene landen is het onbeleefde om met je voeten richting een ander te gaan zitten. Oefen beleefdheid en polijst je manieren.

Het andere geslacht. Verschillende naties hebben radicaal andere opvattingen over verscheidene onderwerpen. Een voorbeeld zijn de principes die het intieme deel van iemands leven aangaan. Het is een vergissing om te denken dat de mensen in minder welvarende gebieden een ongebreideld seksleven hebben. Waar ook ter wereld, families, stammen en naties, worden bij elkaar gehouden door codes van moreel gedrag. Soms zijn deze sociale normen goed bekend. Het dragen van shorts wordt bijvoorbeeld in veel landen als zeer provocerend beschouwd. Andere keren is het lastig om een ongeschreven regel van moreel gedrag te herkennen. Een voorbeeld hiervan, is dat binnen het boeddhistische geloof het vulgair is voor een vrouw om haar handen op haar heupen te leggen.

Maar relaties tussen leden van het andere geslacht zijn behoorlijk strikt, bij alle volkeren. Elke schending van de seksuele traditie kan resulteren in ernstige, zelfs gewelddadige repercussies. Daarom is het verstandig om goed uit te zoeken welk gedrag niet wordt getolereerd, vanwege traditionele gewoontes of religieuze praktijken, want hoewel een schending van de etiquette misschien niet echt strafbaar is, wil je niet het slachtoffer worden van een misverstand.

Privacy. Het aura van 'een vreemde verschijning' is één van de redenen dat Long Riders zeer vaak, zelfs niet de minste privacy hebben voor basale behoeften. Mensen zijn gefascineerd. Ze verdringen zich rond het paard, staren vol ongeloof naar beide, willen de vreemde ruiter horen praten. Cultureel conflict komt vaak voort uit een dubbele standaard. Als reiziger is het van het grootste belang, dat je de privacy van je gastheren te allen tijde respecteert. Ga niet naar een huis, tenzij je bent uitgenodigd. Pas op dat je het andere geslacht niet in verlegenheid brengt tijdens hun bad of toilet. Andersom hoef je hier niet op rekenen. Sommige culturen beschouwen privacy niet als een voorrecht. Ze hebben juist medelijden met de persoon die alleen is.

Een andere zorg is dat jouw persoonlijke lichaamsverzorging zeer interessant kan zijn voor anderen om te bestuderen. In veel culturen realiseert men zich niet dat je andere behoeften hebt. Ze beseffen niet dat je privacy wilt tijdens toiletgang. Milde nieuwsgierigheid van een handjevol dorpelingen is één ding. Worden overspoeld door een menigte is een andere.

De Duitse Long Rider Esther Stein werd bijna verstikt door een menigte toen ze in 2003 door Tanzania reed. Bijna 2000 mensen volgden haar voor kilometers aan één stuk. Ondanks haar verzoek om privacy, volgden ze haar in het bos toen ze een grote boodschap ging doen. Wat je in gedachten moet houden, is dat jouw aanwezigheid een heftige reactie uitlokt van eenvoudige mensen. Als je dit probleem niet kunt ontwijken, moet je jezelf schrap zetten en leren het te verdragen.

Religie en taboes. Er wordt gefluisterd dat ruiters en theologen beide intolerant zijn. Geloof mijn geloof en rijd het paard op mijn manier, zeggen ze. Hoewel jij misschien prima in staat bent om een gezamenlijke oplossing te vinden voor issues waarbij de paarden betrokken zijn, laat je nooit verleiden tot een discussie met de lokale bevolking over religieuze overtuigingen. Je wereldbeeld verschilt misschien sterk met dat van je gastheer, die je trakteert op gepassioneerde verhalen over het geloof in heksen, sjamanen, reuzen, feeën, pratende bergen, betoverde putten, wondermiddelen, dodelijke vloeken en andere manifestaties van bijgeloof. Vaak is het niet genoeg om alleen maar respect te tonen voor lokale religieuze overtuigingen. Het is ook van cruciaal belang om geen heilige plaatsen te betreden of culturele taboes te doorbreken. Een veelgemaakte fout is om mensen te fotograferen of tekenen, zonder hun toestemming. Veel traditionele culturen hebben ernstig bezwaar tegen het vastleggen van hun beeltenis. Zij beschouwen dit als een deel van henzelf dat van hen wordt afgenomen. Het kan een dure fout zijn in islamitische landen om vrouwen te fotograferen. Vraag altijd om toestemming, anders kunnen je acties worden gezien als een bedreiging of inbreuk op de privacy.

De kracht van complimenten. Leer geduldig te luisteren, zonder de minste tegenspraak, naar de religieuze en politieke opvattingen van je gastheer, hoe verschillend ze ook zijn van die van jezelf. Op onze wereld, vol diversiteit, is het gemakkelijk om verkeerde dingen te ontdekken aan de plaatselijke gewoontes en de mensen te vertellen dat jouw manier duizend keer beter is. Maar het werkt veel beter als kiest voor een positieve instelling. Prijs hun voedsel, bewonder hun kleding, complimenteer ze met hun paarden en neem hun gebrek aan manieren met een korreltje zout. Meer complimenten dan ze verdienen is niet misdadig, onoprecht of verwerpelijk. Het is een kleine prijs om te betalen voor de gastvrijheid en genegenheid die je wordt geschonken.

Taal. Het onthouden van slechts honderd woorden, zal het mogelijk maken om te praten over een aantal belangrijke onderwerpen. Stel alles in het werk om te leren hoe je jezelf op een eenvoudige en directe manier kunt uiten. Schaam je niet om fouten te maken in grammatica of uitspraak. De enige manier om een taal onder de knie te krijgen, is goed luisteren en vrijmoedig spreken. Trouwens, de lokale bevolking waardeert je inspanningen en staat te popelen om je te helpen. Ongeacht waar je rijdt, taal is altijd een belangrijk onderdeel van je reis. Standaard toeristische cursussen gaan een Long Rider niet helpen. Hiermee kun je hallo, tot ziens en bedankt zeggen en misschien zelfs een brood kopen. Je leert echter niet overleggen met de hoefsmid, of hooi en onderdak regelen. Evenmin kun je paardenkennis verwachten bij autochtone mensen, die geen paarden gewend zijn. Als je moeite hebt om bijvoorbeeld hooi voor je paard te organiseren, kun je gebruik maken van de plaatjes achter in dit boek.

Eten en drinken. Long Riders weten dat een lange trektocht de beste manier is om gewicht kwijt te raken. De combinatie van paarden verzorgen, zware zadels en pakkisten optillen, lange afstanden rijden en vele kilometers per dag lopen, produceert slanke, sterke, pezige mensen die stelselmatig verlies van tientallen kilo's melden. Hard werken geeft een zeurend hongergevoel, terwijl er vaak weinig te eten is. Soms is er gewoon niet voldoende voedsel op het platteland. Toch is er ook een cultureel aspect aan dit afvalprogramma voor ruiters.

Long Riders kunnen het zich niet veroorloven om kieskeurig te zijn over wat ze eten. Soms krijgen ze dingen opgediend, die zo weerzinwekkend zijn, dat hongerig blijven te prefereren is boven eten. Wanneer dit zich voordoet, moet je een sterke maag hebben, want je wilt toch niet je gastheren beledigen? Er zijn verhalen van Long Riders die duiveneieren in kalk hebben weggewerkt, evenals lotusbloemzaden, hertenpees met zeeslakken, geitenstoofpot met koolraab, kamelenhoofd en gezouten varkensvet. Om daarna de smaak weg te spoelen met koffie met peper.

Als je strikt vegetarisch eet is het nog moeilijker. Vanwege de eiwitrijke diëten die bij veel culturen gangbaar zijn, hebben Long Riders geprobeerd vlees te vermijden door op brood, yoghurt, noedels en thee te leven. Dit is niet altijd voorhanden.

En dan is er nog het culinaire conflict waar je moeite mee zou kunnen hebben, namelijk het eten van paardenvlees. In Noord-Amerika is het eten van paardenvlees een sociaal taboe, bijna even verwerpelijk als kannibalisme. Aan de andere kant van de Atlantische Oceaan wordt de consumptie van paardenvlees beïnvloed door politiek en religie. Terwijl Engelsen het niet zullen aanraken, genieten Italianen van paardenworst en zijn de Belgen dol op paardenbiefstuk. Toch vormt paardenvlees in geen enkel Europees land een groot percentage van het voedingspatroon. Het Yakut-paardenvolk in Siberië daarentegen, rijdt op hun paarden en eet ze op. Verder naar het zuiden in Kazachstan, is paardenvlees net zo belangrijk voor het nationale dieet als de Thanksgiving-kalkoen voor Amerikanen of rosbief voor een Engelsman. Wat er ook op tafel komt, het zal een grote portie zijn.

Op veel plaatsen in de wereld gebruikt men geen vorken of eetstokjes. Op sommige plaatsen eet men het liefst met de rechterhand uit een gemeenschappelijke kom. Elders wordt voedsel geserveerd direct op grote bladeren.

En dan is er nog het dilemma van alcoholconsumptie. Landen zoals Saoedi-Arabië hanteren draconische wetten om het drinken van alcoholische dranken te onderdrukken. Mongolen daarentegen, zijn er erg trots op dat ze grote hoeveelheden 'kumis' consumeren, de alcoholische drank gemaakt van gefermenteerde merriemelk. Zelfs als de wet je toestaat om te drinken, heb je als Long Rider een ander dilemma. Het drinken van alcohol samen met de lokale bevolking kan jou en je paarden in gevaar brengen. Als je gastheren je onder druk zetten om te drinken, doe dit dan heel voorzichtig, houd goed in de gaten hoeveel je hebt gehad en geef niet toe aan groepsdruk.

Geschenken eisen. Dat andere culturen ander voedsel serveren is te verwachten. Maar het kan ook zijn dat je te maken krijgt met fundamenteel andere sociale structuren. Long Riders over alle tijden hebben beschreven hoe verrast ze waren, toen Mongolen schaamteloos vroegen om waardevolle voorwerpen als 'geschenken' te ontvangen. Volgens dit gebruik kan een Mongool plotseling naar je toe komen en om van alles en nog wat vragen, inclusief je paard, uitrusting en kleding. Ze kennen geen enkele schaamte bij het uitspreken van dit verzoek. Integendeel, de inheemse bevolking is vaak zo dwingend en agressief dat de ruiter het gewenste item onverwijld overhandigt. De reacties van Long Rider varieerden van verbijstering tot verontwaardiging.

Wat je moet weten, is dat Mongoolse herders in een samenleving functioneren die dergelijk gedrag goedkeurt. Het is een normaal gebruik en voor jou wordt geen uitzondering gemaakt. Mongolen geloven dat als iemand een voorwerp vrijwillig weggeeft, hij gelegenheid zal hebben om iets terug te vragen. Deze geest van vrijgevigheid biedt een belangrijk sociaal vangnet op de vaak vijandige en desolate steppen. Het respecteren van elk type lokale traditie is prima, tot op zekere hoogte. Echter het weggeven van onvervangbare uitrusting of een geliefd paard, is geen optie voor een Long Rider. De moeilijkheid ligt in het wel erkennen van dit lokale gebruik, zonder er door te worden belemmerd. Long Riders hebben twee eenvoudige trucs om deze hebzuchtige eisen te compenseren. Ten eerste overbieden ze de oorspronkelijke aanvraag. Als een Mongool je zadel vraagt, eis je in ruil daarvoor zijn yurt. Een andere tactiek is om uit te leggen dat het gevraagde object een familiegeschenk is. Het is daarom geen optie om er afstand van te doen. Het beschermen van je noodzakelijke bezittingen hoeft je er niet van te weerhouden om ook bezittingen te delen. Je kunt bijvoorbeeld snoep of kleine geschenken meenemen die je kunt presenteren aan je gastheer en zijn kinderen. Vrijgevigheid laat zien dat je niet gemeen of gierig bent. Het bevestigt ook jouw bewering dat je paard en je uitrusting voor jou een kwestie van leven en dood zijn.

Profiteren van gastvrijheid. Gedraag je bescheiden bij je gastheer. Of ze nu rijk of arm zijn, blijf nooit langer dan dat je uitgenodigd bent. Gebruik hun telefoon, voedsel of persoonlijke voorwerpen niet zonder toestemming. Behandel ze met het grootste respect. Spreek je oprechte waardering uit. Bied aan om te betalen. Als je zelf eten bij je hebt, deel het. Geef geschenken, hoe eenvoudig ook. Ruim mest van je paard op. Laat je gastheren je bezoekersboek ondertekenen. Beloof ze te informeren als je bent aangekomen op je bestemming.

Samenvatting. Een van de meest intense elementen van het rijden van lange trektochten, is het vaak diepe gevoel van eenzame ontdekking. Er is geen troost van reisgenoten die je in een groepsreis ontmoet. Er is niemand om je hand vast te houden. Het gaat om jou, je paard en alles wat je onderweg tegenkomt. Long Riders zijn geen zendelingen die worden uitgezonden om hun buren te bekeren. Hun doel is, om volledig onder te duiken in de emotionele context van een land, een volk, een cultuur en te leren hoe andere mensen hun leven leiden.

Hoofdstuk 62 - Rijden met een gids

Interactie hebben met de lokale bevolking is één ding, ze in dienst nemen is iets heel anders. Er is niets ergers dan een onbetrouwbare gids en het is nauwelijks mogelijk om vooraf te achterhalen of ze werkelijk betrouwbaar zijn! Maar je kunt wel voorzorgsmaatregelen nemen. Een expeditie waarbij je moet werken met een gids en een tolk compliceert de reis aanzienlijk, omdat dit een onzekere factor aan de onderneming toevoegt. Aangezien de acties van deze mensen invloed hebben op het welzijn van de paarden, zijn enkele opmerkingen hierover zinvol. In de dagen voordat een alwetende satelliet geografische geheimen naar je GPS kon sturen, ging het succes van een expeditie vaak gepaard met het vinden van getalenteerde gidsen. Als je geen lokale mensen inhuurde voor je reis, werd dit vaak geïnterpreteerd als 'de ruiter is te arm om respect te verdienen'. Zoals overal op de wereld zijn er helden en schurken te vinden onder degenen die je inhuurt.

Wie huur je in. Verwacht niet dat je even een afgelegen deel van de wereld binnenrijdt en direct een eerlijk, hardwerkend, zuinig, nuchter, bescheiden, schoon, meertalig persoon tegen het lijf loopt. Om te beginnen moet je precies weten wat je van iemand verwacht.

Als je belangrijke route informatie mist, heb je een gids nodig die je op het juiste pad houdt en je door verschillende uitdagingen loodst. Daarvoor is iemand nodig met kennis van paarden, zodat hij de routes zal volgen die voor paarden geschikt zijn. Hij kan je bijvoorbeeld ook waarschuwen voor giftige planten in die regio. Maar vertrouw niet op zijn expertise als hij eenmaal buiten zijn eigen bekende gebied is.

Om een weg door de bergen te vinden heb je bepaalde vaardigheden nodig, om meerdere talen te spreken heb je hersens nodig. Minstens één lid van je expeditie zal de lokale taal moeten begrijpen, anders wordt het onmogelijk om water te vinden en aanwijzingen of waarschuwingen te begrijpen. Dit is de traditionele taak van de tolk. Veel Long Riders hebben begrepen dat zonder deze specifieke taalvaardigheid het succes van hun expeditie op het spel staat.

Autoriteit delegeren. Als de omstandigheden vereisen dat meer dan één persoon wordt aangenomen, benoem dan een sirdar of hoofdman, die verantwoordelijk is voor de acties van de anderen. Deze persoon met autoriteit voert jouw bevelen op, houdt toezicht op de veiligheid van de paarden en fungeert als contactpersoon tussen jou en de groep.

Duidelijke regels. Problemen ontstaan wanneer mensen met verschillende achtergronden voor lange tijd samen moeten zijn. Beschaving leert ons onze irritatie naar anderen te verbergen. Het langzame tempo van een trektocht te paard en de uitdagingen die daarbij komen kijken brengen de beste én de slechtste kwaliteiten in mensen naar boven.

Woorden kunnen niet uitdrukken wat een hel een reis kan worden als je medereizigers afschuwelijke zeurpieten blijken te zijn. Expedities slagen alleen wanneer iedereen zijn of haar taak kent zich maximaal inzet. Iedereen die door jou wordt ingehuurd, moet weten dat naast hun specifieke vaardigheden, van hen wordt verwacht dat zij discipline hebben en er al het mogelijke aan doen om de expeditie te doen slagen. Dit nalaten zal leiden tot ontslag en verlies van loon. Hoewel kleine overtredingen door de vingers kunnen worden gezien, is er voor gebrek aan loyaliteit geen excuus.

Het contract. Ik heb eens deelgenomen aan een gesprek over de beschikbaarheid van hooi, waarbij vragen en antwoorden werden doorgegeven via een verbale ketting van Engels, Pashto, Urdu en Kalash. Deze simpele vraag was een enorme taalkundige uitdaging. Denk je eens in hoe het zou zijn als je in een vreemde taal aan een boze politieman probeert uit te leggen wat de afspraken tussen jou en de gids waren, of als je een rechter moet uitleggen wat de taken van de gids precies waren. Culturele verschillen kunnen van invloed zijn op de uitkomst van een conflict met lokale bevolking, daarom is het logisch is om een contract op te stellen om misverstanden te voorkomen. Ga er niet mee akkoord te vertrekken zonder ondertekende overeenkomst waarin alle details met betrekking tot beloning, taken en boetes worden beschreven. Als de gids of tolk zijn naam niet op het contract kan schrijven, laat hem dan zijn duimafdruk aanbrengen als teken van bevestiging. Hieronder een voorbeeld van een standaardovereenkomst.

"Ik, ondergetekende, ga mee op een expeditie om het gebied _____ te verkennen. Ik ben ingehuurd door Mr/Mrs. _____, Ik beloof zijn/haar aanwijzingen op te volgen met betrekking tot mezelf, de paarden en de uitrusting met als doel om de bovengenoemde expeditie tot een succes te maken. Vanaf de datum bovenaan deze brief, tot aan onze terugkeer naar _____ . Als de expeditie niet slaagt volg ik de consequenties die daaruit kunnen voortvloeien op. Ik verplicht mij ertoe mijn uiterste best te doen om de harmonie van de groep en het succes van de expeditie te ondersteunen. Als bewijs hiervan onderteken ik met mijn naam. Deze overeenkomst is ook gelezen en ondertekend door de leider van de expeditie.

Voeg aan de bovenstaande alinea ook toe hoeveel, hoe en wanneer de ingehuurde persoon wordt betaald.

Betaling. Succesvolle allianties zijn gebaseerd op wederzijds belang. Jij hebt hulp nodig en de lokale bewoners bieden diensten aan waarvoor ze worden betaald. Wees niet zo naïef om te denken dat iemand geen slimme zakenman is, alleen omdat hij niet kan lezen of schrijven. Veel Long Riders hebben op de harde manier kennis gemaakt met het scherpe oog voor zaken van een lokaal persoon. De roofzuchtige gretigheid om reizigers op te lichten beperkt zich niet tot bepaalde gebieden op aarde. Hebzucht woont in elk land. Het maakt niet uit of het Abessinië of Arizona is, gewetenloze inwoners zien de komst van een Long Rider als een zeldzame gelegenheid om zichzelf te verrijken. Heb je te maken met gidsen, tolken of andere lokale hulp, ga er dan van uit dat alles uit de kast wordt getrokken om je financieel uit te kleden. Verwacht een prijs die tweemaal zo hoog is als gebruikelijk, zowel voor goederen als voor diensten. Zoek uit wat het lokale tarief is en bied vervolgens de helft van dit bedrag aan. Wanneer de gids meer eist, geef je geleidelijk aan een beetje toe, totdat je een klein percentage boven de lokale norm bereikt. Als je niet bereid bent het normale tarief te betalen zal dit blijvende ontevredenheid veroorzaken en motiveren tot diefstal tijdens de reis.

Betaal nooit het volledige bedrag vooraf. Het is bekend dat ingehuurde mensen die hun geld al hadden ontvangen, kort na vertrek wegliepen van de expeditie en daarbij meteen de waardevolle spullen mee namen. Doe een kleine aanbetaling bij vertrek en betaal de rest aan het einde van de reis. Bepaal in het contract hoe het geld wordt verdeeld. Veel landen hebben een traditie van baksheesh. Dit is niet hetzelfde als de westerse fooi. Baksheesh is een Perzisch woord dat een gewoonte beschrijft waarbij iemand dwingend zeurt om extra geld voor zogenaamde diensten die niet zijn verleend. Word geen slachtoffer van de ingehuurde hulp en geef geen baksheesh! Een extra cadeautje aan het einde van de reis is een veel betere actie.

Omgaan met de paarden. Veel mensen zijn in de buurt van paarden geweest, maar slechts weinigen weten hoe ze voor hen moeten zorgen. Om misverstanden te voorkomen moet je er zeker van zijn dat iedereen die voor je werkt de aanwijzingen met betrekking tot de paarden goed begrijpt. Laat in geen geval mensen zelf beslissingen nemen over voeren, de gezondheid of het welzijn van de paarden. Geef nooit toestemming om de paarden te beslaan zonder jouw medeweten. Zorg ervoor dat iedereen weet dat als er iets misgaat, jij onmiddellijk geïnformeerd moet worden. Houd goed in de gaten hoe ze de pakpaarden opladen. Laat de gids of een lokale ruiter nooit het tempo bepalen. Gidsen willen graag naar huis. Lokale ruiters rijden snel, zich niet realiserend dat aan het eind van hun korte rit in het zadel jouw paard nog een lange reis voor zich heeft.

Aanwijzingen verkrijgen. Als je gids verdwaalt is het niet altijd gemakkelijk om nauwkeurige aanwijzingen van de lokale bevolking los te peuteren. Het kan zijn dat ze jouw motivatie maar moeilijk kunnen begrijpen. Bij het verkennen van de oerwouden van Brazilië in 1799, werd aan Alexander von Humboldt gevraagd: "Hoe is het mogelijk om te geloven dat jij je land hebt verlaten om te worden verslonden door muggen in een land dat niet van jou is?"

Soms hebben ze geen benul van afstanden. Toen de Zweedse Long Rider Sven Hedin in 1900 door de gevreesde Lop Nor-woestijn reisde, vroeg hij hoe ver een smalle weg in de verte ging. De lokale man antwoordde: "Naar het einde van de wereld en het duurt drie maanden om daar te komen."

Men weet misschien niet hoe ze de afstand moeten beoordelen volgens jouw maattabel. Alternatieve maten zijn de Thaise kabiet, de Russische verst of de Chinese li. De Engelse furlong verwijst naar de lengte van de groef in een acre van een omgeploegd open veld. De Perzische parasang was de afstand die een karavaan in een uur kon afleggen. De Braziliaanse league was de afstand die een paard in een uur kon lopen. De Romeinse mijl was de afstand van duizend passen, terwijl de kilometer was gebaseerd op de meter, die werd gedefinieerd als één veertig miljoenste van de poolomtrek van de aarde. De Japanse ri was gebaseerd op de lengte van een baleinwalvisbeen en de Finse peninkulma was de afstand waarop men een blaffende hond kon horen op een windstille dag.

Misschien kennen ze alleen hun directe omgeving. In 1995 probeerde de Zwitserse Long Rider Basha O'Reilly een routebeschrijving te krijgen naar een nabijgelegen Russisch dorp. Een lokale vrouw zei: "Ik weet het niet, ik heb er nog nooit van gehoord." Het gehucht bleek acht kilometer verderop te liggen.

Beslissingen nemen. Zoals de voorbeelden illustreren kun je aanwijzingen van de lokale bevolking vaak met een korreltje zout nemen. De meerderheid van de mensen is niet goed in topografie of heeft geen idee wat het betekent om zo langzaam te reizen. Om de kans op verdwalen te beperken, probeer je de meest accurate en actuele informatie over je route te verkrijgen. Gewapend met deze kennis als back-up, kun je erop vertrouwen dat je gids je naar de volgende bestemming brengt. Maar vraag hem niet om beslissingen te nemen over delen van de route waar hij niet bekend is. Hij kan zweren dat hij weet hoe hij die plek moet bereiken, terwijl hij in werkelijkheid zijn gebrek aan kennis verbergt uit vrees voor jouw reactie, mocht hij worden ontdekt.

De acties van een gids worden beïnvloed door lokale gewoontes. Dit kan onvermogen zijn om snel te beslissen. Het tempo ligt in veel delen van de wereld een stuk langzamer. De tijd wordt niet gemeten in uren, maar in bijvoorbeeld in activiteiten. Toen een Long Rider vroeg hoe lang het duurde om een dorp te bereiken, kreeg hij te horen: "Zolang het duurt om drie sigaretten te roken." Toen een andere reiziger probeerde uit te zoeken hoeveel tijd een specifieke activiteit nodig had, was het antwoord: "Zolang het duurt voordat een blad verwelkt."

De besluitvorming zal ook afhangen van het temperament van de gids, de naleving van plaatselijke feestdagen, het vermijden van taboes en zorgen dat het vertrek plaatsvindt op een gunstige dag.

Nadelen. Net zoals er regels zijn die invloed hebben op jouw acties als gast, zo hebben degenen die jij inhuurt ook verplichtingen en speciale behoeften. Telkens wanneer je een extra persoon bij je trektocht betrekt, is dit een extra moeilijkheid voor je emotionele gevoelsleven. Zo kan een gids het ene probleem goed oplossen, maar een ander probleem creëren. Het kan verstandig zijn om de meningen van ingehuurde mensen te raadplegen, jij bent als expeditieleider verantwoordelijk voor financiële, wettelijke en ethische kwesties die verband houden met de reis. Het is dus jouw recht om over elke beslissing het laatste woord hebben.

Gebrek aan respect. Het inhuren van een gids kan onverwachte complicaties met zich meebrengen. Het kan voorkomen dat hij eerder naar huis terug moet keren vanwege gezondheidsproblemen of dringende familiezaken. Rekening houden met het persoonlijke leven van een ander is prima. Maar wees alert als de gids, of iemand anders die je hebt ingehuurd, dwars of eigenwijs doet of zelfs minachting vertoont. Dit probleem is herhaaldelijk ontstaan in Mongolië en Rusland, toen lokale mannen werden ingehuurd om expedities onder leiding van vrouwelijke Long Riders te ondersteunen. In deze gevallen waren de lokale mannen arrogant, namen de kennis van de Long Rider niet serieus, waren ze niet bereid tot compromissen en kwamen ze uiteindelijk openlijk in opstand. Je moet leren om een balans te zoeken tussen waardering tonen voor je gids zonder arrogant te zijn en mensen te kleineren. Als je te zachtzinnig bent, worden ze onbeschoft. Ben je te hard, dan zullen ze vertrekken. De juiste manier ligt tussen deze twee uitersten in.

Behandel iedereen die je inhuurt vriendelijk en correct. Wees niet oneerbiedig en bespot ze niet. Dwing ze niet tegen hun wil om meer te doen dan het werk waarvoor ze worden betaald, maar zorg ervoor dat ze dat goed doen. Als je een belofte doet, houd je daaraan. Wees gezellig en maak een praatje als je dat wilt, maar sta niet toe dat ze de hele tijd met jou komen kletsen. Geef je vertrouwen en vraag om hun mening. Maar vind het niet goed dat men zich vrijheden toe eigent of van mening is dat hij onmisbaar is. Dwing respect af. Aarzel niet om iemand te ontslaan die incompetent, laf, nors of onbeleefd is.

Omgaan met vijandigheid. Als je lekker thuis zit te lezen zeg je misschien tegen jezelf: "Ik zou nooit zo gek zijn om zo'n schoft aan te nemen." Dan begrijp je niet dat de foute gids niet iemand is met een boevenkop en een tekst op zijn voorhoofd. Het is waarschijnlijker dat je iemand treft met een charmante glimlach die hij gebruikt om je emotioneel te ontwapenen.

Laat je niet overrompelen door gladde praatjes, anders zul je jezelf in eenzaamheid afvragen wat je moet doen, hoe je verder moet en wat de gevolgen zijn als je de gids ontslaat. Sta nooit toe dat de gids denkt dat hij onmisbaar is. Hij heeft veel minder belang bij het succes van de expeditie dan jij, dus reken er niet op dat hij zichzelf voor jou in gevaar brengt. Vertrouw je geheimen niet aan hem toe, want ze zullen later tegen je worden gebruikt. Stel een streng alcoholbeleid op en tolereer onder geen enkele voorwaarde dronken gedrag. Mocht zich een crisis voordoen, wees sceptisch als je wordt gevraagd om iemand te geloven die een eed aflegt. Voor een man die de waarheid niet spreekt, heeft dit geen enkele betekenis! Om zijn eerlijkheid in te schatten, kijk je recht in zijn ogen en houd je zijn blik vast. Er is veel af te leiden uit de reactie van de ander. De schuldigen roepen harder.

Vertrouwen op een juridisch systeem op afstand biedt je in het kamp geen onmiddellijke bescherming. Het bedreigen van een gids kan hem ertoe aanzetten jou aan te vallen. Laat spanning afvloeien door een openhartige houding aan te nemen, maak een grapje, maar blijf vastberaden. Laat je zenuwen nooit de baas worden. Toon meer vertrouwen dan je van binnen voelt. Zorg dat je nooit in een fysiek gevecht terecht komt! Je scheld nooit iemand uit, noch vervloek je zijn familie, stam, geloof of land. Lichamelijk letsel kan genezen, maar een emotionele belediging wordt zelden vergeven.

Natuurlijk zijn je eigen problemen je eerste zorg, maar vergeet niet dat je acties afstralen op andere Long Riders. Tracht altijd en overal om problemen op een vreedzame manier op te lossen en geen onherstelbare wonden achter te laten.

Hoofdstuk 63 - Aanvallen

Net zoals je niet in diep water springt als je niet kunt zwemmen, ga je niet op reis in de veronderstelling dat iedereen het goed met je voor heeft. Je kunt het je niet veroorloven om dit gevaar te negeren. Het meest gevaarlijke roofdier dat overal ter wereld voorkomt: de mens.

Het hoort erbij. Reizen met paarden is altijd een ingewikkelde onderneming geweest. Er wordt vaak gezegd dat de wereld steeds kleiner wordt, maar de Long Riders onder ons kunnen je vertellen dat de wereld een enorm eenzame plek kan zijn, die nog steeds vol is met draken, bijgeloof en gruwelijke mensen. Als Long Rider leer je dat je niet op zoek hoeft te gaan naar problemen, ze vinden jou.

Conflicterende filosofie. Om de risico's te begrijpen is het noodzakelijk om de diversiteit van onze soort te erkennen. Een trektocht te paard is niet per definitie populair bij de lokale bevolking. Hoogstwaarschijnlijk zijn deze mensen niet grootgebracht met dezelfde waarden en normen die jij zo belangrijk vindt. Hun land kan een negatieve kijk hebben op de nomadische activiteit.

Ogen open houden. Wat gebeurt er als de reiskriebels de kop opsteken? Al vaak heeft nomadenbloed een verlangen gewekt om achter de horizon te kijken. In blijde verwachting gaan we op pad, met een rotsvast geloof in het goede van de mens. We vergeten daarbij dat we vroeg of laat een onzichtbare grens zullen passeren. Aan de ene kant is alles precies zoals je had verwacht, inclusief de wetgeving over wat wel en niet mag. Aan de andere kant kom je onverwachte en moeilijke situaties tegen, waarvan je niet wist dat het kon. Deze variëren van het milde ongemak van het gebral van een dronken gek, tot aan vluchten voor je leven, omdat je achterna wordt gezeten door een menigte fanatici die je willen stenigen. Mensen die hun leven hebben doorgebracht in een bubbel van vriendelijkheid, eerlijkheid en eer, hebben geen voelsprieten voor de oneerlijkheid die het leven van anderen kan domineren. De realiteit is dat een Long Rider zich niet kan veroorloven om naïef te zijn. Denk nooit dat je een uitzondering bent. Hoe puur je hart ook is, ook jij kunt een doelwit van agressie worden!

Hoe zorg je ervoor dat je niet cynisch en achterdochtig wordt? Je kunt beginnen met het nadenken over verschillende soorten gevaar.

Territoriale mannen. Net zoals een Long Rider het weer in de gaten houdt, zo mag hij ook de menselijke factor niet uit het oog verliezen. Agressie, domheid en geweld zijn overal. In principe zijn er drie basistypen van antagonisme: vijandige individuen, agressieve gemeenschappen en oorlogvoerende landen. Het zijn eigenlijk nooit vrouwen die Long riders aanvallen, wat overigens niet wil zeggen dat er nooit een vrouw heeft getracht een Long Rider om te brengen, het zijn meestal mannen die in actie komen. Bijvoorbeeld als hij vindt dat je zijn territorium hebt geschonden, je zijn privéruimte bent binnengekomen of wanneer je een bedreiging vormt door gebruik te maken van kostbare hulpbronnen. De kans op agressie neemt recht evenredig toe met de hoeveelheid geconsumeerde alcohol. Long Riders kregen te maken met agressie van jonge mannen in Kazachstan, Tuva en Rusland. Werkloosheid en goedkope wodka doen nieuwsgierigheid omslaan in openlijke agressie. Als je per ongeluk de pech hebt om op de verkeerde plaats te zijn, blijf dan alert, houd je koest en besef dat je als vrij loslopend wild gezien kan worden.

Antagonistische gemeenschappen. Soms zijn het niet alleen een paar pestkoppen in een kroeg die problemen veroorzaken. Long Riders komen onderweg ook hele gemeenschappen tegen met een groot wantrouwen richting vreemden. Hoe meer geïsoleerd van de buitenwereld, hoe groter de achterdocht. In 1977 werd het paard van Engelse rijder Christina Dodwell in Kenia gestolen door leden van de Turkana stam, ze sneden zijn voorbenen eraf. In 2002 moest de Amerikaanse Long Rider Mike Winter zich een nacht in het bos verstoppen voor agressieve inwoners van de Appalachen, Kentucky. Sommige samenlevingen wantrouwen alles en zijn bang voor nieuwe ideeën en haten veranderingen.

Gevaarlijke landen. Aan het begin van de 21ste eeuw beschouwt iedereen Tibet als het prachtige bergachtige land van de spirituele boeddhistische monniken. Gezien de vreedzame wijsheden van Zijne Heiligheid, de Dalai Lama, is het begrijpelijk dat de Tibetanen tegenwoordig worden geassocieerd met de boeddhistische filosofie. Wat weinigen zich vandaag de dag herinneren is dat Tibet de twijfelachtige eer heeft het land te zijn waar Long Riders in het verleden herhaaldelijk werden vermoord en wreed gemarteld. Enkele van de meest indrukwekkende paardenexpedities kwamen tot een tragische einde in wat ooit bekend stond als 'The hermit Kingdom.'

Een ander zeer gevaarlijk gebied is het Andesgebergte, waar Long Riders zijn aangevallen door indianen die hen aanzagen voor de Saca Maneteca, een demon met witte huid die rijdt op een paard. In de jaren 1920 werd Aimé Tschiffely gedwongen om zijn wapens te gebruiken om zichzelf te verdedigen tegen een dergelijke aanval. In de jaren tachtig werd de Russische Long Rider Vladimir Fissenko bijna doodgeslagen door Indianen, die hem aanzagen voor dit bijgelovige monster. En in 1995 werd de Poolse Long Rider Tadeusz Kotwicki ook woest aangevallen door Andes-indianen.

Stenen gooiende kinderen. Gelukkig voor Long Riders komt het niet vaak voor dat ze voor een demon worden aangezien. Lastig gevallen worden door een zwerm kinderen met stenen is minder zeldzaam. Het resultaat kan variëren van ergernis tot ernstig lichamelijk letsel.

Meestal kan een Long Rider op een vreedzame manier contact maken met een gemeenschap. Vertrouwen opbouwen met volwassenen volgt dan snel. Dit proces kan in de kiem worden gesmoord als jij en je paard worden blootgesteld aan een willekeurige aanval van kinderen die je weg willen jagen. Het overgrote deel van de kinderen die je onderweg tegenkomt wil je graag ontmoeten. Slechts enkelen beginnen met het gooien van stenen of flessen. De houding van de volwassenen is van grote invloed. In bepaalde landen sluiten volwassenen de ogen voor het wangedrag van kinderen. Door deze apathische houding leren de kinderen snel dat ze alle vrijheid hebben om zo brutaal te zijn als ze willen.

Stenen gooien gebeurt meestal in landelijke of onontwikkelde gebieden waar munitie gemakkelijk voorhanden is. Of aan de rand van een stad waar minder volwassenen aanwezig zijn. Als je kinderen ziet die zich verzamelen en de spanning loopt op, probeer dan de spanning te laten afvloeien door oogcontact te maken, naar ze te lachen en zwaaien. Als je ze kunt begroeten in hun eigen taal steel je helemaal de show. Maar soms negeren ze je vriendschappelijke gebaar en gaan door met stenen rapen. Maak in dat geval gebruik van de indrukwekkende verschijning van je paard. Ga naar hen toe en vraag wat ze doen. Net als de meeste pesters denken mensen te voet wel twee keer na als je zelfverzekerd te paard zit. Met een beetje geluk krijgen ze spijt en gedragen zich vriendelijker.

Zijn ze niet aanspreekbaar op hun gedrag, zoek dan de hulp van een volwassene. Ga een gesprek aan met de eerste volwassene die je ziet. Vraag of ze het gedrag van hun kinderen goedkeuren. Herinner hen aan de religieuze en culturele normen waarin reizigers met eer en respect behandeld zouden moeten worden. Blijf beleefd, maar als je je ernstig bedreigd voelt, zeg dan tegen de volwassene dat je een formele klacht gaat indienen bij de dichtstbijzijnde overheidsinstantie, als hij niet zijn best doet om jou en je paard te beschermen.

De beste verdediging is echter voorkomen. Probeer om rekening te houden met lokale politieke issues. Pas op voor religieuze invloeden. Check de bodem op losse stenen. Houd de kinderen goed in de gaten. Straal zelfvertrouwen uit.

Seksuele intimidatie. Vrouwelijke Long Riders mijden Tibet niet, en ze worden nog steeds achtervolgd, opgejaagd en lastig gevallen door mannen. De Franse Long Rider Magali Pavin is zo'n voorbeeld. Voordat Magali in 2002 vertrok om van Frankrijk naar China te rijden, bewapende ze zich met een kleine elektrische stun gun. Helaas was het apparaat onderweg beschadigd. Een Roemeense man vond een eenzame buitenlandse vrouw, die een kamp had opgezet vlak bij zijn dorp. Die nacht drong de verkrachter de tent van Magali binnen en viel haar aan. In de daaropvolgende strijd verdedigde Magali zichzelf met een mes. De woedende Roemeen brak daarop haar neus met een ijzeren staaf en sloeg haar bijna bewusteloos. Ondanks haar verwondingen wist Magali te ontsnappen. Ze sprong op haar paard en galoppeerde het dorp in waar ze bescherming vond.

Vrouwen die alleen rijden in het buitenland rapporteren dat seksuele intimidatie in de buurt van steden met westerse invloeden toeneemt. Telkens wanneer er alcohol verkrijgbaar is, neemt het risico om te worden lastiggevallen dramatisch toe.

Hoewel verkrachting al eeuwenlang voorkomt, is er tegenwoordig een nieuw gevaar, namelijk cyberstalking. Vrouwelijke Long Riders doen er goed aan doen om hun exacte locatie niet te communiceren om zichzelf te beschermen. Deze mannen volgen het reizigersblog of het Facebook-account om de bewegingen van de vrouw te volgen en een aanval te plannen. Dit overkwam een vrouw die net vier weken onderweg was. Na het lezen van haar blog, waarin ze beschreef hoe ze met een kleine boot 2500 kilometer op Lake Michigan roeide, kon de verkrachter de locatie van het slachtoffer vaststellen. Hij wachtte tot ze zich op een kwetsbare plek bevond, brak in de hut van haar boot, vroeg haar naam en verkrachtte haar daarna.

Als je aandacht zoekt, heb je geen invloed op van wie je aandacht krijgt! Houd je exacte locatie daarom altijd voor jezelf.

Hoewel het goed is om alert te blijven, moet je tijdens een solo tocht een groot zelfvertrouwen uitstralen. Afhankelijk van het land dat je kiest, is het ook handig om ter verdediging enkele wapens bij de hand te hebben. Verschillende vrouwelijke solo Long Riders hadden messen en pepperspray bij zich.

Overvallers. De definitie van een overval, is de daad, om jezelf met geweld iets toe te eigenen. Maar net als overal, zijn er gradaties aan de heftigheid waarmee dit gebeurt. Chinese overvallers laten je meestal je ondergoed behouden, zodat je het dichtstbijzijnde dorp met enig fatsoen kunt bereiken. Maar in Tibet schieten ze je eerst dood en beroven dan je lijk.

Iets waar je vooraf over na moet denken, is hoe je zal reageren bij een overval. Veel overvallen zijn niet gepland maar ontstaan spontaan als een groep mannen de kans zien om zichzelf snel en gemakkelijk te verrijken. Vaak is er alcohol in het spel.

Sta je plotseling oog in oog met overvallers, probeer dan je angst onder controle te houden. Beweeg langzaam, glimlach, blijf beleefd. Als het mogelijk is kun je doen alsof je verkeerd begrijpt wat er gebeurt door vriendelijk te je hand uit te steken ter begroeting. Soms kan de impuls om je te beroven verdampen en worden vervangen door schaamte. Reageer niet agressief, want dit kan diefstal doen doorslaan naar moord. Als het echt erg wordt, focus je dan op overleven. Geen enkel bezit is waardevoller dan je leven

Ontvoering. Een overval is meestal een korte, heftige gebeurtenis. Een ontvoering kan maanden of jaren duren. Mexico, India en Irak leiden momenteel de lijst met wereldwijde hotspots. Phoenix, Arizona is de ontvoering hoofdstad van Amerika. Een overval is vaak een opwelling, ontvoering is een zorgvuldig geconstrueerde misdaad.

Conflicten vermijden. Dus welke voorzorgsmaatregelen kun je nemen tegen stenen gooiende kinderen, overvallers die op ons ondergoed uit zijn en ontvoerders die de laatste cent uit onze bezorgde moeders willen knijpen? Om de kans dat je geplukt wordt als een kip zo klein mogelijk te maken, houd je je aan een aantal basis veiligheidsnormen die voor ieder land gelden.

De keuze voor je veiligheid heeft altijd prioriteit boven het trouw zijn aan je route. Je rijdt tenslotte niet op een goed verlichte weg met veilig ruiterpad ernaast en om de kilometer een SOS telefoonpaal. Je rijdt alleen in een grote en vaak gevaarlijke wereld. Als je wordt gewaarschuwd voor gevaar, ga dan flexibel om met je plannen.

Zelfs als je niet wordt achtervolgd door de Taliban, vermijd de bekende gevaarlijke plaatsen. Misdaad viert hoogtij in steden. Aanvallen en overvallen worden vaak in bepaalde buurten gepleegd. Maak een omweg om buurten met een slechte naam te omzeilen. Leg niet je ziel en zaligheid op tafel in het bijzijn van dubieuze onbekenden. Als een onguur persoon vraagt waar je verblijft, zeg hem dan dat de dichtstbijzijnde stad je directe doel is en dat je bij aankomst de gast bent van iemand van de politie die je verwacht. Laat je financiële hebben en houwen nooit achter in een zadel- of pakkist, want als je paard er vandoor gaat of wordt gestolen heb je een groot probleem. Bescherm je kostbare waardevolle spullen door ze onzichtbaar onder je kleding te dragen in een buiktasje, of een tasje dat onder je oksel zit.

Daarnaast hebben Long Riders door de eeuwen heen geleerd dat het loont om er berooid uit te zien. Loop niet te koop met je rijkdom. Het meenemen van dure apparatuur belast niet alleen je paard, maar trekt ook criminelen aan. Als je al een camera, mobiele telefoon, laptop of horloge bij je hebt, houd ze dan uit het zicht om de kans op diefstal te verlagen.

Leer jezelf beheersen. In ieder land vind je onbeschofte mensen. Maar ook vind je in ieder land lieve en behulpzame mensen. Contact maken met dit soort mensen, hoe kortstondig ook, kan je helpen om problemen te voorkomen.

Ben je helemaal alleen als je wordt uitgescholden, denk dan eerst voordat je reageert. Probeer altijd je emoties onder controle te houden, of het nu alleen maar irritant is of levensbedreigend. Hoe moeilijk ook, reageer niet agressief op scheldkanonnades. Negeer het. Reageer niet op racistische opmerkingen. Vraag niet of ze je met rust willen laten. Probeer niet uit te leggen dat je wel oké bent, hoe je geld inzamelt voor een goed doel, dat je van God, je moeder en appeltaart houdt. Afstand betekent veiligheid. Houd je stil en rij verder.

Houd je paard onder controle. Beledigingen negeren is relatief eenvoudig. Moeilijker wordt het als men dichtbij genoeg komt om de teugels van je paard grijpen. Als een situatie onveilig wordt, blijf dan altijd in het zadel zitten! Hoog op je paard ben je niet alleen veiliger, je kunt ook meteen ontsnappen. Op je paard heb je een psychologische voorsprong op mensen op de grond. Maar dat voordeel verdwijnt als iemand de teugels van je paard in handen krijgt. Dan verlies je de controle. Let daar dus goed op in een bedreigende situatie. Komt iemand naderbij, waarschuw dan dat je paard kan bijten of slaan.

Gevaar op paarden. Als je op je route andere ruiters tegenkomt, groet je iedereen vriendelijk. Het is een soort erecode dat iemand aanwijzingen over de richting geeft wanneer hem dat wordt gevraagd. Wees op je hoede voor mensen die niet bereid zijn deze fatsoensnorm na te leven. Blijf altijd op veilige afstand van een onbekende ruiter.

Als er reden is om iemand met achterdocht te bekijken, houd de onbekende dan tijdens het praatje voor je en vertel nooit je verdere reisplannen. Let goed op als een onbekende ruiter met je mee probeert te rijden of bij je in de buurt gaat kamperen. Mocht iemand, ongeacht zijn armoedige of juist goed uitgeruste uiterlijk, zichzelf aan je opdringen, kun je een tijdje vlotter gaan rijden. Sta niet toe dat iemand zich ongevraagd te joviaal gedraagt en dicht naast je gaat rijden.

Houd afstand en zoek indien mogelijk een andere ruiter waar je bij aansluit totdat je een veilige plaats bereikt.

Glimlach als wapen. Aan het onderwerp vuurwapens wordt verderop aandacht besteed. Een heel krachtig wapen is je vermogen om sociaal te zijn. Met een glimlach kun je de kou uit de lucht halen bij een gespannen situatie. Lachen kan woede laten verdwijnen. Gevoel voor humor plaatst het gevaar in het juiste perspectief. Gedraag je bescheiden, benaderbaar en sympathiek.

Alcohol en agressie. Vriendelijk zijn is altijd goed. Alcohol drinken samen met vreemden is dat niet. Alcoholmisbruik is een ernstig probleem in grote delen van de wereld. Mensen kunnen vriendelijk zijn totdat ze gaan drinken, waarna ze veranderen in agressievelingen die beledigingen naar je hoofd slingeren.

Ook hier is de beste verdediging om te zorgen dat je niet in deze situatie verzeild raakt. Zet het niet op een zuipen met iemand die je net hebt ontmoet. Je kunt het je niet veroorloven om je zintuigen te vertroebelen en je reactievermogen te vertragen. Rijd of kampeer niet samen met mensen die drinken. Alcohol veroorzaakt spontane domme acties. Sta ook niet toe dat de mensen die je hebt ingehuurd gaan drinken. Alcohol moedigt misbruik en luiheid aan.

Vluchten voor je leven. Zelfs als we reizen volgens het motto 'loop langzaam en reis ver', kun je in een ongewenste situatie terecht komen. In sommige landen is je leven afhankelijk van je vermogen om gevaar tijdig te zien aankomen en jezelf te beschermen. De omstandigheden kunnen verschillen maar er zijn een aantal basisregels voor het afschudden van achtervolgers.

Neem een oute waar geen auto's kunnen rijden. Als je niet ontdekt wil worden, haal dan de bel van je paard af. Heb je overdag problemen gehad en voel je de behoefte om je kamp die avond te verbergen, stop dan niet dichtbij water. Laat je paarden rustig drinken en rijd dan nog een stukje door om eventuele achtervolgers te verwarren.

Volg je een duidelijk gemarkeerde route, zoek een stuk waar de bodem zo hard is dat er geen hoefafdrukken te volgen zijn, voordat je stopt. Rijd door tot na zonsondergang, zodat mensen je in het donker niet gemakkelijk kunnen volgen. Blijf uit het zicht en kampeer niet op een plek waar autolampen op kunnen schijnen.

Maak zo weinig mogelijk geluid in het kamp, denk na bij haringen inslaan en praat niet te luid.

Op het moment dat een aanval daadwerkelijk komt is het te laat om plannen te maken. Bespreek daarom vooraf wat je gaat doen en waar je elkaar weer zal ontmoeten als je gedwongen wordt te vluchten.

Ben je bang voor dieven, neem dan de tijd om je waardevolle spullen te beschermen. Graaf een ondiep gat; plaats het grootste deel van je geld erin, gooi het dicht en bouw een klein vuurtje er bovenop. De volgende ochtend kun je het voor vertrek weer opgraven.

Mocht de situatie zo bedreigend zijn dat je vreest voor je leven, blijf dan de hele nacht alert. Als je samen met iemand reist kun je om beurten de wacht houden. Op wacht staan doe je iets van het kamp af, in de richting van waaruit aanvallers zouden kunnen aankomen. Wissel elkaar elk uur af om te voorkomen dat je in slaap valt. Vanwege het superieure reukvermogen van het paard, zijn acute gehoor en zijn scherpe gevoel van gevaar, kun je vertrouwen op je paardenvrienden om gevaar te detecteren voordat jij dat kunt. Let op de oren en de neusgaten, die wijd opengaan als ze iets ongewoons ruiken en rusteloos gedrag.

Laat je niet verrassen, laat de zadels op de paarden en houd ze dicht bij elkaar, klaar om te vluchten.

Wanneer een kans zich voordoet om uit te rusten, is het voor iemand die ieder moment moet kunnen opspringen om voor zijn leven te rijden, het meest veilig met de teugels in zijn hand. Het paard zal, als hij iets hoort, zijn hoofd omhoog gooien en de arm van de ruiter omhoog trekken. Er is weinig gevaar dat een paard, terwijl jij slaapt op je gaat staan.

Je eigen leven staat altijd op de eerste plaats, laat al je spullen achter als dat je overlevingskans vergroot.

Spionnen te paard. Overvallers en verkrachters hebben iets gemeen. Het zijn burgers wiens illegale acties schade toebrengen aan een Long Rider. Mocht je de pech hebben om met echte criminelen te maken te krijgen, dan kun je rekenen op de hulp van de politie. Bij beschuldiging van spionage is het anders. Je bent dan plotseling geen slachtoffer maar crimineel. De politie helpt je niet, ze jaagt je op. De wetten die normaal je burgerrechten beschermen, worden niet gevolgd door een land dat jou als een bedreiging voor de nationale veiligheid beschouwt. Een snelle arrestatie, onmiddellijke beperking van je vrijheid, het stopzetten van je reis en zelfs totale ontkenning van je bestaan en langdurige opsluiting zijn dan geoorloofd.

De Deense Long Rider Henning Haslund werd in 1923 in Rusland gearresteerd en ervan beschuldigd een kapitalistische spion te zijn. Tijdens haar reis door Canada in 1939 werd Mary Bosanquet ervan beschuldigd een nazi-spion te zijn die Canada kwam verkennen voorafgaand aan een Duitse invasie. De Engelse Long Rider Donald Brown kwam in 1954 vanuit de poolcirkel naar het zuiden, toen de Finse politie hem arresteerde op verdenking communistische spionage. Gordon Naysmith raakte gewond toen 1971 Tanzaniaanse soldaten hem als een Israëlische spion zagen.

Men heeft eigenlijk geen idee hoe te bepalen wie een spion is, maar wil er wel een vangen. Waar je ook wordt opgepakt op verdenking van spionage, verwacht een grove behandeling als je protesteert of je verzet. De beste manier om ermee om te gaan is contact zoeken met de ambassade, echter het verzoek om de telefoon te gebruiken wordt vaak geweigerd.

Samenvatting. Niet iedereen reageert hetzelfde op een ruiter te paard. Waar een moderne Long Rider zich bewust van moet zijn is dat niemand verplicht is om hem met respect te behandelen, vriendelijk te zijn, tolerantie te betrachten of vergeving te schenken.

Hoofdstuk 64 - Arrestaties

Als Europeaan zul je misschien inwendig glimlachen bij het idee dat je soms de wet moet overtreden voor het goede doel, maar die onbezorgde glimlach verdwijnt snel als je daadwerkelijk wordt opgepakt, omdat je de wet overtreedt. Long Riders zijn om diverse redenen, waaronder politieke en criminele activiteiten, gearresteerd.

Autoritaire regeringen. Toen de Sovjets uiteindelijk geloofden dat Henning Haslund slechts een zwervende Long Rider was, op zoek naar een warme maaltijd, lieten ze hem vrij. Nadat de Finnen zeker wisten dat er geen foto's van de luchthaven op Donald Browns camera stonden, lieten ze hem vrij. Toen de Tanzanianen bevestigd kregen dat Gordon Naysmith niet de Israëlische, maar de Schotse nationaliteit had, lieten ze hem vrij.

Deze gebeurtenissen komen voort uit ons collectieve culturele verleden, toen de term 'spion' door iedereen werd begrepen. In die tijd was het een man in een trenchcoat die met een microfilm verborgen in de hak van zijn schoen over Checkpoint Charlie in Berlijn sloop. Maar de tijden zijn veranderd, daarmee ook het politieke klimaat en de verschijning van een buitenlandse agent. Je camera leegmaken is niet langer voldoende bewijs om je je onschuld te bewijzen. Tegenwoordig word je nog eerder als terrorist gezien. Autoritaire regeringen willen hun grondgebied strikt controleren. Ze vinden het moeilijk om te geloven dat paardrijden een goedaardige activiteit is. Als je geen toerist bent die in een touringcar langs bezienswaardigheden reist, wordt er vaak van uitgegaan dat je betrokken bent bij sabotage, spionage of verspreiding van politiek afwijkende meningen.

Politieke gevangenen. De Nieuw-Zeelandse Long Rider Ian Robinson werd in 2004 niet alleen gearresteerd, hij werd door woedende functionarissen van het Chinese bezettingsleger opgejaagd, gevangen gezet en vervolgens gedeporteerd "Ik probeerde de onschuldige toerist te spelen en ging in discussie. Maar mijn paarden werden geconfisqueerd en ik werd met de jeep tweehonderd kilometer verder naar Naqu gebracht. Daar kreeg ik een boete en het bevel Tibet te verlaten." vertelt Ian. "Die nacht ben ik ontsnapt. Ik smokkelde mezelf in een auto de stad uit tot aan een klein klooster, waar ik twee paarden kon kopen. Ik stond op het punt te vertrekken toen de politie me weer vond. Deze keer vluchtte ik te paard en werd uren achtervolgd door de politie in hun jeep. Gelukkig had het net gesneeuwd. Ik nam de paarden mee de steile hellingen op waar de jeeps niet konden komen en verdween in de heuvels."

Ian reed nog drie weken, waarbij hij zelfs de kleinste nederzettingen vermeed in een poging om de politie te ontwijken. Na drie maanden in het zadel had hij meer dan 2.000 kilometer door het grootste deel van Tibet gereden toen hij werd ontdekt aan de oever van Laky Gyaring Tso. Hij werd gearresteerd, ook deze paarden werden in beslag genomen, samen met zijn paspoort. Hij kreeg een boete en werd uitgezet door de Chinese bewindvoerders van het land.

Onder arrest. Mocht je om wat voor reden dan ook worden gearresteerd, vertrouw dan op je gezonde verstand, niet op je emoties. Haal niet de woede van de politie op je hals door hen uit te schelden of in je boosheid hun land belachelijk te maken. Hierdoor raak je alleen maar verder in de problemen. Reageer beleefd op vragen door je naam, je nationaliteit en de reden van je reis in te vullen. Wees zelfverzekerd en ontspannen als je wordt ondervraagd. Geef nooit toe dat je de wet hebt overtreden, ook niet als het onopzettelijk was. Als je lid bent van het Long Riders' Guild, vertel dat en geef namen door van gezaghebbende mensen die je reis ondersteunen. Vertel de arresterende officieren dat er een fout is gemaakt, dat je geen wrok tegen hen zal hebben, omdat ze slechts hun plicht doen, dat het belangrijk is dat je je reis kunt voortzetten en dat je daarom vrijgelaten moet worden. Vertel hen dat jij je supporters over de hele wereld direct zal uitleggen dat het hele voorval op een vergissing berust. Leg uit dat, tenzij je direct wordt vrijgelaten, de politieke leiders en pers van verschillende landen op de hoogte worden gesteld van je onterechte arrestatie.

Martelen. Reizen is als een betoverende minnares die nooit vrijwillig de wraakzuchtige kant van haar karakter laat zien. Maar ze heeft twee gezichten. De meerderheid van de Long Riders ontmoet alleen haar vriendelijke gezichten. Maar ik zou nalatig zijn in mijn plicht als ik niet toegaf dat een handvol van jullie Long Riders tijdens het lange leven van dit boek helaas het aangezicht van het kwaad zullen ontmoeten. Het is niet nodig om te verbergen dat sommige landen ruw en afstotelijk zijn. Evenmin helpt het om het democratische beleid van het land dat iemand vrijwillig verlaat te vergelijken met het wrede beleid van het land waar hij vrijwillig naartoe ging en is opgepakt. Dit zijn landen waar wreedheid in de wieg al wordt gekoesterd.

In het ergste geval zullen dreigende mannen proberen om je te breken met meer dan harde blikken en ruwe woorden. Ze zullen duivelse daden op je geest en lichaam toepassen. Als dit gebeurt, is nervositeit een luxe die een Long Rider zich niet kan veroorloven. Hoe hard het ook klinkt, het is noodzakelijk om helder te blijven in het aangezicht van wat komen gaat. Het probleem is dat mensen, net als elastiek, een breekpunt hebben. Alleen Hollywood beweert dat mensen niet breken onder foltering. Als het maar lang genoeg duurt, kunnen mannen die toegewijd zijn aan het kwaad, je alles laten zeggen en ondertekenen. Wanneer professionals je martelen, komt er een moment dat het enige waarover je nog controle hebt, je eigen gedachten zijn. Je zult meer ervaren dan alleen pijn. Na verloop van tijd verdwijnt je zelfvertrouwen. Ongeacht wat ze doen, je moet naar binnen reiken en de moed vinden om te blijven leven! Mijn eigen actie waarbij ik op het nippertje ontsnapte aan gevangen gezet en gemartcd worden in Pakistan bewijst dat elke minuut die je overleeft, de kans op uitstel of afstel vergroot.

Gevangen genomen worden. Problemen kunnen vele vormen aannemen. Gevangen zijn is een ernstige. Het is een heftig moment als je uit je zadel wordt gesleurd en achter de tralies wordt geplaatst. Een celdeur horen dichtslaan doet het bloed in je aderen stollen. Je zal ook niet de eerste zijn die dit overkomt. Zo ver als de geschiedenis terug kan worden getraceerd, hebben mannen en vrouwen gereden, zijn gevangen gezet en wanhopig geweest. Marco Polo en Cervantes droegen beide littekens van hun gevangenhouding. De Schotse Long Rider Don Roberto Cunninghame Graham werd in 1897 gevangen genomen in Marokko.

Mocht je in een gevangenis of werkkamp terecht komen, probeer snel een ingewijde bondgenoot te maken. Vaak hangt je toekomst aan een zijden draadje en wordt je lot een bepaalde kant op gestuurd door zo'n toevallige ontmoeting.

Dankzij wijze oude gevangenen kon ik overleven in een afschuwelijke Pakistaanse gevangenis, totdat ik onschuldig werd bevonden en werd vrijgelaten. Mocht de droomreis door het paradijs veranderen in een woestijn van verdriet, blijf dan geduldig en verwacht niet dat diplomaten en advocaten zich haasten om je te redden!

Diplomaten. Er was eens een Engelse Long Rider die wist dat enkel het vermelden van de naam van Minister President Palmerston genoeg was om burgers in verre landen de stuipen op het lijf te jagen. Tegenwoordig is dat anders.

Een aflevering van het Britse televisieprogramma '*Yes, Prime Minister*' illustreert het nieuwe beleid om af te wachten.

"Wat gebeurt er in een noodgeval?"

"Dan volgen we de strategie van het Vier Stappenplan."

"Wat is dat?"

"Het is het standaardantwoord van Buitenlandse Zaken in tijden van crisis. In fase één zeggen we dat er niets aan de hand is. In fase twee we zeggen dat er mogelijk iets is, maar dat we geen actie ondernemen. In fase drie zeggen we dat het wellicht tijd is voor actie, maar dat we weinig kunnen doen. In fase vier zeggen we dat we iets hadden moeten doen, maar dat het nu te laat is."

Deze zwarte komedie bevestigt dat de tijd dat de ministers voldoende ruggengraat hadden om je te verdedigen voorbij is. Verspil je tijd niet aan trachten om de ambassadeur van je land tot spoed te manen. Diplomatieke ondersteuning is als honing op je elleboog: je ruikt het, je kunt het voelen, maar je kunt het niet proeven. Je kunt er gewoon niet op rekenen. Als je contact opneemt met de ambassade, is je eerste prioriteit om een privacyverklaring te ondertekenen. Dit geeft de ambassade toestemming om alle relevante details over je arrestatie en gevangenneming door te geven aan je familie en de pers. De ambassade kan een lijst met advocaten verstrekken. Nogmaals, reken er niet op om snel gered te worden.

Advocaten. Bij een reis door een gevaarlijk land moet je constant op je hoede zijn. Je kunt immers op niemand rekenen als je onverhoopt hulp nodig zou hebben. We hebben het al vaker gezegd, de beste verdediging is gezond verstand en je bewust zijn van je omgeving. Kom niet in de verleiding advocaten of juristen te vertrouwen. De meeste kun je missen als kiespijn. Erger nog, er zijn in deze beroepsgroep vele professionals actief die koelbloedig profiteren van de ellende van reizigers. Er zijn talloze gevallen bekend waarin criminele bendes samenwerken met de politie om nietsvermoedende reizigers in de val te lokken. De familie van het slachtoffer neemt dan graag een sympathiek klinkende advocaat in vertrouwen die heeft beloofd zijn lokale invloed te gebruiken om een 'redding' te bewerkstelligen. Als de buitenlander tot zijn laatste cent is geperst, mag hij vertrekken. De advocaat verdeelt vervolgens de buit tussen de hemzelf, criminelen en de politie. Zo'n vergoeding kan oplopen tot een jaarloon in sommige landen met een economische achterstand. Als de zaak voor de rechtbank komt, houden de advocaten zich voornamelijk bezig met een rollenspel. Mensen met deze eigenschappen plaatsen de winst voor hun eergevoel. En daarbij staat hun vrijheid niet op het spel. Als ze de rechtszaak verliezen, worden ze nog steeds betaald en gaan ze rijker naar huis voor de ervaring. Ondanks alle beloftes over het dienen van gerechtigheid, is dit een beroep waarbij corruptie en verraad erg vaak voorkomt. Je doet er goed aan slechts jezelf te vertrouwen en je hand op de knip te houden als je te maken krijgt met leden van de advocatuur.

Het onmogelijke overleven. Dit zijn de gebeurtenissen die pijnlijke herinneringen in je geheugen branden. Het kan lijken dat de expeditie tot een einde is gekomen. Het kan zijn dat je blik dan totaal vertroebeld raakt van vernedering, angst en verdriet. Maar een nederlaag van deze aard kan ons bewust doen worden van de werkelijke waarde van het leven en onze vrijheid. Er zijn slechts een handvol nog levende Long Riders die een tijd in de gevangenis hebben doorgebracht. Zij weten wat het betekent om te genieten van het euforische gevoel dat vrijheid geeft.

Stel dat je iets erg overkomt, dan zul je, gegeven de omstandigheden, een moment kennen van totale wanhoop. Doorleef dat moment, daarna laat je alle gevoelens van zelfmedelijden van je af glijden en treed je je tegenstanders tegemoet met een bikkelharde houding en een vurig hart. En hoewel je je misschien bevindt in een of andere donkere gevangeniscel, zal je gewapende ziel je bescherming bieden tegen de kwellingen van het leven. Houd vast aan de wetenschap dat geen enkele situatie, hoe uitzichtloos ook, niet binnen een uur kan veranderen. Andere Long Riders hebben ontdekt dat hoop gloort, zelfs in de donkerste delen van ons leven.

Tips. Negeer je intuïtie niet. Raadpleeg het bij twijfel. Hoewel het belangrijk is om realistisch te zijn over de gevaren die je op je reis kunt tegenkomen, is het evenzeer waar dat de meeste potentiële gevaren zich nooit voordoen. Je zal aangenaam verrast zijn om te horen dat de moedertaal van veel vreemdelingen 'paard' is.

Hoofdstuk 65 - Vuurwapens

Tijden zijn veranderd. Toen Genghis Khan andere landen bezocht, dacht hij aan niets anders dan zijn wapens, die hij gebruikte om zijn keizerlijke wil op te leggen aan de ruige bergbewoners die zich verzetten tegen zijn onverwachte komst. Maar in deze tijd van paranoïde overheden, alwetende beveiligings-systemen en de in toenemende mate intolerante maatschappij, kun je niet zwaarbewapend rondreizen. Daarom is de beslissing om een vuurwapen mee te nemen een heel persoonlijke, die afhangt van verschillende factoren.

Rede, geen romantiek. De eerste is de behoefte aan gezond verstand. Zoals voor elk item dat een Long Rider meedraagt geldt, moet je in staat om het gewicht van het wapen te rechtvaardigen. Geweren zijn zwaar, is het écht nodig?

Toen de Japanse Long Rider Baron Fukushima in 1892 op reis ging om van Berlijn naar Tokio te rijden, droeg hij een .44 kaliber Smith & Wesson revolver en 50 patronen. Hij gebruikte het tijdens zijn 14.000 kilometer lange rit niet een keer. Net als die vorige generatie, moeten ook wij inschatten of we welk wapen dan ook nodig hebben.

Een hardnekkig misverstand. Precies kunnen schieten is een vaardigheid als elke andere. Even belangrijk is kennis hoe het wapen te onderhouden en schoon te maken. Maar als we eenmaal erkennen dat we een vuurwapen moeten richten en schoonhouden, waar gebruiken we het dan voor?

Meteen kunnen we een andere Hollywood-mythe ontkrachten, de noodzaak om een paard met een gebroken been ter plekke af te schieten. Bijna elke geweer-gerelateerde E-mail die potentiële reizigers naar het Long Riders' Guild sturen, is een vraag over dit onderwerp. Wat men niet weet is hoe weinig dit voorkomt. Een voorbeeld zul je in de wereld van de mensen die trektochten rijden niet tegen komen. Ondanks de miljoenen kilometers die door Long Riders zijn afgelegd, op elk continent is er niet één geval bekend van een paard dat zijn been breekt en moet worden afgeschoten door zijn ruiter. Niet een! Is het ooit gebeurd? Kan zijn. Zal het jou gebeuren? Niet aannemelijk. Waarom?

Snelheid, veiligheid en gevoeligheid.

Er zijn een aantal grote verschillen tussen mensen die lange trektochten te paard maken en de rest van de paardensport. In tegenstelling tot veel disciplines, waar snelheid het doel is, leggen Long Riders het overgrote deel van hun kilometers af in stap. Door deze lage snelheid is er minder risico op letsel. Daarnaast is het helemaal niet zo gemakkelijk om een paard neer te schieten. Je moet precies weten hoe en waar te schieten.

Bovendien is het in dit tijdperk van praktisch onbeperkte communicatie-mogelijkheden zeer gemakkelijk om contact op te nemen met een dierenarts die je kan helpen. Voor de meeste moderne Long Riders is een dierenarts die je dier in nood uit zijn lijden kan verlossen slechts een telefoontje ver.

Dus het dragen van een pistool met als enige doel een paard te kunnen schieten in het onwaarschijnlijke geval dat hij zijn been breekt, wordt niet aanbevolen.

Jagen voor voedsel. Kun je een geweer meenemen om je dieet aan te vullen met vlees van dieren die je onderweg hebt geschoten? Er zijn een handjevol Amerikaanse Long Riders die werkelijk gekwalificeerd zijn om te jagen, terwijl ze onderweg zijn. Behalve dat ze veel van paarden weten, zijn deze mensen ook betrokken bij de 'living by nature community'. Deze uitzonderlijke Long Riders oefenen speciale vaardigheden, waaronder het vermogen om te jagen op wild met allerlei verschillende wapens. Wat je moet beseffen is dat deze bijzondere reizigers kennis en vaardigheden bezitten die de meeste moderne mensen missen. Als je weet hoe je van het land moet leven zoals je voorouders, dan is het dragen van een jachtwapen gerechtvaardigd.

Maar voordat je je paard met het gewicht van een pistool of geweer belast, moet je de jachtvoorschriften in de gebieden waar je gaat reizen zorgvuldig controleren. Jager zijn is één ding, een vergunning hebben om te mogen jagen is iets anders.

Wilde dieren. Is er een noodzaak om vuurwapens te dragen ter verdediging tegen aanvallen door wilde dieren? In dit boek is een hoofdstuk gewijd aan dit onderwerp, waarin de waarschijnlijkheid van een aanval diepgaand wordt besproken. Zonder er hier diep op in te gaan, kunnen we concluderen dat de noodzaak om een vuurwapen te dragen om gevaarlijke dieren af te weren afhankelijk is van het gebied waarin je rijdt. De meeste reizen lopen niet door gebieden waar dieren jou of je paard als voedsel beschouwen. Er is natuurlijk nog een andere reden om een wapen te dragen, namelijk om je te beschermen tegen dat andere dodelijke roofdier, de mens. Maar dit is een veel ingewikkelder kwestie.

Wel of geen wapens mee. Er is veel moed voor nodig om een Long Ride te maken. Je hebt veel positieve energie nodig om de nare waarschuwingen van sceptici die overal beren op de weg zien te negeren. Je moet dapper zijn om op weg te gaan naar het onbekende, zonder garantie op succes of zelfs aankomst. Dus eigenlijk kun je zeggen dat op het moment dat je op pad gaat, je emotionele kracht al is bevestigd. Echter dat is één soort kracht. Omgaan met situaties en mensen die je kwaad willen doen vraagt een ander soort kracht. Dat brengt ons op de vraag; heb je een wapen nodig om je te verdedigen?

Vroegere generaties Long Riders reden vaak gewapend rond. Hun geweren waren niet alleen voor de show. In de jaren 20 van de vorige eeuw bijvoorbeeld, was Paraguay een gevaarlijk land. De Welsh Long Rider, Thurlow Craig, droeg altijd een Colt .45 revolver bij zich. Dankzij dit wapen kon hij verschillende reizen maken door de jungle van Chaco, waar jaguars leven en verschillende politieke revoluties overleven. Natuurlijk kun je zeggen dat het turbulente tijden waren en dat de dagen van onrust en revolutie voorbij zijn. Maar helaas heeft de mensheid zich niet ontwikkeld in de richting van liefde en vrede.

Misschien kunnen er zich tijdens jouw reis ook voorvallen voordoen. Het is in ieder geval verstandig om goed na te denken over de voor- en nadelen van het meenemen van wapens.

Slechte uitstraling. Zichtbaar een wapen dragen is niet goed voor je uitstraling. De kans dat je een agressieve bende overvallers tegenkomt is niet zo groot. Het is veel waarschijnlijker dat je vriendelijke mensen treft die aardig, nieuwsgierig en gastvrij zijn. In het algemeen kun je stellen dat je uiterlijk je overtuiging weerspiegelt, een gewapende man straalt geweld uit. Stel je voor hoe het zou zijn als iemand die je niet kent, plotseling met een paard voor je deur staat en zittend op zijn paard omlaag kijkt naar jou en vraagt of je gastvrij wilt zijn. In dat geval zal een zichtbaar wapen geen glimlach of gesprek uitlokken. De meeste mensen zullen wantrouwig reageren, omdat ze bang zijn. Vrouwen die alleen wonen laten een gewapende onbekende nooit binnen. Het kan dus zijn dat het wapen dat je meeneemt om jezelf te beschermen, achterdocht en agressie aanmoedigt bij de mensen wiens vriendschap je nodig hebt.

Kostbaar papierwerk. De wereldpolitiek is de laatste twintig jaar nogal veranderd. In een tijd waarin overheden aandringen op vingerafdrukken en biometrische oogscans om je identiteit te bevestigen, kan het bijzonder moeilijk zijn om een vergunning te bemachtigen om gewapend te rijden.

Arrestatie risico. Het is logisch dat verschillende landen anders tegen wapenbezit aankijken, maar zelfs binnen een land kunnen er grote verschillen zijn tussen provincies of staten onderling. Op het moment dat dit boek werd geschreven werd er in Amerika een Long Rider gearresteerd vanwege verschillende wapenwetten per staat. Veel staten vereisen dat een handwapen in het zicht wordt gedragen. In sommige staten is het illegaal om een handwapen in een zadeltas te dragen. In verschillende staten hebben burgers een speciale vergunning nodig om een wapen buiten het zicht mee te nemen. En in Arizona kan iedereen boven de 21 jaar een verborgen wapen dragen zonder een vergunning. Maar let op, want als je een naburige staat binnenrijdt, is de lokale wapenvergunning niet langer geldig. Verschillende staten eisen dat een gewapend persoon een geldige jachtakte bij zich heeft. In andere staten kun je juist wel bepaalde soorten wapens dragen, zolang je ze niet gebruikt om te jagen.

In veel nationale parken zijn vuurwapens verboden en dan gaan we het maar helemaal niet hebben over de regeltjes die iedere stad voor zichzelf heeft opgesteld over wapenbezit. Klinkt ingewikkeld? Het is een web van inconsequente regelgeving die je reis onbedoeld tot een einde kan brengen. Al meerdere Long Riders zijn om deze reden gearresteerd.

Onder vuur genomen worden. Wanneer de gemoederen hoog oplopen is de beste strategie om een tegenstander te ontwapenen door hem aan het praten krijgen. Laat hem zijn zegje doen en hoe luider dat gaat, hoe sneller de spanning af vloeit. Luister en lach, na de eerste lach terug kun je meestal veilig weglopen.

Als je pech hebt, begint je tegenstander te schieten. Op een verlaten, onbekende plek beschoten worden is een heel andere situatie dan wanneer je te maken hebt soldaten of rebellen in een conflictgebied, waar meestal ook artsen in de buurt zijn.

Aimé Tschiffely heeft zo'n situatie overleefd. Hij reed in 1926 door een diepe, smalle kloof, toen een overvaller hem van bovenaf onder vuur nam. Tschiffely vond dekking en keerde terug.

"Heb ik in die precaire situatie angst gevoeld," schreef Aimé, "Nou en of!"

Terugschieten. Als extreem geweld al nodig zou zijn, dan moet het een weloverwogen beslissing zijn, niet genomen vanuit emotie maar gebaseerd op een koelbloedige berekening. In een dergelijke situatie geldt vaak het internationaal privaatrecht; een daad gepleegd op basis van noodzakelijke zelfverdediging. Het kan wettelijk legaal zijn om je leven te verdedigen, vechten met als inzet bezit, bijvoorbeeld een paard of geld, is dat nooit. Gebruik je wapen enkel en alleen om jou als persoon te beschermen! Het kan gebeuren dat je slechts een fractie van een seconde hebt om de voor- en nadelen van je handelen tegen elkaar af te wegen. Trek je wapen niet, tenzij het gaat over zelfverdediging en je ook bereid bent om het te gebruiken. Zodra er wapens op het toneel verschijnen, accepteer dan dat er een kans is dat je overlijdt, maar vecht voor je leven en blijf optimistisch. Er is altijd een kans!

Zit je op een paard, terwijl je wordt achtervolgd, houd dan de teugels stevig vast in één hand en laat de loop van het pistool of geweer op je teugelarm rusten om te richten. Richt op het midden van het lichaam en haal de trekker over op het moment dat de voorbenen de grond raken, dat is een relatief stil moment in galop.

Als je vermoedt dat je kamp wordt aangevallen kun je een pistool in je knieholte houden als je hurkt naast het vuur. Dit is handig als iemand uit het donker stapt en zegt dat je je handen omhoog moet doen. Op het moment dat je gaat staan heb je het wapen in je hand.

In uitzonderlijke omstandigheden kan het noodzaak zijn om gewapende bewakers in dienst te nemen. De omvang van een gewapende escorte moet wel in verhouding moet staan tot het niveau van gevaar. Het is beter om één beveiliger in dienst te nemen die tijdens een conflict zijn mond kan houden dan een gewapende groep mannen die de situatie laten escaleren.

Juridische gevolgen. Het bezitten van een vuurwapen is niet genoeg. Om effectief te zijn, moet je deze altijd bij de hand hebben. Maar zelfs als je zo koelbloedig bent als een slang en je er geen moeite mee hebt om iemand om te brengen, zitten er juridische gevolgen aan het doden van een mens. Afgezien van ethische kwesties kan het zo zijn dat in een of andere desolate uithoek van de wereld geen burgerlijke wetten bestaan. Die plekken zijn steeds zeldzamer. Elk land, hoe primitief ook, heeft een systeem van burgerlijke wetgeving en staat overtreding daarvan niet toe.

Een land geeft iemand een uniform. Nadat deze persoon is geïndoctrineerd met patriottisme, noemt het land hem 'soldaat' en geeft hem opdracht vreemdelingen te doden voor het behoud van de staat. Zo'n land keurt deze moord niet alleen goed, het is legaal en wordt gestimuleerd. De plicht van een politieagent kan hem eveneens dwingen te doden in dienst van de staat. Het leger en de politie zijn geautoriseerd om indien nodig moorden te plegen. Long Riders hebben deze luxe niet. Wees daarom voorbereid op de ernstige consequenties van je daad, mocht je het nodig vinden iemand dood te schieten. Naast de juridische kosten om jezelf te verdedigen, vormen bepaalde landen een extra uitdaging. Bijvoorbeeld in Pakistan, waar familieleden van het slachtoffer om zijn eer te herstellen wraak mogen nemen op de dader.

Paarden en vuurwapens. Houd er rekening mee dat een paard hevig kan schrikken van het onverwachte geluid van een geweer dat boven zijn hoofd afgaat. Het laatste wat je op zo'n moment nodig hebt, is eraf vallen en zonder paard achterblijven. Als je besluit vuurwapens mee te nemen, laat je dieren daar dan vooraf aan wennen. Zoals de geschiedenis herhaaldelijk heeft aangetoond, kunnen paarden prima wennen aan elk type geweervuur, van een klein kaliber pistool tot moderne raketten. De trekker overhalen op een ongetraind paard geeft gegarandeerd problemen. Training om aan het geluid en de geur te wennen kost tijd.

De afweging maken. Het heeft geen zin de realiteit van gevaar te ontkennen. Long Riders zien het bestaan ervan onder ogen en accepteren het. Het is echter zo dat wanneer je gevaar herkent en er niet voor wegloopt, de dreiging zelden werkelijkheid wordt. Het is dus waarschijnlijk dat het wapen, dat zelden wordt gebruikt, een last is die het paard zonder reden vervoert.

Maak bij het overwegen of je wel of geen wapen nodig hebt een lijst van alle redenen om het wel te doen. Zet daarachter de kans dat dit werkelijk gaat plaatsvinden. De kans bestaat dat de angst niet overeenkomt met de realiteit.

Tips. Rijd je gewapend, laat dan nooit je wapen op het paard liggen als je afstapt en wegloopt. Draag het op je lichaam om diefstal te voorkomen en zorg ervoor dat je zelf niet gewond kunt raken.

Om niet de negatieve uitstraling te hebben die het dragen van vuurwapens met zich meebrengt, hebben Long Riders zichzelf beschermd met een breed scala aan andere wapens, waaronder pepperspray, machetes, zwepen, sling-shots en zelfs vuurwerk.

Hoofdstuk 66 - Diefstal van je paard

Er is veel veranderd sinds onze voorouders duizenden jaren geleden het paard domesticeerden. Maar één tragische daad verbindt ons met het verleden. Het stelen van paarden komt nog steeds voor en is altijd een ramp met vreselijke gevolgen. Om je hiertegen te kunnen verdedigen moet je begrijpen dat paarden om verschillende redenen worden gestolen. Voorbeelden zijn hebzucht, wraak, transport, honger, afgunst, prestige en een verlangen naar roem. Welke motieven een dief ook heeft, het paard kan in ieder land een doelwit zijn.

Snel geld verdienen. De paardenwereld is altijd al gedomineerd door verlangen naar winst. Omdat ze onder de radar verkocht kunnen worden, blijft het stelen van paarden een lucratieve business. Volgens schatting worden er in de Verenigde Staten jaarlijks zo'n 40.000 paarden gestolen. Kennelijk vormt deze aloude misdaad in de moderne tijd nog steeds een gemakkelijke bron van inkomsten voor lieden die geïnteresseerd zijn in kortetermijnwinst.

Agressie en alcohol. Eeuwen voordat mensen de videogame *'Grand Theft Auto'* speelden, sprongen dronken kerels voor een joyride op gestolen pony's. Agressie door alcohol is zeker niet beperkt tot één deel van de wereld. Mensen kunnen slecht inschatten hoeveel alcohol ze kunnen verdragen, drinken te veel en gedragen zich dan als een dwaas. De beschikbaarheid van alcohol in je omgeving heeft invloed op de kans dat je paarden worden gestolen.

Cross Country Diefstal. In de hele geschiedenis bewijzen mannen steeds weer hoe moedig ze zijn, zowel aan zichzelf als aan hun tegenstanders, door acties te laten zien met een hoog testosteron gehalte. Een traditionele manier om je moed ten toon te spreiden was door de paarden van je buren te stelen. Wegens de angst voor represailles, stelen steppenomaden normaal gesproken geen paarden van een directe buur. Echter ze draaien hun hand er niet voor om, om lange afstanden af te leggen om paarden te stelen van onbekende vreemdelingen, zeker als die een andere etnisch volk behoren. Dieren die toebehoren aan dergelijke onbekenden worden door moedige paardendieven beschouwd als loslopend wild.

Van trektocht naar tafel. Een andere reden om paarden te stelen is voor voedsel of het verkopen van het vlees. Beiden zijn dramatisch voor een Long Rider. Dit is vooral een gevaar in sommige delen van Europa, Kazachstan en Mongolië, waar een paard stilletjes kan verdwijnen om razendsnel op de vleesmarkt te worden verkocht. Wees in deze gebieden erg op je hoede.

De prijs van faam. Als je paard bekend of waardevol is, loop je een groter risico op diefstal. Dat is wat er gebeurde met Mancha, het meest bekende Long Rider-paard van de 20e eeuw. Aimé Tschiffely herinnerde zich hoe zijn beroemde paard in Mexico werd gestolen vanwege zijn bekendheid. Gelukkig kwam het paard terug en herstelde snel. Zelfs als je paard niet de beroemde Mancha is, moet je wel in je achterhoofd houden dat gewetenloze mensen je paard willen stelen vanwege de aandacht voor jouw expeditie.

Geografische invloeden. Paarden stelen was in Europa nooit een omvangrijk probleem. In tegenstelling tot de zeer mobiele nomaden van Centraal-Azië, was er weinig beweging onder de Europese bevolking, gezinnen verbleven generaties lang in hun ouderlijke dorp. Daarnaast had Europa geen uitgestrekte onbewoonde wildernis waarin mensen konden ronddwalen. Ten slotte waren er in Europa minder paarden dan op het Amerikaanse continent. Daarom was paardendiefstal in Europa een vrij ongewone misdaad. In de, toen nog, dunbevolkte wildernis van de Verenigde Staten was dat anders. Zodra Europese kolonisten westwaarts trokken over de prairies, lieten ze de wetshandhaving achter. In een uitgestrekt landschap vol gevaren, maakte het paard het verschil tussen leven en dood. Het stelen van een paard in deze ruige omgeving was meer dan slechts een economische misdaad. Een ruiter op de open vlakte zijn paard ontnemen brengt de ruiter in een levensgevaarlijke situatie. Daarom maakten pionier gemeenschappen korte metten met iedere paardendief.

Risicovolle gebieden. Weinig landen zijn zo nauw verbonden met paarden als Mongolië. In een land dat het paard vereerde, zal het je niet verbazen dat Genghis Khan paardendieven haatte. Zijn wettelijke code, de Grote Yasa, was een verzameling wetten, regels en woorden van wijsheid, gemaakt door Genghis en overgedragen aan zijn erfgenamen. Een bekend decreet maakte het voor een ruiter een misdaad om een paard met de zweep te slaan ergens vóór de beugels. De Grote Yasa was uitzonderlijk streng voor paardendieven. Het verklaarde: "De man in wiens bezit een gestolen paard wordt gevonden moet het teruggeven aan zijn eigenaar en negen paarden van dezelfde soort toevoegen. Als hij niet in staat is om deze boete te betalen, moeten zijn kinderen worden weggenomen in plaats van de paarden, en als hij geen kinderen heeft, zal hij zelf worden geslacht als een schaap."

Helaas hebben de pogingen van Genghis Khan om paardendiefstal te stoppen geen succes gehad. Modern Mongolië is tegenwoordig weer wetteloos en moderne Long Riders hebben tot hun ontzetting vernomen dat het stelen van paarden een nationale verslaving is. Paardendieven liggen overal op de loer. Ze zijn erg brutaal en zullen je dieren onbeschaamd bekijken. De vraag is niet óf ze proberen je paarden te stelen. Het is een kwestie van wanneer.

Bewijs dat hij van jou is. Een van de gemakkelijkste manieren om een paard te stelen is om de eigenaar juridisch gezien niet te accepteren. Verschillende Long Riders zijn geconfronteerd met een onverwacht eigendomsgeschil wanneer hooggeplaatste personen of ontevreden ex-eigenaren deze tactiek gebruikten om controle over een paard te krijgen. Wanneer overheidsfunctionarissen, achterdochtige politiemensen, sceptische grenswachters of ongelovige lokale bewoners bewijs eisen dat het jouw paard is, moet je overtuigende bewijsstukken kunnen overleggen. Zelfs als iemand je een paard cadeau geeft, moet je de vorige eigenaar vragen een kleine financiële beloning te accepteren als bewijs dat er een monetaire uitwisseling heeft plaatsgevonden. Deze betaling geeft je een reden om een ontvangstbewijs op te stellen. Laat dit belangrijke document ondertekenen door alle partijen die betrokken zijn bij de overdracht van het eigendom van het paard en vraag indien mogelijk om ondertekening van een neutrale getuige.

De regering van Guatemala eist tegenwoordig een 'certificaat van oorsprong' van Long Riders die het land vanuit Mexico willen binnenkomen. Dit is een nieuwe bureaucratische hindernis die de mogelijkheid om naar Zuid-Amerika te rijden beperkt. Wetende dat je dit soort obstakels kunt tegenkomen onderweg, moet je echt zorgen dat al je papierwerk op orde is. Op deze manier is er nergens onduidelijkheid over de geboortedatum, het ras, de gezondheid, het uiterlijk en de eigenaar van je paard.

Duidelijke identificatie. Op trektocht gaan om alleen een droom na te streven is niet voldoende. Je moet ook nog reizen met verstand. Een onderdeel hiervan is om je paard goed te kunnen identificeren. In veel landen zal de politie op je verschijning reageren door ter plaatse een bewijs van eigendom te vragen. Onthoud hierbij dat de meeste van hen het verschil niet zien tussen een Arabier en een Haflinger. Vakjargon met betrekking tot afstamming en kleuren verwarren zo'n persoon alleen. Het helpt enorm als je in staat bent om visuele en schriftelijke documentatie te overhandigen die niet alleen gemakkelijk te begrijpen is, maar ook meteen je wettelijke rechten bevestigt. Duidelijke identificatie is ook je eerste verdediging als je paard wordt gestolen. Naast zijn gezondheidscertificaten en bewijs van eigendom, moet je paard een document hebben met foto's van beiden kanten, het hoofd en de achterkant. Vergeet niet dat de kleur van de vacht per seizoen kan veranderen en ook als gevolg van zweet en zonlicht, dus zorg dat de foto's overeenkomen met de huidige kleur. Maak ook close-up foto's van specifieke kenmerken zoals littekens of een identificatienummer in de lip. Documenten en foto's helpen bij het terugkrijgen van je paard, maar je kunt beter voorkomen dat het wordt gestolen.

Denk als een dief. Een paard op trektocht loopt voortdurend risico. Hij is ver van huis. Zijn eigenaar gaat met onbekenden om. Er kan een taalbarrière zijn die reddingspogingen compliceren. Omkoping en corruptie kunnen een rol spelen.

Als Long Rider moet je de tegenstander trachten te begrijpen. Alles wat jij doet om de mogelijkheid tot een succesvolle diefstal te verkleinen, vergroot de kans dat een dief zijn doel verlegt naar elders. Bendes van paardendieven zijn zeldzaam. Het zijn meestal eenzame mannen, alleen aan het werk, onder dekking van duisternis, op zoek naar een gemakkelijk doelwit. Zware regen of strenge kou werken ontmoedigend. Maar jij kunt niet op het weer vertrouwen voor bescherming.

De meeste diefstallen vinden 's nachts plaats. Maak het dieven niet gemakkelijk door je paarden in een veldje dicht aan de weg te laten lopen. Plaats je kamp tussen de paarden en de weg. Laat je paarden niet in een paddock lopen, zonder ze een aantal keer te controleren.

Altijd alert blijven. Besteed altijd aandacht aan de waakzaamheid van je paard. Doorgewinterde Long Riders leren te vertrouwen op het superieure zicht, reukvermogen en gehoor van hun paard in donkere nachten en bij tijden van gevaar. Omdat het scherpzinnige dier alles om zich heen ziet en ruikt, nadert niemand een kamp zonder de aandacht van de paarden te trekken. De reactie van een paard werkt niet alleen als alarm, zijn bewegingen zullen tevens de richting aangeven van waar de dreiging nadert. Naarmate de reis vordert en de tijd die je met je paard doorbrengt toeneemt, verdiept de band tussen paard en mens zich. Elke keer dat je je zorgen maakt over mogelijke diefstal, is het goed om je paarden dicht bij je kamp te houden. Door je paard te kluisteren verklein je de kans op diefstal, omdat je paard niet snel kan bewegen. De bel aan het halster werkt ook afschrikkend. Je kunt beter moe opstaan na een slapeloze nacht dan wakker worden en merken dat je paard verdwenen is.

Paarden met heimwee. Wordt je 's morgens wakker en ontdek je dat je paard weg is, ga er dan niet meteen van uit dat hij is gestolen. Sommige paarden gaan op weg naar huis.

De Argentijnse gauchos noemen de regio waar een paard geboren is zijn 'querencia'. Querer betekent 'liefhebben', querencia is het zelfstandig naamwoord hiervan. Het is een bekend feit onder oude paardenmensen, dat elk paard dat geen hekken om zich heen heeft zal proberen terug te keren naar zijn querencia. Gauchos rapporteren over paarden die ongelooflijke afstanden aflegden, over bergen, door rivieren en woestijnen, om uiteindelijk terug te keren naar hun querencia. Jouw paarden zijn mogelijk verdwenen om een andere, volkomen plausibele reden, namelijk angst.

Als je paarden zijn verdwenen. Het kan heel goed gebeuren dat, ondanks alle voorzorgsmaatregelen, je 's morgens wakker wordt en ontdekt dat je paarden zijn verdwenen. Raak niet in paniek. In zo'n situatie moet je helder kunnen denken voordat je in het wilde weg op zoek gaat. Onderdruk de neiging om direct de achtervolging in te zetten, kijk goed om je heen en inspecteer je kamp. Zoek naar feiten en bewijs, zonder haast.

Probeer je te herinneren wanneer je de paarden voor het laatst hebt gezien of gehoord en ga op zoek op de plek waar de paarden de nacht doorbrachten. Kun je bepalen in welke richting de paarden zijn gegaan? Is er een touw of een kluister doorgesneden? Een omheining kapot gemaakt? Zijn er menselijke sporen aanwezig?

Op basis van het beschikbare bewijs kun je hopelijk inschatten of de paarden zijn uitgebroken of gestolen. Het volgen van weglopers is een deprimerende bezigheid. Het achtervolgen van paardendieven een gevaarlijke. Denk dus goed na hoe je het aan wilt pakken. Ben je met meer mensen, neem dan de tijd om de zoekactie te bespreken en te plannen. Het is van groot belang dat je afspreekt wat iedereen gaat doen, wie waar naartoe gaat, hoe je contact houdt en wanneer je weer verzamelt in het kamp.

Bewaking. Behalve je paarden heb je waarschijnlijk nog veel meer waardevolle zaken bij je, denk bijvoorbeeld aan je zadel. Long riders zijn bij verschillende gelegenheden beroofd, terwijl ze op zoek waren naar voer voor de paarden. Je kunt je uitrusting geen uren achter elkaar onbewaakt achterlaten als je te voet op zoek gaat naar verdwenen paarden. De ellende is al erg genoeg, laat het niet nog erger worden door ook je uitrusting te verliezen.

Ben je met meer, wijs dan één persoon aan die het kamp en de spullen bewaakt. Ben je alleen, verberg dan eerst je spullen en neem belangrijke documenten en geld met je mee.

Spoorzoeken. Als een Long Rider van het zadel zijn huis maakt, neemt hij onderweg veel waar. Reizend in het tempo van het paard kan hij veel tijd besteden aan het observeren van de grond en het leren lezen van aanwijzingen. Deze vaardigheden komen goed van pas als je op zoek moet naar verdwenen paarden. Laten we er even vanuit gaan dat de paarden zijn losgebroken. Dan wil je ze zo snel mogelijk vinden. Hopelijk dragen ze hun bel, die je veel aanwijzingen kan geven, niet alleen het geluid in de nacht. Ook overdag, als een paard de schaduw van een boom opzoekt en daar onbeweeglijk staat, kan de bel zijn positie verraden.

Een ander geluid waar je hart van opspringt is het gehinnik van een paard dat roept naar zijn kameraden.

In de achtervolging zul je moeten zoeken naar sporen die de richting van de voortvluchtigen verraden. Als je paard erg gehecht aan zijn kudde, kan hij naar zijn vrienden zijn teruggekeerd. Als hij honger of dorst heeft, zal hij teruglopen naar de laatste plaats waar hij werd gevoerd of waar hij kon drinken. Dit kan een schuur, weide of beek zijn. Het maakt niet uit hoe ver hij terug moet lopen, het lessen van zijn dorst of vullen van zijn maag is voldoende beloning. Deze wetenschap geeft je een richting om je zoektocht te beginnen.

Paarden zijn net als mensen; geneigd de weg te volgen die ze kennen, in plaats van het onbekende tegemoet te treden. Begin met zoeken door de route van de vorige dag terug te volgen. Vind je geen sporen, ga dan terug naar het kamp en zoek in een cirkel rond je kamp naar hoefafdrukken en andere hints. Waar zoek je naar? Ieder spoor geeft informatie, als je weet waarop te letten. Anders dan bij een Hollywood-film hoef je niet alleen te zoeken naar een zeer duidelijk spoor van hoefafdrukken. Veel subtielere aanwijzingen zijn ook waardevol. Denk aan een lichte verstoring in het gras of verkleuringen in de bodem. Wat je zoekt zijn zaken die niet precies passen bij hun omgeving.

Zoeken naar aanwijzingen is moeilijk. Het beste is om net naast het spoor te lopen, met de zon aan de andere kant van het pad, niet achter je. Het tegenlicht zal verstoring zichtbaar maken. Zoek je te paard, dan zul je af en toe moeten afstappen om aanwijzingen van dichtbij te bekijken. Hoefafdrukken geven veel informatie. Hoe duidelijker de afdruk, hoe korter geleden het paard daar liep. Regen vervaagt, wind zwakt de randjes af.

Met een beetje geluk vind je je paarden grazend langs de route. Benader ze voorzichtig, je wilt niet dat ze schrikken en opnieuw de benen nemen. Het beste is om om ze heen te lopen en ze vanaf de andere kant te benaderen. Mochten ze dan weglopen dan gaan ze in ieder geval weer richting het kamp.

De politie inschakelen. Of het verstandig is om de politie in te schakelen hangt erg af van waar je bent. Niet in alle landen is het zinvol om dit te doen. Het kan zelfs voorkomen dat zelfs als de identiteit van de dief bekend is, de politie corrupt, onverschillig of incompetent reageert. Het betrekken van de politie is een serieuze stap, dus denk goed na over wat je wil en mag verwachten.

Hulp van het publiek. De lokale media kan heel goed helpen. Als je een diefstal van je paard met de politie bespreekt, vertel hen dan dat je van plan bent om via de pers een beroep op het publiek te doen. Is er een officier verantwoordelijk voor het onderzoek, vraag dan toestemming om zijn naam en contactgegevens te delen. Waarschuw vervolgens de media en vraag om hun hulp. Hoewel de meeste mensen graag helpen, is het geen slecht idee om een beloning aan te bieden.

Dierenactivisten. Moderne Long Riders worden geconfronteerd met een nieuw soort bedreiging, namelijk inbeslagname van hun paarden door dierenactivisten. Sommige mensen zijn van mening dat een paard vragen je over duizenden kilometers te dragen een daad van wreedheid is. Deze mensen begrijpen niet dat paarden nomadisch zijn. Als ze goed en zorgvuldig verzorgd worden zullen ze de reis in betere conditie beëindigen dan ze begonnen. Het is wel zinvol om onderweg een document bij je te hebben waarin staat dat het paard bij vertrek in uitstekende staat verkeerde en dat de dierenarts geen medische bezwaren heeft tegen deze expeditie. Onderweg kun je steeds informatie toevoegen aan het document, door dierenartsen, hoefsmeden en andere deskundigen te vragen om schriftelijk te bevestigen dat je paard in goede gezondheid verkeert en dat jij bent toegewijd aan zijn welzijn.

Het kan gebeuren dat een lokale politieagent, die geen expert is op het gebied van paardenwelzijn, wordt gevraagd om jou te arresteren of je paard in beslag te nemen, vanwege een beschuldiging van verwaarlozing of wreedheid. Hij volgt dan slechts bevelen op. Als jij in reactie daarop ter plekke bewijs kunt overhandigen dat dit niet het geval is, helpt dat niet enkel als verweer tegen de valse beschuldiging, maar het ontneemt de agent ook de reden om actie te ondernemen.

Hoofdstuk 67 - Aanvallen door dieren

Long Riders zijn dierenvrienden, ze hebben een praktische, maar ook diepe emotionele band met hun paarden. Maar ook als dierenvriend is waakzaamheid geboden. Respect hebben voor dieren en hen observeren en bewonderen is prima, maar vergeet niet dat dieren in de vrije natuur gevaarlijk kunnen zijn. Ze kunnen zowel paard als ruiter verwonden of zelfs doden.

De gevaren van moeder natuur. De houding van de mens ten opzichte van dieren verandert met de tijd. In deze moderne tijd is er het eerst in de menselijke geschiedenis een periode aangebroken waarin velen van ons geen dagelijkse praktische ervaring met dieren hebben. Veel mensen hebben nog nooit voor landbouwhuisdieren gezorgd. Ze hebben nooit een paard bereden of ermee gewerkt. Ze hebben nog nooit op een dier gejaagd of er een geslacht. Ze hebben zich nog nooit hoeven beschermen tegen een roofdier. In enkele generaties tijd is de collectieve kennis over dergelijke zaken verdwenen. Het resultaat is dat de kennis van de natuurlijke aard van dieren in een alarmerend stadium is afgenomen en is vervangen door een Disney-achtige versie zonder duistere kanten van de natuur.

Long Riders kunnen het zich niet veroorloven om met deze blik naar de natuur te kijken. Omdat het paard je in direct contact met dieren brengt, moet je beseffen dat wilde dieren geen rechtvaardige wezens zijn waarmee je een diepe band opbouwt. Het is ook geen schattig speelgoed met een hoge aaibaarheidsfactor. Ze hebben honger en dat maakt ze gevaarlijk. Meerdere Long Riders zijn slachtoffer geweest van agressieve aanvallen van dieren. Dus, hoewel het zeker fantastisch is om interactie met dieren te hebben, moet je ook weten hoe je jezelf en je paard beschermt.

Leeuwen. Sommige dieren worden verkeerd begrepen, andere worden onderschat. De leeuw is een roofzuchtige carnivoor die zijn reputatie heeft verdiend. Bij een aantal gelegenheden wisten ruiters ternauwernood te voorkomen dat ze als diner voor leeuwen dienden. Tijdens een expeditie in Afrika in 1795, werd de Schotse Long Rider Mungo Parker bijna het eerste officiële slachtoffer. Gordon Naysmith en Ria Bosman vertrokken in 1970 om Afrika te paard te doorkruisen. Hoewel er bijna tweehonderd jaar was verstreken sinds Parkers reis, moesten ook zij alles in het werk stellen om aan hongerige leeuwen te ontsnappen. In Tanzania alleen doden en consumeren leeuwen nog steeds jaarlijks meer dan 100 mensen. En overal in Afrika dijen de stadsgrenzen uit, waardoor traditionele migratieroutes van prooidieren verdwijnen en daarmee de traditionele jachtgebieden van de leeuw.

Nieuwe studies tonen aan dat aanvallen verband houden met de maan en de beschikbaarheid van licht. Helder maanlicht verkleint de kans op een succesvolle jacht. De leeuwen worden hongerig waardoor de kans op een aanval op mensen toeneemt. Leeuwen jagen het meest effectief bij een wassende maan, omdat de duisternis hen in staat stelt een prooi ongezien te benaderen. De maanstand is dus van invloed op de overlevingskansen van een mens.

Dit werden bevestigd door een onderzoek waarbij bijna vijfhonderd aanvallen op dorpelingen in Tanzania tussen 1988 en 2009 werden bestudeerd. Aanvallen vonden drie keer zo vaak plaats tijdens de tweede helft van de maancyclus, als er geen of weinig maanlicht is. Leeuwen vielen meestal aan tussen zonsondergang en 10 uur in de avond, in donkere nachten. Bovendien werd de meerderheid van de mensen aangevallen net na een volle maan.

De gevaarlijkste momenten voor mensen zijn dus de avonduren na zonsondergang, vooral tijdens de dag na een volle maan.

Katachtigen. Of het nu een Siberische tijger, een Afrikaanse leeuw, een Canadese poema of een Peruaanse jaguar is, paarden hebben een sterke instinctieve angst voor grote katten. Hier vindt de echte vluchtreactie zijn oorsprong.

Katachtigen besluipen hun prooi vanuit beschikbare dekking. Als ze dichtbij genoeg zijn bespringen ze het prooidier en proberen de halsslagader door te bijten.

Gelukkig kunnen de meeste katachtigen hun topsnelheid maar kort volhouden, wat het paard de mogelijkheid geeft te vluchten voor de jager.

Een andere jachttechniek is dat een katachtige op de onbeschermde rug van het paard springt, zichzelf met zijn klauwen vastzet in de schoft van het paard en probeert om de ruggengraat door te bijten.

Hyena's. Hoewel ze genetisch verwant zijn aan civetkatten, doden hyena's hun prooi met de tanden zoals honden doen. Mensen geloofden van oudsher dat het laffe aaseters waren, maar in feite is de hyena een van de meest efficiënte roedeljagers in Afrika. Het gehoor van een gevlekte hyena is zo goed dat ze het geluid van roofdieren die een prooi doden en opeten op tien kilometer afstand kunnen horen. Maar het is voor hen niet nodig om aas te eten, want 95% van hun dieet bestaat uit zelf gevangen dieren, zoals antilopen, zebra's, wrattenzwijnen en Kaapse buffels.

Hyena's zijn uitgerust met scherpe tanden en kaken die sterk genoeg zijn om menselijke botten door te bijten en te vermalen. Dat ze al heel lang op mensen jagen blijkt uit een recente ontdekking van mensenhaar in gefossiliseerde hyena uitwerpselen die dateren van 195.000 tot 257.000 jaar geleden.

Meer recentelijk vormden de slachtoffers van burgeroorlogen in Ethiopië en Soedan een onuitputtelijke voedingsbron voor hyena's.

Omdat ze 's nachts actief zijn, vallen hyena's meestal mensen aan die buiten slapen bij warm weer. In Malawi vonden enkele jaren geleden een aantal hyena-aanvallen plaats, waarbij een specifieke groep maarliefst 27 mensen doodde. Ruiters te paard hebben twee keer angstaanjagende ontmoetingen met deze sterke roofdieren gerapporteerd.

Beren. Een snelle blik op de kaart toont hoe wijdverspreid beren zijn. Ze zijn te vinden in Azië, Europa, Noord Amerika en Zuid Amerika. IJsberen komen alleen voor in het Arctische Noordpoolgebied. Alle andere beren komen voor in een grote verscheidenheid aan habitats. Veelal in bossen, maar sommige, met name de bruine beer, bewonen alpine toendra's. Hoewel ze langzamer zijn dan grote katten, kunnen ze snelheden bereiken van wel zestig kilometer per uur. Daarnaast kunnen ze op hun achterpoten staan en heel snel in bomen klimmen.

Onder normale omstandigheden jagen beren niet op mensen. Als het wel gebeurt, geldt voor alle soorten, dat ze erg sterk zijn en gruwelijke verwondingen kunnen toebrengen. Veel aanvallen vinden plaats als een dier verrast wordt, of wanneer een zogende moeder met welpen zich bedreigd voelt. Sommige soorten zijn agressiever dan anderen. Individuele beren hebben regelmatig nietsvermoedende mensen gedood onder verschillende omstandigheden.

Als je een trektocht gaat maken door het achterland van Noord-Amerika, moet je erop voorbereid zijn dat je grizzlyberen tegenkomt. Deze indrukwekkende dieren leven in de Canadese provincies British Columbia, Alberta, Yukon en de Northwest Territories, in Amerika in de staten Montana, Wyoming, Idaho, Washington en Alaska. Een recent onderzoek bevestigt, dat hun aantal groeit en dat de grizzly populatie in Montana een hoogtepunt in dertig jaar heeft bereikt.

De seizoensgebonden beweging van deze beren gaat gelijk op, met de zomerse activiteiten van mensen. Zalmvissers worden regelmatig verrast door een plotselinge verschijning van een grizzlybeer. Jagers zijn wel weggejaagd bij hun net geschoten prooi door hongerige beren. Wanneer een reiziger onverwacht een grizzly tegenkomt kan het heel slecht aflopen. Anders dan de kleinere zwarte beer, die aan een dreiging kan ontsnappen door in een boom te klimmen, reageren volwassen grizzlyberen direct agressief op wat zij ervaren als bedreiging. Het merendeel van menselijke dodelijke slachtoffers kwam per ongeluk te dicht in de buurt van afgedwaalde welpen.

Mensen maken regelmatig de fout om te denken dat beren nachtdieren zijn. Ze zijn echter met name overdag actief.

Het is niet alleen de grizzly waar je je zorgen om moet maken, iedere beer kan aanvallen. Blijft altijd waakzaam. Als je een hond bij je hebt, houd hem dan dicht bij je paarden. Het is niet ongewoon dat een hond die onverwacht oog in oog komt te staan met een beer, rechtstreeks naar zijn eigenaar toe vlucht wanneer hij achtervolgd wordt door een boze beer. Blijf niet in de buurt van dode dieren want de geur van ontbindend vlees trekt hongerige beren aan.

De kans is groot dat de scherpe zintuigen van je paard je zullen waarschuwen als er een beer in de buurt is. De meeste paarden reageren paniekerig, dus zorg dat je erop blijft zitten en je paard onder controle houdt. Een grizzly kan erg hard lopen, dus omdraaien en er in volle galop vandoor gaan is waarschijnlijk niet de meest verstandige optie. Met zo'n actie is de kans groot dat je het jachtinstinct van de beer triggert waardoor hij je niet meer als bedreiging ziet maar als prooi. Als ze kunnen zullen de meeste beren ervoor kiezen zich terug te trekken. Blijf rustig en beweeg je langzaam weg van de beer. Probeer de wind in de rug te houden, zodat hij je ruikt en kan beslissen om weg te lopen. Mocht een beer toch aanvallen, gooi dan iets van je af, bijvoorbeeld een jas of een tas om het dier af te leiden, terwijl je er vandoor gaat.

Kamperen in het leefgebied van beren is een kwestie van leven of dood. Als je je niet aan de regels houdt, zullen de gevolgen ernstig zijn. Wees er zeker van dat je bekend met het gedrag en leefwijze van de soorten die je onderweg kan tegenkomen. Neem pakkisten en tassen mee die luchtdicht zijn afgesloten en geen geur van eten verspreiden. Vraag naar de lokale regels. Negeer nooit lokale waarschuwingen en houd je te allen tijde aan de regels.

Beren die na zes maanden uit hun winterslaap komen zijn uitgehongerd. Tijdens de warme maanden voeden ze zich met een uitgebreid dieet, waaronder eikels, planten, insecten, vogels, zalm, kleine zoogdieren, rottende karkassen en menselijk afval. Kamperen in berenland vereist dat je hiervan bewust bent en er naar handelt. Wat je doet, wat je eet, wat je draagt, wat je aanraakt, waar je slaapt, alles heeft invloed op je overlevingskansen.

Beren worden aangetrokken door geuren. Daarom is geur in dit geval je vijand. Sommige zaken liggen voor de hand. De geur die vrijkomt bij het koken van een lekkere vette avondmaaltijd met vlees en eieren, verspreid een ongewenste boodschap over de vlakte. Denk na over wat je klaarmaakt en laat na het koken het vuur branden. Beren zijn bang voor vlammen en de rook neutraliseert de restgeur van voedsel.

Een kookluchtje aan je jas of slaapzak kan in de nacht je veiligheid in gevaar brengen. Ga niet slapen in de kleding die je hebt gebruikt om te koken. Bouw je kamp op in een driehoek, en plaats je tent, de kampvuurplaats en je zadeltassen en kisten ieder op één hoek van de driehoek, een behoorlijk eind uit elkaar. Neem geen eten, deodorant of tandpasta mee naar de tent.

In veel Nationale parken in Amerika moet je laten zien dat je de basisprocedures voor veiligheid kent en begrijpt. In veel gevallen zijn beerbestendige kisten verplicht.

Toch is het bezitten van zo'n kist niet per definitie voldoende om een hongerige beer af te schrikken. Plaats je voedsel voorraden op minstens honderd meter van je tent. Je kunt de kisten aan een sterk touw tussen twee bomen hangen of aan een dikke tak omhoog hijsen. Welke methode je ook kiest, de kisten moeten minstens drie meter boven de grond hangen en 1,5 meter afstand hebben tot een boom.

Als je na zonsondergang in een berengebied bent, blijf dan uiterst waakzaam. Als je klaar bent om te gaan slapen zet je de paarden vast. Hun beperkte bewegingsvrijheid zal hen ertoe zetten luid te hinniken bij onraad. Reis je met een partner, houd dan om beurten de wacht. De een slaapt, terwijl de ander het vuur aanhoudt.

Een geurvrij kamp kan je leven redden. Parfum, make-up, tandpasta en deodorant zijn allemaal zaken die de nieuwsgierigheid van een hongerige beer kunnen opwekken. Er is ook onderzoek gedaan naar de reactie van beren op de geur van vrouwelijke menstruatie. Uit de onderzoeken blijkt niet duidelijk wat het risico is, maar voorzichtigheid blijft geboden.

Denk ook aan de veiligheid van je paard met betrekking tot geur. Gebruik geen olie of andere aromatische middelen en beperkt het gebruik van insectenspray.

Wolven. De enorme verspreiding en de verkeerde publieke reputatie van één specifiek roofdier, maakt het tot een speciale bedreiging; de wolf! Wolven zijn te vinden op het hele Noordelijke halfrond, van China tot Californië. Voorstanders van de wolf hebben het dier met succes gepromoot, waarbij het wereldwijde bewijs van geverifieerde aanvallen werd genegeerd. Als gevolg hiervan worden wolven stelselmatig onderschat. Eerdere generaties wisten heel goed dat wolven op mensen en paarden jagen. Bewijs van het feit dat wolven wrede moordenaars zijn is weggemoffeld en vervangen door natuurdocumentaires en publicaties die het dier neerzetten als een romantisch symbool van vrijheid. Het resultaat is dat veel mensen wolven niet langer zien als een bedreiging voor mensen of paarden. Hoe fout deze overtuiging is werd in februari 2011 duidelijk toen in Rusland een enorme groep wolven, hun aantal liep in de honderden, in Verchoyansk, in het oosten van Yakutia huishield, en daar in vier dagen dertig paarden doodde. In 2012 zei Yegor Borisov, de president van Yakutia, dat wolven 314 keer paarden hadden aangevallen. Nu de jagers zijn vertrokken, gaan experts ervan uit dat er 45.000 wolven in Rusland zijn, waarmee het de op één na grootste wolvenpopulatie ter wereld is. Andere delen van de voormalige Sovjet-Unie hebben ook te maken met een dramatische wederopleving van dit probleem. Autoriteiten in Tuva schatten dat sinds het stoppen van de systematische jacht de wolvenpopulatie in dat kleine land snel steeg tot 400 roedels met in totaal zo'n 3.000 wolven. Het dunbevolkte Kazachstan wordt verondersteld de hoogste dichtheid van wolven in de wereld te hebben. Er zijn naar schatting 90.000 wolven in dat land.

Long riders kunnen in verschillende landen wolven tegenkomen. Groepen zijn vanuit Griekenland naar Albanië verhuisd en breiden uit in Scandinavië, de Baltische staten, Polen, Roemenië, Frankrijk, Duitsland, Italië en het Iberisch schiereiland. Was er in het jaar 2000 één roedel in Duitsland, in 2015 waren dat er minstens twaalf. Na in 1992 over de Italiaanse Alpen te zijn gemigreerd, heeft de wolf zich opnieuw gevestigd in Frankrijk. Experts geloven dat er op zijn minst twintig roedels wonen. In 2015 zijn er naar schatting 70.000 wolven in Noord-Amerika.

Wolven jagen het hcle jaar rond om de 2,5 - 5 kg vlees te krijgen die ze dagelijks nodig hebben om te overleven. Wat er op het menu staat is gebaseerd op kanscn en honger. Gemiddeld eet een wolf meer dan een ton vlees per jaar. Maar in tegenstelling tot leeuwen en beren eten wolven zelden het hele dier op, noch keren ze terug naar een vorige maaltijd. Dat betekent dat ze meer dieren doden dan ze nodig hebben.

Wanneer wolven hun angst voor de mens verliezen, is het opnieuw verschijnen van deze oude bedreiging van groot belang voor ruiters. Zeker in de voormalige Sovjet-Unie, de dunbevolkte gebieden van Siberië, de afgelegen regio's van Kazachstan of de desolate Mongoolse steppen. In maart 2012 viel een wolf in China binnen zes dagen zeven mensen aan. Twee van de slachtoffers stierven. Candice Berner werd in maart 2010 door wolven gedood tijdens het joggen bij haar thuis in Alaska. Ze werd gedeeltelijk opgegeten. Wolven doodden en aten Kenton Carnegie in Saskatchewan op 8 november 2005. En onlangs zijn er ook mensen gedood en opgegeten in Iran en Afghanistan.

Wolven hebben een reukvermogen dat 10.000 keer groter is dan dat van een mens. Ze kunnen prooien tot op vijf kilometer afstand waarnemen. Individuele wolven kunnen tijdens de jacht een topsnelheid halen van zestig kilometer per uur. Een roedel loopt gemakkelijk vijftig kilometer per dag. Zodra een roedel het slachtoffer heeft ingehaald probeert de leidende wolf deze te bijten. Een wolf kan het momentum gebruiken om zich op de flanken van de prooi te werpen. De tanden van de wolf zijn ontworpen om een dier te grijpen en vast te houden. Nadat de leidende wolf het slachtoffer grijpt, helpt zijn gewicht het dier zodanig te vertragen dat de andere leden van de roedel erbij komen om ook te beginnen met bijten, scheuren en eten van het slachtoffer.

Gedood worden door een wolf is geen snel proces.

Wanneer een wolvenpak een vluchtend paard achtervolgt, probeert het snelste dier omhoog te springen en in de flanken te bijten. Anderen zullen langszij rennen en proberen grip te krijgen op de neus van het paard. De rest zal proberen de pezen van de achterbenen door te bijten. Als het paard tot stilstand wordt gebracht en wordt omringd, beginnen de wolven te eten van het zachte weefsel aan de achterkant, het geslachtsdeel en de anus. Het openscheuren van de huid en de buikholte veroorzaakt bloedverlies waardoor het paard snel verzwakt. Het is niet ongebruikelijk dat de roedel de buikholte openscheurt, waardoor de darmen op de grond vallen en het slachtoffer niet meer weg kan. Op dat moment beginnen alle roedelleden te eten van het nog levende paard. In sommige gevallen blijft een paard levend achter, langzaam doodbloedend met opengescheurde buikholte. Dit is meestal het geval wanneer de jonge wolvenpups leren jagen.

Mocht de groep een uitzonderlijk agressief paard tegenkomen, dan zullen deze sluwe roofdieren hun prooi omcirkelen en wachten. Ze houden het paard dagenlang wakker en in de hoogste staat van alertheid totdat het verzwakt. Wanneer ze waarnemen dat de aandacht verslapt, vallen ze aan.

De Spanjaarden zeggen: "Rijden in een gebied met wolven leert je om te overleven!" Een wijze Long Rider respecteert de wildernis en bereidt zich erop voor. Kennis is je eerste verdediging. Zet je leven niet op het spel door te geloven in de Hollywood-mythe dat wolven je geen kwaad doen. Zoek in ieder geval uit of er wolven voorkomen in het gebied waar je trektocht plaatsvindt. Vraag na of er recente wolf-activiteit is geweest. Neem contact op met de plaatselijke autoriteiten. Vraag of mensen zijn aangevallen. Vraag rond bij lokale mensen. En als je eenmaal onderweg bent, leer dan de aanwijzingen in de natuur te lezen.

Blijf alert, laat je gedachten niet afdwalen. Houd je ogen open voor aanwijzingen. Raven bijvoorbeeld, volgen vaak roedels wolven in de hoop gemakkelijk aan een maaltijd te komen. Cirkelende raven kunnen duiden op een groep wolven die zich voeden met een prooi. Laat het warme weer je niet onoplettend maken. Je zou kunnen denken dat je midden in de zomer geen hongerige wolven tegen het lijf loopt, maar dat is niet waar. Verrassend genoeg vallen wolven juist in de late zomer en vroege herfst de meeste huisdieren aan. Dit is de tijd van het jaar waarin hun welpen oud genoeg zijn om de jachttechnieken te gaan leren.

Rijd overdag. Blijf op goed begaanbare paden. Vermijd gebieden waarvan bekend is dat er wolven jagen. Moet je er toch doorheen, doe dat dan zoveel mogelijk overdag. Geef je paarden op tijd water en voer. Zet ze niet aan een highline vast en laat ze niet onbewaakt achter want wolven kunnen aanvallen als je er niet bent. Houd je kamp schoon en probeer te voorkomen dat het naar eten ruikt. Leg een houtvoorraad aan. Maak een kampvuur in de schemering en houd dat 's nachts brandend. Ga als het donker is niet rondlopen buiten het kamp.

Leer om te luisteren. Wolven huilen met hun hoofd achterover, zodat het geluid ver kan dragen. Huilen heeft verschillende functies. Op deze manier kunnen roedelleden contact houden als ze onderweg zijn. Het is een signaal om op een specifieke locatie te verzamelen. Het werkt als afbakening van het territorium. Het is een huiveringwekkend alarmsignaal voor jou als ruiter.

Luister goed naar je paard! Hij vertelt je uit welke richting gevaar nadert. Als je paard dichtbij wolven hoort huilen, zal hij instinctmatig trachten om los te breken. Als hij wegrent het donker in, ga hem dan niet zomaar achterna. Een paard kan nog snel genoeg zijn om te overleven. Maar jij maakt geen schijn van kans als je te voet in het bos loopt met wolven dicht in de buurt.

Niets is beangstigender dan een stel goed georganiseerde en intelligente wolven op je af te zien komen. Afhankelijk van hoe gewend ze zijn aan mensen, kunnen wolven weinig angst tonen. Het is bekend dat ze hun slachtoffer omcirkelen, terwijl ze met hun kaken klappen en grommen, wachtend op een kans om aan te vallen. Weersta de drang om weg te rennen. Dit zal een agressieve aanval in gang zetten. Je moet stil staan en bereid zijn om voor je leven te vechten. Laat geen spoor van zwakte of angst zien. Struikel niet en loop niet achterwaarts. Kijk ze recht aan en maak geen plotselinge bewegingen. Gebruik je onderarm om je keel te beschermen, ga rechtop staan en begin te schreeuwen. Komt het tot een aanval, vecht dan terug door het dier op de gevoelige neus te raken, te wurgen of met je vuist op de keel te slaan.

Een pistool is een hulpmiddel, net als je zadel. Als je reist in een gebied met wolven is het niet onverstandig om een wapen mee te nemen, dat is geen paranoïde maatregel. Maar let op; vanwege de regelgeving is het vaak niet toegestaan dat je gewapend rondrijdt, tenzij je alle papieren hebt die in het betreffende land gevraagd worden. En zelfs dan is het niet altijd toegestaan om jezelf en je paarden te beschermen. In de hele Europese Unie is het verboden om op wolven te schieten. Een uitzondering is Estland, dat de grootste wolvenpopulatie van Europa heeft. Rusland heeft zijn voormalige milde visie op wolven veranderd en beschouwt de dieren nu als een bedreiging voor mens en vee. In 1974 kreeg de wolf bescherming door de regering van de Verenigde Staten onder de Endangered Species Act. Als gevolg daarvan wordt het neerschieten van een wolf als misdaad gezien. Denk daarom niet dat het dragen van een wapen je veiligheid garandeert. In een poging om hun leven te redden zonder de wet te overtreden, schoten Amerikanen herhaaldelijk in de lucht bij een ontmoeting met agressieve wolven. Het had geen effect.

Als veilig wapen kun je een luchthoorn meenemen. Ze zijn niet duur en schrikken de wolven af. Ook bearspray is een effectieve en betaalbare optie, alleen duurt het effect maar kort. Een bear-banger is een klein apparaat dat je zonder licentie mag bezitten waarmee je soort rotje kunt afschieten dat iets verderop een luide knal geeft. Je moet er dan wel voor zorgen dat de knal tussen jou en de wolf is, en niet achter de wolf, want dan heb je een probleem.

Rijd je in Mongolië of Kazachstan, zorg dan dat je een voorraadje vuurwerk of bearbangers hebt om alle wolven die in de buurt van je kamp op de loer liggen weg te jagen. Als je wolven je kamp ziet naderen zonder dat je wapens bij hebt, sla dan met pannen tegen elkaar, schreeuw en maak veel lawaai in een poging de wolven af te schrikken.

Onderschat het gevaar dat wolven kunnen vormen niet. Het zijn meedogenloze rovers die beschermd worden door de overheid. Wees niet het volgende slachtoffer. Wolven zijn door Disney neergezet als wijze dieren die geen bedreiging vormen voor jou en je paard. Doe daar niet aan mee en dicht ze geen menselijke eigenschappen toe. Het zijn sterke roofdieren die geen medelijden, empathie of liefde voor mensen hebben. Denk niet dat wolven alleen in afgelegen berggebieden leven. Ze jagen overal, langs rivieren, in de bossen, op open grasland en aan de randen van de stad. Het is aan jou om het gevaar te minimaliseren.

Coyotes. De coyote is kleiner dan een wolf, ze wegen gemiddeld 9 tot 22 kilo. Het zijn opportunistische eters die alles verorberen wat ze maar kunnen kauwen, zoals herten, konijnen, ratten, eekhoorns, vogels, fruit, bessen en aas. Gaandeweg is hun dieet veranderd. Ze leven steeds vaker dichtbij menselijke nederzettingen, waar ze leven van doodgereden dieren, afval in vuilnisbakken, duiven en huisdieren. In 2015 doodde een agressieve groep coyotes in Minnesota een paard, een paar nachten later keerden ze terug om nog meer paarden op hetzelfde terrein aan te vallen. Met het groeien van de populatie coyotes en het afnemen van hun angst voor mensen, is het aantal aanvallen op mensen toegenomen. Ze kunnen daarom een risico vormen voor een paard of ruiter als ze je ze te voet tegenkomt. Meestal zal een coyote je uit de weg gaan. Doet hij dit niet en gaat hij rondjes om je heen lopen, ren dan niet weg. Bearspray is een uitstekend afschrikmiddel. Maar ook een stevige stok of een scherp mes kan je helpen. Hef je armen, blijf staan en maak zoveel mogelijk lawaai om het dier te laten schrikken.

Eland. De eland is het grootste lid van de hertenfamilie. Mannen kunnen een schofthoogte van meer dan twee meter bereiken en 700 kilo wegen. De elandstier heeft een indrukwekkend gewei met punten dat in totaal wel 35 kilo kan wegen en ruim twee meter breed kan worden. In tegenstelling tot andere hertensoorten leeft de eland solitair. Elanden eten graag langs kleine meertjes en riviertjes, precies daar waar een vermoeid paard zou willen rusten en grazen na een lange dag reizen.

Elanden zijn bekend om hun onvoorspelbare gedrag. Hoewel ze normaal niet agressief zijn ten opzichte van mensen, kan een eland die wordt bedreigd dodelijk terugslaan. Er zijn gevallen bekend van mensen die werden doodgetrapt toen ze per ongeluk een eland irriteerden. Elandstieren kunnen agressief op mensen reageren tijdens het paarseizoen in de herfst. Veel aanvallen vinden plaats in het geboorteseizoen, een periode van twee weken in mei. Koeien zijn erg beschermend en zullen agressief reageren als een mens te dicht in de buurt van het kalf komt.

Ontmoet je tijdens je trektocht een eland, wees dan voorzichtig. Een eland die op je af loopt, doet dit als waarschuwing dat je terug moet trekken. Een boze eland legt zijn oren naar achteren en zet het haar op zijn rug omhoog. Dit is een potentieel gevaarlijke situatie. Zoek naar een manier om je terug te trekken. Ze vallen aan wanneer ze zich bedreigd voelen of als je te dichtbij komt. Hoe groot die persoonlijke ruimte is hangt af van het dier en de situatie. Omdat elanden niet territoriaal zijn en geen mensen eten, zullen ze mensen in principe niet achtervolgen wanneer deze vluchten.

Yaks. De langharige Yak is een rundersoort uit Azië. De sterke dieren worden als lastdier gebruikt door de stammen die in de Himalaya en het Karakorum gebergte leven. Op een trektocht in Pakistan, Noord-India, Nepal, Ladakh, Bhutan en Mongolië kun je yaks tegenkomen. Hoewel het geen roofdieren zijn, is het wel verstandig om voorzichtig te rijden met yaks in de buurt. Normaal gesproken zijn ze niet agressief, maar vrouwtjes zijn wel erg beschermend als hun kalfjes worden benaderd. Yakstieren kunnen soms wel gevaarlijk zijn.

Stieren. Hier kunnen we kort over zijn. Ga nooit lopen of kamperen in een veld waar een stier aanwezig is. Waar koeien soms agressief reageren om hun kalveren te beschermen, is het gedrag van een stier altijd onvoorspelbaar.

Kamelen en lama's. Tenzij paarden eraan gewend zijn, raakt ieder paard in paniek bij een onverwachte ontmoeting met een kameel. Lama's kunnen ook dit soort reacties teweeg brengen. Ruiters zijn gewond geraakt toen een paard al bokkend de benen nam bij het zien van een lama. Om dit te voorkomen verbieden sommige Amerikaanse nationale parken, Yosemite bijvoorbeeld, om lama's om als lastdieren te gebruiken. De Pacific Crest Trail is een opmerkelijke uitzondering. Deze is open voor wandelaars, ruiters en vee. Lama's worden samen met paarden gedefinieerd als vee.

Paarden. Vanwege massaal verlies van algemene paardenkennis is de moderne mens vergeten hoe gevaarlijk paarden kunnen zijn. Een ander feit dat hieraan bijdraagt is dat de meeste mensen alleen te maken hebben met merries en ruinen. In deze wereld waar het paard volledig is gedomesticeerd, ziet 98% van de paardeneigenaren nooit een hengst van dichtbij, behalve misschien op een renbaan. Dus ondanks duizenden jaren bewijs van hoe gevaarlijk paarden kunnen zijn, hebben miljoenen mensen de binding met de natuurlijke aard van het paard verloren. Ze geloven liever in het sprookje van moderne paardenfluisteraars die paarden uitbeelden als bedeesde prooidieren die bescherming tegen jagers nodig hebben van ons mensen.

In feite laat de geschiedenis zien dat het paard wel degelijk in staat is tot bruut geweld. Long Riders hebben aanvaringen met paarden gehad in verschillende landen. Jane Dotchen reed dwars door Engeland toen een hengst haar paard aanviel. In eerste instantie zou je het gedrag van zo'n paard als weerzinwekkend of abnormaal willen bestempelen, maar het is geen van beide. Dit paard reageert op zijn natuurlijke behoefte om zijn kudde te beschermen en zijn territorium te verdedigen. Ga altijd voorzichtig om met vreemde paarden. Wees voorbereid op agressief gedrag als je wilde paarden kunt tegenkomen.

Bescherm jezelf tegen een aanval van paarden. Nevada is de thuisbasis van de grootste wilde paardenpopulatie van Amerika. De Amerikaanse Long Rider Samantha Szesciorka had talloze ontmoetingen met nieuwsgierige of agressieve wilde paarden in die staat. De slimme oplossing van Samantha kan levensreddend zijn.

"Mijn 100% effectieve methode om aanvallen van wilde paarden af te schrikken, ongeacht de grootte van de kudde, is een plastic zak. Ik bond een gewone plastic zak aan het uiteinde van een korte Engelse rijzweep. Hij weegt bijna niets en neemt geen ruimte in de zadeltas in. Ik heb het elke dag bij me gedragen."

Meerdere testen met verschillende wilde paarden bewezen de effectiviteit van deze methode.

"Het is duidelijk dat mijn paard eraan gewend is en wilde paarden niet. Toen ze op me af kwamen haalde ik de zweep met zak tevoorschijn en wapperde ermee. Er komt dan lucht in de zak wat het kenmerkende, krakende geluid geeft. Dit kun je doen vanuit het zadel of vanaf de grond. Ik heb het gebruikt om alleenstaande vrijgezelle hengsten af te schrikken en ook tegen kuddes van meer dan vijftig paarden. Het werkt altijd, ook in het donker."

Ze vertelt verder: "Toen we kampeerden in gebieden met wilde paarden hing ik plastic zakken rond het hele kamp. Bij een avondbriesje, hielden het geluid en de beweging de wilde paarden op afstand. Met deze truc durfde ik 's avonds te gaan slapen.

Slangen. Op ieder continent, behalve Antarctica, zijn slangen te vinden. Ze variëren in grootte van piepklein, slechts 10 cm, tot aan een imposante negen meter! Sommigen doden hun prooi door gif in het lichaam te brengen met hun scherpe tanden. Anderen doden door hun slachtoffers te wurgen. Voordat je op reis gaat onderzoek je welke giftige slangen je tegen kunt komen, vervolgens onderneem je stappen om ze te ontwijken.

De ratelslang is de meest voorkomende bedreiging die Long Riders onderweg tegenkomen. Er zijn 32 verschillende soorten ratelslangen in de wereld, van Canada tot aan Argentinië. Ze leven in verschillende habitats, waaronder woestijnen, bossen, moerassen en prairies. Eén soort, de Oost-Diamondback-ratelslang, is de grootste giftige slang in Noord-Amerika. Hij kan zo'n 2,5 meter lang worden. De kans dat je ooit oog in oog komt te staan met een python is bijzonder klein, een ratelslang daarentegen is niet ongewoon. Ze luieren onder onder boomstammen, glijden door hoog gras, nestelen onder keien, vestigen zich in holen en zonnebaden midden op warme paden. Als een ratelslang zich bedreigd voelt schudt hij de ratel aan zijn staart als waarschuwing. Eenmaal opgerold kan hij met verbazingwekkende snelheid toeslaan.

Wees voorzichtig bij een ontmoeting, loop voorzichtig achteruit. Als je weinig of geen ruimte hebt om achteruit te gaan, schop dan vuil of zand op de slang. Omdat ratelslangen geen oogleden hebben, kunnen ze hun ogen niet sluiten, dus zullen ze zich van vliegend zand af bewegen. Kijk goed om je heen als je in een gebied met slangen bent, rijd voorzichtig door het gras of struiken. Ook 's nachts moet je op je hoede zijn, omdat de dieren juist dan actief zijn. Pak niet zomaar stenen of hout op, er kan een slang onder zitten. Ga ook niet op een rotsblok zitten of leun ergens tegenaan zonder het eerst grondig te inspecteren. Steek ook niet zomaar je hand in een kier of spleet waar een slang in kan zitten en ga ze nooit achterna.

Zelfs het oppakken van een dode ratelslang kan gevaarlijk zijn. Reflexmatige beweging kunnen tot een uur na de dood nog beten veroorzaken, zelfs als het dier onthoofd is.

Ratelslangen detecteren aanwezigheid door warmte en beweging. Meestal trekken ze zich terug als ze de kans krijgen. Het is wel toegestaan om er een te doden als je in gevaar bent. Het reptiel wordt geboren met volledig functionele hoektanden en kan al direct na het uitkomen een prooi doden.

Als een ratelslang bijt, injecteren grote gifklieren met kracht hun gif in het slachtoffer. Terwijl het gif door de bloedbaan wordt getransporteerd vernietigt het weefsel, veroorzaakt het snelle zwelling, inwendige bloedingen en intense pijn. De meeste ratelslang beten zijn niet dodelijk voor de mens, mits ze snel en correct worden behandeld. Gebruik geen tourniquet en koel niet met ijs. Insnijden en uitzuigen, zoals je in cowboyfilms ziet, wordt nooit aanbevolen. Overleving hangt af van hoe snel antigif-serum kan worden toegediend.

Slangen en paarden. Ratelslangen vormen een grote bedreiging voor de paarden van Long Riders, vooral in de Verenigde Staten, waar 26 verschillende soorten van deze slang wonen. Wanneer reptielen en paarden dezelfde leefomgeving delen, zijn gewonden en sterfgevallen, onder beide soorten, onvermijdelijk. Slangen blijven meestal uit de buurt van het geluid en de trilling van een bewegend paard. Toch zal een sluimerende slang een te dicht passerend paard in het been treffen. Dit is een moeilijke wond om te behandelen, omdat het gif snel in de bloedstroom terechtkomt.

Krokodillen. In krokodillenland kan zelfs langs de waterkant lopen jou of je paard fataal zijn. Er zijn twee soorten krokodillen. Long riders kunnen de pech hebben ze tegen te komen in Afrika of Australië. Waar dan ook, beide soorten eten ook mensen. De meest agressieve is de zoutwaterkrokodil. Ondanks zijn naam is dit reptiel tot ver landinwaarts te vinden, het leeft ook in rivieren en kreken soms wel honderden kilometers vanaf de kust. De zoutwater krokodil kan meer dan zeven meter lang worden en meer dan een ton wegen. Hij zal ieder dier dat ronddwaalt binnen zijn territorium aanvallen. Slachtoffers zijn apen, kangoeroes, zwijnen, dingo's, vogels, waterbuffels, vee, haaien, tijgers, paarden en mensen. Long Rider Steve Nott verloor bijna zijn paarden aan krokodillen tijdens zijn reis door Noordelijk Australië in 1986. Het dier wachtte onder water tot Steve de paarden naar de rivier bracht om te drinken. Zodra ze het ondiepe water in liepen viel hij aan. Steve kon de paarden redden door het dier met geweerschoten te verjagen.

Krokodillen doden hun prooi met een jachttechniek die bekend staat als de death roll. Het reptiel grijpt het geschrokken slachtoffer en rolt dan om, waardoor het prooidier uit balans raakt. Zo kan de krokodil het onder water trekken. Dit gebeurde ook in 1939, toen de één ton zware Suffolk Punch hengst in het noorden van Australië, werd gepakt door een krokodil. Volgens ooggetuigen was het paard binnen een minuut dood.

In een gebied waar krokodillen leven benader je rivieren en waterbronnen voorzichtig. Kampeer niet in de buurt van rivieren, plassen of meertjes. Om een aanval te voorkomen kun je enkele meters naast de waterbron een gat graven waaruit je veilig water voor je paarden kunt halen. Als een krokodil je op land aanvalt, ren dan voor je leven. Als hij je grijpt, sla hem dan op de neus of in de ogen. Doe al het mogelijke om te voorkomen dat je het water in wordt getrokken.

Vampiervleermuis. Ook vanuit de lucht kan gevaar komen. Er zijn drie soorten vleermuizen die zich voeden met paardenbloed. Vampiervleermuizen wonen in grote kolonies, soms met duizenden bij elkaar. Ze verstoppen zich in de duisternis van grotten, putten, mijnschachten, holle bomen of verwaarloosde gebouwen. Deze wezens, die in de nacht actief zijn, komen voor van Mexico tot Argentinië en gedijen in verschillende klimaten, variërend van droog tot tropisch. Ze jagen alleen als het helemaal donker is. Sensoren in de neus stellen hen in staat om de oppervlakkige ader van een slachtoffer te lokaliseren. Met snijtanden zo scherp als scheermesjes snijden ze in de huid. Een stof in het speeksel van de vleermuis voorkomt dat het bloed stolt, waardoor het diertje zich vijftien minuten of nog langer kan voeden met het bloed van zijn slachtoffer.

Aimé Tschiffely was de eerste Lange Ruiter die bevestigde dat zijn paarden waren aangevallen door deze bloedzuigers. Long Riders beschermen hun paarden door ze in te smeren met geprakte knoflook of sterke zwarte peper over ze heen te strooien.

Bescherming. Als je samen met je paard op een trektocht gaat treed je het dierenrijk binnen. De kansen om gewond of gedood te worden, hangen af van verschillende factoren. Om het risico te verkleinen, moet je voorafgaand aan je vertrek weten welke dieren je kunt tegenkomen en hoe je je daartegen verdedigt. Negeer nooit lokaal advies. Nomaden, herders, wandelaars, ruiters, parkwachters en boeren kunnen je waarschuwen voor alles, van een lama op de route tot een leeuw in de bush.

Let altijd goed op hoe je paard reageert op zijn omgeving. Paarden zijn vrij luidruchtige stappers. Ze doen geen moeite om geluidloos te bewegen. Ze zwiepen met hun staarten en schudden hun manen. En ze hinniken. Roofdieren vertrouwen op hun vermogen om ongezien te sluipen. Ze bewegen zonder geluid als ze op jacht zijn. Als je paard plotseling stilhoudt om te luisteren, stap je daar niet zomaar overheen, maar besteed je daar aandacht aan. Als hij gaat snurken en de staart in de lucht houdt, is er iets van extreme interesse of mogelijk gevaar, erg dichtbij.

Een paard dat zich bedreigd voelt kan er zomaar vandoor gaan. Laat je niet verrassen, want als je eraf valt ben je nog verder in de problemen.

Naast je eigen kennis verbreden, is het ook verstandig om goed uitgerust te zijn. Iets dat hard geluid maakt is vaak voldoende herrie om zich verschuilende roofdieren weg te jagen. Een sterke zaklamp is ook een basisstuk in je bepakking. Een krachtige lichtstraal in de ogen van het roofdier schijnen kan genoeg zijn om hem af te schrikken. Een krachtige peperspray is in veel landen wel toegestaan. Als de wet het toestaat zou je kunnen besluiten om andere wapens mee te nemen. Maar zoek dat goed uit voor vertrek.

Hoofdstuk 68 - Insecten

Als het over insecten gaat is de mens in het nadeel. Er bestaan maar een beperkt aantal grote, op mensen jagende roofdieren. Dus statistisch gezien is de kans erg klein dat je tijdens een trektocht een hongerige ijsbeer, een luierende leeuw of een jagende wolf tegen het lijf loopt. Naar schatting zijn er bijvoorbeeld 'slechts' 70.000 wolven in Noord-Amerika. Vergelijk het aantal wolven met het geschatte aantal insecten, 10.000.000.000.000.000.000, op aarde en je weet waar je staat. Er zijn 900.000 verschillende soorten insecten en alleen in de V.S. al 91.000 soorten. Met deze aantallen is het statistisch gezien zeer waarschijnlijk dat je onderweg in de wildernis een negatieve ervaring met insecten zult beleven.

Eerdere generaties Long Riders gaven waarschuwingen over insecten en legden uit hoe deze bloedzoekende, ziekteverspreidende, gekmakende dieren hun leven veranderden in een ware nachtmerrie van de jeuk. Erger nog, de insecten wachten geduldig op de komst van overheerlijke moderne reizigers te paard die de vergissing begingen om hun jachtgebied te betreden.

Steekmuggen (Culicidae). Er zijn een aantal gevaarlijke insecten waar je rekening mee moet houden, bovenaan de lijst staat de steekmug. Wetenschappers schatten dat er 3.500 soorten zijn, alleen in Nederland komen er al 41 soorten voor. Steekmuggen die overdag actief zijn, zijn vaak agressiever dan muggen die zich 's nachts voeden. Voor allemaal geldt dat de CO_2 in onze adem de muggen aantrekt. Alleen het vrouwtje bijt, omdat ze het eiwit in menselijk bloed nodig heeft om haar eieren te produceren. Het antistollingsmiddel dat ze in de wond injecteert, veroorzaakt de intense jeuk. Omdat er echt bloedcontact is, is het voor je gezondheid belangrijk om zoveel mogelijk te voorkomen dat je gestoken wordt. Een muggenbeet kan leiden tot een aantal ziekten, waaronder gele koorts. Het grootste gevaar is nog altijd malaria. In tegenstelling tot andere muggen maakt de vrouwelijke malariamug geen geluid, ze valt in stilte aan. De incubatietijd van malaria is 9 tot 14 dagen na de beet. Symptomen zijn onder andere ernstige hoofdpijn, koorts en braken. Hierdoor wordt malaria regelmatig verkeerd gediagnosticeerd als griep. Zonder medische behandeling kan de ziekte leiden tot coma en uiteindelijk de dood.

Wetenschappers hebben ontdekt dat muggen nog een andere dodelijke ziekte kunnen overbrengen, het West Nijl Virus (WNV). Deze ziekte komt oorspronkelijk uit Centraal-Afrika en heeft zich verspreid naar Europa, Midden-

Amerika, Mexico, Canada en de Verenigde Staten. Vooral mensen en paarden zijn er gevoelig voor. Gelukkig kan een paard dat besmet is met WNV het virus niet verspreiden naar andere paarden of mensen, er is altijd een mug nodig voor de overdracht. Eén derde van alle besmette paarden overleeft het niet. Eerst treedt er algemene zwakte op in combinatie met hoge koorts, gevolgd door depressie en verminderde eetlust. Het lichaam gaat achteruit, de oogleden en onderlip gaan hangen, er treedt coördinatieverlies op en het slachtoffer gaat zinloos heen en weer lopen. Dan volgen spiertrekkingen en wordt het dier blind, de hersenen gaan ontsteken, dat veroorzaakt verlamming en uiteindelijk de dood.

Omdat zowel jij als je paard de ziekte kunnen krijgen moet je uitzoeken of WNV voorkomt in het gebied waar je jouw trektocht plant. Als dit het geval is, vaccineer je dieren dan voor vertrek. Paarden hebben een basisenting nodig met vier tot vijf weken tussentijd. Beperk de kans op infectie tijdens het reizen door niet te lang in de buurt van stilstaand water te blijven. Bescherm jezelf met een sterk anti-muggenmiddel dat DEET bevat.

Knutten (Chironomidae) Er zijn duizenden soorten knutten. Deze kleine tweevleugelige insecten zijn minder dan een halve centimeter lang en komen voor van Alaska tot Argentinië. In principe bijten de vrouwtjes van knutten niet en zijn ze niet gevaarlijk voor mensen.

Er bestaan echter wel bijtende knutten, welke behoren tot een andere familie van 'echte vliegen', namelijk de Ceratopogonidae. Deze leven vooral in de buurt van water, denk hierbij aan moerassen en mangrovebossen. In de dichte begroeiing, heggen en bomen, genieten ze, net als de steekmug, van windstil weer en een hoge luchtvochtigheid. Wanneer de omstandigheden goed zijn, kunnen ze verschijnen in zwermen van bijbelse proporties. Deze kleine jagers zijn vooral actief rond de schemering en in de vroege ochtend. Door hun kleine formaat kunnen ze door het vliegengaas kruipen. Net als alle muggen worden ze aangetrokken door de CO_2 in de ademhaling van de mens. En ook hier zijn het alleen de vrouwtjes die als woeste roofdieren steken. Elk individu kan maximaal vijf minuten bloed opzuigen, dat gebruikt wordt als eiwitbron voor haar eitjes. Dit geeft een pijnlijke brandende plek die in geen verhouding staat tot de kleine omvang van het diertje. De rode plekjes veroorzaken intense jeuk en kunnen zelfs blaren geven. Als je de huid stuk krabt, kunnen er vervelende wonden ontstaan. Aanvallen kunnen de hele nacht duren, waarbij de vliegjes in je kleding kruipen, rond je ogen zwermen en over je gezicht kriebelen, zich voedend op ieder stukje blote huid.

Insectenwerende middelen op Citronella-basis kunnen knutten tijdelijk op afstand houden. Als je ergens bent waar dit niet verkrijgbaar is, kan het ook helpen om jezelf en je paard in te wrijven met knoflook.

Jezelf en je paarden beschermen is belangrijk, want de bijtende knutten kunnen overbrengers zijn van de gevreesde Afrikaanse paardenpest (African Horse

Sickness, AHS). Als je paard is geïnfecteerd met deze dodelijke virusziekte, moet je op het ergste voorbereid zijn. Hoewel muggen en teken het virus ook kunnen overdragen, is de bijtende knut de grootste boosdoener. De ernst van een AHS-uitbraak is afhankelijk van een aantal lokale omstandigheden, die allemaal van invloed zijn op de activiteit van de vliegjes in dat gebied. Warm weer, regenval en een zanderige bodem kunnen zorgen voor een plotselinge knuttenplaag. Alle paardachtigen kunnen worden geïnfecteerd met AHS, maar het paard reageert het meest gevoelig. In ernstige gevallen verliest het dier zijn eetlust, heeft het hoge koorts en moeite met ademhalen. Het begint te hoesten, wat een aanwijzing is voor vochtophopingen in de longen. Zodra er ernstig longoedeem optreedt, volgt de dood in minder dan een etmaal. De kwaal is zo dodelijk dat bijna 90 procent van alle besmette paarden sterft. Van oorsprong is AHS endemisch in tropisch Afrika, maar tegenwoordig heeft het virus zich ook ten noorden van de evenaar verspreid. AHS is gediagnosticeerd in Marokko, het Midden-Oosten, India en Pakistan. AHS is nooit gemeld in Noord- en Zuid-Amerika, Oost-Azië of Australië. Er zijn enkele gevallen bekend in Spanje.

Tseetseevlieg. Anders dan een mug, zal de tseetseevlieg niet eerst beleefd in je oor zoemen voor hij toeslaat. Deze vlieg jaagt actief op jou om dwars door je kleren heen te steken op zoek naar bloed. De beet veroorzaakt niet slechts irritante jeuk, maar ook een stekende pijn. Had ik al gezegd dat hij verantwoordelijk is voor de dood van miljoenen stuks vee en honderdduizenden mensen per jaar?

De Tseetseevlieg lijkt qua uiterlijk erg op de normale huisvlieg, behalve dat ze zijn uitgerust met een lange snuit waarmee ze het bloed van gewervelde dieren kunnen opzuigen. Tijdens het voeden brengt de vlieg een eencellige parasiet, de Trypanosoma brucei, in het bloed van zijn gastheer. Als deze parasiet in een mens terecht komt, veroorzaakt het de dodelijke ziekte trypanosomiases, beter bekend als de 'Afrikaanse slaapziekte'. Dezelfde ziekte in paarden noemen we 'nagana'. Nadat een tseetseevlieg een mens infecteert met de parasiet, reist deze door het lymfestelsel waardoor de lymfeklieren opzwellen. Vervolgens komt het in de bloedbaan terecht en van daaruit komt het in het neurologische systeem waar het zich vestigt in de hersenen. Het slachtoffer krijgt na enkele dagen tot een maand een zweer op de plek van de beet, koorts en ernstige hoofdpijn die niet verdwijnt. Dit is een signaal dat het brein begint op te zwellen. Het slachtoffer raakt in de war, wordt lusteloos en krijgt een abnormale behoefte om voortdurend te slapen. De slaap wordt dieper, de patiënt vermagert en kan alleen nog maar liggen zonder iets te voelen of waar te nemen. Uiteindelijk faalt het endocriene systeem en stopt het hart.

Een paard dat is besmet met nagana ruikt vies, krijgt koorts, gevolgd door spieratrofie, afscheiding uit de ogen en neus, met in de eindfase totale verlamming. Als je paard besmet raakt met nagana, moet je onmiddellijk contact opnemen met de plaatselijke gezondheidsautoriteiten.

Onderzoek heeft aangetoond dat de tseetseevlieg wordt aangetrokken door donkere kleuren. Dit heeft ertoe geleid dat wetenschappers speculeren dat de zebra zijn strepen heeft ontwikkeld, niet als camouflage tegen leeuwen, maar als verdediging tegen tseetseevlieg aanvallen.

De strategie van de tseetseevlieg is zo succesvol dat de Afrikaanse slaapziekte zich heeft verspreid over zevenendertig landen op het Afrikaanse continent, allen ten zuiden van de Sahara. Dit kleine diertje heeft een groot gedeelte van Afrika veranderd in een 'onbewoonde groene woestijn'. Tseetseevliegen zijn buitengewoon agressief. Ze worden aangetrokken door beweging en zijn erg actief in de vroege ochtend en avond. Hun beet is buitengewoon pijnlijk. Rijden door het tseetseevlieg gebied is alleen mogelijk na zorgvuldige overweging en planning. Er is geen vaccin beschikbaar om slaapziekte te voorkomen. Een insectenwerend middel dat DEET bevat, houdt de vliegen een tijdje op afstand. In noodgevallen kun je het antibacteriële desinfectiemiddel Dettol mengen met water om een vliegenmiddel te maken. Het mengsel moet bestaan uit 1 deel Dettol op 2 delen water.

Elke Long Rider die de pech heeft om gebeten te worden door een tseetseevlieg, en die hoge koorts of andere symptomen van Afrikaanse slaapziekte ontwikkelt, moet onmiddellijk medische hulp zoeken. Als de diagnose vroeg wordt gesteld, kan een behandeling de voortgang van de ziekte stoppen, anders is de ziekte onvermijdelijk fataal.

Dazen. De vrouwtjes van deze grote vliegen maken geen netjes gaatje met een zuigsnuit als een injectienaald, maar gebruiken hun vlijmscherpe kaken om een gat in de huid van het slachtoffer te scheuren. Als de pijnlijke wond eenmaal is toegebracht, drinkt het insect het bloed dat uit de wond stroomt. Van dazen is bekend dat zij een paard meermalen aanvallen. Dergelijke aanvallen kunnen het dier ernstig verzwakken of zelfs doden.

Bijen. Tenzij je allergisch bent, is een enkele bijensteek niet gevaarlijk. Zie je onderweg bijen zoemen rondom een specifieke plek dan zou dit kunnen wijzen op een nest. Geef ze de ruimte en rijd er omheen.

Kom je een bijenkorf van de 'Geafrikaniseerde honingbij' tegen dan wordt het een ander verhaal. Hun bijnaam is 'killer bees' door het zeer agressieve gedrag dat ze laten zien. Ze stammen af van Afrikaanse bijen die in 1956 in Brazilië werden geïmporteerd. Het jaar daarna ontsnapten een aantal koninginnen, die vervolgens gingen paren met inheemse soorten. Daarna begonnen ze aan een gestage migratie naar het noorden, met een snelheid van 200 kilometer per jaar. Deze gevaarlijke bijensoort komt nu voor in heel Zuid-Amerika en de zuidelijke staten van Noord-Amerika. Het is bekend dat ze paarden kunnen doden. De steek van de Geafrikaniseerde honingbij is niet dodelijker dan zijn soortgenoot. Wat ze zo gevaarlijk maakt, is dat ze de neiging hebben om te zwermen. Ze vallen ook aan in zwermen waarbij ze hun slachtoffer over grote afstanden najagen, soms tot wel 24 uur lang. Om agressie uit te lokken is het niet nodig om de bijenkorf direct te verstoren. Het is bekend dat geluiden en zelfs trillingen extreme aanvallen veroorzaakten die eindigden in ernstige verwondingen. Dit zou kunnen verklaren hoe een zwerm Geafrikaniseerde honingbijen in de zomer van 2010 twee paarden in Texas doodde. Een zwerm van naar schatting 30.000 bijen viel de paarden aan. Volgens de eigenaar waren de paarden volledig bedekt met bijen. Beide dieren stierven na honderden keren gestoken te zijn. In 2013 werd een man uit Texas door 40.000 bijen doodgestoken.

Vlooien. Hoewel de gemiddelde vlo slechts 1,5 mm lang is, is dit kleine beestje verantwoordelijk voor onbeschrijfelijk veel ongemak aan de mensheid. Het zijn geduldige jagers. Als er geen slachtoffers zijn, wachten ze rustig, soms maanden lang, zonder eten. De trilling van een persoon die een kamer binnenkomt, is voldoende om de sluimerende horde wakker te maken. Zodra ze een mens of dier waarnemen hebben de vlooien twee doelen: het eerste is zich tegoed te doen aan vers bloed en het tweede is zich zo snel mogelijk reproduceren. Een vlooienbeet veroorzaakt hevige jeuk, maar geeft meer dan alleen maar ergernis. Vlooien kunnen ernstige ziekten overbrengen. Muggenspray met DEET helpt om vlooien af te weren. Calamine, hydrocortison en andere jeukstillende crèmes helpen bij het behandelen van de irritatie.

Zandvlooien. Met een grootte van slechts 1 mm zijn zandvlooien het kleinste lid van de vlooienfamilie. Ondanks dit formaat is de zandvlo in staat om een grote ravage aan te richten in je lichaam. Zandvlooien vind je in gebieden met een tropisch klimaat. Ze verblijven in de grond, totdat er een potentieel slachtoffer verschijnt.

In het Engels staan ze bekend als de 'chigoe flea' of 'Jigger'. In Colombia noemt men deze plaaggeest in het Spaans 'nigua' en Paraguayaanse indianen noemen ze in de Guarani-taal 'tũ'. Maar de Brazilianen hebben de beste beschrijving. Zij verwijzen naar zandvlooien als de 'bicho-de-pé', de voetwants. Daarin ligt een aanwijzing om nooit te vergeten als je hem tegenkomt. Muggen en vliegen bijten of steken hun slachtoffers. Een zandvlo graaft zich met zijn hoofd in de blootgestelde huid van de gastheer. Meestal in de voeten, maar ook ellebogen en geslachtsorganen zijn kwetsbaar. Als je op de grond zit kunnen ze ook bij je billen.

Op je huid verschijnt een kleine blaar met in het midden een zwart puntje, dit is de buik van een zandvlo vrouwtje. Haar hoofd zit onder je huid, terwijl ze zich voedt met bloed. De kleine zandvlo blijft daar ongeveer twee weken zitten, ondertussen zwelt haar buik op als tientallen eitjes groeien. Het steeds groter wordende beestje drukt op de zenuwen en bloedvaten van de gastheer en veroorzaakt intense irritatie en pijn. Op een bepaald moment barst de zandvlo, ze sterft en laat los, maar de eitjes blijven achter in het lichaam van de gastheer. Na een paar dagen komen ze uit en werken zich door de huid naar buiten in een wriemelige massa. Vanwege hun kleine formaat is het buitengewoon moeilijk om jezelf tegen zandvlooien te beschermen. Het dragen van schoenen en het gebruik van sterk insectenwerend middel is van cruciaal belang. Het is niet gemakkelijk om een zandvlo die vol met bloed zit te verwijderen. Artsen gebruiken een lepelvormig mesje om de aangetaste huid weg te snijden.

Oogstmijt. Deze microscopisch kleine insecten die in het Engels 'chiggers' en in het Spaans 'coloradillas' worden genoemd, zijn niet groter dan de punt aan het einde van deze zin. Ze zijn knalrood en leven in weilanden en hoog gras in heel Midden-Amerika, waar ze paarden en mensen aanvallen. De beet is niet pijnlijk, maar naderhand ontstaat er een blaar die erg kriebelt. Meestal bijten de diertjes in het gebied rond de enkels, maar soms richt het diertje zich op de taille, de polsen of een warme huidplooi, bijvoorbeeld in de schaamstreek. In het laatste geval kan een aandoening ontstaan die bekend staat als het 'zomerpenisyndroom'. Dit doet de penis zwellen en veroorzaakt jeuk waardoor urineren pijnlijk is. Overal op het lichaam blijven de beten enkele weken pijnlijk. Een afweermiddel met DEET helpt om de mijten op afstand te houden.

Bedwants. Platte, roodbruin gekleurde beestjes, die wonen in matrassen, beddengoed, meubels, bagage en kleding. Ze kunnen een jaar lang zonder eten en zijn erg moeilijk te vinden, omdat ze zich ophouden in scheuren en kieren. Daar wachten ze tot de avond valt en ze op zoek gaan naar bloed. Als ze een prooi waarnemen komen ze uit hun schuilplaats en waarschuwen anderen dat het veilig is om te voeden. Long Riders hebben in heel veel landen last gehad van bedwants aanvallen. Zorg dat je voor de avond valt hebt gecontroleerd of ze aanwezig zijn. Grote groepen kun je meestal vinden in de buurt van het bed. Controleer beddengoed op bloedvlekken van eerdere slachtoffers. Donkere uitwerpselen die lijken op bruine of zwarte peper vlokken zijn ook signalen dat er levende bedwantsen zijn. De beestjes geven een karakteristieke geur af van rotte frambozen. Als je bedwantsen ziet, blijf dan niet in de kamer. Maak je zadeltassen niet open en leg geen kleding op de grond of op het bed. Verlaat de ruimte onverwijld, zelfs als dit betekent dat je je gastheer beledigt of dat je er geld door kwijt raakt.

Als je werkelijk geen andere keuze hebt, bijvoorbeeld, omdat het te koud is buiten, berg je kleding en bagage op zo ver mogelijk bij het bed vandaann liefst ook niet op de vloer. Was je kleding daarna zo snel mogelijk in kokend water.

Teken. Anders dan de regionaal voorkomende bedreigingen zoals de Afrikaanse tseetseevlieg of de Midden-Amerikaanse oogstmijten, komen teken over de hele wereld voor. Ze veroorzaken niet alleen ongemak, maar kunnen ook meerdere ziektes overdragen. Het zijn productieve sluipmoordenaars die speciale aandacht verdienen. Er zijn honderden verschillende soorten teken. Naast muggen vormen teken het grootste gevaar voor mens en paard, omdat ze een aantal zeer ernstige ziekten kunnen overdragen. Toch is men zich in veel landen niet bewust van deze bedreiging. Long Riders zijn zich meestal niet bewust van het feit dat teken een grotere bedreiging vomen voor de reis dan criminelen.

Nimfen zijn slechts één millimeter groot en in staat om te bijten. Alle teken zijn succesvolle jagers. Ze zijn in staat om een geschikte hinderlaag te vinden door hun vermogen om veel gebruikte paden te onderscheiden van minder gebruikte. Vanaf een schuilplaats in takken of hoog gras wachten ze tot hun diner voorbij komt. Dankzij speciale zintuigen, waarmee ze door mensen en dieren uitgestoten koolstofdioxide kunnen detecteren, voelen ze hun slachtoffers vanaf grote afstand naderen. Ze klimmen op de nietsvermoedende gastheer, begraven hun hoofd in het lichaam en beginnen zich te voeden met bloed. De beet blijft vaak onopgemerkt, omdat de teek een verdovingsmiddel injecteert. Veel slachtoffers weten dus niet dat ze zijn gebeten.

Het vervelende is dat symptomen van door teken overgebrachte infecties, zoals koorts, pijn en vermoeidheid, niet onderscheidend zijn van veel voorkomende en ongevaarlijke zomer infecties. Eenmaal vastgebeten in de huid, zal de teek zich maximaal een week lang voeden. In eerste instantie ziet het eruit als een klein, beige speldenknopje. Uiteindelijk is het lichaam van de teek maximaal opgezwollen en zo groot als een kinderduim.

Teken krijgen infecties van één gastheer en geven de ziekte vervolgens door aan het volgende slachtoffer tijdens een volgende voeding. Vanwege de vele ziektes die teken kunnen doorgeven waarvan er voor maar één een goede behandeling bestaat, vormen ze een enorm gevaar voor Long Riders en hun paarden.

Een voorbeeld van zo'n dodelijke infectie is de ziekte van Lyme. Door de wereldwijde temperatuurstijging en een afname in het gebruik van pesticiden groeit de tekenpopulatie. Hierdoor is het aantal gevallen van Lyme infecties enorm toegenomen. Het is de meest voorkomende door teken overgedragen ziekte op het gehele noordelijk halfrond. De infectie wordt vaak overgedragen tussen de maanden mei en september wanneer de teken het meest actief zijn. Teken brengen de Lyme-bacterie (*Borrelia*) via speeksel over in de bloedbaan van een gastheer. Kort daarna verschijnt meestal de kenmerkende rode ronde cirkel: donker in het midden en lichter langs de randen. Als je de pech hebt om besmet te raken kun je de symptomen niet lang negeren. Je krijgt koorts, verblindende hoofdpijn, heftig braken, gevoelloosheid en ernstige gewrichtspijn. Naarmate de ziekte vordert, klagen slachtoffers over moeite met ademhalen en ernstige slapeloosheid. Ze kunnen extreme stemmingswisselingen ervaren, waaronder depressie, wanen en dementie. Als je een rode cirkel op je huid ontdekt, stop je je tocht, breng je je paard ergens onder en zoek je direct medische hulp!

Maar teken kunnen meerdere ziekteverwekkers bij zich dragen. Dit maakt het voor een arts lastig om te diagnosticeren welke infectie je hebt. Voorbeelden zijn het Rocky Mountain spotted fever en virale hemorragische koorts, ofwel krim-congokoorts. De eerste wordt vaak 'tekentyfus' genoemd. Hiervan bestaat er ook een Europese variant die langs het hele Middellandse Zeegebied voorkomt. Het is de meest dodelijke en frequent gerapporteerde tekenziekte in de Verenigde Staten. Zonder onmiddellijke behandeling is het dodelijk.

Krim-congokoorts is te vinden in Afrika. Het tast de lever van het slachtoffer aan en kan tot de dood leiden.

Een andere infectie die door teken kan worden overgebracht is hersenvliesonsteking (encefalitis). Deze infectie komt voor in Europa, Centraal-Azië, Siberië en Japan en treft duizenden mensen per jaar. Een vaccinatie is beschikbaar in Europa, maar niet in de Verenigde Staten. Deze vaccinatie wordt ten zeerste aanbevolen als je door een gebied met teken gaat rijden. Niet alleen mensen worden door teken gebeten, ook paarden kunnen gebeten worden. Bij het paard bijten teken zich vaak vast langs de manenkam, langs de voorkant van de borst en tussen de achterbenen. Piroplasmose is een infectie die op paarden wordt overgedragen via een geïnfecteerde teek. Het duurt meestal een week of twee voordat de symptomen duidelijk zijn. Dit begint met een gebrek aan eetlust en een verlies van conditie. Gevolgd door (hoge) koorts en de mogelijke ontwikkeling van bloedarmoede. Ook geelzucht, bloed in de urine en een moeizame ademhaling behoren tot de symptomen. Deze ziekte komt voor in heel Midden- en Zuid-Amerika en treft miljoenen paarden. Het wordt ook gezien in Afrika, delen van Oost-Europa en het Midden-Oosten. Tot op heden hebben alleen Japan, Australië, Ierland, Engeland, Canada en de Verenigde Staten hun paarden populaties vrij weten te houden van deze infectie.

Hoewel paarden met piroplasmose weer voldoende kunnen opknappen om bereden te worden en op trektocht te gaan, blijven ze voor de rest van hun leven drager en daardoor besmettelijk voor andere paarden. Daarom zal een paard dat positief test op piroplasmose nooit ten noorden van Mexico worden toegelaten.

Tekenbeten vermijden. Grijp elke kans aan om te voorkomen dat jij of je paard door een teek wordt gebeten. Bescherm je huid en je gezondheid door goede schoenen en kleding te dragen onderweg. Loop niet op blote voeten, sandalen of slippers. Draag in tekengebied kniekousen, een lange broeken en shirt met lange mouwen. Houd je broek in je laarzen. Als er erg veel teken zijn, kun je de bovenkant van je laarzen of je broekspijpen dichtmaken met duct-tape. Draag een hoed om je hoofd te beschermen. Als je goed bent aangekleed, spuit je jezelf in met een insecticide dat 40 procent DEET bevat. Eenmaal in het zadel kun je proberen om zo min mogelijk langs takken van bomen te schuren. Blijf midden op het pad, weg van gras, om de kans te verkleinen dat teken zich aan je benen hechten.

Slaagt een teek er toch in om onder je kleding te komen, dan zal hij vaak eerst een tijdje over je lichaam kruipen om de beste plek te zoeken. In en hoog-risicogebied kun je iedere twee uur stoppen om jezelf en je paard te controleren op teken. Lichtgekleurde kleding helpt om de donkere diertjes op te sporen. Controleer je paard op teken telkens wanneer je stopt. Aan het einde van de dag voer je een intensieve controlesessie uit, zowel op jezelf als op je paard. Let vooral op de naden van je kleding, en alle warme, enigszins vochtige plekjes zoals achter je oren, in je oksels en schaamstreek. Poets je paard en kam je haar aan het einde van de dag met grote zorg. Er is enige tijd nodig om een infectie over te brengen. Door een teek onmiddellijk te verwijderen, verklein je de kans op besmetting aanzienlijk. Tijd is van essentieel belang.

Teken verwijderen. Om teken uit je eigen kleding te verwijderen, kun je de plakkerige kant van tape gebruiken. Het verwijderen van een teek van een paard is iets lastiger. Het is moeilijk om teken die zich diep in de vacht verbergen te vinden. Laat je vingers langzaam langs de huid van het paard glijden, een bobbel kan wijzen op een teek. Pak het dier niet met je blote handen vast. Als je de teek per ongeluk kapot knijpt, kun je met besmet bloed in aanraking komen. Draag daarom rubberen handschoenen en gebruik een tekentang of een pincet. Het verwijderen van een teek doe je met zorg. Als eerste vergeet je de oude volkswijsheden die niet alleen niet effectief zijn, maar die ook het risico op besmetting vergroten. Je smeert een teek niet in met vaseline, alcohol, olie, zeep, shampoo, benzine of petroleum. Je verbrandt hem ook niet met een lucifer of sigaret. Men denkt ten onrechte dat de teek door deze behandeling vrijwillig het lichaam van het slachtoffer zal loslaten. Dit is meestal niet het geval. Mocht het dier dat wel doen, dan zal het door de schrik de besmette inhoud van zijn maag in de bloedsomloop van het slachtoffer legen, waardoor de kans op besmetting enorm toeneemt.

De beste manier om een teek te verwijderen is met behulp van een tekentang. Dit simpele en goedkope gereedschap heeft een vork met twee tanden die je tussen de huid en de teek schuift, waarna je het dier met een draaiende beweging kunt verwijderen. Dit kleine hulpmiddel kun je in een borstzakje dragen, het werkt fantastisch. Je koopt een tekentang bij de drogist of in een dieren- of campingwinkel.

Als je verrast wordt en een pincet moet gebruiken, let dan goed op dat je de teek niet per ongeluk onthoofdt of fijnknijpt.

Gooi de teek weg, maar controleer wel of deze echt dood is. Was het wondje met warm water en zeep en ontsmet het met een antibacterieel middel of alcohol om de kans op infectie te verkleinen. Het is normaal dat een tekenbeet nog dagen blijft jeuken, maar raadpleeg direct een arts bij het eerste teken van huiduitslag, koorts, spierpijn of vermoeidheid.

Roofwants. Hoewel oorspronkelijk beperkt tot Latijns-Amerika, heeft de ziekte van Chagas zich verspreid naar Noord-Amerika en daarbuiten. Deze kwaadaardige ziekte wordt overgedragen via een beet van de bloedzuigende roofwants (*Triatominae*). Dit zijn zwarte, vleugelloze kevers van zo'n 20 mm lang. Anders dan besmettingen die gewoonlijk door een beet van een insect in de bloedbaan terecht komen, komt de parasiet die de ziekte van Chagas veroorzaakt, vrij via de ontlasting van de roofwants. Tijdens het voeden zal de roofwants deze ontlasting uitpoepen. . Wanneer het slachtoffer zich na de beet krabt, wrijft hij vervolgens zelf de geïnfecteerde ontlasting in het wondje.

Een van de eerste aanwijzingen dat deze sluipmoordenaar heeft toegeslagen, is de rode ring die rond de beet verschijnt. Hierna ontstaat er koorts en voelt het slachtoffer zich onwel. De belangrijkste indicatie is dat één oog erg opzwelt.

Als de parasiet zich eenmaal in de bloedbaan bevindt, kan de infectie verdwijnen en jarenlang in remissie raken. Wanneer de ziekte van Chigas uiteindelijk toeslaat, zijn de symptomen ernstig. Verstoppingen in de darmen veroorzaken buikpijn en spijsverteringsproblemen. De parasiet zal zich langzaam richting het hart bewegen, waar het leeft en zich vermenigvuldigt. Veel van de slachtoffers ontwikkelen uiteindelijk een vergroot hart dat zal barsten. Het resultaat is een plotselinge en pijnlijke dood.

Bloedzuigers. Officieel is de bloedzuiger helemaal geen insect maar een gesegmenteerde hermafrodiete worm, wiens missie het is om grote hoeveelheden bloed op te zuigen van nietsvermoedende slachtoffers zoals jij. Sommige bloedzuigers wonen op het land en andere in het water. Ze zijn allemaal vrij agressief. Wanneer je in de buurt komt zoeken ze naar je enkels en kruipen snel onder je kleren. Behalve dat ze zich op je voeten en onderbenen vastzuigen, kunnen ze ook op zoek gaan naar een rustige en warme plek, zoals in je nek, neus, schaamstreek en als je met je mond open slaapt in je keel. In tegenstelling tot teken, begraven bloedzuigers zich niet in of onder de huid. Deze dieren zuigen zich vast. Ze gebruiken drie vlijmscherpe kaken om een Y-vormige opening in je huid te snijden. Maak je geen zorgen, dit voel je niet, omdat de bloedzuiger een verdovingsmiddel injecteert. Zodra er een goede opening is, pompt de bloedzuiger een krachtig antistollingsmiddel in de wond. Dit zorgt ervoor dat je bloed blijft stromen. Dan zuigt hij zich vast genieten van zijn maaltijd, die wel twee uur kan duren. Raak niet in paniek als je een bloedzuiger aan je lichaam ziet. Eén bloedzuiger zal geen significant bloedverlies veroorzaken.

Houd je angst onder controle en ga het dier rustig verwijderen. Net als bij teken overgiet je de bloedzuiger niet met een vloeistof zoals azijn, citroensap, insectenwerend middel of zout. Verwijder hem niet met een lucifer of sigaret.

Eerst bepaal je waar de mond van het dier zit, dat is niet aan het brede uiteinde, waar wel een zuignap is maar geen mond. De mond bevindt zich aan het kleinere, dunnere uiteinde van het dier. Weersta de verleiding om het kleine monster in een ruk van je af te trekken. Een veiligere en effectievere manier is om je vingernagel naast de mond te plaatsen en deze langzaam onder de zuignap te schuiven. Dit zal de zuiging verbreken, waardoor de kaken loslaten. Op dat moment trek je hem los en schakel je hem direct uit, want het dier zal als je hem losmaakt direct proberen je vinger te pakken.

Er is nog een andere manier. Je kunt een zakje, of de teen van een sok, vullen met zout. Dat doop je in water en de pekel laat je op de bloedzuiger druppelen. Dit heeft een magisch effect, omdat het hele dier zal oplossen en er slechts een klein bloedstolsel overblijft dat je gemakkelijk kunt wegvegen.

Bloedzuigers kunnen de gezondheid van je paard beïnvloeden. Ze kunnen in de neus kruipen, terwijl het paard uit een vijver of beek drinkt. Hoewel ze niet direct gevaarlijk zijn, veroorzaken ze lastige bloedingen en laten ze het paard hoesten en niezen.

Spinnen. Een deskundige zal direct aangeven dat spinnen geen insecten zijn, maar voor een Long Rider vallen ze wel in deze categorie. Wereldwijd zijn er 40.000 verschillende soorten spinnen, die op elk continent voorkomen, behalve Antarctica. Als het verkeerde type spin je bijt, is de kans groot dat de expeditie tot een pijnlijk en voortijdig einde komt. Het goede nieuws is dat een spin normaal gesproken alleen uit zelfverdediging bijt. Het slechte nieuws is dat 'zelfverdediging' voor een spin vaak betekent dat hij zichzelf beschermt tegen een slaperige Long Rider die zijn voet in een laars stopt. Omdat spinnen toxines produceren die kunnen verwonden of doden, is het belangrijk dat je de spinnen die jij op je reis gaat tegenkomen kunt identificeren.

Schorpioenen. Er zijn vijfentwintig soorten schorpioenen die voor mensen dodelijk zijn. Ze gedijen overal behalve in poolgebieden en zijn 's nachts actief om te jagen.. Ze gebruiken de vlijmscherpe weerhaak aan het uiteinde van hun staart om het gif in hun prooi te injecteren. Zo verdedigen ze zichzelf tegen iedere Long Rider die bijna op ze gaat zitten.

Het slachtoffer heeft veel pijn. Hij kan misselijk worden of braken als het gif gaat werken. Was de wond met koud water. Een pijnstillende zalf met corticosteroïde en een allergie onderdrukkend middel zal helpen tegen het effect. Mocht je ijs in de buurt hebben, breng dat dan aan op de wond. Je kunt ook koude, vochtige doek gebruiken. Dit is de behandeling als alles nog enigszins onder controle is. Als het slachtoffer spierspasmen krijgt, gaat hyperventileren, in de war raakt of in een allergische shock terechtkomt, wordt het tijd om medische hulp in te roepen.

Vuurmieren. Deze agressieve wezens staan bekend als de rode geïmporteerde vuurmier (RIFA). In 1929 zijn ze per ongeluk via een schip naar de Verenigde Staten getransporteerd. Vanaf die eerste landing in Alabama heeft de vuurmier zich over het hele zuidelijke deel van de natie verspreid. De vuurmier spuit gif in mensen, wat een sensatie creëert die lijkt op levend verbrand worden. Naar schatting worden jaarlijks twintig miljoen mensen gestoken. Vuurmieren reageren agressief wanneer hun nest wordt verstoord. Waar andere mierensoorten zich haasten om hun koningin te beschermen, zwermen vuurmieren uit tunnels die ondergronds in een cirkel om het nest zijn aangelegd en vallen de indringer zonder aarzelen aan. Het is niet ongebruikelijk dat honderden vuurmieren tegelijk tegen het been van het slachtoffer oplopen en steken. Als het slachtoffer zich niet direct terugtrekt ontsteken ze in woede. Het is bekend dat ze kinderen en kleine dieren kunnen doden.

Dit is van belang voor iedereen die zijn paard wil laten grazen. Het kan namelijk voorkomen dat vuurmieren een hele weide bevolken met meer dan tweehonderd individuele nesten. Als je door een gebied met vuurmieren rijdt, wees dan uiterst voorzichtig, want ze bouwen nesten in het gras en in de buurt van water.

Als je gestoken bent, was je de plek goed schoon en probeer je het gif weg te spoelen. Een antihistaminicum zal de zwelling helpen verminderen. Maar wees erop voorbereid dat de plekken enorm jeuken en dat er bulten ontstaan.

Bescherming van mensen. Er zijn verschillende voorzorgsmaatregelen die ongemak door insecten grotendeels kunnen voorkomen. Bestudeer je route met zorg en identificeer de mogelijke bedreigingen. Warme temperaturen in combinatie met een vochtig klimaat betekent veel insecten. Gebruik de seizoenen in je voordeel. Zorg voor de juiste vaccinaties.

Denk niet dat je met preventieve behandelingen risicovrij bent. Anti-malaria medicijnen zullen bijvoorbeeld de symptomen onderdrukken, maar voorkomen niet dat je het krijgt. Er is maar één beet nodig om je te infecteren. Daarom is het van groot belang dat je waakzaam blijft, snel en efficiënt reageert op mogelijke dreiging en het volgende vierstappenplan volgt:

1. Pas je kleding aan. Vermijd donkere kleding, deze trekken namelijk insecten aan. Kies voor lichtgekleurde kleding met lange mouwen en een lange broek. Als de situatie en het klimaat extreem zijn, kleed je dan in anti-bloedzuigersokken en draag handschoenen en hoed met gaas. Laat je kleding niet open vallen. Doe je broek in je laarzen en knoop je manchetten en shirt dicht.

2. Gebruik je kleding als afweer. Je kunt tegenwoordig kleding met ingebouwde insectenverdelger kopen, echter deze kledingstukken zijn vaak heel duur en niet altijd geschikt als rijkleding. De belangrijkste stof in deze kleding is permethrin. Je kunt dit ook los kopen en op je kleding spuiten. Dit bespaart je niet alleen de kosten van aanschaf, maar zorgt er ook voor dat je de behandeling onderweg kunt herhalen.

3. Straal zo min mogelijk uit dat je een lekker hapje bent. Knutten kunnen de koolstofdioxide uit je adem op 67 meter afstand waarnemen. Maak het niet erger door parfum, deodorant of een ander lekker luchtje te dragen. Permethrin is effectief op je kleding, maar je kunt het niet op je huid aanbrengen.

Gebruik een sterk insectenwerend middel om je lichaam te beschermen. Dit kan wel voorkomen dat je geprikt of gebeten wordt, maar het houdt insecten niet bij je weg. Als je een commercieel afweermiddel kiest, zorg er dan voor dat dit een hoog aandeel DEET bevat. Met een natuurlijk afweermiddel voorkom je niet alleen beten en steken, maar blijven insecten wat verder op afstand. Producten met de olie van wilde gagel zijn succesvol gebleken. Gebruik dit middel om een wolk om je heen te creëren waar insecten uit blijven. Spuit het royaal op je kleding. Wees voorzichtig rond je ogen en lippen, maar breng het wel aan op je onbedekte huid. Het verdampt, dus herhaal dit iedere paar uur. Met insectenwerend middel behandelde kleding was je niet zo vaak.

4. Controleer jezelf dagelijks grondig op niet-ontdekte insectenbeten of steken. Let op waar je loopt en loop niet blootsvoets. Schud elke ochtend je kleding uit voor je het aantrekt. Trek nooit je laarzen aan zonder ze eerst te controleren op spinnen en schorpioenen.

Zelfs als je dit vierstappenplan zorgvuldig volgt, kun je nog steeds gebeten worden. Als dit gebeurt, identificeer het insect en verwijder eventueel de angel. Was de plek met zeep en warm water. Breng een zalf aan om jeuk te verminderen. Let op allergische reacties of enig bewijs dat het insect besmet was met een ziekte. Als je vermoedt dat de beet ernstig is, zoek dan onmiddellijk medische hulp.

Je paarden beschermen. Ook je paarden zijn kwetsbaar voor ongemak door insecten. Niet alleen door het risico op besmetting met een gevaarlijke ziekte. Een onverwacht pijnlijke steek is niet prettig als je net op een heel smal bergpaadje rijdt. 's Nachts moeten je paarden rusten en dat lukt niet als er de hele nacht beestjes om hun hoofd heen zwermen.

Knip daarom nooit de staart of manen van je paard af! Dit is hun natuurlijke afweer tegen insecten. Paarden kunnen met hun huid trillen om insecten weg te jagen. Dat kan niet met de huid op de achterhand en achterbenen, daarom heeft de natuur hen een staart gegeven om zich mee te beschermen. Hoe langer de vacht, hoe beter de bescherming.

Geef je paard de juiste vaccinaties tegen hondsdolheid, tetanus, West Nijl-virus, Equine encephalomyelitis (niet in Nederland) en influenza vóór vertrek. Om eventuele bijwerkingen te verminderen, geef je de vaccinaties enkele weken vóór vertrek.

Denk ook eens aan de kleur van je paard. Licht reflecteert anders uit de verschillende kleuren van de vacht van een paard. Net zoals wetenschappers hebben bevestigd dat tseetseevliegen zich sterk aangetrokken voelen tot de kleur blauw, hebben onderzoekers ontdekt dat paardenvliegen zich meer aangetrokken voelen tot donkere kleuren. Deze agressieve insecten geven de voorkeur aan het licht dat wordt gereflecteerd door de donkere vacht, in tegenstelling tot het niet-gepolariseerde licht van een paard met een witte vacht. Als je door een land reist met een groot risico op insectenplagen, moet je investeren in een middel met een hoog percentage DEET.

Stekende vliegen en muggen zijn vooral actief bij zonsopgang en zonsondergang. Onderweg zal het niet mogelijk zijn om je paard elke nacht in een veilige stalling te plaatsen, maar denk erover na om je paard in een stal te laten overnachten wanneer dit mogelijk is.. Slaap je buiten, maak dan kleine rokerige vuurtjes en plaats de paarden in een beschermende cirkel.

Voer een uitgebreide controle uit voor het donker wordt: zoek naar teken en signalen van steken, beten, krassen en warme en/of dikke plekken. Wanneer je een teek vindt, haal deze dan zo snel mogelijk weg en geef medicatie indien nodig.

Hoofdstuk 69 - Long Rider Gezondheid

Je kunt niet verwachten dat je de rozen van het avontuur kunt plukken zonder dat je je prikt aan gevaarlijke doorns. Leren leven met de dreiging van gevaar en het erkennen van je zwakke punten is de eerste stap in de voorbereiding op wat je onderweg te wachten staat.

Gezondheid en afzien. Trektochten rijden is een zware activiteit, waarvoor je in goede gezondheid moet verkeren. Onderweg ben je minder vaak ziek dan thuis. Waar je wel rekening mee moet houden is dat een lange trektocht zware eisen stelt aan je fysieke gesteldheid.

Bereid je goed voor. Aan een trektocht is een vast ritme verbonden. Vroeg opstaan en lange dagen in het zadel. Iedere dag, dag na dag. Het is deze constante inspanning zonder rust, in combinatie met onverwachte avonturen en veel stress, die je uiteindelijk zal uitputten. Maak niet de vergissing om te denken dat je gaandeweg wel in een betere vorm zal komen. Zodra de adrenaline zakt, schreeuwt je lichaam om rust.

Als je een Long Ride wilt gaan doen, moet je in een goede conditie verkeren bij vertrek. Je mag zeker niet te zwaar zijn of herstellende van een ziekte. Laat jezelf voordat je naar een ver oord afreist medisch nakijken en breng een bezoek aan de tandarts. Documenteer je persoonlijke medische gegevens, zoals je bloedgroep, eventuele gevoeligheid voor specifieke medicijnen en allergieën. Afhankelijk van hoe regelmatig je de bewoonde wereld bezoekt, is het verstandig om een reserve bril, lenzen of een recept daarvoor mee te nemen.

Vaccinaties. Zoek uit welke vaccinaties zijn vereist in het gebied waar je gaat rijden en zorg dat je routine inentingen, zoals tetanus, voor elkaar zijn. Vaccinaties die je als kind hebt gehad beschermen je voor het leven, tetanus daarentegen is tien jaar geldig.

Wees je bewust van je omgeving. Je kunt onderweg ziek worden door externe factoren. Vaak wordt het effect van het klimaat op de gezondheid vergeten. Een muggenbult kapot krabben in het koele klimaat van Zweden is niet zo erg, maar doe je dat in de tropen dan kan het wondje snel ontstoken en geïnfecteerd raken. Bewust zijn van de omgeving waarin je rijdt is een basisstap in preventieve medische zorg.

Reizigersdiarree. Reizigersdiarree veroorzaakt meer problemen dan alle andere medische gevaren bij elkaar. Naar schatting lijden jaarlijks tien miljoen mensen aan darminfecties. Sommige studies hebben berekend dat twintig tot vijftig procent van de internationale reizigers te maken krijgt met deze veel voorkomende aandoening. Bijna altijd wordt diarree veroorzaakt door een bacteriële of virale infectie. Verwar deze infecties niet met de gevaarlijkere amoebendysenterie, die wordt veroorzaakt door een parasiet in besmet voedsel of drank.

Symptomen van reizigersdiarree zijn buikkrampen, opgeblazen gevoel, uitdroging, lage koorts, misselijkheid en uiteraard zeer dunne tot waterige ontlasting. Door reizigersdiarree voel je je niet alleen ellendig, je bent vaak ook niet meer in staat om te rijden. Meestal herstel je vanzelf binnen drie dagen. De behandeling hangt af van waar je op dat moment bent, in alle gevallen zul je je moeten verzoenen met het feit dat je ziek bent. Rust goed uit en drink een halve liter gesteriliseerd water per uur om uitdroging tegen te gaan. Vierentwintig uur vasten helpt om je darmen tot rust te brengen. Ga daarna heel voorzichtig weer iets eten. Bouillon, soep of rijst in kleine hoeveelheden herstellen je kracht zonder de spijsvertering zwaar te belasten.

Als je bloed in je ontlasting ziet waarschuw je onmiddellijk een arts. Dit kan namelijk een vroege indicatie zijn van de ernstige amoebendysenterie. In dat geval is meestal antibiotica nodig. In het overgrote deel van de gevallen is een behandeling met een medicijn dat de darmperistaltiek voor korte tijd stil legt, zoals Imodium, voldoende om het probleem op te lossen.

Het menselijk lichaam is als een motor; er is een bepaalde hoeveelheid voedsel nodig om als brandstof te dienen. Een gezond dieet volhouden kan moeilijk zijn als je te paard door onbekend gebied reist. Probeer in ieder geval om alleen voedsel te eten dat je zelf gekookt hebt of waarvan je gezien hebt dat het gekookt is onder redelijk hygiënische omstandigheden. Alles wat je eet heeft grote invloed op het verloop van je reis. Hetzelfde geldt voor alles wat je drinkt.

Vervuild water. Het is niet de bedoeling om in dit boek alle mogelijke kwalen die je onderweg kunt krijgen te benoemen. Maar waar je ook naartoe gaat, het drinken van onbehandeld water kan je dromen verpesten, je gezondheid verwoesten en je leven kosten. Onderweg heb je veel water nodig. Omdat het tempo zo laag is, denken, dromen en schrijven Long Riders vaak over water.

Vertrouw er nooit op dat water schoon is! Je kunt verschillende methoden gebruiken om je water te behandelen, denk bijvoorbeeld aan koken, filteren, chemisch behandelen of met ultraviolet licht. De meest traditionele methode is om het water te koken, dit doodt onmiddellijk alle bacteriën en virussen. Het is niet nodig om het water gedurende lange tijd te koken, micro-organismen sterven binnen enkele seconden nadat de temperatuur 55 °C heeft bereikt. Goedkope filters zijn ook effectief. Deze elimineren veel micro-organismen, maar geen virussen. Je kunt het water ook behandelen met chemicaliën, bijvoorbeeld door twee druppels chloor aan elke liter water toe te voegen, of vijf druppels jodiumtinctuur per liter.

Zelfs als je het niet drinkt kun je ziek worden van besmet water, bijvoorbeeld door er je tanden mee te poetsen. Wees extra voorzichtig in een restaurant, regelmatig krijgen toeristen onbehandeld lokaal leidingwater geserveerd in een mooie waterfles. Accepteer daarom alleen water als de fles in jouw aanwezigheid wordt opengemaakt. Andere valkuilen zijn ijsblokjes gemaakt van vervuild water en groene salades, gewassen in besmet water. Eet ook geen rauwe groente en fruit tenzij je het zelf hebt gepeld of geschild.

In slechte lokale omstandigheden zijn koffie, thee of warme chocolademelk de meest veilige opties.

Hepatitis. Hepatitis, in de volksmond geelzucht genoemd, is een algemene term voor een ontsteking van de lever die vaak wordt veroorzaakt door een virale infectie. Er zijn verschillende soorten hepatitis, waarbij hepatitis A en E het grootste risico vormen wanneer je onderweg bent. Hepatitis A is een acute infectieziekte van de lever. Het virus, dat via de ontlasting wordt overgebracht, kan in het lichaam komen door het eten van geïnfecteerd voedsel, drinken van verontreinigd water, zwemmen in de buurt van een open riool of door direct contact met een besmet persoon. Na besmetting komt het virus in de bloedsomloop van het slachtoffer en vermenigvuldigt het zich in de lever. Tijdens de incubatietijd ervaart men enkele weken een vaag gevoel van onbehagen. Dan treden er symptomen op. Je voelt je somber. Je verliest je eetlust. Je spieren doen pijn. Je verzwakt, lijdt aan verblindende hoofdpijn, moet overgeven en hebt diarree. Dan, wanneer de ziekte je in zijn greep heeft, laat het zijn aanwezigheid aan de wereld zien. Geelzucht zorgt ervoor dat je huid en het wit van je ogen een alarmerende gele kleur krijgen. In de laatste fase ben je te zwak om iets te doen, behalve te blijven liggen en het leven voelen wegglippen, met elke ademteug een beetje meer. Meestal geneest de ziekte na enkele maanden vanzelf, in enkele gevallen kan het leiden tot toevallen, coma en de dood.

Er zijn twee dingen om te onthouden over hepatitis: de ziekte komt overal op de wereld voor en er is geen specifieke behandeling voor. Omdat het virus maandenlang in water kan overleven worden jaarlijks tientallen miljoenen mensen besmet met Hepatitis A. Het komt vooral voor in Afrika, Azië en vele delen van Latijns-Amerika. Slachtoffers zijn vaak een maand of langer ziek. Gedurende deze tijd wordt ze geadviseerd om te rusten, vet voedsel te vermijden, geen alcohol te drinken en veel water te drinken.

Het beste is om besmetting te voorkomen. Dit kan door zeer hygiënisch om te gaan met eten en drinken en je te laten vaccineren. Het vaccin, dat in 1992 werd geïntroduceerd en actieve immuniteit tegen infectie biedt, is zo effectief dat sommige landen een daling van 90% hebben gemeld sinds de inenting beschikbaar is gekomen.

Dodelijke ziekten. In dit tijdperk met praktisch onbeperkt toegang tot internet en de mogelijkheid om de hele wereld over te gaan, zouden we bijna vergeten dat oude kwalen nog altijd op de loer liggen. Een van de grootste risico's is malaria. Onderschat de vernietigende kracht van deze beruchte ziekte niet. Hoewel het in sommige landen bijna niet meer voorkomt, heeft deze door muggen overgebrachte ziekte nog altijd grote delen van de wereld in zijn greep. Symptomen zijn onder meer ernstige hoofdpijn, hoge koorts, koude rillingen, zweten, vermoeidheid en braken. Op dit moment bestaat er nog geen vaccin tegen malaria. Dit verklaart voor een deel waarom er alleen al in 2010, 219 miljoen gerapporteerde gevallen van malaria waren, 660.000 mensen stierven eraan. Dat komt overeen met zo'n 2000 sterfgevallen per dag. Er is maar één muggenbeet nodig om geïnfecteerd te raken. De meest effectieve bescherming is het dragen van de juiste kleding, het gebruik van insectenwerende middelen en slapen onder een klamboe.

Een andere ziekte is Tyfus. Dit is een pijnlijke en dodelijke aandoening die in fasen werkt. Het heeft geen vat op dieren. Overdracht gebeurt alleen van mens op mens en wordt meestal overgedragen via voedsel of water dat is verontreinigd met menselijke uitwerpselen of urine. Slechte persoonlijke hygiëne en onvoldoende schone sanitaire omstandigheden zijn vaak direct verbonden met een tyfus uitbraak. In het begin voelt het slachtoffer zich niet lekker en heeft hoofdpijn en buikpijn. Tegen de tweede week krijgt de patiënt hoge koorts (40 °C) en verschijnen er roze vlekken op diens borst. De pijnlijke buik zwelt op. Stinkende diarree maakt het leven ellendig. Op dit moment is medische hulp dringend nodig. Als de ziekte niet wordt behandeld treden er bloedingen in de darmen op tijdens de derde week. Vaak gaat de patiënt hallucineren en slaan naar denkbeeldige voorwerpen. Hoe erg het ook is, wanneer tyfus goed wordt behandeld is het in de meeste gevallen niet dodelijk. Antibiotica is zeer effectief en wordt vaak gebruikt om buiktyfus te behandelen. Long Riders kunnen zich laten inenten met een vaccin wat er goed werkt. . Ook in dit geval geldt: voorkomen is beter dan genezen. Wees daarom voorzichtig met voedsel en water. Was regelmatig je handen om de kans op infectie te verkleinen.

Slangenbeet. De kans is groot dat je als Long Rider op pad bent in een gebied waar ook giftige slangen voorkomen. Ze zijn wijd verspreid over alle tropische, subtropische en gematigde streken. Het is geruststellend om te weten dat maar weinig mensen daadwerkelijk sterven aan een slangenbeet. In de Verenigde Staten bijvoorbeeld worden jaarlijks meer dan 8000 mensen door giftige slangen gebeten, maar gemiddeld overlijdt slechts één op de tien aan de gevolgen van zo'n beet. Er worden meer Amerikanen gedood door wespen en bijen dan door slangen.

Kennis en voorzichtigheid zijn de toverwoorden als het op slangen aankomt. Ga niet op reis zonder te onderzoeken welke soorten giftige slangen je tegen kunt komen. Vraag aan lokale mensen informatie over de slangen daar. Voorzichtigheid is de beste remedie. Draag laarzen en kijk goed waar je je kamp opzet. Doe dat niet in hoog gras, langs dichte bossages of tussen de rotsen. Zoek een open plek voor je tent, check altijd even je slaapzak voordat je erin kruipt en schud je laarzen uit voordat je je voet erin steekt. Als je 's nachts rondloopt om je paarden te controleren, gebruik dan een zaklantaarn om slangen en andere dieren te waarschuwen. Niet alle slangenbeten zijn meteen dodelijk, maar ook de minder ernstige beten kunnen heftige pijn geven en blijvende weefselbeschadiging veroorzaken. Als je gebeten bent, probeer dan niet het gif eruit te zuigen, dat werkt in films, niet in de realiteit. Beweeg zo min mogelijk en zoek direct medische hulp.

Zon. Als je nog niet serieus hebt nagedacht over bescherming tegen de zon is het nu tijd om dat te doen. Het alternatief is beslist onaangenaam. Wapen jezelf met zonnebrandcrème met een hoge factor en een hoed met een brede rand.

Ben je voor het eerst in een extreem heet klimaat, geef jezelf dan voldoende tijd om te acclimatiseren. Paarden trainen, met zware zadels sjouwen en uren rijden in de hete zon kan leiden tot hitte-uitputting. Gebruik je gezonde verstand en doe zoals de lokale mensen het doen, blijf uit de middagzon en haast je langzaam!

Wanneer je in een echt warm klimaat op pad gaat, maak dan gebruik van de koelere lucht die bij zonsopgang en zonsondergang te vinden is. Ben je actief in de directe zon, beweeg dan langzaam, gebruik elk beetje schaduw en overvraag jezelf niet. Drink veel water en vul de zouten die je met zweten verliest aan. Zonnekracht negeren kan resulteren in een zonnesteek. Je voelt je plotseling uitgeput, krijgt kramp en gaat overgeven. Dit zijn waarschuwingssignalen voor een dreigende hitteberoerte.

Aan de urine kun je zien of iemand uitgedroogd is, in dat geval heeft de urine een diep geelbruine kleur. Plaats de persoon in de schaduw en spoor hem aan om grote hoeveelheden vocht te drinken. Plotselinge koeling kan gevaarlijk zijn en alcohol is uit den boze.

Overmatige blootstelling aan de zon kan resulteren in een defect in het vermogen van het lichaam om warmte te reguleren. Het lichaam wordt dan zo heet dat het zweten stopt en de temperatuur ver boven de normale lichaamstemperatuur stijgt, soms wel tot 41 °C. De patiënt raakt verward en krijgt toevallen. Als er niet wordt ingegrepen kan de persoon in coma raken en sterven. De eerste stap is om de patiënt te koelen en dan onmiddellijk medische hulp te zoeken.

Vrouwelijke hygiëne. Er zijn bepaalde zaken die je ook op reis niet kunt ontlopen en waarover bijster weinig is geschreven. Hoewel de Long Riders' Guild Press veel boeken publiceert die zijn geschreven door vrouwen die lange trektochten maakten, hebben ze niet verteld hoe zij met hun privacy tijdens de menstruatie omgingen als ze met mannen op expeditie waren. In feite hebben maar weinig vrouwelijke Long Riders hun ervaringen gedeeld. De Zwitserse Long Rider Basha O'Reilly herinnerde zich hoe een Mongoolse man haar achtervolgde, terwijl ze discreet probeerde te urineren achter een struik. Toen ze vroeg waarom hij haar privacy niet respecteerde, leek hij verrast. Geen Mongool, verzekerde hij Basha, vond het onnatuurlijk om te kijken naar mensen die poepen of plassen. Het was op dat moment niet mogelijk om te controleren of deze man de waarheid sprak. Wel weten we dat veel landen de behoefte aan privacy van een vrouw niet respecteren. Een van de grootste ontberingen die de Duitse Long rider Esther Stein moest doorstaan tijdens haar rit van Zuid-Afrika naar Kenia, was het verlies van haar privacy. Het was gebruikelijk dat tientallen mensen haar in de wildernis volgden op de momenten dat ze wanhopig behoefte had aan afzondering.

Ongelukjes met paarden. Zelfs als je volgespoten bent met alle mogelijke vaccins loop je nog steeds een zeker risico onderweg. Paarden zijn grote, zware en sterke dieren. Ze stappen op je voeten, geven je een kopstoot of gooien je uit het zadel. Hoewel de meeste van deze ongelukken ons onbedoeld overkomen, is de lijst met mogelijke incidenten eindeloos. Gelukkig zijn de meeste trektochten voltooid zonder ernstige incidenten.

Blijf alert. Outdoor survival experts hebben verklaard dat ons bewustzijn voor negentig procent bepaalt of we overleven. De kans op een ongeluk kan worden verlaagd door alert en waakzaam te zijn. Dat is zeker het geval als je te voet gaat hiken, maar in het geval van trektochten is er een extra element in het spel. Dat zijn de lange uren die je in het zadel doorbrengt. Naarmate de tijd vordert dwaalt onze geest af en neemt de kans op een potentieel ongeluk toe. Daarnaast is er nog een extra dimensie aan deze manier van reizen, namelijk de spanning.

Stressfactoren. Long Riders op expeditie proberen in hun eentje te overleven in een nieuwe cultuur. Ze moeten omgaan met vreemde gewoontes en worstelen om zichzelf uit te drukken in een vreemde taal. Ze moeten constant moeite doen om rustig te blijven en te ontspannen. In een vreemd land is alles anders, je bent alleen met je dromen en je paard en ligt er nog een lange weg voor je. Omgaan met onverwachte situaties is lastig vanwege taalbarrières. Niet weten welk gedrag passend is in een nieuwe cultuur is stressvol. Ontdekken dat andere culturen een totaal andere kijk op persoonlijke hygiëne en privacy hebben kan schokkend zijn. Je kunt je geïntimideerd voelen of verontrust zijn over discriminatie op grond van ras, etnische of sekse. Helemaal alleen probeer je controle over je leven te houden, terwijl er misverstanden zijn, je achterdocht groeit en je zelfvertrouwen afneemt. Dergelijke situaties zijn stressvol en leiden tot onverwachte problemen.

Leren om alleen te zijn. Een onzeker leven leiden, iedere avond opnieuw onderdak zoeken, constant te maken hebben met vreemde mensen, omgaan met extreme weersomstandigheden, zorgen voor je dieren en continu gevaren het hoofd bieden. Het is geen wonder dat Long Riders vaak intense stress ervaren. Zelfs als je geen noodsituaties met de paarden tegenkomt, zal het hoge adrenalinegehalte dat je bij vertrek had uiteindelijk afnemen. De vermoeiende realiteit van langzaam reizen door de natuur wordt met de dag zwaarder. Angst, verwarring, vermoeidheid en frustratie maken dat je je onzeker en geïsoleerd voelt. Hoe langer je reist, hoe waarschijnlijker het is dat je je op een bepaald moment verdrietig en eenzaam zal voelen. Misschien ervaar je zelfs heimwee of depressieve gevoelens.

De intensiteit van deze emotionele uitdagingen zal afhangen van je mentale veerkracht. De impact wordt minder als je nieuwe ervaringen, mensen en plaatsen leert verdragen. Stress onthult vaak de lelijke kant van onze persoonlijkheid. Onze emotionele beperkingen worden zichtbaar. We kunnen impulsief uit onze slof schieten en ongecontroleerd vloeken. En later schamen we ons diep, omdat we onszelf even niet onder controle hadden.

Je temperament controleren. Ontelbare Long Riders hebben hun geduld verloren wanneer ze openlijk werden bedrogen, verkeerde aanwijzingen kregen, als hen belangrijke informatie werd ontzegd of wanneer hun bezittingen werden gestolen. Je geduld verliezen is één ding, ontsteken in woede is iets anders. Dit helpt niet om de situatie op te lossen en kan je zelfs in juridische problemen brengen. In veel landen krijg je maar zo een boete of word je opgesloten als iemand beweert dat je de rust verstoort of als je agressief of bedreigend gedrag vertoont. De laatste plaats waar je je kalmte wilt herwinnen is in een buitenlandse gevangenis! Je moet je voorbereiden op negatieve reiservaringen. Ze maken deel uit van de reis. Je kunt ze niet vermijden of ontlopen. Je past je aan de nieuwe cultuur aan of verzuipt. Besef van tevoren dat zich situaties zullen voordoen die buiten je macht liggen. Accepteer dat andere mensen je geduld op proef zullen stellen. Laat een spannende situatie niet uit de hand lopen. Zoek een acceptabele,vreedzame oplossing voor het probleem. Herken in jezelf het moment waarop je je geduld dreigt te verliezen. Signalen hiervoor zijn als je stem omhoog gaat en je steeds harder gaat praten of zelfs vloeken. Als je gaat zweten en je hartkloppingen krijgt loopt de boel uit de hand.

Als je jezelf onder controle wilt houden, is het belangrijk regelmatig goed uit te rusten en bij te slapen. Vermoeidheid en slaapgebrek zijn niet goed voor je humeur. Drink geen alcohol in onveilige situaties. Zorg dat je op de hoogte bent van lokale gewoonten en gebruiken. Leer een aantal basiswoorden en lokale begroetingen uit je hoofd. Overwin verlegenheid en leer om je vragen met vertrouwen te stellen. Doe niet mee aan discussies over politiek en religie. En boven alles, rijdt met een positieve houding en open blik.

Neem de tijd om te genezen. Wat een Long Ride moeilijk maakt, is de lange tijd die ervoor nodig is. Het is een heel proces om maanden, zo niet jaren, vrij te maken om door een land of continent te rijden. En dan wordt het heel ingewikkeld als een verwonding of een zware blessure je voor een langere tijd uit het zadel houdt.

De kosten van herstel. Elke blessure die een Long Rider uitschakelt, brengt ook de gezondheid en veiligheid van zijn paarden in gevaar. Sommige gevaren liggen voor de hand. Het kost slechts één slechte maaltijd om koliek te veroorzaken, slechts één slecht hek om een paard te laten ontsnappen of één moment van onoplettendheid om ze te laten stelen. Jij hebt de verantwoordelijkheid op je genomen om de steun en toeverlaat te zijn van een groot, hongerig, dorstig, angstig, ongeduldig en emotioneel afhankelijk paard. Jouw afwezigheid verstoort het gevoel van veiligheid van het paard.

EHBO doos. Neem twee verschillende EHBO-sets mee: één voor jou en één voor je paarden. Zet er duidelijk op welke doos voor mensen en welke voor paarden is. Aanbevolen items in de Long Riders EHBO-set zijn: steriele gaaskompressen van drie centimeter, brede rol hechtpleister, tien centimeter breed verband, jodiumtinctuur en antibacteriële zeep. Een breed spectrum antibioticum, voor infecties aan ademhalings-, urineweg-, en maagdarmstelsel. Antibioticazalf voor de behandeling van kleine wondjes. Aspirine of Ibuprofen om lichte pijn te verlichten. Antihistamine, zonnebrandcrème, lippenbalsem, insectenwerend middel en een tekentang zijn allemaal zinvolle items. Oogspoeling, flosdraad, kiespijn gel, vochtinbrengende lotion en vaseline zijn handig. Een kleine handdoek, pakketten met steriele doekjes en Kleenex horen er ook in. Ook een digitale thermometer, schaar, pincet en wattenstaafjes voor het verwijderen van vreemde voorwerpen uit ogen of open wonden zijn allemaal nodig. Veiligheidsspelden en een naaiset worden ook aanbevolen. Mogelijk kun je goedkoop medicatie aanschaffen in het land waar je reist, maar maak de kosten niet belangrijker dan je eigen gezondheid. Bespreek je reisschema met een arts. Als je door extreem gevaarlijke regio's reist, noteer dan specifieke medicijnen die worden gebruikt als tegengif voor tropische ziekten met hun exacte dosering. Je persoonlijke EHBO-kit bevat kopieën van medische voorschriften die je nodig hebt en een geheime voorraad geld voor noodsituaties.

Een noodsituatie overleven. De wil om te overleven is belangrijker dan wat voor pil, lotion of poeder uit je EHBO-doos! Deze onzichtbare kracht zal je helpen moeilijkheden te overwinnen die tot dat moment volkomen onmogelijk leken. In tegenstelling tot een cursus eerste hulp kan niemand je leren hoe je deze verborgen kracht van je ziel kunt aanboren. De wil om te overleven is de allerbelangrijkste factor in een noodsituatie. Hoe hopeloos de situatie ook lijkt, geef nooit op! Hoop geeft je kracht en troost. Deze fundamentele regel is van toepassing op elke situatie. Of je nu vergaat van de pijn of je in een emotionele achtbaan bevindt, pure wilskracht onderscheid jou van de statistieken. Wanneer ongelukken gebeuren moet je een beroep te doen op de verborgen kracht en moed die diep begraven liggen in je eigen ziel.

Hoofdstuk 70 - Gezondheid van de paarden

Het is al vaak gezegd; onderweg kom je vele risico's en gevaren tegen. Met een goede voorbereiding en inzicht kun je echter veel potentiële rampen voorkomen. **Risico's herkennen.** Dit boek is niet bedoeld als EHBO-cursus voor mensen of paarden, noch ter vervanging van de dierenarts. Dit hoofdstuk is bedoeld om je relevante informatie te bieden die van pas komt, voordat de dierenarts er aan te pas moet komen. De voorbeelden zijn beperkt tot de meest voorkomende tijdens een trektocht. Hoewel de kans op een dodelijk ongeval klein is, moet je je wel realiseren dat deze mogelijkheid bestaat. Een van je belangrijkste taken als Long Rider is het begrijpen van de enorme verantwoordelijkheid die je draagt. Als je dit niet beseft of niet in staat bent om met deze emotionele druk om te gaan, dan ben je niet klaar om te vertrekken.

Soorten gevaar. Er zijn objectieve en subjectieve gevaren. Objectieve gevaren bestaan uit natuurlijke bedreigingen, zoals extreem weer en verraderlijk terrein, waarover de mens geen controle heeft. Subjectieve gevaren zijn verbonden met het menselijke element van de expeditie zoals fysieke fitheid, het emotionele oordeel en de technische vaardigheden.

Wanneer is het genoeg. Long Riders die gefixeerd raken op het bereiken van hun einddoel kunnen de gezondheid van hun paarden in gevaar brengen. Als er een compromis wordt gesloten, betaalt het paard de prijs. Je hele tocht is een symbool van een unieke samenwerking tussen twee (dier)soorten. De fysieke inspanning van een gezond paard brengt je de kilometers. Daarom is de eerste les om te leren de reis te onderbreken als dit nodig is voor je paard.

O.A.D.A. Als je paard ziek wordt, zijn er ethische overwegingen, in het minst erge geval loopt je reis vertraging op. Maak de dagelijkse gezondheidscheck vaste onderdeel van de routine. Deze check bestaat uit vier stappen; Observatie - Analyse - Diagnose - Actie.

Observatie: Bepaal wat de normaalwaarden zijn voor jouw paard en haast je nooit bij het zadelen. Investeer veel tijd om je paard te bestuderen.

Analyse: Wat zegt zijn lichaamstaal tegen je? Is hij fit, staat hij stabiel op alle vier de benen, is er een deel van zijn lichaam dat hij ontziet of waar hij niet aangeraakt wil worden?

Diagnose: Zijn er fysieke kenmerken die alarmbellen doen afgaan? Bijvoorbeeld wondjes, zweten of zware ademhaling?

Actie: Dan het moeilijkste deel: is het nodig om in te grijpen of kun je het nog even aankijken? Als je paard onverklaarbaar zweet, zwaar ademt of onrustig is, neem dan geen enkel risico.

Begin elke dag met het heel bewust doorlopen van deze stappen.

Rugproblemen. Veel mensen maken zich zorgen over de hoeven van hun paard en zijn minder alert op een gevoelige rug. De rug is niet gemaakt om gewicht te dragen. Als paarden in de natuur gewicht op hun rug zouden dragen, waren ze wel uitgerust met een of ander beschermingsmechanisme. Helaas hebben ze dat niet en vormt de delicate constructie van de rug een constant punt van aandacht.

Rugproblemen zijn een vloek voor trektochten. Als de huid eenmaal stuk is, is het onmogelijk om dit te laten genezen als er dagelijks een rij- of pakzadel op gaat.

Verwondingen kunnen variëren van enkele afgeschuurde haren tot een zwelling op de schoft ter grootte van een meloen. De kans op drukkingen neemt enorm toe als de ruiter geen kennis heeft, onverschillig is en te weinig mededogen met zijn paard heeft.

Omdat een minimale hoeveelheid druk en wrijving de rug al kan doen ontsteken of beschadigen, is het beschermen van dit delicate deel van het lichaam een zeer belangrijk onderdeel van elke trektocht. Elke verwonding aan de rug, schouders, ribben, schoft of oksels wordt veroorzaakt door wrijving, druk of een combinatie van beide. Door wrijving schuurt het haar en soms zelfs de huid weg waardoor deze kwetsbaar is voor verdere verwondingen. Druk beschadigt het lichaam onder de huid door de bloedstroom geheel of gedeeltelijk af te sluiten. Elke druk of wrijving op de rug is het gevolg van iets dat van buitenaf wordt aangebracht. Om letsel te stoppen en genezing in gang te zetten, moet de exacte oorzaak worden opgespoord en weggenomen. Belangrijke oorzaken zijn een slecht passend zadel, onjuiste afstelling van het harnachement, vuile uitrusting of een verkeerde houding van de rijder. Andere redenen zijn bijvoorbeeld spierverlies op de rug door ondervoeding tijdens de reis, overbelasting, scheef lopen door compensatie in het lichaam, slecht gebalanceerde zadeltassen of te snel afzadelen. Elk van deze fouten of een combinatie ervan kan pijn veroorzaken bij het paard.

De eerste stap in het beschermen van de rug is zorgen voor een goede bespiering. Het lichaam moet wennen aan de lange afstanden en de urenlange druk van een zadel met een ruiter. Netjes en correct opzadelen, zonder vouwen in het zadeldek, helpt om de gevoelige schoft te beschermen. Trek de onderlegger in de kamer van het zadel, zodat de schoft vrij is.

De ruiter beweegt mee met de beweging van het paard, een pakzadel met pakkisten niet, daarom loopt het pakpaard meer risico op drukkingen of schuren. Controleer het zadel en de rug bij iedere stop. Veel problemen worden voorkomen door tijdig op te merken dat het zadel of de tassen niet helemaal goed liggen of door het dekje opnieuw recht te leggen.

Neem actie bij zelfs de lichtste aanwijzing op een mogelijke pijnlijke rug. Elk signaal van wrijving, een miniem schaafwondje op de schoft of vochtophoping moet je serieus nemen en direct behandelen.

Problemen door te grote en te zware zadeltassen zijn het ergst. De wervelkolom wordt alleen door een dun laagje huid bedekt waardoor er in zeer korte tijd ernstige verwondingen kunnen ontstaan die erg genoeg zijn om een paard een aantal weken uit de roulatie te halen. Wat er ook achter het zadel wordt gedragen, de gouden regel is dat het nooit de wervelkolom mag raken.

Er zijn een aantal voorzorgsmaatregelen die de kans op problemen met pakzadels verkleinen. Neem de tijd om goed op te zadelen. Borstel je paard, zodat de vacht overal schoon is, ook onder de staart waar de staartriem komt. Ook de onderlegger moet aan de onderkant, die op de rug ligt, schoon, droog en geborsteld zijn. Plaats het pakzadel op de rug, zorg dat de singel een handbreedte achter het voorbeen ligt en dat de staartriem, het borsttuig en de broek goed passend zijn gemaakt. Aan de voorkant moet de schoft helemaal vrij liggen. Hoe zwaarder de belasting, hoe groter de eventuele schade. Een licht zadel en zo min mogelijk gewicht verdient de voorkeur. Zeer belangrijk is dat het gewicht goed is verdeeld over beide kanten. Een verschil van twee kilo kan het risico op letsel enorm doen toenemen. Het balanceren van je bagage is een haalbaar doel, een kapotte rug genezen is dat niet. Controleer ieder uur of alles nog recht zit en corrigeer direct als je ziet dat de bepakking gaat glijden. Met pakpaarden ga je niet draven.

Het gewicht van een ruiter op de koude rug van een paard kan leiden tot spierbeschadiging. Denk aan je paard, niet aan jezelf! Maak er een gewoonte van om te voet te vertrekken en tien minuten naast je paard te lopen, totdat de spieren zijn opgewarmd. Controleer of je tuig nog goed zit, singel aan en stap dan pas op voor de rit van de dag.

Rijkunst. Hoe beter de ruiter, hoe kleiner de kans op zadeldrukkingen. Zit recht en actief in het zadel. Als je in het zadel heen en weer schuift ontstaan er drukpunten op de rug. Rijden als een zoutzak brengt het paard uit balans. Help het paard bij zijn evenwicht door aanleuning te houden via de teugels en zelf in balans te zitten. Je bent op reis, niet aan het winkelen, stap stevig door, zit rechtop en val niet in slaap.

Een vermoeide ruiter op een vermoeid paard is een recept voor rugproblemen. Door vele uren in dezelfde positie in het zadel te zitten verkrampt de ruiter en wordt hij stijf. Een onervaren ruiter gaat dan verzitten, doet zijn voeten uit de beugels of gaat voorover zitten. Al deze bewegingen brengen het paard uit balans en kunnen de singel of het dekje doen verschuiven. Het resultaat kan het begin van een blessure zijn. Een ervaren ruiter stapt af.

Het is een fundamentele fout om de hele dag in het zadel te blijven! Niet alleen is het slecht voor de rug van het paard, het is ook contraproductief voor de gezondheid van de ruiter. Het is geen straf om naast je paard lopen, het is een beloning. Op het moment dat je moe wordt, stijg je af en leid je je paard aan de hand. Door te lopen raken je stijve spieren weer doorbloed en kunnen ze herstellen. En zelfs als je niet moe wordt is het goed om ieder uur een stukje te lopen. Door het gewicht van de ruiter van de rug af te halen, kan ook bij het paard de doorbloeding van de huid weer op gang komen

Als je om welke reden dan ook moet stoppen, blijf dan niet in het zadel zitten! Stap af en gun de rug van je paard een moment rust.

Afzadelen. Onwetendheid kan problemen veroorzaken. Je denk dat je het paard een plezier doet door aan het einde van een lange dag zo snel mogelijk het zadel te verwijderen. Maar dit is niet het geval. In ieder geval stap je aan het einde van de rit je paard goed uit, zodat het niet bezweet aankomt. Het laatste stuk stap je af en laat je het paard langzaam lopen en zich uitschudden als hij wil. Als de warme rug in aanraking komt met koude lucht is het niet ongebruikelijk dat er kleine zwellingen vormen. Daarom haal je het zadel er niet af als de rug van je paard heet en bezweet is!

Haal je de zadeltassen en pakkisten van de paarden af, maar laat je de zadels op hun plaats, met de singel enkele gaatjes losser. Laat het paard zo rustig staan totdat de rug droog is. Dit kan soms wel één tot twee uur duren. Het zorgt ervoor dat de bloedcirculatie geleidelijk weer op gang komt. Iedere vijftien minuten voel je met je hand onder het dekje of de rug al droog is.

Soms is het niet mogelijk om het paard stil te laten staan en langzaam te laten drogen. Als je het zadel direct moet verwijderen, giet dan een emmer koud water over de rug en masseer deze zacht maar stevig. Het koude water verdrijft de hitte, brengt de bloedcirculatie op gang en koelt de spieren af.

Zadelplekken zijn een van de meest ernstige bedreigingen waarmee iedereen die op trektocht is vroeg of laat wordt geconfronteerd. Elke zwelling, drukking of schuurplek kan je tocht beëindigen of vertragen. Geen enkele maatregel is beter dan het oog van de meester. Leer ieder mogelijk probleem, hoe klein ook, op te merken en onderneem onmiddellijk actie.

Als er echt verwondingen optreden moet de Long Rider zich gedragen als een verantwoordelijke verzorger en niet als een crimineel. Je onderbreekt je tocht, totdat de wond genezen is. Als je je paard pijn doet, stop je met rijden!

Koliek. Volgens dierenartsen is koliek de nummer één doodsoorzaak onder paarden. Door koliek raakt het paard verzwakt en kom je als ruiter onder enorme emotionele druk te staan. Je kunt je paard niet beschermen als je niet weet wat koliek is. Het is geen ziekte. Het is een verzamelnaam voor buikpijn bij het paard. Experts schatten dat in 2008 wereldwijd vijf miljoen paarden stierven aan koliek, dat is één paard per vijftien seconden. Voor de Long Rider is het cruciaal om voortekenen van koliek te herkennen en te begrijpen welke stappen ondernomen moeten worden.

Paarden met een gevoelige spijsvertering zijn vatbaar voor koliek. Elke verandering in het dieet vormt een risico. Probeer indien mogelijk een paard altijd geleidelijk aan een nieuwe voedingsbron te laten wennen. Ongeschikt voer, zoals beschimmeld hooi of te nat kuilvoer, fermenteert in de darmen en veroorzaakt ernstige koliek. Te veel droogvoer zonder voldoende water erbij kan de darmen blokkeren en koliek veroorzaken. Overvoeding kan een koliekaanval veroorzaken. Sla je door omstandigheden een maaltijd over, sus dan niet je schuldgevoel door de volgende keer twee keer zoveel te geven. Te weinig tijd tussen maaltijden geeft het paard mogelijk onvoldoende tijd om zijn voer goed te verteren. Voeren vanaf de grond vergroot de kans op het innemen van zand, wat weer zeer gevaarlijk is als dat in de darmen achterblijft. Voer graan vanuit een voerzak. Als die niet voorhanden is, geef het dan op een canvas zeildoek of deken. Grazen op een weide met te kort gras vergroot het risico op inname van zand. Als je paard te weinig zout binnen krijgt, kan het aan de aarde gaan likken waardoor het spijsverteringskanaal kan worden geblokkeerd. Een paard met voernijd kan zijn eten naar binnen schrokken zonder het goed te kauwen. Ook dit geeft een verhoogd risico op koliek.

Geef je paard aan het einde van de dag eerst de tijd om af te koelen en te herstellen voordat je krachtvoer geeft. Zo ook voor het rijden, laat het paard zijn maaltijd verteren voor je vertrekt. Een hongerig paard dat ergens een zak krachtvoer vindt kan zich overeten met alle gevolgen vandien.

Koliek kan ook optreden als een oververhit paard grote hoeveelheden water in één keer drinkt. Hetzelfde geldt voor te koud water op een warme dag. Daarnaast kan koliek komen door wormen die de darmen blokkeren of het eten van vreemde materialen, zoals een oud strobed, boomschors of touw. . Een slecht gebit maakt dat het paard niet goed kauwt en verkeerd geplet voedsel kan gaan gisten. Allemaal zaken die koliek kunnen veroorzaken.

Een van de grootste boosdoeners bij koliek is vaak een verkeerde snack voor een hongerig paard. Een paard op trektocht heeft een gezonde eetlust. Dat betekent echter niet dat hij rationeel kan nadenken. Als je je paard met een schuldige blik in het voerhok aantreft, weet je dat je problemen hebt. Het spijsverteringsstelsel van het paard kan slechts kleine hoeveelheden koolhydraten, zoals die voorkomen in granen, verwerken. Wij voeren onze paarden granen, maïs, tarwe, gerst of andere rijke krachtvoeders. Teveel hiervan brengt het spijsverterings- proces uit balans, omdat de massale instroom van koolhydraten de capaciteit van de darmen overvraagt. Hoe groot het gevaar is hangt af van de hoeveelheid graan die gegeten is. Voor een normaal paard kan vijf kilo in een keer al grote schade veroorzaken. Maar soms weet je niet hoeveel je paard gesnoept heeft, of wat voor soort voer. Daarbij maakt het ook verschil of het paard granen gewend is of niet. Denk niet dat een ontsnapt paard in het voerhok geen medisch noodgeval is, je kunt niet afwachten. Afhankelijk van de hoeveelheid voer en de ernst van de koliek die daarop volgt, kunnen de symptomen variëren van een opgezette buik, lichte diarree, zweten en trillen, tot aan een maagruptuur en de dood.

Een van de ergste gevolgen van overvoeren is dat de bloedtoevoer naar de hoeven kan worden onderbroken, waardoor een dier hoefbevangenheid raakt. Deze zeer ernstige aandoening is erg pijnlijk. Wacht daarom niet tot de symptomen verschijnen, want een vroege behandeling kan veel ellende voorkomen. Er is nog een andere factor die vaak verband houdt met een koliekaanval en dat is je paard laten voeren en drenken door een onervaren vreemde. Vertrouw de gezondheid en veiligheid van uw paard niet toe aan anderen!

Als een paard beginnende koliek heeft, zal het stoppen met eten en drinken. Hij ziet er ellendig uit en staat stil met gebogen hoofd. Bij grotere problemen is er gasvorming in de darmen waardoor deze opzwellen. De buik voelt strak aan en is pijnlijk. De mest ziet er qua kleur en samenstelling anders uit en stopt helemaal naarmate de toestand verslechtert. Normaal gesproken kun je aan de mest zien dat het voer goed is gekauwd en verteerd. Mestballen met dik slijm erop zijn aanwijzingen voor aanstaande koliek. Bloed in de mest duidt op ernstige ontsteking. Lichtgekleurde, stinkende mest duidt op een inactieve lever. Wormen en horzellarven kun je ook terugzien in de mest.

Bij het begin van de pijn kan het verbijsterde paard naar zijn flanken kijken, richting de buik bijten en flemen. Als de pijn toeneemt raakt het paard geagiteerd. Hij wordt rusteloos, schraapt met de voorbenen, zwaait met de staart en draait nerveus rondjes. Hengsten en ruinen schachten hun penis uit. In een later stadium probeert het paard zijn maag en buik te stretchen door de voorbenen te strekken, en probeert het te urineren. Hij kan trachten te mesten waarbij er slechts wat gas en een beetje donkere mest komt. Als de situatie verslechtert kunnen de darmen volledig geblokkeerd raken door een draaiing of door gasvorming. Vaak komt er een moment dat als het paard gaat liggen deze een moment in zittende positie terecht komt, zoals een hond, wat tijdelijke verlichting biedt.

Wanneer de pijn intens wordt gaat het paard zweten en snel en oppervlakkig ademhalen. Hij zal gaan liggen, heftig kreunen, omdraaien en weer opstaan in een poging om van de pijn af te komen. In extreme gevallen verdwijnt de coördinatie waardoor het paard gaat waggelen en trillen, voordat de dood intreedt.

Soms komt het voor dat een dier eerst signalen van hevige pijn laat zien, die dan plotseling verdwijnen. Dit is geen goed teken. Plotseling verdwijnen van pijn en terugkeer naar normaal gedrag komt vaak, omdat de darm is gescheurd. Daardoor verdwijnt de pijn, maar het betekent tevens dat de dood dichtbij is.

Ieder teken van koliek vereist onmiddellijke actie. De meeste paarden lijden aan gaskoliek. En hoewel dit vaak goed afloopt bij snel ingrijpen, is het zeker niet ongevaarlijk. Het wordt meestal veroorzaakt door verkeerd voer dat op een verkeerde plaats in het spijsverteringsstelsel gaat gisten.

Spastische darm koliek is bijzonder pijnlijk. Het paard rolt heftig kreunend over de grond.

Verstoppingskoliek treedt op wanneer de maag of darmen worden geblokkeerd door gedeeltelijk verteerd voer, parasieten, zand, verlamming of abnormale gezwellen. Als deze aandoening niet onmiddellijk wordt herkend en correct wordt behandeld, leidt dit vaak tot de dood. Hoewel de omstandigheden zullen variëren, moet actie worden ondernomen zodra symptomen zich voordoen.

Koliek kan in enkele uren tot de dood leiden, hoe sneller wordt ingegrepen, hoe groter de kans op herstel. Je kunt luisteren naar de darmactiviteit door je oor tegen de linker- of rechterkant van de flank van het paard te leggen. Onder normale omstandigheden hoor je peristaltische geluiden. Dit geluid is aan de rechterkant iets luider dan aan de linkerkant en wordt gecreëerd door de samentrekking van de darmen om de voedselbrij door de darmen te transporteren. Afwezigheid van peristaltiek wijst op koliek door het stilliggen van de darmen. Onevenredig veel geluid kan wijzen op overmatig gas of vocht in het darmkanaal. Zoek in dat geval direct de hulp van een dierenarts! Of die beschikbaar is hangt af van het land waar je op dat moment bent.

Koliek vereist een koel hoofd, snelle actie en efficiënte organisatie. Tijd en gebrek aan kennis zijn je directe tegenstanders. Als je paard tijdens je reis een koliekaanval krijgt, zadel hem dan af en geef hem bewegingsruimte. Moet je verder rijden om medische hulp en veiligheid te bereiken, doe de singel dan wat losser en loop naast hem mee. Laat het paard langzaam doorgaan en rust vaak. Laat hem niet eten. Bij koliek op stal haal je al het voer weg, totdat de normale darmfuncties worden hervat. Het water laat je staan.

Probeer de oorzaak van de koliek vast te stellen. Een succesvolle behandeling is vaak gekoppeld aan een nauwkeurige diagnose. Het begin van gaskoliek kan zoveel pijn veroorzaken dat de aandoening verergert tot spasmodische koliek. Het paard kan heftig gaan rollen en zichzelf verwonden. Laat een paard met koliek daarom nooit onbeheerd achter. Houd hem goed in de gaten. Probeer te voorkomen dat hij gaat liggen, want het is mogelijk dat de darm draait bij het omrollen, wat kan leiden tot een snelle dood. Rustig wandelen met het dier kan verlichting geven bij milde koliek. Maar forceer het paard niet en ga nooit draven of galopperen. Zachtjes masseren van de onderbuik met stro kan enige verlichting bieden. Als het erg koud is kun je het paard bedekken om te voorkomen dat hij verkouden wordt.

Nadat de dierenarts de oorzaak van het probleem heeft vastgesteld en het specifieke type koliek heeft gediagnosticeerd, zal hij beginnen met pogingen om het opgehoopte gas te laten verdwijnen door de doorstroming weer op gang te brengen. Orale medicatie is meestal de eerste stap. Soms is het nodig om via een slang door de neus van het paard direct in de maag minerale olie toe te dienen. Dit werkt als een laxeermiddel en kan helpen de blokkade op te heffen en de gasvorming te verdrijven. Probeer nooit zelf een maagsonde in te brengen tenzij je een opgeleide professional bent. Spuit geen minerale olie direct in de mond van het paard. Dit kan maar zo in de longen terecht komen wat weer ernstige longontsteking kan veroorzaken.

Als alternatief kan de arts besluiten een klysma toe te dienen om de mest te bevochtigen en de natuurlijke beweging van de darmen te stimuleren. Bij verstoppingskoliek werkt deze behandeling vrij goed. Als je paard koliek krijgt in een land zonder adequate veterinaire zorg, dan is het wellicht de enige optie om zelf een klysma toe te dienen.

Begin met het inpakken van de staart in een verband of een wegwerpdoek. Het is belangrijk dat het paard nog rustig kan staan. Als je alleen bent, bind je het paard stevig vast en anders vraag je iemand het touw vast te houden. Een menselijke klysmazak is in veel landen algemeen verkrijgbaar en kan voor de procedure worden gebruikt. Deze zakken zijn er in verschillende maten. Gebruik in ieder geval nooit een tuinslang. Als er een grote zak beschikbaar is, meng dan ongeveer vier liter warm water met een halve liter minerale olie. Als er geen minerale olie beschikbaar is gebruik je zeepwater. De vloeistof moet handwarm zijn, zo'n 32 tot 37 graden Celsius.

De procedure vereist grote voorzichtigheid om ervoor te zorgen dat het rectum niet scheurt. Smeer het uiteinde van de kleine slang die aan de klysmazak is bevestigd in met vaseline of olie. Zorg ervoor dat de slang recht is en steek dan voorzichtig het uiteinde van de slang in de anus. Verwacht weerstand te ondervinden van de rectumspier na ongeveer vijf centimeter. Duw de slang voorzichtig ongeveer vijftien centimeter verder. Zodra de slang op zijn plaats zit, til je de zak op en laat je de vloeistof de darmen inlopen. Het kan enkele minuten duren voordat dit effect heeft. Ga naast het paard staan, terwijl je wacht en maak met je lichaam contact met het lichaam van het paard, zo voel je bewegingen tijdig aankomen. Als de zak leeg is verwijder je de slang langzaam en voorzichtig. De combinatie van warme vloeistof en minerale olie begint de ingedroogde ontlasting los te maken. Het kan een tweede klysma vereisen voordat de mest echt loskomt. Indien de koliek wordt veroorzaakt door een verdraaide darm, dan zal het niet mogelijk zijn om veel water in de darmen te laten lopen.

Nadat de normale spijsvertering is hersteld, mag het paard in de loop van de dag weer heel voorzichtig kleine beetjes eten. Als je hooi geeft is het verstandig om het met water te besprenkelen. In twee dagen kun je de hoeveelheid ruwvoer weer opbouwen naar normaal, maar geef nog geen krachtvoer. Het microbiële evenwicht in de darm moet zich eerst kunnen herstellen. Met krachtvoer verstoor je dit evenwicht weer. Als de koliek ernstig is geweest, geef dan zeker twee weken geen krachtvoer. Na een milde koliek kun je dit na een week weer voorzichtig introduceren. Ongeacht het ogenschijnlijke herstel houd je het paard de eerste vierentwintig uur nauwlettend in de gaten.

Tijdens een trektocht krijg je te maken met onvoorziene omstandigheden. Je weet vooraf niet altijd waar je gaat slapen en welk voer er beschikbaar zal zijn. Ondanks dit onvoorspelbare karakter van een trektocht is consistentie in het rantsoen erg belangrijk. Nieuw voer introduceer je geleidelijk. Probeer zoveel mogelijk in een vast ritme te voeren en geef steeds dezelfde hoeveelheden. Pas op voor groene klaver, dat gemakkelijk fermenteert, vooral als het nat is of bedekt is met rijp. Geef de beste kwaliteit hooi die beschikbaar is, muf of beschimmeld hooi is uit den boze. Denk aan de paarden in de vrije natuur: verschillende kleine maaltijden hebben de voorkeur boven een grote. Beperk de hoeveelheid graan tot een minimum voor het werk dat het paard aan het doen is en kijk goed naar welk graan je geeft. Tarwe en rogge veroorzaken bijna zeker koliek, tenzij ze in heel kleine hoeveelheden worden gevoerd. Ze mogen nooit meer dan een kwart van het rantsoen vertegenwoordigen en moeten worden gemengd met meer geschikte granen. Tarwe en rogge moet je malen of pletten voordat je het voert. Maïs kan acute verstopping veroorzaken als je het niet heel langzaam introduceert, daarnaast moet je het eerst vermalen.

De tijd die de maag nodig heeft om een maaltijd te verteren voor het voer doorgaat naar de damen is afhankelijk van het type voer. Sta je paard altijd toe om zijn voer te verteren voordat je op pad gaat. Een veel voorkomende fout is om te snel na een dagtrip te voeren. Je kunt tijdens het afkoelen wel wat hooi geven, maar wacht zeker een uur met krachtvoer geven. Laat een warm paard niet te veel ineens drinken. Sta hem een paar slokken toe om zijn dorst te lessen en wacht dan totdat hij is afgekoeld.

Gebit. Een paard dat niet kan eten, kan niet werken. Laat het gebit van je paard door een erkende professional nakijken voordat je vertrekt.

Wormen. Goede voeding is belangrijk om je paard gezond te houden, maar zorg er ook voor dat hij geen belangrijke nutriënten verliest aan parasieten zoals wormen. Een enstige besmetting kan ertoe leiden dat je paard vermagert, wat op zijn beurt weer effect heeft op de dagelijkse prestaties. Alle wormen zijn parasieten en nemen een aanzienlijk deel van de dagelijkse calorie inname tot zich. Dit verlies aan energie is voor paarden die in comfortabele stallen verblijven en regelmatig worden bijgevoerd met energierijk voer slechts een ongemak. Maar voor trailpaarden die onderweg zijn is het een ramp. Bestrijding van wormen hoort een vast onderdeel te zijn van jouw 'paarden-gezondheidsplan'. Als je van plan bent om naar het buitenland te gaan, doe je er goed aan om verschillende typen ontwormingsmiddelen mee te nemen. Vertrouw niet op de lokale bevolking als ze je medicijnen willen verkopen. Paarden die met darmparasieten zijn vatbaar voor verlies van conditie onder de fysieke en emotionele druk van reizen. Een dosis ontwormingsmiddel is een goedkope verzekering in vergelijking met de kosten van het vervangen van een paard.

Uitdroging. Onderweg worden paarden vaak blootgesteld aan hoge temperaturen. Voeg de inspanning daaraan toe en dan weet je dat het paard een immense hoeveelheid lichaamswarmte genereert. Normaal gesproken zweet een paard om af te koelen. Het is niet ongebruikelijk dat sommige dieren meer dan 10 liter water per uur transpireren. De combinatie van hoge lichaamswarmte en verlies van lichaamsvloeistoffen kan ertoe leiden dat het paard uitgedroogd raakt. Het paard lijkt depressief, de huid rond de ogen trekt zich naar binnen terug, de huid voelt droog en strak. Naarmate het lichaam reageert op het verlies van elektrolyten, worden de spieren moe, wat kan leiden tot krampen en spier-bevangenheid. Indien niet behandeld kan dit leiden tot een shock en vervolgens de dood. Je kunt eenvoudig controleren of je paard uitgedroogd raakt. Pak een huidplooi in de hals tussen duim en wijsvinger en knijp er zachtjes in. Onder normale omstandigheden zal de huid in minder dan twee seconden straktrekken. Als de huidplooi blijft staan en niet direct terugkeert naar de uitgangssituatie, dan wijst dat op uitdroging.

Breng je paard direct naar de schaduw en maak de singel los. Bied hem water aan met een scheutje zout. Als je geen elektrolyten kunt leveren om de verloren mineralen van het lichaam te vervangen dan kun je als alternatief suiker op het tandvlees van het paard wrijven. Het paard koelen met een koude, natte doek helpt, maar waak ervoor dat je geen grote hoeveelheden koud water over de grote spiermassa's heen spoelt.

Huidinfecties. Twee keer per dag poetsen geeft je de gelegenheid om eventuele afwijkingen in de huid van je paard snel te ontdekken. Wat veel voorkomt is een overgevoeligheid voor insecten. Was je paard met een milde shampoo en spuit hem vervolgens in met een op olie gebaseerd insectenwerend middel.

Netelroos is een aandoening die regelmatig voorkomt. De jeukende zwellingen worden veroorzaakt door blaasjes met heldere vloeistof onder het huidoppervlak. Netelroos kan de kop opsteken vanwege verschillende redenen, waaronder een allergische reactie op voer, een bijwerking van zalf of een allergische reactie op stuifmeel. Een eiwitrijke maaltijd met luzerne kan ook netelroos veroorzaken. Luzerne zorgt voor een hoog ammoniakgehalte dat de lever overbelast en vervolgens via de huid probeert te ontsnappen. Meestal zie je bultjes op de nek en schouders. De eerste stap bij het behandelen van netelroos is het identificeren van de oorzaak. Dit kan moeilijk zijn, omdat paarden op trektocht veel verschillend voedsel eten en op verschillende plekken slapen. Een aanval kan enkele uren of dagen aanhouden. De milde aandoening verdwijnt meestal spontaan. Als de jeukende bultjes blijven kan het noodzakelijk zijn om de dierenarts in te schakelen om medicatie toe te dienen.

Brandwonden door touw. Een veel voorkomende verwonding is er een die niet gemakkelijk geneest, namelijk brandwonden veroorzaakt door touw.

Een van de manieren om paarden onderweg te laten grazen is door ze met een lang touw aan een pin in de grond vast te binden. Het niet ongebruikelijk dat het touw om de kogel van een onoplettend paard draait. Als het touw strak trekt, duurt het maar een paar seconden voordat de huid in de kootholte beschadigt. Een wond op deze plek geneest moeilijk vanwege de beweeglijkheid en omdat het laag bij de grond is en er dus gemakkelijk vuil in komt. Als je ziet dat het verkeerd gaat probeer je eerst het paard tot rust te brengen. Loop langzaam naar hem toe, praat zachtjes en aai zijn nek, voordat je met je handen omlaag gaat om het touw los te maken. Aarzel niet om het touw door te snijden als je het niet direct los krijgt. Als het paard eenmaal vrij is en rustig blijft staan kun je goed kijken hoe diep de wond is. Was het grondig uit met water en verwijder vuil of bloed. Is de situatie zo ernstig dat je pezen of botten ziet is het tijd om de dierenarts in te schakelen. Minder ernstige verwondingen kun je zelf behandelen. Stop het bloeden met wondpoeder of EMT-gel. Dit zijn receptvrije, gemakkelijk verkrijgbare, goedkope en niet giftige middelen die het bloed snel laten stollen. Dit moet je altijd bij je hebben. Als het bloeden is gestopt was je de wond met warm water en zeep om infecties te voorkomen. Laat de kootholte drogen, knip eventueel lang haar weg en breng een antiseptische zalf of spray aan. Dit houdt tevens de vliegen weg.

Ben je in afgelegen gebied zonder spullen dan kun je een theelepel zout in een halve liter kokend water oplossen en de wond hiermee wassen. De diepte van de wond bepaalt of een verband nodig is. Als de huid helemaal door is en het onderliggend weefsel bloot ligt is het verstandig om gaasjes te gebruiken als bescherming tegen vuil en ziektekiemen. Er is echter altijd een risico dat de wond te strak wordt afgebonden op deze beweeglijke en lastige plek. Zorg ervoor dat het verband de bloedsomloop niet beperkt of onnodige druk uitoefent. Omdat het paard constant in beweging is zal een wond op deze plek langzamer dichtgaan. Houd het genezingsproces goed in de gaten.

Kreupelheid. Soms, als je in de ochtend opstapt, voel je dat je paard niet fijn beweegt. Iedereen die op trektocht gaat moet kunnen voelen wanneer zijn paard onregelmatig of kreupel is. Het is gemakkelijker gezegd dan gedaan. Negeer zo'n gevoel niet!

Laat je verlangen naar kilometers de gezondheid van je paard niet in gevaar brengen. Stop direct en stap af. Je kunt pas verder rijden als je weet waar het vandaan komt. Begin met het inspecteren van alle hoeven. Een steen in de straalgroeve zal ervoor zorgen dat je paard kreupel loopt. Vaak zijn het kleine problemen die binnen enkele minuten kunnen worden opgelost. Soms heb je pech en stapt je paard op een scherp voorwerp zoals een spijker. Probeer zoveel mogelijk te vermijden dat je door terrein rijdt waar troep op de weg of in de wegberm ligt. Een spijker kan een verraderlijke verwonding veroorzaken die niet alleen pijnlijk is, maar ook een hoog risico op besmetting met zich meebrengt. Je paard zal direct kreupel lopen en trachten de zere hoef te ontzien. Verwijder een spijker of scherp voorwerp voorzichtig. Als het goed is, is je paard ingeënt tegen tetanus. Zo niet, laat dat dan onmiddellijk doen.

Tetanus. Dankzij de goede vaccinatieprogramma's is het aantal paarden dat sterft aan tetanus, dat vroeger ook wel kaakklem werd genoemd, afgenomen. Toch blijft deze dodelijke bacterie een dodelijke bedreiging vormen, vooral voor mensen en paarden op reis. Zorg ervoor dat jijzelf en al je dieren correct zijn ingeënt. Als je paard niet eerder is ingeënt dan is een basisenting nodig met vier weken tussentijd.

Onderweg zal je paard worden blootgesteld aan een verbazingwekkende verscheidenheid aan plaatsen die het tetanus virus kunnen herbergen. Besteed veel aandacht aan de plaats waar je paard slaapt. Controleer de wei, paddock of stal op scherpe voorwerpen die letsel kunnen veroorzaken. De meeste paarden die besmet zijn met tetanus sterven. Maak elke wond snel en goed schoon en weet wanneer je een dierenarts moet inschakelen.

Giftige planten. De overgrote meerderheid van slachtoffers onder paarden is niet opzettelijk vergiftigd. De eigenaar let even niet op, of vanwege honger eten paarden giftige planten waar ze normaal gesproken omheen zouden lopen. Paarden van Long Riders lopen grote risico's. Thuis grazen paarden in een veilige weide die is ontdaan van alle ongewenste planten en krijgen ze schoon ruwvoer in de stal. Onderweg zijn deze veiligheidsmaatregelen er niet. Dan eet een paard alles wat beschikbaar is. Aan het einde van een lange dag komt een paard bij een nieuwe, onbekende rustplaats. Het is niet ongewoon dat het vermoeide paard wordt vastgebonden in de buurt van de gastheer, terwijl de Long rider het verblijf van die nacht bespreekt. Om hem heen ziet hij sappige groene planten. Dankzij instinct en de onaangename smaak zou het paard normaal gesproken geen giftige plant eten. Maar als de zon onder gaat wil het paard twee dingen: rusten en eten. Omdat hij niet weet wat komen gaat laat hij zich verleiden door nieuwsgierigheid en zijn hongerige maag tot het knabbelen aan onbekende planten. De resultaten kunnen verschrikkelijk zijn. Prachtige planten om naar te kijken, kunnen dodelijk zijn voor een paard.

Je eerste prioriteit is jezelf inlezen. Elke Long Rider moet tijd nemen om giftige planten die hij langs de route kan tegenkomen te leren herkennen. Blijf altijd waakzaam onderweg. Reken er niet op dat je gastheren weten welke planten giftig zijn voor paarden. Dat is jouw verantwoordelijkheid. Als je op reis bent in het buitenland kun je advies inwinnen over waar precies welke giftige planten groeien. Als je vermoedt dat je paard giftige planten heeft gegeten, waarschuw dan onmiddellijk een dierenarts. De minste vertraging bij het verkrijgen van een medische behandeling zal de kans op sterven vergroten.

Slangenbeet. De meeste paarden worden in een been of in de neus gebeten. De beet van een ratelslang geeft een dodelijke cocktail van drie soorten gif. Een ervan vernietigt weefsel, een ander de bloedvaten en de derde stof veroorzaakt schade aan het zenuwstelsel. Pijn, verlamming, ademnood, blindheid en dood zijn allemaal mogelijke symptomen die kunnen optreden als gevolg van de beet van een ratelslang. Als de omstandigheden dit toelaten bel dan onmiddellijk een dierenarts. Snelle zorg vermindert de kans op weefselbeschadiging. Als medische hulp niet snel kan komen, regel dan het transport naar een kliniek waar antigif beschikbaar is. Gebeurt het in afgelegen gebied, realiseer je dan dat iedere beweging van het paard de bloedsomloop stimuleert waardoor het gif zich verder door het lichaam verspreidt. Maak met deze kennis een weloverwogen afweging om door te gaan of niet. Stap in ieder geval af en loop heel rustig en langzaam naar een veilige plek.

Het is mogelijk dat de gevolgen pas uren later zichtbaar worden. Soms zie je pas in de avond als je paard in de weide staat symptomen van vergiftiging, zoals zwelling, spiertrillingen, waggelend lopen en stuiptrekkingen.

Wanneer een grazend paard per ongeluk op een ratelslang stapt, zal de slang bijten uit verdediging. Deze beten zijn moeilijk te zien, er is meestal weinig zwelling, omdat de ledematen nauwelijks zacht weefsel hebben. De meeste paarden overleven zo'n verwonding, tenzij er complicaties optreden, zoals botontsteking of een infectie. Behandel een beet in het been door de wond met water en zeep te wassen en zoek dan onmiddellijk medische hulp. Snijd de wond niet open, breng geen ijs aan en bindt het been niet af.

Een beet in de neus is veel ernstiger, omdat de zwelling het paard kan doen stikken. Paarden kunnen niet door hun mond ademen en zijn afhankelijk van hun grote neusgaten om hen van zuurstof te voorzien. Door het gif van de ratelslang zwelt de neus op, waardoor de luchtstroom wordt geblokkeerd. Wordt je paard in de neus gebeten door een ratelslang, haal dan hoofdstel of halster eraf en zorg dat de luchtwegen open blijven. Wrijf niet over de neus en laat je paard ook niet schuren, hierdoor verspreidt het gif en neemt de kans op weefselschade toe. Reizigers die regelmatig in een gebied met ratelslangen rijden doen er goed aan om altijd een 'snakebite-kit' bij zich te dragen. Deze bevat twee stukken rubberen slang van 15 cm lang, vaseline en tape. De randen van de rubberen slang moeten glad geschuurd zijn. Voordat het gif de neus doet zwellen, smeer je de slang in met vaseline en schuif je deze voorzichtig in een neusgat. Met tape houd je de slang op de plaats. Door de druk van de zwelling blijven de rubberen slangen op de plek. Het ziet er vreselijk uit, maar zorgt er wel voor dat het paard nog zuurstof binnen krijgt.

Equine infectieuze anemie (EIA) is een virale infectieziekte die bloedarmoede veroorzaakt en gepaard gaat met terugkerende koortsperioden. Dit virus wordt meestal overgedragen door paardenvliegen wanneer de vlieg bloed opzuigt. Equine infectieuze anemie (EIA), ook bekend als moeraskoorts, reproduceert in de witte bloedcellen van het paard die door het lichaam circuleren. Symptomen zijn onder meer depressie, koorts, verminderde eetlust, vermoeidheid, snelle ademhaling en zweten. De ziekte vernietigt rode bloedcellen, wat leidt tot bloedarmoede en resulteert in schade aan de lever, nieren en het hart. Er is geen behandeling voor EIA en het kan dodelijk zijn. EIA wordt vastgesteld door antilichamen in het bloed van het paard te identificeren middels de Coggins-test. Een negatief resultaat bevestigt dat er geen sporen van het virus zijn ten tijde van de test. Een positief resultaat betekent dat het paard is geïnfecteerd met het EIA-virus. Eenmaal besmet draagt het paard het virus voor de rest van zijn leven bij zich. Dat is catastrofaal voor het paard en zijn eigenaar.

Er zijn landen die een negatieve Coggins-test willen zien voordat ze een paard toestaan om hun grens over te steken, die VS is hier een van.. Zelfs als ze niet aan de ziekte bezwijken worden de meeste besmette paarden direct geëuthanaseerd om verdere verspreiding van de ziekte tegen te gaan. Ook in Nederland is dit het geval. Het alternatief is om het paard voor de rest van zijn leven in quarantaine te plaatsen.

Piroplasmose. Deze ziekte wordt veroorzaakt door bacteriën en is niet direct overdraagbaar van het ene paard naar het andere. Overdracht gebeurt praktisch altijd via een geïnfecteerde teek. Er zijn vele soorten teken die als gastheer van deze parasiet dienen. Equine piroplasmose wordt tegenwoordig opgesplitst in equine babesiose (veroorzaakt door Babesia caballi) en equine theileriose (veroorzaakt door Theileria equi). Hoewel de symptomen kunnen variëren, kan piroplasmose elk paard besmetten. Piroplasmose komt over de hele wereld voor. De weinige landen die erin zijn geslaagd de ziekte op afstand te houden, zoals Canada, IJsland, Ierland en Japan, handhaven strikte controles om hun paarden te beschermen. In de Verenigde Staten zijn af en toe uitbraken van piroplasmose die hebben geleid tot het opleggen van strenge regels voor de invoer van paarden. Dit geldt in het bijzonder voor paarden die over land vanuit Zuid- en Midden-Amerika komen, waar de ziekte extreem veel voorkomt. Elke Long Rider die via de Mexicaanse grens zijn paard naar de Verenigde Staten wil brengen, moet bereid zijn veel tijd en geld te besteden, terwijl zijn dier wordt onderworpen aan allerlei bloedtesten. Hierbij moet het paard in een strenge en kostbare quarantaine verblijven, totdat de testresultaten bepalen of hij wel of niet verder mag.

Babesia caballi komt zo vaak voor in Zuid-Afrika dat veel landen de invoer van paarden uit dat land verbieden. Omdat veel paarden die in geïnfecteerde gebied worden geboren drager zijn, kunnen ze enige mate van immuniteit ontwikkelen. Paarden die van buitenaf deze regio's binnenkomen zijn uiterst kwetsbaar. Infectie vindt plaats wanneer een teek de parasiet in het bloed van het paarden brengt. Deze parasieten reproduceren zich vervolgens in de rode bloedcellen.De incubatietijd varieert van één tot drie weken. Elke Long Rider die door Afrika reist, moet zijn paarden goed in de gaten houden voor tekenen van deze infectie, die niet moeilijk zijn om te herkennen. Een geïnfecteerd paard wordt lusteloos, lethargisch en verliest de eetlust. Door beschadiging van de lever ontstaat bloedarmoede. Het tandvlees is lichtroze of geel en ook de slijmvliezen in de neusgaten en rond de ogen hebben een ongezonde kleur. Naarmate de ziekte vordert, gaat het paard snel ademen en ontwikkelt hoge koorts.

Er is momenteel geen preventief vaccin beschikbaar om paarden te beschermen tegen deze ziekte. Het is wel goed te behandelen en hoe sneller de diagnose wordt gesteld, hoe minder kans op blijvende schade of overlijden van het paard. Laat bij de eerste vermoedens direct bloedonderzoek uitvoeren en wacht niet totdat de slijmvliezen verkleuren.

Zoals altijd is preventie de beste verdediging. Ervaren Long Riders leren om hun paard regelmatig te temperaturen, de slijmvliezen te controleren en het gedrag nauwkeurig te observeren. De behandeling bestaat het toedienen van antibiotica uit de tetracycline-groep, bijvoorbeeld doxycycline, dat erg effectief blijkt te zijn.

Afrikaanse paardenpest (AHS). De Afrikaanse paardenpest is een zeer gevaarlijke ziekte die alle paarden, muilezels, ezels en zebra's kan treffen. Het wordt overgedragen door de beet van een geïnfecteerde mug. Het virus heeft grote delen van de paardenpopulatie in de wereld verwoest. Er is weinig voor nodig om AHS op te lopen: één mug kan een paard al ziek maken. Gelukkig is de ziekte niet overdraagbaar van paard op paard. Tijdens warm, regenachtig weer wanneer er muggen in overvloed zijn is de kans op besmetting erg groot. Vooral tussen zonsondergang en zonsopgang, als de muggen actief zijn. Koud weer of nachtvorst doet de muggenpopulatie afnemen en daarmee de kans op besmetting. De incubatietijd is ten minste 14 dagen, waarna de symptomen beginnen met hoge koorts. Als de infectie zich uitbreidt naar de luchtwegen, staat het paard met de benen uit elkaar en het hoofd omlaag. De neusgaten zijn verwijd, het dier is benauwd, heeft moeite met ademhalen en hoest krampachtig als de longen zich vullen met vocht. Er kan schuim uit de neusgaten komen. Herstel is zeldzaam. Negentig procent van de besmette paarden sterft meestal binnen een week.

Vaccinaties. Hoewel veel voorkomende kwalen zoals koliek, zadel drukkingen en kreupelheden niet kunnen worden voorkomen door middel van injecties, is het wel mogelijk je paard vooraf te beschermen tegen een aantal vervelende infectieziekten. Bespreek vooraf met je dierenarts welke inentingen wettelijk verplicht zijn. Standaard vaccins zijn het West-Nijlvirus, tetanus, influenza en rhinopneumonie. In Amerika is ook equine encephalomyelitis (EE) aan te bevelen. In afgelegen gebieden kan hondsdolheid (rabiës) een risico vormen. Verdiep je dus in de dreigingen van het gebied waar je gaat rijden.

Vaccineer je paard niet vlak voor vertrek. Het lichaam heeft tijd nodig om op het vaccin te reageren en antilichamen aan te maken. Voor dieren die eerder zijn gevaccineerd, is een booster (opfrisser) voldoende. Paarden die voor het eerst ingeënt worden, hebben meer tijd nodig om zichzelf te beschermen.

Sociale critici. Het is wettelijk verplicht om deskundigen naar de gezondheid van je paard te laten kijken. Daarnaast is het zaak om je te wapenen tegen de kritiek van buitenstaanders en mensen uit de paardensport zelf, die het wreed vinden om op reis te gaan met één of meerdere paarden. In onze verstedelijkte en gemechaniseerde samenleving zijn er steeds meer mensen die ten onrechte van mening zijn dat reizen op een paard zielig is. Zij zullen proberen de gezondheid van jouw paard te bekritiseren om je ervan te overtuigen dat dit niet kan. Er zijn zelfs mensen die vinden dat je überhaupt niet op een paard moet gaan zitten. Dierenrechtenactivisten begrijpen niet dat Long Rider-paarden, mits op de juiste manier begeleid en verzorgd, een reis in blakende gezondheid afleggen. Door het welzijn van je paard boven alles te stellen en ervoor te zorgen dat veiligheid een constante zorg is zullen je paarden aan het einde van de reis in een betere conditie verkeren dan bij vertrek.

Monitoren van de gezondheid van je paard. Je moet in staat zijn om aan te tonen dat je paard de zorg krijgt die het nodig heeft. Dit kun je doen door een verslag bij te houden van de gezondheid. Als de gelegenheid zich voordoet, vraag dan aan een plaatselijke dierenarts of hij je paard wil nakijken en met een handtekening wil bevestigen dat het in goede conditie verkeert. Dit hoeft geen volledig onderzoek te zijn. Een korte verklaring is voldoende. Door tijdens je reis een aantal van deze bevestigingen te verzamelen, kun je bewijs leveren dat je paard goed verzorgd wordt, mocht iemand daar vragen over stellen.

Quarantaine. Onder normale omstandigheden kan het zijn dat een paard in het thuisland tijdelijk in quarantaine moet vanwege een besmettelijke ziekte. In zo'n geval is de eigenaar in de buurt samen met de behandelend arts van het dier. Soms verblijft het paard ook gewoon in de eigen stal. Als een paard dat op reis is plotseling in quarantaine moet, kan dit onverwachte en zelfs gevaarlijke situaties opleveren. Vaak wordt er niet in de eerste plaats geprobeerd om het paard te genezen, maar wordt het dier behandeld als mogelijke drager van vreselijke ziekten. De eigenaar wordt achterdochtig behandeld door chagrijnige overheidsfunctionarissen. Om de kans op dit soort diplomatieke nachtmerries te minimaliseren is het raadzaam om vooraf contact op te nemen met de grensfunctionarissen. Ga er niet mee akkoord om je paard in quarantaine te plaatsen, tenzij het absoluut noodzakelijk is. Probeer de voorwaarden en te verwachten kosten vooraf vast te stellen.

Drachtige paarden. Een aantal Long Rides zijn gestopt of vertraagd vanwege een onvoorzien risico, namelijk seks. Omdat een Long Rider constant onderweg is vormt elke nacht een nieuwe uitdaging voor de eigenaar van een merrie. Naast het vinden van voldoende voedsel en water moet je, als je op een merrie rijdt, ook stappen ondernemen om ervoor te zorgen dat ze niet per ongeluk wordt gedekt door een hitsige hengst.

Rust en herstel. De kilometerstand heeft nooit voorrang op gezondheid! Paarden die ziek zijn geweest forceer je niet om hun plek op de trail weer in te nemen. De reden hiervan is dat ze bij grote inspanning vaak een terugval krijgen. Een standaard regel uit de medische praktijk in de 19e eeuw was dat een paard zeven dagen rust moest hebben voor iedere graad verhoging of koorts die het heeft gehad.

EHBO-kit voor paarden. Normaal gesproken hebben paarden tijdens een reis geen medische zorg nodig. De ongelukken die hen overkomen zijn vaak de oorzaak van een menselijke fout. Desalniettemin is er een noodzaak om je voor te bereiden op een mogelijk ongeluk. Houd enkele zaken voor ogen. Een Long Rider reist licht dus ook hier is het minimaliseren van gewicht een must. Gezien de goede medische paardenzorg die in veel landen toegankelijk is, is het niet nodig om erg veel mee te nemen. Als er tenminste een mobiele telefoon aanwezig is waarmee medische hulp ingeschakeld kan worden. Bespreek vooraf met een dierenarts wat er op de plek van bestemming beschikbaar is en wat de prijzen zijn. Weeg dit af tegen kosten van transport en de invoerregels.

Zorg ervoor dat je een schriftelijk bewijs van je dierenarts hebt om eventuele verdenkingen op smokkel van medicijnen of andere zaken te ontkrachten. Die uitleg is nodig op het moment dat er naalden, spuiten, poeders en pillen met onduidelijke etiketten in je bagage worden gevonden. Ook in je eigen land kunnen er vragen komen als men ontdekt dat je medicatie bij je hebt die normaal alleen via de dierenarts verkrijgbaar is. Een voorbeeld daarvan is Fenylbutazon, bijgenaamd "bute", een ontstekingsremmer die vaak wordt misbruikt. Als je er niet zeker van bent of de medicatie die je meeneemt legaal is, doe het dan niet. Het is vanzelfsprekend dat je van alle middelen die je bij je hebt weet wanneer, hoe, en hoe vaak je het gebruikt.

Materialen die in een EHBO-kit voor paarden thuishoren zijn: basis verband-materiaal, gaaskompressen, waterdicht verband, waterstofperoxide, bloedstelper, antiseptische spray zoals betadine of jodium, insectenwerend middel, steriele handdoekjes, een schaar en een steriele spuit.

Long Riders die verder weg van huis en medische hulp zijn, breiden hun uitrusting vaak uit met een wormpasta, elektrolyten, een ontstekingsremmer, antibioticakuur, oogzalf, verdovende crème, schimmelwerende middelen en vaseline. In een slangen gebied komt daar nog een snakebite-kit bij. Andere zinvolle items zijn een inklapbare emmer, antiseptische zeep en een digitale thermometer. Ongeacht wat je uiteindelijk meeneemt, verpak medicijnen op zo'n manier, dat ze onderweg niet stuk gaan of morsen.

Samenvatting. De omstandigheden variëren, maar het is altijd jouw verantwoordelijkheid om op de hoogte te zijn van de regelgeving rondom medicijngebruik en -documentatie. Het is noodzakelijk om kalm te blijven tijdens een medische crisis. Degenen die hun hoofd erbij houden in een noodsituatie zijn vaak de mensen die zich goed hebben voorbereid. Stalen zenuwen en talent voor overzicht helpen natuurlijk altijd.

Hoofdstuk 71 - Als de dood komt

Je kunt het Long Riders niet kwalijk nemen dat ze niet continu nadenken over hun sterfelijkheid. Je voortbewegen in een tempo van zo'n zes kilometer per uur lijkt voor paard en ruiter nauwelijks gevaarlijk. Voor ons geestesoog zien we idyllische plaatjes van vredig grazende paarden langs een riviertje.

Onervaren ruiters realiseren zich niet dat gevaar vaak zonder waarschuwing nadert. Het gaat snel en genadeloos, zonder tijd om erover na te denken. Het ene moment is alles in orde. Het volgende vraag je je af hoe je op de grond bent beland.

Heel soms slaat de dood toe. Om dit zoveel mogelijk te voorkomen is het allereerst nodig om te erkennen dat het kan gebeuren en dat het misschien ook nog jouw schuld is. Voor vertrek speel je alle mogelijke horrorscenario's af in je hoofd en bedenk wat je kunt doen om ze te voorkomen en hoe je kunt reageren als het gebeurt.

Weinig informatie beschikbaar. Niemand wil lang stilstaan bij de dood van zijn geliefde paard. Er is dus nog nooit een gedegen studie gedaan naar dit risico van trektochten rijden.

Ethische verplichtingen. Je moet beseffen dat er een moreel principe centraal staat in dit onderwerp. De afweging is niet mechanisch, medisch of technisch, maar komt uit het hart. We moeten niet bezig zijn met kiezen welk wapen we gaan gebruiken om de daad uit te voeren. Voor die tijd al moeten we ons realiseren dat het onderwerp 'de dood van een paard' ernstige ethische implicaties met zich meebrengt.

Beslissen om een geliefd paard te euthanaseren is altijd een emotionele uitdaging, de meeste paardeneigenaren zullen deze beslissing nemen in de emotionele veiligheid van hun huis en het fysieke comfort van de paardenstal. Long Riders hebben deze luxe niet. Tijdens een tocht kan een catastrofaal ongeluk gebeuren, waarbij het paard direct moet worden geëuthanaseerd. Onze eerste verplichting is ervoor te zorgen dat het snel en humaan gebeurt. De crisis kan worden verergerd door het isolement van de Long Rider. Net als andere paardeneigenaren zullen Long Riders veel stress ervaren. Het verschil is dat ze ver van huis zijn, in een onbekende omgeving en vaak ook nog alleen. Ze kunnen omringd zijn door vreemden, die niet altijd allemaal even sympathiek reageren. Het kan zijn dat ze de taal niet spreken en de lokale gebruiken niet kennen. Leren hoe de juiste beslissingen te nemen in een dergelijke situatie vereist een zorgvuldige voorbereiding.

Onderschat nooit het paard. Laten we duidelijk zijn, soms sterven paarden onverwachts. Soms moet een Long Rider de pijnlijke beslissing nemen om zijn paard te euthanaseren. De eerste is moeilijk; het laatste is nog veel moeilijker, omdat je als rechter en jury moet beslissen over het leven van je paard. Beslis niet te snel, onderschat het herstellend vermogen van een paard niet. Er zijn genoeg verbazingwekkende verhalen over paarden die van de kliffen tuimelden, door onleefbare klimaten reisden, woeste rivierstromen overleefden en aan een reeks andere gevaren wisten te ontsnappen. Euthanasie is een laatste redmiddel. Het is een dunne grens, tussen daadkrachtig optreden om het lijden te stoppen, en overhaast afscheid nemen.

Emotionele controle behouden. Mocht je plotseling in een rampzalige situatie terecht komen, bedenk dan dat je vast niet de eerste bent die dit meemaakt. De relatie tussen mens en paard is eeuwenoud. En net als Long Riders uit het verleden, zal de manier waarop jij reageert de uitkomst van gebeurtenissen beïnvloeden. Emotionele chaos kan verwarring brengen. Je moet gefocust blijven op het probleem, want elke seconde telt! Geef niet toe als je in paniek dreigt te raken. Houd je hoofd koel en zoek naar mogelijke oplossingen. Er zal een tijd komen dat je terugkijkt op deze gebeurtenis. Door emotionele controle te behouden weet je dat je beslissingen gebaseerd waren op zorgvuldige analyse en niet op angst of paniek.

Evaluatie van de crisis. Om tot een goede beslissing te komen, moet logica boven angst gaan. Verdriet moet wachten. Eerlijkheid heeft voorrang op emotie. Door antwoord te geven op belangrijke vragen, ben je in staat om de situatie in perspectief te plaatsen en een weloverwogen beslissing te nemen. Heeft het paard een verwonding waardoor het heftig worstelt temidden van druk verkeer of in een druk gebied? Is er een risico dat het paard zichzelf of andere mensen nog verder verwondt? Lijdt het paard intense pijn zonder kans op genezing? Zijn er zeer onherstelbare verwondingen zoals een ernstige shock, een opengescheurde buikholte, waardoor de ingewanden naar buiten komen, perforatie van de darmen, een open fractuur van een groot bot of ernstige verminking? En áls het paard het overleeft, wat is dan zijn toekomstperspectief? Zal het kunnen grazen, pijnvrij bewegen en gelijkwaardig omgaan met soortgenoten? Zal euthanasie het paard verlossen van langdurig en onnodig lijden? Is transport mogelijk of verergert het de blessure aanzienlijk? Als de prognose hopeloos is en medische hulp niet beschikbaar, blijft er niets anders over dan om het dier uit zijn lijden te verlossen.

Een eenzaam besluit. In de meeste gevallen is er tijd om een dierenarts te bellen die je kan helpen om de kansen van je paard op herstel en overleving te beoordelen. Zo'n gesprek helpt je de medische gevolgen van de verwonding te begrijpen. Maar pas op, het is niet de taak van de dierenarts om de daadwerkelijke beslissing te nemen. Hij geeft de informatie die je nodig hebt om een goede keuze te maken. Als je deze mogelijkheid niet hebt, zal de beslissing 100% op jouw afwegingen zijn gebaseerd. Zo'n actie moet je goed kunnen uitleggen.

Verschillende methodes. Er is een groot verschil tussen het betalen van een dierenarts om je paard in te laten slapen en zelfstandig een nood euthanasie uitvoeren op een verlaten plek. Om pijn en angst bij het paard te voorkomen, meer dan er al is, vereist de gebruikte techniek onmiddellijk bewustzijnsverlies, gevolgd door hartstilstand en ademstilstand. Dit resulteert in het verlies van hersenfunctie. De volgende informatie moet worden overwogen bij het kiezen van de juiste methode voor euthanasie.

Cultuur. Waar je rijdt, zal van invloed zijn op wat je doet, aangezien individuele culturen zullen bepalen welke optie beschikbaar is en bepalen hoe de dood wordt gedefinieerd.

Groepsdruk of druk van een 'expert'. Vaak is er iemand in de buurt die graag de metaforische trigger wil trekken. Jager of ruiter zijn betekent niet automatisch dat iemand weet hoe het leven van een paard effectief kan worden beëindigd. Het ontvangen van goedbedoelde adviezen is één ding, gepushed worden in een te snelle of ongefundeerde beslissing is van een andere orde. Negeer je instinct niet! Dit is een ingebakken waarschuwingssignaal dat in de loop van de eeuwen is geëvolueerd. Sta nooit toe dat iemand met een dominante persoonlijkheid deze beslissing dicteert. Als het jouw paard is, is het jouw beslissing! Zeg duidelijk 'NEE'.

Juridische implicaties. Vraag jezelf hoe je zou reageren als je paard een extreme blessure oploopt en er geen dierenarts in de buurt is. Je moet niet alleen de situatie correct beoordelen, je moet de beslissing om te euthanaseren ook juridisch bekijken. Landen en staten hebben regelgeving om de belangen van het paard te beschermen. Deze wetten hebben invloed op jouw beslissing. De staat Californië in de VS heeft bijvoorbeeld een wettelijke code die toeziet op de invoering van de Emergency Euthanasia Guidelines for Equines (Richtlijnen voor euthanasie bij paarden in noodsituaties).

Euthanasie moet zo humaan als mogelijk worden uitgevoerd. Bepaalde methoden blijken het paard nodeloos leed te berokkenen en zijn wreed verklaard. Bijvoorbeeld elektrocutie met een 120-volt elektrisch snoer, handmatig het hoofd inslaan, doorsnijden van de keel zonder verdoving, steken met een speer of ander steekwapen, luchtembolie (injecteren van grote hoeveelheden lucht in de bloedsomloop) en injecteren van chemische, niet verdovende stoffen in de bloedbaan. Iemand die voor dergelijke illegale methode kiest maakt zich schuldig aan een misdrijf, de straffen daarvoor zijn hoog!

Ook rondom acceptabele euthanasie-methoden zijn gereguleerd door strenge wetgeving. De meeste paarden worden in slaap gebracht door een overdosis slaapmiddel toe te dienen. Maar tenzij je een erkende dierenarts bent, is het onwettig om de barbituraten te bezitten die nodig zijn om een dodelijke injectie toe te dienen. Het gebruik van een pistool is in veel landen, waaronder alle Europese landen, onmogelijk vanwege de wapenwetgeving. In de Verenigde Staten zijn lokale wetten niet overal hetzelfde. Niet alleen moet een Long Rider voldoen aan de daar geldende wetten die het bezit van een vuurwapen beheersen, hij moet ook controleren of er geen plaatselijke verordening is die het gebruik van een wapen in een noodsituatie binnen stedelijk gebied verbiedt. De repercussies zijn groot als een vuurwapen op een onverantwoordelijke wijze wordt gebruikt.

Als het correct gebeurt, zal een enkel schot direct de dood veroorzaken zonder pijn voor het paard. Voor herhaaldelijk op een paard schieten kan iemand worden aangeklaagd voor dierenmishandeling. Sancties in sommige Amerikaanse staten kunnen oplopen tot $ 20.000,- boete en een gevangenisstraf van maximaal drie jaar.

Betrouwbaarheid. In de regel worden er drie betrouwbare methoden toegepast voor euthanasie. De meest voorkomende is een overdosis slaapmiddel wat tot een hartstilstand leidt. De tweede optie is de vernietiging van de hersenen door middel van een schot met een vuurwapen of een schietmasker. Tot slot is verbloeding de term die wordt gebruikt voor leegbloeden door grote bloedvaten in het keelgebied door te snijden na verdoving. Om ze praktisch toe te kunnen passen, moeten voor alle methoden de benodigde instrumenten en/of medicatie ter plaatse beschikbaar zijn.

Veiligheid. Bij bovenstaande methoden moet er aandacht besteed worden aan de veiligheid van degene die de procedure uitvoert. Bij vooruitdenken hoort ook inschatten hoe een paard reageert, hoe hij omvalt en of er mogelijk een kogel kan terugslaan.

Kosten. Een andere overweging is die van de financiële consequenties. In 2019 rekent een Nederlandse dierenarts tussen de 80 en 200 euro om een paard in te laten slapen. Laat je het lichaam ophalen door destructiebedrijf Rendac, dan ben je 30 euro kwijt. Rendac kan een paard ook individueel ophalen, dat kost tegen de 500 euro. Cremeren is ook een optie, daarvan lopen de kosten al gauw op richting 1500 euro of meer. Slachten kost niets en brengt een paar honderd euro op. Zodra het besluit is genomen om het paard te laten euthanaseren, is de volgende stap om een methode te kiezen.

Dodelijke injectie. Het toedienen van een dodelijke injectie is snel, pijnvrij en de meest gebruikte methode om het leven van een paard te beëindigen. Om het proces te versnellen, wordt de injectie vaak in de halsader geïnjecteerd. Wanneer het op de juiste manier wordt toegediend, veroorzaakt het zeer snel een hartstilstand. Het gevolg is dat het paard het bewustzijn verliest en vredig bezwijkt. Wat niet algemeen bekend is, is dat eerst een kalmeringsmiddel moet worden toegediend, omdat een het injecteren van dit middel pijn kan veroorzaken. Door eerst een verdovend middel toe te dienen ontspant het paard, zakt het langzaam door de benen en ligt op het moment dat de dodelijke injectie zijn werk doet.

Er zijn een aantal positieve overwegingen voor deze methode. Intense pijn wordt onmiddellijk verlicht. Het dier glijdt rustig weg uit het bewustzijn en het is minder emotioneel traumatisch voor een eigenaar. Toch zijn er ook nadelen. Deze methode is duurder dan andere opties. Euthanasie via een dodelijke injectie kan alleen legaal worden toegepast door een erkende dierenarts. Als je op een afgelegen locatie of in een ver land rijdt, is dit geen optie. Een ander nadeel is dat verwondingen het moeilijk kunnen maken om een geschikt bloedvat te vinden. Als de hartslag vanwege een shock zwak is, wordt het middel erg langzaam richting het hart en de hersenen gepompt.

Het niet kunnen vinden van een dierenarts is een belangrijke reden om voor een andere methode te kiezen. Je kunt een ernstig gewond paard geen langdurig pijn laten lijden, terwijl er wordt gezocht naar iemand die de injectie mag toedienen. In zo'n geval is het beter om het paard af te schieten, echter maar weinigen hoe ze deze gewelddadige taak met succes moeten uitvoeren.

Vuurwapens. In de geschiedenis van Long Riders zijn miljoenen veilige kilometers afgelegd, tijdens duizenden probleemloze reizen. Het komt zelden voor dat een paard op de trail moet worden afgemaakt. Toen het ooit daadwerkelijk moest gebeuren, bleek het bezit van een vuurwapen een zegen. De voordelen van deze methode zijn dat het goedkoop is, overal verkrijgbaar en dat het effectief de dood brengt zonder dat er lichamelijk contact hoeft te zijn met het paard. Als het correct wordt uitgevoerd is het snel en pijnloos. Gebeurt het niet correct, dan kan er meer schade ontstaan en zelfs extra slachtoffers veroorzaken.

Om deze methode te kunnen kiezen, moet het in de eerste plaats legaal zijn om een vuurwapen te bezitten. Dit hangt erg af van het gebied waarin je rijdt. Bepaalde landen, zoals de Verenigde Staten, moedigen privaat wapenbezit voor burgers aan. Andere landen sluiten deze optie uit. Maar zelfs als het bezit en gebruik van een vuurwapen legaal is, komt er meer kijken bij het afschieten van een paard dan de meeste mensen beseffen.

Feiten en fictie. Als het goed wordt gehanteerd is een vuurwapen een betrouwbaar instrument. Het is daarbij wel van cruciaal belang dat je het juiste wapen uitkiest, en de juiste munitie. Een dier tijdens de jacht doden is niet hetzelfde als een paard euthanaseren. In onervaren handen is een geweer gevaarlijk. Ook de meeste dierenartsen zijn hier niet bedreven in. In Hollywoodfilms zie je een cowboy boven zijn gewonde paard staan die met afgewend hoofd op het dier schiet. Dit is een totaal verkeerd beeld van de werkelijkheid. Hanteer een vuurwapen met grote zorg en minimaliseer de kans op ongelukken.

Hoe schiet je een paard dood. In een noodsituatie is er geen ruimte voor vergissingen. De juiste intentie is geen garantie voor een juiste uitvoering. Er zijn verschillende factoren van belang: het begeleiden van het paard, de keuze van het vuurwapen en de positie van de schutter. Paarden kunnen erg opgewonden raken, ook in minder urgente noodsituaties. Een gewond dier kan in paniek zijn. Het toedienen van een kalmerend middel kan helpen om het paard rustig te houden. Het is belangrijk zelf ook op een kalme en geruststellende wijze te handelen. Richt nauwkeurig, zodat een enkel schot voldoende is. Het is niet prettig als er meerdere schoten nodig zijn om het dier uit zijn lijden te verlossen. Om dit te kunnen doen, moet het paard zijn hoofd stil houden. Daarvoor is een sterk halster met touw nodig. Zet het dier niet te kort vast, sommige dieren gaan dan hangen of tegenstribbelen. Soms vinden ze het niet prettig als er iets dichtbij het hoofd komt. Je kunt ervoor kiezen om een blinddoek te gebruiken. Dit is voor het paard rustiger en maakt de handeling voor de persoon die het uitvoert minder emotioneel. Een correct schot heeft onmiddellijk effect als de kogel door de hersenen en het bovenste uiteinde van het ruggenmerg heen gaat.

Het gebruik van het verkeerde type vuurwapen of munitie is wreed en gevaarlijk. Een pistool heeft de voorkeur, omdat er geen andere mensen nodig zijn. Je kunt het touw in de ene hand houden en het pistool in de andere. Als een (jacht)geweer het enige vuurwapen voorhanden is, zul je iemand moeten vragen om het paard vast te houden. Deze persoon gaat niet naast het paard, maar achter de schutter staan.

Mocht je met een pistool werken, wees er dan zeker van dat de munitie krachtig genoeg is om het paard met een enkel schot te doden. De kleinere .22 kaliber kogel heeft waarschijnlijk niet voldoende snelheid en massa om de schedel te doorboren. Het paard kan bewusteloos raken. In zo'n geval moet je het dier ook laten verbloeden. Om euthanasie met een pistool uit te voeren is een groter kaliber, zoals een 9 mm, een .38 of een .357 nodig.

Gebruik ook geen klein kaliber geweer. De kogel moet .223, .308 of .30 kaliber zijn om een zekere dood te veroorzaken. Ongeacht welk wapen, holle munitie met afgeplatte neus, de zogenaamde dumdum kogels, zijn het meest geschikt. In een jachtgeweer gebruik je een .410 hagelpatroon (met speciale hagel voor zwaarder wild) of groter.

Een paard dat pijn heeft kan onverwachts bewegen. Het laatste dat je wilt is het dier verder verwonden. Ga daarom recht voor het dier staan, of kniel bij het hoofd, als het paard op de grond ligt. Richt het wapen in een loodrechte hoek op het voorhoofd van het paard. Houd de loop niet tegen het hoofd aan, maar er zo'n vijf centimeter vanaf. De kogel krijgt zo de meeste snelheid. Als de loop is afgesloten kan het exploderen wanneer de trekker wordt overgehaald.

Er is wetenschappelijk onderzoek gedaan naar het de baan van de kogels bij euthanaseren van paarden. De meest voorkomende fout was het onjuist richten van het wapen. Als het wapen niet loodrecht op de schedel wijst, mist de kogel de hersenen. De hoek waarin de kogel het hoofd binnenkomt is cruciaal. En ook soortspecifiek. De hoek die bij een paard nodig is, verschilt van die van een rund of een ander dier.

De hersenen van het paard zijn relatief klein. Men heeft de neiging om laag tussen de ogen van het paard te richten, dit is niet correct.

Stel je een denkbeeldige X voor op het voorhoofd van het paard. De oren en ogen markeren de vier hoeken van de X (zie figuur). Richt in een loodrechte hoek op het midden van de X.

Houd bij het schieten van een paard goed in de gaten hoe het paard valt en zorg dat je niet per ongeluk omstanders kunt verwonden. Meestal zakt het dier door zijn benen, een enkele keer maakt het een beweging naar voren. Zorg ervoor dat je ruimte hebt om te manoeuvreren. Wees bedacht op reflexen van de ledematen en trillende spieren. Er zal bloed uit de wond en de neusgaten komen, dek dit af met zand of aarde.

Rondom een gewond paard lopen de emoties vaak hoog op. Blijf heel kalm en houd goed rekening met de omgeving en omstanders. Haal de trekker niet over als er iemand achter het dier staat. Bij een slecht gericht schot kan de kogel afketsen en een onverwachte kant op gaan. Probeer altijd een ervaren expert erbij te halen, bij voorkeur een dierenarts en anders een politieagent. Bespreek met een agent waar de juiste plaats voor een schot is, omdat zij deze kennis vaak zelf niet hebben.

Verbloeden. Dit is een onsmakelijke term voor dood door bloedverlies. Er bestaan een aantal misvattingen over deze methode van euthanasie. Een ervan is dat het dier geen pijn voelt. Dat is waar bij een dodelijke injectie, maar niet wanneer je de keel doorsnijdt. Een andere misvatting is om te denken dat het dier meteen sterft. Dat is wel het geval bij een correct schot, maar niet bij grootschalig bloedverlies. De realiteit onderweg is anders dan de romantiek van thuis. Een paard is geen laptop die je met een druk op de knop uitschakelt.

Een paard doden met een scherp voorwerp is een heftige en bloederige aangelegenheid.

Een groot dier raakt in paniek bij veel bloedverlies. Het begrijpt niet wat er gebeurt, is volledig bij bewustzijn en wordt angstig. Als het dier mobiel is zal het vechten in een poging om te ontsnappen. Dit duurt eindeloos. Zelfs nadat de halsader en de halsslagader zijn doorgesneden en er door paniek een hoge hartslag is, duurt het vaak meer dan een minuut voordat een dier sterft. Stel je voor dat je ernaast staat en jij rustig tot zestig moet tellen, terwijl het bloed eruit spuit. Dat lijkt een eeuwigheid te duren. De vraag is of je deze methode wel kunt gebruiken om het leven van een paard te beëindigen.

Het doel moet altijd zijn om stress en pijn te verlichten of te beëindigen. Je kunt een paard nooit de keel doorsnijden zonder het vooraf te verdoven of te schieten. Laat me dat herhalen: Het paard moet bewusteloos zijn, voordat de fatale snede wordt gemaakt. Daarnaast is het van groot belang dat de aanwezigen zijn voorbereid op wat er komen gaat.

Culturele vooroordelen. Verwar culturele waarden en normen niet met dierethiek. Een maaltijd bereiden is iets anders dan je paard afmaken. De islamitische en joodse wet verbiedt volgelingen het bloed van dode dieren te verteren. Om naar deze religieuze wet te leven, hanteren islamitische en joodse slagerijen halal en koosjere methoden. Deze verplichten slachting door verbloeden, zodat het bloed kan wegstromen. Beide religies verbieden ook het eten van dode dieren, die als aas worden beschouwd. Dit betekent dat verdoving vóór het slachten niet is toegestaan. De noodactie van een Long Rider mag nooit worden verward met de voedingsvoorschriften van welke religie dan ook!

Goede uitrusting. Je kunt een groot dier als een paard niet de keel doorsnijden zonder de juiste instrumenten. Een chirurgisch scalpel lijkt misschien het perfecte mesje, maar de harde huid van het paard en de spieren in de nek kunnen te stevig zijn voor een scalpel. Een Zwitsers zakmes is niet sterk en ook niet scherp genoeg. Er is een uiterst scherp slagersmes nodig met een lemmet van zo'n 18 centimeter. Een scherp mes snijdt door het weefsel in plaats van het te scheuren.

Kennis van anatomie. Om een paard snel en effectief te doden door middel van verbloeding moet je een paar belangrijke feiten weten over zijn anatomie. Richt je op de halsgroeve, de inkeping in de hals, net boven de luchtpijp. Hier lopen de halsslagader en de halsader. Verwar hun functies niet. De halsslagader transporteert zuurstofrijk bloed van het hart naar de hersenen. De halsader brengt zuurstofarm bloed terug naar het hart. De pols die je voelt in de halsgroeve is de halsslagader. Deze slagader is degene die moet worden doorgesneden om het paard snel te laten sterven. Het wordt aanbevolen om ook de halsader door te snijden.

Houd rekening met verzet. Hoe erg een paard ook gewond is, het zal zich niet snel overgeven en zo lang mogelijk vechten voor zijn leven. Zelf met een gebroken been. Als je hier emotioneel niet op voorbereid bent, kan dit leiden tot letsel van alle betrokkenen. Bescherm jezelf! Zorg voor een sterk halster en touw. Zoek, als dat nog mogelijk is, een goede locatie waar een paard veilig kan vallen en de mensen om hem heen voldoende ruimte hebben indien het dier gaat worstelen. Geef altijd een sterk kalmeringsmiddel, voordat je een dodelijke injectie toedient of het schot lost. Je kunt een paard niet de keel doorsnijden als het bij bewustzijn is en staat. Dit is niet alleen onnodig wreed en onethisch, het is ook zeer gevaarlijk. Deze methode van euthanasie vereist een enorme hoeveelheid zelfvertrouwen. Een mes met een zeer scherpe punt en lemmet is noodzakelijk. Als het paard eenmaal hersendood is door de injectie of kogel, zet je het mes in de keel, direct achter de kaak en trekt het in een lange beweging omlaag om de halsslagader, de halsader en de luchtpijp te scheiden. Om het bloedverlies te versnellen herhaal je deze handeling aan de andere kant van de hals. Hoe snel het paard sterft, hangt van een aantal factoren af. Het is altijd een heftige en emotionele gebeurtenis. Het bloed spuit er met kracht uit en een paard heeft veel bloed in het lichaam. Als het dier om wat voor reden dan ook nog bij bewustzijn is, zal het in paniek raken en vechten, proberen op te staan, trappen of omrollen. Het duurt vaak langer dan een minuut voordat het dier zo verzwakt is dat het buiten bewustzijn raakt en sterft. Ook na de dood kunnen de benen nog bewegen en spieren trillen. Gelukkig wijzen de statistieken uit dat de kans dat een Long Rider een paard moet euthanaseren door de keel door te snijden nihil is. Maar mocht het ooit zover komen dan moet je de situatie onder controle kunnen houden. Jij alleen hebt de regie over het leven en de dood van jouw paard. Raak niet in paniek en laat je niet haasten. Ga niet akkoord met wrede procedures en probeer uit te zoeken of er verdoving kan worden gegeven. Neem voldoende tijd om jezelf te kalmeren en het paard onder controle te krijgen.

Andere overwegingen. Nadat je de beslissing hebt genomen en de handeling hebt uitgevoerd, is de nachtmerrie nog niet voorbij. Of het nu een ongeval betreft of een andere reden voor euthanasie, bijna altijd zijn er medische, juridische, financiële en emotionele gevolgen. Verificatie van de dood is van belang, gedaan door jouzelf of een dierenarts. Je mag een overleden paard niet overal achterlaten. In Nederland is heel strikte wetgeving, in andere landen geldt dat het dode lichaam het grondwater niet mag verontreinigen. Zodra er gif gebruikt is, bijvoorbeeld via een dodelijke injectie, moet het lichaam vernietigd worden.

Hoe dan ook, breng het dier na de dood zo snel mogelijk naar een veilige en geschikte plaats. Zodra het lichaam stijf wordt is het moeilijker te verplaatsen. Als je paard verzekerd is, meld je de dood direct aan de verzekerings-maatschappij. Documenteer alles wat je doet. Houd bij wie je hebt gesproken, wat er is gezegd, op welk tijdstip je contact hebt opgenomen met de dierenarts, de verzekering, etc. Schrijf namen en contactgegevens op van getuigen, met name de behandelend dierenarts, die kan bevestigen dat je getracht hebt contact met de verzekeringsmaatschappij op te nemen.

Samenvatting. Elk paard heeft het recht op bescherming van de mensen die met hem rijden en werken. Bescherm het paard zo goed mogelijk tegen pijn en wreedheid. Mocht de situatie vereisen dat het dier wordt afgemaakt, zorg er dan voor dat euthanasie professioneel en effectief wordt uitgevoerd. Zorg ervoor dat het zonder wreedheid gebeurt en dat alles in werking is gesteld om angst te beperken.

Reizen brengt altijd een zekere mate van gevaar met zich mee. Een paard kan onverwachts getroffen worden door ziekte, letsel en dood. De tijd nemen om over de dood na te denken is geen beren op de weg zien, het is een teken van verantwoordelijkheid en volwassenheid. Denk goed na over hoe je met dit soort situaties kunt omgaan in het land van jouw keuze. Weten wat de (on)mogelijkheden zijn, hoe de wetgeving in elkaar zit en de juiste contactgegevens bij je hebben, zijn maatregelen die jou en je paard veel leed kunnen besparen.

Deel Vijf - Onderweg

Hoofdstuk 72 - Een dag in het zadel

Hoe laat sta ik op? Hoeveel tijd moet ik nemen om de paarden te voeren, het kamp af te breken, in te pakken en op te zadelen? Hoe begint de dag? Hoe snel zal ik rijden? Ga ik stappen of ook draven en galopperen? Hoe lang rijd ik en wanneer en hoe lang ga ik lopen? Hoe ga ik om met het pakpaard? Hoe doe ik het tijdens de lunch voor mij en de paarden? Wanneer geef ik ze water? Hoe vaak en hoe moeten de paarden rusten onderweg? Hoeveel kilometers kan ik dagelijks afleggen? Welke obstakels en wat voor oponthoud kan ik onderweg tegenkomen? Hoe laat begin ik te zoeken naar een plek voor de nacht? Waar zoek ik naar? Hoe rond ik de dagtocht af? Waar moet ik op letten en wat zijn de valkuilen? Hoe maak ik een paddock? Kan ik mijn paard loslaten, bind ik hem vast, gebruik ik kluisters of een highline? Waar moet ik op letten voordat ik mijn paard in een vreemde stal achterlaat? Wat voer ik hem? Wat doe ik als er absoluut geen eten voor mijn paard is? Waar slaap ik 's nachts?

Dit zijn niet de vragen die je vanuit je comfortabele stoel thuis voor de open haard kunt beantwoorden. Deze antwoorden zijn maar op één plek te vinden; in het zadel!

Je staat op de drempel. Zonder het te beseffen ben je al begonnen aan je reis. Je staat op de drempel naar een nieuwe manier van leven. Toch is een lange trektocht te paard meer dan het kiezen voor je eerste levensbehoefte en in galop de vrijheid tegemoet. De manier waarop we de dagelijkse gang van zaken organiseren is van cruciaal belang, omdat er veel te doen is en weinig tijd om alles voor elkaar te krijgen. Met veel enthousiasme vertrekken is één ding. Om gepokt en gemazeld, veel later dan gepland, aan te komen op je bestemming is van een heel andere orde. Tips voor het ontwikkelen van een dagelijkse routine vind je door reisverslagen van bekende Long Riders uit het verleden te bestuderen. Zij hebben documentatie achtergelaten, waarin precies staat beschreven hoe ze succesvol hun reis volbrachten, een stap tegelijk.

Lessen van Long Riders. Door dingen zorgvuldig te doen en in de juiste volgorde maak je kilometers, zonder een te zware wissel te trekken op jezelf of je paarden.

In 1939, na afloop van haar rit van Cornwall naar Schotland liet Margaret Leigh aan alle would-be Long Riders weten: "Bij ons soort reizen heb je te maken met wegen en kaarten, boerderijen en het weer, maar je moet ook het management van je dieren en je bepakking goed voor elkaar hebben. Daarnaast moet je kunnen kamperen, koken, fotograferen, schrijven en navigeren, evenals de fysieke inspanning kunnen leveren om van punt naar punt te rijden. Het is allemaal erg leuk, maar het kost tijd en moeite, en de eerste dagen zullen altijd een moeilijke periode zijn van experimenteren, onverwachte obstakels, grote vermoeidheid en lichte ergernis. Een goed gevoel voor humor is belangrijker dan de meest onfeilbare apparatuur. Er zal blijken dat je op dit soort reizen bijna evenveel tijd en moeite kwijt bent aan kamperen en in- en uitpakken, als aan het rijden zelf."

Alle Long Riders hebben dezelfde ervaring. Een Duitser zei: "Je hebt zeker een tot anderhalf uur nodig om je klaar te maken voor de rit van die dag." Een Amerikaan schreef: "Ik reserveer elke ochtend twee uur om te eten, te borstelen en de hoeven te controleren, in te pakken en op te zadelen."

Een Nieuw-Zeelander vertelde: "Het maakt niet uit hoeveel kilometer je per dag gaat rijden, de twee uur durende ochtendroutine wordt niet korter of eenvoudiger."

Sta op, lach en ga aan de slag. De tijd dat je wakker wordt zal veranderen, samen met de tijd van het jaar. Hoe dan ook, begin de dag vroeg en wel om twee redenen. Paarden hebben een totaal ander ritme, ze slapen korte perioden. Ze zijn vroeg actief en hebben een enorme eetlust. Geef je paard voldoende tijd om zijn ochtendmaaltijd rustig te eten en te verwerken, voordat je op pad gaat. Aan de behoeften van het paard voldoen is je meest belangrijke dagelijkse taak. Vermijd haast en opwinding tijdens de ochtendroutine.

Ochtend inspectie. Als je met meer mensen reist gaat degenen die als eerste zijn schoenen aan heeft de paarden controleren. Als je alleen bent is dit altijd de eerste taak van de dag. Je brein kan nog steeds slaperig zijn, je ogen moeten registreren. Is je paard alert en staat hij met opgeheven hoofd op je te wachten als je eraan komt? Hinnikt hij als hij je ziet? Als je dichterbij komt, heeft hij een heldere oogopslag en beweegt hij soepel en regelmatig? Heeft hij geen wondjes en zijn de benen mooi dun? Eet hij goed, is al het voer van de vorige dag op? Zie je tekenen van lusteloosheid of juist angst? Ziet de mest er goed uit, geen diarree? Kun je zien of hij 's nachts heeft gedronken?

Ochtendvoeding. De ochtendroutine hangt af van het aantal reizigers. Het allereerste karwei van de dag, nog voor de controleronde, is het water geven van de paarden. Misschien drinken ze niet direct, of nemen ze maar een paar kleine slokjes. Toch geef je altijd eerst water en daarna pas krachtvoer, nooit andersom.

Omdat je steeds op een andere plek verblijft, kan het voorkomen dat je paarden in de ochtend eerst moeten worden opgehaald vanaf de wei naar de stal, waar je water kunt geven en voeren. 's Morgens vroeg achter je paard aan vangen is geen pretje. Zorg er daarom voor dat je lange tijd voor vertrek begint met je paard te leren dat ophalen uit de weide altijd betekent dat er een beloning is in de vorm van voer. Je kunt wat voer meenemen in je hoed, zodat je paard dit onderweg ook herkent. Het maakt het makkelijker om hem te vangen, in de weide, maar ook als hij onverwacht mocht ontsnappen onderweg.

Of je wel of geen krachtvoer geeft zal afhangen van de verkrijgbaarheid, financiën en cultuur. In landen zoals Mongolië krijgen paarden geen graan of krachtvoer. Soms is het er gewoon niet, of misschien staat je portemonnee de extra uitgaven niet toe. Geef je wel krachtvoer, verdeel dan de dagelijkse hoeveelheid op in drie delen; 25% in de ochtend, 25% in de middag en 50% van de totale hoeveelheid als het werk van de dag voorbij is.

Zodra de paarden 's morgens gedronken hebben, geef je het krachtvoer. Als er voldoende tijd is kun je ze daarna laten grazen, terwijl jij je kamp afbreekt.

Opzadelen. Zodra je paard eet ga jij aan het werk. Tijd is van groot belang in de ochtend. Wat je eet voor het ontbijt en hoeveel tijd je nodig hebt om het te maken, heeft invloed op je vertrektijd. Het is aan te raden om een licht en snel klaar te maken ontbijt te eten en zo vlot mogelijk op pad te gaan.

Wees voorzichtig met het beginnen van de dag vóór zonsopgang, zelfs als je de hitte van de zon wilt vermijden. In het donker voeren, inpakken en opzadelen is echt lastig. De bepakking zit niet altijd goed en vaak zie je spullen over het hoofd die je dan vergeet in te pakken.

Zorg ervoor dat de zadels, dekjes en ander harnachement schoon en in orde is voordat je je paard gaat poetsen. Last-minute reparaties moet je alleen doen als het absoluut noodzakelijk is. Tenzij het probleem letsel veroorzaakt, laat je kapotte onderdelen met rust en voer je een reparatie pas aan het einde van de dag uit.

Nadat je paard voldoende tijd heeft gehad om zijn ochtendmaal op te eten en te verteren, ga je poetsen. Besteed veel aandacht aan de hoeven. In geval van hoefijzers, check of alle nagels er nog in zitten en of er geen ruimte tussen het ijzer en de hoef zit. Haar dat niet in de goede richting ligt onder het zadel kan pijn veroorzaken en tot een zere rug leiden. Mongolen zadelen hun paarden tegen de wind in op, om te voorkomen dat het haar de verkeerde kant op waait.

Veel paarden zetten hun buik uit bij het vastmaken van de singel. Hierdoor singelen onervaren ruiters vaak veel te strak aan. Maak de singel niet te strak vast, zorg er alleen voor dat het zadel niet schuift. Als de singel correct zit zou je in staat moeten zijn om twee vingers tussen de singel en de maag van het paard te schuiven. Dit is vooral fijn in de ochtend als je niet direct opstapt. Je wilt dat het zadel op de plek blijft, niet dat het vast zit als een bankschroef. Laat deze taak aan niemand anders over! Je moet er absoluut zeker van zijn dat je paard correct is aangesingeld.

Vertrekken en opstappen. Probeer alleen te rijden bij daglicht. Stap aan het begin van de dag niet meteen op maar wandel eerst een kwartiertje naast je paard. Zo kunnen de spieren opwarmen en soepel worden. De bloedcirculatie komt op gang en de rug went alvast aan gewicht dragen. Gebruik deze tijd om te checken of je paard voorwaarts is en regelmatig loopt. Na een kwartier stop je, controleer of het zadel goed zit en of er geen huidplooien onder de singel zitten. Je singelt nog een gaatje aan en pas dan stap je op.

In het zadel. Vertrek niet voordat iedereen klaar is met opzadelen en alles heeft gedaan wat hij moet doen. Houd onderweg altijd een paardlengte afstand van je voorganger. Weinig ruiters realiseren zich hoe vermoeiend het voor een paard is als je slordig rijdt of onduidelijke hulpen geeft. Netjes rijden en nadenken voordat je iets doet maakt dat je paard langer meegaat. Een ruwe behandeling is de stijl van de incompetente ruiter. Rommel niet met je teugels en rijd met een stille en vriendelijke hand.

Wees alert en houd je ogen op de route gericht, kijk vooruit en anticipeer op mogelijke problemen, kijk zo af en toe omlaag naar je eigen paard en achterom naar de pakpaarden.

Hoe moe je ook wordt, hang niet als een zoutzak in het zadel. Als je merkt dat je lichaam moe wordt is het tijd om af te stijgen.

Afstijgen. Te veel moderne Long Riders stappen in de ochtend op en brengen de hele dag in het zadel door. Dit is een fundamentele management fout! Regelmatig afstappen helpt het paard. Elk uur een tijdje naast je paard wandelen is goed voor iedereen. Voor de ruiter helpt het om de beenspieren te doorbloeden en kramp te voorkomen. Het houdt je alert. Wees flexibel bij het bepalen wat een goed moment is om even te lopen. Zelfs een paar minuten zorgen al voor een aanzienlijke verlichting voor je paard, omdat het ruitergewicht van de rug af is, de rugspieren kunnen ontspannen en bloedsomloop van de huid onder het zadel weer op gang komt. Steile heuvels zijn bijzonder geschikte plaatsen om je paard te helpen door af te stappen en te lopen.

Ook tijdens een korte pauze blijf je niet op je paard zitten, je stapt altijd af, hoe kort de stop ook is! Het doet je paard enorm veel goed. Als je stopt voor een wat langere pauze, vergeet dan niet om de singel een paar gaatjes losser te doen. Je paard heeft ook recht op een comfortabele pauze waarin hij vrij kan ademhalen.

Het welzijn van je paard is te allen tijde de eerste prioriteit. Daarvoor moet je soms inleveren op je eigen comfort, dat hoort bij reizen te paard op een ethisch verantwoorde manier. De dagelijkse routine bestaat uit deels rijden en deels lopen.

Rustpauze. De gezondheid van je paard, met name de gevoelige rug, moet voortdurend in ogenschouw worden gehouden. Daarom stop je onderweg heel regelmatig. De eerste keer doe je dat na zo'n 45 minuten rijden. Geef je paard een kwartier tijd om te plassen, zich uit te schudden en een paar happen gras te nemen.

Daarna stop je ieder uur een minuut of tien en wandel je er even naast. Na drie tot vier uur las je een langere rustpauze in. Het kan zijn dat de tijd en omstandigheden het niet mogelijk maken om helemaal af te zadelen, doe in ieder geval de singel wat losser.

Rustpauzes zijn in de eerste plaats bedoeld om je paard te laten uitrusten. Gebruik je gezonde verstand en niet je horloge, om een goed moment en een goede plek te bepalen. Langs een drukke weg is geen goede plek voor rust. Stop ook niet in een bocht, dicht bij een spoor of op een hellend vlak. Zoek in de zomer een schaduwplek en in de winter een plek uit de wind. Kijk voor een goede plek ook, of er voor jezelf mogelijkheden zijn om je persoonlijke zaken in alle rust te doen.

Na een pauze van een uur zadel je net zo nauwkeurig weer op, of singel je net zo precies aan als bij vertrek in de ochtend. Dit is altijd goed bestede tijd die later op de dag problemen voorkomt. Hoe lang een middagpauze duurt hangt af van de plaatselijke omstandigheden, het weer en de lengte van de route van die dag. Als je langer dan zes uur in het zadel gaat zijn, geef je de paarden een lange middagpauze. Bied ze minstens een uur om te grazen en eventueel een krachtvoermaaltijd te eten.

Heet weer zal ook van invloed zijn. Houd geen ontspannen siësta, onnodig lange stops zijn niet handig. Het beste is om in de ochtend vroeg te vertrekken en op tijd aan te komen op de bestemming van de dag, zodat de paarden ruim tijd hebben om te grazen en te rusten.

Water geven. Voldoende drinken is van vitaal belang. Natuurlijk geef je in de ochtend altijd water. Maar veel paarden drinken 's morgens niet zo goed, vooral niet als het erg koud is. Sommige paarden drinken ook niet graag onderweg. Of het nu goed of slecht weer is, trektochten zijn altijd zwaar. Te weinig of onregelmatig water geven zal een ernstig effect hebben op de conditie van het paard. Laat nooit een kans voorbijgaan om je paard een slok te laten nemen, bij iedere mogelijkheid die zich voordoet. Veel kleine beetjes is veel beter dan een enorme hoeveelheid in een keer, en zeker minder gevaarlijk.

Geef water zo'n half uur na aankomst en wacht na een krachtvoermaaltijd zeker een uur. Bied daarna, als er onbeperkte toegang tot water is, iedere twee uur water aan.

Onderweg kan een paard prima drinken met het bit in de mond. Aan het einde van de dag haal je het bit eruit, en leidt je het paard aan het halster naar het water. Geef je paard de tijd om rustig zijn dorst te lessen.

Eten onderweg. Als je sappig gras tegenkomt kun je afstappen en je paard even laten grazen. Het is mooi als dit samenvalt met de korte stop ieder uur. Stop echt even en stap af, hapje-stapje-grazen, terwijl je erop zit kan onveilige situaties geven. Een paard die zijn gedachten bij die groene pluk gras heeft kan zomaar ergens over struikelen of opgeschrikt worden door een onverwacht geluid.

Laat je paard nooit grasmaaisel van een gemaaid gazon eten. Dit vochtige en vaak warme gras kan ernstige koliek veroorzaken.

De rit van de dag afsluiten. Net zoals je de eerste kilometers naast je paard loopt voor de warming-up, zo loop je ook de laatste kilometer(s) naast je paard voor de cooling down. Stap af en doe de singel een gaatje losser.

Stop op tijd. Jouw werk begint wanneer je paard klaar is. Dit is een vaste regel van de trail, je paard komt altijd eerst! In de ochtend heb je discipline nodig, en is het hard doorwerken om vroeg te vertrekken. Deze ijver betaalt zich aan het einde van de dag terug, als je aan het einde van de middag je voorgenomen kilometers hebt afgelegd. Dit geeft je paard tijd om te eten en te rusten. Ga halverwege de middag op zoek naar een geschikte slaapplaats, zodat je voldoende tijd hebt om alles te doen voordat de avond valt. Denk bijvoorbeeld aan onderhandelen met de lokale bevolking, je paarden verzorgen, eten maken en je aantekeningen updaten.

Afzadelen. Hoewel de meerderheid van de ruiters hun paarden niet willens en wetens zouden blootstellen aan ongerief, brengen velen van hen hun paard wel onbedoeld in gevaar als ze op de verkeerde wijze afzadelen. Door het zadel snel van de warme rug af te halen koelen de rugspieren te snel af, wat de kans op stijve spieren, maar ook zwellingen en drukplekken vergroot.

Bescherm de rug van je paard door de singel los te maken, en het zadel nog een tijdje te laten liggen totdat de rug helemaal is afgekoeld. Zo kan de bloedsomloop geleidelijk aan weer op gang komen. Natuurlijk haal je wel zadeltassen en bepakking van de rug af.

Poetsen. Nadat je paard je de hele dag heeft gedragen is hij moe en hongerig. Verzorg hem zorgvuldig als je lang plezier van je rijpartner wil hebben. Voel met je handen langs de schoft, de rug en de ribben en controleer deze op gevoelige plekken, zwellingen, kneuzingen, blaren, schaafwonden, schuur- of drukplekken. Besteed speciale aandacht aan de plaats waar de singel ligt. Check de staat van de hoeven en ijzers, krab de hoeven uit, verwijder steentjes en verhelp eventuele problemen onmiddellijk.

De avondmaaltijd. Het is niet goed om je paard te snel te voeren en water te geven nadat je bent gearriveerd. Water is wel zeer belangrijk, dorst maakt dat een paard niet goed kan werken, maar geef pas water als hij helemaal is afgekoeld.

Maak de singel los en laat hem in de schaduw rusten. De bloedcirculatie en de spijsvertering komen weer op gang. Te snel te veel en koud water geven kan koliek veroorzaken.

We kunnen het niet vaak genoeg zeggen, geef eerst water en dan pas voer! Als hij is afgekoeld laat je hem drinken zoveel hij wil. Daarna geef je hooi, terwijl je hem verzorgt. Na het poetsen en controleren van het lichaam kan je paard zijn krachtvoer eten. Let er goed op dat een voerzak, als je die gebruikt, goed is afgesteld. Dit is de grootste krachtvoermaaltijd van de dag. Hooi, gras en ander ruwvoer helpen de darmen om het geconcentreerde krachtvoer te verteren. Geef je paard voordat je gaat slapen een flinke berg hooi. Dit zal hem tijdens het eerste deel van de nacht stil en bezig houden. 's Avonds een stevige maaltijd is beter voor de spijsvertering dan in de ochtend, vlak voor de dag begint.

Slotronde. Maak voordat je in je slaapzak schuift een laatste ronde. Ga niet teveel met je paard bezig maar kijk alleen of hij in orde is. Aan het einde van een zware dag zal hij zijn rust waarderen.

Samenvatting. Geef je paard water na de eerste ochtendronde. Voer 1/4 van het dagelijkse krachtvoer in de ochtend. Als de tijd het toelaat, laat je hem grazen, terwijl jij het kamp opbreekt. Een uur na het krachtvoer, als je een half uurtje onderweg bent, laat je je paard nogmaals drinken. Geef daarna water iedere keer als zich een mogelijkheid voordoet, bij voorkeur iedere twee uur.

Als je langs mooi gras komt, laat je paard dan even grazen en stap zelf af. Voer 1/4 van het krachtvoer halverwege de middag, nadat je paard heeft gedronken.

Bij aankomst laat je je paard eerst afkoelen, dan geef je water en een beetje hooi. Pas daarna krijgt hij tijdens de avondmaaltijd 2/4 van totale hoeveelheid krachtvoer. Voordat je gaat slapen geef je een grote hoeveelheid hooi.

Hoofdstuk 73 - Dagelijkse afstand

De richtlijnen die al jaren worden aangehouden door verschillende generaties Long Riders zijn nog steeds actueel. De principes kloppen nog steeds en helpen moderne Long Riders om de dagafstand goed in te schatten.

Realistisch denken. Onze Long Rider voorouders begrepen dat iedere afgelegde kilometer inspanning kost. De dagelijks afgelegde afstand zal variëren, vanwege onverwachte zaken waar je onderweg tegenaan loopt.

Tijd in plaats van kilometers. Je meet je afstand in tijd! Dit is een van de oudste regels voor trektochten en werd voor het eerst opgeschreven door de Engelse Long Rider Fynes Moryson. In 1592 reed hij een zeer uitgebreide verkenningstocht door Europa. Hij schreef: "De kilometers van Zwitserland zijn zo lang dat we de reis te paard meten aan de hand van de uren, in plaats van de afstand."

De uitdaging begrijpen. De afstand die een Long Rider in een dag kan afleggen is afhankelijk van een aantal factoren waarvan de grootte, de leeftijd en conditie van het paard de meest elementaire zijn. Een ander kritiek aspect is het gewicht van de ruiter en hoeveel ervaring hij of zij heeft. Hoeveel bepakking, inclusief harnachement moet het paard meedragen naast het ruitergewicht? Het seizoen speelt mee, de uren daglicht, het weer, het klimaat en niet in de laatste plaats het terrein. Klimmen kost tijd.

Hoe meer paarden de karavaan telt, hoe langzamer het tempo, zeker als er pakpaarden bij zijn. Als rij- en pakpaard goed samenwerken werkt dit positief door in alles. De aan- of afwezigheid van water en gras heeft invloed op je tempo. Al deze aspecten samen bepalen hoeveel kilometers je op een dag kunt afleggen.

Staptempo. Een aantal factoren zijn variabel. Het staptempo van het paard is een min of meer vast gegeven. Hoewel niet alle paarden even vlot doorstappen, heeft men in het leger vastgesteld dat de gemiddelde paslengte 78 centimeter (31 inch) betrof. Door het aantal passen binnen een tijdseenheid te tellen, wist men de gemiddelde snelheid:

4 km per uur is 1 km in 15 minuten (4 mijl per uur is 1 mijl in 15 minuten)
5 km per uur is 1 km in 12 minuten (5 mijl per uur is 1 mijl in 12 minuten)
6 km per uur is 1 km in 10 minuten (6 mijl per uur is 1 mijl in 10 minuten)
7 km per uur is 1 km in 8 ½ minuten (7 mijl per uur is 1 mijl in 8,5 minuut)
8 km per uur is 1 km in 7 ½ minuut (8 mijl per uur is 1 mijl in 7,5 minuut)
9 km per uur is 1 km in 6 ½ minuten (9 mijl per uur is 1 mijl in 6,5 minuut)
10 km per uur is 1 km in 6 minuten (10 mijl per uur is 1 mijl per 6 minuten)

De basisgang voor de cavalerie was de stap. Omdat hij wist dat zelfs een traag paard minimaal 4,5 km per uur (3 mph) stapt, kon een cavalerie officier erop rekenen, dat hij gedurende een dag van zeven uur ruim 30 kilometer aflegde.

Het tempo bepalen. Te veel moderne ruiters stappen in het zadel en gaan in een ontspannen stap op pad. Zo'n slome stap is slecht voor het paard. Deze ruiters beseffen niet dat een paard vermoeid raakt door het dragen van het gewicht. Je doet je paard geen gunst als je extra lang onderweg bent, omdat je zo lekker ontspannen rijdt. Stap actief en energiek door en breng zo min mogelijk uren in het zadel door. Dat is voor het paard het minst inspannend. Op trektocht rijd je voornamelijk in stap met zo af en toe een drafje tussendoor. Galopperen doe je zelden en rengalop komt helemaal niet voor.

Moderne tijd, moderne problemen. Historisch gezien was het tot ongeveer halverwege de twintigste eeuw mogelijk om een nauwkeurige inschatting te maken van de geplande dagafstand. De gemiddelde afstand lag rond de dertig kilometer per dag. Dat kon wanneer er geen geografische uitdagingen (rivieren, bergpassen) waren, geen extreme temperaturen, de wegen goed waren, als er eten en onderdak was, en als zowel ruiter als paard in een goede conditie verkeerden.

De vraag is, wat kan een Long Rider vandaag de dag als gemiddelde dagafstand aanhouden? Er wordt gedacht dat je onder gunstige omstandigheden nog steeds zo'n dertig kilometer per dag kunt halen. De realiteit leert ons dat de moderne ontwikkelingen in dit internettijdperk een einde maakt aan het vlotte tempo van de Long Riders. Het daggemiddelde is in de eenentwintigste eeuw met de helft gedaald. De hedendaagse Long Rider legt gemiddeld 17 tot 25 kilometer per dag af. Wat veroorzaakt deze scherpe daling van het aantal kilometers?

Vorige generaties liepen de meeste vertraging op door slechte weersomstandigheden en slechte wegen. Puur technisch gezien zullen slechte paden, ruig weer en uitdagend terrein de voortgang van elke Long Rider vertragen. De Gobi woestijn is niet koeler geworden en de Himalaya niet lager. Maar in het verleden reisden Long Riders door een wereld die grotendeels was gewijd aan de landbouw. Hierdoor was er gemakkelijk voedsel en onderdak te vinden tegen minimale kosten.

Tegenwoordig is dat anders. In de geïndustrialiseerde wereld is een reiziger te paard een vreemde bezienswaardigheid. Iemand die op zoek is naar graan en hooi is een vreemde eend in de bijt. Overal ter wereld besteden Long Riders een groot deel van de middag aan het zoeken naar gras voor de paarden en onderdak voor zichzelf. Dit werkt beperkend op de dagelijkse kilometers.

Andere nieuwe factoren die vertragend werken zijn stedelijke gebieden, waar paarden steeds vaker geweerd worden, politieagenten die reizigers hinderen en gemotoriseerd verkeer.

En dan is er de verandering in het sociale klimaat. Vroeger waren paarden in het straatbeeld normaal. Ook in de steden woonden en werkten paarden in een breed scala aan beroepen. Het zien van een paard trok geen grote menigten verbaasde toeschouwers. Tijden zijn veranderd. De plotselinge verschijning van een Long Rider Rider op zijn grote, mooie en mythische dier, in een wereld die draait op machines maakt iets los in mensen. Long Riders hebben ervaren dat hun planning vertraging oploopt, door mensen die het paard willen aanraken, vragen willen stellen, foto's willen maken en de magie van de reis willen delen. Dergelijke interacties geven behoorlijk wat oponthoud.

Wees voorbereid. Een ding verandert nooit en dat is dat alle Long Riders de worsteling kennen om voort te blijven gaan. Onderschat de dagelijkse uitdagingen niet. Verwacht ze. Ze zijn onvoorspelbaar, onvermijdelijk en zullen je vastberadenheid testen. Slecht weer, moeilijk terrein, natuurlijke obstakels, slechte infrastructuur, onnauwkeurige navigatie en nieuwsgierige mensen. Allen veroorzaken vertraging.

Vertraging voor zijn. Stel jezelf iedere ochtend een aantal vragen. Zijn de paarden fit? Zijn alle ijzers of hoefschoenen gecontroleerd? Is de bepakking netjes ingepakt? Hoe laat wil ik vertrekken? Hoeveel kilometer wil ik vandaag rijden? Heb ik daar voldoende tijd voor genomen? Heb ik de route voldoende bestudeerd? Zijn er rivieren of bruggen om over te steken? Hoe is het weer? Is er voldoende water op de route? Weet ik al waar ik ga pauzeren? Als je al deze vragen kunt beantwoorden, kun je ook een reële tijdsplanning maken.

's Nachts reizen. Als je door een ruig landschap reist, bijvoorbeeld in de zinderende hitte met maar beperkt schaduw, zou je kunnen denken dat rijden in de koele nachtlucht een goede oplossing is. Onervaren reizigers realiseren zich niet dat 's nachts rijden een groot aantal potentiële gevaren en moeilijkheden met zich meebrengt. Een daarvan is dat wij moderne mensen helemaal niet getraind zijn om in het donker te functioneren. Een kamp opbreken is moeilijk en tijdrovend. Je ziet gemakkelijk onmisbare spullen over het hoofd. Opzadelen in het donker is lastig, net als navigeren bij maanlicht. Het kan zomaar zijn dat je een afslag mist waardoor je kilometers meer moet rijden dan je van plan was. 's Nachts rijd je behoedzaam en dus langzamer waardoor de tijd in het zadel toeneemt, dat is vermoeiend voor je paard.

Als je absoluut in het donker moet reizen, doe dat dan niet in een nacht zonder maanlicht. Profiteer van elke minuut maanlicht. Gebruik desnoods een lokale gids die kennis heeft van de weg die voor je ligt. Rijd alleen over goede, vlakke wegen. Heb je te maken met verkeer, maak jezelf zichtbaar met reflecterende kleding en optoming voor je paard en pakpaard. Haast je niet.

Geen wreedheid. Geen discussie over de dagelijkse afstand zou compleet zijn zonder te erkennen hoe de mensheid het paard in het verleden ongelooflijk wreed heeft behandeld. Er zijn grote verschillen tussen dieren. Een paard is anders dan een hond. De hond, de trouwe metgezel die zijn meester nooit in de steek laat, zal wanneer hij oververmoeid is op de weg gaan liggen, en zijn meester alleen verder laten gaan. Geen smeekbede kan de hond aansporen zich tot de dood in te spannen. Hoe anders is het trouwe paard. Hoe vermoeid of ziek hij ook moge zijn, dit toegewijde dier ploetert door tot de dood hem uiteindelijk verlost. Welk ander dier doet dit? Te veel en te zware dagen achter elkaar zullen het paard overvragen, wat een nadelig effect op de gezondheid heeft.

Wees voorzichtig! Uitgeputte paarden kunnen een gevaar zijn voor zichzelf en hun ruiter. Een oververmoeid paard verliest de coördinatie, struikelt, kan van het pad afstappen of mentale fouten maken. Het is mogelijk een paard zo te misbruiken dat de dood erop volgt. Geen enkele reis mag een succes worden genoemd als je niet beter voor je paard hebt gezorgd dan voor jezelf.

Samenvatting. Pas de lengte en het dagelijkse tempo van de reis aan de conditie van het paard, de staat van het terrein en het seizoen aan. Tel geen kilometer totdat deze daadwerkelijk gereden is. Elke kilometer die je hebt gereisd is een kilometer die je hebt overleefd. Een dag binnen, op naar de volgende. Wie rustig reist, reist veilig; wie veilig reist komt ver.

Hoofdstuk 74 - Gastvrijheid of vijandigheid

De geschiedenis toont aan dat het succes van een lange trektocht afhangt van het vermogen van de ruiter om kalm door het platteland te trekken. Dat is een prachtig doel en jammer genoeg hebben veel Long Riders toch vaak te maken gehad met vijandigheid, achterdocht en agressie. Er zijn bepaalde wetmatigheden verbonden met de praktijk van lange trektochten die van toepassing zijn in alle tijden en in elk land. Een van deze principes is dat als gastvrijheid wordt onthouden, de ruiter en zijn paard vrijwel zeker zullen lijden en misschien zelfs zullen sterven. Long Riders leren snel dat gastvrijheid nooit een vanzelfsprekendheid is.

Verschillende opvattingen over gastvrijheid. Het concept van gastvrijheid verschilt sterk tussen verschillende landen en culturen. Sommige landen genieten een reputatie van vriendelijkheid. Anderen zullen je voor de deur laten liggen. Oorspronkelijke gastvrijheid betreft niet de bereidheid om dat aardige meisje dat je hebt leren kennen op een feestje een nachtje op te vangen. Het is de bereidheid om een passerende vreemdeling die hulp nodig heeft een slaapplaats en eten aan te bieden. Iemand die je nog nooit eerder hebt gezien en die je nooit meer verwacht te zien. Dit is waar je op hoopt in een land waar de afstanden groot zijn en waar maar weinig openbare accommodaties te vinden zijn.

Een heilige vertrouwen. Hoewel Long Riders veel tijd alleen in het zadel doorbrengen is het geen eenzame aangelegenheid. De omstandigheden vereisen dat ze sociaal betrokken raken bij de mensen wiens land ze doorkruisen. De vermoeide Long Rider is op zoek naar de standaard behoefte van alle ruiters; eten, warmte, onderdak, gras en water. In ruil voor deze benodigdheden ontvangt de gastheer een stukje van een droom. Want 's avonds wordt zijn huis verlevendigd met mooie verhalen van heel ver weg.

Zo wordt de bijzondere vertrouwensband tussen een Long Rider en zijn gastheren gesmeed. Het zoeken naar gastvrijheid maakt ons emotioneel kwetsbaar. We moeten de moed bij elkaar rapen om een vreemde te benaderen en om hulp te vragen. De gastheer op zijn beurt wordt plotseling gevraagd om zijn deur te openen en te voldoen aan de behoeften van een volslagen onbekende.

Omgaan met afwijzing. Veel jonge Long Riders nemen onvoldoende tijd voor het vinden van een slaapplaats. Zolang de zon schijnt rijden ze vrolijk verder zonder zich druk te maken over de naderende nacht. Door zo vroeg mogelijk in de ochtend te vertrekken is er tijd om kilometers te maken en je paard halverwege de dag te laten rusten. En dan is er voldoende tijd om een goed overnachtingsadres te vinden. Probeer rond 15.00 uur van de weg af te zijn, dit geeft je paard tijd om te ontspannen, te eten en te rusten. Het vinden van een fijne plek is geen gemakkelijke opgave. Verwacht niet dat er iemand thuis is en als men wel thuis is, wees dan voorbereid op een afwijzing.

Een Long Rider vatte de zoektocht naar een gastheer goed samen, toen hij schreef: "Sommigen konden het niet, anderen wilden het niet." Het vinden van voedsel en onderdak is een tijdrovende dagelijkse taak. Je begint daar niet mee bij zonsondergang. Verwacht afwijzing en zorg voor voldoende tijd om verder te zoeken.

Een nette verschijning. Je zou kunnen denken dat niemand zich bezig houdt met jouw uiterlijk als je op reis bent. Dat is niet het geval. Vuile kleding en zwarte nagels kunnen tegen je werken. De geur van paarden is zeer sterk. De overweldigende geur van paardenzweet kleeft aan je handen en zit in je kleding. Het maakt een nat zadeldekje een stinkend object. Je vergroot je kansen op succes door even na te denken over hoe je eruit ziet.

Protocol. In West-Europa ligt het iets anders, maar in de meeste landen geldt dat een vreemde niet van zijn paard afstapt totdat hij daartoe wordt uitgenodigd. Hoe en wanneer je afstapt, hangt van verschillende factoren af.

Veilig in het zadel. De fysieke nabijheid van vreemden maakt dat je moet nadenken over je eigen veiligheid. Observeer de situatie voordat je een huis nadert. Je stapt pas af als je zeker weet dat alles in orde is. Veel Long Riders zijn geneigd om te vragen om een slaapplaats aan mensen die ze toevallig buiten tegenkomen. Water geven is een mooi excuus om een gesprek met een vreemdeling aan te knopen. Die eerste vraag kan leiden tot een gesprek over het vinden van gras, kopen van graan of aanwijzingen over de route. Tijdens zo'n gesprek kun je de betrouwbaarheid van iemand beoordelen.

Tijdens zijn reis van Mongolië naar Hongarije ontwikkelde de Australische Long Rider Tim Cope een zorgvuldige strategie. "Ik liet mijn waakzaamheid stapje voor stapje los, steeds weer zoekend naar aanwijzingen of ik mijn gastheer kon vertrouwen. Het werd een gewoonte die ik niet meer los zou laten. De eerste stap was om de persoon genoeg te vertrouwen om af te stappen. Als ik me daar comfortabel bij voelde, nam ik het risico om de bepakking van de paarden af te halen en het huis binnen te gaan. Pas bij een kopje thee legde ik uit wie ik was en waar ik heen ging. Het afzadelen van mijn paarden was een blijk van ultiem vertrouwen."

Verklaar je behoeften. Als je eenmaal hebt besloten dat het veilig is om af te stappen leg je uit wat je nodig hebt. Als je een officiële introductiebrief bij je hebt is dit het moment om deze te laten zien. Krantenknipsels helpen ook bij het vergroten van je geloofwaardigheid. Leg altijd uit hoe kort je van plan bent om te blijven en dat je alle mest van je paard opruimt. Verwoord je basisbehoefte; gras en water voor je paard en een hoekje waar je zou kunnen slapen. Natuurlijk zijn een maaltijd en een douche fijn. Bied aan om te betalen voor alles wat je nodig hebt.

Gastvrijheid teruggeven. Een constant gegeven is dat goedhartige mensen weigeren om betaling te accepteren. Betalen voor gastvrijheid en spontane gulheid is moeilijk, vooral in een land waar beide als een plicht worden beschouwd. Geld, afgezien van de betaling voor graan en hooi, zou een belediging zijn. Omdat vooraf bekend is dat dit probleem gaat ontstaan nemen veel Long Riders speciaal hiervoor kleine geschenken mee.

Hoofdstuk 75 - Omgaan met lokale gewoonten

Pas je verwachting aan. Waar je als Long Rider de nacht doorbrengt is net zo gevarieerd als de terreinen waar je doorheen rijdt. Verwacht het onverwachte. Long Riders hebben geslapen in gevangeniscellen, klaslokalen, graansilo's, vliegtuighangars, ziekenhuizen, verlaten gebouwen en schuren. Ze hebben hun tenten opgezet op begraafplaatsen, achter benzinestations, op honkbalvelden en op golfbanen. Ze slapen midden in een veld met landbouwgewas, onder de bomen en onder de sterren. Waar ze ook een paar uur rust vinden, ze hebben geleerd dat ze vroeg of laat moeilijke situaties, ruige omstandigheden en het gezelschap van ongemanierd volk moeten doorstaan.

Respect voor de lokale bevolking. Het lijkt misschien voor de hand liggend, maar wees hoffelijk. Dring je niet op. Schud iedereen de hand en lach veel. Handen schudden is een zinvol gebaar van goede wil. Het kan spanning wegnemen en geeft mensen een positieve indruk van jou. Met het verdwijnen van stallen en herbergen, die rekening houden met reizigers te paard, zal het vooral in een stedelijke omgeving lastig zijn om een accommodatie te vinden. Een reiziger met een of twee paarden is moeilijk onder te brengen, voor twee of meer ruiters wordt het erg ingewikkeld.

Mongoolse tradities. In het Westen is de ronde gevoerde tentwoning algemeen bekend als een yurt. Maar de Mongolen verwijzen correct naar dit mobiele huis als een 'ger'. Er zijn strikte regels gemoeid met het leven in een ger. Als je op de drempel van een ger stapt, beledig je de eigenaar. Als je over de drempel struikelt, jaag je het geluk weg. Als je met een zucht binnenkomt is dat respectloos. Je beweegt in een ger met de klok mee. Doorkruis niet het pad van een ouder persoon, dit wordt als respectloos beschouwd. Fluit niet in een ger, dit zal ongeluk brengen. Als je op een hoed stapt beledig je de eigenaar. Op een lasso stappen brengt ongeluk. Het aanraken van de rand van een kopje met je vingers wordt als een slecht voorteken beschouwd. Zorg dat je mouwen naar beneden zijn gerold. Het is respectloos om je naar het altaar af te keren of ervoor te gaan zitten. Steek niets in het vuur.

Het belangrijkste is dat je niet met je voeten richting het vuur wijst, omdat dit de huisgoden zal verdrijven. Als je buiten in de buurt van de ger bent, gebruik dan geen bijl in de buurt van vuur, dit bedreigt de god van het vuur. Stamp geen vuur uit met je voeten. Vuur is heilig. Als je op as stapt zal het de geest van de doden in de as brengen.

Hoofdstuk 76 - Aanpassen aan nieuwe culturen

De werking van ons brein wordt beïnvloed door onze opvoeding en culturele achtergrond. Er zijn enorme verschillen in de manier waarop mensen leven en denken tussen nomadische volken en degenen die het land bewerken op één plek. Ook tussen oosterse en westerse culturen zien we grote verschillen. Onderzoek wijst uit dat ons vermogen tot aanpassing aan culturele en omgevingsfactoren veel groter is dan werd aangenomen.

Het is niet zo dat iedereen je met open armen zal verwelkomen. De kans is groot dat je vrij onbeleefd behandeld zult worden, dat je gevraagd wordt om onduidelijke prut te eten en dat je behoefte aan privacy totaal genegeerd wordt.

Tolerantie trainen. Geen enkel deel van de mensheid heeft alle antwoorden in huis of heeft een monopolie op de waarheid. Men zal niet zijn petje afnemen voor jouw diepgewortelde gevoel van culturele superioriteit, men is niet bereid om je behoeften te vervullen, om tegemoet te komen aan je eisen, in te stemmen met je religieuze opvattingen of je voorkeur voor bepaald voedsel te tolereren. Sterker nog, waarschijnlijk word je behandeld met koele minachting.

Wie je was, wat je presteerde en hoeveel je hebt bereikt betekent niets, als je eenmaal in het zadel zit en ver van huis bent. De regels zijn anders en jij bent degene die zich vlot moet aanpassen wil je overleven. De eerste stap is om je te realiseren dat jouw waarden en normen niet heilig zijn, en beseffen hoeveel je moet leren over andere mensen en culturen.

Een Long Rider moet zijn opvattingen loslaten en een bewuste poging doen om zaken te bekijken vanuit het perspectief van zijn gastland. Hij moet laten zien dat hij de lokale gewoontes en gebruiken respecteert.

Humor. Succes wordt bepaald door een aantal onzichtbare eigenschappen, één daarvan is gevoel voor humor. Neem jezelf niet te serieus. Een glimlach opent meer deuren dan geld. Onderschat de kracht van humor niet.

Gebrek aan privacy. Reizigers uit het westen zijn vaak diep geschokt door de wijze waarop andere culturen omgaan met persoonlijke privacy. Lastig gevallen worden op het moment dat ze het meest behoefte hebben aan even alleen zijn om hun behoefte te doen dreef menig Long Rider tot wanhoop. Boos worden en schreeuwen naar de nieuwsgierige omstanders lokt over het algemeen gelach uit. De menigte vraagt zich openlijk af, waarom deze vreemdeling zo verlegen is over zo'n natuurlijke activiteit.

Omgaan met 'weinig'. Niet de hele wereld is een 'land van overvloed'. Voedsel is vaak schaars. Schoon water is een luxe. Eten krijgt een speciale betekenis voor een Long Rider. Paarden verzorgen, het kamp opbouwen en afbreken, zware spullen sjouwen, de hele dag rijden in weer en wind, geeft je de eetlust van een hongerige leeuw.

Je maag herinnert zich niet hoe goed het gisteren was en zal vandaag vragen om meer. Na een paar weken op trail te zijn beoordelen de meeste Long Riders hun eten op basis van de hoeveelheid en niet op basis van smaak.

Goed plannen. Zelfs als je een pakpaard meeneemt is de ruimte om eten mee te nemen beperkt. Zorgvuldige planning is van groot belang. Er zijn verschillende factoren van invloed op je rantsoen. Hoeveel geld kun je uitgeven? Hoeveel monden moet je voeden? Hoe ver ga je reizen? Is voedsel in het gebied waar je reist schaars of aanwezig in overvloed? Zijn er mogelijkheden om je voorraad onderweg aan te vullen?

Gewoonten rondom eten. Er zijn vaak regels en gebruiken verbonden aan het nuttigen van een maaltijd. In ieder land zijn die weer anders. Voor veel nomadische culturen zijn brood en zout heilig. Brood weigeren is een teken van ernstig gebrek aan respect voor de gastheer. In islamitische landen is het soms gebruikelijk om geen bestek te gebruiken, in plaats daarvan pak je met de rechterhand eten uit een gemeenschappelijke kom of schaal. Een andere traditie is dat de maaltijd in stilte wordt genuttigd om de kwaliteit van het voedsel te eren.

Paardenvlees. Besef goed dat wat andere culturen als een delicatesse beschouwen niet gelijk zal zijn aan jouw voorkeuren. Een van de taboes voor Long Riders uit het westen is het eten van paardenvlees. In de VS, Engeland en Australië zijn paarden gezelschapsdieren die niet worden geconsumeerd. In een aantal Europese landen beschouwt men paardenvlees als een smakelijke traditie. Oostenrijk, België, Frankrijk, Duitsland, Hongarije, Italië, Nederland, Servië en Zwitserland zijn slechts enkele landen waar paardenvlees verkrijgbaar is.

In Argentinië eet men geen paardenvlees maar in buurland Chili juist wel. Mexico is de op een na grootste producent van paardenvlees ter wereld, terwijl het niet verkrijgbaar is in Venezuela. Zelfs binnen landen zijn er verschillen. In Franstalig Quebec kun je paardensteak bestellen, verder naar het westen in Victoria zeker niet.

Sommige culturen, zoals de Mongolen, eten alleen paarden in de winter. Andere culturen, zoals de Kazachen, eten ze het hele jaar. Long Riders die door deze landen reizen krijgen regelmatig een maaltijd van paardenvlees aangeboden.

Er zijn persoonlijke, religieuze, culturele en dieet gerelateerde redenen om dit vlees te vermijden of te eten. Realiseer je dat het in grote delen van de wereld volkomen normaal is om ook paarden op het menu te hebben.

De gevaren van drinken. Drinken en paardrijden is een gevaarlijke combinatie. De grootschalige consumptie van wodka is in Rusland nog altijd een groot maatschappelijk probleem. De gemiddelde Rus drinkt bijna zestien liter wodka per jaar, tweemaal de gemiddelde consumptie in veel andere landen. Dit hoge alcoholgebruik betekent dat je als hippische reiziger in Rusland een grote kans hebt, om dronken en agressieve mannen tegen te komen. Alcohol kan een vriendelijke ontmoeting met een lokale inwoner veranderen in een drama.

Een ander probleem dat verband houdt met alcohol is diefstal van paarden en spullen. Vooral Mongolië heeft hierin een slechte reputatie. Fysieke agressie en diefstal komt vaker voor tijdens de zomermaanden, omdat in deze periode de merries veel melk produceren die vergist wordt tot de alcoholische drank kumis. Dronken te paard zitten is in een aantal landen en Amerikaanse staten een misdrijf waarvoor je bekeurd of zelfs opgepakt kunt worden.

Taboes. In iedere samenleving gelden taboes. Meestal rondom onderwerpen als de dood, verschillen in sekse, familie, eten en religie. Er zijn verschillende redenen waarom mensen zich houden aan deze taboes en de verboden die daarmee gepaard gaan. Religie speelt een grote rol. De meeste taboes zijn cultureel bepaald. Ze kunnen van recente oorsprong zijn of van generatie op generatie worden doorgegeven. Sommige zijn erg ouderwets. Taboes verschillen sterk van land tot land. Ze zijn psychologisch krachtig en kunnen uitermate gevaarlijk zijn.

Het is niet jouw taak om taboes bespreekbaar te maken of er commentaar op te geven. Het is jouw taak om er zorgvuldig mee om te gaan. Veel van de culturele taboes die duizenden jaren de boventoon voerden, vooral degene die verband hielden met seksualiteit en onverdraagzaamheid, hebben recente veranderingen ondergaan. Aanhangers van traditionele overtuigingen zijn verbijsterd en worden boos wanneer hun overtuigingen worden genegeerd of tegengesproken.

Film en foto's. Een camera tevoorschijn halen verandert de chemie van een sociale situatie. Tenzij het met zorg gebeurt voelen veel mensen zich ongemakkelijk wanneer ze gefilmd of gefotografeerd worden. Het maakt ze nerveus en soms agressief. Ga er voorzichtig mee om.

Hoofdstuk 77 - Stalling en onderdak

Een Russisch gezegde luidt: "De wagen rust in de winter, de slee in de zomer, het paard nooit." Voor een mens is slaapgebrek uitputtend, voor een paard geldt dat net zo. Daarom is het van levensbelang dat alles in het werk wordt gesteld om het paard voldoende rust te geven.

Slapen en dromen. Wilde paarden brengen hun tijd door met trekken door de velden op zoek naar grasland en water. Het zijn prooidieren die, hoe moe ze ook zijn, altijd klaar moeten zijn om indien nodig te vluchten. Anders dan runderen en kamelen, liggen wilde paarden zeer weinig en zeer kort, tenzij ze hun omgeving volkomen vertrouwen. Ze slapen staand en hebben normaliter aan 3 a 4 uur voldoende om op te frissen. Middernacht is een tijdstip waarop een paard gewoonlijk goed slaapt, mits het niet gestoord wordt. Algemeen wordt aangenomen dat een paard het beste slaapt in de vroege ochtend.

Trailpaarden gebruiken de lange middagpauze om te dutten, te rusten en te herstellen. Of je paard nu tijdens de lunchpauze in de zon gaat liggen dutten of 's nachts in een veilige stal slaapt, de uitdaging is om een fijne plek te vinden waar je hardwerkende vriend kan uitrusten.

Tijden veranderen. De wereld is veranderd, technologie ontwikkeld en paarden worden nauwelijks nog gebruikt om te werken of als transportmiddel. Dit wil niet zeggen dat de harten van de mensen verhard zijn, het is een ander type mensen. Ze zijn wel vrijgevig maar hebben geen benul van de behoefte van een Long Rider en zijn paarden. Dus zul je zelf scherp moeten zijn en precies weten wat je zoekt als het aankomt op onderdak en een plek voor de nacht.

Een plek voor de paarden. Bij slecht weer verdient zelfs de slechtste schuilplaats de voorkeur boven je paard blootstellen aan de elementen. Wil je je dier gelukkig en gezond houden dan is een goede plek een vereiste. Wat je nodig hebt hangt af van het seizoen en hoe lang je blijft. Zuivere lucht, goed licht, droge grond en schoon water zijn essentiële zaken.

Beoordeel een potentiële locatie eerst op de beschikbaarheid van drinkwater en gras, en bescherming tegen regen en wind. Er moet voldoende ruimte voor het paard zijn om zich comfortabel te bewegen.

De ondergrond moet vlak zijn, ook een paard kan niet op een steile helling slapen. Haal stenen en andere rommel weg, zodat het paard prettig kan liggen. Idealiter zou er goede afvoer moeten zijn om regenwater af te voeren. Vermijd drassige bodem, dit is heel slecht voor de hoeven. Vermijd rivierbodems die onverwacht kunnen overstromen.

In een warm klimaat is bescherming tegen de zon van groot belang. In dit geval kan een groepje bomen overdag als schuilplaats worden gebruikt. Paarden kunnen goed tegen extreme temperaturen maar als ze op de tocht staan worden ze ziek. Probeer een plek te kiezen uit de wind. Controleer dat er geen doornstruiken of giftige planten aanwezig zijn. Kampeer zo dicht mogelijk bij je paarden.

Veilige stallen. Waar vroeger op iedere hoek van de straat een stal te vinden was, zo zeldzaam zijn ze tegenwoordig. Mocht de kans zich voordoen dat je wordt uitgenodigd om je paard voor de nacht in een stal onder te brengen, accepteer dat direct, bedank de mensen uitvoerig en inspecteer de stal zo diplomatiek mogelijk. Check op scherpe randen en uitsteeksels langs de wanden en de voerbak. Je wilt geen risico lopen dat je paard wondjes oploopt, tetanus ligt altijd op de loer. Controleer of de deur goed werkt en snel geopend kan worden in geval van nood. De stal is een toevluchtsoord, geen gevangeniscel. Goede ventilatie en licht is erg fijn. Omdat je een gast bent voor een nacht, heb je al je diplomatieke talent nodig als je gastheer je een stal aanbiedt die vol ligt met vies stoffig oud stro of een dikke laag mest. Je paard heeft niet alleen een zacht bed nodig, ook een schoon en droog bed.

Andere praktische zaken zijn de aanwezigheid van een veilige plek om je paard aan te binden. Zet je paard nooit vast aan gevaarlijke of beweegbare voorwerpen zoals deuren, machines of wielen van een rijtuig. Zodra je hebt vastgesteld dat de box veilig is zet je het paard erin en doe je het halster af. Met een halster om kan een paard 's nachts ergens aan blijven haken en in paniek raken.

Brandgevaar. Er is nog een aandachtspunt als je paard in een vreemde stal overnacht. In het kader van diefstalpreventie is het fijn om zo dicht mogelijk in de buurt van de stal te slapen. Maar het absolute horrorscenario is brand in de stal. Als je wakker wordt en ziet dat de stal in brand staat ga je niet naar binnen! Er zijn al vele mensen omgekomen, omdat ze door het vuur werden ingesloten in een poging om hun dieren te redden. Kun je nog wel veilig naar binnen, begin dan met de deuren openen die het dichtst bij de uitgang zijn. Denk niet dat je gewoon de deur kunt openen en het paard veilig naar buiten kunt leiden. Paarden zijn doodsbang voor vuur, en het gebeurt regelmatig dat ze het gebouw in rennen in plaats van naar buiten.

Doe het paard een halster om en blinddoek het dier met een shirt of handdoek. Vaak weigeren ze om te lopen. Laat ze in dat geval achterwaarts naar de uitgang bewegen. Als je veilig met een paard buiten aankomt, laat het dier dan niet los, er is een risico dat het terug rent het brandende gebouw in. Breng het naar een paddock of weide, weg van de vlammen.

Weiland. Long Riders hebben vaak geen andere keuze dan accepteren wat hen wordt aangeboden. Vaak is dit een weiland of stukje paddock voor de nacht. Dit betekent niet altijd een fijne nachtrust voor het paard. Paarden zijn van nature nieuwsgierige gezelschapsdieren. Als ze alleen worden gelaten zullen ze een deel van de nacht grazen. Nadat hun honger gestild is gaan ze op onderzoek uit. Ze gaan klieren en verspillen waardevolle energie die nodig is voor de volgende dag. Als je al lang met je paarden onderweg bent hebben ze waarschijnlijk al geleerd om in de nacht hun rust te nemen. Zij kennen de noodzaak om zoveel mogelijk te eten en te rusten voor zo lang als mogelijk is.

Je kunt je paarden niet in een groep vreemde paarden neerzetten. Ze zullen worden achtervolgd, gebeten en geschopt. Inspecteer de weide altijd voordat je je paard erin loslaat. Let op losse stukjes prikkeldraad, gebroken glas of scherpe voorwerpen en giftige planten.

Bescherm je paard. Aan het einde van een lange rit wil je niets liever dan gaan zitten met de voeten omhoog. Toch gaat de veiligheid van je paard altijd voor je eigen comfort! Draag nooit de verantwoordelijkheid voor je paard over aan iemand anders, hoe verleidelijk dat ook is.

Als je één ding uit dit boek onthoudt, onthoud dan dit. **Vertrouw niemand met het welzijn van je paard. Nooit!**

Op het moment dat je je niet druk maakt om je paard loopt hij gevaar. Vertrouw de zorg niet toe aan vreemden, hoe welwillend ze ook zijn. Laat je waakzaamheid niet varen als het lijkt alsof de kust veilig is. Juist wanneer alles veilig lijkt lopen je paarden het grootste risico op letsel door goedbedoelende maar onwetende mensen.

Rust en ontspanning. Rust geeft je een nieuw paard. Sommige Long Riders rijden vijf dagen achter elkaar en geven hun paarden dan twee dagen vrij om te rusten en te herstellen. Anderen zijn nooit meer dan vier dagen onderweg zonder de paarden een volledige dag rust te geven. Als je extreem lang onderweg bent, bijvoorbeeld een jaar of langer, is het verstandig om iedere twee of drie maanden, afhankelijk van klimaat, terrein en omstandigheden, een langere pauze in te lassen. Laat de paarden minstens een week in alle rust bijkomen zonder enige arbeid.

Hoofdstuk 78 - Op zoek naar paardenvoer

Goede voeding is belangrijk voor een hard werkend paard op reis. In de eerste plaats levert het noodzakelijke energie om te kunnen werken. Op een dieper niveau is eten een krachtige emotionele beloning. Omdat het altijd gegeven wordt door de liefhebbende Long Rider is dit een dagelijks geluksmoment. Eten is veel meer dan alleen brandstof. Het is een geruststellende troost, in een wereld vol nieuwe situaties en spannende uitdagingen. Eten versterkt de ziel van het paard. Als de zon begint te zakken, geven veel paarden met subtiele signalen aan dat ze het zat zijn. Je paard heeft je de hele dag gedragen en nu wil hij zijn beloning. Lekker gras vinden in een kaal landschap is een stressvolle uitdaging. Je moet diplomatiek zijn en goed kunnen onderhandelen, om een juiste plek te kunnen vinden. Begin de dag daarom vroeg, zodat er aan het einde van de dag voldoende tijd is om dit terugkerende onderdeel van een Long Ride te ondernemen.

Bereken het! Hoe meer gewicht een paard draagt, hoe meer voeding hij nodig heeft. Ook snelheid heeft veel invloed. Het verschil tussen een tempo van 4 km/uur (2,5 mpu) en 5,5 km/uur (3,5 mpu) is dat je paard per afgelegde kilometer 26 procent meer voer nodig heeft. Draven vraagt per kilometer bijna tweemaal zoveel voedsel als bij een rustige stap.

Het beklimmen van een helling vraagt extra energie. Een helling oplopen met 5 km/uur (3 mpu) vraagt driemaal zoveel energie als dezelfde afstand op vlak terrein. Zestig meter stijgen vraagt net zoveel energie als duizend meter rechtdoor op vlak terrein.

Dagelijkse obsessie. Een Long Rider leert om alert te zijn op elke mogelijkheid om te grazen en deze ook te benutten. Hij kijkt altijd uit naar graan of krachtvoer en doet al het mogelijke om zijn paard in goede conditie te houden. De zoektocht naar paardenvoer wordt een onverwacht dominante factor in je dagelijks leven.

Rijd nooit een wei voorbij. Gras is een kostbaar gewas dat calorieën vertaalt in kilometers. Het is een illusie om ervan uit te gaan dat je een prachtige weide treft waarvan de vriendelijke boer je met liefde een stukje gunt voor een nacht.

Zelfs een paard dat niet werkt moet minstens acht uur per dag kunnen grazen om zonder extra krachtvoer zijn conditie te kunnen behouden. Laat nooit een kans voorbijgaan om je paard even te laten grazen onderweg. Hij zal ook beter actief blijven lopen als hij weet dat je op zoek bent naar een volgend stukje sappig gras. Kom je een geschikte plek tegen, stop, stap af en laat je dieren ervan genieten. Het moet een tweede natuur worden om je paarden te laten grazen wanneer de gelegenheid zich voordoet!

Geweigerd worden. Long Riders horen alle mogelijke excuses waarom ze ergens niet welkom zijn. Een van de meest voorkomende is dat er geen toestemming kan worden gegeven, omdat de verantwoordelijke persoon afwezig is. Keer op keer, nacht na nacht, wacht je de lastige taak om te onderhandelen over toestemming om op andermans land te mogen verblijven. Vasthoudend zijn en doorvragen totdat je de juiste persoon hebt gesproken vergt behoorlijk wat lef. Laat deze actie niet wachten tot aan het einde van de dag. Het vinden van een goede plek en vinden van de persoon die je toestemming kan verlenen kost tijd en geduld.

Hooi, een waardevol bezit. Veel ruiters maken op hun eerste trektocht de fout om te denken dat hun paard kan overleven op een rantsoen van alleen gras of hooi. Een paard heeft 2% van zijn lichaamsgewicht in ruwvoer nodig. Dat is voor het gemiddelde paard zo'n 10 kg ruwvoer per dag. Er zijn verschillende redenen waarom het vinden van hooi behoorlijk lastig kan zijn. Ten eerste is er het logistieke probleem 'waar laat je je paarden?' Zoals een Long Rider schreef: "Ik had hooi en eten voor mezelf nodig, maar heb je ooit geprobeerd om te winkelen met twee paarden op sleeptouw?"

Het kan ook zijn dat je in een afgelegen dorp te horen krijgt dat er geen ruwvoer over is. Het idee om hooi te verkopen en winst te maken wordt niet eens overwogen. Het plotseling opduiken van een ruiter te paard ziet men niet als een kans om wat te verdienen, het is vooral lastig. Een bekende truc is om de ruiter door te verwijzen naar het volgende dorp, waar zogenaamd wel ruwvoer verkrijgbaar is.

Krachtvoer of graan vinden. Op een rantsoen zonder krachtvoer zal een paard buikig worden, spieren verliezen en langzaam interen en vitaliteit verliezen. In landen als de Verenigde Staten, Canada, West-Europa, Australië en Nieuw-Zeeland is krachtvoer verkrijgbaar in alle soorten en maten. Deze hoog energetische en gevitamineerde producten zijn een goede aanvulling op het dieet van je paard. Rijverenigingen, stoeterijen, agrarische bedrijven en veehouders kunnen je helpen bij de zoektocht naar graan. Houd de oude Britse cavalerie regel in ere 'Voerzakken behoren gevuld te zijn, het maakt niet uit wat erin zit, zolang het maar eetbaar is.'

Hoofdstuk 79 - Kamperen

Opnieuw verbinden met de natuur. Je paard is de verbindende schakel tussen jou en de natuur. Te paard ervaren we de wereld in zijn puurste vorm. We doorkruisen gebieden via kleine landweggetjes en paden, we rijden over bergen, waden door riviertjes en zijn niet gebonden aan grote wegen.

De grenzen van advies. Long Riding is zo veelomvattend, de mogelijke landen zo onbeperkt, de topografie zo divers, weersomstandigheden zo extreem variabel dat het onmogelijk is om een 'one size fits all' advies over kamperen te geven.

Sommige Long Riders brengen nooit de nacht door in een tentje maar geven de voorkeur aan het relatieve comfort van de paardentrailer die hen vergezelt. Velen maken gebruik van gastvrijheid en overnachten in huizen, stallen of maneges. Een aantal staat oog in oog met de elementen. Net als hun Long Rider voorouders, moeten ze omgaan met regen, kou, wind, zon en alle andere omstandigheden die in de natuur voorkomen. Kamperen vereist, net als de zorg voor paarden, een zorgvuldige voorbereiding. Het testen en oefenen van je kampeervaardigheden is een belangrijk onderdeel daarvan.

De tent. Een voor de hand liggende reden om een tent mee te nemen is dat het bescherming biedt tegen de elementen. Andere voordelen zijn dat een tent je een grote mate van onafhankelijkheid geeft, omdat je kunt slapen waar je maar wilt. Het is financieel aantrekkelijk, omdat je beduidend minder kosten kwijt bent voor een overnachting. Een tent maakt het enigszins mogelijk om wat privacy te hebben en je af te schermen tegen nieuwsgierige blikken. Ten slotte biedt het een gevoel van veiligheid in een wereld die wervelt van onzekerheid.

Uit 100 expedities haalt 90 procent van alle first-timers hun doel niet. De helft van hen maakt het niet langer dan drie maanden. De belangrijkste redenen zijn gebrek aan voedsel en gebrek aan slaap.

Besteed voordat je op expeditie, avontuur of reis vertrekt veel tijd aan leren buiten leven in een tent. Dit is je thuis. Je leven gaat door binnen deze omhulling. Als je moe bent is je tent de plaats waar je weer bijkomt. Als er iets misgaat is het jouw bescherming tegen zorgen en je rustplaats. Maak het comfortabel, ga net zo lang buiten slapen, totdat je goed slaapt en je veilig voelt.

Zelfs als je een tent hebt ben je niet verplicht om hem altijd op te zetten, je kunt ook onder de blote hemel slapen. Je zult merken dat het ontwaken met een beetje dauw op je slaapzak een kleine prijs is om te betalen voor het prachtige schouwspel van de sterren die de hele nacht boven je hoofd dansen.

Windbreker. Als slecht weer je dwingt om buiten te slapen zonder bescherming van een tent, dan is het zaak om warm te blijven. Vooral de wind is hierin een lastige factor. Onervaren mensen kiezen vaak een boom om onder te kamperen. De boom vormt echter wel bescherming tegen regen, maar niet tegen wind. Het is een dak, geen muur. Een haag of een laag muurtje biedt veel betere bescherming tegen ijzige wind. Een dikke haag beschermt tegen de wind over een afstand van zo'n tien tot vijftien keer de hoogte van de haag. Is er niets te vinden waarachter je kunt schuilen. Zet dan je zadel en bepakking zo neer dat het als windbreker werkt. Een randje van 45 centimeter is al voldoende.

De slaapzak. Er zijn belangrijke en onmisbare items in je bagage. Een slaapzak behoort tot de laatste categorie. Een trektocht rijden is hard werken en menig Long Rider is na een vermoeiende dag in zijn slaapzak gekropen, verlangend naar rust, alleen om te ontdekken dat de goedkope slaapzak veel te koud was. Met een goede nachtrust sta je de volgende ochtend niet alleen fysiek maar ook emotioneel uitgerust op. Op reis breng je vele uren in je slaapzak door met rusten, lezen, schrijven en slapen. Bespaar dus niet op een warme en comfortabele slaapzak.

Materiaal. Goedkoop materiaal is waardeloos. Op een trektocht moet alles wat je mee hebt functioneren. Investeer in de beste uitrusting die je je kunt veroorloven! Maak niet de vergissing om alleen op een GPS te vertrouwen. Als je er een mee wilt nemen, prima. Maar het blijft een high-tech oplossing voor een low-tech probleem. Batterijen kunnen opraken of nat worden en apparatuur kan kapot gaan. Neem daarom altijd een betrouwbaar, lichtgewicht kompas mee dat je in je zak bewaart.

Messen. Messen zijn als religies. De meningen zijn verschillend. Iedereen heeft zijn eigen voorkeur. De meeste mensen denken dat wat voor hen werkt het beste is. Het is jouw taak om een open geest te houden, te luisteren en dan je eigen beslissing te nemen. De meerderheid van Long Riders vindt dat bijna alle klusjes kunnen worden afgehandeld door een goed zakmes met een lemmet van 10 tot 12 centimeter. Een goed mes is sterk, blijft scherp en kan zowel open als dicht worden vergrendeld.

Touw. Als je bent opgegroeid in Noord-Amerika, Australië, Europa of andere delen van de wereld met gemakkelijke toegang tot overvloedige benodigdheden, dan vind je touw van hoge kwaliteit waarschijnlijk vanzelfsprekend. In geïndustrialiseerde landen is touw verkrijgbaar in een nabijgelegen warenhuis of doe-het-zelf-winkel. Het is niet alleen overal beschikbaar, het is ook goed betaalbaar. Hoe anders is dat in andere delen van de wereld. Daar is touw een kostbaar bezit, vrij zeldzaam en aantrekkelijk voor dieven.

Sommige landen, met name Mongolië, hebben de reputatie om touw te stelen van mensen die grote kuddes paarden en andere dieren bezitten en het dagelijks gebruiken. In andere landen is het er wel, maar van belabberde kwaliteit is. Het is stug en dat maakt het moeilijk om er knopen in te leggen. Koop voordat je vertrekt alpinisten touw van hoge kwaliteit.

Bijl en zaag. Er zijn twee redenen om een bijl mee te nemen. In de eerste plaats is het een praktisch hulpmiddel bij het maken van een vuurtje of bij het weghalen van een boom die het pad blokkeert. In de tweede plaats is het in sommige delen van de Verenigde Staten wettelijk verplicht om een bijl te dragen als je met paarden door de beboste bergen reist.

Een ander stuk gereedschap dat van pas kan komen is een kleine zaag. Terwijl wandelaars over een omgevallen boom kunnen klimmen, hebben ruiters gemerkt dat ze een omgevallen boom moeten doorzagen of op zijn minst de takken van het pad moeten verwijderen. Een kleine opvouwbare zaag met een blad van 35 cm kan een boom van zo'n 30 cm aan.

Kampvuur. Een kampvuur dient een aantal doelen. Ten eerste beschermt het tegen de kou. Van een kampvuur straalt een diepe emotionele troost uit. En natuurlijk kun je koken op een open vuur. Echter niet overal is brandhout te vinden. Vanwege de dreiging van bosbranden zijn er steeds meer beperkingen voor het hebben van openbaar kampvuur. Vaak mag het alleen op daarvoor aangewezen campingplaatsen.

Brander. De meeste Long Riders nemen een brander mee. Er zijn twee zaken om rekening mee te houden voor je tot aankoop overgaat. Dat is waar je naartoe gaat en voor hoeveel mensen je gaat koken. Branders werken op verschillende brandstoffen, waaronder kerosine, propaan, butaan, alcohol, paraffine, diesel en benzine. Zoek uit welke brandstof het gemakkelijkst verkrijgbaar is in het land waar je gaat rijden. Hoe uitgebreider en flexibeler je kookgerei is, hoe groter de kans op een warme maaltijd is.

Voedsel. Probeer altijd voldoende eten voor jezelf mee te nemen, om minstens twee dagen door te komen. Voorraden slinken altijd in een alarmerend tempo. Of bijvullen gemakkelijk gaat, is afhankelijk van het land waar je rijdt. Sla een voorraad gedroogde maaltijden in, die je gemakkelijk kunt inpakken en klaarmaken. Niet-bederfelijke waren zoals rijst, pasta, instant noedels en gedroogde aardappelen kun je op velerlei manieren klaarmaken. Havermout, samen met een warme kop koffie of thee, is een eenvoudig maar voedzaam en smakelijk ontbijt. Wat je nodig hebt is voedsel dat simpel en snel te bereiden is, een warme en voedzame maaltijd oplevert en naderhand gemakkelijk op te ruimen is. Veel producten worden geleverd in kartonnen dozen die zijn gevuld met lucht. Pak dergelijk voedsel om in sterke Ziploc-zakken. Knip aanwijzingen over de bereidingswijze van de doos af en stop die in de zakjes.

Glazen flessen neem je niet mee. Ze zijn zwaar en kunnen breken onderweg wat behalve rommel ook gevaar oplevert. Een laatste wijze raad: Bewaar je voedsel en je brandstof altijd in verschillende zadeltassen!

Koken. Met betrekking tot de minimale kookuitrusting lopen de meningen uiteen. Veel voorkomende items zijn een koekenpan, koffiepot of theeketel, een pannetje van één tot anderhalve liter, bestek, een bord, beker, blikopener en kurkentrekker. Campingwinkels bieden pannensets aan die je kunt stapelen. Aluminium is het meestgebruikte materiaal. Het is goedkoop, maar kan moeilijk schoon te maken zijn en het deukt gemakkelijk. Ook over je servies moet je nadenken. Metalen bekers zijn vaak te heet om vast te houden en bekers kunnen je lippen verbranden. Hard plastic werkt over het algemeen goed. Oefen voor vertrek op het klaarmaken van lekkere en voedzame maaltijden, zodat je onderweg geen beginnersfouten maakt.

Emmer. Een opvouwbare emmer is een noodzaak. Deze kan worden gebruikt om een dorstig paard te drenken. Daarnaast kan het worden gebruikt voor het wassen en bereiden van voedsel vooraf, en afwassen van de vaat achteraf. Op rustdagen kun je er kleding in uitspoelen.

Een slaapplaats uitzoeken. Ben je op zoek naar een slaapplaats voor één nacht of ben je van plan een paar dagen rust te nemen? Dit zal van invloed zijn op je beslissing om te blijven of om verder te zoeken. Als je aankomt op een mogelijk geschikte plaats, rij je niet rechtstreeks naar de plek toe, maar bestudeer je deze van een afstand, zittend in het zadel. Is er veel gras en schoon water voor de paarden? Hoe zit het met je eigen behoeften? Is er brandhout beschikbaar? Kun je graan, eten en andere zaken dichtbij inslaan?

Denk aan je veiligheid. Ben je ver genoeg weg van drukke wegen? Hoe is de weersvoorspelling? Het is altijd beter om een kamp op te zetten aan de overkant van een beek of rivier, omdat een overstroming tijdens de nacht de route voor de volgende dag kan blokkeren. Ga niet kamperen in hoog, droog gras, wat brandgevaarlijk is en slangen kan herbergen. Vermijd drassige grond, een natuurlijke broedplaats voor muggen, knutten en vliegen.

De ideale plek voor de paarden. Het is een lastige beslissing om de exacte plek voor je paarden te bepalen. Je moet ze kunnen aanbinden om te poetsen en te zadelen en daarnaast is er ruimte nodig waar ze kunnen grazen. Zodra je je kamp hebt bepaald breng je je paarden rechtstreeks naar hun overnachtingsplek. Maak het ver genoeg van je tent en kookplek om vliegen die op de mest afkomen op afstand te houden. Let hierbij ook op de windrichting.

Bij droog, zwoel weer staan paarden graag met hun hoofd in de wind, bij stormachtig weer draaien ze hun achterhand naar de wind.

Kampeer je in de buurt van water, zet je paarden er niet direct naast, omdat daar waarschijnlijk veel muggen en andere steekbeesten zijn.

Paarden kunnen in een nacht ernstige schade toebrengen aan bomen en de omgeving. Doe daarom moeite om de omgeving te beschermen. Vroeger bond men een paard in de nacht aan een boom maar hongerige en verveelde paarden schrapen de wortels van bomen bloot en knagen aan de bast, wat ernstige schade veroorzaakt. Zet je je paarden 's nachts aan een highline, zoek dan een plek met weinig tot geen begroeiing, gebruik een treesaver om de boom te beschermen, maakt de paarden vast op minimale afstand van 1,8 meter van de stam en zet ze ver genoeg uit elkaar. De highline moet minstens op borsthoogte zijn, zo'n 1,5 meter, om te voorkomen dat de paarden er overheen stappen. Schuif de paarden steeds een stukje op als ze hun plekje kaal hebben gegeten. Zo voorkom je vertrapping en overbelasting van de bodem. Het behoeft geen verdere uitleg dat de paarden buiten bereik van de tentlijnen moet blijven.

Water. Een goede plek voor je kamp hangt samen met de beschikbaarheid van water. In afgelegen vennetjes is de waterkwaliteit vaak slecht. Ze zijn bijna altijd besmet met uitwerpselen van wilde dieren of vee. Als je route je dwingt te kamperen langs stromend water, doe dat dan stroomopwaarts van dorpen of nederzettingen. Dan nog weet je niet wat er hogerop gebeurt. Controleer altijd goed op dode dieren en tekenen van industriële of agrarische vervuiling.

Long Riders die langs de rivier de Gila in de Verenigde Staten reisden werden bijvoorbeeld gewaarschuwd voor chemische verontreiniging afkomstig van nabijgelegen boerderijen en bedrijven.

Gebruik een filter. Kook je water. Gebruik sterilisatietabletten. Zuiver je drinkwater chemisch met druppels jodium. Welke methode je ook kiest, wees altijd voorzichtig wanneer je verdacht water drinkt. De meeste mensen denken er wel aan om hun drinkwater te zuiveren maar vergeten dat te doen met het water dat ze gebruiken voor wassen en koken. Dit leidt regelmatig tot Giardia besmettingen, veroorzaakt door een bacterie die voorkomt in rivieren, meren en beken.

Kampeer je langs een rivier of beek, deel deze dan in verschillende stukken op. Het meest stroomopwaarts haal je drink- en kookwater, iets verder laat je de paarden drinken, nog verder stroomafwaarts was je de vaat en jezelf. Gebruik biologisch afbreekbare zeep en houd afvalwater uit de buurt van je dieren.

Sanitaire voorzieningen. Buiten leven betekent dat je moet nadenken over ontlasting en toiletpapier. Loop minstens honderd meter weg van je kamp voor een sanitaire boodschap. Blijf je een paar dagen dan kun je een tarp plaatsen voor enige privacy. Heel belangrijk, gebruik ongebleekt, biologisch afbreekbaar toiletpapier en begraaf dat samen met je ontlasting in een gat van minstens vijf, maar liever nog twintig centimeter diep. Gooi het gat dicht.

Je kunt hiervoor een opvouwbare spade meenemen maar een tuinschepje met een tien centimeter breed blad werkt ook uitstekend.

Vaste klusjes. Sommige klussen komen iedere dag terug. Als je met meer mensen onderweg bent is het de moeite waard om goede afspraken te maken over wie wat doet. Bespreek of je taken wilt rouleren of dat het juist prettiger is als iedereen vaste taken heeft.

Nachtelijke controle. Het einde van de dagelijkse rit betekent niet het einde van de dag. Steeds weer moet je beslissingen nemen. Na het avondeten beslis je of je morgen blijft of verder gaat. Als je gaat rijden moet je beslissen over de route van de volgende dag. Zorg dat je de route kent. Beslis van tevoren of je een tussenstop gaat maken. Om de kans op een spraakverwarring te verkleinen werk je onderweg met de militaire tijd. Dat wil zeggen dat een etmaal in 24 uur wordt gedeeld en niet in 12 uur met het achtervoegsel a.m. of p.m.

Ga niet slapen zonder naar je voorraden te kijken, de veiligheid van je apparatuur te controleren en de paarden zorgvuldig te inspecteren. Je moet zeker weten dat ze veilig zijn voor de nacht zonder kans op uitbreken.

Kamperen in gevaarlijke landen. Het opzetten van een kamp plaatst jou en de paarden per definitie in een kwetsbare positie; strategisch, emotioneel en juridisch. Als je bijvoorbeeld door Amerikaanse Staats- of Nationale parken wilt reizen, zorg er dan voor dat je goed op de hoogte bent van de regelgeving. Vraag benodigde vergunningen ruim op tijd aan. In een gebied, waarvan bekend is dat het gevaarlijk kan zijn is het beter om in een dorp te overnachten. Dezelfde mensen die je in de wildernis zouden kunnen beroven hebben de eer om jou en je bezittingen te beschermen als je in hun dorp blijft.

Nieuwsgierigheid en vriendelijkheid. Als iemand je kampplaats te paard bezoekt, vraag hem of haar dan vriendelijk om het paard buiten het kamp vast te zetten, en zeker niet heel dicht bij je tent, vuur of eten.

De wacht houden. Als je een onrustig gevoel hebt over je locatie zijn er manieren om jezelf te beschermen. Long Riders doen dit al eeuwenlang. In een vijandig gebied is het niet handig om een kampplaats te maken op een plek die duidelijk zichtbaar is tegen de horizon, of die van een afstand beloerd kan worden. Maak geen vuur als je ongezien wilt blijven en denk eraan dat een lucifer of zaklantaarn mijlenver zichtbaar is.

Slaap niet in de tent. Deze verraad je exacte locatie aan plunderaars of vijanden, een mens op de grond is veel moeilijkcr te vinden. Als je buiten slaapt ben je meer alert en kun je verdachte geluiden beter horen.

Ben je bang dat je kamp daadwerkelijk aangevallen zal worden, laat dan juist wel een vuur branden, maar ga op een veilige afstand uit het zicht zitten. Controleer of de paarden veilig zijn vastgebonden. Laat ze hun bel dragen. Patrouilleer buiten je kamp en laat zien dat je je van het gevaar bewust bent en dat op je hoede bent. Maak een plaatje in je hoofd van de indeling van je kamp voordat je je ogen sluit. Besluit je een kampvuur aan te laten, zorg dan voor voldoende houtvoorraad naast het vuur. Leg je zadel in de richting van waar je de volgende dag naartoe gaat. Besteed aandacht aan je slaappositie want een geschrokken man springt altijd op in de richting waarin zijn voeten wijzen. Houd je hoofd- of zaklamp en eventuele wapens dichtbij je hoofd. Houd je laarzen aan en laat de rits van je slaapzak open. Als je met meer mensen bent kun je om beurten de wacht houden.

Blijf paardendieven voor. Buitenlanders te paard worden vaak beschouwd als een gemakkelijke prooi. Mongolië heeft momenteel een reputatie waar meer paarden worden gestolen dan in welk ander land ook. Zodra je bent opgemerkt rijdt een groep Mongolen je kamp binnen, stappen af en proberen je te intimideren. Ze rijden meestal weer weg nadat ze de indeling van je kamp kennen. In de nacht komen ze terug om je paarden te stelen. Doe je paarden altijd hun bel om, zodat je hun bewegingen kunt volgen door het prettige gerinkel in het donker.

Vermoed je dat paardendieven je kamp zullen overvallen, laat dan je meest dominante paard gezadeld en aangebonden staan. Zo houd je altijd de mogelijkheid om weg te komen of om op zoek te gaan naar je gestolen paarden. Bovendien zullen de andere paarden niet graag bij hun leider weggaan.

Houd er rekening mee dat als een groep paarden in onbekend terrein aan het rennen gaan, het risico bestaat dat je onder de voet wordt gelopen.

Kamp opbreken. Breek je kamp zorgvuldig op. Zijn de paarden behoorlijk gevoerd, gedrenkt, gepoetst en gezadeld? Heb je eraan gedacht je tijdelijke toilethoekje dicht te gooien? Is de paddock schoon? Is je vuurplaats nat en afgekoeld? Is de vuilnis opgeruimd en is de gehele plek helemaal schoon voor de volgende reiziger? Maak voor je daadwerkelijk vertrekt nog een laatste ronde om te controleren of er geen kleine spullen zijn achtergebleven.

Hoofdstuk 80 - Het leven op de trail

Fantasie versus werkelijkheid. We schilderen allemaal idyllische afbeeldingen op het canvas van onze dromen. Maar vraag een doorgewinterde Long Rider naar hoe het daar op de eindeloos lange grijze weg is, en je zou willen dat je het nooit gevraagd had. Long Riders ervaren dat het leven verandert, wanneer de rug van hun paard je enige verblijfplaats is. Wat klonk als een prachtige droom, is in werkelijkheid vaak een serieuze uitdaging. Nadat de eerste opwinding is weggeëbd, sta je oog in oog met de realiteit van je trage geploeter door een eindeloos lijkend landschap. Als dat moment aanbreekt wordt wat op voorhand zo opwindend klonk, een immens vermoeiende en eentonige tocht.

Dit is slechts een van de redenen waarom uiteindelijk maar enkelen daadwerkelijk op pad gaan en nog minder op hun bestemming aankomen. Onvoorziene en moeilijke omstandigheden kunnen enorm demoraliseren. Weten wat je kunt verwachten en je daar zo goed mogelijk op voorbereiden vergroot je kansen op succes.

Wat is ervoor nodig? Terwijl je kilometer na kilometer voortstapt besef je dat je de weg niet 'verovert'. De weg staat je slechts toe om te passeren, soms met relatief gemak, soms na het eisen van een zware tol. Reizen te paard is een zware opgave, die enorme emotionele en fysieke eisen aan de ruiter stelt.

Wat is ervoor nodig om Long Rider te worden? Als je van comfort houdt, wilt weten wat je kunt verwachten, gedijt bij routine en een actief sociaal leven hebt, dan kun je beter een andere hobby zoeken. Alles wat je kent van thuis moet je even kunnen vergeten. Gewoon eten wat beschikbaar is wordt de standaard. Er zijn periodes van grote eenzaamheid. Je zal te maken krijgen met ontberingen, omgaan met allerlei soorten gevaar wordt routine. Het vermogen om je aan te passen en moeilijke omstandigheden te verdragen zal bepalen of je een Long Rider wordt. Wees bereid om luxe in te ruilen voor persoonlijke vrijheid, de opwinding om in de buitenlucht te leven en het genot om over de wereld te zwerven net zoals het jou uitkomt.

De geschiedenis toont aan dat het leven van een Long Rider niet elke dag woest opwindend is, noch is het altijd eentonig, elke dag tussen het moment dat de zon opkomt en ondergaat gebeurt er iets interessants.

Met ervaring komt ook het besef dat er een balans is tussen onzekerheid en rust, dat een trektocht zowel angst als spiritualiteit met zich meebrengt, en dat de emotionele groei op de lange termijn opweegt tegen de fysieke ontberingen.

De voordelen. Er zijn veel ongelooflijke voordelen die voortvloeien uit het ondernemen van een lange trektocht.

Geen tijdsdruk. Tijdens een Long Ride verstrijkt de tijd in een ander tempo. Eerst lijkt de tijd te vertragen, je valt terug in een oud ritme dat, diep opgeslagen in je DNA, ontwaakt uit een sluimertoestand. Je bent niet langer aan je smartphone en horloge geketend, het begrip tijd wordt een abstract idee. Je bent druk met het observeren van de wolken, de wind, het weer. Je wacht niet gespannen op een whatsapp bericht. Je herontdekt de sterren. Je bent niet opgesloten tussen vier muren. Je bent je bewust van alle windrichtingen.

Het gevoel van vrijheid. Het vrije gevoel gaat verder dan het loslaten van een vaste dagindeling. Rijden geeft je de vrijheid om te gaan waar en wanneer je maar wilt. Je bent niet gebonden aan asfalt. Je kunt een omweg maken of ergens blijven hangen. Je racet niet meer rond in een metalen kooi. Je bent een bewegend onderdeel van een levend landschap. Je bent niet losgekoppeld van je medemens. Je behoefte aan gras, water en onderdak zorgt ervoor dat je constant in contact blijft met de mensen om je heen. Je bent geen toeschouwer. Je bent vrij.

Steeds minder nodig. Een van de eerste lessen die een Long Rider leert, is: "Hoe meer je weet, hoe minder je nodig hebt." Long Riders leren met heel weinig tevreden te zijn. Ze hebben het materialisme achter zich gelaten. Ze vervangen maximaal consumeren voor eenvoudig leven. Ze realiseren zich dat uiterlijke schijn geen innerlijke leegte opvult.

Buiten de maatschappij. Long Riders ontdekken ook dat hoe verder ze reizen, hoe sterker het gevoel groeit dat ze steeds meer los komen van de activiteiten van de rest van de wereld. Voor sommigen is het een reis naar een onverwachte emotionele ontwikkeling in het leven. Hoe verder men rijdt, hoe vaker men vindt dat verbinding met de samenleving zoals wij die kennen wordt verbroken.

In goede gezondheid. Anderen zullen niet alleen jaloers zijn op je vrijheid maar ook op je gezondheid. Je zal niet alleen lichamelijk afharden, een goede fysieke gezondheid brengt ook je geestelijke gezondheid in balans. Als je je van binnen en van buiten sterk voelt, heeft dit een positief effect op je eigen zelfrespect.

In contact met de natuur. De Long Rider domineert zijn omgeving niet, hij is er onderdeel van. Hij ziet de natuur als een complete gemeenschap en heeft geen verlangen deze te overwinnen. Hij gaat op in het landschap en verbindt zich met de omgeving. Voor een Long Rider is het mogelijk om verloren relaties met de aarde, wind, vuur en water te herstellen.

Tweelingzielen. Er is nog een ander opmerkelijk aspect aan het rijden van lange trektochten. Het zou nalatig zijn om dat niet te vermelden. Dat is de verbazingwekkende emotionele band die ontstaat tussen paard en mens. Tijdens zo'n reis leven paard en mens in één wereld. Ze lijden samen honger en verheugen zich allebei op een maaltijd. Ze worden geconfronteerd met dezelfde gevaren en dezelfde kansen op een goede of slechte afloop. Ze verdragen hetzelfde vreselijke weer. Ze zijn samen onderweg naar dezelfde verre bestemming.

Emotioneel aanpassingsvermogen

Als je op reis gaat zul je emotioneel uit balans raken. Je zal een nieuw evenwicht moeten vinden tussen spanning en ontspanning. Een eerste vereiste daarvoor is dat je met enthousiasme vooruit kijkt en niet met weemoed blijft terugblikken. Alleen als je je comfortabel en thuis voelt in de buitenlucht zul je tevreden kunnen zijn met wat je hebt. Zo niet, dan kun je vervallen in de slechte gewoonte om uit te kijken naar het einde van je reis, het moment waarop je kunt terugkeren naar de beschaving. De interesse in dagelijkse zaken verdwijnt, je bent aan het overleven.

Dit is een gemoedstoestand waarin je een reis niet met succes kunt volbrengen. Als je deze gemoedstoestand niet kunt overwinnen, heb je je droom verkeerd begrepen.Maak van de wildernis je thuis. Geniet van elke kilometer, hunker niet naar de laatste dag. Zie het einde van je reis als de voltooiing van een prachtig avontuur, niet als de afsluiting van een periode van afzien en ziek zijn.

Waar je ook van plan bent te gaan rijden, het leven is onmogelijk te voorspellen. Een Long Rider moet leren om zijn zorgen te relativeren.

Dagelijkse planning. Onderweg met paarden leer je om de dag in vieren te delen. Je gaat zoeken naar een routine, en elke vierentwintig uur is verdeeld in vier delen.

1.   Haast en activiteit in de vroege ochtend bij het opbreken van het kamp
2.   De rit van de dag
3.   De aankomst en drukte bij het opbouwen van het kamp
4.   Rusten en dromen.

Vroeg opstaan is noodzaak. Zodra de paarden water hebben gehad en van hun eerste maaltijd genieten werkt de Long Rider een snel ontbijt naar binnen, pakt de tent en zijn spullen in en bereidt zich voor op het vertrek. Daarna worden de paarden opgezadeld. Er vindt een laatste ronde door het kamp plaats en dan is het tijd om op te stappen.

Tijdens de lunchpauze rusten paarden en mensen uit en eten wat. Daarna gaat de reis door tot in de vroege namiddag, waarna het tijd wordt om een plek voor de nacht te vinden. Het is een levensritme dat lichamelijk zwaar is en de nodige emotionele energie vraagt, daarom liggen de meeste Long Riders zeer vroeg onder de wol.

Rustdagen. Trekken is hard werken, zowel fysiek als emotioneel. Grijp daarom elke gelegenheid aan om de energie van de paarden en ruiters op te laden. Iedereen moet rusten. Ook de paarden moeten fysiek en emotioneel herstellen. Zelf heb je ook te lijden van de fysieke arbeid en de emotionele stress door het constant moeten omgaan met vreemde mensen en onzekere situaties.

De meeste Long Riders zijn het erover eens dat één vrije dag niet genoeg is om te herstellen. Op de eerste dag ben je druk met wassen, boodschappen doen en spullen repareren, je paard is druk met eten zoveel als hij kan. Op de tweede dag rust het paard uit, net als jij als alle klusjes gedaan zijn. Kies je rustdagen zorgvuldig. Veel Long Riders rijden vijf dagen en stoppen dan tijdens het weekend. Hierdoor vermijden ze 'weekendverkeer' op de normaal rustige wegen. Maar dit is slechts een richtlijn, paarden zijn geen gemotoriseerd transport. Blijf goed naar ze kijken. Op een lange reis wordt de tijd niet gemeten aan de hand van dagen, weken of uren, maar in weersomstandigheden, seizoenen en de conditie van je dieren.

Als je op grote hoogten reist, in warme gebieden of op zwaar terrein, kun je overwegen om vier dagen te rijden en dan te rusten. Wees flexibel en pas je aan aan lokale omstandigheden.

Je paarden ontspannen het beste in een relatief stille omgeving met weinig lawaai, houd daar rekening mee bij het bepalen van je rustdagen. Tegenwoordig ben je als lange-termijn-reiziger met een paard een echte bezienswaardigheid. Het kan regelmatig voorkomen dat je toeschouwers krijgt in je kamp. Dat is voor je paarden een onrustige situatie, waarin ze alert blijven. Dat is niet bevorderlijk voor hun rust.

Klusjes. Reizen met paarden brengt veel dagelijkse arbeid met zich mee. Gebruik je rustdagen verstandig en concentreer je op één specifieke klus bij elke stop. In het buitenland vraagt het communiceren in een andere taal extra tijd en energie, net als de moeite die je moet doen om een andere cultuur te begrijpen. In zulke situaties kan een ogenschijnlijk simpel klusje heel ingewikkeld zijn.

De romantiek van je reist vervaagt snel als je materiaal breekt, je kleding of je tent scheurt en spullen moeten worden gerepareerd. Daarnaast zijn er de terugkerende taken zoals in- en uitpakken van spullen, harnachement poetsen en invetten, dekjes drogen en paarden poetsen.

Dagboek. Vertrouw onderweg niet slechts op je geheugen! Ga niet op pad zonder pen en papier. Schrijf op wat je ziet, observeert, hoort of leest. Doe dit zo snel mogelijk en stel het niet uit. Ook onbeduidende zaken kunnen later van groot belang blijken. Long Riders hebben ondervonden dat ze na thuiskomst gebeurtenissen niet meer goed terug kunnen halen. Je verwerkt onderweg zoveel indrukken dat herinneringen en details snel vervagen.

Het is een belangrijk ritueel om iedere avond je bevindingen vast te leggen. Vermijd hierbij afkortingen en noteer details zoals datum, tijdstip, locatie en weersomstandigheden. Als je namen van mensen noteert, controleer dan of de spelling juist is. Maak ook aantekeningen over de beschikbaarheid van voer en water om aan andere Long Riders door te geven.

Omgaan met oponthoud. De lengte van je reis is bepalend voor hoe vaak je te maken kunt krijgen met onverwachte vertraging. Dit kan door allerlei redenen veroorzaakt worden. Punt is dat het niet realistisch is om vast te houden aan een strikt schema. Het is ook niet verstandig. Flexibiliteit is regel nummer één!

Wanneer je in de open lucht leeft leer je om je aan te passen, om hard te werken, om ongemakken te verdragen, om je te richten op de toekomst en om de problemen van vandaag niet je dromen door te laten prikken.

Tijdvreters. Sommige problemen kun je voorzien. Een ervan is de invasie van vreemden in je persoonlijke ruimte. Een les die je snel moet leren is hoe je jouw behoefte aan eenzaamheid in evenwicht kunt houden met de nieuwsgierigheid van anderen. Er zijn tientallen verhalen van Long Riders die ongewild in de spotlights komen te staan. De intensiteit hiervan verschilt per land. Voor veel mensen is het ontmoeten van een Long Rider een unieke ervaring. Ze zijn nieuwsgierig naar je reis en willen hulp of een overnachting aanbieden. Velen zijn eenzaam en delen gedachten met iemand die ze daarna toch nooit meer zien. Er zijn twee nadelen aan het doorbrengen van veel tijd met vreemden. In de eerste plaats ben je een reiziger. Als je langs de kant van de weg je tijd verdoet met kletsen ga je de geplande rit van die dag niet voltooien. Zorg dat je eerst een veilige slaapplaats vindt, je paarden verzorgt en je dagelijkse kussen doet, voordat je tijd neemt om te kletsen met mensen. Het tweede nadeel is dat zelfs als je de taal spreekt, het steeds maar weer herhalen van je verhaal op den duur doodvermoeiend is. Daarvoor is de eerder besproken flyer met korte uitleg ideaal.

Leg gerust uit aan mensen dat de verzorging van je paard eerst moet gebeuren. Doe dit rustig en beleefd. Als de omstandigheden vereisen dat je stopt en praat, stap dan uit beleefdheid van je paard af. Als je wel interesse in een gesprek hebt kun je iemand ook uitnodigen om je later op de dag bij je volgende stop te ontmoeten. Dan is er tijd nadat je paarden zijn verzorgd en het kamp is opgezet.

Kleine doelen. Er zijn verschillende manieren om jezelf gemotiveerd te houden tijdens een lange tocht. Geniet van het moment, het landschap, het weer en de geheime en magische plekjes die je onderweg passeert. Neem de tijd om bewust te ervaren hoe geweldig het is om op reis te zijn. Natuurlijk houd je het einddoel in het vizier maar de reis wordt emotioneel gemakkelijker als je tussendoor ook kleine subdoelen stelt. Het behalen van zo'n subdoel is een beloning op zich. Het is een reden om iets te vieren! Beloon jezelf. Boek eens een comfortabel verblijf als je in de gelegenheid bent. Zo een waar je kunt baden en diep kunt slapen, omdat je paarden even veilig op stal zijn. Als je een aantal dagen in de wildernis bent geweest kun je intens genieten van een goed feestmaal.

Vergeet ook niet om de paarden te belonen. Laat de paarden na iedere 800 kilometer vier tot tien dagen uitrusten, afhankelijk van hoe moeilijk deze fase van de reis was geweest. Deze geplande rustpauzes bieden je iets om naar uit te kijken. Vergeet nooit om flexibel te zijn. Je bent een Long Rider, geen endurance wedstrijdruiter. Als er zeer slecht weer wordt voorspeld en je bent op een veilige en droge plek, blijf dan een dagje langer, laat je paard staan en geniet van deze onverwachte extra rustdag.

Fysieke uitputting. Een lange trektocht te paard kan fantastisch zijn, het gaat niet zonder enorme inspanning. Een trektocht is ontspannend als je een paar dagen bij mooi weer over vlak terrein rijdt, maar hoe langer de afstand, hoe groter de vermoeidheid. Er zijn geen uitzonderingen op deze regel. Niemand is immuun voor de fysieke eisen die de kilometers aan je stellen.

Emotionele uitputting. Het is spannend en opwindend om een trektocht te plannen. Het is geweldig om later eindeloos over te praten maar als je daadwerkelijk onderweg bent kan het zo nu en dan op de hel lijken. Intense lichamelijke vermoeidheid resulteert meestal in emotionele uitputting. Vermoeidheid overwint niet alleen je lichaam, maar ook je hart. Kleine stressmomenten kunnen je laten ontploffen. Ontgoocheling verschijnt zonder waarschuwing. Je vervloekt jezelf, je paarden, je reisgenoten en de hele stomme reis.

Omgaan met emotionele stress is een vast onderdeel in het leven van een Long Rider. In tegenstelling tot wandelaars en fietsers die relatief zorgeloos reizen brengt de paardensport dagelijks angst en onrust met zich mee. Waar vind je voedsel en onderdak voor je paard? Zal de volgende plaats vriendelijk zijn? Kun je die lastige obstakels overwinnen? Zorgen variëren van een klein beetje tot zeer groot.

Verlangen naar huis Het is wanneer zowel je lichaam als je ziel moe zijn, dat je geest je begint te misleiden. Met het toenemen van ontberingen zal het oorspronkelijke enthousiasme voor de trip afnemen. Fysieke en emotionele uitputting doen je verlangen naar huis terug te keren, je familie te zien, een huisgemaakte maaltijd te eten en in je eigen bed te slapen zonder zorgen over de dag van morgen.

Sisu. Sisu is een Finse term. Het gaat over het vermogen om wilskracht, vast-beradenheid en doorzettingsvermogen op te roepen in geval van tegenspoed. Sisu is niet hetzelfde als tijdelijke moed. Het gaat over de het vermogen om tegen alle verwachtingen in door te gaan, ondanks de tegenslagen, eerdere mislukkingen, en de uitzichtloosheid van de situatie op dat moment.

Onvoorziene omstandigheden. Hoe vastberaden je ook bent, hoeveel skills je ook bezit, hoeveel kilometers je al in de benen hebt, het is mogelijk dat je reis moet stoppen door onvoorziene omstandigheden waar je geen invloed op hebt. Net zoals de zeeman die op zee een tsunami tegenkomt, het ene moment ben je op koers, het volgende moment ben je bezig met in leven blijven. Het kan de beste overkomen, ook jou. Accepteer met je verstand dat het zo kan zijn, en wees emotioneel voorbereid.

Tip. Vergeet nooit dat het gaat om de reis, niet om de finish!

Hoofdstuk 81 - De ethiek van trektochten rijden

Een hoofddoel van de Long Riders' Guild is zorgen dat een paard op trektocht niet opzettelijk wordt misbruikt. Helaas bestaan er individuen die hun paard zouden opofferen om hun ego te behouden. Hij die een paard mishandelt is niet geschikt om er een te bezitten!

De mens heeft een morele verantwoordelijkheid om dieren met vriendelijkheid, waardigheid en naastenliefde te behandelen. Sommige mensen hebben een groot verlangen naar erkenning. Wanneer zulke lieden op een paard stappen, maakt hun verlangen naar applaus hen blind voor de schade die ze hun paard toebrengen. Naarmate hun ego groeit negeren ze de pijn van het dier en onderwerpen het in plaats daarvan aan steeds zwaardere kwelling. Ze misbruiken hun paarden, jakkeren ze af en zijn karig met voer. Dergelijke acties worden gevat in het Hongaarse woord lóháldl, wat betekent dat het paard vervangbaar is. Niet gekweld door enig schuldgevoel onthullen dit soort individuen het kwaad dat in ieder mens aanwezig is. Trektochten omvatten zoveel meer dan knopen leggen en paarden aanbinden. Het ontdekken en ervaren van je ethische verantwoordelijkheden is een essentieel onderdeel van het bereiken van je emotionele doel!

Geen wereldrecord. Het is voorgekomen dat een prachtige route werd gereduceerd tot een wrede en ziekelijke poging om een wereldrecord te vestigen. Niet alle reizigers te paard zijn oprecht. Zodra een oplichter ziet hoeveel charisma het paard heeft kan hij het vertrouwen van het publiek misbruiken om geschenken en geld te verkrijgen. Voor zulke individuen is het niet ongewoon om God aan te roepen om hun reis te rechtvaardigen. Zo kunnen ze gebruik maken van de religieuze vroomheid van degenen die ze ontmoeten.

Traditie is geen excuus voor wreedheid. Veel Long Riders volgen routes die hun helden uit het verleden ook hebben gemaakt. Maar ook kostuums kunnen wreedheid niet verbergen.

Hippische narcisme stoornis. Tijdens mijn jarenlange onderzoek Long Rides heb ik bewijs verzameld van wat ik 'Hippische Narcisme Stoornis' noem (In het Engels Equestrian Narcissistic Disorder - END). Kenmerken van narcisme zijn egoïsme, ijdelheid, verwaandheid en gebrek aan empathie. In dit geval geldt het gebrek aan empathie specifiek voor paarden. Zij worden uitgebuit, misbruikt, uitgehongerd of gedood door genadeloze ruiters en criminelen. Er zijn veel gemeenschappelijke kenmerken gevonden in het gedrag van personen die symptomen van deze narcistische stoornis vertonen. Dit zijn bijvoorbeeld een buitensporige behoefte aan bewondering en aanbidding, een voorkeur voor opzichtige kleding of historische kostuums en exhibitionistische neigingen. Deze mensen overschatten hun capaciteiten, overdrijven hun prestaties, scheppen voortdurend op en benadrukken elk spoor van gevaar of ontbering.

Omdat hun persoonlijke doelen voorrang hebben op het welzijn van het paard, gaan ze roekeloos met de dieren om. Als een paard gewond raakt, zijn ze niet bereid om de reis te onderbreken. Ze ontkennen de ernst van tegenslagen, verwondingen of nederlagen. Zelfs als het paard het niet overleeft, weigeren ze spijt te betuigen of verantwoordelijkheid te nemen. Nadat ze hebben geleerd hoe ze het paard kunnen gebruiken om het vertrouwen van het publiek te krijgen, buiten ze anderen uit door voortdurend de hulp in te roepen van nietsvermoedende slachtoffers. Ze vermijden de natuur en richten zich op stedelijke gebieden. De meeste verkiezen couchsurfing in het huis van een gastheer boven slapen in een tent. Omdat ze op zoek zijn naar fans en niet naar gelijkgezinden vermijden ze contact met echte Long Riders, en grijpen ze elke gelegenheid aan om de aandacht van de pers en sociale media te trekken. Hun verlangen naar aandacht wordt verslavend en ze zien anderen direct als concurrenten. De meesten ontkennen spirituele aspecten van een trektocht. Ze negeren of kleineren deze kant van de ervaring, omdat ze zich er niet mee kunnen identificeren.

Nadat de reis is voltooid zijn ze niet geneigd om tips en informatie met anderen te delen. Zij zien iedere Long Rider als concurrent. Omdat ze vaak alleen rijden sluiten ze geen vriendschap met andere reizigers. In hun ogen versterkt de voltooiing van hun reis het beeld van zichzelf als bijzonder en uniek.

Dierethiek. Uit puur praktisch oogpunt brengt iedere ruiter die niet goed voor zijn paard(en) zorgt, niet alleen de gezondheid van de dieren in gevaar, maar tegelijk zijn eigen kans op een succesvolle reis. Elke Long Rider moet naar zijn geweten luisteren en ethische verantwoordelijkheid nemen jegens zijn dierlijke reisgenoten. Wanneer men deze dieren met hun grote bewustzijn behandelt als niets meer dan een bron van ruwe kracht, is men ook niet meer in staat om te beseffen dat paarden kunnen lijden. Elke Long Rider heeft een morele plicht om compassie te hebben met zijn paarden.

Bescherming van paarden en het publiek. Het Long Riders' Guild is opgericht om de oude kunst van het rijden van lange trektochten te paard te behouden en om mensen te leren hoe ze een succesvolle tocht te paard kunnen maken. Een ander belangrijk onderdeel van het werk is het publiek te wijzen op de noodzaak om voorzichtig te zijn. Een persoon te paard is niet per definitie betrouwbaar. Het gilde is geen internationale politie. Het is een broederschap van paardensporters met een onderzoekende geest. In tegenstelling tot de moderne paardensportwereld houdt het Long Riders' Guild zich niet bezig met competitie of commercie en is niet verbonden aan een specifiek land. Een Long Rider is niet bezig met hoe snel hij een afstand kan overbruggen. Het doel van iedere trektocht is persoonlijke en spirituele groei. We realiseren ons dat ongelukken zonder waarschuwing en onverwacht kunnen gebeuren. In zo'n geval vereist het gilde dat de reis wordt onderbroken om het paard de tijd te geven die het nodig heeft om te genezen. Er zijn veel voorbeelden van Long Riders die hun reizen voortijdig hebben gestopt, omdat ze begrepen dat dit nodig was voor het welzijn van hun paard.

Je reis valideren. Er is nog een aspect aan ethisch paardrijden. Het kan zijn dat je gevraagd wordt om bewijs te leveren dat je trektocht echt authentiek was en dat het doel daadwerkelijk behaald is. Long Riders documenteren hun tochten nauwkeurigheid. Niet via militaire rapporten of brieven van gouverneurs, zoals in de oude dagen. Ze hebben een boek bij zich waarin de namen staan van mensen die ze ontmoet hebben, samen met een handtekening, datum en een persoonlijke opmerking. Vriendschapsboeken leveren overtuigend bewijs van je hele tocht.

De media. Omgaan met de media heeft voor- en nadelen. Een van de grootste nadelen is de tijd die het kost. Tijdens een interview wil je niet respectloos zijn maar je kunt je ook niet veroorloven om eindeloos vragen te beantwoorden, terwijl de kostbare minuten wegtikken. Langs de weg trekt een Long Rider met zijn paarden de aandacht van passerende automobilisten. Ten minste één groot auto-ongeluk vond plaats toen een Amerikaanse Long Rider langs een drukke weg stopte om vragen te beantwoorden. De aandacht van voorbijrijdende chauffeurs werd afgeleid, die vervolgens tegen elkaar botsten. Het is altijd beter voor de paarden, en veiliger voor jou, om met een journalist af te spreken in je kamp aan het einde van de dag. Ze zijn bijna altijd bereid om aan dit eenvoudige verzoek te voldoen.

Naast het ongemak is er het risico op gevaar onderweg. In dit internettijdperk moet je voorzichtig zijn met wie je praat. Er is een verschil tussen een officiële verslaggever en een nieuwsgierige burger. Een journalist zal kunnen aantonen voor wie hij of zij werkt. Een wraakzuchtige cyberstalker die zich voordoet als verslaggever zal deze referenties missen. Als je twijfelt aan de authenticiteit van de persoon, weiger dan beleefd om mee te werken aan een telefonisch interview of een e-mailwisseling. Je mag overigens altijd besluiten om niet mee te werken aan een interview. Net zomin als dat je verplicht bent om vragen over je privéleven te beantwoorden. Als je het gevoel hebt dat het interview slecht verloopt, rond het dan netjes af. Tenzij je bewust de media hebt benaderd ben je niet per definitie een publieke figuur, simpelweg omdat je ervoor kiest om met een paard te reizen.

Hoofdstuk 82 - De lange stilte

Afkeer van de wereld. Een Long Ride is meer dan alleen maar kilometers vreten. Alle dappere zielen die in het diepe springen komen vroeg of laat tot de volgende conclusie: Er bestaan twee werelden; de fysieke wereld die in kaart kan worden gebracht en een andere wereld die net over de rand van het dagelijks leven ligt. De waarde van het doorbreken van de dagelijkse sleur en het leren innerlijk te reflecteren past niet in een wereld waar alles lijkt te zijn gericht op onmiddellijkheid. Realiseer je dat je paard je niet alleen meeneemt naar een verre stip op de kaart. Hij neemt je mee, weg van het dagelijkse drama in de wereld. Tijdens zo'n tocht laat je het afleidende gebabbel van anderen achter je en hoor je het lawaai van het moderne leven niet meer. Hoe verder je rijdt hoe intenser deze ervaring wordt.

Het begin van de stilte. Slechts weinigen die beginnen aan een Long Ride realiseren zich dat de reis hen zal blootstellen aan langdurige periodes van stilte en introspectie. Als voorbereiding leren ze de belangrijke vaardigheden; hoe tegenstanders te overwinnen, het juiste paard te kiezen, een pakzadel te gebruiken, moed op te roepen om te vertrekken.

Eenmaal onderweg ontwikkelt zich een vredig patroon van rust. Dat is wanneer je merkt dat de tocht onvoorziene elementen bevat. Dag na dag hebben de zachte ritmische bewegingen van het paard een kalmerend effect op de ruiter. De rustgevende vooruitgang brengt gemoedsrust. Stil, alleen in zijn eigen gedachten leert de reiziger te rijden, te reageren en te ontvangen. Zonder afleiding is er tijd om ideeën te onderzoeken en met eerbied naar binnen te keren.

Bevrijd van prestatiedruk intensiveert zo'n tocht je emoties en geeft het je grote inzichten. Lange periodes van innerlijke stilte, terwijl je met je paard bent geeft verrassend diepe ervaringen, veel dieper dan het bereiken van een verre oceaankust.

Wat zelden wordt begrepen, is dat tijdens een Long Ride de ruiter levensveranderende openbaringen ervaart. Het geheim van een succesvolle trektocht te paard is niet, dat je vindt wat je dacht dat je zocht. Het is wat er gebeurt tijdens de 'aankomst', dat het oude mysterie van Long Rides onthult.

De Lange Stilte. De Heilige Graal is geen object. Het is een gemoedstoestand. De 'Lange Stilte' arriveert wanneer de Long Rider dit het minst verwacht. De onzichtbare band die Long Riders delen zorgt voor een broederschap van mensen die elkaar nooit hoeven te ontmoeten om te begrijpen dat ze een mystieke link delen. De Lange Stilte is de reden waarom Long Riders nooit naar huis willen komen. Het bereiken van de Lange Stilte is de deur naar de wonderen van de natuurlijke wereld, naar de betekenis van het universum. Het inspireert. Levensvragen komen naar boven. Het stimuleert creatieve probleemoplossing. Het verbetert dieper begrip.

Je problemen op sleeptouw. Reizigers te paard uiten in toenemende mate hun bezorgdheid over de effecten van moderne technologie onderweg. Je kunt niet naar binnen kijken als je omlaag kijkt naar je mobiele telefoon. Door schreeuwerige discussies op sociale media wordt de beschouwende geest totaal overweldigd, en kun je niet meer naar binnen kijken. Het gevoel van tevreden kalmte wordt vernietigd, wanneer men zich niet kan loskoppelen van de sociale media. Iedere ping die een nieuw bericht aankondigt doet iets met de emoties van de Long Rider. In plaats van problemen achter te laten, worden ze meegesleept, samen met de Facebook en Instagram verslaving.

Grenzen stellen. Een trektocht te paard moet je in staat stellen om diep in te ademen, ideeën te overdenken en in jezelf te zoeken, zonder voortdurend te worden afgeleid door externe prikkels. Om dit te kunnen doen is het noodzakelijk om het gebruik van smartphone en tablet te reguleren. Net zoals van ons wordt verwacht dat we niet teveel eten of te veel alcohol drinken moeten we ook verstandig met technologie omgaan.

Bepaal je grens. Onttrek je aan de constante stroom van informatie. Schakel het geluid uit. Zet je internet uit. Zoek de stilte. Om dit te bereiken stap je in het zadel, verbreek je de verbinding, trek je de natuur in en verken je je eigen ziel !

Deel Zes - Wat erna komt

Hoofdstuk 83 - Het einde van de reis

De lessen van de weg. Een deel van wat je onderweg tegenkomt is te verwachten, sommige zaken zijn niet te voorspellen. Iedereen krijgt te maken met de grillen van de natuur. Iedere weg heeft zo zijn eigen hindernissen. Op het moment dat alles anders loopt dan je verwacht, lijkt het soms of je tocht een emotionele en fysieke beproeving is, specifiek ontworpen om je wilskracht te breken en je dromen te vernietigen. Kun je ook weer vergeven en vergeten nadat het gevaar of ongemak is overwonnen? De brandende zon en de martelende wind van overdag worden vervangen door de prettige warmte van een kampvuur en het licht van de sterren.

Merkwaardig genoeg, ondanks dat hij weet dat er meer uitdagingen in het verschiet liggen, krijgt de Long Rider na een nachtrust een soort rusteloosheid over zich. Hij verlangt ernaar om onderweg te zijn. Hij haalt opgelucht adem als hij weer in het zadel zit. Hij negeert het feit dat hem verderop misschien nog iets te wachten staat. De opwinding van het reizen is in zijn bloed ontwaakt.

Leven in het zadel. Om succesvol te zijn en blijven heb je bepaalde vaardigheden nodig. Spullen zoals je pakzadel, de bijl en de tent, die eerst romantisch voelden, worden vertrouwde gereedschappen. Wijsheid staat niet op de kaart. Dergelijk begrip ontwikkel je stapsgewijs. Angsten vervagen, ze worden vervangen door het verlangen om door te gaan. Hoe langer je onderweg bent, hoe dieper dit inslijt. Vaak passeert een Long Rider een onzichtbaar punt. Wanneer dit gebeurt verandert het zadel van een symbool van een droomreis in een symbool van heelheid.

"Thuis?," schreef de Amerikaanse Long Rider Frank Heath in zijn dagboek in 1927, "ik heb geen huis behalve mijn zadel als kussen en de blauwe lucht als mijn dak. Ik voel me op die manier vrij, alsof ik meer ruimte heb om te groeien."

Niemand begreep dit beter dan de Engelse Long Rider Mary Bosanquet. Ze vertrok in 1939 vanuit Vancouver en reed solo door Canada. Toen ze haar eindbestemming New York City naderde betreurde ze het einde van een reis, de zoektocht had haar volkomen getransformeerd.

"In het gewone leven is het huis waarin we wonen onze geaarde basis. We verlaten het wel, maar alleen om terug te keren. We zijn als schepen voor anker die varen tot de lengte van de ankerketting zonder de haven te verlaten. En zo komen we bij de plaatsen waar we wonen. Het maakt niet uit hoeveel we van plaats naar plaats reizen, we gaan altijd van haven naar haven en veranderen alleen de positie van het ene stationaire punt naar het andere. In de maanden met mijn paarden is alleen de reis constant geweest. Ik reis niet langer om aan te komen. Ik behoor niet langer tot de wereld van lichten en kranen, aangename maaltijden, boeken en foto's en 's nachts gordijnen. Ik behoor tot de wereld van wegen en rivieren, velden en bossen, het weer en de lucht," schreef ze.

Mary besefte dat ze het meest op haar gemak was in het schommelende zadel, bovenop haar paard. Altijd het onbekende tegemoet.

Langzaam doorgaan. Mary en Frank hebben allebei geleerd om van de weg hun thuis te maken. Ze snelden nooit gedachteloos vooruit. Ze brachten hun paarden nooit in gevaar. Ze pasten zich aan en reden met kalme waardigheid. Ze bleven niet hangen in hun moeilijke momenten. Ze interesseerden zich voor hun vorderingen en genoten van elk moment van de reis. Ze keken niet met gretigheid uit naar het einde. Noch beschouwden ze een terugkeer naar de beschaving als een einde aan beproevingen maar als de afsluiting van een avontuurlijk en aangenaam leven. Door op deze manier van leven, in totale rust, met de snelheid van het paard voort te gaan, slaagden ze erin het Noord-Amerikaanse continent over te steken met wat later een verrassend hoge snelheid leek te zijn.

De tijd gaat verder maar waarheden blijven bestaan. In 2014 naderde de Braziliaanse Long Rider Filipe Leite het einde van zijn reis van 16.000 kilometer van Canada naar Brazilië. Filipe schreef verwonderd: "Als ik naar de kaart kijk is het moeilijk te begrijpen hoe ik hier te paard ben gekomen. Het lijkt onmogelijk. Maar als je je op één dag tegelijk concentreert en al je energie in het moment steekt is het verbazingwekkend hoe ver je kunt komen."

Eindeloos. Mary, Frank en Filipe bereikten allemaal een punt in hun reizen waar het ritme van de reis zo sterk was geworden dat ze niet wilden dat het zou eindigen. Ze hadden de waarde van eenvoud geleerd; hadden de rijkdom van vriendelijkheid en gastvrijheid ervaren; hadden geleerd om elke nacht op een andere plek te slapen; begrepen dat de perfecte reis nooit is afgelopen; wisten dat er altijd nog een spoor is om te verkennen en nog een luchtspiegeling om te volgen. De reis die aanvankelijk zo'n ongelooflijke uitdaging was geweest, was onderdeel van hun leven geworden. In plaats van af te zien hadden ze vrede ervaren en geleerd hoe fijn het kan zijn om alleen te zijn. Deze Long Riders, en met hen nog veel meer, bereikten een punt in hun reis waar alleen een oceaan hen had kunnen stoppen. Ze verlangden ernaar om eeuwig door te rijden. Toen haalde de realiteit hen in.

De harde werkelijkheid. Plots is het voorbij. Je brengt je laatste dag door in het zadel en kijkt naar het trouwe paard dat je tot nu toe heeft gedragen. Je houdt de teugels in je handen en verwondert je over de eenvoudige schoonheid van deze leidsels naar de vrijheid. Alles ziet er fris uit, vol leven, en je weet nu al hoe erg je dit gaat missen. Voor de rest van je leven!

Long Riders ervaren vaak een gevoel van shock aan het einde van hun rit. Terugkijkend op de reis lijken de dagen zo snel voorbij te zijn gegaan. Het doel dat zo ver weg leek, is bereikt. In plaats van een gevoel van triomf is er een gevoel van spijt. Je beseft dat er nooit meer zo'n dag zal zijn. Vanavond val je niet in slaap met het licht van de maan. Morgen zit je niet in het zadel van je beste vriend, je edele paard. De overwinning is bitterzoet.

Voorbereiden op het einde. Het begin en het einde van een lange trip zijn belangrijke gebeurtenissen. Ze wekken verschillende emoties op. Je vertrekt met een vleugje opwinding en vaak ook een tikje angst. Aan het einde voel je je onzeker, ongerust, en vol ongeloof. Je bent er niet klaar voor, je bent verdrietig en uitgeput als het einde daar is. Je moet terug in het gareel. In plaats van uit te kijken naar groene weiden, ga je op zoek naar een baan. In plaats van je zorgen te maken over het weer, maak je je zorgen over geld.

Het is geen verleidelijke gedachte dat je moet terugkeren naar de stress van het leven dat onze samenleving van je vraagt, met al zijn lusteloosheid, kranten vol met niets, dubieuze doelen vermomd onder veelbelovende plannen, walgelijke rijkdom en smerige armoede, gebrek aan menselijke sympathie en barbaarse oorlogen veroorzaakt door machtswellustelingen. Voordat de laatste dag komt moet je serieus nadenken over hoe je jouw reis wilt beëindigen want vele jaren later zullen je herinneringen aan die speciale dag net zo levendig zijn alsof het gisteren was.

De stille aankomst. De meeste mensen gaan nooit op een levensveranderende reis en blijven liever thuis. Voor degenen die wel daadwerkelijk op pad gaan, kan de aankomst een verscheidenheid aan betekenissen vertegenwoordigen. Voor sommigen kan het een intens privé moment zijn waarvan de oorsprong vele jaren teruggaat. Er zijn geen kilometertellers op een zadel. Er is geen magisch merkteken in het stof. Vaak is er geen voor de hand liggend oriëntatiepunt om de voltooiing van een tocht te markeren.

De grote finish. Voor sommigen is de aankomst een moment om groots te vieren. Toen Aimé Tschiffely in 1927 zijn legendarische rit van Argentinië naar de Verenigde Staten voltooide, werd hij door de Amerikaanse president als held begroet en werd hij grootst ingehaald in New York. Maar soms vallen dingen niet op hun plaats wanneer je het einde van de regenboog bereikt.

Teleurstelling. Long Rider-dromen worden niet altijd waargemaakt, omdat het nu eenmaal niet altijd verloopt zoals je verwacht. Je kunt bijvoorbeeld helemaal blut zijn of een grens weigert je door te laten, je paarden worden ziek, gestolen of sterven. Een reispartner stopt ermee of je wordt geveld door ziekte. Op een gegeven moment realiseer je je dat het plezier verdwenen is. Je rijdt enkel uit plichtsgevoel. Dat is het moment waarop je weet dat je moet stoppen. De route die je thuis met zoveel vertrouwen op de kaart had getekend zal nooit worden gereden. Het kan ook zijn dat je het einde van je reis geen heuglijke gebeurtenis vindt, omdat je niet blij bent met wat er daarna op je wacht. En bovenop dit alles heb je ook gewoon een beetje geluk nodig.

Desillusie. Niet iedereen heeft evenveel geluk. Het thema 'falen' is van groot belang voor iedereen die een onzekere tijd tegemoet rijdt. Hoewel het publiek graag een verhaal hoort over een moedige overwinning, weten degenen onder ons die daadwerkelijk op pad zijn geweest dat succes vaak aan een dun draadje hangt. Na het overleven van een rit door de Libische woestijn in 1923 schreef de Egyptische Long Rider Sir Ahmed Mohammed Hassanein:

"Voor de buitenwereld is het werk van een ontdekkingsreiziger een mislukking of een succes, het een of het ander. Voor de ontdekker zelf is die lijn erg wazig. Misschien heeft hij zich een weg erdoorheen geslagen, heeft hij alle informatie verzameld die hij zocht, wanneer een paar kilometer voor het einde van zijn expeditie alle kamelen plotseling sterven. Hij moet het beste deel van zijn gereedschap achterlaten. Water en voedsel hebben voorrang; de dozen met zijn wetenschappelijke instrumenten en de archieven moeten hij achterlaten. Misschien is zijn situatie nog erger en moet hij alles opofferen, zelfs zijn eigen leven. Voor de buitenwereld zou hij als mislukkeling worden beschouwd. Gulle critici noemen het wellicht een glorieus falen, maar desalniettemin hij heeft gefaald. Falen is zeer verwant aan succes! Soms heeft de man die faalt tijdens die lange tochten meer beproevingen doorstaan dan de man die slaagt. De sympathie van een ontdekkingsreiziger is eerder met de man die heeft geworsteld en gefaald, dan met de man die slaagt, want alleen de ontdekkingsreiziger weet, hoe de man die faalde vocht, om de vruchten van zijn werk te behouden."

De definitie van succes. Tegenwoordig wordt er maar al te vaak beweerd dat er geen 'witte vlekken' meer op de kaart staan. Critici beweren ten onrechte dat er geen doel meer is om te verkennen. "Waarom zou je daarheen gaan", zeggen ze, "als je dankzij Google Earth ook naar een afgelegen plek kunt kijken?" Voor degenen onder ons die toch zijn gegaan weten we dat louter de daad van vertrek op zichzelf al een overwinning is. Wat betreft 'falen', dat is een term die maar al te vaak verkeerd wordt begrepen en vaak wordt gebruikt door degenen die achterblijven in hun comfortabele en veilige huis. Veel Long Riders hebben het verleden naar het heden horen roepen. Ze hebben ernaar verlangd zich in onbekende landen te wagen en hun wens te vervullen om dingen uit de eerste hand te zien en te ervaren. Niet al hun dromen en reizen zijn gerealiseerd.

Een veilige afronding. Zoals uit bovenstaande blijkt, is het goed om vooraf na te denken, over hoe je je tocht wilt voltooien. Eindig je alleen op een rustige plek? Dit is vaak het geval bij een route 'ocean-to-ocean' door de Verenigde Staten.

Rijd je een historische route die eindigt op een symbolische plek, een historisch monument of een openbaar gebouw? Geef dan ruim voor de dag van aankomst een goede planning door, zodat overheidsvertegenwoordigers hun agenda vrij kunnen houden. Vergeet ook de pers niet. Op de laatste dag van een lange expeditie ervaren Long Riders een scala aan emoties, waaronder euforie en uitputting. Voorzichtigheid is geboden, als je door de media wordt geïnterviewd. Ten slotte is er altijd de praktische kant van zaken. Met draaiende camera's, fotografen en journalisten om je heen is het voor dieven een uitstekend moment om op de valreep je uitrusting te plunderen.

Onthoud dit Navajo-gebed als je op die laatste dag uit het zadel stapt.

'Moge het mooi zijn voor mij. Moge het mooi zijn achter mij. Moge het mooi zijn boven mij. Moge het mooi zijn rondom mij. In schoonheid is het volbracht."

Hoofdstuk 84 - Afscheid nemen van je paard

Op zo'n lange reis ben je niet de bezitter van je paarden, zij bezitten jou; je lichaam en je ziel.

Een trektocht rijden gaat niet over mooie ronde voltes, een beker winnen of applaus van het publiek. Een trektocht markeert de eenzame vooruitgang van de ziel in de fysieke werkelijkheid van ons tijdelijke bestaan. Deze weg die te paard wordt afgelegd is een metafoor voor het leven.

Al vroeg wordt ons verlangen bedreigd als men ons probeert over te halen om niet te vertrekken. Zelf verteerd door angst is men jaloers op onze vastberadenheid. Ze weten dat ze de moed missen om het te proberen. Dus moeten we luisteren naar verschrikkelijke verhalen over een zekere dood, doet men een beroep op ons verantwoordelijkheidsgevoel en praat men ons een schuldgevoel aan. Zonder te weten of we het gaan overleven, of we zullen falen of slagen, onderdrukken we onze zorgen en vertrekken toch, op weg naar het onbekende. Onderweg komen we onverwachte gevaren tegen. We ondergaan beproevingen, lijden verlies, overwinnen bijgeloof en draken. We worden geconfronteerd met onze angsten en uiteindelijk vinden we onszelf, of niet. Vaak worden we verraden, teleurgesteld en bedrogen door degenen die we vertrouwden, liefhadden en respecteerden. Soms falen we. Af en toe gaan we dood.

Maar de reis heeft net als het leven onverwachte wendingen. Als we slagen zijn we gezegend, verlicht, veranderd van wat we waren in iemand waarvan we alleen zijn aanwezigheid vermoedden.

Tijdens de tocht was het paard een inspirerende leider, een sterke dienaar, vertrouwde gids, dappere reisgenoot en trouwe vriend. Hij deed meer dan ons alleen maar dragen. Hij heeft ons hart betoverd.

Diep binnenin ons schuilt echter een vleugje verdriet. We hebben ons paard beschermd tegen het boze oog. Nu onze reis eindigt is het onze grootste wens hem de twee dingen te bieden die hij het meest verdient; bescherming en vrijheid. In plaats daarvan kijken we toe hoe hij door een vreemde wordt weggeleid met onbekende bestemming. Nadat hij weg is zijn we als een boom met slechts één tak. We blijven achter met het gevoel van amputatie. De afgelopen tijd verbindt jullie twee als de oevers van een grote rivier. Hoewel je elkaar misschien nooit meer zult ontmoeten staan jullie in elkaars geheugen gegrift. Misschien praat hij met je in je dromen.

De band. Eén ding blijft consistent. Keer op keer, op reis na reis, brengen ellende, vermoeidheid en honger, paard en mens steeds dichter bij elkaar. De twee reizigers zijn van een andere diersoort, toch huiveren ze beiden in wind en regen. Ze verdragen gezamenlijk bittere kou en ondraaglijke hitte. Samen lijden ze honger en storten zich verheugd op een maaltijd. Ze worden geconfronteerd met dezelfde gevaren, met dezelfde kansen op succes of vernietiging. Hun band is gebouwd op samenwerken, delen, opofferen en elkaar ondersteunen.

De gids. Deze relatie gaat dieper dan alleen loyaliteit. Een slechte ruiter berekent de waarde van het dier naar zijn efficiëntie. Voor hem is het paard er slechts om de pk's te leveren. Voor velen is het paard de bron van vriendschap en kameraadschap. Enkele Long Riders hebben ervaren dat het paard de verbinding kan zijn met een andere wereld. Hoewel hij niet praat zoals wij, is hij het spirituele centrum van de reis. Het paard heeft vaak de fundamentele identiteit van zijn Long Rider veranderd. Mens en paard smelten samen, een fusie van gevoel en logica. Deze twee helften creëren samen een derde, waardoor er een zeldzaam en volmaakt geheel ontstaat.

Door de ogen van het paard. Het paard vertrouwt op zintuigen die mensen hebben verloren of nooit hebben ontwikkeld. Op het eerste gezicht lijkt hij emotioneel onafhankelijk en leeft het in een wereld zonder misleiding. We kunnen alleen maar raden wat het in zijn hart voelt. Er is niet veel fantasie voor nodig om te merken dat veel paarden dol zijn op reizen. In ruil voor wat hooi, goed voer, vers water en een vriendelijk woord zijn ze een bron van eeuwig optimisme. Ze gedijen het beste bij een zekere mate van vrijheid, zoals blijkt uit het feit dat andere paarden, die gevangen zijn achter de omheining van hun paddock of weiland met je mee rennen en verlangend staren naar het passerende trailpaard dat op avontuur is.

Het paard als nomade. De natuur heeft paarden niet geschapen om ze hun leven lang op te sluiten in krappe stallen, als ratten in een laboratoriumkooi. Ze zijn gemaakt om buiten te leven en te galopperen in de zon. Een trailpaard keert terug naar vroegere tijden. Onderweg moet het trailpaard omgaan met slagregens, stekende beesten en karige maaltijden. Anderzijds is het gezegend met een enorme mate van vrijheid. Het constante bewegen houdt het lichaam fit. Het paard heeft goede eetlust, ontwikkelt het vermogen om overal te slapen, wordt hard, slank, veerkrachtig en vindingrijk. Constante beweging wekt de reislust bij paarden. Net als hun ruiters verwerven ze een groot verlangen naar reizen en zijn ze altijd bereid om aan een nieuwe dag vol avonturen te beginnen.

Als het einde van de reis zijn einde nadert, rijst de vraag: Hoe gaan deze unieke, dappere en nieuwsgierige paarden hiermee om?

Net als hun menselijke reisgenoten is dat afhankelijk van het individu. Sommigen keren tevreden terug naar de weide. Na duizenden kilometers onder begeleiding van de maan te hebben gereisd, hebben veel trailpaarden moeite om zich aan te passen aan een leven in een stal. Zo'n paard is ervan overtuigd dat morgen net zo zal zijn als vandaag, iedere nacht in een ander veld en verder trekken met de opkomst van de zon. Hij kan niet vatten dat de reis ten einde is. Als het paard zou kunnen praten zou het waarschijnlijk zeggen: "Ik heb je goed en loyaal gediend. En ik wil graag doorgaan. Mijn enige spijt is dat ik niet langer nodig ben en dat we niet samen verder kunnen reizen."

Dit is het moment waarop je met respect en rechtvaardigheid moet beslissen over de toekomst van je paard.

Drie emoties. Welke eeuw of welk land ook, alle Long Riders hebben bepaalde dingen gemeen. Hun paarden waren altijd aanwezig en zij boden naast gezelschap ook onvoorwaardelijk vertrouwen. Hun reisgenoten zijn onvermoeibaar en altijd vriendelijk. Hierdoor zijn de Long Rider en zijn paard met elkaar verbonden door gevoelens van vriendschap en de herinnering aan gedeeld gevaar.

Maar al terwijl je nog rijdt, word je bekropen door een zekere angst. Zoals de twee oevers van een rivier, heb je elkaar nog nooit ontmoet. Nu, na alles te hebben overleefd, onthult het lot haar laatste troef. Het bereiken van de bestemming brengt een feit met zich mee waartegen geen hoger beroep mogelijk is. Op dat moment leert de Long Rider, dat een lange trektocht een reis is door drie emoties; Hoop, vertrouwen en spijt.

Het is een verdrietige ontdekking dat het samenzijn met dit ongelooflijke gezelschap nu eindigt.

De verantwoordelijkheid van een Long Rider. Er loopt een morele breuklijn door iedere expeditie; sentiment versus noodzaak.

Hoe weeg je jouw persoonlijke behoeften af tegen die van het paard? Zijn zij partners of slaven? Krachtig of machteloos? Religie en wetenschap zijn het niet vaak eens, maar in dit dilemma zien beiden de noodzaak om rechtvaardig met je paard om te gaan.

De Soefi's spreken van 'zikr', een spirituele staat van zijn voor de ziel en het hart, waarin volgelingen op zoek gaan naar de aanwezigheid van God. Dezelfde zoektocht naar het Goddelijke in zichzelf, gewoon door dagelijks onderweg te zijn, kan worden gezien in de liefde en toewijding van de Long Rider voor zijn paard. Vriendelijkheid, vrijgevigheid, moed en plichtsgetrouwe toewijding, in tegenstelling tot ijdelheid, wreedheid en onzuivere motieven. Zelfs als hij niet religieus is laat een Long Rider zien dat hoewel het paard misschien geen burgerrechten heeft, het toch een goddelijk geschenk is en onze vriendschap en praktische verzorging verdient. Na het samen doorgemaakte lijden kan er geen overwinning zijn als je je paard onwaardig behandelt. Elke Long Rider moet deze morele verplichting met zorg vervullen. Door te staan voor het welzijn van je paard sluit je de tocht met integriteit af. Voor elk lid van het Long Riders' Guild is dit het heilige principe. Het geldt voor elke expeditie met paarden. In alles wat is geschreven in alle boeken die het gilde publiceerde en op de duizenden webpagina's is deze overtuiging onaantastbaar. Het welzijn van het paard staat voorop!

Mogelijkheden bekijken. Er zijn veel beroemde verhalen over vrienden die samen op reis gingen. Ze deelden lief en leed en zo ontstond er een onbreekbare band. Maar soms moet je afscheid nemen. Toen Jason terugkeerde met het 'Golden Fleece' (Griekse mythe - Red.) nam hij afscheid van reisgenoten maar hij verkocht ze niet. Afscheid nemen van een paard is erg, maar afscheid nemen van een paard dat jou vreselijk mist is zo goed als onmogelijk. De vraag rijst, wat doe je met je paard(en) na afloop van je reis?

Het is een Mongools gebruik dat een paard dat de strijd heeft overleefd de rest van zijn leven mag doorbrengen op het gras van de steppe. Misschien heb jij die mogelijkheid niet. Afhankelijk van het land waarin je bent, variëren de mogelijkheden van acceptabel tot gruwelijk.

Paarden scheiden. Als je meerdere paarden hebt moet je beslissen of je ze bij elkaar houdt of apart gaat huisvesten. Paarden kunnen niet praten maar de wetenschap laat zien dat ze wel degelijk diepe vriendschappelijke relaties met mensen kunnen onderhouden, en zeker ook met soortgenoten. Ze hinniken als een lid van de kudde te ver afdwaalt. Ze vormen een sterke band tijdens een lange reis en zijn loyaal aan elkaar. Ze kunnen enorm 'down' worden, als ze worden gescheiden van reisgenoten. Veel Long Riders hebben ervaren dat hun paarden erg aan elkaar hangen en heftige verlatingsangst laten zien.

Vrienden voor het leven. Verschillende Long Riders hebben bevestigd dat de band die hun paarden ontwikkelen zo sterk is, dat ze zich na de reis niet thuisvoelen in een kudde die niet gewend is om te reizen. Jaren na haar reis negeerde Basha O'Reilly's hengst, graaf Pompeii, nog steeds stelselmatig alle andere paarden.

Na 13.000 kilometer door de Verenigde Staten te hebben gereden gaf Lucy Leafs' ruin Igor er ook de voorkeur aan om alleen te wonen. Het scheiden van paarden die lang samen onderweg zijn geweest is een groot probleem.

In de vrije natuur. Het sprookjesachtige einde waarin je een paard zijn vrijheid teruggeeft in een oneindige groene zee van gras is een fantasie. In Europa is er geen ruimte, in Amerika worden jaarlijks grote aantallen wilde paarden gevangen door overheidsinstanties. De gevangen paarden mogen niet worden geslacht, ze brengen jaren door in kleine, overbevolkte paddocks, wachtend op een onzekere toekomst.

Voor altijd. Veel Long Riders hebben wel de mogelijkheid om hun paarden te houden voor de rest van hun leven. De vraag wordt dan, hoe krijg je je paard naar huis?

Transport. Transport naar huis is ingewikkeld en kostbaar. In 2004 reden

Edouard Chautard en Carine Thomas 5.000 kilometer (3.000 mijl) over de Bicentennial National Trail. Om dit te kunnen doen hadden ze in Australië paarden gekocht, die ze na afloop van de reis mee namen naar hun huis in Nieuw-Caledonië. De prijs voor de vliegreis was US $ 5.000,- per paard. Een bank leende hen het bedrag, dat ze in drie jaar mochten aflossen.

Je paard weggeven. Veel Long Rides vinden plaats in verre landen. Aan het einde van zo'n lange reis is de ruiter fysiek en emotioneel uitgeput en meestal ook blut. Om deze redenen besloten sommige ruiters, om hun paarden aan vrienden te schenken. Bijvoorbeeld aan iemand die ze onderweg goed had geholpen, of iemand die veel respect voor de reis had.

Nadat Baron Fukushima zijn reis van Berlijn naar Tokio had voltooid, uitte de keizer van Japan bewondering voor de winterhardheid van de inheemse paarden. Hij garandeerde vervolgens voor hen te zorgen voor de rest van hun leven. Tim Cope, die van Mongolië naar Hongarije reisde, schonk zijn drie paarden aan een Hongaars weeshuis. Daar werden ze gereden en verzorgd door liefhebbende kinderen. Andere Long Riders hebben hun paarden aan iemand gegeven die ze voor werk kan gebruiken in ruil voor levensonderhoud.

Het einde van een reis in het buitenland is voor een Long Rider een tactisch nadeel. De tijd is beperkt en het geld is op. Iedereen wil naar huis. In zulke omstandigheden is niet gemakkelijk om te onderhandelen. Laat je nooit misleiden door mooie praatjes. Vraag goed door als je een mogelijk nieuwe eigenaar spreekt. Inspecteer de stallen zorgvuldig. Vraag indien mogelijk om een schriftelijke overeenkomst waarin staat dat de paarden worden gedoneerd mits aan bepaalde voorwaarden is voldaan. Dit kan inhouden dat de dieren niet worden gescheiden of verkocht zonder eerst de Long Rider op de hoogte te stellen. Regelmatige updates over de gezondheid van de paarden kan ook een voorwaarde zijn.

De harde realiteit. Het komt niet zo vaak voor dat je iemand treft die bereid is de paarden een thuis voor het leven te geven. Soms ontstaan tijdens de reis onvoorziene verwondingen die het paard verhinderen door te gaan. Een dergelijk ongeluk dwong Tim Cope om een thuis te vinden voor zijn eerste pakpaard.

Inmenging van de overheid is een andere reden tot bezorgdheid. Nadat de Engelse Long Rider Donald Brown zijn rit van de poolcirkel naar Kopenhagen in 1953 had voltooid, stuitte hij op onoverkomelijke bureaucratische obstakels. Hij was vooral ontdaan over het verlies van zijn opmerkelijke merrie Pilkis, die vanwege het gebrek aan de juiste papieren niet naar Engeland kon worden verscheept.

Geldgebrek heeft menig Long Rider ertoe gedwongen zijn paard te verkopen. Na het afronden van een slopende rit door de woestijnen en over bergen van het Amerikaanse Westen in 2013, besefte Clay Marshall dat hij zijn paarden niet kon houden.

"Helaas kon ik na mijn terugkeer in de bewoonde wereld mijn paarden niet onderhouden. Mijn vrouw en ik woonden in de stad. We hadden geen schuur, weiland of land en onvoldoende tijd en het geld om de paarden de zorg en aandacht te geven die ze nodig hadden. Zelfs als ik het me had kunnen veroorloven, zou ik niet willen dat mijn paarden hun dagen in een stal zouden moeten doorbrengen."

Het doel is om de reis te beëindigen met een trots hart en een gelukkig paard. In elk van deze gevallen vond de Long Rider een geschikt huis voor de dieren. Omdat ze soms werden gedwongen hun paarden te verkopen, liet de beslissing littekens achter op hun ziel. Helaas bestaan er ook individuen die er geen moeite mee hebben om hun paarden een wrede toekomst in te sturen.

Zo gewonnen zo geronnen. Er zijn vele soorten zonden. De Bijbel waarschuwt tegen de zeven hoofdzonden; woede, hebzucht, luiheid, trots, lust, afgunst en vraatzucht. Wat ook in dit rijtje thuishoort is het doelbewust afgeven van je paard aan een wreed persoon. Het kan zijn dat je geen andere keuze hebt dan je paard verkopen maar dat is geen excuus om niet na te hoeven denken over zijn welzijn in de toekomst. Dit is zo vanzelfsprekend dat verdere uitleg niet nodig zou moeten zijn. En toch zijn er individuen die niet begrijpen dat de zorg voor je paard niet stopt op het moment dat je afstapt. Er zijn gevallen bekend dat een Long Rider de reis veranderde in een publiciteitsstunt waarbij ego en toegejuicht worden door het publiek belangrijker was dan de paard-mens relatie. Een trektocht kan niet worden omgevormd tot een product! Het is geen pot met jam of een wetenschappelijk onderzoeksrapport. De kern is een gezamenlijke reis die wordt afgelegd door twee emotionele wezens, namelijk een Long Rider en zijn paard.

Ik spreek met grote overtuiging, omdat ik gedwongen ben om afstand te doen van een paard waarvan ik hield. Ik heb van die pijnlijke ervaring geleerd dat het niet de kilometers zijn die ertoe doen. Geen kilometer kan de pijn in je hart verzachten wanneer je een paardenvriend moet achterlaten. En als jij, net als ik, de toekomst tegemoet rijdt over de lange eindeloze wegen, dan kun ook jij gedwongen worden om je geliefde paard achter te laten.

Geen Long Rider kan een paard achterlaten zonder diep verdriet te voelen. Long Riders schreven over hun diepe emotionele band met hun paarden en een van de zwaarste taken die ze onderweg kunnen tegenkomen is het moeten achterlaten van hun dappere paard.

Verkopen. Er is een oud gezegde onder Long Riders: "Paarden zijn niet 'in' ons leven, ze 'zíjn' ons leven.'

Dit gezegde is gebaseerd op het feit dat je paard je verder heeft gedragen dan je voor mogelijk hield. Hij is je vertrouwde bondgenoot op onbekend terrein geweest. Je hebt samen een leven opgebouwd. Je hebt zijn zachte adem op je gezicht gevoeld. Hoe kun je zo'n dier verkopen? Maar de harde realiteit kan je dwingen om dit te doen.

Normaal gesproken worden conformatie, training en prestaties zo voordelig mogelijk voorgesteld in een advertentie. Meestal is er geen haast bij geboden. Dit is anders aan het einde van ccn Long Ride. Daarom dien je op je hoede te zijn voor financieel en emotioneel misbruik van zo'n situatie.

Denk niet dat het voltooien van een lange reis als opmerkelijke prestatie van je paard wordt gezien. Sluwe kopers zullen de overduidelijk goede conditie en gezondheid van het dier negeren. Ze vertellen je dat het paard door de reis is verzwakt. Verwacht niet hetzelfde bedrag als wat je bij aanschaf hebt betaald. Iedereen weet dat paardenhandelaren winst maken. De meerderheid van de Long Riders moet een financieel verlies accepteren. Je kunt je paard ook houden in de hoop op een betere prijs op een later tijdstip maar dat is een groot risico.

Een ander probleem waar je in het buitenland mee te maken kunt krijgen, is dat potentiële kopers geen echte valuta hebben. Het eerste deel van de reis van Tim Cope voerde door Mongolië. Het is wettelijk niet toegestaan om paarden mee het land uit te nemen. Tot Tim's verbazing was zijn idee om de paarden te verkopen aan lokale nomadische herders om een onverwachte reden ingewikkeld: "Ik had haast maar nomaden nemen dergelijke beslissingen zeer zorgvuldig. Slechts weinigen hebben meer paarden nodig. Het ergste van alles was dat ik geen herders kon vinden die contant geld hadden. De meesten waren bereid om te ruilen voor een ander paard, een schaap, een jak of misschien een zadel met stijgbeugels."

Als gevolg daarvan verloor Tim tenminste 50 procent van de waarde van zijn paarden toen hij ze uiteindelijk verkocht.

Als het zover is, schrijf dan in ieder geval een 'ontvangstbewijs' voor elk paard. Vermeld naast de prijs ook fysieke gegevens zoals leeftijd, geslacht, kleur, aftekeningen en de gezondheidstoestand. Dit om je te beschermen tegen 'wroeging van de koper', als deze het paard wil teruggeven en zijn geld terugvordert. Vermeld ook of de aankoopprijs contant, per cheque of door middel van een ruil is. Zorg ervoor dat de koper, de verkoper en een getuige dit document met een datum en handtekening ondertekenen. Een voorbeeld van een 'Long Rider International Equine Bill of Sale' is in dit boek opgenomen.

Wees waakzaam. De oude Latijnse uitdrukking '*Caveat Emptor*' vertaalt zich als 'Koper, wees op je hoede'. Het wordt meestal gebruikt om de koper erop te wijzen dat deze vaak niet op de hoogte is van alle relevante feiten.

Long Riders moeten in plaats daarvan de uitdrukking '*Caveat Auctor*' onthouden, wat betekent 'Verkoper wees waakzaam'. Wees waakzaam met betrekking tot je eigen rechten en het leven van je paard.

Paardenvlees. Alvorens op reis te gaan, loont het om uit te zoeken of de inwoners van dat land paarden eten of als vlees exporteren. Dan maak je bij het verkopen van je paard waarschijnlijk andere afwegingen. Mongolië en

Kazachstan zijn beide bekend om hun paardenvlees consumptie. Tim Cope was zich vreselijk bewust van deze culturele gewoonten. In het verleden beoordeelde men een paard naar zijn prestaties, maar Tim merkte dat de tijden zijn veranderd. In plaats van oog te hebben voor hoe sterk of mooi het paard was, waren moderne Kazachs slechts geïnteresseerd in de hoeveelheid vet en vlees op het dier. Hij maakte zich geen illusies over het lot van de paarden die hij moest achterlaten. Hij adviseert Long Riders die in Kazachstan rijden om hun paarden niet in een dorp te verkopen, omdat ze dan hoogstwaarschijnlijk als vlees zullen eindigen. Dit geldt met name in de provincie Bayan Olgiy. Hij adviseert om een nomadische herder te zoeken om de paarden aan te verkopen.

Bonnie Folkins, die ook in Kazachstan heeft gereden, bood nog een waardevol inzicht. Hoewel het idee om de paarden te doneren misschien nobel lijkt, raadt ze dit ten zeerste af. "De mentaliteit is helemaal anders," waarschuwde ze, "mensen in Kazachstan zullen dat soort filantropie niet begrijpen. Ze zullen denken dat je dwaas bent voor het weggeven van dure paarden en zullen je daarom niet met respect behandelen. Het wordt zelfs verdacht gevonden als je dit doet. Paarden die als cadeau worden geschonken worden niet goed behandeld en zo snel mogelijk doorverkocht." Bonnie adviseert: "Als je goede paarden hebt vraag je een redelijke vergoeding. Handelaren met een goede naam en boeren zullen ze vriendelijk behandelen. Iedereen die een investering doet zal bereid zijn zich in te zetten om de paarden in goede gezondheid te houden."

Wreedheid. Denk niet dat andere landen dezelfde waarden delen als wij in Nederland. Veel Long Riders hebben ervaren hoe wreed mensen met paarden omgaan, simpelweg omdat ze een andere visie hebben op het begrip welzijn. Als Long Riders heb je geen andere keuze dan erkennen dat er bepaalde landen zijn die brute gewoontes hebben.

De laatste optie. Er zijn Long Riders geweest die ervoor kozen om hun paarden te beschermen tegen wreedheden door ze in te laten slapen. Het idee om een gezond paard af te maken is voor velen schokkend en weerzinwekkend.

Maar denk eens na, als je geen veilig tehuis voor je paard kunt vinden, waar je zeker weet dat hij genoeg te eten krijgt en niet mishandeld wordt, dan is afmaken eerlijker dan de andere kant op kijken. Laat je paard zijn waardigheid behouden. Een kogel is minder erg dan jaren van honger en marteling. Een dodelijke injectie verdient de voorkeur boven een eindeloos lang leven van pijn, honger en ellende. Euthanasie is beter dan een kookpot.

De toekomst van je paard hangt af van jouw beslissingen. Geloof de mooie woorden en valse beloften niet. Als je in je hart twijfels hebt over de oprechtheid van de ander, luister dan naar je onderbuikgevoel. Laat je paard onder geen enkele voorwaarde in wrede handen vallen.

Afscheid nemen. Het leven bestaat uit geven en nemen. Je herinnert je wat je samen hebt doorgemaakt. En dan is de laatste dag aangebroken. De vriend die je

350

leven heeft veranderd, vertrekt. Je kunt niet geloven dat dit moment werkelijk is aangebroken. Het leven zal nooit meer hetzelfde zijn. Menig Long Rider heeft moeite om uit te drukken wat niet in woorden te vatten is. Hij stond daar helemaal alleen in en voelde zich eenzaam en onzeker over hoe nu verder.

Verdriet. Hoe neem je afscheid van je trouwste reisgenoot. Hoe ga je om met de wervelstorm van angst en verdriet binnenin je? Het is moeilijk om de diepte van het hartzeer te begrijpen dat een Long Rider in deze situatie ervaart. Velen spreken van een gevoel van verlies en schuld.

In het leven van een Long Rider is er niets dat een paardenvriend kan vervangen. Je bent voor altijd aan je paarden gebonden door de gemeenschappelijke ervaringen en herinneringen. Het is een vriendschap die langer duurt dan de hele reis. Tijd noch afstand doen deze band vervagen. Het is iets dat niemand kan verklaren, maar dat elke Long Rider heeft gevoeld.

Hoofdstuk 85 - Wie je bent geworden

Aan het einde van de reis is alles om je heen hetzelfde en toch is alles anders. Je vertrok als een verlegen kind. De seizoenen en verschillende fasen van de trip hebben je veranderd. Je zit aan tafel tussen oude bekenden, hoewel je fysiek terug bent, ben je niet langer één van hen. Er is een afstand in je ogen. Je hoort ze tegen je praten, je bij dezelfde naam noemen als toen je wegging. Maar ze kennen je niet meer. De reis daagde je uit, brak je, beloonde je, bevrijdde je, vernieuwde je en wiste je oude ik uit.

Als je in de spiegel kijkt vraag je je af; wat maakt een mens tot wie hij is? Wie of wat is de ziel? Ik ben mezelf niet meer, concludeer je. Ik ben niet meer wie ik was. Een vreemdeling is teruggekeerd en draagt mijn naam.

Reizen te paard is sec gezien een eenvoudige manier van transport. Maar zoals de geschiedenis herhaaldelijk heeft aangetoond is een Long Ride veel complexer dan dat. Long Riders weigeren onderdeel uit te maken van de grote massa. In plaats daarvan stellen ze hun eigen normen en handhaven ze hun eigen individuele idealen. Telkens weer laten ze zien dat het niet gaat om genoegen nemen met wie je bent. Het gaat erom te geloven in wie je kunt worden.

Wat de Long Riders in dit boek vertegenwoordigen is hoop. Hoop dat we allemaal iets speciaals kunnen doen met ons leven; hoop dat we verschil kunnen maken; hoop dat we opwinding kunnen vinden in deze voorspelbare maatschappij. Uiteindelijk zullen de golven van de tijd al deze levens en herinneringen aan vele reizen wegspoelen. Maar voor degenen die deze reizen maakten, maakt dat niet uit, omdat ze tijdens hun eigen bestaan machtige inspanning hebben geleverd en zichzelf hebben gezuiverd. Mary Bosanquet begreep dat. Ze sprak voor alle Long Riders toen ze schreef: "Wat er ook zal komen, ik zal één ding hebben gedaan waarvoor ik God dank. Ik heb een heel belangrijke dag meegemaakt. Een dag die zei: leef zolang je kunt en sterf wanneer je moet; neem alles zoals het komt en geef alles wat je in je hebt; wees niet bevreesd en verspil niets, leef intens zolang je er bent."

De tocht. Hoewel Long Riders in een redelijk rechte lijn naar hun verre doel reizen, markeert de tocht een keerpunt in hun leven. Het is de scherpste bocht die velen van hen ooit zullen tegenkomen. Zo'n reis heeft twee niveaus, uiterlijk en innerlijk. De eerste is het concrete einddoel. Het innerlijke niveau is de verbinding met het eeuwige bestaan. Reizen is een vorm van kunst, niet alleen van het vastmaken van de singel en het leggen van een dubbele diammant knoop (double diamond hitch), maar ook met betrekking tot wat je ziet en ervaart. Wijze Long Riders begrijpen dat een reis kan worden ervaren met je zintuigen, maar nooit volledig kan worden verklaard door woorden. Er ontstaat eenheid in de zichtbare en onzichtbare wereld.

De lange uren in het zadel omhullen de ruiter in stilte, luisterend, herinnerend en, hopelijk, begrijpend. Hoewel de ruiter meestal alleen rijdt, beseft hij dat hij verbonden is met al degenen die in vorige eeuwen hebben gereden. Een expeditie gaat tegenwoordig niet meer over het planten van vlaggen en het veroveren van land. Het is een recht van alle generaties om te verlangen naar zingeving, een plicht voor ieder om dit verlangen te bevredigen. In ieder hart kan een vlammetje aangestoken worden maar het kan niet branden temidden van verwarring. De vreugde van het rijden in vrijheid heeft op verschillende mensen verschillende effecten. Zelfrealisatie, je roeping durven volgen, is er één van.

Keuzes. Weinig Long Riders realiseren zich dat er emotionele gevolgen verbonden kunnen zijn aan hun terugkeer. Voorafgaand aan het vertrek waren ze vooral bezig om hun dromen te beschermen tegen de achterblijvende critici. Er was geen tijd om na te denken over de toekomst na thuiskomst. Het is nooit gemakkelijk om weg te rijden van de mentaliteit van de kudde. De dichter E. Cummings waarschuwde:

"Om niemand anders te zijn dan jezelf, in een wereld die zijn best doet, dag en nacht, om jou te maken zoals iedereen, is de moeilijkste strijd die iemand kan leveren, het gevecht zal nooit stoppen."

Maar het daadwerkelijke vertrek is meer dan het begin van een lange tocht naar een ver oord. Het is een statement dat de Long Rider reageert op het verlangen om op een andere manier te leven dan die hem werd voorgeschreven bij zijn geboorte, door ouders, cultuur, religie, sekse, politiek en economie. Zelfs voordat hij opstijgt zijn de ogen van de Long Rider al open gegaan. Hij beseft dat hij voor een keuze staat tussen samenwerken of weerstand bieden. Moet hij luisteren naar degenen die hem adviseren veiligheid en stabiliteit te zoeken? Volgt hij de kudde en richt hij zijn energie op het opbouwen van een comfortabel leven?

Nee, Long Riders besluiten om het anders te doen. Ze reageren op een gevoel dat diep in hun DNA verankerd is en wat hen aanspoort om een onvoorspelbare toekomst tegemoet te gaan. Ze weten instinctief dat op een planeet waar zo goed als elke plaats al is onderzocht, de oplossing van het laatste grote mysterie moet worden gezocht in hun eigen ziel.

Die vrijheid is het waard om zo nu en dan af te zien. Long Riders zijn moderne pelgrims te paard. Ze hebben zichzelf een doel gesteld dat ver buiten bereik lijkt. Ze zijn vaak bang voordat ze vertrekken, omdat ze op vele niveaus letterlijk het onbekende tegemoet rijden. Maar ze hebben besloten de prijs te betalen om het verlangen van hun ziel te volgen.

Doorzettingsvermogen. Velen dromen van een lange trektocht te paard. Slechts weinigen vinden ooit de moed om daadwerkelijk gehoor te geven aan deze droom. Wanneer je dat wel doet duurt het niet lang voordat het romantische plaatje meedogenloos wordt doorgekrast. Blijft over de harde, kale werkelijkheid. Een groot aantal fysieke en emotionele uitdagingen zal je dwingen om de grenzen van je kunnen op te rekken. Je leert afzien en emotionele pijn verdragen. Tegenspoed leert je wat doorzettingsvermogen is. Het overwinnen van ziekte geeft je vertrouwen. Honger maakt je vastberaden. Het onbekende onder ogen zien geeft je moed.

Long Riders hebben geen magische krachten. Ze worden niet geboren met speciaal talent dat hen in staat stelt om zulke moeilijke reizen te ondernemen. Wanneer ze uitgedaagd worden, verzetten ze zich en zoeken een oplossing. Ook zij moeten onzekerheid overwinnen en in zichzelf zoeken naar motivatie om door te gaan. Onderweg groeien hun moed en nieuwsgierigheid. Hoe dieper ze in zichzelf graven, hoe sterker het verlangen wordt om de reis te voltooien, wat er ook gebeurt. Een groeiend gevoel van individualiteit voedt het verlangen naar zingeving.

Wat is belangrijk. Lao Tzu, de Chinese filosoof die te boek staat als de stichter van het taoïsme zei: "Hoe verder men reist, hoe minder men weet."

Wijsheid wordt niet automatisch verkregen door zelfopoffering. Ongemak is geen garantie voor kennis. Menig dwaas heeft 10.000 snelle kilometers gereden en is net zo onwetend thuisgekomen als de dag dat hij vertrok. Verrassend is dat, ongeacht waar ze reizen, Long Riders vaak inzichten opdoen die verrassend veel gemeen hebben. Roger Pocock sprak voor velen toen hij zei dat een lange trektocht te paard hem meer energie en kracht gaf en een groter gevoel van welzijn en alertheid. Velen hebben gemeld hoe weinig materiële bezittingen men nodig heeft om gelukkig te zijn. De grimmige realiteit van het leven in het zadel heeft de waarde van eenvoud aangetoond. Eten, onderdak en vrienden blijven het meest belangrijk, het hebben van 'dingen' worden minder belangrijk. Ze hebben de waarheid ontdekt van het gezegde: "Hoe meer je weet, hoe minder je nodig hebt."

Na het overwinnen van behoorlijk wat ellende leren Long Riders, om dankbaar te zijn voor gisteren, vandaag te leven en hoopvol te blijven voor morgen. Ze accepteren geluk en pech en hebben geleerd om door te gaan onder alle weersomstandigheden. Constante blootstelling aan de elementen heeft hen geleerd de seizoenen te respecteren en daarnaar te leven. In tegenstelling tot andere disciplines in de paardensport, waar het paard juist de scheiding vormt tussen publiek en sporter, is het paard een verbindende factor onderweg. Zijn aanwezigheid maakt ontmoetingen gemakkelijker en verrijkt onderweg talloze levens.

Levenslessen. Ik heb veel tijd doorgebracht met een aantal van de grootste Long Riders. De eerste ontmoeting deed ik altijd alleen. De reden hiervan is, omdat ze een intense uitstraling hebben, een waardige houding van een klasse apart. Er is altijd een soort afstand in hun ogen. Wanneer zij spreken, zwijg je en luister je. Het zijn rusteloze zielen die wachten om te vertrekken bij zonsopgang. Elke bijeenkomst galmt nog na in mijn geheugen. Het pad dat ze kozen was complex en vaak verborgen. Ze hebben ervoor gekozen om hun eerdere levens achter te laten.

Wedstrijdruiters zoeken naar de ultieme controle, een robotachtige perfectie, aanbidding van het ego, geld en applaus. De overgrote meerderheid van de zogenaamde 'ontdekkingsreizigers' zijn publiciteitsgeile avonturiers die op zoek zijn naar spanning en erkenning.

Long Riders horen nergens in thuis. Ze staken rivieren over en reden over bergpassen om zichzelf te leren kennen. De Amerikaanse Long Rider Andi Mills deed gedenkwaardige persoonlijke ontdekkingen in 2007. Ze schreef: "De eerste duizend mijl (1600 km) leerde ik dat de bestemming lang niet zo belangrijk is als de reis er naartoe. Ik leerde het genuanceerde verschil tussen 'behoefte' en 'wens'. Ik leerde niet alleen moeilijkheden te verdragen en te overwinnen, maar ze ook echt te omarmen en dankbaar te zijn voor de waardevolle lessen. Ik heb geleerd tevreden te zijn onder alle omstandigheden, ongeacht wat ze op dat moment zijn. En het belangrijkste, ik heb geleerd dat diepe tevredenheid een keuze is. Tegen de tijd dat mijn reis ten einde was, had ik geen illusies meer over mezelf. Ik wist precies wie ik was en vooral ook wie ik niet was. Hoeveel mensen leven en sterven, zonder die simpele waarheid te kennen?"

Perspectief. In het begin van zo goed als iedere lange trektocht is de meest overweldigende emotie 'angst en zorgen'. Iedereen die een grote afstand aflegt en gevaren overleeft, zal terugkeren met verhalen die de moeite van het vertellen waard zijn. Een reis is nu eenmaal een periode waarin alles anders is dan normaal en waar je kennismaakt met nieuwe dingen. Uniek is wanneer de reiziger bemerkt dat hij ook in zijn persoonlijkheid is veranderd, dat zijn emotionele kompas opnieuw is afgestemd. "Het is een zeldzame vis die weet dat hij in water zwemt", luidt een oud gezegde.

Veel Long Riders hebben dit wel begrepen. Ze beseffen maar al te goed dat ze zijn verrijkt met nieuwe principes. Ze begrijpen dat ze niet aan hun eerdere problemen zijn ontsnapt, maar dat ze nu beter in staat zijn een en ander in perspectief te plaatsen. Beetje bij beetje zinkt het effect van de reis diep in je ziel in, waar het een indruk achterlaat die al het andere overschaduwt. Je hebt dingen over jezelf geleerd die je op geen enkele andere manier had kunnen leren.

Een belangrijke les is de noodzaak om een evenwicht te vinden tussen de realiteit van alledag en innerlijke rust. Miljoenen toeristen vertrekken jaarlijks op vakantie. Slechts enkelen komen wijzer terug van deze paar weken. Hun doel was om feest te vieren en bruin te worden, niet om hun lot in eigen hand te nemen. Een Long Ride zal je veranderen. Hoe ouder we worden, hoe sterker en duidelijker dit zichtbaar zal zijn.

Het leven is maar kort. We zijn hier maar een moment. Waar we vandaan komen en waar we naar terugkeren blijft een mysterie. Vanuit het perspectief van het universum zijn we slechts hier gedurende een twinkeling. Maar we zijn bewust, wakker, levend, en in staat om geweldige dingen met ons leven te doen. De meeste zijn tevreden met een leven als iemands kind, broer of zus, partner, tante, oom of vriend. Mensen willen geassocieerd worden met een sportteam, omdat het hen identificeert als leden van een lokale of nationale kudde. Ze zoeken vrienden op Facebook, omdat het hen een collectieve identiteit geeft. Ze gebruiken anderen om zichzelf te definiëren, omdat ze de moed niet hebben om alleen te staan. Het mysterie van het bestaan is voor hen net zo zichtbaar als voor iedereen, ze geven er de voorkeur aan om er niet over na te denken. Het is altijd zomer. Tijd is eeuwig. Ze leven hun leven alsof ze uitzonderingen zijn op het einde dat ons allemaal wacht.

Als je je eigen leven beziet en je neemt daarin je paarden mee, vraag jezelf dan af of wat je doet weerspiegelt wie je bent en wat je symboliseert. Is het winnen van een oranje lint, omdat je paard een bepaalde beweging kan maken of over geverfde stokken kan springen, jouw erfenis?

Expedities hebben altijd meer gesymboliseerd dan alleen een tocht door een gebied. Het is de beweging van onze ziel op zoek naar antwoorden. Van Ulysses tot Tschiffely, enkele dappere zielen zijn op zoek gegaan naar meer dan alleen maar een bestemming. Wat ze zochten is een betekenis voor mysteries. Wat we doen weerspiegelt wie we zijn. Het ondernemen van een tocht gaat over veel meer dan het bereiken van de kust of een bepaalde stad. Het water kan je voortgang stoppen, maar op een ondefinieerbare manier kun je nooit meer worden gestopt, omdat je niet langer de persoon bent die je ooit was.

Vrede. In puur fysieke zin bewijst een voltooide Long Ride dat de ruiter dapper en moedig is en over doorzettingsvermogen beschikt. Hij is geconfronteerd met uitdagingen en heeft deze overwonnen. Hij hoeft voor niemand meer iets te bewijzen. Hij heeft de test doorstaan. Als gevolg hiervan is de Long Rider niet alleen veilig teruggekeerd, maar ook versterkt met een formidabele geesteskracht. Hij heeft de kilometers gereden, ja. Maar bovendien is zijn verlangen vervuld, zijn dorst voldaan. Nadat hij door de onbekende gebieden in zijn ziel heeft gereisd, heeft hij troost, rust, vrijheid en duidelijkheid gevonden. Net als de legendarische Aimé Tschiffely vertrok menig Long Rider als een onbeduidend persoon. Onderweg vond de reiziger zelfrespect, moed, geduld en veerkracht. Hij leerde zich niet druk te maken over de dag van morgen vanwege wat hij gisteren overleefde.

Voor velen is het rusteloze gevoel vervangen door een gevoel van sereniteit. Long Rider Samuel Butler verkende Nieuw-Zeeland in 1862. Hij beschreef dit gevoel van sereniteit als volgt: "Er kwam een heerlijk vredig gevoel over mij, volledige tevredenheid waarvan ik niet geloof dat die kan worden gevoeld wanneer je geen dagen achtereen hebt doorgebracht in het zadel van je paard."

Anderen vertelden hoe een langdurig verlangen naar iets werd vervangen door een gevoel van thuiskomen. Ella Maillart herinnerde zich hoe ze in 1935 met Peter Fleming van Peking naar Srinagar reed: "Het was een reis waarbij niets gebeurde, maar dit niets zal me de rest van mijn leven tevreden stellen."

Sommigen bereiken een sereniteit van de geest wanneer ze begrijpen dat ze zichzelf hebben gevonden en vriendschap sluiten met zichzelf. In al deze gevallen, en nog veel meer, heeft een verlichting de reiziger op een diep niveau veranderd. Een simpele tocht heeft hen in contact gebracht met hogere waarheden. Onderweg hebben ze een mysterieus wezen ontmoet; zichzelf.

Hoofdstuk 86 - Tussen twee werelden

De droom. Het leven is niet zoals in films. Niemand galoppeert zonder zadel in vrijheid de horizon tegemoet om nog lang en gelukkig te leven. De thuiskomst van een Long Rider brengt voor hem een emotionele uitdaging met zich mee. Hoe langer hij in het zadel heeft doorgebracht, hoe moeilijker het voor hem zal zijn om zich weer aan te passen aan de dagelijkse routine.

Om te begrijpen wat er verloren is gegaan, moet je waarderen wat je hebt ontdekt. De Long Rider beweegt met de stroming mee in een wereld waar de beperkingen van de moderne tijd niet aanwezig zijn. In deze wereld krijgt hij de vreselijke dingen die in de wereld gebeuren niet mee. Vervelende kritieken vervagen. Het pad van de zon krijgt een nieuwe betekenis. Werk, hypotheek en rekeningen bepalen niet langer het dagelijks bestaan. Naarmate de reis vordert, wordt het gevoel van vrijheid overweldigend. Hij verlangt ernaar het einde van deze periode uit te stellen.

"Thuis". Er komt een tijd, vooral onder reizigers die dit voor het eerst doen, dat de stille boodschap voor het eerst echt aankomt, uitgestraald door een onzichtbare invloed. Het verlangen naar een thuis dringt zich op. Een expeditie te paard is zowel fysiek als emotioneel zwaar. Alleen, bij het vuur, vraagt een Long Rider zich af hoe zijn vrienden thuis de avond doorbrengen. Hij vraagt zich af of zijn familie zich zorgen over hem maakt. In het begin is er voldoende afleiding maar naarmate de kilometerstand oploopt en de problemen zich opstapelen, ontwikkelt zich een verlangen om herenigd te worden met geliefden. Om samen te zijn met vrienden, te genieten van een heerlijke maaltijd, comfortabel te slapen en om te stoppen met altijd maar verder gaan. Als deze gedachten ruimte krijgen om te groeien, zal de balans uiteindelijk doorslaan. De Long Rider wordt overweldigd door eenzaamheid en wil naar huis.

Drie fasen. Een Long Rider doorloopt tijdens zijn reis drie fasen; ontmoediging, gevaar en uiteindelijk desoriëntatie. In het eerste deel van dit boek komt aan de orde dat je eerst weerstand moet overwinnen van mensen die je reis niet zien zitten. Dit is altijd al zo geweest. Thuisblijvers kunnen vele redenen opnoemen waarom je beter in een veilige omgeving kunt blijven in plaats van bewust het gevaar op te zoeken. Marco Polo kreeg ongetwijfeld te horen dat hij zijn expeditie naar het verre Cathay niet zou overleven. In de eerste fase ben je bezig met moed verzamelen om deze ontmoediging te negeren.

Het overgrote deel van dit boek is gewijd aan alle verschillende soorten gevaar waarmee je onderweg geconfronteerd kunt worden. Het overwinnen van al deze uitdagingen is fase twee. En als je lang genoeg onderweg bent sta je uiteindelijk op een eenzame plek in de samenleving. Met deze derde fase krijg je te maken op het moment dat je weer naar huis terugkeert. Het gevoel van desoriëntatie.

Thuiskomen. De eerste tijd ben je bezig met genieten van de luxe van het moderne leven. Je ziet nog geen problemen. Na maanden of jaren in het zadel te hebben doorgebracht, van zonsopgang tot zonsondergang te hebben gereden en veel ongemak te hebben ervaren waardeer je het comfort van het leven. Ah, die eerste nacht terug. Echt eten, een warm bad, vrolijke gezichten, geen zorgen over je paarden en een zacht bed. Maar na de champagne komt de kater, de desillusie. Het is niet alleen de chronische ontevredenheid van de samenleving waar je op afknapt, je bent zo gewend geraakt aan slapen op de grond dat een bed vreemd en onnatuurlijk aanvoelt. Zoals alles.

Leven zonder je paarden. Een groot gemis is het leven zonder 24/7 bij je paarden te zijn. Het moderne leven is gebouwd op fragiele relaties tussen familie, liefde, huwelijk, werk en vriendschappen. Elk van deze relaties kan zomaar stuk gaan. Hoe anders was onderweg de relatie tussen jou en je paarden. Het paard vormt de kern van je tocht, zijn emotionele betrokkenheid maakt hem een boeiende en betrouwbare vriend. Hoe verkeerd de dingen soms ook gingen, je paard was erbij. Het is buitengewoon moeilijk om te gaan met het verlies van deze partner. Jij en je paard hebben een relatie gevormd die nu, in ieder geval deels, is verbroken. Dit verklaart waarom veel Long Riders dromen over hun paarden en steeds denken dat ze hen horen grazen. Anderen geven aan dat ze het geluid van grazende paarden bij het wakker worden enorm missen. De overgang van een leven vol paardengeluiden en -geuren naar een stil huis in een woonwijk is groot. Een Long Rider vertelde dat het twee maanden duurde voordat ze niet meer ieder moment in tranen uitbarstte bij de gedachte aan het paard dat ze in een ver land moest achterlaten.

Leven met minder. Een van de eerste dingen die je opvalt wanneer je je zadeltassen uitpakt, is hoeveel spullen mensen om zich heen verzamelen. Na zo lang met niets geleefd te hebben, heeft de terugkeer naar een wereld van obscene overvloedigheid een schokkend effect. Op de vraag wat ze het meest misten, antwoordden veel Long Riders dat ze blij waren geweest met het weinige dat ze hadden.

Omgekeerde cultuurschok. Na de 'turbulente terugkeer', zoals een Long Rider het omschreef, komt de omgekeerde cultuurshock. Long Riders melden verschillende negatieve emoties bij thuiskomst. Nadat ze buiten hebben geleefd voelen huizen te warm, te droog, te benauwd en claustrofobisch aan. Plotseling is er lawaai en zijn er bergen met voedsel waar ze geen raad mee weten. Er wordt een groot beroep gedaan op het emotionele aanpassingsvermogen. Vaak ontstaan er gevoelens van persoonlijke schuld, diepe teleurstelling of wrok over de excessen van onze consumentgerichte samenleving. Veel Long Riders kunnen niet meer achter hun vroegere levensstijl, waarden en overtuigingen staan.

Gebrek aan begrip. Het is vrij normaal dat een Long Rider het gevoel heeft iets belangrijks te hebben bereikt. Hij is op bescheiden wijze trots op zijn prestatie. Velen geven aan dat ze hun ware identiteit hebben ontdekt. Dit is een heuglijk feit en tegelijkertijd roept het vaak een gevoel van vervreemding op.

Het is een harde les om te ontdekken dat er van het thuisfront geen begrip of zelfs maar sympathie komt. Hoewel ze dezelfde naam dragen is de Long Rider emotioneel vaak zo veranderd dat zijn familie en vrienden hem nauwelijks nog herkennen. Al snel beseft de reiziger dat hij niet langer past in zijn oude wereld; hij heeft het leven op de kop gezet door duizenden kilometers te rijden en komt erachter dat het leven thuis al die tijd gewoon is doorgegaan. Dezelfde mensen zitten op dezelfde barkrukken, praten over dezelfde dingen, volgens dezelfde voorspelbare routines. Het duurt niet lang voordat een Long Rider ontdekt dat een gesprek met oude vrienden vaak teleurstellend en saai is.

Onderweg toonden volslagen vreemden vaak een gênante interesse in je doen en laten, thuis is er een schokkend gebrek aan nieuwsgierigheid naar je avonturen. De meeste mensen zullen een minuut beleefd aandacht aan je verhaal besteden, daarna volgt een lange lijst met standaard reacties. Eerst vragen ze of je paardenvakantie leuk was, direct daarna volgt de vraag wat je nu gaat doen en wat voor werk je gaat zoeken.

Een Long Rider vertelde: "Mensen zijn over het algemeen niet geïnteresseerd in het horen van je ervaringen. Ze kunnen zich er niet mee identificeren. Ze zijn te druk om vragen te stellen, omdat het niets met hen zelf te maken heeft. Je wilt daar echt niet heen, omdat je weet dat ze het toch niet zullen begrijpen. De enigen die het begrijpen zijn andere Long Riders en degenen die een tocht aan het voorbereiden zijn."

Afkeer. Veel mensen voelen zich in gezelschap van een Long Rider ongemakkelijk en opgelaten. Wee degene die over onzichtbare grenzen stapt en de taboes van de samenleving doorbreekt.

Het merendeel van de mensen offeren hun dromen op in ruil voor financiële zekerheid. Sommigen stoppen zelfs met hopen, omdat ze verlamd zijn van angst. Anderen lopen bij toeval in de val. Ongeacht wat de reden is voor het niet in vervulling laten gaan van dromen, deze mensen kijken met pijn in hun hart terug op wat hun leven had kunnen zijn en niet is geworden. Wanneer ze de verhalen horen van een succesvolle Long Rider, weten ze dat ze een leugen hebben geleefd en beseffen ze dat ze hun kansen hebben verspild.

De meeste mensen zijn bang voor het onbekende, ze zoeken zekerheid tussen vier muren met een hypotheek. Ze zijn losgekoppeld van de natuur en van de seizoenen en houden zich vast aan een strak ingedeelde dag. Ze bekijken de Long Rider met achterdocht en plakken hem een sociaal stigma op.

Onderschat niet hoeveel emotionele energie het kost om met directe familie om te gaan, die diep in hun hart afgunstig zijn. Ze zullen vaak niet eens erkennen wat jij als Long Rider hebt gepresteerd, laat staan er enige betekenis aan toekennen. Integendeel, vaker is er een verwijt dat je je plichtsgevoel kwijt bent en niet aan de verwachtingen voldoet. Er volgen ongemakkelijke gesprekken. Familiebijeenkomsten worden pijnlijk. Deze onverwachte uitingen van negatieve gevoelens vervagen met de tijd maar laten een schaduw achter op je ziel.

Zonder woorden. Je hebt met meer dan alleen geld betaald voor wat je tijdens de reis hebt geleerd. Je hebt comfort opgegeven. Je hebt eenzaamheid verdragen. Je moest vechten om je doel te bereiken. Bij terugkomst voel je je vrij maar tegen welke prijs? Veel Long Riders melden dat ze na een eerste dosis enthousiasme steeds stiller worden. Een terugkerende Long Rider schreef: "Ik weet niet wat ik moet zeggen. Woorden schieten tekort. De dingen zijn van binnenuit veranderd, maar ik kan niet beschrijven hoe."

Fysieke reacties. Een reden waarom Long Riders emotioneel trauma ervaren is, omdat hun lichaam een chemische verandering ondergaat. Te paard door het buitengebied reizen roept een gevoel van ruimtelijkheid op. Wonen in de open lucht geeft je energie. De fysieke arbeid rondom je paarden maakt je sterk. Bewust de wisseling van de seizoenen doormaken maakt dat emoties aan de oppervlakte komen. Amerikaanse wetenschappers die de hersenen van reizigers onderzochten ontdekten dat deze combinatie van prikkels bijdraagt aan een algemeen gevoel van welzijn. Er is ook onderzoek gedaan waarvan de resultaten suggereren dat het menselijk lichaam een chemische oppepper krijgt van reizen, omdat het lichaam door te leven zonder kaders en in onbekende situaties voortdurend adrenaline produceert.

Long Riders ervaren vaak een emotionele inzinking na een lange tijd in het zadel. Wanneer het dagelijkse gevoel van 'echt te leven' wegvalt, daalt het energieniveau. In plaats van opgetogen gevoelens van geluk melden ze bijna allemaal een gebrek aan motivatie.

Stress. Hoewel Long Riders een enorme emotionele high ervaren wanneer ze hun reis afronden, is er een grote kans dat de fysieke en emotionele veranderingen die ze vervolgens ondergaan toenemende gevoelens van stress, angst en depressie veroorzaken. Nadat ze de gevaren van de reis hebben overleefd moeten ze nu de uitdagingen van het thuiskomen overwinnen. Net als soldaten die terugkeren uit een oorlogsgebied, melden Long Riders en verschillende andere soorten ontdekkingsreizigers depressie, angst en nachtmerries. Het is bekend dat soldaten, maar ook astronauten bijvoorbeeld, na het voltooien van hun missie mentaal instabiel zijn en hun angsten onder controle trachten te houden met behulp van alcohol. Ook hippische ontdekkingsreizigers zijn niet immuun voor dergelijke onzichtbare wonden op de ziel.

Verdriet. Bijna geen enkele Long Rider beseft dat hij of zij waarschijnlijk een rouwproces zal ondergaan na het afronden van de reis. Ze zijn diep betrokken geweest bij een meeslepende ervaring. Plotseling keren ze terug naar de maatschappij met prestatiedruk, gekonkel en leed. Ze worden misschien omringd met liefde, niet met begrip. Het pijnlijke proces van re-integratie vereist dat zij hun plek in het keurslijf van het leven weer innemen. Velen voelen zich alleen en verloren en ervaren een stil verdriet.

Leren om je weer aan te passen. Als Long Rider moet je goed nadenken over je terugkeer. Neem voldoende tijd om je aan te passen aan wat voelt als een kunstmatige wereld. De eerste twee maanden zijn het moeilijkst. Het helpt als je een rustige plek hebt waar je je kunt terugtrekken en je gevoel van emotionele balans kunt herstellen. Beloon jezelf door te genieten van alle luxe die je hebt gemist. Geniet van een warm bad. Eet alles waar je ooit van gedroomd hebt, terwijl je uitgehongerd in het zadel zat. Lees een goed boek. Slaap twee of drie dagen achter elkaar uit. Ga naar de bioscoop. Bezoek oude vrienden. Sla al deze welverdiende momenten op in je geheugen. Isoleer jezelf niet. Wees bereid om je reis te bespreken, maar doe dit zorgvuldig. In het begin lijkt het onmogelijk dat details ooit zullen vervagen. Toch vergeet iedereen evenementen, namen, plaatsen, datums en details. Zodra je je reis hebt afgerond doe je een beroep op je discipline en ga je dagboek ordenen, foto's archiveren, je boek schrijven en alle mensen die je hebben geholpen bedanken.

Voordelen en inzichten. Thuiskomen hoeft helemaal niet altijd negatief te zijn. Veel Long Riders komen terug met een gevoel van dankbaarheid voor wat ze tijdens de reis hebben geleerd en ervaren. Bij het voltooien van een lange reis te paard is er geen discussie meer over hoeveel moed iemand bezit. Andere ontdekkingen zijn subtieler. Veel Long Riders zijn zich ervan bewust dat ze, naast geschiedenis in hun eigen leven te hebben geschreven, een glimp van de eeuwigheid hebben opgevangen. Zo helpt je reis ook naderhand om je emotioneel te blijven ontwikkelen. Vanuit dit nieuwe oogpunt kun jij je aanpassen aan je nieuwe omstandigheden en omgeving.

Keuzes en veranderingen. Bovenstaande verklaart ook waarom veel Long Riders grote levensveranderingen ondergaan kort na terugkeer, vaak op het gebied van carrière, burgerlijke staat en huisvesting. Ze gaan op zoek naar nieuwe antwoorden op de complexiteit van het leven.

De moed om door te gaan. Door de reis beschouw je het leven niet langer als vanzelfsprekend. De thuiskomst vereist dat je loyaal blijft aan wat je hebt geleerd en wie je bent geworden.

Hoofdstuk 87 - Eer

Het echte eergevoel kan niet van buitenaf worden opgelegd.

Een broederschap van ruiters. Deze broederschap wordt gesymboliseerd door het Long Riders' Guild. Drie van de meest buitengewone Long Riders van de 19e eeuw waren onderdeel van een reeks gebeurtenissen die ertoe leidden dat de Baron Tokio bereikte. De Amerikaanse Long Rider Januarius MacGahan reed van Fort Perovsky, Rusland, over de Kyzil-Kum Desert naar Adam-Kurulgan ('Fatal to Men'), Kirgizië in 1873. Twee jaar later adviseerde MacGahan de Britse Long Rider Frederick Burnaby over hoe Khiva te bereiken. Het was het beroemde boek van Burnaby, *A Ride to Khiva*, dat Fukushima zeventien jaar later inspireerde. Voorafgaand aan zijn vertrek ontmoette Fukushima Sven Hedin in Berlijn. Deze Long Rider en grootste ontdekkingsreiziger van Zweden gaf de beginnende reiziger waardevol advies over zijn aanstaande reis. Drie helden uit drie landen hielpen hun Japanse kameraad.

Hulp aanbieden en ontvangen. Het concept van het ontvangen van wijsheid van een wijze ouderling gaat terug tot in de dagen van de Trojaanse oorlog. Voordat hij zijn huis verliet vertrouwde Odysseus het welzijn en de opvoeding van zijn zoon toe aan zijn vriend, Mentor. Het is zijn naam die door de eeuwen heen symbool is voor 'vertrouwde leraar en gids'. En het idee is nog altijd springlevend.

Wat begon met vijf Long Riders uit drie landen, heeft zich nu verspreid over meer dan veertig landen. In alle gevallen inspireert, stimuleert of waarschuwt de ene hippische reiziger de andere. Men helpt je, leidt je op. Na je rit deel je op jouw beurt je zwaarbevochten wijsheid met degenen die volgen in je hoefafdrukken. Het gilde gaat over hulp aanbieden, niet over winnen ten koste van een ander. Een ongekende uitdrukking van internationale paardensport binnen de broederschap was de voorbereiding van de reis van Filipe Leite. Long Riders uit vijf landen hielpen hem zijn reis van 16.000 kilometer van Canada naar Brazilië te organiseren. Deze uiting van vrijgevigheid en steun bracht Filipe ertoe om zijn gevoelens over het zijn van een Long Rider uit te leggen. "Er is geen concurrentie. Het paard verenigt ons," schreef hij.

Inspiratiebron. Sir Isaac Newton schreef: "Als ik verder heb kunnen zien dan anderen, is het doordat ik op de schouders van reuzen heb gestaan." Gelukkig is de geschiedenis van Long Rides gevuld met voorbeelden van ruiters die inspiratie opdeden of die werden geholpen door hun tijdgenoten.

De laatste vijand - Jezelf. Dit zijn inspirerende verhalen. Toch is het leven niet altijd vol nobele daden of eervolle mensen. Toen hij in 1852 zijn grote klassieker over ontdekkingstochten schreef, waarschuwde Francis Galton reizigers zich te herinneren dat een expeditie om een aantal redenen kon mislukken: "Een expeditie wordt dagelijks blootgesteld aan een opeenvolging van ongevallen, die elk fataal kunnen zijn voor de verdere vooruitgang."

Galton hield zich voornamelijk bezig met het ontwijken van leeuwen, hij hield zich niet bezig met ethische risico's. Dit is een onzichtbaar gevaar dat op ieders pad voorbij komt. Na elk soort fysieke ramp te hebben overleefd, kan men in de verleiding komen om het geweten te schenden. Sommigen compromitteren hun eer elke dag. Sommigen vallen ten prooi aan zelfbedrog. Sommigen verkopen hun ziel.

De laatste valkuil. Elke terugkerende Long Rider kan terecht trots zijn op zijn prestaties. Maar er is een doorn verborgen onder de roos. Lang geleden schreef een Soefi-mysticus: "Als je de verborgen schat wilt vinden, vernietig dan het kasteel van egoïsme." Die wijze man begreep dat de macht van het ego werkt als honing op een beer. Egocentrisme is het zwakke punt van de mens. Het leidt een persoon af van datgene wat spiritueel is en leidt hem naar arrogantie en machtsmisbruik. In een tijdperk waarin mensen Twitter en Facebook gebruiken om al hun geheimen te onthullen en waarin mensen op televisie alles doen om bekendheid te verwerven, dient Baron Fukushima als een baken van bescheidenheid, kracht, vastberadenheid, ijzeren wil, moed en waardigheid.

Roem. Gaat de reis over het dienen van het zelf of over anderen helpen? Er is geen onderwerp waarover mensen eerder geneigd zijn zichzelf te bedriegen dan de lust naar roem. Dr. Johnson definieerde eer als 'adel van de ziel'. Die adel wordt bedreigd wanneer het verlangen naar beroemdheid de primaire motivatie wordt.

Het idee van een held is in de moderne wereld van vandaag vervormd. Steeds meer mensen worden verleid om hun eigenwaarde af te leiden uit hun publieke zichtbaarheid. Ze worden opgemerkt en bewonderd en verliezen het contact met hun moraal. Ze worden oncontroleerbare narcisten.

Sir Ernest Shackleton waarschuwde: "Ik denk niets van de wereld en het publiek. Het ene moment juichen ze je toe, het volgende moment halen ze je onderuit. Alleen wat er in jezelf is en wat je van je leven maakt is wat ertoe doet."

De media kunnen niet beoordelen wat goed of fout is, alleen je eigen geweten is daartoe in staat!

Verslaafd aan aanbidding. In een eerder hoofdstuk kwam de ethiek van het reizen met paarden aan bod. Die studie was vooral gericht op de verplichting van de mens om zijn paarden te beschermen. Ik heb ook geschreven over hoe een reiziger de pers en het publiek niet moet bedriegen. Helaas zijn er gelegenheden geweest dat hippische reizigers zo verliefd werden op roem dat ze informatie over andere Long Riders hebben genegeerd, gewist of gecensureerd. Deze misleiding werd gedaan in een poging om zichzelf groter en moediger voor te doen tegenover de pers en het publiek. In plaats van een reis te gebruiken als een route naar innerlijke ontwikkeling, werd het een zoektocht naar applaus. Bekend zijn had voorrang op ontwikkeling. Ze luisterden niet naar het advies van de bekende ontdekkingsreiziger, kolonel John Blashford-Snell, die zei: "Hij die zijn eigen publiciteit gelooft is op weg naar de ondergang."

We hebben een verantwoordelijkheid tegenover anderen. Maar niet iedereen leeft dit na. Sommigen houden zichzelf voor de gek en nemen het niet zo nauw met de waarheid.

Roem kan een zegen en een vloek zijn. Voor sommige mensen geldt dat als ze er eenmaal van proeven, ze eraan verslaafd raken. Omdat roem een uitgehongerde hoek van hun psyche vult zijn ze niet bereid om een kruimel van herkenning met een andere Long Rider te delen.

Broederschap of commercie. Sir Richard Burton schreef: "De mens moet eer zoeken, geen erkenning."

De bijdrage van anderen erkennen is een van de sleutels tot het worden van een succesvolle Long Rider. Toch is het concept van kameraadschap het laatste waar sommige mensen aan denken. Deze mensen willen het publiek en de pers imponeren met de valse indruk dat zij de eerste, de snelste of de dapperste waren. Aimé Tschiffely waarschuwde voor wat hij 'headline hunters' noemde. Hij waarschuwde het publiek voor 'ijdele mannen die zogenaamde bekentenissen schrijven om aan goedgelovige lezers te verkopen.' In de paardensport zien we veel ritueel gedrag. Sommige handelingen, zoals voeren en borstelen, reiken terug naar het begin van de relatie mens-paard. Om deze reden is iedere ruiter zich altijd bewust van het verleden. En je zou niet verwachten dat iemand bij de pers en het publiek doet alsof 'niemand anders dit ooit zou durven doen'. Maar daar vergis jij je. Het was weer Sir Richard Burton die wijselijk schreef: "Hij kende het allemaal uit zijn hoofd, maar zijn hart wist niets."

Hoe het niet moet. Zo af en toe zijn er individuen die de wereld van de Long Rides besmetten in een poging hun ego te vergroten of hun bankrekening te laten groeien. De eerste aanwijzing is dat hun verhalen altijd gaan over de gevaren die ze zogenaamd hebben overleefd. Ze denken dat reizen te paard stoer is en benadrukken iedere moeilijkheid. Dit zijn de mensen die nooit zullen aankomen.

Hun reis is eindeloos, omdat ze blind zijn en nooit echt op pad zijn gegaan. Een echte Long Rider komt niet terug met verhalen over lijden maar met een adresboek vol namen van nieuwe vrienden. In zijn boek 'As a Man Thinketh' schreef James Allen: "Het zijn niet de omstandigheid die de man maken, ze onthullen slechts wie hij is."

Ridderlijkheid in een nieuw tijdperk. Het concept van een broederschap te paard is niets nieuws. Door de geschiedenis heen hebben mannen te paard geprobeerd de fijnere kwaliteiten in hun leven te herkennen. Is het begrip eer minder belangrijk nu het tijdperk van paarden voorbij is? Is adel een geboorterecht of wordt het bepaald door iemands acties? Evenementen werpen licht op het karakter van Long Riders, nu en in het verleden, en tonen aan dat ze streven naar perfectie, zonder pretentie. Long Riders zijn kameraden, geen concurrenten. Aan het einde van de dag is het enige dat telt persoonlijke bekrachtiging. Enkel kilometers afleggen volstaat niet. Beheersing van techniek is een leeg vat. We willen de Baron en Aimé niet verslaan. Het ware doel is om te streven naar zijn zoals zij waren.

Deel Zeven - The Equestionary

De Equestionary is bedacht door de Zwitserse Long Rider Basha O'Reilly, een bekende taalkundige. Ontdekkingsreizigers te paard ontdekken snel dat het kunnen communiceren in de lokale taal de kans op succes aanzienlijk vergroot. Het is niet genoeg om mensen te kunnen begroeten, te tellen in de lokale valuta of om aanwijzingen voor richting te kunnen vragen. Long Riders hebben speciale taalkundige behoeften. Belangrijke woorden uit het dagelijks leven, zoals hooi, stal, hoefsmid en zadel. Deze woorden zijn niet te vinden in standaard woordenboeken. Daarom bevat het Long Rider Equestionary vijftig afbeeldingen van die objecten en situaties die onderweg nuttig kunnen zijn. Zo kun je als je de taal niet spreekt in ieder geval naar de afbeelding wijzen en een basiscommunicatie tot stand brengen.

Het lichaam van het paard

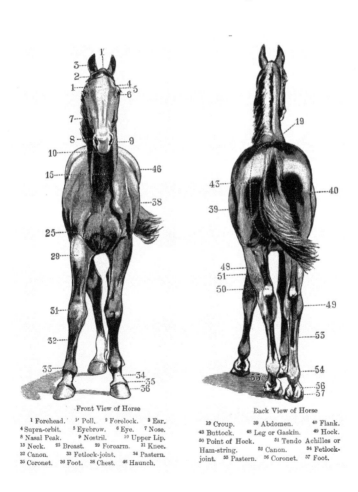

Front View of Horse

1 Forehead. 1ᵛ Poll. 2 Forelock. 3 Ear. 4 Supra-orbit. 5 Eyebrow. 6 Eye. 7 Nose. 8 Nasal Peak. 9 Nostril. 10 Upper Lip. 15 Neck. 25 Breast. 29 Forearm. 31 Knee. 32 Canon. 33 Fetlock-joint. 34 Pastern. 35 Coronet. 36 Foot. 38 Chest. 46 Haunch.

Back View of Horse

19 Croup. 39 Abdomen. 40 Flank. 43 Buttock. 48 Leg or Gaskin. 49 Hock. 50 Point of Hock. 51 Tendo Achilles or Ham-string. 53 Canon. 54 Fetlock-joint. 55 Pastern. 56 Coronet. 57 Foot.

365

Spijsvertering van het paard

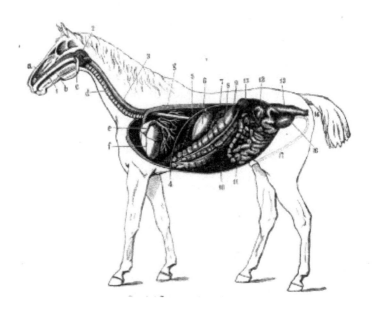

Skelet van het paard

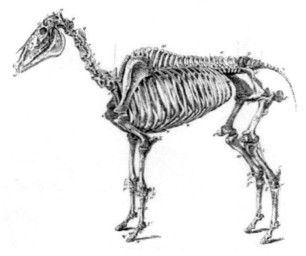

Schuur

Stal

Weide

Hooi

Graan

Water

Camping

Yurt / Ger

Western zadel

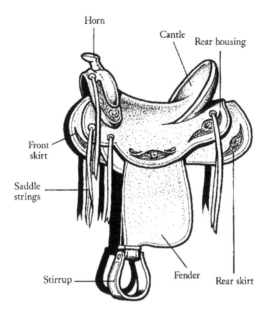

Horn

Cantle

Rear housing

Front
skirt

Saddle
strings

Stirrup

Fender

Rear skirt

Engels zadel

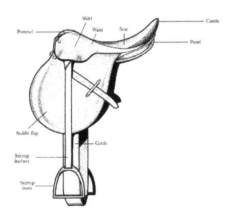

Skirt

Cantle

Pommel

Waist

Seat

Panel

Saddle flap

Girth

Stirrup
leathers

Stirrup
irons

Hoofdstel

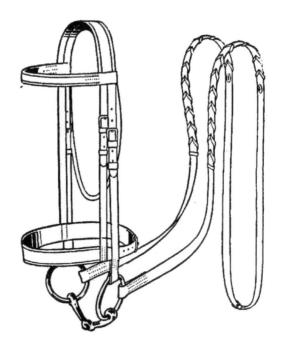

Onderdelen van een halster

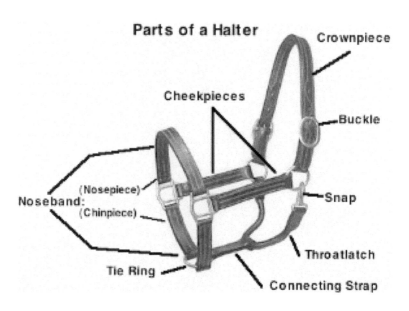

Verstelbaar pakzadel

Zadelkist

Hoefijzer

Hoefsmid

Hoef

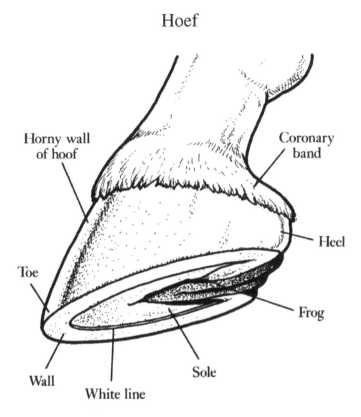

Hiel Straal Zool Witte lijn Hoefwand Teen Hoornige deel van de hoef

Hoefrand

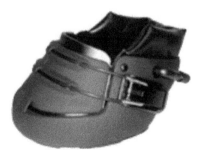

Ongeluk

Arts / dokter

Gevaar

Wolf

Beer

Leeuw

Poema

Jaguar

Krokodil

Ratelslang

Vampiervleermuis

Schorpioen

Mug

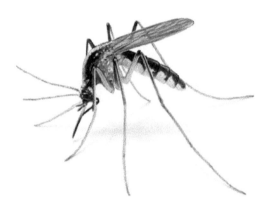

Wesp

Grensovergang

Verkeer

Rivier

Brug

Pont

Tunnel

Wildrooster

Bergen

Bergpad

Jungle

Drijfzand

Woestijn

Sneeuw

Thermometer

Deel Acht - Belangrijke knopen

Hieronder zie je de meest gebruikte knopen door Long Riders.

Nomadenknoop uit centraal Azië - 'snel-los-knoop' om je paard mee aan te binden

Leadrope opbinden

Veilig opbinden van de teugels

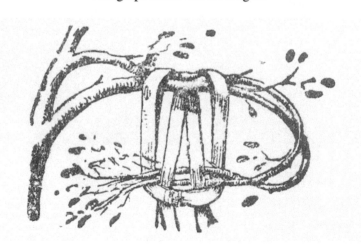

Western zadel singel knoop

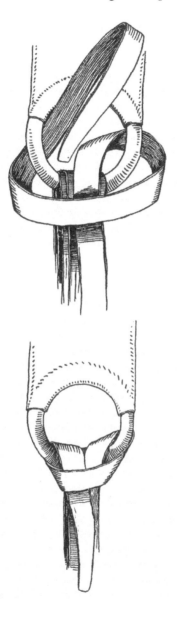

Andere interessante knopen

Mastworp (clove hitch)

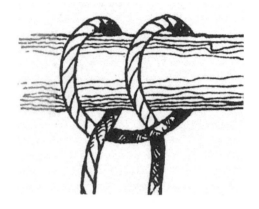

Dubbele paalsteek (bowline)

Milton Keynes UK
Ingram Content Group UK Ltd.
UKHW012113271123
433389UK00002B/53